한국의
유교화
과정

The Confucian Transformation of Korea : A Study of Society and Ideology
by Martina Deuchler Copyright©1992 by the President and Fellows of
Harvard College All rights reserved.

Korean Translation edition©2013 by NERMERBOOKS
Published by arrangement with Harvard University Press, Massachusetts, USA
Through Bestun Korea Agency, Seoul, Korea
All rights reserved.

이 책의 한국어 판권은 베스툰 코리아 에이전시를 통하여
저작권자인 Harvard University Press와 독점 계약한 너머북스에 있습니다.
저작권법에 의해 한국 내에서 보호를 받는 저작물이므로
어떠한 형태로든 무단 전재와 무단 복제를 금합니다.

한국의 유교화 과정
―신유학은 한국 사회를 어떻게 바꾸었나

2013년 10월 21일 제1판 1쇄 발행
2013년 12월 18일 제1판 2쇄 발행

지은이	마르티나 도이힐러
옮긴이	이훈상
펴낸이	이재민, 김상미
편집	이상희
디자인	달뜸창작실
마케팅	이한나
종이	다올페이퍼
인쇄	천일문화사
제본	광신제책사
펴낸곳	너머북스
주소	서울시 종로구 누하동 17번지 2층
전화	02)335-3366, 336-5131 팩스 02)335-5848
등록번호	제313-2007-232호

ISBN 978-89-94606-23-1 93910

너머북스와 너머학교는 좋은 서가와 학교를 꿈꾸는 출판사입니다.

한국의
유교화
과정

신유학은 한국 사회를
어떻게 바꾸었나

마르티나 도이힐러 지음 〉〈 이훈상 옮김

너머북스

일러두기

1. 이 책은 Martina Deuchler, *The Confucian Transformation of Korea: A Study of Society and Ideology*(Cambridge, Mass.: Harvard University Press, 1992)를 번역한 것이다. 한국어판 초판이 『한국 사회의 유교적 변환』(2003, 아카넷)으로 나왔었다. 너머북스에서 개정판을 펴내면서 제목을 『한국의 유교화 과정: 신유학은 한국 사회를 어떻게 바꾸었나』로 하였다.
2. 이 책에서 한자는 저자가 주기한 것도 있지만 옮긴이가 주기한 것도 있는데, 일일이 구분하는 것이 큰 의미가 없어 따로 구분하지 않았다.
3. 옮긴이 주는 각별히 언급하여야 하는 경우에 한하여 '옮긴이'로 달았다.
4. 본문의 친족용어 중 특별히 인류학적 이해가 필요한 것은 일부 영어 용어를 병기하였다.
5. 권말부록에 '친족 개념과 용어'에 대한 해설을 넣었다. 인류학 용어나 개념 중 각별히 이 책에서 빈번하게 쓰인 중요한 인류학 용어나 개념 중 이에 대응하는 적절한 한국어 용어를 찾기 어려운 것이 적지 않다. 현재 쓰이는 용어도 적절하지 못하여 대체해야 할 것이 있어 필요한 범위에서 그 문제점을 거론하였다.

이 책을 부모님께 바칩니다.

차례_

한국어판 머리말 11

감사의 말 13

서론_ 사회와 이데올로기

조선 후기의 사회상 23

유교의 전래 33

신유학의 초기 형성 41

변화의 이데올로기로서의 신유학 46

1장_ 신유학 수용 전의 과거, 고려 사회의 재구성

친족과 출계 60

계승과 상속 71

혼인의 정치사회적 측면 87

혼인의 제도적 측면 98

상복과 장례 108

다시 생각해 본 고려 사회 116

2장__ 신유학, 조선 초기 개혁 입법의 이데올로기적 기초

　　조선 왕조 건국 세력의 등장 133

　　신흥 엘리트의 지적 형성 141

　　고려 사회의 해체와 불교 문제 146

　　새로운 사회 모델의 모색 152

　　사회의 재편 154

　　신유학자들의 연구 전거와 제도 158

　　고대 모델의 타당성 165

　　동화와 갈등 170

　　엘리트주의와 이데올로기 175

3장__ 종법과 계승 문제, 그리고 제사

　　신유학의 사회관 181

　　제사의 도입 186

　　종법 개념의 초기 형태 189

　　승중과 제사 193

　　제사와 서얼 207

　　제사와 여성 212

　　외손의 제사 계승 관행 220

　　족보, 출계집단의 도해 223

　　봉사자의 경제적 지위 228

　　조상 의례의 제도적 측면 230

　　예학과 예서 234

　　조상 의례의 종교적 측면 237

　　장자 중심 제사 정착 239

4장_ 상장례의 변화

　　상례 개정의 전주곡 246

　　오복제도의 변화 248

　　상례와 사회적 위계 260

　　장례식과 풍수지리 267

5장_ 상속, 균분에서 장자 우대로

　　국가와 사유재산 278

　　종법과 상속 283

　　상속문서의 효력과 규정 293

　　상속과 여성 301

　　장자 상속제의 정착 305

6장_ 신유학의 입법화와 여성에게 일어난 결과

　　처첩의 제도화 318

　　혼인규정과 전략 324

　　『주자가례』와 혼례식 334

　　왕실의 혼례식 337

　　조선의 혼례식 342

　　여성에 대한 훈육과 교화 349

　　시집살이 352

　　기혼 여성의 법적·의례적 역할 358

　　첩과 서얼 362

　　혼인관계의 해소 369

　　과부와 재혼 374

변하지 않는 유교적 여성 이미지 379

결론_ 종족사회의 출현

저자 후기 409

옮긴이 개정판 후기 415

옮긴이 초판 후기 417

부록 1 친족용어 풀이와 개념 429

부록 2 마르티나 도이힐러의 연구 업적 437

참고문헌 443

미주 463

인명·씨족 찾아보기 540

내용 찾아보기 546

한국어판 머리말

『한국의 유교화 과정』 영문판을 1992년에 출간했고 한글 번역본을 2003년에 출간하였다. 그동안 격려나 비판을 받아왔는데 그만큼 많은 이들이 한국어 번역본을 읽은 셈이다. 큰 기쁨이다. 이제 개정판이 나온다니 더 없이 영광으로 생각한다.

『한국의 유교화 과정』의 초판(『한국 사회의 유교적 변환』) 머리말에서 나는 "이 책에서 한 이야기는 아직도 불완전하며, 미래에는 연구를 좀 더 깊이 진척해야 하고 그 범위도 조선 후기까지로 넓혀야 한다"라고 이야기했다. 그래서 약속대로 그 바탕에서 계속하여 한국의 사회 구조와 유교 사상을 연구해왔다. 유교 사상이 전근대 한국 사회에 커다란 영향을 미쳤다는 사실을 부정하는 사람은 없겠지만 한국 고유의 사회가 지니고 있던 특징을 파악하기 위하여 유교 사상보다 더 넓은 접근법을 찾아야겠다고 생각하였다.

지난 20여 년 동안 한국과 해외의 학자들이 새로운 연구 성과를 내놓았을 뿐 아니라 지금까지 잘 알려지지 않았던 고문서와 같은 귀중한 자료도 많이 나왔다. 따라서 학계의 통설을 재검토하여야 했다. 여기서 재검토란 새로운 방법론, 새로운 이론을 탐구함으로써 더 깊은 설득력이 있는 이해에 도달하는 것을 의미한다. 그래서 시각을 바꿔 4~5세기 신라시대부터 한말까지 한국 사회의 기본 단위였던 고유한

씨족 형성과 발전을 연구하였다. 이제 그 연구 성과를 앞으로 출판될 책에 풀어놓을 예정이다.

『한국의 유교화 과정』 개정판과 관련하여 한글 번역본을 다시 정리해준 이훈상 교수와 책을 다시 펴내는 너머북스 이재민 선생에게 깊이 감사드린다.

2013년 9월
마르티나 도이힐러

감사의 말

　이 책은 오랜 시간에 걸쳐 완성하였다. 1972년에 여섯 달 동안 옥스퍼드대학 사회인류학연구소에서 청강생으로 공부하면서 처음 이 주제를 연구하였다. 당시 노년의 모리스 프리드먼 교수에게서 영감을 불러일으키는 열정적인 조언을 받을 수 있었던 것은 큰 행운이었다. 그분께 한없는 은덕을 입었다. 이때에는 한국의 사회 구조를 다룬 연구 문헌이 거의 없어 내가 첫걸음을 디디는 데 아무것도 활용할 수 없었다. 한국의 과거에 대하여는 기록이 풍부하게 남아 있지만 나는 아무런 안내도 없는 영역에 뛰어들었던 것이다. 그래서 오랫동안 방향을 잃기도 했고 때로는 어려운 이론 문제에 뒤얽히기도 했다. 프리드먼 교수는 여기에서 벗어나도록 이끌어주셨으며 중국 사회에 관한 그의 방대한 지식은 큰 도움이 되었다. 프리드먼 교수의 통찰력 있는 논평과 끊임없는 격려에 줄곧 자극받아 연구를 수행하였다. 이 작업의 윤곽은 1975년 프리드먼 교수가 갑자기 죽음을 맞을 즈음에 겨우 잡히기 시작했다.

　뉴욕 사회과학연구원이 후원하여 1980년 8월 미시간의 매키낵 섬에서 열린 한국의 종교와 사회에 관한 회의에서 나는 제사에 대한 연구 결과를 처음 발표하였다. 여기에서 아서 울프 교수를 만난 것도 행운이다. 그는 중국 사회에 대한 자신의 연구와 대비되는 내 연구에 관심을 보였다. 지난 10년 동안 그는 분석과 표현 문제에 대해 빈틈없이 논평하면서 내 연구를 격려했다. 그가 지속적으로 뒷받침해주지 않았다면 각별히 고려 사회에 대한 작업은 발표 수준에 이르지 못했을 것이다. 아서 울프 교수에게 헤아릴 수 없을 만큼 고맙다.

이 작업을 준비하는 데 도움을 주고 준비 초기에 초고를 읽고 논평해준 로저 자넬리와 로버트 프로빈에게도 사의를 표한다. 이를 토대로 다시 고친 원고를 로럴 캔달, 김자현 하부시 그리고 힐 게이츠가 읽어주었다. 이들의 통찰력 있고 유익한 논평에 매우 감사한다. 제임스 팔레에게도 고맙게 생각한다. 그는 여느 때와 마찬가지로 엄밀하게 원고를 검토하였으며, 주요한 논지를 다시 명확하게 다듬도록 격려해주었다. 에드워드 와그너는 조선 왕조의 사회사에 대한 깊이 있는 지식을 너그럽게 나누어주었다. 그는 또한 더 좋은 원고를 만들도록 편집에 대하여 끊임없이 제언해주었다. 나는 그에게 진심에서 우러난 사의를 표하고 싶다. 한국인 선생님들과 동료들, 특히 이혜구, 송준호, 이기문, 이만갑, 고영근, 이성무, 한영우, 이태진, 허흥식은 수년 동안 헌신적인 도움과 자극을 주었다. 서울대학교 규장각에서의 고문헌 연구는 늘 즐거웠는데, 당시 이상은의 도움을 받았다. 산드라 마티엘리는 편집 과정에서 많이 도와주었다. 그렇지만 모든 실수나 잘못된 해석은 전적으로 내 몫이다.

마지막으로, 한국에서 몇 년 동안 또 하나의 가정을 제공한 조익호 씨와 그의 가족에게 감사드린다. 이 가족은 언제나 아낌없이 배려하고 격려해주었으며 이 작업의 발전과 완성에 큰 도움이 되었다.

1972년부터 1988년까지 베른의 스위스국가학술재단은 나의 연구를 넉넉하게 지원해주었다. 이 유례없는 지원이 있었기에 한국학이 스위스에서 제도상으로 조금도 안정된 기반이 없는 시점에서 연구되었다는 점을 상기하고 싶다. 이 성과가 그토록 오랫동안 내 연구를 격려해준 재단의 기대와 신뢰에 다소나마 보답이 될 수 있으면 좋겠다. 그 외에 재단에 달리 감사의 마음을 표현할 길이 없다. 또 1986년 여름 한국에 대한 연구 답사를 지원해준 취리히대학 기념기금에도 깊이 감사한다.

이 책 중 일부 장은 이미 출간된 다음 논문을 기초로 하였는데, 저작권이 있는 이 글을 다시 활용할 수 있도록 배려해준 점을 감사하게 생각한다.

"The Tradition: Women during the Yi Dynasty," in Sandra Mattielli, ed., *Virtues in Conflict: Tradition and the Korean Woman Today* (Seoul: Royal Asiatic Society, 1977).

"Neo-Confucianism: The Impulse for Social Action in Early Yi Korea," in *Journal of Korean Studies* 2 (1980).

"Neo-Confucianism in Action: Agnation and Ancestor Worship in Early Yi Korea," in Laurel Kendall and Griffin Dix, eds., *Religion and Ritual in Korean Society* (Korean Research Monograph number 12, Berkeley: Institute of East Asian Studies, University of California, 1987; copyright 1987 by The Regents of the University of California).

서론

사회와 이데올로기

...

　이 연구는 조선 왕조(1392~1910)가 창건되고 100년 동안 사회문제와 관련해서 보기 드물게 방대한 법률을 제정했다는 단순한 관찰 결과에서 시작됐다. 그것은 새 왕조의 초기에 일반적으로 예상할 수 있는 범위를 훨씬 넘었다. 더욱이 그 법은 질적인 면에서도 주목할 만하다. 조선 초기에 입법을 주도한 이들은 이미 확립된 전통과 어긋나는 개념과 견해를 한국 사회에 도입하려고 했으며, 이에 따라 갈등이 뚜렷하게 나타났다. 그렇다면 그토록 과감하게 입법을 밀고 나간 동기는 무엇일까? 당시의 정신을 새 왕조의 '국교'라고 천명한 유교와 연관짓는 것은 분명 새로운 견해가 아니다. 상식은 여기에서 끝나고, 숱한 의문과 문제가 제기된다. 예를 들면 유교의 어떠한 요소가 사회적 입법의 지렛대가 되었을까? 특히 어떠한 사회제도를 바꾸려 했을까? 무엇을 위하여 그처럼 노력했을까? 이렇듯 입법을 위한 투쟁에서 전반적인 방향과 그에 따른 첫 결과는 사회 구조와 조직을 부계 이데올로기를 기초로 합리화하는 경향이었다. 그렇지만 한국 사회는 언제나 부계 사회가 아니었던가? 이것은 도전적인 의문의 하나이다. 이런 의문은 연구 시기를 조선 전기로 국한하지 않고 상대적으로 잘 모르는 영역인 고려시대(918~1392)까지 확대하게 만들었다.
　고려 왕조와 연관하지 않고는 조선 초기의 발전을 구명할 수 없는 이상 연구 범위를 좀더 넓혀야 한다. 그렇지만 고려 사회를 충실히 연구한 결과물은 거의 없다. 유용한 정보는 주로 제도사, 경제사, 정치사에 집중되어 있으며, 상대적으로 적은 논문이 단편적으로 고려 사회사의 여러 측면을 다루고 있다. 조선 초기를 평가하는 배경으로 사용할 고려 사회의 전통에 대한 포괄적 조망도 부족하다. 이 책의 첫 장에서 고려 사회에 대해 길게 다룬 이유가 바로 여기에 있다.

해당 정보를 단순히 역사적 틀 안에서 집어낼 수는 없다. 이것은 조선시대나 고려시대나 다를 바 없다. 루이스가 몇 해 전에 지적한 바와 같이[1] 역사에는 이론이 거의 없거나 전혀 없지만, 사회사가들은 사회인류학자들이 발전시킨 방대한 이론을 마음대로 이용할 수 있는 행운을 안고 있다. 아무튼 역사가들과 사회인류학자들은 같은 문제와 의문점을 놓고 고민하며, 이를 해결하기 위하여 방법론에서 서로 도울 수 있다는 견해는 이미 진부한 상식이 되었다.[2] 이 연구의 개념과 분석틀은 대부분 역사학과 사회인류학을 결합하는 데 크게 의존하였다. 특히 고려시대 사회조직에 대한 정보는 단편적이다. 이들은 장기간에 걸쳐 산발적으로 나타나며, 이를 단순히 시대순으로 배열한다고 해서 그 의미가 더 드러나지는 않는다. 사회인류학자들은 그 의미를 밝히고 다른 현상과 연관짓는 데 도움을 주는 도구를 제공하여 마침내 전반적인 설명 유형을 창출한다. 이 같은 과정 역시 '유교' 전통이라는 잘 확립된 해석틀을 기초로 고려시대의 정보에 접근하는, 지나치게 만연된 위험을 피하는 데 도움을 준다.

어떠한 방법을 쓰더라도 역사 정보에서 이용할 수 있는 정보를 응축해 정리하는 것 이상은 할 수 없다. 역사가들에게는 정보의 빈틈을 메우거나 '원래' 관점을 제공하는 정보 제공자들에게 접근할 방법이 없다. 하루하루의 생활에 대해서는 많은 부분이 불투명해서 역사가들은 잘해야 역사시대에 삶이 영위된 외면적·규범적 한계를 재구성해 보여줄 뿐이다. 단편적인 정보의 경우, 이론에 기초를 두고 사례를 논의하는 것은 위험하다. 다른 한편, 유리한 방법인 비교 지식을 활용하지 않고 단편적 지식만으로는 의미 있는 결과를 만들지 못할 것이다. 이는 특히 고려시대를 연구할 때 그렇다. 자료가 부족해 고려시대의 일상생활사를 전부 볼 수는 없으며 단지 언뜻 볼 수 있을 뿐이다. 그러므로 생활의 숱한 절단면을 논의하면서 개혁 정책의 목표가 된 영역을 선정한다면 조선 초기 상황을 좀더 생생하게 그릴 것이다.

이 연구에서는 한국의 사회사가 아니라 고려 후기부터 조선 중기까지의 전환기에 일어난 변화 과정에 초점을 맞추었다. 변화 과정을 강조하려고 제사와 장례, 상속과 계승, 여성의 지위와 결혼제도, 출계집단descent group의 형성 같은 몇몇 주요 주제를 논의 대상으로 하였다. 결론 부분에서는 이러한 사회생활 영역에서 일어나는 변화의 의미를, 지위 확정과 종족lineage 형성 같은 좀더 폭넓은 물음과 결부하려고 하였다.

약 700년 동안 전개된 이러한 주제에 대한 연구 과정에서, 지난 30년 동안 한국과 일본의 학자들이 다양한 영역에 걸쳐 연구해온 결과가 도움이 많이 되었다. 물론 사회사는 상대적으로 정치사나 제도사, 경제사에 비해 전반적으로 무시되어온 영역이다. 그럼에도 특정 제도를 다루거나 한국의 과거 사회에 각별한 관심을 표명하는 결과물의 수는 급증하고 있다. 잘 연구되어 있지 않은 영역을 연구할 때 단일한 주제에 집중한다면 때로는 연구자들이 연결고리를 이해하거나 평가할 때 가로막히는 것은 불가피할지 모른다. 더욱이 연구자들이 왕조 교체를 기준으로 시대를 구분하는 전통적 방식에 집착한다면 때로는 전환기를 보지 못하고 지나칠 수 있다. 한국의 경우 아직도 역사학자와 사회과학자가 서로 협조하는 일은 매우 드물다. 그럼에도 이 같은 학제 간 협조가 앞으로 중요해지리라는 것은 의심할 여지가 없다. 이에 덧붙여 이 분야는 부러울 정도로 풍부한 중국 사회 연구 결과에서 많이 시사받을 수 있다. 이 분야에 대한 연구 성과는 사실에 대한 기술과 새로운 이론적 접근을 결합함으로써 수준을 더욱더 높여왔기 때문이다.

  이 연구는 두 가지 중요한 가설을 검증하는 데 목적이 있다. 첫째, 조선 후기(대략 17세기 후반) 한국의 사회상이 윤곽을 대략 파악할 수 있는 고려시대 한국의 사회상과는 뚜렷이 다르다는 가설이다. 이렇듯 현저한 차이는 틀림없이 한국 사회가 고려 후기부터 조선 중기까지의 전환기에 일어난 근본적 변동에서 비롯했을 것이다. 두 번째로 이러한 변동을 일으키고 연출한 원동력은 정치적 또는 경제적 요소가 아니라—정치적 또는 경제적 영역에서는 지속성이 상당하다—신유학이라는 가설이다. 고려 후기부터 중요한 지적 영향력을 행사해온 중국의 신유학은 한국의 학자 관료계급(사대부)에게 사회조직에 대한 특별한 이상을 불러일으킴으로써 그들이 이것을 환경에 이식하는 데 필요한 기준이 되었다. 그리하여 새로 시작된 한국 사회의 재조직화는 다른 어떠한 곳에서도 사회적 행동으로는 도달하기 어려울 정도의 깊이와 넓이에 이르렀다. 이것은 시기나 연대를 산정할 수 있는 어떤 단일한 사건과 결부되지 않았으므로 특정 시기의 것도 아니고 명칭도 없다. 그런데도 한국의 유교를 기초로 한 변동은 한국 역사에서 획기적인 변화의 시대가 도래하였음을 알린 것이다.

조선 후기의 사회상

한국 사회의 재조직화가 엄청났음을 보여주려면 17세기에 나타나서 20세기까지 존속한 한국 사회의 특징을 간단히 묘사하는 것이 순서일 것 같다. 바로 이러한 사회상이 '전통 한국 사회'라는 통념이 되었으며, 이것이 아주 특별한 발달 과정을 거친 최종 결과물이라는 사실은 종종 잊혀졌다.

조선 후기 한국 사회의 특징은 고도로 구조화된 부계 출계집단 patrilineal descent group을 기초로 한 친족제도이다. 이러한 부계 종족 patrilineage은[3] 자신들의 공동 출계descent를 실제 또는 가상의 부계 조상[始祖]을 정점으로 한 부계 집단으로 구성되었다. 이들은 안동 김이라든지 전주 이처럼 같은 성과 본관으로 자신들의 집단을 동일시하였다.[4] 종족(그리고 가족)은 적실에서 태어난 장자가 형성하는 직계와 적처의 차남 이하 방계로 구성되었다. 첩의 아들인 서자는 부차적 지위 때문에 종족 구성원으로서 자격이 불충분했다.[5] 그리하여 종족의 영속성은 장자상속primogeniture으로 지속되었으며 엄격한 종족 외혼을 지켰다(primogeniture는 장자상속을 지칭한다. 그렇지만 조선 후기의 경우, 단순히 장자 단독 상속이 아닌 장자가 특별히 우대받는 형태라는 점에서 사실상 장자우대불균등상속이므로 영어의 원래 뜻과는 맞지 않는다. 조선 후기 상속제에 들어맞는 영어 용어는 없으며 이 책에서는 일단 장자상속으로 번역한다-옮긴이). 이러한 집단의 규모는 자신들의 출계가 그에서 나왔다고 내세우는 조상들의 명성에 따라 상대적으로 달라졌다. 조상이 정부의 고위관리[顯祖]였다는 것과 같은 조상의 명성을 회복하는 것은 새로운 종족이나 종족의 분파segment를 형성하는 주요 동기였다.[6] 그리하여 종족 조직은 매우 복잡해질 수 있었다. 그럼에도 한국의 종족은 일반적으로 중국의 그것과 비교하면 내부적으로 좀 덜 분지화segmentation하는 경향이 있었다. 좀더 상위 종족higher order lineage의 경우에 구성원이 수천 명인데, 이들은 한반도 전역에 걸쳐 지역화한 문중sublineage으로 흩어져 살았다.[7] 이러한 친족kin 구조를 묶는 것은 공동 출계와 공동의 지리적 중심과 본관이었다(그런데도 본관은 대부분 친족원에게 출생지도 거주지도 아니었다).[8]

족보는 공동 출계를 입증하는 데 중요하였다. 족보는 대부분 1600년경 이후 나타났으며, 1930년대 초기까지도 가장 자주 출간하는 인쇄물이었다.[9] 족보는 공동 출계를 입증하는 일이 정부 관직을 얻거나 혼인 연대를 맺는 데 중요하다는 사실을 깊이 깨달은 수도 거주 출계집단이 주도해 편찬하였다. 그리하여 이들은 가까운 친척과 공동 조상의 자손이라는 유대감을 배양함으로써 정치 세계에서 자신들의 영향력과 권력을 과시하는 데 관심을 두었다. 가까운 친척 가운데 일부는 지방에 거주했지만, 지리적 분산이 반드시 같은 종족이라는 정체의식을 허무는 방향으로 나아가지는 않았다. 좀더 큰 출계집단 중 오랫동안 뛰어난 구성원(예를 들면 과거 급제자나 정부 관직자)을 배출하지 못한 가계들lines은 결국 기록에서 제외되었다. 딸은 결혼해야만 배우자 이름으로 올랐다. 족보는 수정·보완되었으며, 출계집단이 클 경우에는 복잡한 해설까지 곁들임으로써 그 양은 갈수록 늘어났다. 출계집단의 모든 구성원을 족보 한 권에 포함할 수 없으므로 종족을 분지화하기도 하였다. 더욱이 혈연이 닿지 않는 인물들을 포함시킨 일로 이따금 논란이 일어나 어떤 종족원은 여기에서 떨어져 나와 자신들만의 족보를 새로 편찬했다. 특정 종족의 구성원 자격이 있다는 사실을 적절하게 확증해야만 사회적·정치적·경제적 출세에 접근하는 것을 보증받을 수 있었다.[10]

친족체계kinship에서 가장 친밀한 의례상 표현은 제사였다. 이른바 '당내'堂內라고 하는 집단의 부계 친족원들agnatic kinsmen은 일반적으로 출계가 친고조까지 거슬러 올라가는데 이들은 오복五服제도에 따라 상복을 입었다. 이 같은 집단에는 8촌(영어의 3차 사촌third cousin은 우리나라의 8촌에 해당한다)이 포함된다. 제사를 주재하는 최고집행자는 종가(또는 본가)의 직계 후손, 즉 종손이다. 종손은 지가(또는 분가) 쪽의 같은 위치에 있는 사람의 도움을 받았다[11](노무라 초타로野村調太郎의 조사에 따르면 일반적으로 20세기 전반에는 종가宗家·지가支家 또는 본가本家·분가分家의 명칭을 쓰는 것으로 되어 있다-옮긴이). 의례 행위의 중심은 종족 소유의 묘소와 위패를 봉안한 사당이다. 해마다 정해진 날에 부계 친족agnates은 같은 선조의 후손임을 보여주려고 모였다. 그뿐 아니라 그와 같이 공동 조상의 후손임을 과시하는 일은 분명히 친족의 유대와 결속을 강화했다. 모두는 아니라 할지라도 이들 친족원의 대표만큼은 다수의 종족 분파lineage segment가 함께 모여서 치르는 먼 시조에 대한 시제에도 참여하리라 기대했다. 제사의 경제적 기초는 공동으로 점유한 토지에 있으며, 이는 통상 종손primogeniture descent이 관리하였다. 이러한 종족의 제사 이외에도, 후손들은 직계 선조들에 대해서는 개별적으로 기일에 맞추어 제사를 직접 지냄으로써 이들을 추모하였다. 여성은 종족의 제사를 지낼 때는 나서지 못했지만, 집안에서 지내는 제사에는 바깥에서 참여하였다. 여성은 주로 제사 음식을 준비하는 일을 맡았다.[12]

지역성은 한국 친족 조직의 두드러진 본질의 하나이다. 공동 조상에서 나온 부계친은 지리적으로 가까운 곳에 모여 사는 이른바 동성 촌락을 형성하는 것이 이상이었다.[13] (마르티나 도이힐러는 동족 부락으로 통칭하였으나 최근에 나온 비교 민속 연구는 동성同姓 촌락이라고 하는 것이 더 적합하다는 가설을 제시하고 있으며, 여기에서는 이를 수용하여 동성 촌락이라고 한다—옮긴이). 동성 촌락은 대개 해당 지역으로 이주한 선조의 후손들이 세웠다. 1930년대 한국 전역에는 그 같은 촌락이 1만 5,000개 정도 흩어져 있었는데, 특히 중부와 남부 지역에 집중되어 있었다. 이들 촌락은 대부분 형성된 지 300년이 채 되지 않았으며, 60호 이상의 가구로 이루어진 경우는 거의 없었다.[14] 그 같은 세거지世居地에는 인상적인 기와 건물과 사당을 포함한 가장 큰 구조물이 있는데, 이것은 통상 '큰집'이라는 종손에 속하게 마련이었다. 그리고 작은 집을 구성하는 여러 친족의 좀더 규모가 작은 구조물이 이것을 둘러싸고 있다. 담을 둘러친 이 구조물은 여성과 남성의 주거 공간을 엄격하게 구분해야 한다는 유교 금언에 따라 설계되었다. 주인의 영역(사랑)은 대문에 연접해 있지만 여성의 방은 중문 뒤에 감춰져 있었다. 가까이 있는 별채는 남성과 여성이 함께 쓰는 공간이었다.[15]

제사를 주재하는 종족 내 최고 인물(종손)의 위세는 계보상 서열에 따른다. 반면 종족 내 연장자[宗長, 門長]는 연령과 경험을 바탕으로 종족 구성원 중에서 선발하며, 이들은 종족 안에서 막강한 권한을 행사하였다. 종장은 종족 재산과 재정에 대해 혼자 권력을 행사하지는 못했지만, 자신을 도울 유사有司를 임명하거나 다른 집안에서 자신들의 어른을 대표로 내보내는 종회(종족회의)를 소집할 수 있었다. 종회는 대개 조상에 대한 제사에 맞춰 열었다. 그리고 여기에서는 종족의 재정이나 묘소 또는 가난한 종족원에 대한 도움, 족보 편찬 및 정정과 관련이 있는 문제들을 토의하였다. 결정은 다수 의견에 따랐다. 종회 외에도 독자적으로 기금을 운영하는 다른 종족 조직이 있었는데, 이들은 종족의 복지, 교육, 결속, 협조에 관여하였다. 종족의 경제 기반[宗中財産]은 노비, 토지, 산림, 건물의 형태로 공동으로 점유하는 재산이다. 종토, 위토, 제전 또는 묘전이라고 다양하게 불리는 토지는 기본적으로 세대가 내려올수록 증가하였다. 각 종족원이 전장의 일정 부분을 자신의 장례, 조상에 대한 제사 그리고 자신의 묘소 관리 비용으로 따로 떼어놓았기 때문이다.[16]

경제적 재부와 제사 주도권이 바로 일치한다면, 양자는 서로 보강하였다고 말할 수 있을지도 모른다. 그렇지만 제사를 담당하는 본가 main lines가 경제적으로 가난하더라도 전자가 후자를 심각하게 위협하지는 않았다. 오히려 가난해진 '큰집'은 좀더 부유한 종족원의 후원을 기대할 수 있었으며, 경제적 동기 때문에 종족의 분지화가 일어나는 일은 거의 없었다. 본가를 유지하는 일은 단지 경제적 수단만 요구하는 것이 아니었다. 종족의 의례 의무를 지속하는 일이 압도적으로 중요했으므로, 본가는 지가[共邊系統]들이 어떠한 대가를 치르더라도 영속해야 했다. 남성 후사가 없을 경우, 복잡한 입양 절차를 거쳐 적합한 대체 인물을 확보하였다. 해결책으로는 부계 친족 중 조카를 데려오는 것이 가장 이상적이었다. 그렇지만 이들 중 아무도 가능하지 않다면 족보에 따라 좀더 먼 지가에서 물색하였다. 종손들의 이해를 위하여 독자獨子를 포기하더라도 이것을 도를 넘는 희생이라고 간주하지는 않았다.⁽¹⁷⁾ 남성 계승을 거의 절대적으로 강조하면서 딸들이 종족의 일에서 어떠한 위치를 얻는 길은 막혀버렸다. 여성은 결혼해서 남편 집단에 편입됨으로써 마지막으로 자신이 태어난 집(친정)과는 관계가 끊어졌지만 이따금 친정을 방문하였다. 여성이 과부가 되어 경제적 이유로 친정으로 돌아가더라도, 얼마나 오랫동안 떨어져 있느냐와 관계없이 남편 종족의 구성원으로 남아 있었고, 여성의 제사를 지내는 것도 남편 쪽 친족affines의 의무였다.

한국의 종족은 지역 공동체에서 영향력을 행사하는 사회적 · 경제적 실체일 뿐 아니라 관리를 배출하는 충원지이기도 했다. 달리 말해서 종족 조직은 정치 과정과 직접 관련이 있었다. 이것을 중급 관리인 김등金燈(1623~1676)은 다음과 같이 통렬하게 비판하였다. "이조吏曹의 관리들은 국왕에게 누군가를 천거할 때 으레 누구의 아들이라거나 형제라고 하며 누구의 족속族屬이므로 임명하거나 승진할 만하다고 언급합니다. 이들은 천거한 인물들이 현명한지 어리석은지, 재능이 있는지 없는지는 따지지 않습니다."⁽¹⁸⁾ 그 결과 종족 배경은 한 인간의 정치 경력을 결정짓는 중요한 요소였으며, 과거시험 응시자들은 이에 대해 철저히 조사받았다. 조선시대에 상급 시험인 문과 합격자 대다수가 몇몇 저명한 출계집단이라는 사실도 이를 시사한다.

각 종족 분파들 가운데 특정 가계만이 통상 왕조의 사회적·정치적 중심이라고 할 수 있는 수도나 그 주변에서 정치적 위세를 확립하였다. 그들의 두드러진 광휘는 이 지역의 모든 종족 구성원뿐만 아니라 지방에 있는 이들에게까지 반영되었다. 그렇지만 다양한 분파 가운데 수도에 있는 대표들이 모두 반드시 같은 정치적 목표를 추구한 것은 아니었다. 그렇기 때문에 정치권력을 둘러싼 간헐적 투쟁에서 일부는 살아남고, 일부는 소멸하였다. 다시 말해서 종족 전체의 명예와 번영은 파괴되는 일이 없었다.[19] 친족 집단kin group이 저명하면 할수록 구성원의 이산離散을 불러와 이들이 아주 먼 지방의 토지를 얻을 기회는 더욱 많아진다. 이렇듯 지리적으로 너무 확대되다 보면 과거 합격자를 더는 배출하지 못하여 결과적으로 수도와 인연이 약해지거나 정치 기세를 점점 잃을 수도 있었다. 그렇지만 이렇듯 중앙 권력에서 멀리 떨어져 있음으로써 겪게 되는 불이익은, 지역에 대한 영향력으로 상쇄되곤 했다. 16세기 중반, 지역 엘리트 문화의 출현은 조선 왕조 전반에 걸친 정치 구도에서 중요하고도 두드러진 한 단면이었다.[20]

종족 문화는 유교와 긴밀하게 연결되었는데, 이 이데올로기는 공적·사적 생활의 도덕적 기초를 마련해주었다. 수도이든 지방이든 관계없이 학문 생활, 제사의 순수성 그리고 가시적 소비를 요구하였다. 다수 종족원은 서원과 직접 관련을 맺었다. 서원은 16세기 중반 이후 중앙 관료로 진출하는 데 필요한 과거시험에 대비한 학문과 지방 권력의 구심점으로뿐만 아니라 지역의 자족적 성채로 성장하였다. 서원의 중심에는 사당을 건립하였는데, 여기에서는 학문이나 공적이 두드러진 명성 있는 종족원을 정기적으로 추모하였다. 여기에 속한 종족

원은 대규모 면세지와 서원을 지배하면서 지역 경계를 넘어서까지 영향력을 행사하였다.[21]

종족은 한국 상층계급의 사회조직을 대표한다. 조선시대 엘리트인 이른바 양반은[22] 상대적으로 규모가 작은 분파를 구성하는데, 이들은 기껏해야 전체 인구의 10%를 넘지 않을 것이다. 그렇지만 출계와 세습을 이용하면서 정치 과정과 경제적 재부, 유교 학문을 독점하였다. 양반 지위를 법적으로 소상하게 규정하기는 매우 어려워서 엘리트 가운데 누가 양반이라고 판단할 만한 확실한 기준은 없다. 그럼에도 다음 기준은 양반의 지위를 판단하는 데 필수적이라고 여겨진다. 계보상으로 추적할 수 있으며 널리 이름이 알려진 '현조'顯祖와—현조는 무엇보다도 학문이 두드러진 선조를 의미한다—그 같은 선조로부터의 분명한 출계, 이러한 지위를 일정 지역에서 인지하느냐는 것, 명망 있는 가문들과 긴밀한 통혼관계, 각별한 생활방식이 그것이다.[23] 이렇듯 정부가 거의 통제할 수 없거나 전혀 통제할 수 없는 거대한 사회환경이 지위 귀속의 기준으로 작용했다. 양반은 분명히 상대적인 개념이다. 따라서 이들이 내세우는 것이 전국이냐, 지역이냐 하는 단계에 따라 함축하는 사회적·정치적 의미가 크게 다를 수 있었다. 하지만 이미 기반을 굳힌 양반에게는 양반 직함을 사용하거나 정부로부터 관직을 사들인 사회적 벼락부자들의 '양반 품계' 인플레이션이 왕조 말기까지도 거의 위협이 되지 않았다. 이들은 위에서 언급한 기준에 못 미치기 때문이다. 그러므로 중국의 신사紳士와 달리 한국의 양반은 과거 응시자격을 제한하여 정치권력에 접근하는 길을 효과적으로 통제하는 한편, 정부의 상급 계층을 차지하고 토지를 기초로 한 재부를 대규모로 소유하였으며, 통상 유교 교육이 부여하는 문화와 위신을 누림으로써 세습 귀족의 특성을 보여주었다.

양반 이외의 나머지 사람들은 어떻게 자신을 조직화하였을까? 예부터 한국 사회는 세습 귀족들이 정상을 차지하는 엄격한 위계질서를 기초로 했는데, 조선시대에는 대부분 양반으로 알려진 집단이 정상을 차지하였다. 양반 다음의 지위는 양인 또는 상민으로 불리는 집단이 차지하였는데, 이들은 지배계급에 속하지는 못했다. 세금과 군역[24] 그리고 요역의 부담을 짊어진 것은 바로 이 집단이었다. 그들은 대부분 촌락에 흩어져 사는 농민들로 구성되었다. 이들은 자기 땅을 경작하거나 병작인으로서 다른 이들의 땅을 경작하였다. 일부는 토지가 없었다. 17세기 이후 상업이 발전함에 따라 몇몇 상민은 도회지에서 경제적인 면으로 두드러지기도 했다.

왕조 초기에는 양반과 평민 사이의 경계를 엄격하게 그을 수 없을지도 모른다. 법제적으로는 평민이 문과에 응시하거나 간혹 하위직책을 맡는 것을 금하지 않았다.[25] 그렇지만 16세기로 접어들면서 양반과 평민을 분리된 두 지위 집단으로 두드러지게 구분하기 시작했다. 그리고 17세기 호적대장에는 평민 가구를 뜻하는 용어가 양반의 그것과는 뚜렷하게 달라졌다.[26] 평민은 종족을 형성하지 않았으므로, 이들의 친족체계는 덜 복잡하고 덜 의례화되었다.[27]

더욱이 평민은 족보를 갖지 못했으므로 출계를 인식할 수 있는 세계도世系圖도 없었다. 양반과 상민 사이의 내혼은 드물었지만, 평민 여성은 양반집에 첩이나 후실로 들어갔다. 겉으로는 평민과 양반은 서로 다른 복장이나 단순한 생활양식에 따라 구분되었다.

31

한편, 평민은 천민과 같은 낮은 계층과 대조를 이룬다. 천민은 대부분 노비로 구성되었으나, 백정이나 피혁공, 무당 같은 천한 일을 하는 이들도 포함되었다. 이들 모든 지위 집단의 자격은 성취적인 것이 아니라 귀속적인 것이었다. 사회 관습과 마찬가지로 법도 사회 지위의 경계를 넘어서는 것을 막았다. 한국 사회에 뿌리깊이 박힌 사회 지위에 대한 의식은 최근까지도 없어지지 않았다.

이것이 대략 제시한 조선 후기 한국 사회의 일반적 모습이다. 종족 조직은 단지 사회의 엘리트 계층에만 전형적인 것이었다. 다시 말해 이는 왕조를 창건한 이후 신유학으로 고무된 사회 개혁으로 움직이기 시작한 발전 과정의 산물이다. 한국 사회의 유교화 과정은 상층계급에서 있었던 일이다. 그러므로 단지 상층계급만이 사회를 구성하지는 않았다는 사실을 잘 알고 있지만 앞으로 계속할 논의는 주로 이러한 상층계급에 집중될 것이다. 한국의 경우(또한 이것이 한국에만 독특한 것은 아니지만), 이용할 수 있는 문자 자료는 엘리트가 자신들을 위해 쓴 것이며, 하층계급에 대해서는 단지 특별한 경우에만 언급하였다. 유교는 아래로 침투하면서 평민이나 노비에 대해서도 양반과 마찬가지로 일상생활에 대한 문화적 지침을 제공하였다. 그럼에도 상층계급이 행사할 때만 사회정치적이며 도덕적인 잠재성이 최고 수준에 도달할 수 있는 다가多價의 도구였다. 따라서 다음에는 한국의 유교 역사를 추적하겠다.

유교의 전래

유교는 중국 문화의 일부로서 여러 차례 발전 단계를 거쳤으며 그때마다 한반도에 전래되었다. 유교 지식은 처음 3세기 동안 한국의 북부 지역에 있던 중국 식민지를 거쳐 전래되었다. 기록에 따르면 372년 고구려에 처음 유교 학교가 설립되었다. 백제와 신라의 흥기와 더불어 유교는 한반도 남부로 흘러들어왔다. 그리하여 682년에 신라의 수도 경주에 유교를 가르치는 학교가 세워졌다. 그렇지만 양국의 정신적 환경을 불교가 지배하였으므로, 유교는 관리 교육 같은 국가의 일부 기능에 국한될 수밖에 없었다. 788년 당나라를 본뜬 일종의 과거제도를 만들면서 이 같은 교육은 중요해졌다. 그리하여 유교 경전은 시험 응시자들의 기본 연구 도서가 되었다. 그렇지만 한국에서 유교 지식이 더욱 심화되고 확대된 중요한 계기는 한국의 유학생들이 중국의 당나라에서 일정 기간을 보내고 돌아오면서 마련되었다고 할 수 있다. 가장 두드러진 사례가 최치원(857~?)인데, 당나라에서 7년 동안 머물던 그는 874년 과거시험에 합격하였다. 그는 신라로 돌아온 후 유교가 국가 업무 수행에 합리적인 가치라고 선전하였다. 당시 유교 연구는 주로 육두품에 속하는 이들이 수행하였는데, 이들은 출생 신분에 따라 정부에서 정책을 결정하는 최고 지위에 접근하는 길이 봉쇄된 부류였다. 유교는 출생의 존비와 정치적 출세라는 원래의 고리를 절단하지는 못했다. 그렇더라도 유교는 그 뒤 이러한 고리를 약화시켜 성취할 수 있는 기초를 마련함으로써 고위관직에 나아가는 것을 결정하는 합리적 기준을 추구하는 일과 밀접한 관계를 맺게 되었다.[28]

당나라의 영향은 고려 왕조에서도 여전히 결정적이었다. 고려 왕조의 창건자 왕건(877~943)은 자신의 주위에 유학자들을 고문으로 두는 한편, 국가를 중앙집권화하는 이데올로기로 유교를 인정하였다. 그렇지만 당시 고려는 거의 중앙집권화되어 있지 않았고, 958년 중국인의 도움을 받아 과거제도를 확립하였다.[29] 고려의 유학자들은 중국의 유학자인 공영달孔穎達(574~648)의 주석을 토대로 유교의 기본 경전을 연구하였다. 이러한 학문 연마는 주로 국가에 필요한 관리를 양성할 목적으로 행해졌다. 유교 발전에서 정부가 후원하는 학교제도보다 더욱 중요한 것은 11세기 후반기부터 크게 번성한 사립학교였다. 이것은 정부가 운영하는 학교가 쇠락하는 조짐을 보일 때 유학을 심화하는 데 크게 기여하였다. 이 중 가장 유명한 사립학교는 최충崔冲(984~1068)이 세운 것인데, 그는 나중에 '해동공자海東孔子'로 일컬어졌다. 최충은 『중용中庸』 같은 경전에 몰두한 것 같다. 그렇지만 최충이 당말 송초에 유학이 부흥한 사실을 알고 있었는지는 확실히 모른다.[30]

신유학으로 알려진 중국의 지적 발전상이 초기에 한국으로 유입되지 않은 이유는 여러 가지를 들 수 있다. 신유학은 기본적으로 남송(1127~1279)에서 출현하였다. 그런데 거란족이 12세기 초에 북중국을 침입하여 점거하면서 한국과 남중국의 관계는 끊어졌다. 더욱이 1170년 고려에 무인정권이 들어서면서 유학 발전에 부정적인 영향을 끼쳤다. 유교 교육을 받은 관리들 중 일부는 무인 통치자들에게 계속 봉사한 반면 나머지는 권력의 중심에서 멀어졌다. 그들은 산에 칩거하여 불교 승려들과 함께 생활하면서 연구를 계속했다. 이들은 절로 피신하여 내부와 외부로부터 철저하게 고립되어 살았으며 이 같은 환경은 고려 후기 유학에 지속적으로 흔적을 남겼다.

13세기 중반 몽골 제국의 흥기와 함께 한국 사상사에 완전히 새로운 장이 열렸다. 몽골에 복속된 한국은 광대한 다민족 체제의 일부가 되었다. 다양한 인종과 문물의 고리는 한국을 베이징에 매어놓았다. 이러한 결속이 한국에 커다란 희생을 강요했음에도 한국의 유학자들에게는 이것이 하나의 새로운 지평을 여는 것을 의미했다. 원나라(1271~1368)를 중심으로 형성된 효율적인 연망은 사상과 서적, 사람들 사이의 교류를 가능하도록 만들었다.

신유학은 점진적이고 다소 불안정한 과정을 거쳐 남중국에서 북중국으로 전파되었다. 이 과정은 단지 쿠빌라이(재위기간 1260~1294, 1279년 이후에는 세조)가 점령 지역의 유학자를 죽이기보다는 정부에 등용하는 편이 낫다고 확신한 이후에야 시작되었다. 포로로 잡힌 유학자 조복趙復(1215?~1306)은 신유학 저술을 북중국으로 가져왔으며, 몽골 왕실에서 교사로서 성공적으로 경력을 쌓았다. 조복의 제자 중 가장 뛰어난 허형許衡(1209~1281)은 교화에 열의를 갖고 정주程朱학파의 가르침에 몰두하여 정주학을 원나라 유학의 기초로 만들었다.[31]

한국이 새로운 사상 세계와 처음 접촉한 이후 이러한 만남을 촉진한 것은 몽골 왕실과 고려 왕실의 밀접한 혼인관계였다. 충렬왕(재위기간 1274~1308)은 쿠빌라이의 딸과 결혼하였고, 그의 아들 충선왕(재위기간 1308~1313)은 개성보다는 베이징에 더 익숙하였다. 충선왕이 몽골과 고려의 수도를 빈번하게 여행한 것은 각별히 고려 유학에 기념비적인 것이 되었다. 1289년 충선왕이 베이징으로 돌아갈 때 안향 安珦(1243~1306)도 그를 수행하였다. 안향은 1260년 과거[禮部試]에 급제한 후 개성에서 교육에 전념할 때까지 하찮은 직책을 맡았다. 1289년에 새로 설립된 고려국유학제거사高麗國儒學堤擧司에 임명되었는데, 이것은 몽골이 고려 내정에 간섭하기 위하여 설치한 정동행성征東行省의 부속기관이었다.(32) 안향이 베이징에 선발되어 간 것은 분명히 원숙한 유학자로서 인정받았기 때문일 것이다. 그리고 이 여정은 뜻밖의 새로운 경험으로 기록된다. 그는 전기에 이를 다음과 같이 적었다. "그 당시 주자의 문집은 세상에 그렇게 널리 유포되지는 않았다. 그렇지만 이를 처음 얻어 본 안향은 이에 몰두하면서 이를 크게 숭앙하였다. 안향은 이것을 공자孔子의 참된 전통을 대표하는 것으로 간주하였다. 그래서 그는 이를 손수 베껴 쓰고 주자朱子(1130~1200)의 화상을 얻어 본국으로 돌아왔다."(33) 안향은 고려에 돌아온 후 고위관리로 임명되었지만, 학문이 황량한 상태에 놓여 있는 사실에 더 많은 관심을 쏟았다고 한다. 그리하여 1304년에 안향은 장학기금을 마련하고 김문정金文鼎을 남중국에 보내 공자와 제자들의 초상을 비롯하여 여러 제기와 경전 그리고 유학자들의 저작과 주자의 '새 저술'을 구입해오도록 했다. 안향은 자신의 집 후원에 공자와 주자의 초상을 봉안한 일종의 사당을 세웠다고 전한다. 그의 어록에는 "주자의 공적은 공자의 것과 맞먹는다. 공자를 연구하려면 누구나 먼저 주자를 연구해야만 한다!"는 어구가 있다. 새로 받든 스승에 대한 존경심에서 안향은 자신의 호에 주자의 호 회엄晦奄에서 글자 하나(중국어로는 휘, 한국어로는 회晦)를 포함시켰다. 안향이 베이징을 두 번째로 방문하여 공자의 사당을 찾았을 때, 어떤 관리가 이런 사당이 한국에도 있느냐고 물었다. 안향은 즉시 다음과 같이 대답했다고 전한다. "우리나라의 문화와 의례는 완전히 중국의 그것을 따릅니다. 그러니 어찌 공자의 사당이 없겠습니까?" 더욱이 신유학사상에 대한 안향의 논의는 주자의 견해와 거의 일치하여 그와 대화를 나눈 중국인이 안향을 칭찬하면서 "당신이야말로 동방의 주자입니다!"라고 외칠 정도였다.[34]

이러한 이야기들이 전거가 의심스러운 수사임은 분명하다. 그럼에도 이는 안향과 신유학의 첫 만남이 지니는 중요성을 강조한다. 정주학파가 유학에 기여한 사실을 안향이 인식한 것은 불교 사상에 사로잡혀 있던 당시 유학 연구에 새로운 관심을 촉발하도록 생명력을 불러일으키는 불꽃이 되었다. 안향의 첫 번째 관심사는 쇠퇴한 학교제도를 부흥하는 일이었다. 유교를 가르치는 학교를 재건하고 능력 있는 교사를 충원하면서 "유교 분위기는 크게 개선되었으며, 공부하기를 원하는 이들이 구름처럼 몰려들었다. 왜냐하면 모두가 신유학[道學]과 같은 것이 있다는 사실을 처음 깨달았기 때문이다."[35] 안향의 제자 가운데 14세기 중반 유교의 부흥에 기여한 이들로는 권부權溥(1262~1346), 우탁禹倬(1263~1342), 이진李瑱(1244~1321), 이조년李兆年(1269~1343), 백이정白頤正(1247~1323), 신천辛蕆(?~1339) 등을 꼽을 수 있다.[36]

개척자이자 교사로서 안향이 노력한 것은 분명히 중요하다. 그렇지만 처음 열의를 유지하는 데는 베이징에서 중국 학자들과 직접 접촉하면서 지속적으로 자극받은 것이 틀림없이 결정적인 역할을 했을 것이다. 특히 신유학 연구에 각별한 열정을 갖고 몰두한 것으로 잘 알려진 백이정은 베이징에서 수년을 보낸 후 많은 책을 가지고 고향으로 돌아와, 유학이 단지 문학의 수사 이상을 의미한다는 것을 입증하면서 좀더 광범위한 관심을 갖도록 고무했다고 전한다.[37] 독서 자료에 대한 요구를 충족하려고 1314년에는 국학의 두 관리를 남중국에 파견하여 책을 구입하도록 하였다. 같은 해에 몽골의 지배자가 많은 책을 개성에 하사하였는데, 이는 분명히 송나라의 황실 도서관(秘書閣)이 소장했던 것들이다. 이 서책들의 목록을 권부와 이진 그 밖의 다른 이들이 작성하였다.[38] 우탁의 전기 중 다음 이야기는 그 당시 학문적으로 고조된 감정을 잘 반영하고 있다. "신유학 서적(『정전程傳』: 정이가 주석을 단 역易)이 처음 동방에 들어왔을 때 아무도 이것을 이해할 수 없었다. 우탁은 문을 닫고 한 달 이상 연구하여 이것을 이해한 후 학생들에게 가르쳤는데, 그 덕택에 신유학은 번성하기 시작했다."[39]

그 같은 가르침의 초기 결실이 바로 이제현李齊賢(1287~1367)이다. 그는 학자 집안 출신으로서, 경전학자 이진이 바로 그의 아버지이며, 권부는 장인이다. 전하는 바에 따르면 권부는 한국에서 처음으로 『사서집주四書集註』의 간행을 추진하였다고 한다.[40] 이제현은 완전히 '근대' 교육을 받을 수 있었다. 그의 주요한 스승은 분명히 백이정이다. 그 결과 28세 되던 1314년 베이징에 갔을 때 이제현은 이미 신유학에 정통해 있었다. 거기에서 그는 충선왕과 밀접한 관계를 맺었다. 충선왕은 1년 전에 자신의 아들 충숙왕(재위기간 1313~1329, 1332~1339)을 위해 왕위에서 물러났다. 그는 몽골의 수도로 가서, 그곳에 유명한 도서관인 만권당萬卷堂을 세웠다. 이 도서관은 중국과 한국 학자들이 신유학을 토의하는 이상적인 모임 장소가 되었다.[41]

이제현이 만권당에서 빈번하게 접촉한 인물들은 모두 그 당시 잘 알려진 사람들이다.[42] 가장 중요한 인물로는 요수姚燧(1238~1313)를 꼽을 수 있다. 그는 유명한 요추姚樞(1203~1280)의 조카로, 요추는 조복을 설득하여 북쪽의 몽골 조정에 가서 신유학을 전파하도록 한 인물이다.[43] 요수는 허형의 촉망받는 제자의 한 사람으로 원명선元明善(1269~1322)과 가까웠는데, 원명선은 유명한 오징吳澄(1249~1333)의 제자였다. 주자의 직계 계승자 일부와 관련된 강남의 서원에서 교육을 받은 오징은 북중국의 정주 전통의 존경받는 대표자가 되었다. 오징의 또 다른 제자이자 위대한 지식인인 우집虞集(1272~1348) 역시 만권당에 자주 들르는 방문객이었다. 이렇듯 짧게나마 제시한 명단으로 볼 때—쉽게 더 늘릴 수도 있겠지만—이제현이 만권당에서 교류한 인물들은 분명히 몽골 수도의 지적 엘리트에 속한다는 것을 알 수 있다. 이들은 모두 정주학파와 직접 연결되었으며, 나아가 신유학을 원나라 국가 이념의 위치로 끌어올려 주자의 저작이 1313년에 부흥한 과거시험의 기본 정전으로 채택되도록 선전하는 일도 했다.[44]

그 결과 14세기 초반 한국과 중국 학자들의 빈번한 교류는 한국에서 신유학이 성장하는 데 자극이 되었다. 이러한 신유학이 초기에 전래된 것은 베이징의 과거에 합격한 한국 학생들의 수가 증가한 사실에도 반영되고 있다.[45] 안진安震(?~1360)은 베이징 과거의 첫 번째 합격자 중 한 사람으로, 1318년에 합격한 이후 문학과 역사를 편찬하는 직책을 맡았다.[46] 안진의 뒤를 이어 1321년에 최해崔瀣(1287~1340)가 합격하였다. 그는 이제현의 친구로서, 유학 연구의 열기가 달아오른 지적 분위기 속에서 성장하였다.[47] 이제현의 유명한 제자 중 한 사람인 이곡李穀(1298~1351)은 1333년 과거에 합격한 후 몽골 조정에서 다양한 직책을 맡았다. 그의 아들 이색李穡(1328~1396)은 1354년 과거에서 장원의 영예를 얻어, 조선 왕조의 지적 기초를 마련하는 데 기여한 이들에게 영향을 주었다. 베이징에서 과거에 합격하는 것은 학문의 탁월함을 입증하는 영예일 뿐만 아니라 새롭게 부상한 유교 엘리트들의 특징이 되었다.

신유학의 초기 형성

한국인이 베이징에서 그토록 열중하고 이후 한국에 도입한 원나라 신유학의 본질은 무엇일까? 불행하게도 한국 측 이야기를 전하는 출전은 지극히 소수이다. 그러므로 문제를 중국 측에서 시작하는 편이 나을 것 같다. 원의 신유학은 주자와 정호程顥(1032~1085)와 정이程頤(1033~1107) 두 형제의 가르침에 굳게 자리 잡았으며, 사서四書를 자신들의 경전으로 삼았다. 주자는 사서인 『논어論語』, 『맹자孟子』, 『대학大學』, 『중용』을 처음으로 종합하여 광범위하게 주를 달고 해설하였다. 원의 유학자들은 주로 실천 문제에 집착하였으며, 형이상학적 추론은 피했다. 철학 분야를 지배하게 된 허형은 특별히 "고대에는 평화와 질서의 흥기를 반드시 『소학小學』과 『대학』에 의존하였다"라고 강조하였다.(48) 허형은 기본적으로 비중국적 환경에서 가르쳤다고 할 수 있는데, 그는 도덕 교육을 역설하면서 주자가 1189년에 편찬한 일종의 초급 독본이라고 할 『소학』을 자신의 기본 경전으로 삼았다. 이 책은 인간의 행동과 인간의 관계에 대한 기초 규범을 담고 있다. 단순한 교재이므로 사서, 그중에서도 특별히 『대학』의 입문서 역할을 하는데, 『대학』은 도덕 문제를 사회, 국가, 세계 같은 상위 단계로 끌어올린다. 『대학』은 주로 진덕수眞德秀(1178~1235)가 펴낸 『대학연의大學衍義』로 읽혔다.(49) 사서는 이렇듯 높은 평가를 받아 1313년에는 법령에 따라

오경五經⁽⁵⁰⁾과 더불어 과거시험의 필수 핵심 자료로 포고되었다. 허형은 유교 교육을 엘리트 계층을 넘어 확대하는 데 관심을 두었으면서도 궁극적으로는 통치자를 교육하려 했다. 허형은 통치자가 『대학』에 담긴 가르침을 확신하여 먼저 자신의 마음을 닦고 이어 아랫사람의 행동을 새롭게 하여 이들에게 도덕적으로 살게 하는 데 모범이 되어야 한다고 믿었다. 허형의 가르침은 실용적이며 실천 지향적이었다. 그는 국가와 사회가 기초로 할 수 있는 강력한 유교 토대를 구축하려고 하였다.⁽⁵¹⁾

허형 등이 힘을 기울인 주요한 논제는 신유학을 공부한 한국의 초기 학생들의 사고에도 분명히 반영되었다. 이제현은 새로운 이념의 성격을 '실학'實學이라고 하였는데, 충선왕에게 충언하는 것의 대의도 실용이었다. 충선왕은 언젠가, 한국이 중국 문물에 그토록 친숙한데도 학자들은 왜 모두 불교에 집착하며 문체[章句] 습득 같은 사소한 것에 사로잡혀 있느냐고 물었다. 고전을 이해하여 자신들의 행동을 닦는 학자들은 어디에 있는가? 이렇듯 학문이 황량해진 것과 관련하여 이제현은 그 책임이 분명히 국왕에게 있다고 판단하였다. 그는 다음과 같이 역설하였다. "만약 국왕께서 교육기관을 확대하고 육경六經에 충분히 존경을 표하며 선왕의 도를 분명히 한다면 어느 누가 '진유'眞儒(참된 유학)에 등을 돌리고 불교를 따르겠습니까? 아무도 문체의 하찮음에 매여 '실학'을 포기하지는 않을 것입니다." 이제현의 말뜻은 분명하다. 다시 말해서 국왕의 첫 번째 과제는 교육이라는 것이다.⁽⁵²⁾ 충목왕(재위기간 1344~1348)이 1344년 국왕의 자리에 올랐을 때 올린 상소문에서 이제현은 자신의 의도를 좀더 명확하게 밝혔다.

『대학』의 두 주요 개념을 명백하게 언급하면서, '경'敬과 '신'愼을 실현하려면 국왕이 먼저 자신의 덕을 닦아야 한다고 하였다. 이를 위한 가장 좋은 방법은 가르침이라고 하면서 공부 자료로 『효경孝經』과 사서를 천거하였다. 그 목적은 '사물의 탐구'[格物]와 '지식의 완성'[致知], '뜻의 성실함'[誠意] 그리고 '마음의 정화'[正心]와 같은 수신修身의 네 기초 단계를 밟는 도道를 실천하는 것이었다. 사서에 일단 정통하면 가르침의 다음 단계는 육경이었다.[53] 이제현의 교육pedagogy 철학은 분명히 원나라의 신유학 개념을 기초로 한 것으로, 고려 후기 모든 교육 정강의 기초가 되었다.

이제현의 제자 이색은 스승과 비슷한 관심을 나타냈다. 이색은 유학을 '교화敎化의 원천'이라고 하면서 정부의 업무를 이와 연결했다. 인간의 본성은 정부의 기초가 된다. 인간의 본성을 가다듬지 않으면 그 기초도 튼튼하지 않게 된다. 이들을 교화하지 않으면 기초는 다져지지 않는다. 이들을 계몽하지 않으면 근원은 분명하지 않게 된다. 이것이 이색이 그 당시에 관찰한 상황이었다. 그는 이러한 상황이 초래된 것은 학교제도가 쇠퇴했기 때문이라고 보았다. "과거에는 학자들이 군자君子가 되려고 노력하였다. 그렇지만 오늘날에는 학자들이 이익만을 좇는다." 이색은 쓸모없는 학문이라고 생각한 것을 날카롭게 비난하면서 수도와 지방의 학교를 재건하라고 주장했다. 이색은 1367년에 성균관을 부흥하는 일을 맡았으며, 거기에서 신유학을 고무하는 교사가 되었다.[54]

그리하여 한국에서 초기 신유학의 중심은 교육제도에 활력을 불어넣는 것이었으며, 이는 한국에서 정주학파의 가르침이 확산되는 전제였다. 교육과정은 원나라 학자들에게 받은 가르침을 따랐다. 이렇듯 교육제도의 부활을 감행하는 이면에는 통치자와 그의 신하들이 '성학'聖學을 충분히 이해한다면, 국가와 사회는 활력과 조화를 다시 얻을 것이라는 낙관적인 견해가 깔려 있었다. 이렇듯 활력을 불어넣는 과정에서 도움을 줄 수 있는 인물은 가문의 배경보다는 재능을 기초로 선발해야 한다는 견해도 생겨났다.[55]

신유학이 스스로 단호하게 내세우기 시작한 지적 분위기는 불교로써 그 틀이 형성되었다. 안향 같은 인물은 유교 사당에는 잡초만 자라는 반면, 그 밖의 다른 모든 곳에는 불교에 대한 존숭으로 분향한다고 개탄하였다.[56] 그렇지만 반불교 감정이 강한 것은 아니었다. 무엇보다도 불교 사원은 무인집권기(1170~1270)에 유학자들을 보호하였다. 원나라의 베이징에서 공부한 한국인 역시 급진적인 반불교 동향과 접촉하지는 않았다. '삼교'(유교·불교·도교)의 공존은 중국의 오랜 전통이었다.[57] 그러므로 이제현이나 이색 같은 학자들이 불교에 비판적인 태도를 자신의 신유학과 관련해 언급하지 않은 것을 이해할 수 있을 것이다. '척불소'斥佛疏(불교 배척의 상소문)라는 제목의 상소문을 처음 쓴 백문보白文寶(1303~1374) 역시 유교를 불교와 대비하는 데 교의 문제는 다루지 않았다. 오히려 소옹邵雍(1011~1077)의 복잡한 우주도를 인용하면서,[58] 한국에 "요堯와 순舜 그리고 육경을 존숭해야 하고 불교의 인과응보론[功利禍福之說]은 단절해야 하는" 시대가 왔다고 지적하였다. 백문보는 이것이 이루어지면 하늘[上天]이 오로지 보호하며[純祐] 음양이 때에 맞추어 조화를 이룸으로써 나라의 운명[國祚]이 안전해질 것이라고 주장하였다.[59]

그렇지만 공민왕(재위기간 1351~1374) 통치기에 유학자들의 어조는 바뀌었다. 몽골의 지배와 간섭이 약화되면서 자주권을 주장할 기회가 온 것처럼 보였으며, 유학자들은 학교제도의 재건에서 벗어나 개혁 정강을 요구하고 나섰다. 친원 세력이 잔존하고 승려 신돈辛旽(?~1371)이 급부상해 정책을 결정하는 권력의 절정에 오르자 유학자들의 개혁 요구는 급진론으로 바뀌었다. 불교에 느슨했던 태도에서 벗어나 유교 규범과 가치가 사회와 국가를 형성하는 새로운 시대를 꾀하기 시작했다.

변화의 이데올로기로서 신유학

신유학이 한국에 전래된 것은 다양하면서도 중요한 물음을 던진다. 한국인은 유교 전통의 후계자로서 자신을 어떻게 보았는가? 무엇이 그들을 신유학으로 끌어들였는가? 사회정치적 이데올로기로서 이들이 신유학에서 채용한 요소는 무엇인가? 여기에서는 이러한 질의와 관련된 전반적인 측면을 다룬다. 다만 이들이 조선 전기에 실제로 적용한 것에 대한 논의는 2장 주제로 다룰 것이다.

한국인은 자신들이 문명화된, 다시 말해 유교 세계에 속해 있음을 결코 의심하지 않은 것 같다. 변계량卞季良(1369~1430)은 이와 관련하여 다음과 같이 적었다. "한국은 고대부터 예禮와 의儀를 존숭하였으며 기자箕子의 가르침을 따랐다."[60] 전설 속 인물인 기자의 이름을 빌려 고대부터 중국과 직접 연결되었다고 추론하면서, '사도'斯道의 유산을 자연스럽게 내세우고 자랑한 것이다. "이것은 하늘의 특별한 보살핌과 조선, 이 둘이 마주하는 것이 아닌가?" 한국인은 중국 제도를 채용한 것을 정당화하고 강조하고자 "야만인을 바꾸기 위하여 중국의 교의를 이용한다[用夏變夷]"라고 한 맹자의 어구를 가끔 끌어냈다.[61] 그럼에도 한국인은 스스로 본래부터 유자儒者가 될 성향이 있다고 확신했다. 이것이 고려 후기와 조선 전기에 걸쳐 유학자들 사이에 만연한 낙관적인 정신이다.

신유학의 어떠한 요소가 소수 엘리트뿐만 아니라 사회 전체까지도 이러한 낙관론이 지배하도록 정당화하였는가? 이 질의에 대한 답변의 핵심은 의심할 나위 없이 인간의 본성이 정말로 착한가, 나쁜가와 관계없이 인간은 선해질 수 있다는 유교의 확신에 있다. 조선 전기 신유학자들은 이 문제에 대해 분명히 단언하지는 않았으나 주변 정황으로 미루어볼 때 이들은 그 중요성을 확실히 깨닫고 있었다. 예를 들면 부패한 불교 관습을 바꾸는 일은 어떻게 착수해야 하는가? 감정에서 출발해야 하는가? 제사를 잘 가다듬는 데에서 출발해야 하는가? 감정에서 출발한다면 이는 엄밀히 말해 내면에서 출발함을 뜻하며, 제사를 가다듬는 데에서 출발한다면 이는 외부에서 출발함을 뜻한다.

정도전鄭道傳(1342~1398)은, 잘못된 제사는 아버지에 대한 감정을 바른 길에서 벗어나도록 이끌 수 있으므로 개혁은 사람들에게 그들의 감정을 바로잡는 적합한 모범을 제시하는 것에서 출발해야 한다고 주장한다.[62] 정도전만이 이러한 식견을 가진 것은 아니다. 조선 초기에는 외부의 자극을 활용해 인간을 인간다운 고유함으로 인도할 수 있을 뿐 아니라 폭넓게 변화시킬 수 있다는 견해가 지배적이었다. 인간이 완전해질 수 있다는 이러한 믿음은 인간 본성이 최고조로 실현될 환경을 조성하라고 요구한다. 그 같은 환경은 오로지 인간 본성의 변덕스러움을 고려하는 입법, 다시 말해 유교에 기초를 둔 입법으로 실현될 수 있다.[63]

이러한 변환 과정에서 핵심적인 역할은 예의에 주어졌다. 예와 의례는 외부 영역에서 인간의 내면 기질에 중요한 영향력을 행사하는 '올바른' 행위이다. 이를테면 어떻게 해야 예를 다해 제사를 치를 수 있으며, 참여자들 가운데 조화를 창출하는 가장 좋은 방법은 무엇인지 판단한다. 그리하여 예는 개인을 넘어서 친족 전체 그리고 더 넓은 의미로는 사회 전체를 지시한다. 예는 인간관계에서 발전한 본질로서 규범적인 사회정치적 질서의 일부를 형성한다.[64] 조선 초기 신유학자들은 예가 사회 질서를 바로잡는 도구로 중요하다는 사실을 분명히 인식하였다. 그리하여 자신들의 사회 정책을 공식화하기 위하여 중국 송나라 신유학자들이 전승한 고대 중국의 예서들에 크게 의존하였다.

예에 따른 완전한 행동과 건전한 사회정치적 질서의 모델은 고대 중국의 경전에 담겨 있다. 이것은 수세대 동안 유학자들에게 끊임없이 영감을 불러일으킨 원천이 되었다. 한국에서 이 같은 저술들은 이미 수세기 동안 알려졌으며, 과거 응시자를 위한 교육의 기초로는 물론 국왕에 대한 감계 자료로 이용되어왔다. 그렇지만 이들 편찬물은 송의 유학자, 특히 주자의 주석을 바탕으로 개혁과 변화의 길잡이로서 결정적으로 정당성을 얻게 되었다. 사회 개혁을 위한 지침서로 자신들의 잠재성을 열어놓은 것은 바로 이러한 주석이었다. 특별히 『예기禮記』, 『의례儀禮』, 『주례周禮』 같은 경전은 고대 중국의 군자君子가 만든 이상사회를 상당히 상세하게 서술하고 있다. 송나라 유학자들이 이상화한 이러한 '역사' 시대의 제도는 규범적인 힘을 얻었는데, 복고(현대 상황에 이러한 제도를 재창조하는 것)를 불러일으킨 것이 바로 이와 같은 힘이다. 이것은 중국 고대에 창조적으로 의지하는 것이다.[65] 한국의 신유학자들은 이러한 경전의 마력 아래 모여 이를 가장 엄밀한 의미로 해석하였다. 이들은 이를 개혁에 대한 소명으로 받아들여 자신들의 사회를 유교사회로 바꾸기 위한 언명이라고 이해하였다. 조선 왕조의 성립과 더불어 고대 제도를 채용하려 한 것에는 시대의 해악을 없애겠다는 의지만큼이나 고전에 대한 책임의식이 작용하였다. 그리하여 동아시아 어디에서도 한국만큼 중국 고대 제도를 재창조하겠다는 곳은 없었다.

신유학을 실천하는 것은 경전을 순수하리만큼 중시하면서 엘리트주의를 기초로 하는 책무가 되었다. 거기에서는 실천자인 유儒(이 용어는 한국에서 종종 사士와 동일하게 사용되었다)의 학문적 자질뿐 아니라 도덕까지도 언명한다. 유자儒者는 경전을 연구하고 가르치는 사람으로서 자신들의 전문성을 내세우거나 과거에 합격함으로써 관리 세계로 들어간다. 그렇지만 유자는 관료로 바뀔 수 있는 학자 이상의 존재이다. 일반 사회와는 별도로 또한 그보다 위에 있는 집단인 유자는 자신들이 가지고 있는 특별한 도덕적 자질을 자신들이 정부 안팎에서 지도자 역할을 하는 것을 정당화하는 증거로 제시한다. 이 단어를 아주 넓게 해석한다면 이들은 정부와 국가에 꼭 필요한 기능인이자 전문가로서[66] 자신들에게 도덕적으로 부여된 것, 학문, 기술을 가지고 있었다.

고려에서 조선으로 전환하는 시기에 전문 집단으로서 유의 본질을 이해하려면 이들의 사회적 지위를 고려해야만 한다. 신유학은 엘리트의 지위를 확립해주는 중요한 방법을 새롭게 제공하였다. 분명히 앞서 언급한 신라 말기의 육두품이나 무인집권기의 능문능리能文能吏까지도 두드러진 사회적 함축성을 지닌 전문 집단을 형성하였다. 그렇지만 고려 말부터 조선 초기에 신유학을 갈고닦는 일은 기존 귀족 체제 출신으로서 자신들의 전문지식을 이용하여 권력을 키우려 한 부류들의 전문적 특성이 되었다. 이렇듯 신유학 교육의 기초가 된 우월성을 강조하는 견해도 세습과 상층계급의 특권에 대한 전통적 중요성을 넘어서지는 못했다. 오히려 사회적 귀속에 대한 사회적 기준을 다시금 강화하였다. 달리 말해서 조선 전기의 신유학자들은 명 전기의 사士들과는 대조적으로, 권력을 추구하는 데 전문 직업인으로서 우월함과 더불어 사회적 지위가 높다는 것도 내세웠다.

신유학이 도래하면서 한국에는 사회문제에 대하여 포괄적이고 저항하기 어려운 방식으로 자신을 내세우는 이데올로기가 생겨났다.(67) 이것은 인간과 사회에 대한 정치적 담론이 전례 없이 활기를 띠도록 고무했다. 신유학에는 사회정치적 개혁에 대한 분명한 가르침이 들어 있어, 고대 중국에서 성인 군주들이 통치한 모범 세계를 실현할 수 있다는 보증을 받아냈다. 더욱이 신유학을 개혁하려는 추진력은 실천자를 행동주의자로 바꾸어 사회 변화를 위한 정강政綱에 참여하도록 만들었다. 조선 초기의 신유학자들은 이렇듯 행동에 대한 요구에 감염되어 한국 사회를 유교화하는 개혁 정강을 결정하고 이행하기 위하여 분투하였다. 그리하여 중국에서 11세기 왕안석王安石(1021~1086)의 개혁이 실패한 이후 이들의 정강은 동아시아 세계에서 가장 야심차고 창조적인 개혁 시도가 되었다.

1장

신유학 수용 전의 과거, 고려 사회의 재구성

•••

　고려 왕조(918~1392)는 10세기 전반에 다시 한 번 한반도를 통일하였다. 이때 당 제국(618~906)은 이미 종말을 고하고 단명한 왕조가 잇달아 일어나서 중국 땅을 분할하고 있었다. 당나라의 정치적 운명은 끝났으나 그 제도와 문화 업적은 이어져 한국에서 새로운 왕조의 토대를 마련하는 데 기본 요소가 되었다. 고려 왕조를 창건한 왕건(재위 기간 918~943)은 『훈요訓要』에서 "우리 동방은 오래전부터 당의 풍속을 숭상하여 문물과 예악은 모두 그 제도를 좇았다"[1]라고 하여 당나라를 칭송하였다.

　고려 초기 국왕들은 주로 당의 제도를 모범으로 삼았다.[2] 고려 왕조는 중국 오대(907~960)의 일부 왕조를 비롯하여 북송(960~1126)과 긴밀한 관계를 맺으려 했는데, 이것은 훌륭하다고 판명된 중국 제도를 모방하여 초기 왕조를 장식하려는 강렬한 열망에서 비롯한 것이다.[3]

　그렇지만 당나라 문화가 아무리 강하고 호소력이 있더라도, 이를 한국 환경에 채용하는 데는 이론이 있게 마련이다. 실제로 최승로崔承老(927~989) 같은 열렬한 중국 숭배자조차 중국의 영향에 순종하려고 지역 관습을 소멸하려는 데는 찬성하지 않았다. 최승로는 "사방四方의 습속은 각기 지방의 특성을 따르므로 이를 모두 변화시키기는 어려울 것 같습니다. 예악과 시서詩書의 가르침이나 군신과 부자의 도리는 마당히 중국을 본받아 비루한 것을 고쳐야 할 것입니다. 그렇지만 그 나머지 차마車馬와 의복제도는 되도록 그 지방의 풍속에 따르게 해야 합니다"[4]라고 진언했다. 사실 최승로의 이러한 진언은 태조가 이미 표명한 견해를 되풀이한 것에 불과하다. 다시 말해 모든 이들이 무비판적으로 획일화하는 데 분투하는 것은 필요하지 않다는 것이다.[5]

중국의 압도적인 영향력에 대한 한국인의 양면 가치는, 물질문화에 대해서만 지역적 다양성을 허용함으로써 표면적으로는 화해한 것처럼 보인다. 그러나 문제는 중국의 '의례'를 채용하되 한국의 풍습은 손대지 않는다는 것보다 훨씬 복잡하였다. 가장 문제가 되는 것은 한국과 중국이 근본적으로 사회 관습이 서로 다르다는 점이다. 법 제도나 의례 제도, 특히 『당전唐典』 등과 같은 저술에서 한국에 소개된 중국의 용어와 특수 어법은 한국 어휘로 쉽게 받아들여졌다. 그렇지만 이들이 한국의 사회 현실과 항상 일치하지는 않았다. 중국어와 같은 표의문자表意文字는 한국 언어에 적합하지 않았다. 이와 마찬가지로 중국의 사회 개념과 용어는 고려의 사회 현실을 나타내는 데 불완전했다.[6] 이렇듯 중국의 술어와 한국 사회의 현실 사이에는 기본적으로 양립할 수 없는 측면이 있었다. 그리고 때로는 이러한 측면이 그냥 지나가지 않고 고려 사회를 왜곡하는 결과를 가져왔다. 이것은 현재와 마찬가지로 과거에도 그러했다.

고려 사회에 대한 연구는 이용할 수 있는 문헌이 모자라기 때문에 장애가 있다. 주요 자료로는 『고려사高麗史』, 『고려사절요高麗史節要』, 문집, 묘지명, 호적과 계보 자료 일부 그리고 『조선왕조실록朝鮮王朝實錄』의 조선 전기 이전 부분을 들 수 있다. 고려시대 그중에서도 특히 고려 말에 편찬된 역사 자료는 더 찾을 수 없다. 이들은 분명 『고려사』를 편찬하는 데 참조가 되었을 것이다. 『고려사』 편찬 작업은 조선 왕조의 개국과 더불어 시작하여 여러 차례 수정을 거친 후 1451년에 완성되었다.[7] 중국의 역사 서술을 모범으로 삼아 구성하였으며, 중국의 모델이 내용에 어느 정도 영향을 주었을 것이다.

고려의 사회제도에 대한 평가에는 문제가 많다. 관련 문헌이 모자랄 뿐 아니라 조선시대 신유학자들이 고려의 사회 상황을 거의 감지하지 못한 채 고려시대에 대한 관찬 역사서를 편찬했기 때문이다. 다시 말해서 이들의 눈에는 고려가 퇴폐적인 사회로 보였다. 사회에 대한 정보, 그중에서도 특히 가족이나 친족에 대한 것은 당연히 모자랐다. 편찬에 관여한 유학자들은 때로 전 왕조인 고려시대의 혼례와 같은 경우, 그 특성을 이해하지 못한다는 사실을 인정했다.[8] 그러므로 혼인제도에 대해 논의하지 않고 여성의 사회 지위를 전반적으로 무시한 것은 놀라운 일이 아니다. 『고려사』의 지志는 주로 중국의 법 형태에 의존하였다. 그래서 이러한 법규를 호구나 혼인과 관련된 특별한 경우에 어떻게 적용하고 다루었는지 분명하지 않다.

유교 교육을 받은 고려 역사의 편찬자들은 조선 왕조의 창건과 더불어 자신들이 제도화하려고 한 새로운 사회 체제와 고려 사회를 비교하여 기술하기가 어렵다는 사실을 깨달았다. 그래서 이들은 고려 사회를 자신들의 관찬 역사서에 기술하기를 꺼렸다. 반면, 유교 양식의 법제화를 선전할 때는 고려의 사회제도를 서슴없이 비판하였다. 이들이 크게 경멸한 것이 고려 사회에서 실천되고 있었음이 틀림없다. 그러므로 『조선왕조실록』 초기 부분은 고려 사회사에 대한 값진

전거가 된다.

한국 측 자료 이외에 당시 중국인이 쓴 두 보고서도 신뢰할 만하다. 중국의 사신 서긍徐兢(1091~1153)이 쓴 『고려도경高麗圖經』도 그중 하나인데, 서긍은 1123년에 한 달가량 고려의 수도 개경에서 머물렀다. 서긍은 고려와 다른 사회 분위기에서 살아왔으므로 고려 사회의 특이함을 빈틈없이 파악하였다. 그러므로 고려 사회에 대한 서긍의 기술은 의미가 깊고 실제로 조선 전기의 양상과 매우 잘 부합한다. 또 다른 것은 그 당시의 출전인 『계림유사鷄林類事』이다. 이것은 송나라 사행의 일원인 손목孫穆이 1102년에서 1106년 사이에 편찬한 것으로 추정된다.[9]

고려는 귀족, 평민, 노비로 구성된 고도로 계급화된 사회였다. 사회 지위는 주로 가문을 배경으로 하였으며 적어도 왕조 초기부터 쉽게 바꿀 수 없었을 것이다. 지배 엘리트인 귀족은 특권을 많이 가진 지위 집단으로서,[10] 그 특권에는 왕실과의 혼인, 문반(문신 관리) 직책의 차지, 음서蔭敍[蔭] 귀족들끼리의 통혼, 토지 소유 등이 포함된다. 귀족은 "모자를 쓰고 제복을 입으며 허리띠에는 홀을 가진 이들로" 또는 "의관을 걸치고, 입으로는 인의仁義를 이야기하는 이들"로 알려져 있었다.[11] 이는 귀족 지위와 관직 사이의 밀접한 관계를 분명히 시사한다.

귀족 집단은 변하지 않은 것이 아니라 고려 사회가 전개됨에 따라 끊임없이 새로운 이들을 받아들였다. 고려 왕조를 창건한 귀족들은 태조의 논공행상에 따라 건국 공신이 된 이들을 포함하여 사회 배경이 다양한 인물들로 구성된 혼합 집단이다. 이들은 신라 귀족(여기에는 전 왕실의 구성원도 포함된다), 군사 지휘관, 지역의 실력자[豪族]들이었다. 후자는 지방에 경제 기반이나 군사 기반을 소유하여 건국 초기 왕조에 만만찮은 위협이 되었다. 그러므로 이들 호족을 개성에 있는 중앙정부로 통합해 강력한 왕권에 예속되는 관료로 창출하는 것이 바로 고려 초기 국왕들의 주요 관심사였다. 광종(재위기간 949~975)에 이르러 처음으로 원래 엘리트들을 숙청하고 중국을 본떠 처음으로 과거제도 등을 채택하는 등 여러 관료적 수단을 동원하여 이들의 권력을 파괴하려 하였다. 그 후 20여 년이 지난 976년에 '전시과'田柴科를 시행하여 국가에 봉사하는 이들에 대한 보상을 제도화하였다. 성종 (재위기간 981~997)의 통치 아래 통제할 수 있는 문관적 요소를 채용함으로써 고려 왕조가 처음 시행한 관료화 작업은 최고조에 도달하였다. 이 과정에서 995년에는 관리들이 문반文班과 무반武班으로 나뉘었다. 이들은 양반兩班이라 불렸지만 둘의 자격이 동등한 것은 아니었다. 반班의 경계를 손쉽게 넘어설 수 없었으며 무반은 열등한 지위에 있었다. 관리들의 최정상 품계(종1품, 정1품, 종2품)는 무반에게 닫혀 있었다. 무반에게는 정상에 도달할 수 있는 과거시험이 없었기 때문이다. 더욱이 군대의 최고 직책도 문신이 차지하였다.[12]

이렇듯 문신 귀족이 통치상 우위를 차지하면서 이에 따른 무신 귀족과의 불균형으로 1170년에 무인난이 일어났다. 이것은 고려 역사상 처음으로 일어난 주요한 단절이다. 이것은 거대한 문화적·귀족적 업적을 성취한 시대의 종말을 고하였고, 이어 무인 지배 아래 1세기에 걸친 내부 갈등을 예고하였다. 무인 집권 시대에 귀족층 본래의 문관적 성격은 흔들리기 시작했다. 그런데도 구귀족은 무너지지 않았다. 하지만 무인 배경을 지닌 인물이 최고위 문신직에 진출하면서 귀족 신분을 가지려 하였다. 이것은 문반과 무반을 어느 정도 대등하게 만드는 결과를 가져왔다. 더욱이 이 시기에 관리들은 오로지 과거로 이름을 떨칠 수 있었다[能文能吏]. 과거에서 능력을 평가받는 것은 갈수록 상층 이동에 중요한 기준이 되었다. 또 이것은 13세기 후반 몽골의 지배 아래 등장한 이른바 '권문세가'의 모범이 되었다. 이들 중 일부는 몽골을 등에 업고 전문가로서 고위 관직을 획득하였다.[13]

고려 왕조에서 상층 사회 계급의 획득과 유지는 귀속과 성취의 균형 위에서 좌우되었다. 처음에는 출생과 세습만이 귀족에 속하느냐를 결정하는 주요한 조건이었다. 국가 기구가 점차 관료화함에 따라 인물에 대한 사회적 평가가 과거시험에서 입증된 능력과 지식을 우선으로 하면서 관직이 위세의 새로운 근원이 되었다.

그리하여 시간이 흐를수록 귀족 신분을 결정하는 기준이 바뀌고 확대되었지만 최고위 집단 자체는 상대적으로 배타적인 상태로 남아 있었다. 이것은 1308년 충선왕이 반포한 목록에 반영되어 있는데, 여기에는 왕실과 결혼할 수 있는 '재상을 배출하는 가문들'[宰相之宗]이 열거되어 있다. 이 명단에는 불과 15개 성씨姓氏만이 들어 있다.[14] 여기에 그 당시 저명한 귀족 가문이 모두 포함된 것은 아니지만, 고려시대 전체를 통틀어볼 때 귀족을 구성하는 이들이 수적으로 적었던 것은 분명하다. 이와 마찬가지로 이들의 지속성 또한 분명하다. 1308년에 반포한 명단에서 언급한 성씨 중 경주 김씨慶州金氏, 경원 이씨慶源·仁州李氏, 안산 김씨安山金氏, 파평 윤씨坡平尹氏 4개 성씨는 고려 초기부터 존속한 가문이다. 그렇지만 고려 후기의 귀족은 무인 배경을 지닌 이들이 문신 귀족과 더불어 정부의 최고위 직책을 맡았다는 점에서 고려

전기의 귀족과는 다르다.[15]

유교 교육은 고려 귀족의 관직 생활에 영향을 주었다. 한시를 암송하고 유교 도덕의 원리에 충실한 것은 세련된 교양인의 상징이었다. 유교는 국가의 업무, 특히 관리를 선발하는 실제 방법으로써 합당한 것으로 받아들여졌다. 그렇지만 유교가 결코 일상생활 양식에 파고든 것은 아니었다. 고려 왕조는 불교 시대에 해당하며 사회생활과 종교 생활의 모든 면에 걸쳐 침투한 것은 불교였다. 불교 사원과 종파는 크게 번성하였으며, 왕실이나 귀족은 모두 이들을 아낌없이 후원하였다. 사원의 축제는 모든 이의 연중 생활에서 가장 중요한 행사였다. 가장 친숙한 의례, 특히 죽음과 관련된 것은 승려의 책임이었다. 거란의 침입에 이어 몽골의 침입 같은 북방 민족의 침입에 맞서 부처의 가호를 끊임없이 빌었으며, 이것은 불경을 목판에 새기는 작업, 다시 말해 『고려대장경高麗大藏經』의 조성으로 표현되었다.

고려는 장기간 수명을 유지한 '왕조'이다. 고려 왕조는 당 왕조가 몰락할 때 흥기하여 송나라와 원나라를 합한 기간보다 더 오래 존속했으며, 마지막에는 명 왕조(1368~1644)도 일어났다. 이렇듯 오랫동안 이어져왔으므로, 어쩌면 고려는 왕조로서 일관된 특징이 거의 없었다고 해야 할지 모른다. 정확하게 말해서 고려는 독특한 각 시기가 연속되었으며, 각 시기는 두드러진 내적·외적 사건으로 특징지을 수 있다. 그러므로 고려 사회의 구조와 조직을 재구성하려는 어떠한 시도도 먼 과거를 가까운 과거에 끼워넣거나 특정 시기의 정보를 전 왕조의 것으로 일반화하는 위험에 처하게 된다. 발전과 변화는 손쉽게 추적할 수 없다. 더욱이 여기에서는 '고려 사회'를 좁은 의미로 이해하고 있다. 어느 정도 이용 가능한 문서가 귀족과 같은 상층계급에 초점을 맞추는 것은 피할 수 없다. 평민과 노비는 고려 사회에서 수적으로 다수를 차지하였지만, 이들의 친족 구조는 거의 알려져 있지 않다. 그러므로 다음에 고찰하려는 사항과 관련하여 이들은 단지 주변적 역할만 할 수 있을 뿐이다.

어떠한 재구성도 일시적일 수밖에 없다. 이 연구의 목적도 고려 엘리트 사회가 뒤이은 조선시대의 것과 근본적으로 다르다는 사실을 설득력 있게 입증하는 데 성공해야 이룰 수 있다.

친족과 출계

고려의 친족kinship에 대한 전반적인 모습을 보여주는 한국의 자료는 남아 있지 않다. 술어상 항목을 보여주는 일부 자료가 『계림유사』에 담긴 한국의 고유한 단어의 집성에 나타난다.(16) 중국 한자로 그 음을 베낀 이 같은 한국 고유의 혈연 용어의 집성은 5대에 걸친 친족 집단을 재구성하는 데 참작할 수 있다(〈그림 1〉 참조).(17)

그 중심은 결혼한 '나'Ego, 부모 그리고 아이들로 구성된다. 옆으로는 나보다 연상이거나 연하인 남매가 포함된다. 각 구성원은 성과 출생 서열을 나타내는 용어로 다른 이들과는 분명하게 구분된다. 파생어들이 각기 위아래 2대를 지칭함으로써 세대를 구분한다. 자신의 세대에서 자매들은 결혼한 여성과는 용어 면에서 구분된다. 반면 부모 세대에서는 혈연에 따라 맺어진 여성이든 혼인관계에 따라 맺어진 여성이든 모두 같은 용어로 일률적으로 취급한다. 방계성傍系性, collaterality 구도는 분명히 존재하며, 특별히 부모 세대에서 강조된다. 다시 말해서 부모는 서열에 따라 구분되는 그들의 형제자매들과는 분리되어 있다. 어머니의 남자형제들에 대한 용어는 출생 서열을 뜻하는데, 이것은 아버지의 형제들 모두에 같은 용어(사촌을 가리키는 용어는 공교롭게도 빠져 있다)를 사용하는 것과는 구분된다. 이렇듯 어머니 쪽 방계傍系, collateral 분기分岐, bifurcation는 아버지 형제들을 하나의 범

<그림 1> 『계림유사』를 기초로 한 고려시대의 친족 용어

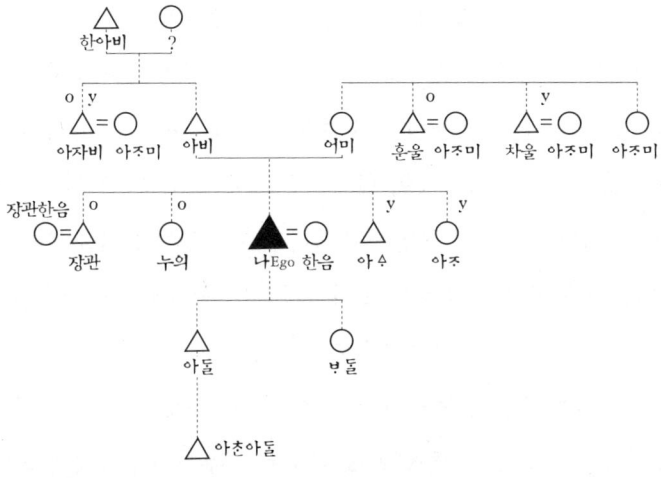

기호: o 연상자 y 연하자
전거: 여기에 제시된 인물은 이기문 교수와의 개인 면담과 다음 논문을 기초로 하였다. 이기문, 『고려시대 국어의 특징』, 《동양학》 6(1976), pp. 299~305

주로 취급하는 것과는 대조를 이루는데, 이는 주목할 만한 특징이다. 아마도 이는 좀더 오래된 모계제matrilineal system의 흔적일지도 모른다. 잘 알려진 바와 같이 친족 용어는 보수적이고 변화에 저항하려는 경향이 있기 때문이다. 그리고 이는 부처 거주婦妻居住, uxorilocal residence 관습을 분명히 입증하고 있다.

어머니의 남자형제들에 대해 각기 다른 용어를 사용한 사례에서도 볼 수 있듯이 모계친母系親, matrilineal kin을 두드러질 정도로 강조하는 것은 친족 용어에서도 입증된다. 또한 이러한 양상은 고려식으로 변용된 오복제五服制에서도 그 차이를 분간할 수 있다. 오복제도는[18] 당나라의 경우 친족 관련 행사 가운데 가장 중요하며,[19] 이는 한국인에게 형식적 의미에서 중국 오복의 등급을 갖추게 하였다. 한국인은 오복제를 적용하여 가까운 친척relative과 경계를 긋고 이들이 상례에 참가하는 등급을 매겼다. 고려에서는 이 제도를 상세하게 본떴다. 그렇지만 부계친patrilateral kin을 강조하는 당나라의 모델과 어머니 쪽 친족 maternal kin의 오복 참여를 지나치게 절상하는 자신이 속한 사회의 관행 사이의 불균형을 바로잡아야 한다고 느꼈다. 이에 따라 외조부의 경우, 애도 기간을 1년으로 규정하여(당나라는 5개월이다) 증조부와 똑같이 경의를 표하였다. 결과적으로 어머니의 남자형제들과 자매들 역시 당나라 모델에 규정된 것보다 높은 등급을 부여하였다. 그렇다고 이들을 아버지 쪽 대응 인물들과 동격으로 규정하지는 않았다. 더욱이 어머니의 사촌과 같은 특정 인물을 오복에 추가함으로써 한국의 오복제는 적어도 은연중에 어머니 쪽의 증조부와 증조모도 인지하고 있었다(그렇지만 이들에 대해서는 오복 등급이 없었다).[20] 위와 비슷한 모변 편향은 당나라의 '상피제'相避制를 한국에 적용하는 데서도 분명히 알 수 있다.[21] 한국의 상피제는 중국의 원형과 달리 부변친父邊親과 모변친母邊親 사이에서 거의 완벽한 균형을 보여준다.

위와 같이 중국의 두 친족 범주를 한국이 수용하는 방식은 고려 친족 구성을 이해하는 데 도움을 준다. 한국인은 자신들의 사회 관념에 따라 외족과 처족affinal kin을 더욱 두드러지게 함으로써 중국의 부계 편향을 그다지 중시하지 않았다. 이것은 엄격하게 개념화된 오복제보다는 상피제 같은 행정 규제에서 더욱 쉽게 행해졌다. 상피제 규정의 친족 영역과 『계림유사』에 기술된 것이 일치한 것이 인상적이며, 특별한 개인에 초점을 맞춤으로써 고려의 친족체계는 친족원의 공계共系, cognatic 집단을 인지하였다는 잠정적인 결론으로 이끈다. 초점에 놓인 '나'의 가장 친밀한 친족은 자신의 친속親屬에서 나왔으며, 이 경우 친속은 대체로 사촌이나 재종再從까지 확대되어온 것으로 보인다. 중국의 모델도 특정 인물을 중앙에 놓는다는 점에서는 분명히 같지만, 그 주위는 주로 부계와 관련이 있는 친척이 둘러싸고 있다. 그 결과 중국의 규정과 이를 적용한 한국의 규정은 근본적으로 차이가 있다. 이것은 친족체계에 대한 서로 다른 개념화에서 비롯되며, 공계친共系親, cognatic kin이 개인의 사회적 경계를 형성한다는 사실에 대한 한국인의 인지를 돋보이게 한다.

특정인의 친족은 가장 넓은 의미로는 한자어로 족族 또는 씨족氏族으로도 나타난다. 족은 아마도 '친족', '조상이 같은 사람'을 의미하는 순수한 한국어인 겨레를 한자로 표현한 것일 것이다.[22] 신라 관련 자료 가운데 처음 여기저기 보이는 이 족이 정확하게 친족으로 개념화되어왔다고 보기는 어렵다. 정확하게 말한다면 특정인의 부모나 배우자 두 사람으로 연결되는 어느 누구라도 그 사람의 족에 속한다.[23] 족이라는 용어가 중국 관례에 따라 법전이나 예서에 사용될 때는 종종 본족本族, 외족外族, 처족妻族의 삼족三族으로 세분되기도 했다.[24] 그렇지만 숱한 사례가 보여주듯이 이같이 족의 내부를 뚜렷하게 구분하는 것은 분명히 중국에서 유래했으며, 고려 사회의 일상생활 맥락에서는 공통되지 않는다. 이 개념에 대한 생생한 실례의 하나는 1196년에 이의민李義旼(?~1196)을 살해하면서 그의 '삼족'을 몰살했다는 보고일 것이다. 이렇듯 이의민의 부변父邊 친척, 모변母邊 친척, 인척姻戚, affinal relative에 대하여 특별히 언급한 사실은, 한 개인의 친족이 다변적으로 multilaterally 연결되는 일군의 사람을 포함한다는 것을 입증한다. 세 친족 집단을 모두 몰살해야만 적의 권력을 영구히 도태시킬 수 있었다. 그 결과 모든 실제 목적상, 족은 여러 성씨가 중복되어 어떠한 친족 형태에나 해당하는 부정확하고도 융통성 있는 개념으로 사용된 것이다.(25)

자료에는 때로 '친척'親戚이라는 용어도 나타난다. 족과는 대조적으로 이 용어는 개인이 가장 밀접하게 상호작용하는 친족 범위, 예를 들면 형제 친족원fraternal kinsmen을 뜻하는 것처럼 보인다.(26) 친척은 족보다는 의미가 좁은 덜 공식적인 용어로 생각된다. 이것은 친속이라는 의미에서 친당親黨, 족당族黨과 같은 뜻 같다. 가끔 행동 집단은 바로 이와 같은 부류의 사람들에서 충원하였다. 두드러진 한 가지 실례가 12세기 전반기에 활약한 이자겸李資謙(?~1126)파의 구성이다. 이자겸의 친족원은 단순한 동조자[黨與]와는 분명히 구분되며, 아들들, 사위, 동생, 부계와 비부계non-agnatic의 조카, 부변과 모변의 사촌들 그리고 인척을 포함한다. 실제로 이자겸을 정치적으로 추종한 이들 가운데 다수는 모변과 관련되는 친척과 혼인으로 맺어진 친척이다.(27) 그 밖에도 고려의 역사는 집안일 이외의 활동에 친속을 동원하는 일이 중요했음을 입증하는 숱한 사례를 보여준다.(28)

그러므로 족은 융통성 있고 일체를 포함하는 친족관계의 개념을 기초로 한 것이다. 그 같은 융통성은 족을 '출계집단'이라는 매우 모호한 의미로 사용할 때 역시 명백하다. 앞으로 좀더 분명히 밝혀지겠지만, 어느 집단은 남성과 여성 양쪽의 고리를 이용해 그들의 출계를 밝히며, 이 둘 중 어느 하나만 대상으로 하지는 않는다. 그 이유는 계보에 대한 사고가 단계單系, unilineal의 원리를 따르지 않았기 때문이다.

오히려 모변과 부변 이 양자의 연관은 되도록 많은 구성원을 출계집단에 포함시키게 마련이다. 이러한 양변兩邊, bilateral 전략으로 이 출계집단에서는 남성 구성원과 여성 구성원을 계속 유지하는 데 관심을 똑같이 두었다. 출계집단은 계보의 깊이와 상관없이 탄탄하게 잘 짜인 일단의 사람들이다. 이 집단은 규모가 크면 클수록 재산을 보유하고 사회 지위를 확보하며 정치적 영향력을 행사할 잠재성이 더욱 커진다.

위계 서열에 따라 구조화된 고려 사회에서, 인정받는 출계는 저명한 선조를 찾을 수 있는 출계집단에 속하는 자격을 의미한다. 이것은 정치적·법률적 지위를 높이려는 고려 귀족들의 관건이다. 여러 세대에 걸쳐 서로 접합되고 유지된 높은 사회 지위는 정치 세계로 진출하는 기반이 되었다. 이것은 또한 이에 상응하는 경제 기반도 보증하였다. 인정받는 출계집단 구성원임을 입증하는 일이, 고려 초기인 1055년 과거시험에 응시하는 모든 이에게 우선 요구되는 사항이라는 사실도 시사하는 바가 크다.[29] 그렇지만 어떻게 그 같은 구성원 자격을 입증받을 수 있는가? 이것은 오직 체계화된 계보 기록을 바탕으로 실제로 행해질 수 있었다. 왕조 창건 당시 가문의 기록[譜]을 유지하는 것은 관행이 아니었다고 전해진다. 그리하여 선조들의 이름[其先]은 잊혔으며, 단지 자신들이 신라에서 기원한다는 것만 어렴풋이 기억했다고 한다.[30] 엘리트의 묘지명으로 보아[31] 약 12세기 중반에 계보 기록은 좀더 정교해졌으며, 부계 중 2대조 심지어 3대조가 명단에 오르기 시작하였다. 이른바 '사조'四祖를 언제부터 직계 선조, 좀더 구체적으로는 부, 조부, 증조부, 외조를 확인하는 최소의 계보 공식으로 이용했

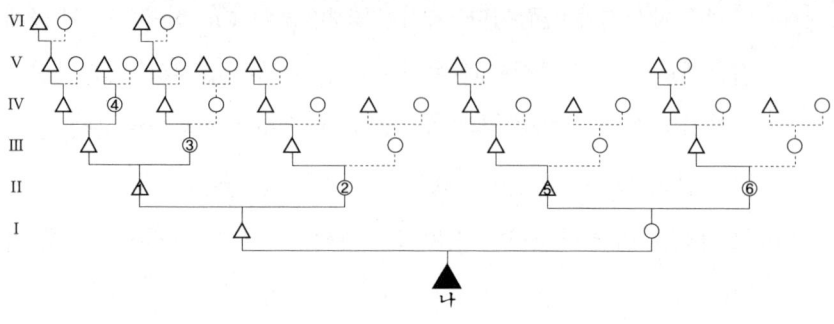

주기: 아라비아 숫자는 선조의 세계들이 뻗어나가는 부변과 모변의 조부모, 부변의 증조모, 부변의 고조모를 표시한다. 로마 숫자는 나의 위 세대를 표시한다.

는지는 확실하지 않다. 이것이 중국의 계보 양식에 따른 착상임은 의심할 나위가 없다. 그렇지만 사조에 외조를 포함시킨 구성은 한국만이 지닌 독특한 것이다.[32] 13세기 말 사조를 입증하는 것은 과거 응시자에 대한 요구 사항이 되었다.[33] 출계를 입증하는 일은 분명히 사회 지위를 분간하는 주요한 수단으로, 조선 왕조를 수립한 후 첫 세기에 더욱 상세해졌다.

선조들을 중심으로 직계 후손을 실제로 추적하는 것이 고려 고유의 계보 의식과 어긋나는 것임은 의심할 여지가 없다. 그렇지만 이것은 정치 관직을 독점한 수도 엘리트에게는 필수 조건이 되었다. 굳건하게 확립된 사회 지위와 정치 참여 사이의 등식이 고려 왕조 후반에 신흥 사회세력의 다양한 도전에 직면하면서, 혈통 구분은 더 중요해지고 결과적으로 더욱 정교해졌다. 개인의 혈통ancestry을 기술하기 위한 구성 방식이 정교하게 발전하였다. 다시 말해 사조의 기본 형태에 아

〈그림 3〉 '나'의 처의 이조 계통

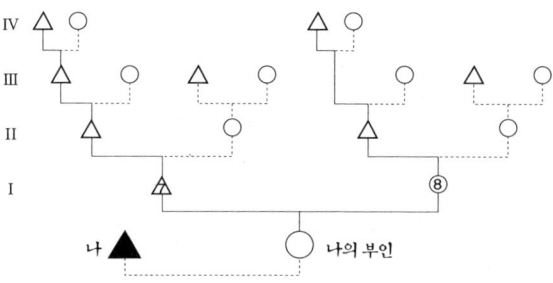

주가: 아라비아 숫자 7과 8은 처의 부모에서 그 위의 선조들로 확대한 세계를 의미한다. 〈그림 2〉에 제시한 나의 여타 선조의 세계와 더불어 이들은 이른바 '팔조'를 구성한다. 로마자는 처의 위 세대를 표시한다.

버지 쪽의 조부모, 증조부모, 외조부와 외조모, 처부와 처모의 (각각의) '사조'를 포함함으로써 확대되었다. 그리하여 위로 6대 선조까지 혈통 구분 대상에 포함시키는 방향으로 나아가도록 했다. 그같이 구성할 경우 출생한 남성의 출계는 최대 여섯 계통이 된다. 그것은 조부의 계통, 조모의 계통, 증조모의 계통, 고조모의 계통, 외조부의 계통, 외조모의 계통이다. 이들 여섯 출계 계통은 처부와 처모의 두 출계 계통과 합하여 이른바 '팔조'를 형성하였다(〈그림 2〉와 〈그림 3〉 참조).[34]

일정 계통系統에 따라 출계를 입증하는 이러한 방식은 분명히 부계적 편향이 들어와 있는 것이다. 남성과 여성의 균형은 선조 중 단지 1대와 2대에서만 유지되었을 뿐이다. 나로부터 위로 3대 중 한 사람(증조모)과 4대 중 한 사람(고조모) 등 두 계통의 경우 여성 조상에서 유래했지만 이들 두 여성은 단지 그들 각각의 출신 부계를 대표한다고 생각된다(여성은 그들의 출생 집단natal group의 일원으로 남아 있다). 다시 말해 이들 두 계통은 독립된 선조들과의 연결 고리link를 가리키지 않는다. 팔조도에 깔려 있는 철학은 분명히 부계적인데도 이것의 기초가 된 사조의 요소는 전형적으로 모변적 파생물을 지니고 있다.

그러므로 고려의 남성이 이론적으로 끌어댈 수 있는 팔조는, 지역 기반을 표시하는 이른바 '팔향'八鄕과 분명히 연관이 있다.(35) 선조들의 원래 출신지를 의미하는 전문용어로서 '향'鄕은 고려 초기부터 사용되었다.(36) 토지 재원은 이들 향과 결합하여 전체적으로는 세습 재산을 형성하며, 이를 일괄해서 '조업'祖業이라 하여 종종 언급하는데, 적합한 출계 배경을 지닌 각 개인을 부르는 출자가 되었다.

'팔조'와 '팔향'의 개념화는 의심할 나위 없이 고려 사회가 중국의 부계적 사고가 적용된 후기 단계임을 의미한다. 14세기로 추정되는 소수의 호적을 제외하면, 현존하는 어떠한 고려 자료도 이러한 제도가 적용되었을 가능성을 보여주지 않는다. 이른바 '팔조 호구'八祖戶口(37)라고 불리는 호구 문서는 호적을 정교하게 변형한 것이므로 단지 귀족만이 편찬할 수 있었다.(38) 여기에는 통상 호주戶主의 사조와 호주 아내의 '사조' 그리고 이에 덧붙여 호주의 조모, 증조모, 외조모의 사조를 기입하였다. 남은 사례에서 고조모는 결코 기입되어 있지 않으며 처의 부모도 종종 빠져 있음을 볼 수 있다.(39) 분명히 친족을 엄격하게 개념화하는 것과 실제 관행 사이에는 혼란과 긴장이 많았다. 때때로 나타나는 간극과 변칙은 어느 정도 선택을 암시한다. 다시 말해서 단지 정치적 관직의 획득 같은 특정 상황에서 그 같은 연결 고리가 유리하다고 확신할 때 만들게 된다.

먼 세대와의 실제 혈통 고리나 추정상의 혈통 고리를 추론하는 일이 때로는 사회적으로 고위 신분임을 과시하는 데 의미가 없을 수도 있었다. 더 나아가 이 작업이 호구 작성에 유용했는지도 의심스럽다. 그리하여 고려 후기에 처음으로 일정 한계를 긋도록 법으로 분명하게 규정하였다. 그렇지만 현재 알려진 것은 조선 전기에 발의된 이와 비슷한 규정뿐이다. 그에 따르면 2품 이상의 관리만이 팔조를 입증해야 하는 것으로 추정되며, 3품 이하 관리군에 대한 정보는 관직이 낮아질수록 점차 줄였다. 그리하여 어머니 쪽과 처의 연결 고리를 배제하기에 이르렀다.[40] 이 같은 제한 규정은 사회 신분을 표기하기가 너무도 복잡하므로 "문제가 번거로워 폐단이 일어날 뿐 아니라 국가에 아무런 이득이 없다"고 간주한 정부 당국의 불만에서 비롯되었다.[41]

친족을 수직적으로 계산하는 것은, 각 개인이 자신과 밀접하게 상호 교류하는 친속들—아마도 이들은 같은 거주지에서 살았을 터인데—을 느슨하게 묶는 것일 뿐이다. 거주지는 하나나 그 이상의 호구로 구성된 것 같다(호구戶口는 가구家口 또는 세대世帶와 상통한다. 이는 가족과 달리 함께 거주하는 사람들이 경제적 협력체를 이룬 것을 말한다. 따라서 가구나 세대의 구성원은 가족과 같이 반드시 혈연관계와 혼인관계로 결부된 사람이 아닐 수 있다. 세대가 더 널리 통용되며 개념이 좀더 정확하게 전달된다는 의미에서 앞으로는 되도록 세대라는 용어를 사용한다-옮긴이). 법에 따르면 정부에서는 각 세대의 세대주에게—언제나 그런 것은 아니지만 통상 세대주는 가장 나이든 남자 구성원이 되게 마련이다(여성 역시 가끔 세대주 역할을 하였다)—세대에 함께 거주하는 이들, 이를테면 아들, 형제, 조카, 사위를 등록하도록 하였다. 하인이나 일꾼으로서 세대에 종속된 솔거 노비 역시 여기에 포함시켜야 했다.[42]

그 결과 세대는 여러모로 복잡한 단위가 되었다. 가장 단순한 세대는 하나의 핵가족으로 구성되지만, 통상 세대는 직계 가족 또는 복합 가족 같은 여러 가지 형태로 확대되었다. 세대주의 세대에서는 형제나 누이들을 포함하는 변邊, lateral이 그 같은 확장 범위였다. 호적은 일반적으로 세대주의 위 첫 세대와 아래 첫 세대에서―생존한 3세대를 포괄한다. 결혼으로 맺어진 여성 계통은 물론 남성 계통으로도 확장될 수 있었다. 세대 구성원으로 자주 보이는 인물 중에는 처의 부모와 처가에 거주하는 결혼한 딸의 남편이 있다. 4명에서 20명에 걸치는 세대 구성원(평균 수치가 7.4명)은[43] 가까운 주거지에 살면서 다른 가정 주위에 집단을 이루었을 것으로 추측한다. 무인 집권기에 적을 제압하는 좀더 효과적이고 공통적인 한 가지 방법은 세대의 존재 기반인 그와 같은 거주지를 무자비하게 파괴하는 것이었다.[44]

계승과 상속

고려 왕조 대부분의 기간에는 출계를 부모 어느 한쪽의 계통만으로는 분명하게 추적하지 못하므로 개인의 사회 지위를 규정하는 데 부와 모 양변을 고려 대상으로 삼았다. 고려의 친족 집단은 같은 세대 구성원일 경우, 여성이든 남성이든 모두 똑같은 권리와 책무를 행사했다는 점에서 배타적이지 않으며 일체를 포함하였다. 이같이 형제자매들이 기본적으로 동등한 전통은 관직 계승이나 재산 상속과 중요한 인과관계가 있었다. 고위관직, 특히 왕위를 이양하는 경우, 출계에 관한 분명한 규칙이 미리 정해져 있지 않았으므로 자동으로 계승되지 않았으며, 현재 왕위에 있는 이의 아들뿐만 아니라 형제 중에서도 왕위를 요구하고 나서는 이들이 있었다. 왕권과 통치권이 모든 후계자에게 분산되지 않도록 왕위 계승은 분할되어서는 안 되었다. 이 같은 사실을 잘 알고 있었으므로—또한 그 당시 이것은 의심할 여지가 없다—다음 왕위를 계승할 수 있는 우선권을 자신들이 갖고 있다고 믿는, 잠재적으로 동등한 위치에 놓인 방계는 왕위 계승을 둘러싸고 치열하게 다투었다. 그리하여 고려 초기에는 왕위가 바뀔 때마다 형제 사이에 다툼이 일어났다.

태조는 자신이 창건한 왕조에서 이러한 전통이 위험하다는 사실을 깨닫고 있었다. 그래서 죽기 직전인 943년, 왕위 계승에 관한 규정을 두려고 했다. 여러 부인에게서 태어난 많은 왕자가 서로 반목하는 것을 막으려고 당나라의 계승 규칙에 담긴 부계 원리를 제도화하려고 했다.⁽⁴⁵⁾ 그리하여 태조는 후손들에게 남긴 유훈[太祖訓要]에서 적장자嫡長子가 왕위를 계승하는 것을 근본 법칙으로 강조하였다. 그렇지만 태조는 역사의 선례를 살펴보면서, 원자元子가 무능하면 다음 아들이나 가장 능력 있는 아들이 왕위를 잇도록 선정해야 한다고 덧붙였다.⁽⁴⁶⁾ 그러나 실제로 고려 초기에 시행된 것을 보면 태조가 적장자의 왕위 계승을 강조한 것이 아무 영향을 주지 못했음을 알 수 있다. 왕조 전반기에 왕위는 형제, 아들, 조카들 사이에서 종종 세대 서열을 무시한 채 일정한 방식 없이 양도되었다. 어떤 경우에도 왕위 계승자가 무능했기 때문에 형제 상속이 이루어진 것은 아니었다. 오히려 형제 상속이라는 적자嫡子 계승과 정반대로 나아갔다.⁽⁴⁷⁾

이러한 모순은 국왕의 위패를 왕실 사당인 오묘五廟에 배향할 때 일어난 문제에서도 생생하게 드러난다. 이 제도는 국왕의 권위를 고양할 목적으로 신라시대에 처음 도입되었는데, 고려 왕조에서는 성종 통치기에 세워졌다. 위패 배열의 기초는 소목昭穆제도인데, 그에 따르면 왕조 창건자의 위패는 서편에 안치하고 동쪽을 향하게 하며, 후계자들의 위패는 왼쪽[昭]에 안치한 것은 남쪽을 향하도록 하고, 오른쪽[穆]에 안치한 것은 북쪽을 향하게 한다. 하지만 그와 같은 방식으로 연속 2대의 위패를 나란히 안치할 수는 없었다. 계통과 세대를 배려하여 양자를 결합하는 것이 소목의 근본이다. 그러므로 이들 양자를 고려하는 일을 중요하게 여기지 않는 한국에 이를 적용하는 것은 계속 논란을 일으켰다. 소목제도 자체의 운영을 이해하기도 어려웠다. 더욱이 고려 왕조는 '제후'諸侯라는 낮은 지위를 부여받아 왕실 사당이 5개로 제한되었기 때문에 종종 위패를 재배치하기도 하였다. 이것은 소목의 순서를 바꾸게 한다. 이러한 논란을 상세하게 논의할 것도 없이, 이 제도는 운영될 수 없는 것임이 분명하다. 형제를 한 세대 집단으로 일률적으로 취급한다면 통치 서열을 지킬 수 없으며, 위패를 통치 서열에 따라 배치한다면 세대의 원리와 어긋나기 때문이다. 간단하게 말해서 형제 상속과 세대를 무시한 채 조상을 중심으로 한 계통제도를 억지로 채용할 수는 없었다.[48]

귀족이라고 지위 계승 문제가 덜 중요한 것은 아니었다. 계승은 사회적으로 고위 신분을 대대로 유지하는 관건이 되는 기제였다. 그렇지만 958년에 채용한 과거제도는 계승이 자동으로 효력을 발생하는 것을 위태롭게 하였다. 과거제도는 사회적 지위 인정을 국가가 평가하여 확증한 일정 자격에 예속했기 때문이다. 귀족은 과거제도를 바탕으로 한 관료제도의 구심력에 반발하면서도 높은 사회 신분을 유지하는 데 관직을 차지하는 것이 중요하다는 사실을 깨닫기에 이르렀다. 그리하여 음직[蔭敍]을 통하여 사회 지위가 완전히 단절되는 일을 막을 수 있었다. 음서는 후세대 구성원 가운데 적어도 한 사람은 관직에 자유롭게 나가는 것을 보장하였다. 고려 왕조의 전 시기에 걸쳐 음서에 따른 등용은 과거시험에 합격하여 정식으로 등용된 것만큼이나 위세 있는 일이었다. 그렇지만 음서는 종종 단지 예비적인 안전 장치였을 뿐이며, 나중에 과거시험에 응시할 가능성을 배제하지는 않았다.[49]

공적을 쌓거나 부친이나 선조들이 고위 관직을 지낸 덕분에 관직에 들어갈 수 있는 특권(그리고 이와 동시에 정부의 중요 관직을 맡을 수 있는 것)은 태조와 태조 형제들의 후손, 공신(특히 왕조 창건기)의 후손 그리고 5품 이상 관리의 자손으로 국한된다.⁽⁵⁰⁾ 이러한 특권은 국왕의 자손들에게는 세대와 상관없이 부여된다. 반면 공신이나 고위관리들의 후손에게는 이론상으로 손자 세대까지만 부여하는 것으로 되어 있었다. 그렇지만 공신의 후손들이 고조의 공훈을 상기하고 관직을 맡을 권리를 내세우면서 이러한 한계는 상당히 넓어졌다. 여기에서 중요한 것은 이 같은 음서가 아버지 쪽 또는 어머니 쪽의 선조(특히 어머니 쪽의 조부) 양자를 인정하는 가운데 주어졌다는 사실이다.

형제들의 법적 평등에 비추어 음서를 매개로 한 귀족 지위의 계승은 아들 하나로 국한되지 않았다. 여러 아들이 그 같은 특권을 행사했으며 3품 이상 고위관리에 대해서는 아들이 없는 경우 이 같은 특권을 조카인 형제나 자매의 아들, 사위, 양자 그리고 내외손까지 확대하여 부여하였다.⁽⁵¹⁾ 귀족의 지위는 왕위 계승과 마찬가지로 단계 출계 unilineal descent의 계승 원리에 얽매이지 않았다. 아들이 우선권을 갖는 후계자이지만 방계친collateral agnates도 잠재적으로는 같은 자격을 가졌으며, 심지어 외족과 처족도 계승자로 받아들였다. 그 결과 친족의 지위는 사회에서 높은 지위를 유지하는 관건이 되는 요소로 가치가 높았다.

지위 계승에는 융통성이 있었으며 비계통적non-lineal이었다. 장자상속권은 없었다. 장자상속권을 쉽사리 받아들일 수는 없었을 것이다. 다른 상속자를 부당하게 차별할 수 있기 때문이다. 그리하여 방계도 대체로 상속자 역할을 할 수 있었다. 분명히 고려 왕조 역시 『고려사』 열전에서 입증되는 바와 같이 남성 자손을 매우 중시하고 또한 원했다.[52] 외아들의 경우, 군역에서 특별대우를 받았다.[53] 그럼에도 많은 열전은 "그는 자식(아들)이 없었다[無子]"라는 함축성 있는 한마디로 끝난다. 그렇지만 계승 관행에는 본래부터 융통성이 있었으므로 아들이 없다고 사회적으로 파국은 아니었다. 그러므로 법적으로 '상속자를 세운다[立後, 立嗣]'는 것은 다소 이질적인 개념이었다. 그렇지만 당률唐律에 따라[54] 1046년에 상속자를 확실하게 정하는 것을 제도화했다. 원문에는 "법규에 따라 일반적으로 적嫡을 상속자로 세워야 한다[立嗣]. 장자가 죽으면 적손嫡孫을 상속자로 세워야 한다. 만약 아무도 없으면 같은 어머니에게서 출생한 친동생들을 상속자로 세운다. 만약 이들도 없다면 손자를 세운다. 남계 자손들이 아무도 없을 경우, 외손을 (상속자로 세우는 것을) 허용한다"라고 되어 있다.[55] 이 같은 수식으로 이 법은 중국과 한국 본래의 요소를 기묘하게 혼합했다. 조상을 중심으로 한 계통을 강조하는 것은 당나라 모델에서 따왔지만, 외손을 추가한 것은 고려의 관행을 강조한 것이다. 이 경우 적嫡은 '장자'로 번역해야 함에도 다른 원전의 증거로 볼 때, 고려에서는 이 용어를 수평적horizontal 또는 변邊과는 대조되는 '계통적'이라는 의미로 사용하였다.[56] 1046년에 제정한 법을 좀더 널리 적용한 것에 대해서는 나중에 논의하겠지만 이것은 분명히 음서의 특권을 부여하기 위하여 시행된 원리와 모순된다. 그리고 상속자를 세우는 것이 구조적으로 불필요하므로, 이러한 맥락에서 이것은 법적 세밀함 이상을 의미하지는 않는다.

유사 사례로 자식이 없는 가계에서 3살 이하의 버려진 아이를 받아들이는 것은[收養] 사회적으로 필연적인 것은 아니었다. 1068년의 법은 당나라의 법률을 모델로 직계 자손이 없거나 방계 자손(부계의 조카)이 없을 경우 수양을 허용한다고 했다. 알려진 소수의 사례는 수양자로 데리고 온 이들이 대부분 외손임을 보여준다. 중국 법규를 기초로 한 법규는 외손을 수양자로 받아들이는 것을 형벌로 다스린다고 되어 있다.(57) 더욱이 나중에 논의하겠지만, '입양'은 고려 말기로 갈수록 분명히 늘었지만 이것은 경제 요인으로 빈번하게 일어났을 뿐이며 가계descent line를 잇는 것과는 아무 관련이 없다. 그 결과 고려에서는 지위 계승이 방계의 가계collateral line로 쉽게 옮겨가거나 데릴사위가 '입양된' 아들 역할을 맡았다. 아이가 없어 상속자가 없는 경우, 입양하기 위한 특별한 방식이 요구되지 않은 것이다.

  토지와 관련이 있는 권리일 경우 국가는 상속을 통제하는 일에 각별히 관심을 가졌다.(58) 중앙집권화가 거의 진척되지 않은 고려 초기인 976년에, 조정에서는 국가가 마치 토지 재원을 완전히 통제하는 것처럼 전시과제도를 시행하였다.(59) 당나라의 행정 모델에 뒤지지 않으려는 것처럼 제정된 전시과제도는 관리를 국가에 경제적으로 종속하는 것이 목적이었다.(60) 이보다 20년 앞선 958년에는 귀족을 관료로 전환하려는 비슷한 시도에 따라 과거제도를 도입한 바 있다. 전시과제도는 시행 초기의 관료제도를 강화하기 위한 논리상 필연적인 보완물처럼 보인다. 그렇지만 이 제도가 경제적으로 중요한 가치가 있다고 하기보다는 지극히 관념적이었다고 믿을 만한 이유가 있다. 토지 사유권은 이미 고려 초기부터 존재해왔다고 여겨지기 때문이다. 더욱이 그같이 복잡한 전시과제도를 제대로 운영하려면 국가가 모든 권위를 행사하도록 지방 행정 제도를 정교하게 갖추는 것이 선행 조건인데, 이것을 미처 갖추지 못한 채 운영할 수 있다고는 상상하기 어렵다.

이처럼 그럴듯한 허구적 제도에서 국가는 직역 수행자에 대하여 직역 수행의 대가로 일정한 구역의 토지에서 일정 수확량(50%로 전해진다)을 거둘 권리를 부여할 수 있었다. 수혜자가 그 같은 토지의 소유자가 되는 것은 아니며, 죽은 다음에는 수조권收租權을 국가에 돌려주도록 했다. 이러한 기제는, 국가가 '사전'[61]이라는 형태의 토지를 국가의 감시 아래 두고 국가 통제에서 벗어나는 것을 얼마나 막을 수 있는가에 달려 있었다.

국가 통제에서 벗어날 위험은 실제로 있었다. 왜냐하면 그 같은 토지(또는 봉록)를 분급하여[田丁][62] 직역의 대가를 받는 기능이, 현직자가 죽거나 병들거나 70세에 이르면 자동으로 젊은 대리인에게 넘어가기 때문이다.[63] 그 결과 이같이 토지를 양도하는 것이 바로 국가의 이해와 관련되므로 계승을 규정한, 앞서 언급한 1046년의 법은 실제로는 주로 수조권의 양도에 적용되어왔다고 생각된다.[64] 다시 말해서 직계 후손lineal descent을 계승자로 선발함으로써 전정田丁이 수직으로 양도되도록 고정했다. 그렇지만 전통적으로 내려온 방계 계승collateral succession의 융통성은 수조권을 수평으로 이동하도록 만들어 국가 통제에서 벗어났을 것이다. 이어 1069년과 1080년에 반포된 일련의 법은 수직 이동을 재확인하였다.[65] 그렇지만 불과 수십 년 후 수조권은 직역 담당자의 아버지 쪽 친족이나 어머니 쪽 친족에게 법적으로 양도된 것으로 보인다. 1123년의 묘지명은 이에 관한 보기 드문 자료인

데, 여기에서는 심지어 처의 양부에게서 수조권을 획득한 사실까지 알려준다.⁽⁶⁶⁾ 적절한 상속자가 없으면 수조권은 확정된 친족 범위 밖에 있는 누구에게나 양도할 수 있었다. 그렇지만 그것은 특정 관직에 부여된 것이므로, 양도는 대개 같은 신분집단 안에서 일어났다.⁽⁶⁷⁾

전정을 분급分給하고 되도록 다음 세대의 계승자에게 이를 자동으로 양도하도록 한 것은, 국가를 위하여 특별한 직역을 담당할 신입자가 계속 유입되도록 보장하기 위해서이다. 혈연 집단에서 이러한 직역을 더는 담당할 수 없다면, 이와 결부된 기능과 토지는 친족의 범위를 벗어나거나 형편에 따라서는 국가로 귀속될 수 있었다. 세습 측면이 개재하지만 이것은 상속 문제라기보다는 분명히 계승 문제였다. 체립遞立이나 연립連立이라는 용어도 이것을 암시하는데, 이것은 국가 감시 아래에서 어느 보유자에게서 다음 사람에게로 양도한다는 것과 같은 뜻이다.⁽⁶⁸⁾

전정의 분급分給과는 대조적으로 국가에서는 공훈을 세웠거나 음서의 특권을 부여받은 5품 이상 관리에게는 토지를 영구히 하사하였다. 이 '공음전시'功蔭田柴는 수혜자인 고위관리가 대대로 일정 수준의 생활을 유지하도록 보장하기 위한 것이었다.⁽⁶⁹⁾ 그렇지만 이 토지가 다음 세대로 넘어갈 때를 대비하여 수혜자가 공음전시를 완전히 사적으로 경영할 수 없도록 국가에서 법으로 규제하였다. 1021년의 판결문은 직계 계승자[直子]가⁽⁷⁰⁾ 반역 등을 제외한 범죄를 저지를 경우, 토지를 손자에게 양도할 것[移給]을 규정하고 있다.⁽⁷¹⁾ 이 법규는 1073년에 더욱 명확해졌다. 아들이 없는 경우, 그 지위의 계승을 다음과 같이 고정했다. 사위, 조카(부계와 비부계 모두의 조카[親姪]), 양자(이는 고려에서 의미가 없다), 부인의 전 아들[義子]이 그것이다.[72] 이 같은 계승 서열이 음서의 서열과 거의 평행하다는 사실은 의미가 있는 듯 보인다.

전정과 공음전시 두 제도가 수직적 계승과 수평적 계승이라는 서로 다른 양도 기제를 가진 것은 이들을 타협할 수 없다는 국가의 고뇌를 반영하는 것이다(그럼에도 세월이 흐르는 동안 수평 계승이 결국 수직 계승으로 변하는 것을 막을 수는 없었다). 국가는 선택의 여지를 항상 남겨 놓으면서 적어도 간접적으로는 여성까지도 인정하는 전통 속에서 남성 지향적이고 계통에 기초를 둔 당나라 법규를 이식하려 하였다. 여성은 공음전시를 받을 수는 없었으나 남편과 아들을 통하여 이러한 토지의 몫을 확보하였다. 남편은 사위로서 자신의 능력 안에서 부인과 장인의 외손자에 대한 '대리' 계승자로서 역할을 할 수 있었다. 그리하여 이들 대신 경제 이익을 적절히 거둘 수 있었다.[73] 이러한 식으로 국가는 계승을 통제하려고 시도하면서 타협해야 했지만 토지가 사유화되는 것을 막을 수는 없었다. 고려 중반에 사적으로 소유한 전장田莊이 급속히 확대되면서 양도[連立] 규정은 처음 지닌 모든 중요한 의미를 상실하였으며, 공음전시는 후계자heir에게 전하는 조상의 전래 재산으로 변질되고 말았다.

상속은 엄밀한 의미에서 계승과 구분된다. 고려에서 계승succession은 명목에 지나지 않는다. 비록 그렇더라도 계승은 직역에 대한 대가로 수여하여 그 권한이 국가에 있는 토지를 어느 세대에서 다음 세대로 양도하는 것을 관리하는 국가 통제 장치로, 특정 개인에게 유리하다. 이와 대조적으로 상속은 어느 한 개인이 상속자에게 자신의 사유재산을 양도하는 것이다. 토지를 개인적으로 양도받은 이에게는, 전시과제도에서 배분받은 토지는 경제적으로 하찮았다. 생활에서 좀더 근본적인 것은 사적으로 소유한 토지라는 사실을 염두에 두어야 한다. 모든 토지를 국가가 소유한다는 관념을 표명했음에도 왕조 초기부터 토지는 대부분 줄곧 사실상 개인의 손아귀에 있었다. 이른바 '민전'民田으로 불리는 사유지는,[74] 귀족, 양인 농민, 심지어 노비까지도 소유한 것으로서 통상 소유주가 노비의 힘을 빌리거나 노비 없이 직접 경작하는 토지이다. 사유권에는 이 같은 종류의 토지를 매매하거나 증여하는 권리를 비롯하여 국가의 관여 없이 상속자에게 양도하는 좀더 주요한 권리가 포함되어 있다.[75]

사유재산 상속은 국가에서 부과하는 계승 규범과는 다른 그 자체의 절차를 따랐다. 본질적으로 소유주의 상속자는 여자든 남자든 모두 수대에 걸쳐 모아온 '조상 전래의 토지'[祖業田, 父祖田]의 배분을 기대할 수 있었다. 이렇게 처리하는 것을 분재分財라고 했으며, 분가와 더불어 가장 빈번하게 일어났을 것이다. 일반적으로 아들과 딸의 균분은 법으로 규정되지 않았다. 다시 말해서 국가는 이 문제에 대해 아무런 법적 권한이 없었다.

이 같은 재산 분배 관행은 고려시대 세대의 특유한 구조를 형성하는 데 영향을 주었다. 형제와 자매는 두 가지 의미에서 공동 상속자였다. 이들 각자는 부계 세습 재산의 일정 몫을 상속받았으며, 어떤 경우 서로 상속받는 것을 기대할 수 있었다. 그 같은 기대는 틀림없이 형제자매에게 되도록이면 함께 모여 살도록 강력한 동기를 부여했을 것이며, 그 결과 복잡한 세대가 만들어졌다. 앞서 지적한 바와 같이 세대는 일반적으로 세대주와 세대주의 아내 이외에도 수직 또는 수평으로 확대되거나 양 범위에 걸쳐 있는 한 쌍 이상의 부부로 구성되는 주거 단위이다. 현존하는 호적에서 볼 때, 호주의 평균 나이는 50세가 넘는다. 이것은 세대에 법적으로 성인인 아들과 이에 덧붙여 결혼한 딸과 사위가 다수 포함되어 있음을 시사한다.[76] 분명히 법에는 조부모나 부모가 살아 있는 동안 분가하여 재산을 분배하면[別籍異財] 그 같은 행위는 연로한 세대의 생계를 박탈하므로 2년 동안 강제로 노동을 시킨다고 규정하여 이를 금지하고 있다.[77] 그렇지만 큰 가족 집단이 갈라서기보다는 서로 모여 살려는 동기의 유래를 단지 법적 규제에서 찾을 수는 없다. 그렇다면 공통 유대는 경제 영역에 의존했음이 틀림없다.

고려시대에 세대는 거주 단위일 뿐만 아니라 경제 단위이기도 했다. 고려시대 관련 정보는 전혀 찾아볼 수 없다. 그렇지만 다른 농경사회와 마찬가지로[78] 고려시대에 세대 구성이 복잡한 것은 틀림없이 토지 점유 형태, 토지의 총생산성, 작은 집단보다는 큰 집단에 좀더 유리한 또 다른 경제 행위와 밀접하게 연관되었을 것이다. "아들 8명과 사위 1명이 깊은 산골짜기에 함께 모여 살면서 사냥과 고기잡이로 생계를 꾸려 간다"라는 보고가 이를 뒷받침한다.[79] (조선 초기의 자료를 근거로) 고려시대에는 가경기에 이어 휴경기가 길어 토지 생산성이 상대적으로 낮았다고 생각되므로, 더 넓은 토지를 경작해야 일정 규모 이상의 세대를 유지하는 데 필요한 수입을 얻을 수 있었을 것이다. 세대 규모가 크면 더 넓은 토지를 경작하고 규모가 큰 토지 개간 사업을 시행하는 데 필요한 인력을 확보할 수 있다. 그리하여 세대 구성원의 수와 경작 토지 규모 사이에는 틀림없이 밀접한 상관관계가 있었을 것이다. 다시 말해 사람이 토지보다 모자랐으므로 각 세대에서는 원래 구성원을 유지하고 또한 신입자를 받아들이기 위하여 모든 노력을 기울였던 것이다. 함께 어울려 살아감으로써 얻을 수 있는 이익에 덧붙여 다른 주요한 요인은 상속에 대한 전망이었다.[80]

특별히 우대받는 상속자 한 사람만이 아니라 모든 자손이 법에 따라 나이든 세대를 공동으로 부양할 책임이 있었다. 결과적으로 연장자가 모두 죽은 후 재산을 전반적으로 정리해야 할 때 모든 후손이 유산의 일정 몫을 자신의 당연한 권리로 요구할 수 있었다. 나이 어린 세대의 이 같은 주장은 자연스러운 것이지만, 재산을 처리하는 데 결정권은 상당 부분 분명히 나이든 세대의 몫으로 남게 된다. 이것은 개인의 몫을 할당하는 데 유서[文契]가 대단히 중요하였다는 사실에서 추론된다. 유서는 특별한 상황, 예를 들면 효도를 했을 때 특혜의 도구가 될 수 있었다. 더욱 중요한 것은, 유서가 재산을 공동의 것으로 간주하지 않으며 유산의 소유권은 개인에게 귀속된다는 사실을 가리킨다는 점이다. 그러므로 세대주는 자신이 소유한 것을 처리할 결정권을 갖고 있다. 이에 따라 재산 양도는 개인 선택의 의미를 담는 전략적 결정을 포함한다. 그렇지만 이와 동시에 공동 상속자 사이에서 일어날 수 있는 적절하지 못한 경쟁은 미연에 방지해야 한다. 윤선좌尹宣佐(1265~1343)의 일화는 좋은 실례이다. 윤선좌는 1343년 병에 걸리자 두 부인에게서 낳은 자식들을 모아놓고 후손들에게 모범이 될 수 있도록 사이좋게 지내라고 훈계하면서, 장자에게 유산[家業]을 똑같이 나누어야 한다는 내용을 유서로 작성하라고 지시하였다.[81]

유서가 없을 경우, 상속자들이 분명히 빈번하게 다투었을 것이다.

단지 사유재산의 상속 법규에만 유서가 없어 분란이 생기는 상황과 관련된 조항이 있다. 1122년의 법에는 부조전父祖田에 대한 유서가 없을 경우, 적장자에게 그 몫을 분배할 결정권이 있다고 규정하였다.[82] 재산 분배 책임을 적장자에게 부여한 것이다. 적장자가 재산 분배에 대한 우선 선택권이 있을지라도 그의 주요한 직무는 형제자매의 경쟁을 완화하는 데 있었다.[83]

재산을 자유재량에 따라 처분하는 것이 유서의 본래 의미이지만 자손들을 공평하게 대하는 관례는 압력을 강하게 행사한 것 같다. 공정하지 않고 편향적인 유서는 파기할 수 있었다. 이것은 손변孫抃(?~1251)의 중재 사례에서 생생하게 입증된다. 손위 누이와 남동생 사이에 분쟁이 일어났는데, 부친이 유서에서 유산의 상당 부분을 누이에게 남긴 반면, 남동생에게는 의복, 모자, 신발, 종이 뭉치 등 사소한 것만 남겼기 때문이다. 부친이 죽을 당시 누이는 이미 결혼했으며 모친도 그전에 죽었으므로 어린 남동생은 누이의 보살핌을 받으며 성장하고 있었다. 불화를 해결하도록 요청받자 손변은 당시 사회 관례에 따라 이를 결정하였다. 손변은 모든 자녀에 대한 부모의 헌신적 애정은 공평하므로 딸에게만 너그럽고 아들에게는 인색할 리 없다고 주장하였다. 부친은 다만 아들이 나이가 어려 결혼한 손위 누이에게 완전히 의지하고 있는데, 만약 재산을 똑같이 나누어주면 누이가 어린 동생에게 무관심한 채 책임지지 않을 것을 걱정한 것이라고 했다. 부친은 아들이 성장한 후 타당한 규모로 상속을 최종 확정하도록 청원할 수 있게 네 가지 물품을 남겨놓았다는 것이다. 이러한 현명한 판결 덕분에 남매는 즉각 화해하였다.[84] 유산을 동등하게 분배하는 사례는 이지저李之氐(1092~1145)의 경우에도 나타난다. 인색한 이지저는 부친이 죽은 후 다섯 남동생과 두 누이에게 상속 재산을 나누어주려 하지 않았으므로 당시 사람들이 그를 경멸하였다는 것이다.[85]

세습 재산은 부모가 각각 상속으로 획득하거나 혼인 생활을 하면서 취득한 재산으로 구성된다. 각기 다른 '향'鄕에서 나와 아버지 몫과 어머니 몫으로 구분된 재산의 근원에 대한 의식은 언제나 존속하였다. 예를 들면 노비의 경우, '아버지 쪽에서 받은 것'이라거나 '어머니 쪽에서 받은 것'이라고 표시하여 분명히 구분하였다. 심지어 부모가 죽은 이후에도 세습 재산에 대한 두 사람의 출자가 공동 출자로 합병되는 것이 아니라 그대로 나뉜 채 존속한다. 상속자들 모두 세습 재산의 각 상속분의 일부에 대해 합법적으로 요구하였다. 그 같은 분할이 부모 세대, 어쩌면 더욱 먼 조상에서부터 변함없이 행해졌다고 할 때, 개인의 몫이 각기 다른 많은 종류로 구성되는 결과를 낳게 된다. 세습 재산이 고도로 나뉠 수 있음을 보여주는 근거로, 토지 재산이 광범위하게 흩어져 있는 사실을 들 수 있다. 예를 들면 유명한 사대부 이규보李奎報(1168~1241)의 경우, 적어도 두 곳에 토지를 소유하였으며, 이색의 토지는 열 곳이 넘는 지역에 흩어져 있었다.[86] 이렇게 조각난 토지들 중 일부는 구매한 것이겠지만, 나머지는 틀림없이 세습 재산을 분할한 결과일 것이다. 개인 몫을 이토록 정확하게 분할하는 제도는 유서가 왜 절대적으로 필요했는지를 말해준다. 유서는 특정 자식에 대한 선호 수단에 더하여 분배 역할도 했던 것이다. 세습 재산이 복잡하다는 점에서, 유서에는 개인 몫이 어떻게 구성되는지 명기해야만 했다.

세습 재산 가운데 가장 중요한 부분은 토지이다. 그렇지만 세습 재산 가운데는 옷이나 집안의 가구, 가축 같은 재산도 포함된다. 이러한 물품들은 법에 따라 상속자들에게 똑같이 분배하도록 규정하였다.⁽⁸⁷⁾ 이 중 가장 값진 '재물'은 노비이다. 노비는 대대로 세대에 예속되어 집이나 들에서 일했다. 법에는 노비 상속을 명시하지 않았으나 노비 소유주가 자신의 상속자들에게 동등하게 분배한 증거는 충분히 찾을 수 있다. 나익희羅益禧(?~1344)의 겸손하고 공정한 처사에 관한 일화는 좋은 사례이다. 나익희의 모친은 생전에 자신의 재산을 분배하였다. 이때 외아들인 나익희에게 노비 40명을 여분으로 주었는데, 나익희는 이를 거절하였다. "어머니에게는 아들 하나와 딸 다섯이 있지요. 그런데 제가 감히 어떻게 여분의 노비를 차지하여 어머니의 각별한 호의에 누를 끼칠 수 있겠습니까?" 그러자 나익희의 모친은 아들의 주장을 존중하였다는 것이다.⁽⁸⁸⁾ 정도전도 사심이 없는 것으로 알려져 있다. 그는 부모가 돌아가시자 효심과 형으로서의 관대함을 보여주면서 건장하고 젊은 노비는 어린 동생들과 누이들에게 주고 자신은 나약하고 늙은 노비만 차지하였다.⁽⁸⁹⁾

균분 상속은 형제자매를 강력하게 결속해 공동 세대를 되도록 손상하지 않고 유지하는 실마리가 된다. 심지어 혼인조차 세대 생활 주기의 주요한 돌발 변수와 같이 보이지 않는다. 여성은 혼인 지참금 형태로 개인 몫을 받지는 않았다. 그렇지만 부모가 죽기까지 자신의 요구를 미룰 뿐이다. 혼인하여 세대를 떠나든 남편과 계속 그곳에 살든, 여성은 자신이 돌아오더라도 환영을 받거나 그 재원에 계속 의존하는 것을 언제나 기대할 수 있었다. 그러므로 혼인은 세대를 분리하거나 분할을 촉진하는 것이 아니다. 오히려 각 세대에서는 혼인한 여성을, 남편과 함께 거주하거나 함께 거주할 남편이 없거나 간에 붙들어두려고 하였다. 이것은 여성에게 고도의 경제적 안전망이 되었다.

일정 몫의 상속 요구가 출생 집단에서 실제 구성원 자격을 지속적으로 유지하였느냐에 따라 결정되는 것 같지는 않다. 심지어 혼인하여 세대를 떠났을지도 모르는 여성에게도 마찬가지였을 것이다. 그렇지만 여성과 공동으로 재산을 상속받은 이들은 여성이 상속받은 재산을 주의 깊게 감시하였다. 여성이 자녀 없이 죽으면, 여성의 상속분이 혼인한 남편의 친족에게 넘어가지 않도록 즉각 돌려달라고 요구하였다.[90] 남성이 혼인한 이후 자신의 집을 떠나 아내의 가족과 함께 사는 주요한 동기는 자기 집에서는 상속받을 것이 별로 없을 것이라 예상했기 때문이다. 아내 세대의 구성원으로서 남자 스스로 배우자의 재산에 대한 용익권을 가질 뿐 아니라 자신의 아들을 배우자 집단의 잠재적 상속자로 확립하기도 했다. 그리하여 경제 보상 규모가 세대 결속은 물론 세대 규모에도 크나큰 영향을 끼쳤음이 틀림없다.

혼인의 정치사회적 측면

 고려시대의 혼인 관습은 초기부터 독특한 것으로 인식되었다. 『고려사』의 편찬자는 「왕비[后妃]열전」에 다음과 같이 적었다. "태조는 중국의 고대를 모범으로 삼아서 나라의 관습을 바꾸려 하였다. 그렇지만 지방의 관습에 묶여 아들을 다른 어머니에게서 낳은 딸과 혼인시켰고, 이것을 어머니 성을 사용하여 숨겼다. 그의 후손들은 이것을 '집안의 법칙'이라고 간주하여 이상스럽다고 생각하지 않았으니, 아아, 슬프도다."(91)

 태조가 혼인을 매개로 경쟁자를 가까운 친족으로 묶은 것은 자신의 권력을 공고히 하기 위한 가장 효과적인 조처였다. 왕조의 창건자로서 기반을 잡을 당시, 태조에게는 자신을 지지할 만한 다수의 친족 집단이 없었다. 그리하여 태조는 가장 가까운 협력자, 공신, 자신에게 충성을 다하는 토호 그리고 신뢰할 수 있는 귀족과 혼인 동맹을 이용해 복잡한 연망을 만들었다. 태조는 왕비를 29명 얻어 아들 25명, 딸 9명을 낳음으로써 배타적인 왕실 집단을 형성하기에 충분할 정도의 자손을 거느렸다. 태조는 국왕 혈통의 우월함을 강조하기 위하여 자신의 딸을 동맹자들과 교환하지 않았다. 태조가 신라의 마지막 국왕이며 사회적으로 그와 동등한 지위에 있는 김부金傅를 자신의 첫째 딸과 아홉째 딸과 혼인시킨 것을 제외하면 자신의 딸을 이복형제들과 혼인

시켜 가족 안에서 딸들을 지켰다.⁽⁹²⁾

후계자들은 태조가 가까운 친족들을 자기중심으로 모으려던 사회 전략을 계속 유지하고 강화하였다. 세대를 고려하지 않은 채 태조의 두 아들 혜종(재위기간 943~945)과 정종(재위기간 945~949)은 앞서 태조에게 신부를 준 이의 딸을 받아들였다. 후백제 귀족 박영규朴英規는 태조에게 일곱째 왕비를 제공하고 이어 두 딸을 정종과 혼인시켰다. 공신 왕규王規(?~945)의 두 딸은 태조의 열다섯 번째와 열여섯 번째 왕비가 되었으며, 딸 하나는 혜종의 두 번째 왕비가 되었다. 더욱이 혜종과 정종은 똑같이 김긍률金兢律의 딸들을 부인으로 삼았다.

혜종은 장녀를 광종(재위기간 949~975)과 혼인시켰지만 태조의 후계자로서 자신의 지위를 강화하려는 노력은 실패로 끝났다.⁽⁹³⁾ 광종의 또 다른 왕비이며 광종의 후계자인 경종(재위기간 975~981)을 낳은 이는 광종의 이복누이였다. 경종은 신라 마지막 국왕 김부의 딸을 비롯하여 두 사촌 그리고 역시 아버지의 이복동생이며 어머니 남자형제의 두 딸과 차례로 혼인하였다. 이 중 후자에서 아들을 얻었는데 그가 목종(재위기간 998~1009)이다. 태조의 네 번째 아들 욱(재종戴宗으로 추증됨) 역시 이복동생과 혼인하였다. 그리고 이 같은 결합의 산물이 목종의 선임자 성종(재위기간 981~997)이다. 현종(재위기간 1009~1031)은 사촌인 성종의 두 딸과 세대를 건너뛰어 혼인하였다. 현종의 첫아들 덕종(재위기간 1031~1034)과 세 번째 아들 문종(재위기간 1046~1083)도 모두 이복동생과 혼인하였다. 150년에 걸쳐 태조의 후손들 안에서 이루어진 혼인은 왕실을 공고한 친족 집단으로 만들었다.⁽⁹⁴⁾

일반적으로 왕실은 스스로를 지키기 위하여 왕실 출신 여자를 붙들어두었다. 그렇지만 외부로부터 귀족 가문 출신 여성을 받아들이기도 했다. 그리하여 왕실이 외부 영향에 노출되는 상황이 빚어졌다. 고려 전 기간에 걸쳐 '국왕의 배우자를 바치는 것'[納妃]은 귀족 지위를 보증하는 방법의 하나였다. 왕실과 인척 관계를 맺는 것은 왕실에 신부를 제공한 이들에게는 특혜를 보장하였으며, 왕실로서는 신부를 받는 특권자로서 매력을 고조할 수 있었다. 사회적으로 받아들여지느냐 아니냐는 것은 수세대에 걸쳐 유효한 고도의 정치적 영향력과 전형적으로 연관되었다. 왕실과 인척 관계를 맺으면서 일부 귀족은 왕위 계승에 개입하였다. 945년 왕위를 둘러싸고 일어난 첫 번째 분규에서, 왕규는 자신의 권력 기반을 갖지 못한 사위 혜종에게 반기를 들어 자신의 왕손(다시 말해서 태조의 열여섯 번째 왕비가 낳은 태조의 아들)을 왕위에 앉히려고 했으나 성공하지 못하였다.[95]

4대 이후 막강한 경원 이씨慶源李氏 가문이 왕권을 장악하려 하면서 상황이 더욱 복잡해졌다. 인천 지역의 호족 배경을 지닌 경원 이씨 가문은 김은부金殷傳(?~1017)를 배출해서 유명한 안산 김씨安山金氏와 혼인 관계를 맺어 일어섰다. 김은부는 현종에게 세 왕비를 제공하여 상당한 힘을 과시하였다. 세 왕비 가운데 한 명은 덕종과 정종(재위기간 1034~1046)을 낳았고 또 다른 한 명은 문종을 낳았다. 김은부 자신은 이러한 혼인으로 이득을 챙길 수 있는 직계 자손이 거의 없었다. 그렇지만 부인의 친척인 경원 이씨 가문, 그중에서도 특히 이자연李子淵(1003~1061)은 출세하기 위하여 왕실과의 밀접한 관계를 이용하였다. 이자연은 세 딸을 문종과 혼인시켰다. 그중 하나가 순종(재위기간 1083), 선종(재위기간 1083~1094), 숙종(재위기간 1095~1105)을 낳았다. 다음 세대에서 세 손녀가 순종 그리고 선종과 혼인하게 된다. 더욱이 그 손자인 이자겸李資謙(?~1126)의 경우, 딸이 숙종의 아들 예종(재위기간 1105~1122)의 부인이 되었다. 예종의 아들 인종(재위기간 1122~1146)은 두 이모와 혼인해야만 했다. 이렇듯 왕실과 뒤얽힌 관계는 경원 이씨 가문을 정치권력의 절정에 올려놓으면서 동시에 파국 직전으로 몰고 갔다. 1095년에는 이자겸의 종형제 이자의李資義(?~1095)가, 1126년에는 이자겸 자신이 도참설에 현혹되어 왕권을 장악하려고 시도했다. 두 차례에 걸친 반란은 실패로 돌아가고 경원 이씨 가문도 몰락하였다. 그렇지만 경원 이씨 가문은 고려 말기까지 손꼽히는 가문의 하나로 명성을 유지하였다.[96]

무인 집권기에 고려 왕권은 크게 실추되었다. 무인 실력자들은 국왕을 마음대로 축출하거나 심지어 살해하기도 했다. 왕실을 둘러싼 정치적 환경이 국왕에게 좋지 않았다는 사실은, 명종(재위기간 1170~1197), 신종(재위기간 1197~1204), 희종(재위기간 1204~1211)이 왕비를 한 사람씩 그것도 친척 가운데서 얻는 데 그쳤고, 희종, 강종(재위기간 1211~1213), 원종(재위기간 1259~1274)이 왕실 내부의 긴밀한 혼인에서 태어난 것으로 미루어 알 수 있다. 아마도 왕실에서 일상 정치로부터 초연하기 위하여 계획적으로 그렇게 했거나 왕실과 귀족이 연합하여 무인정권에 맞서는 것을 막기 위하여 무인 실력자들이 일부러 그렇게 했을 것이다. 그럼에도 최충헌崔忠獻(1149~1219)은 왕실 내부에 접근함으로써 자신의 안전을 도모하였다. 자신의 두 번째 부인[再聚] 임씨任氏와는 최충헌이 권력을 장악한 1196년 이후 혼인하였는데, 이로써 정안定安 임씨와 연결되었다. 정안 임씨는 그 당시 저명한 가문의 하나로 인종의 세 번째 부인이 이 가문 출신이다. 더 나아가 이 부인이 바로 의종(재위기간 1146~1170), 명종, 신종을 낳았다. 최충헌의 세 번째 부인은 강종의 서녀庶女이다. 최충헌과 왕실의 관계는 다음 세대까지 지속되어 최충헌의 두 아들이 왕실의 사위가 된다.[97]

13세기 후반에 몽골이 고려를 지배하면서 고려 왕실은 외부 간섭으로 전에 없는 괴로움을 겪었다. 몽골은 계속해서 고려의 혼인 관행을 비판하고 나섰으며,[98] 왕실 혈통의 여성이 자신의 친족과 혼인하는 전통적인 정책을 포기하고 몽골 지배자들과 공주를 교환하도록 강요했다. 원제국을 세운 쿠빌라이의 손자는 충선왕(재위기간 1308~1313) 때[99] 몽골의 협력자를 얻었다. 죽은 선왕에게 받은 훈계조 법령에 따라 왕위에 오른 충선왕은 1308년 앞으로 어머니 쪽 사촌과 혼인하는 것은 물론 같은 성씨끼리의 혼인도 금한다고 하였다. 그는 이를 왕실과 고위관리가 지켜야 하는 규칙으로 만들었다. 그리고 이렇듯 과거와 단절을 강조하기 위하여 충선왕은 같은 해에 왕실과 신부를 교환할 수 있는 열다섯 귀족 가문[宰相之宗]을 선발하여 명단을 반포하였다.[100] 고려 왕실의 두드러진 특징의 하나인 근친혼에 대한 비난은 단지 몽골의 강요로만 이루어진 것은 아니다. 이는 고려 상층계급 구성에서 전개된 구조적 변화와도 연결된다고 생각한다.[101] 그렇지만 이렇듯 강요된 '개방'에도 왕조 말기에 이를 때까지 왕실 친족 내의 혼인은 계속된다.

고려 초기에는 근친혼이 왕실에서만 전형적인 것이 아니라 상층계급에도 널리 만연된 관행이었으며, 아마도 평민계급 역시 마찬가지였을 것이다. 아버지 쪽 사촌[父邊從]과 어머니 쪽 사촌[母邊從]끼리의 결합은 자주 있는 일이며, 이복형제와 이복자매 간 혼인도 드물지 않았을 것이다.[102] 가까운 친족 사이의 혼인에 대한 어떠한 규제도 없었을 것이다.[103] 다만 고려 초기의 어느 시기, 가까운 친척끼리의 혼인은 정치적 계산에 맞는 행위로서 경제적으로도 유리하였다. 이것은 호족이나 귀족에게 높은 지위를 확립하고 친족 결속을 강력히 하도록 하였다. 그렇지만 이러한 개인 관심을 넘어서 지역이 상호 결속하는 일은 생존을 위하여 마찬가지로 필수 조건이었다. 배우자를 다른 지역 가문과 교환하는 것은 협력 관계를 맺어 이를 유지하는 가장 좋은 방법이었다. 예를 들면 경상도 북부의 경우 이 지역의 영향력 있는 안동 김씨 가문은 안동 권씨安東權氏, 안동 조씨安東曺氏, 풍산 유씨豊山柳氏, 함창 김씨咸昌金氏같이 해당 지역을 대표하는 다른 친족 집단과 혼인 관계를 맺었다.[104] 그러므로 고려 왕조 확립 과정에서 가까운 친족 안에서 또는 지리적으로 제한된 영역 안의 특정 가문에서 배우자를 선정하는 방식이 이 시기 혼인의 특징이었다.

수도에서 권력이 점차 확립되고 지방의 가문이 중앙의 관료로 흡수되면서 혼인 전략은 사회적 압력은 물론 정치적 경쟁에도 호응해야만 했다. 적절한 연고는 출세와 동시에 때로는 생존을 위한 필요조건이었다. 변변치 못한 가문 출신인 문공인文公仁(?~1137)은 그 당시 가장 영향력 있는 해주 최씨海州崔氏 가문 최사취崔思諏(1034~1115)의 딸과 혼인하여 "세력을 확대하고 부유해지려고 노력하였다."[105] 또 한편 문극겸文克謙(1122~1189)은 김보당金甫當(?~1173)이 1173년 무인정권에 대항하여 쿠데타를 일으켰다가 실패하였을 때에도 자기 딸이 당시 유력한 이의방李義方(?~1174)의 남동생과 혼인했다는 이유만으로 살

아남을 수 있었다.[106]

　수세대에 걸쳐 그와 같이 사회적으로 동등하거나 우월한 이와 통혼하는 것은 신분 상승을 위한 결정적 수단이었다. 안동 김씨는 자신들의 딸을 사회적으로 좀더 저명한 양반 가문들과 혼인시킴으로써 수도에서 관직을 점유하는 엘리트 대열에 들어섰다.[107] 직산 최씨稷山崔氏 가문이 하급 무인 가문에서 고위 문신 귀족으로 사회적·정치적으로 출세하는 결정적 계기는 최홍재崔弘宰(?~1135)의 아들 최단崔端이 정안 임씨 가문의 유력한 일원인 임원후任元厚(1089~1156)의 딸과 혼인하면서 마련된다. 이어 직산 최씨 가문은 왕실과 밀접한 관련을 맺게 된다. 나중에 최단의 딸이 의종의 두 번째 부인이 된 것이다.[108] 통혼에 따른 결합을 능숙하게 해결하는 것은 세련을 요구하는 기술의 하나였다. 이것에 얼마나 숙달되는가에 따라 가문의 사회생활과 정치생활의 성공이 결정되었다. 결국 지역주의는 좀더 코스모폴리탄적인 전망을 위하여 유기되고 통혼의 연망은 갈수록 복잡해졌다. 왕조 전반에 걸쳐 다양하게 구성된 수도의 엘리트는 고작 24개 가문이 자기들끼리 아들과 딸을 교환하며 배타성을 강화하였다.[109] 궁극적으로 왕실에 배우자를 낼 수 있느냐가 승리의 열쇠였다. 요컨대 혼인에서 '적합한' 상대방을 제공하거나 제공받을 자격은 사회적·정치적 배려가 복잡하게 상호 작용한 결과였다.

　통혼이 사적 문제에 머무른 적은 결코 없었다. 심지어 당 왕조의 제도적 특징을 본받아 국가와 사회에 대한 유교의 일부 근본 가치를 받아들이려 한 고려 초기에도 그러했다. 관료제를 중앙집권화하는 과정에서 976년에는 '문무 양반의 혼인제도'를 확정하였다고 되어 있다.⁽¹¹⁰⁾ 그렇지만 세부 내용은 알려진 것이 없다. 11세기에 이 중 특별히 문종의 통치 아래 왕조의 관료적 토대가 더욱 강화되었다. 이 과정에서 문종의 아들(훗날의 선종)은 문종에게 '옛 관습을(중국의) 의례(예)에 따라서' 개혁할 것을 촉구하였다.⁽¹¹¹⁾ 1058년에 문종은 마지못해 이를 위한 첫걸음을 내디뎠다. 앞으로는 아버지 쪽 형제들의 딸[父邊平行從]과 혼인하여 낳은 자식은 관직에 들어서는 것을 막겠다는 것이었다.⁽¹¹²⁾ 그렇지만 문종 후기에 해당하는 1081년에 문종은 그와 같은 혼인으로 출생한 자식이 관직에 나아가지 못하도록 조처한 것을 거부하였다. 다만 유교 신봉자이자 평장사平章事인 문정文正의 항의에 부딪혀 관직만 낮추기로 양보하였다.⁽¹¹³⁾

문종 이후 두 번째 왕위 계승자인 선종(재위기간 1083~1094)은 부왕[文宗]이 아버지 쪽 형제들의 딸과 혼인하여 태어난 사람들이 관직에 취임하지 못하도록 제정한 법을 다시 강화하였다.⁽¹¹⁴⁾ 이어 숙종은 1096년에 이 법을 확장하여 소공小功의 친척이 혼인하여 낳은 아들도 거기에 포함시키도록 하였다. 이것은 단지 누이의 딸과 혼인하지 못한다는 의미로 추측된다. 따라서 아직은 혼인 금지 조항이 부변의 재종再從까지 확대된 것은 아니라고 여겨진다.⁽¹¹⁵⁾ 그리고 5년 후인 1101년 이전의 모든 법을 파기하고 '바르지 못한' 혼인으로 출생한 이들까지도 하급 관직에 임용되는 것을 허용하였다.⁽¹¹⁶⁾ 1116년에 처음으로 대공大功이나 소공의 친척과 약혼한 이들을 직접 겨냥해 이들이 관직에 나아가는 것을 금하는 법을 제정하였다.⁽¹¹⁷⁾ 1134년에는 1101년의 결정을 뒤집었으며,⁽¹¹⁸⁾ 1146년 의종은 이제까지 제정된 것으로는 가장 포괄적인 내용의 법을 제정하여 반포하였다. 이 법에서는 소공과 대공의 범주에 들어가는 친척에 아버지 쪽 사촌[父邊從]과 육촌[父邊六寸]을 포함시킨다고 정의하였다. 사실상 이 법은 재종 범주에서 이루어지는 방계와의 내혼뿐만 아니라 세대를 가로질러 이루어지는 혼인도 금지한 것이다. 더욱이 1147년부터는 이 같은 혼인으로 출생한 자식들이 관직에 나아가는 것도 분명히 금지했다.(119) 이와 같이 고려 왕조 전반기에 걸쳐 반포된 금제(〈그림 4〉 참조)는 남자의 배우자 선택 대상에서 부변 친족 집단에서 혼인할 수 있는 친척을 점차로 배제하고 있었다. 한편 어머니 쪽 사촌[母邊從妹]에 대해서는 고려 말기에야 논의되었다.(120)

중요한 것은 이들 모든 법은 행정조치라는 사실인데, 다시 말해서 이들 법은 '관리의 선발'[選擧] 조항 아래 열거되어 있었다. 따라서 단지 관직이 있는 엘리트에게만 구속력이 있었다. 1116년의 법을 제외하면 이들 법은 가까운 친족 내에서의 혼인을 불법으로 규정하지 않았다. 그렇지만 가까운 친족끼리 혼인하여 낳은 자손에 대한 금제는 채용하였다. 이렇듯 마지못해 혼인제도 자체에 직접 초점을 맞추려는 것은, 혼인 관행을 다른 사회 맥락에서 차용한 법개념에 맞추어 제한하기 어렵다는 사실을 시사한다. 당나라의 법률은 종족 내혼은 물론 세대를 가로질러 혼인하는 것을 처벌하였다.(121) 고려에 적용된 것과는 대조적으로 당의 혼인 법규는 관료 계급을 겨냥한 것이 아니라 '호혼'戶婚이라는 법적 범주의 일부이다. 이는 철저한 처벌 규정에 따라 뒷받침되었다. 고모의 딸[父邊交叉從]이나 가까운 친족과의 결합은 '간통'으로서 더욱 엄격히 처벌을 받았다.(122) 한국에서도 이러한 차이를 깨닫고 있었던 것으로 보인다. 왜냐하면 1096년과 1146년의 법도 '간

⟨그림 4⟩ 친족원이 혼인 대상에서 배제되어가는 단계

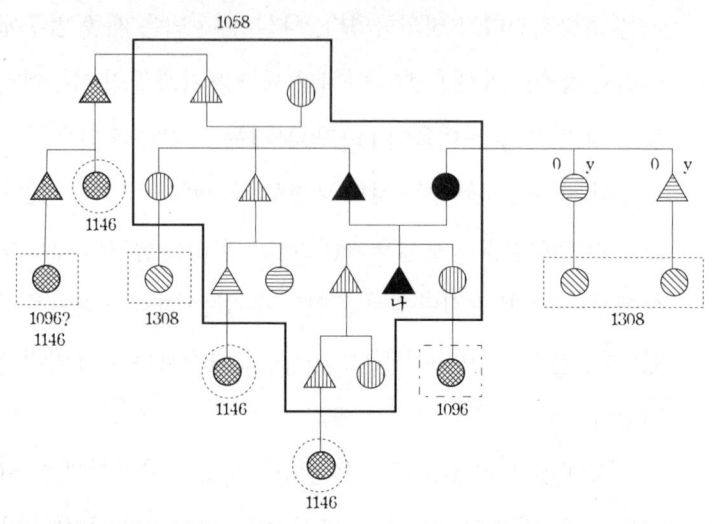

o 연상자 y 연하자
  1058년에 배제된 친족원
  1096년에 배제된 친족원
  1146년에 배제된 친족원
  1308년에 배제된 친족원

기호(나의 오복친 의무를 기초로 규정하였음)
● 3년(등급 1 부친에 대한 참최, 등급 2 모친에 대한 재최)
◐ 1년(등급 2 재최기년)
◒ 9개월(등급 3 대공)
▨ 5개월(등급 4 소공)
▤ 3개월(등급 5 시마)
부가: 여성 친족원과 모변 사촌에게 부과되는 오복 등급은 이들이 결혼하지 않은 경우에 한하여 적용된다.

비姦非'라는 조항 아래에서 나타나고 있으며 좀더 광범위하게 적용할 의도에서 약간 수정해놓았기 때문이다.[123]

이렇듯 고려의 혼인 관습을 법제화하는 조치가 어떠한 영향을 주었는지 평가하기는 어렵다. 고위관리, 다시 말해 이 법을 처음 제의한 사람과 법의 대상이 된 사람은 비근친혼이 정치적 형편을 고려할 때 유리하며 유교의 가르침에도 정당하다는 것을 깨닫게 되었다. 가까운 부변친과 결합하는 것을 피해야 할 동기는 특히 강한 것 같다. 김휘남 金輝南은 김윤金倫(1277~1348)의 딸과 혼인했는데, 그 딸이 같은 친족 집단에 속하지 않는다고 묘지명에 명기했다. 이것은 분명히 혼인의 적법성과 나중에 제기될지도 모르는 의심을 모조리 해소하기 위해서였을 것이다.[124] 그렇지만 모든 지배계급, 전체적으로는 사회조차 이 법에 불안을 느끼지 않은 사실을 보여주는 증거는 충분하다. 고려 말까지 가까운 혈연과의 혼인이나 세대를 건너뛴 혼인, 나아가 죽은 처의 자매와 혼인하는 일은 지속적으로 줄어들었다. 아마도 그 빈도는 권력의 중심에서 사회적·지리적 거리와 비례하였을 것이다.[125]

그리하여 고려 전 기간에 가까운 공계친共系親, cognates과의 혼인은 관례가 되었다. 부변친과의 결합은 적어도 문서상으로는 불법이 되었더라도 모변친과의 결합은 왕조 말기까지 큰 영향을 받지 않았다. 같은 조상에서 유래되어 혈연관계에 놓여 있거나 인척관계에 있거나 양자와 모두 관계되는 소수 사이에서 심지어 세대를 넘어 이루어진 다중적 결속의 복합성—아마도 이 과정은 수세기에 걸쳐 지속되었을 것인데—은 틀림없이 친족 집단에 각별한 응집력을 제공하였을 것이다. 여러 사례에서 볼 때 아버지 쪽 친족과 어머니 쪽 친족을 구분하기는 어려운 것 같다. 그러므로 친족 의식은 추측건대 아버지 쪽이나 어머니 쪽 어느 쪽에 배타적으로 집중되지 않고 모든 친족권을 아울렀을 것이다.

혼인의 제도적 측면

고려시대 혼인식을 상세하게 서술한 자료는 남아 있지 않다. 주변 정황을 고려할 때, 혼인식은 신부집에서 행해졌다.[126] 혼인에 선행하는 교섭은 중재자가 담당하였다. 신랑뿐만 아니라 신부도 보통 10대 후반에 혼인하였는데, 엘리트의 성원은 평민보다 일찍 혼인하며, 신랑은 미래 배우자보다 약간 나이가 많은 경향이 있었다.[127] 혼인식을 치르는 바로 그 자리에서 남녀는 선물을 교환했으나 중요한 행위는 최종적으로 마무리된 것을 나타내는 연회였던 것으로 보인다.[128] 이것은 개인의 재부, 외국에서 수입한 비단, 값진 장식품을 과시하는 의식이었다. 많은 혼인식이 필요한 장신구를 모으기 위하여 연기되었다. 관리들이 '가난하여' 딸의 혼인 축하연을 자신의 지위에 걸맞게 치르지 못한다면 김지숙金之淑(1237~1310)의 사례에서 볼 수 있듯이 딸을 절로 출가시키는 것 외에는 다른 방법이 없었다.[129]

가장 특징적인 거주 형태—한 가지만이 아닌 것은 확실하지만—는 고려의 경우 처가 거주제도였다. 신랑은 신부의 집으로 옮겨갔고 아들 또는 손자까지도 종종 처가에서 낳아 성장시켰다.[130] 이러한 제도는 평생 지속되며 항구적이었고, 처가 결국 남편 집으로 옮겨갈지는 확실히 결정지을 수 없었다.[131] 이 두 가지 가능성은 있음직한 것으로 호적에 기록되었다. 처가에서 거주하는 형태의 혼인은 신부와 마찬가지로 신랑에게도 유리할 수 있었다. 그래서 처가 거주는 빈번한 일일 뿐 아니라 때로는 선호했을 것 같다. 처가 거주제도가 자리 잡은 동기가 반드시 신부집에 아들이 없어서 그런 것은 아니다. 오히려 이러한 제도의 압도적인 매력은 고려 여성들이 누린 유리한 경제적 지위에 있었다.

고려 여성들에게 경제력의 원천은 남자형제들과 나누어 갖는 상속권이었다. 상속권을 부여받는 여성은 매력 있는 신부일 뿐만 아니라 그 가문의 중요한 구성원이기도 했다. 재산을 소유하고 있는 딸이나 누이가 혼인한다고 해서 가문이 이들을 저버리는 것은 가문에 대한 이해에 맞지 않았다. 오히려 사위나 매부를 신부 가문으로 데려오는 일은 필요하고도 바람직한 일이었다. 신혼부부는 처가에 거주하기로 합의함으로써 이렇듯 다양한 이해를 중재할 수 있었으며, 대개 혼인 중매자들이 이를 절충했다. 그리하여 각 세대에서는 딸과 자매를 잃어버리지 않고 오히려 새로운 남자 구성원을 통하여 정치적 · 사회적 이익을 획득하게 된다. 그 같은 생활제도는 아주 가까운 관계인 짝, 예를 들면 사촌과 혼인하는 것이 포함될 때 분명히 더 잘 어울렸다. 그리하여 친족과의 유대는 공통 경제 이해로 더욱 강화되었다.

혼인식을 치를 때 신랑과 신부 양쪽에서 경제적 거래가 있었다는 증거는 전혀 없다. 신부의 가문으로 신부대를 보낸 것도 아니며, 딸은 지참금 형태로 상속의 일정 몫을 받지도 않았다. 결과적으로 어떠한 혼인도 새로 혼인한 부부를 위해 따로 분리된 경제적 기초를 마련하지 않은 것이다. 이와 반대로 부부는 자신들이 관여하게 된 세대에서 생계를 해결하였다.[132] 이것은 처가 거주제도와 밀접하게 결합되는

데, 처가 거주제도는 오직 딸의 상속분을 세대 전체의 이익을 위하여 적어도 부모가 죽을 때까지 되도록 오랫동안 보유할 경우에만 의미가 있었다.⁽¹³³⁾ 생산성이 토지 분할로 위협받는 것과 같은 특정한 경제 환경에서 처가에 거주하는 부부는 공동으로 형성한 세대가 분할되는 것을 무기한 연기하는 데 동의하였을 것이다.

사위[壻, 女壻]는 남성 후계자가 없는 세대에서 종종 아들 자리를 차지했다. 그 같은 경우, 미래의 장인이 나이 어린 예비 사위[豫壻]를 데리고 와서 키운 것으로 짐작된다.⁽¹³⁴⁾ 대개 사위는 혼인한 누이와 관련하여 매부 대열에 합류했다. 사위와 인척의 친밀한 결속은, 자신의 운명이 혼인관계를 맺은 친족의 삶의 부침과 긴밀하게 결부되었다는 사실로 입증된다. 정치 세계에서는 종종 장인[婦翁]의 음서 특권으로 출세하였으며,⁽¹³⁵⁾ 이는 장인의 전기에 특별한 자산의 하나로서 자주 자랑스럽게 언급되기도 했다.⁽¹³⁶⁾ 이자겸을 권력에서 제거하려고 시도했다가 성공하지 못하고 목숨을 잃은 지녹연智祿延(?~1126)의 경우, 아들들과 사위는 이자겸이 몰락한 1126년 이후 이에 대한 보상으로 귀족 지위에 올랐다.⁽¹³⁷⁾ 다른 한편 1253년 몽골에 협력했다는 이유로 사형당한 이현李峴의 경우에는, 사위가 멀리 섬으로 유배를 갔다.⁽¹³⁸⁾ 이렇듯 사위와 장인의 밀접한 관계는 단지 공적인 관행에 불과한 것이 아니었다. 그 관계는 깊고도 헌신적인 감정에 뿌리를 두었다. 이것은 예기치 않게 장인과 적대 진영에 속해 있는 것을 깨달은 사위의 불안한 절규에서 극적으로 표현된다. "사위가 감정이 있는 인간이라면 어떻게 장인을 공격할 수 있단 말인가!"⁽¹³⁹⁾

엘리트의 딸들은 자신들의 남자형제와 같이 음서 특권을 주장할 수 없었다. 그렇지만 그 남편은 할 수 있었다. 남자형제들과 견주어 딸들이 법적으로 동등하지 않은 것은 남편 지위가 잠재적 상속자라는 사실로 상쇄되었다. 딸은 남편을 통하여 자식에게 자기 지위에 걸맞은 사회경제적 특권을 보장해줄 수 있었다. 사위도 장인의 후계자가 될 수 있었다. 이와 동시에 사위는 장인과 외손 사이를 조정하였다.(140) 사위의 주목할 만한 지위는 장인이나 장모가 상을 당했을 때 사위가 상복을 입는 책임으로도 강조되었다. 사위는 장인이나 장모가 사망하면 상복을 1년간 입어야 했으며(1184년 이후), 장인이나 장모는 사위가 죽을 경우, 각별히 5개월 동안 상복을 입어야 했다.(141)

처가에 거주하는 삶은 자식에게 영향을 주었다. 아이들은 어머니의 집에서 성장하면서 모변 친족과 긴밀한 감정적 유대를 발전시켰다.(142) 이들은 상복을 1년 입는 것으로 외조에게서 받은 애정을 보답하였다. 어머니가 살던 지역이 때로는 자신의 출자出自가 되었다. 예를 들면 본래 출생지가 알려지지 않은 임연林衍(?~1270)의 아버지는 진주鎭州로 이주하여 그곳 향리의 딸과 혼인하였다. 그리고 아들 임연은 후에 진주를 본관으로 사용하였다.(143) 요약컨대, 사위가 특별히 처가에 거주하는 동안, 사위는 처가 식구의 중요한 구성원의 한 사람이었다. 사위 임연도 처가의 사회적·경제적 위치 덕에 이익을 본 것은 물론 재산 상속자가 될 가능성까지도 얻었다.

고려에서는 부인을 여러 명 거느릴 수 있었다. 중혼重婚, plural marriage은 고려 왕실의 전형적 특징이다. 고려 전 기간에 귀족 혼인의 특징도 왕실과 같았을 것이라는 충분한 증거가 있다. 1123년에 개경을 방문한 중국의 사행 서긍은 "부유한 집 남자들은 셋에서 네 명과 혼인할 수 있다"라고 기록하였다.⁽¹⁴⁴⁾ 특히 몽골 간섭기 문헌에서 그 같은 사례가 많이 보인다. 그렇지만 그것이 중혼을 의미하는지 이른바 할리우드식 연속 혼인serial marriage을 의미하는지 분명하지 않다.⁽¹⁴⁵⁾ 같은 이유에서 고려시대의 전형적인 묘지명에는 중혼했다는 증거가 명백하게 드러나지 않은 것 같다.⁽¹⁴⁶⁾ 이 같은 혼인 형태에 대하여 가장 믿을 수 있고 권위 있는 것은 의심할 나위 없이 조선 초기의 사헌부 진술이다. 사헌부에서는 이 같은 고려 관습이 사회적으로 함축하는 것을 명백히 표현하면서 맹렬히 비난하였다.⁽¹⁴⁷⁾

고려시대 남자가 부인을 한 명 이상 데리고 사는 것은 혼인한 여성이 적어도 혼자가 아니라면 남편에게 경제적으로 의존하지 않아도 되었기 때문에 가능하였다. 부인은 떨어져 산 것 같으며, 대부분은 종종 친정 가족과 산 것 같다. 여성의 남편은 부인을 방문하는 형태로 이들과 살았음이 틀림없다.⁽¹⁴⁸⁾ 현존하는 고려 후기 호적에서 이 같은 결론을 뒷받침하는 근거를 찾을 수 있다. 분명히 혼인했다고 되어 있지는 않으나 혼인했을 나이의 딸이 놀랍도록 많이 호적 문서에 올라 있었다. 이는 이른바 '방문 남편'이 호적을 작성할 때 없었다는 사실을 의미하는 것으로 해석할 수 있다.⁽¹⁴⁹⁾ 아마도 처가에서 산다는 계약에 따라 혼인했다가 출세한 뒤 이를 파기하고 자신의 집단을 확립하려 했을 것이다. 이때 부인을 더 얻은 동기는 경제적 이득보다는 정치상 이익을 고려한 데서 비롯한 것 같다. 이러한 전략은 왕실에서 널리 통용되었다. 이렇게 본다면 중혼이 왕실과 마찬가지로 귀족 가문에서도 통용되지 않았을 아무런 이유가 없다.

여러 부인의 사회적·경제적 배경은 분명히 비슷했다. 그리하여 위계 서열에 따라 구분되지는 않았다.(150) 부인들의 머리와 복장 양식이 비슷했다는 보고는 이런 사실을 뒷받침한다.(151) 여성들이 누린 불편 부당한 대우는 자신들의 아이들에게 결정적이었다. 모든 아이가 아버지의 정당한 상속자이므로 아버지 재산을 동등하게 나눠 가지리라 기대할 수 있었기 때문이다.(152)

'처'로서 명시되는 정식 부인 이외에 신분 범주가 열등하고 이따금 '첩'으로 불리는 이들도 있었을까? 중혼은 이 같은 여성이 한 집안에서 살았을 가능성을 배제하지 않는다. 그들은 자연히 집안의 주변인으로 지위가 떨어지게 마련이다. 그럼에도 열전에 나온 첩이라는 용어는 조선시대에 사용되는 첩을 의미하지 않으며, 대부분 종복 역할을 수행했음이 분명하다. 때로는 이들 종복이 특별한 기술을 가지고 있었으며, 이례적으로 아름다워 성적 상대자가 되기도 했다. 혼인한다는 의미의 단어 취聚는 결코 첩이라는 단어와 결합하여 사용되지 않았다.(153) 그러므로 고려에는 첩이 없었다고 보는 것이 더 믿을 만하다. 다만 고려 말부터 '측실' 또는 '외실' 같은 용어가 보이기 시작한다.(154) 이는 유교의 영향을 받아 발생 단계의 분류 체계를 표시하는 것으로 보인다.

충렬왕 때 고위관리를 지낸 박유朴褕가 올린 상소문을 보면 고려시대에 중혼이 행해졌다는 주장을 의심스럽게 생각할 수도 있다. 박유는 "우리나라에는 본래 남자가 적고 여자가 많습니다. 오늘날 높은 관리든 낮은 관리든[尊卑] 모두 부인 한 사람만을 얻는 데 그칩니다. 자식이 없는 자들도 첩을 얻으려 하지[畜妾] 않습니다. 이국인(예를 들면 몽골인)은 고려에 오면 (우리 고려 여성과) 혼인하는 데 아무런 제약이 없습니다. 이러다가 인물이 모두 북으로 떠나가 버리지 않을까 걱정됩니다. (그러므로) 높은 관리든 낮은 관리든 평민 여성[庶妻]을⁽¹⁵⁵⁾ (첩으로) 얻도록[娶] 허용하되 위계[品]에 따라 그 수를 줄이도록 하여 평민은 부인 한 사람과 첩 한 사람만을 얻을 수 있도록[娶] 해야 합니다." 나아가 박유는 이들 평민 여성[庶妻]에게서 태어난 자식들도 정실正室 자식들[嫡子]과 마찬가지로 관직에 나아갈 수 있도록 해야 한다고 했다. 박유는 다음과 같은 희망을 피력하면서 상소문을 마무리하였다. "이렇게 함으로써 과부와 홀아비는 줄어들고 세대는 증가할 것입니다." 알려진 바에 따르면 박유의 제의는 여성의 분노를 샀으며, 실행에 옮겨지지 못했다고 한다.

　박유가 상소문을 올린 까닭은 무엇일까? 이 글은 한국 여성, 그것도 대부분 귀족 출신 여성을 요구하는 몽골의 끈질긴 압력 아래 쓰인 것이 분명하다. 즉 귀족들의 세대가 줄어드는 것에 대한 박유의 관심을 반영한 것이다. 그가 제시한 해결책은 사회 상황에 걸맞은 것이었다. 왜냐하면 기본적으로 관리 계급의 성원은 자신들끼리 혼인하였으며, 평민 여성은 단지 첩으로 거느리게 마련이었기 때문이다. 여성이 거리에서 박유에게 항의한 것은 자신들이 양반 세대에 종속되는 성원이 됨으로써(첩妾이라는 용어가 지시하는 것과 같이) 지위가 떨어지기 때문이었다. 그러므로 박유의 상소문을 일부 학자들이 추론한 바와 같이 중혼이 존재하는 데 대한 반대 증거로 해석해서는 안 된다.⁽¹⁵⁶⁾ 오히려 이것은 고려에서 사회 지위가 낮은 이들을 첩으로 제도화하지 않은 사실을 시사한다고 보아야 한다. 그렇지만 박유는 인구 문제를 걱정했지 제도 문제를 우려한 것은 아닌 것 같다.⁽¹⁵⁷⁾

고려에서 혼인은 숱한 법과 규범에 구속을 받지 않는 다소 느슨한 제도처럼 여겨진다. 이것은 적어도 그 당시 중국 관찰자들이 받은 인상이다.(158) 이것이 정확한 인상일까? 이것이 정확하다는 가장 설득력 있는 증거는 혼인한 여성이 강력한 경제 지위를 누렸다는 것이다. 거주에 합의하여 처가에서 살든 본가에서 살든 부인은 원래 출생한 가족의 상속자로서 권리를 보유하였다. 그 결과 부인은 생계에 위협을 받지 않았으므로 남편과 살 수 없게 되면 자유롭게 남편을 떠날 수 있었다. 그렇지만 같은 내용은 남편에게도 해당한다. 남편이 처가로 옮겨가 처가의 아들처럼 받아들여지더라도 그 자신의 상속분은 확실하게 차지했다. 경제 배경이 비슷하면, 부부는 자신들이 출생한 가족과 배우자의 가족을 사이에 두고 어디를 더 따라야 하는지 갈등하게 마련이다. 어떠한 상황, 예를 들어 두 가족의 동맹이 깨지는 경우, 혼인 기반이 급속도로 해체될 것이다. 이자겸이 인종과 강제로 혼인시킨 두 딸이 1126년 왕실에서 추방된 것이 적절한 사례이다.(159) 또 부인을 저버리는 동기는 순전히 경제적인 것에서 비롯했을 것이다. 남자가 관직에 진출한 후 '(가난한) 부인을 바꾸어[易妻]' 좀더 부유한 배우자를 찾으려는 유혹에 이끌렸을 것으로 생각된다.(160)

혼인 해체는 처가살이에서 흔하지 않았을 것으로 생각된다. 최근 인류학자들은 처가살이가 시집살이(아내가 남편의 가족과 함께 사는 혼인)보다 깨지기 쉽다고 판단하나,(161) 고려의 경우 상당수 남성에게는 분명히 처가살이가 정치적·경제적 진출의 중요한 수단이었다. 남성과 그의 후손에게 확실한 진출을 보장하는 그 같은 혼인은 상대적으로 안정되었음직하다. 이와 대조적으로 중혼은 대개 일시적 계약에 불과했을지도 모른다. 그 당시 고려에 온 중국인은 자신의 견문록에서 "(중혼하는 경우) (배우자와) 성격이 조금만 맞지 않아도 헤어지게 된다[富家聚妻 至三四人 小不相合 輒離去]"라고 기록했다.(162)

부인을 내쫓는 근거로 논의되는 당률의 칠출七出은 다시 말해 반법률적半法律的이며 유교적인 것으로 '부인이 극단적으로 불복종하는 일곱 가지 사례'를 고려가 채용하지 않은 사실은 인상적이다. 그럼에도 그 같은 수사는 『고려사』에 수록된 여러 열전에서 두드러진다.(163) 고려시대에는 부인을 쫓아낸다고 쉽게 위협할 수 없었다. 부인은 자기 스스로 판단하여 남편을 떠날 수 있었다. 왜냐하면 부인의 친정 가족은 부인과 아이들을 언제나 반갑게 맞아들였기 때문이다. 그렇지만 당률에서는 부인이 남편 동의 없이 떠날 경우, 형벌에 처하도록 하는 법규를 채용하였다!(164) 더욱이 혼인을 너무 자주 깨뜨리고 새로 시작하는 일은 부인에게 명예롭지 못한 것이었다. 난잡하게 행동할 경우, 음탕하다는 평판을 얻게 되며, 그 여성의 이름은 음탕한 여성 명단[恣女案]에 올랐다.(165) 그렇지만 고려 사회에서는 여성들이 고상한 숙녀와 같이 행동하지 않았으며, 중국인 관찰자가 놀랄 정도로 이성 간의 관계가 전반적으로 자유스럽고 서로 쉽게 접촉할 수 있었다.(166)

과부라 하더라도 바람직스럽지 않은 혼인 상대자로 낙인찍히지 않았다. 또 남편이 죽은 이후 재혼은 흔한 일이며 그것으로 사회적 지위를 잃지도 않았다. 과부는 남편의 가족에 대한 아무런 의무나 권위가 없었으므로 재혼하기가 손쉬웠다. 분명히 법은 '정절을 지킨'[守節] 여성에 대한 포상으로 관작 수여를 확약하고 있다. 그리고 과부가 경제적으로 매우 어려운 상황임에도 재혼을 삼가는 경우, 비명碑銘에 경의를 표하곤 했다.⁽¹⁶⁷⁾ 여기에도 분명히 예외는 있었다. 왕실에서는 심지어 과부까지도 왕비로 받아들였다.⁽¹⁶⁸⁾ 또 과부가 각별히 자신이나 죽은 남편의 재산을 가지고 있으면, 귀족 가문에서도 이들을 환영하였다.⁽¹⁶⁹⁾ 그렇지만 지나치게 서둘러 재혼하면 사회의 비난을 받았다. 재혼에 앞서 적어도 죽은 배우자에 대한 애도 기간만큼은 지켜야 했다.⁽¹⁷⁰⁾ 두 번째 남편의 집으로 들어갈 때 여성은 전 남편과의 사이에서 낳은 아이들을 데리고 갔다. 이들 아이들은 죽은 남편의 가족에 속하지 않았다. 이 경우 '계모繼母'라고 불리는 부인은, 대개 자신의 두 번째 남편과 전 부인 사이에서 태어난 아이들보다도 자기 아이들을 편애함으로써 가족 관계에 긴장을 일으킬 수도 있었다.⁽¹⁷¹⁾ 비록 재혼이 사회적으로 충분히 공인되었다 할지라도 실제로 초혼과 같지는 않았다. 재혼할 경우, 집안 내부의 더 큰 압력에 노출되었으며, 재혼이 성공하려면 좀더 인간적인 수완이 필요하였다.

상복과 장례

오복제도는 985년 고려에 들어왔는데, 이 시기는 성종이 주요한 문화 제도를 야심적으로 중국화하는 과정에 있었다.[172] 그렇지만 이것이 오복제도를 처음으로 공식화한 것은 아니었다. 504년 신라의 지증왕(재위기간 500~514)은 상복법喪服法을 제도화하여 확산하려고 했다. 그렇지만 상세한 내용은 전하지 않는다.[173] 신라와 그 후의 고려에서 그 같은 상복 규정을 채용한 것은 분명히 문명화된 국가의 상징이었다. 그러나 그 규정은 한국 본래의 관습과는 잘 맞지 않은 것 같다. 고려의 모델은 당의 오복제인데, 이것은 당나라에서 732년 법제화되었다. 더욱 중요한 것은 고려인이 중국의 이론을 한국 현실에 적용하려고 일부 중요한 것을 바꾸어야 했다는 것이다. 이처럼 중국 이론을 한국 현실에 적용하는 어려움은 도입한 상복의 법규가 기껏해야 관직을 점유한 수도 엘리트에만 해당하는 규범으로 간주되었을 뿐 나머지 대부분은 관행에 집착한 사실에서 드러난다.[174]

당나라와 고려의 상복제도 차이를 분석하면 고려의 독특한 특질이 두드러진다(〈그림 5〉 참조).[175] 가족 안에서 여성의 지위가 강력했으므로 고대 중국의 규정을 적용할 수 없었다. 고대 중국의 규정에 따르면 부친이 살아 있는데 모친이 죽어 상을 치른다면 상복기간을 줄이도록 되어 있었다. 그러나 이 같은 예법을 무시한 채 부친은 물론 모친에 대

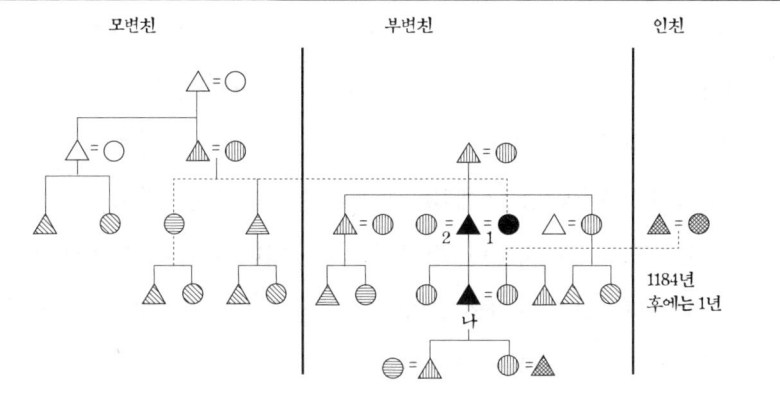

〈그림 5〉 고려시대의 오복 등급 적요

전거: 『고려사』
기호(나의 오복친 의무를 기초로 하여 규정하였음)
● 3년(등급 1 부친에 대한 참최, 등급 2 모친에 대한 재최)
◐ 1년(등급 2 재최기년)
◐ 9개월(등급 3 대공)
◐ 5개월(등급 4 소공)
◐ 3개월(등급 5 시마)
부기: 1184년 이후 '나'는 배우자 부모의 상에 1년 동안 상복 의무를 이행했다.

해서도 비록 상복은 달랐지만 3년상을(실제 기간은 25개월이다) 치렀다. 부친이 첫 부인이 죽은 후 둘째 부인, 이른바 '계모'를 얻으면 둘째 부인에 대해서는 1년상만 치렀다. 이렇듯 상복기간을 짧게 규정한 것은 상을 치러야 하는 첫 부인의 아들에게 둘째 부인이 상대적으로 덜 중요하다는 사실을 시사하는 것이다. 남편이 죽은 후 재혼한 모친[嫁母]에 대하여 원래 그림에는 상을 치르지 않는다고 되어 있다. 그렇지만 1068년 판결에는 이렇게 빠진 것이 유감이라면서 상을 치르는 기간을 백일로 하는 변칙적인 방식을 채택하였다. 재혼은 분명히 흔한 일이므로 의례 생활에서 무시할 수 없었다.[176]

109

예상과 마찬가지로, 당나라 모델을 고려에 적용하는 데서 나타나는 대조점은 모변 친척matrilateral relatives에서 가장 두드러졌다. 부변 친족에 대한 오복 의무는 당나라를 모범으로 삼아서 따랐으나 모친 가족에 대해서는 강도를 높였다. 외조부와 외조모는 1년 동안 상을 치르도록 설정하여(당나라의 경우 6개월), 그 결과 조부와 마찬가지로 똑같은 예를 향유하도록 배려하였다. 결과적으로 어머니의 남자형제들이나 자매들에 대하여도 당나라의 모델에 설정된 것(당나라의 모델은 소공으로, 다시 말해서 5개월 동안 상을 치르도록 되어 있다)보다도 상위 예[大功](애도 기간 9개월)를 준수하도록 하였다. 그럼에도 부변의 상대자들과 동격은 아니었다. 부변의 상대자들은 재최(애도 기간 1년)의 위상에 해당하기 때문이다. 당나라의 모델에서 가장 벗어난 고려 제도 가운데 어머니의 사촌에 대해 3개월의 애도 기간을 변칙적으로 설정한 것도 이에 해당한다. 이 조항은 적어도 외증조부와 외증조모를 암묵적으로 인정하는 것이다(그렇지만 이들에 대해서는 애도 기간을 설정하지 않았다). 어머니 쪽 육촌형제와 자매에 대하여 아버지 쪽의 육촌과 같은 우대 조처는 취하지 않았다. 당의 용례와 마찬가지로 이들에게는 3개월만 상을 치르도록[總麻] 허용하였다.

사위가 자주 실제 아들과 같은 역할을 맡았으며, 특히 처가에서 거주할 때는 그러했다. 그러므로 인척과의 유대는 매우 강했다. 이것은 부인의 부모에 대하여 상복을 입는 기간을 5개월로 높인 사실에서도 인정된다(당나라의 경우 불과 3개월이다). 이것은 사위에 대하여 상복을 입는 기간이 예외적으로 이와 똑같이 5개월인 것과 일치한다. 1184년에는 법으로 오히려 처부모의 상복 기간을 완전히 1년[齋衰, 周年]으로 연장하였다.[177] 또 법은 남자가 부인을 여럿 거느릴 수 있으므로 다른 장인이 있을 수 있다는 사실을 고려하였다. 그리하여 부인 가운데 한 사람의 부모에 대하여만 관직에서 물러나 상을 치르는 의무를 다하도록 규정하고 있다.[178] 이와 대조적으로 부인은 남편의 친족에 대하여 어떠한 의례적 책임을 져야 한다는 언급이 없다. 이것은 부인을 남편 가족의 완전한 일원으로 제몫을 하는 성원으로 인정하지 않고 제3자로 취급하였다는 중요한 징후이다.[179]

중국의 오복제를 고려에 적용하는 과정은 분명히 고려 사회의 주요한 특성을 반영하려는 의식적 시도임을 알려준다. 고려의 오복제는 외족[母邊親]과 처족[姻親]에 대한 사회적 중요성을 표현하면서 고려의 독특한 특징이 되었다. 중국의 오복제를 고려의 친족체계에 적용하는 것은 본래부터 적합하지 않았다. 중국의 오복제는 부분적으로 수정할 수는 있었지만 새롭게 '만들 수는' 없는 전통적인 엄격함과 매우 현저한 부계 편향 같은 구조적 본질에 얽매여 있었기 때문이다.

고려 전반을 통하여 오복제는 기본적으로 이질적인 제도로 존재하였다. 용어의 일부는 법적 맥락에서 사용되었다. 그렇지만 가까운 친족 사이에 상을 바르게 치르는 기간에 대하여 지침을 주는 오복제의 중요한 의례 기능은, 이 시기를 지배한 불교는 물론 부모에 대하여 상복을 입는 비현실적 기간 때문에 위태로웠다. 분명히 관찬 역사 서술이나 많은 묘지명에는, 모범적인 아들이 부모의 묘 앞에 오두막을 짓고 상복을 입는 기간을 지키는 등[廬墓] 예의를 준수한 행동이 기록되어 있다. 그 같은 행위는 효행으로 칭송받았으며, 때로는 이를 기념하는 정려를 세우기도 했다. 이 같은 행사에 각별히 관심을 기울인 사실

자체가 바로 이러한 행위가 독특하다는 점, 다시 말해 통상적인 애도 행위에서 벗어나 있음을 역설하는 것이다.[180]

관리들은 백일상을 치른 것이 분명하다. 관료 엘리트들이 상례의 법제화에 긴밀히 관계함으로써 상을 치르는 기간을 축소해야만 했다. 이는 국가 긴급 사태를 고려하는 수단으로 합리화되어 효행을 국가에 대한 충성에 종속시켰다.[181] 이 같은 정서는 관리가 상을 치르기 위하여 자리를 얼마나 비우느냐를 규정하는 데서 구체적으로 드러난다. 부모 중 한 사람의 상을 치르더라도 관리는 백일만 자리를 비울 수 있었다. 휴가 날짜는 상을 치르는 기간이 줄어듦에 따라 줄어들었다. 이와 함께 남은 애도 기간과 사중지일四仲之日 중에 모든 중요한 행사를 준수하도록 자리를 비우는 것을 인정하였다.[182] 그러므로 관리들이 관직에서 사임하지 않는 한 예법에 따라 상을 제대로 치를 수 없었다. 백일이 지나면 관리는 의무를 준수하기 위하여 자리로 돌아와야만 했다. 국가가 긴급 사태를 맞으면 때로는 잠시 경의만 표하고 관직에 복귀할 수 있었다[起服]. 이때는 특별한 복장을 착용하여 상중임을 표시했다.[183] 과거 응시자들은 가끔 상례를 면제받았다.[184] 관직에 있는 동안 부모가 죽으면 상을 치르기는 분명히 어려우며, 법도 상복을 입는 이의 처지보다는 관직자의 처지를 우선하였다.

관직을 차지한 귀족 사이에서는 오복제도를 이상적인 것으로 존중했음에도 실제 필요에 따라 다양하게 규칙을 바꾸었다. 지방의 엘리트들과 평민들에게는 오복제도가 모호하게 알려졌을 뿐이다. 이들이 백일 이상 상복을 입는 일은 드물었다. 평민에 불과한 군인에게는 법규에 따른 일정한 지침이 있어서 백일 동안 자리를 비우도록 허용하였다가, 나중에 50일로 줄였다.[185] 심지어 그 같은 기간조차 너무 길다 하여 종종 '달[月]을 날[日]로 바꾸는[以日易月]' 단순한 방법으로 줄여버렸다.[186] 달을 날로 바꾸어 상을 치르는 기간을 표현함으로써 부모상을 치르는 날은 불과 25일뿐이었다.[187] 이렇게 생략하는 분위기는 의례를 정교하게 준수하도록 허용하지 않았으며, 왕조 말기에 이르러서는 유감스럽게도 '피상적'이라는 비판을 받았다.

역사 기록은 고려의 장례 관습을 상세하게 기술하지 않았다. 자료에 따르면 귀족과 평민의 실제 매장 관습은 문서보다 차이가 더 컸음을 시사한다. 귀족과 평민 양자에게 불교의 장례 절차와 사후 관념은 이들이 죽음과 사후를 다루는 의례의 골격을 마련해주었다.

영향력을 행사했던 수도 엘리트들 가운데 선택된 이들에게는 사후 시호諡號나 관계官階 같은 모든 명예를 부여함과 동시에 장례비용을 대주는 '국장'國葬[禮葬, 官葬]을 치르도록 허용하였다.[188] 문무관리의 무덤 축조는 확정한 규칙을 따라야 했다.[189] 그리고 관의 외양은 호화롭게 장식한 것이 분명하며, 때로는 금으로 장식까지 했는데, 후에 이 같은 사치는 공식적으로 금지되었다.[190] 관은 석실에 넣었다.[191] 무덤을 견고하게 축조했으므로, 죽은 이들에게 마지막으로 경의를 표하기 위하여 무덤에 넣은 방대한 양의 유명한 고려청자가 최근까지 보존될 수 있었다. 고위관리의 부인이 죽으면 때로는 남편과 같은 무덤에 매장하였다[合葬, 歸葬, 附葬].[192] 권세 있는 이의 무덤에는 외관상 높은 지위임을 보여주는 묘비, 상석, 다양한 인물상 같은 장식물을 배치하였다.[193]

확실한 결론을 내리기에는 증거가 모자라지만 중앙정부 관리의 수가 증가함에 따라 개성에 거주하는 관리들은 수도를 에워싸고 있는 산에 매장되었다고 추측할 수 있다. 서쪽과 북쪽은 분명히 좋은 매장터였다. 수도로 거주지를 정하면서 원래의 출신 지역과 유대가 멀어지는 추세였는데도 때로는 사망자를 지방에 있는 선조의 매장지[先塋]로 돌려보내기도 했다.(194)

불교 전통은 장례에 큰 영향을 주었다. 묘지명은 유교 문화의 전달자라 할 지위 높은 명사까지도 자기존재에 대한 더 깊은 의미를 불교 관점에서 보고 있다는 인상을 준다. 사찰에서 임종을 기다리는 것은 자연스러운 일이었다. 가령 유명한 최사추는 왕실 동쪽에 있는 자운사에서 죽었다. 그리고 유명한 유학자 이색조차 한양 동쪽에 있는 신륵사에서 생을 마쳤다. 일부 여성은 죽음이 가까워졌다고 느끼면 머리를 깎고 비구니가 되어 죽었다.(195)

마지막 안식처로 가는 길은 때로는 길었다. 장례 절차는 가끔 몇 개월 또는 1년이 더 걸리기도 했다. 그런데도 모든 예규를 무시한 채 3일 안에 시체를 묻는 것이 널리 받아들여졌다.(196) 시체를 관에 넣어 땅에 묻을 때는[土葬], 곧 매장하는 것이 규칙이었음직하다. 시체를 절 안에서 화장하는 일은 엘리트나 평민이 모두 똑같이 행하던 관행이다. 불교에서 유래하였는데 장례식은 윤회하는 동안 연기해야 했다. 화장은 천상에서 삶을 지속하며 서방 정토로 들어가는 일을 촉진한다고 믿었다.(197) 대개 화장하고 남은 뼈[遺骨]는 사찰에 임시로 안치했다가 상당한 시일이 지난 뒤 길일을 골라 매장하였다. 때로는 사찰이 후손들로부터 매장제도와 관련한 책임을 대행하면서 부모 유골을 계속 보존하는 납골당으로 사용되었다. 1133년 정부는 이 같은 폐습을 더는 허용하지 않는다고 결정하였다.⁽¹⁹⁸⁾ 첫 무덤이 마지막 안식처인 경우는 드물었다. 매장지를 바꾸는 일[移葬, 改葬]이 흔했으므로 관리들은 그 같은 경우 30일 동안 자리를 비울 수 있었다.⁽¹⁹⁹⁾ 죽은 이를 예의바르게 돌보는 일은 육체를 떠난 영혼의 안식뿐 아니라 후손의 운명에도 똑같이 영향을 미치는 심각한 문제였다.⁽²⁰⁰⁾

　평민의 장례에는 불교와 샤머니즘 관념이 뒤섞여 있었다. 부모의 죽음은 집을 파괴할지 모르는 적대적 힘을 불러일으킨다고 믿었다. 그리하여 죽어가는 부모를 집에서 외부 건물로 옮겨 죽음을 맞이하게 했다. 일단 오염의 위험[邪意]이 가시면 장례는 향도香徒까지 참여하는 왁자지껄한 행사가 되었다.⁽²⁰¹⁾ 죽은 이가 언제나 땅에 묻히는 것은 아니었다. 전하는 바에 따르면 때로는 뼈를 수도의 거리나 트인 들판에 흩어버렸다고 한다. 정부는 빈곤한 이들에게 장례비용을 대주어 이렇듯 예의를 무시하는 일을 막으려고 애썼다.⁽²⁰²⁾

다시 생각해본 고려 사회

이 연구에서 내놓은 정보는 잡다하고 단편적이다. 기록은 거의 500년에 걸쳐 흩어져 있다. 어느 한 시기의 기록도 비교 작업을 하거나 주요한 발전을 알 만큼 충분하지 않다. 더욱이 현존하는 문헌 기록은 귀족 같은 상층계급만 다루었다. 소수에 불과한 이들 사회 엘리트를 고려 사회 전체를 대표하는 집단으로 취급할 수는 없다. 이러한 한계를 고려할 때 고려 사회의 모습을 명확히 그리기는 불가능하다. 그럼에도 다음과 같은 일반화는 허용할 만큼 어느 정도 윤곽이 분명하다.

고려에서 사람들이 성장하는 데 가장 있을 법한 사회 환경은 모친이 원래 출생한 집단에서 성장한다는 사실이다. 부친은 혼인하면서 정치적·경제적 이유에서 신부집으로 이주할지 선택하였다. 처가 거주제도[婦處制]는 고려에서 흔한 일이었다. 거주지를 선택하는 데 뚜렷한 제약은 없었다. 처가 거주제도냐 본가 거주제도[夫處制]냐에 관계없이 부모의 거주 형태가 아이들의 신분을 결정짓지는 않았을 것이다. 어머니의 집에서 아이들은 어머니 쪽 친족에 둘러싸였다. 어머니의 남자형제들은 출생 서열에 따라 각기 다른 혈연 용어로 구분되는데, 이들은 아마도 아이의 인생 초기에 중요한 인물이었을 것이다. 그중 한 사람이 아마도 미래의 장인이 되었을 것이다. 외사촌[母邊交叉從]과 혼인하는 일이 적어도 고려 초기에는 보기 드문 일이 아니었으며 오히려 선호까지 한 것 같다. 집안의 연장자는 외조부모로, 이들의 사랑과 관대함에 상응하여 1년 동안 상복을 입는다는 것이 인상적이다.

외가 생활은 부친이 자기 출생 집단으로 가족을 데리고 오면서 끝났을 것이다. 그 동기는 다양하다. 가장 중요한 동기는 부친이 부모 유산 가운데 자기 몫을 요구하기 위해서였다. 부친의 정치 관직을 계승하는 것도 그 동기였다. 중년이 되면 남자는 본족, 외족, 처족(이 중 후자 둘은 일치할 수 있었다) 세 친족 집단에서 하나를 선택해야만 한 것 같다. 부친은 이 세 집단의 잠재적 성원이었다. 궁극적으로 이들 집단 가운데 어느 하나에 충원되는지 결정한 것은 정치적·경제적 이해였다.

고려 사회에서 사람들은 양변 친속兩邊親屬, bilateral kindred에 둘러싸여 있었다. 그리고 이 같은 혈족 집결체consanguine pool에서 일생을 함께할 짝과 협력자, 심지어 신부까지도 나왔다. 어느 친족원을 다른 친족원이 쉽게 대신할 수 있었다. 다시 말해서 사촌이나 육촌은 형제나 다름없었다. 공계 용어 측면에서 생각할 때, 고려시대 한국인은 부변 선조 또는 모변 선조의 특권을 요구할 위치에 있었다.

상속자가 될 기회를 고려하는 경우, 남녀와 세대의 경계까지도 넘어서 좌우를 계산했을 뿐만 아니라 수직으로도 계산하였다. 그러므로 의심할 나위 없이 형제자매는 물론 사촌과도 정치적·경제적 이득을 차지하기 위하여 치열하게 경쟁했을 것이다. 위에서 말한 제도는 장자상속의 가능성을 배제하였다. 또 중국의 영향을 받아 특정한 역할을 하기 위하여 고정된 가계의 계승을 확립하려는 입법 노력과 토착의 변성邊性, laterality은 상충하였다. 공적 영역에서는 확립된 계승 서열이 통용되었다. 다시 말해 정치적 관직이나 역할은 계승 서열과 불가

분의 관계에 있었다. 반면 사적 영역에서는 그 같은 규정이 의미가 없었으므로 결코 적용되지 않았다.

지금까지 언급한 것은 대부분 고려 여성과도 관련이 있다. 여성이 가진 힘의 기초는 비록 법적인 것은 아니지만 남자형제들과 경제적으로 대등한 데 있었다. 여성은 토지를 둘러싸고 형제들과 경쟁했다. 반면 아들은 삼촌과 토지, 관직을 놓고 경쟁했다. 상속자로서 여성을 '고소한 것은' 남편보다도 남동생이었다. 재산을 둘러싼 긴장이 여성과 배우자 사이보다도 여성과 남자형제 사이에서 일어나기 쉬웠을 것은 분명하다. 여성 자신은 배우자에게서 떨어져 나올 수 있었지만 운명은 남자형제들에 묶여 있었다. 처의 재산은 오직 자신의 아이를 통하여 남편 가족에게 넘어갔다. 만약 아이가 없다면 재산은 처가 본래 출생한 집단으로 다시 귀속될 것이다. 그러므로 여성은 결코 남편 집안의 구성원이 되지 못했으며, 혼인했음에도 영원한 국외자로 남아 있었다.

이와 같은 고려시대 사회생활은 전형적인 공계의 특징을 보여준다. 형제자매는 성性과 관계없이 똑같은 지위를 누렸으며, 형제자매의 유대는 혼인에 의한 유대와 반대방향을 향하였다. 더욱이 조상을 중심으로 한 계통친系統親, lineal kin과 방계의 공계 사이에는 고도의 교환성이 뚜렷하게 존재하였다. 형제나 자매는 사촌들로 쉽게 대체되었으며, 부변 또는 모변의 사촌과 혼인할 수 있었다. 양변 친속은 어떤 개인의 일생에서나 압도적 역할을 하였다. 이러한 공계적共系的 해석은 신라 사회를 대충 훑어보더라도 이해할 수 있다. 여기에서는 신라 사회의 발전을 둘러싼 다양한 해석에는 복잡하게 끌려들어가지 않기로

한다.⁽²⁰³⁾

아들, 사위, 부계친, 비부계친의 왕위 계승, 근친혼, 처가 거주제 같은 고려 사회의 두드러진 특징의 전조가 신라에서 뚜렷하게 나타났다.⁽²⁰⁴⁾ 적어도 신라 후기 사회를 선계選系 조직을 기초로 한 사회로 규정한다면, 이 책 첫 장에서 지적했듯이 모친의 남자형제에 대하여 각기 다른 친족 용어를 사용하는 것이 이보다 앞선 시기의 모계적 과거로부터 연원하는 지표를 의미한다고 추정할 때 이 같은 사회 맥락은 명확하게 설명하지 못한다. 후대에 역사 자료를 조작함으로써 신라 전기의 출계와 혼인에 대한 자료가 애매하게 되었다. 따라서 신라 사회가 모계 단계를 거쳐 왔는지 확실하지 않다. 신라 초기 사회에 대하여 이중 출계二重出系, double descent를 상정하기도 하지만,⁽²⁰⁵⁾ 이것은 세계적으로 드문 현상일 뿐만 아니라 공계 체계의 구조적 전조 같지도 않다.⁽²⁰⁶⁾ 그래서 아직도 모친의 남자형제에 대하여 (각기) 다른 용어를 사용하는 점을 쉽게 설명하지 못한다. 이렇듯 다른 용어를 사용하는 것은 확실히 처가 거주제에 수반되는 것이다. 처가 거주제는 15세기 이후까지 존속한 반면 문제가 되는 용어는 조선 전기의 친족관계 어휘에서 마침내 사라졌다.⁽²⁰⁷⁾

고려의 전통과 헤이안시대(10~12세기) 일본의 사회제도는 놀라울 정도로 유사하다. 이 시기의 풍부한 문헌 자료는 일본 역시 봉건제로 이행하여 부계제가 엄격하게 시행된 가마쿠라鎌倉 지배(13세기와 14세기) 전 시기는 일종의 '전 유교前儒敎' 시대임을 알려준다. 헤이안시대에는 여성의 지위가 높았는데, 이는 이들의 경제적 독립을 기초로 하였다. 여성은 다른 재산 외에 부모의 집을 상속받을 수 있었다(이것은 보통 어머니에게서 딸에게로 넘어간다). 또 이 재산은 혼인한 이후까지 여성의 것으로 남아 있었다. 동시에 여성은 혼인한 뒤에도 출계집단 구성원의 자격을 계속 보유하였다. 여성의 재산이 혼인 경제에서 중요한 역할을 했으므로, 남편은 혼인하면서 한 재산 벌게 된 셈이다. 그러므로 헤이안시대 궁정에 출사한 조신의 여러 부인은 각기 따로 살았으며 (대개 처음 혼인한 부인이 주요한 부인이 되었음에도) 서열에 얽매이지도 않았다. 혼인의 거주 규정은 생처제生處制, duolocal, 부처제婦處制, uxorilocal, 신처제新處制, neolocal일 수 있었다.

10세기 후반 후지와라 가네이에藤原兼家(929~990)의 부인 가운데 한 사람이 일기 형식으로 쓴 『가게로 닛키蜻蛉日記』는 그녀의 결혼생활 내내 지속된 방문 남편과 관계가 어떤 기능을 하였는지 매우 소상하게 묘사하였다.(208) 혼인 해체는 단순하고 비공식적인 것이었다. 다시 말해서 부인은 아이들 양육권을 가지고 있었지만 이 경우에도 아이들은 부친 이름을 계속 썼다. 그러므로 고려에서와 마찬가지로 외조부는 자신들의 외손을 양육하는 데 절대적인 역할을 수행하였다. 헤이안식 혼인은 궁전에 출사하도록 허용된 상대적으로 좁은 범위의 가문에서 이루어졌다. 이 같은 헤이안시대 자료를 여기에서 짤막하게 언급한 이유는, 그 당시 여성 문학이—고려시대에는 불행하게도 전적으로 부족한—고려시대에도 상당히 전형적인 매우 특별한 생활방식을 제공하는 귀중한 사례이기 때문이다. 이러한 유사성을 생각할 수 있는 포괄적 설명은 좀더 연구를 기다려야만 한다.(209)

결론적으로 고려 사회를 간단하게 공계 사회라고 한다면, 그 같은 해석은 고려 사회가 분명히 변화 과정에 놓였다고 하는 현상을 주목하는 데 실패하게 마련이다. 다시 말해 중국의 당나라와 송나라에서 유입된 부계 지향을 법제화한 영향을 받은 것이다. 한국 사회에서 부계의 침투는 백제나 고구려는 논외로 치더라도 이미 신라시대에 시작되어 지속되면서 고려의 처음 2세기 동안에는 그 기세가 증대했다. 당의 관료제를 모범으로 한 관료제가 확대되면서 규범과 규정을 채택하게 되는데, 이것은 공적 영역에서 친족체계의 지속적 효용성에 위협이 될 뿐만 아니라 현존 구조에 새로이 질서를 부여하는 원리를 강요한 것이다.

분명히 국가는 공적 영역 이상을 손댈 수는 없었다. 그렇지만 새로 차용한 제도에 토착 사회 전통을 수용하려 노력했는데도 호구 등록이나 오복제도의 명명법, 상속과 혼인을 규정하는 법은 일상생활에 부계적 사고를 주입하는 중요한 통로가 되었다. 부계적 사고로 이행하는 일은 입법 과정에서 처음 일어났으며, 자연히 실제에는 더 늦게 영향을 주었다. 이러한 사실은 본질적으로 숱하게 다른 사회 관행이 공존하는 이유를 설명해준다. 그렇지만 고려의 '공계 초기'cognatic beginnings를 기준선으로 간주하고, '팔조 호구'를 고려 후기 친족 개념화의 사례로 간주한다면, 고려 사회가 부계의 영향을 흡수하는 정도는 주목할 만하다. 이것은 단순히 부계로 전환함을 강조하는 데 그치지 않는다. 거기에는 실제로 그 후 부계적 사회 구조가 나타날 수 있는 디딤돌을 놓는 의미가 있다.

중국 당나라의 모델을 도입한 것이 고려 사회 발전에 엄청난 결과를 가져온 데 비해,[210] 13세기에서 14세기까지 100년 동안 한국을 지배한 몽골은 다소 미약한 족적만 남긴 것처럼 보인다. 몽골은 군사 조직과 대담함으로 널리 알려졌다. 그렇지만 일부 매력적인 풍습을 제쳐놓는다면, 몽골은 고려가 모방할 만한 것을 거의 제공하지 못한 것 같다. 고려 왕실과 원의 황제들 그리고 이들을 추종한 고려인 사이에는 상호작용이 긴밀했으나 일반적으로 몽골인과 고려인이 직접 접촉한 적은 거의 없다. 형제연혼兄弟緣婚, levirate, 신부대新婦代, bride-price, 부처거주夫處居住, virilocal residence, 말자상속末子相續 같은 몽골의 두드러진 사회 풍습은 당시 한국에 전해지지 않았다.[211] 중국에서와 마찬가지로, 몽골은 약자인 한국에 강자의 법의식을 주지하려고 힘을 사용하지는 않았다.[212] 다만 고려 사회 관습의 하나인 중혼에 대해서만은 한국 학자들의 경우 흔히 몽골의 영향에서 기인한다고 생각한다.[213] 이 견해를 따른다면 중혼은 고려 후기에 채용되었다고 해야 한다. 그러나 몽골의 엘리트들이 일부다처제一夫多妻制, polygamous를 취한 것은 사실이지만(여성을 구매, 약탈, 상속으로 획득하였다),[214] 12세기 초의 자료에 따르면 분명히 고려의 중혼은 몽골에 복속되기 전에 있었으며, 질적인 면에서도 몽골과는 전혀 달랐다. 그러므로 몽골이 고려 사회를 혁신했다고 믿을 수는 없다.

그렇다면 족族이라는 주요한 용어는 무엇을 의미할까? 고려의 맥락에서 볼 때, 그것은 후손뿐 아니라 선조들까지 묶는 출계집단을 지칭한다. 혈통은 남성과 여성의 연결 고리 모두로 추적할 수 있다. 특별히 왕조 초기의 다양한 출계 계통은 근친혼으로 얽히거나 후손이 여전히 유명한 줄기를 구성하는 그들 선조의 특권을 누리면서 그 선조에 관하여 기억하는 데 불과했다. 유명한 출계집단은 공계 친족체계라는 큰 저수조에 새로운 구성원을 충원함으로써 자신들의 지위와 특권을 그대로 유지하였을 것이다. 계승의 융통성 역시 많은 경우 결정적 역할을 했을 것이다. 출계집단이 부계친이 없어 거의 끊어지게 될 때 사위나 그들의 자식을 통하여 새로운 활기를 얻었을 것이다.

출계집단은 중국식 성姓으로 집단의 정체성을 인식하였는데, 성은 6세기 무렵 존재를 드러내기 시작한 신라의 왕실이 중국과 외교 관계를 맺기 원하면서 처음 소개되었다. 신라의 왕족인 김씨족과 박씨족은 성을 사용한 첫 번째 가문이다. 그렇지만 신라의 귀족이 곧 따르면서 통일신라시대에는 성을 채용하는 일이 급격히 증가하였다.(215) 성을 어떻게 선택하였는지는 분명하지 않다. 그렇지만 어느 정도는 당 황제가 신라의 사행에게 수여한 것이다[賜姓]. 예를 들어 경원 이씨 시조 이허기李許奇의 경우, 중국 당나라 현종(재위기간 712~756)에게서 황실의 성인 이李를 받은 것으로 알려져 있다. 그렇지만 이 같은 명예로운 호칭이 분명히 수여받은 이의 후손의 계보 감각에 꼭 맞는 것은 아니었다. 왜냐하면 7대에 내려와서야 이중二重 성姓인 이허李許를 사용했기 때문이다.(216) 이 같은 계보의 이중성은 출계집단이 단지 하나의 성만으로 스스로 정체성을 인식하는 일을 거의 밀고 나갈 수 없었음을 지적하는 것처럼 보인다. 초기 한국의 역사 자료 역시 개인의 '정확한' 성을 기록하는 데 종종 곤경에 처했다는 것도 의미심장한 일이다. 그렇기 때문에 유명한 순교자 이차돈異次頓(506~527)을 언급할 때 삼국유사는 박, 석, 김이라는 다른 세 성을 지칭하였다.(217) 당나라 용어인 성이 단순히 성 이상으로 출계집단이라는 의미를 함축해온 것처럼 여겨짐에도,(218) 이러한 중국 용어가 한국의 출계집단에 대하여 본질을 애매하게 만들면서 부계적 굴절을 가져왔다.

더 나아가 성은 '본관'과 동일시되었다. 본관은 보통 신라 말 고려 초에 지방에서 권력을 장악한 실력자의 후손이 자신을 지방 권력자로서 굳힌 지역의 행정 단위 명칭이다.⁽²¹⁹⁾ 새로운 수도인 개경의 중앙 귀족의 한 부분인 '문벌'은 지역에서 권력을 쥔 출계집단[豪族]을 기원으로 한다. 지역과 유대는 본관 제도가 법 제도로 되면서 중요한 자산으로 남게 되었다.⁽²²⁰⁾ 어느 개인의 본관을 지칭하는 것이 더는 출생지나 거주지와 아무 관련이 없다고 생각되지만, 이것은 고위 신분을 입증하는 것으로 지속되었다.

그렇다면 성과 조상의 본관 이외에 무엇이 고려의 특정 출계집단을 '대족大族', '명족名族', '망족望族'으로 만들었을까? 모든 귀족 출계집단은 왕조 창립에 참여했든 나중에 가서 저명하게 되었든 관계없이 자신들의 명성을 쌓고 유지하는 데 꼭 필요한 어느 정도의 조건이 있는 것처럼 보인다. 그 조건의 하나가 수대에 걸쳐 고위 신분을 보유하면서 이에 따른 고위 품계와 그에 합당한 고위 관직을 보유하는 것이다. 여기에서 '고위'는 적어도 5품 이상을 획득한 것을 의미한다. 다른 조건은 경제적 재부이다. 그리고 세 번째는 적절한 결혼 관계로, 이 중에서 더 바람직한 것은 왕실과의 결혼이다. 그렇지만 고위 신분에서 가장 중요한 요소는 대부분 파악하기 어렵다고 하더라도 출계였다. 출계는 세습 재산patrimony 가운데 가장 주요한 구성 요소이며, 공적보다 더 중요했다. 출계에 따라 재산, 상속 그리고 가장 넓은 의미의 법제적·정치적 특권과 사회 지위에 관한 권리와 의무가 전승되었다. 계보와 세습은 정치 구조에 침투하였으며 '음서' 제도는 그 좋은 예이다. 그러므로 '출계'는 유명한 출계집단 안의 개인에 대하여 구성원 자격을 결정할 뿐만 아니라 고려 사회에서 기선을 제압하도록 하였다.

고려에서는 국가 차원에서 유명한 출계집단의 명부를 편찬한 적은 없는 것 같다. 그럼에도 당나라에 그 같은 명부가 존재한다는 사실은 한국에 알려져 있었다.[221] 유일하게 이용 가능한 명단은 배타적이며 수치만 있는 1308년 충선왕 때의 것이다. 여기에서는 귀족 출계(그렇지만 이 가운데 일부는 단지 하나의 가계이다)집단을 열거하고 있다. 이들 가운데 단지 네 집단, 다시 말해서 신라 왕실인 경주 김씨, 경원 이씨, 안산 김씨, 파평 윤씨만이 고려 초기부터 고려 전 시기에 걸쳐 엘리트 신분을 유지했다. 이들 출계집단의 지배권은 무엇보다도 친족원 사이의 결속에 의존하고 있다. 고위 관직에 오른 이들이 때로는 스스로 인성이 뛰어나다 하더라도 오랜 기간에 걸쳐 출계집단이 권력과 영향력을 획득하여 유지하는 데 유익한 것은 바로 사회관계와 혼인에 따른 유대였다. 놀라울 정도로 소수의 출계집단만이 자신들을 위하여 이 일을 해낸 것 같다.[222]

이들의 저명함은 출계집단의 결속뿐만 아니라 출계 원리를 기초로 하였다. 그렇지만 그 같은 출계집단은 부계적으로 전승되는 성씨를 연상케 하는 동질적 집단은 아니다. 이와 반대로 앞서 논의한 바와 같이 족族은 융통성 있고 일체를 포함하는 개념이다. 그러므로 족은 분명히 배타적인 것을 함축한다. 또 중요한 것은 성姓이나 동성이 자료에 드물게 나타난다는 사실이다. 더욱이 고려시대 한국의 족은 중국의 족(중국과 한국은 같은 한자를 쓴다)과 동의어로 간주될 수도 없는데, 중국의 족은 당나라 때 부계 출계집단의 분지인 종宗, branch을 의미했다.[223] 그렇지만 고려 말기에는 부계에 대한 참작이 족이라는 개념에까지 영향을 준 것으로 보인다. 부계친의 수직선을 포함하며 족보다는 분명히 좁은 의미의 '종'宗, descent line이라는 용어가 종종 족을 대신했기 때문이다.[224]

    수세기 동안 고려 사회는 성격이 점차 바뀌었다. 확산되는 중국의 영향으로 부계 중심 철학이 공계적인 한국의 원래 친족 체제에 미묘하게 덧붙은 것이다. 그 결과는 전통으로부터의 거대한 전환이 아니다. 오히려 전통 한국 체제가 개인과 집단에 부여하는 선택의 폭을 점차 좁히는 것이다. 고려 사회조직 고유의 융통성과 전략은 부계를 기초로 한 규칙에 점차 제한되면서 선택의 여지가 거의 없게 되었다. 위로부터 추진된 이러한 발전이 정부에 몸담고 있는 엘리트 계층의 공적 영역에 영향을 준 것이다. 반면 귀족의 사적 생활로는 거의 뚫고 들어가지 못했다. 그리고 사회의 하위 계층에도 거의 침투하지 못했다. 그럼에도 왕조 말기에 신유학이 도래하기 위한 기반을 마련해주었다. 때맞춰 한국 사회가 부계적 변환을 완결한 것은 바로 이 신유학 이데올로기의 추진력 덕분이다.

2장

신유학, 조선 초기 개혁 입법의 이데올로기적 기초

...

　태조가 즉위한 1392년 당시 정치사회적 질서는 유교적 의미에서 도덕적이지 못했다. 25년 전인 고려 공민왕 때 착수한 개혁 정강은 거의 1세기에 걸쳐 몽골의 지배를 받은 국가를 소생하는 데 효과가 없었다. 왕실의 권위는 무너졌으며 나라의 운명은 거의 대부분 기존 귀족이 좌우하였는데, 이들은 중앙정부에서 최고 지위를 차지하고 방대한 전장을 가지고 있었다. 기존 귀족은 국왕의 통치를 강화하려는 개혁을 반대했으며, 불교를 기반으로 한 특권계급을 강력하게 옹호했다. 북쪽으로는 홍건적이 끊임없이 쳐들어왔고 연안으로는 왜구가 침략하여 황폐해졌으며 몽골은 여전히 고려 내정에 개입하려고 하였다. 이것은 무인세력이 다시 등장하는 호기가 되었다. 더욱이 개혁가로서 공민왕의 특권은 신돈이 정사를 독단하면서 돌이킬 수 없을 만큼 손상되었다.[1] 일부 개혁은 어느 정도 성과를 거두었는데, 특히 교육이 그러했다. 그렇지만 신돈은 귀족이 장악한 권력을 타파하여 사회가 재생할 환경을 조성하는 데는 실패했다.

　1368년에 명나라의 흥기로 중국에서 왕조가 교체되고 이어 1371년에는 신돈이 권력에서 떨어져나갔다. 그로부터 3년 뒤 공민왕이 암살되면서 정치세력이 크게 재편될 가능성을 열어놓았다. 고려의 마지막 국왕은 의심스러운 계승 문제로 통치자가 갖추어야 할 신뢰를 잃었다. 마침내 최고 권력은 무인에게로 옮겨갔고 이들은 고려 몰락에 박차를 가하면서 권력의 자리에 올라섰다. 무인의 영웅 이성계와 신유학자가 결탁하여 새로운 국가 건설에 성공함으로써 조선 왕조가 만들어졌다. 그렇지만 새로운 지배자는 어려운 과제에 직면하였다. 국경 강화, 관료제 재건, 지방행정 재편, 토지제도의 전면적 개혁, 토지 생산성 향상, 사회적 갱생을 도모해야만 했다. 이 같은 문제를 해결해야 토지와 인민 사이의 균형을 새로 잡고 나아가 질서에 대한 새로운 감각과 안전을 사회에 도입하는 데도 도움이 될 수 있었다. 고려 왕조에서 조선 왕조로 바뀌면서 제도가 급격히 변화되지는 않았다. 고려의 정치 제도는 새 정부의 조직 기반으로 이어졌다. 그 틀은 증대하는 관료화와 중앙집권화로 공고해졌다. 왕실 권력은 수도에 집중되어 있었으며, 지방에서는 국왕이 파견한 지방 관리가 중앙 권력을 대신하여 이를 유지·강화하였다.

고려에서 조선으로 이행하는 과정은 어떤 한 요소가 독자적으로 조선 왕조의 건립을 초래했다고 말하기 어려울 만큼 다면적이다. 궁극적으로 왕조 교체가 불가피하게 된 것은 바로 고려 쇠퇴기에 일어난 사건들과 인물들 사이의 각별한 상호작용 때문이다. 한국 역사에서 거듭 반복된 기본 주제는 국왕과 귀족의 투쟁인데, 이들의 투쟁은 몽골 지배가 종식된 후 권력과 영향력을 재분배하는 과정에서 증폭되었다. 이것은 파벌들 사이의 갈등을 심화해 관직에서 축출되거나 숙청되고 처벌받는 일이 빈번해졌다. 이 과정에서 무인은 자신들의 정치력을 강화할 수 있었다.

점차 살벌해지던 개성의 정치 무대는 국제 상황으로 더욱 어두워졌다. 몽골을 추종하는 무리는 뒤로 물러났지만 여전히 존재하였으며, 흥기한 명나라는 한국 영토에 만만찮은 위협을 가했고 신하들은 분열되어 있었다. 그렇지만 마침내 이성계가 이끄는 친명파가 승리했다. 이성계와 그의 조력자들은 국가의 경제상황 때문에 군사 행동을 오랫동안 지속할 수 없음을 깨달았다. 이성계의 친명 태도는 무엇보다도 시의적절한 현실 정치 감각에서 비롯했다. 그는 불투명한 결과를 놓고 군사적 모험을 감행하는 대신 국내 문제에 뛰어들었다. 그는 최우선 과제로 재원 조정을 생각하였다.

고려 말 국가의 운명이 기울면서 토지의 상당 부분에 대한 조세징수권이 상실되자 국가의 경제상황은 악화되었다. 국가가 모든 토지를 소유한다는 이상을 빈번히 내세웠음에도 고려 초부터 사유지는 존재했다. 14세기로 접어들면서 토지는 급격하게 사유화되었다. 사원이 방대한 토지를 점유하고 전장이 파행적으로 늘면서 나라 세입은 줄어들었고 수많은 자유 경작인은 전객佃客으로 몰락하였다. 권력은 지주의 권익을 대표하는 이들의 손아귀에 있었지만 이러한 상황을 견제하기에는 국가가 무기력하여 별다른 해결책 없이 표류해갔다. 왕조 쇠퇴기에 토지를 개혁하자는 요구는 열띤 정치 논쟁을 불러일으켰다.[2]

1352년에 이색은 토지제도 개혁에 대한 정강을 담은 상소문을 올렸다.[3] 그런데 1388년 여름에 이르러서야 이성계의 후원을 받은 조준趙浚(1346~1405)이 토지 개혁은 물러설 수 없는 것임을 치밀하게 제시한 세 가지 제안 중 첫 번째 것을 제출하였다. 개혁론자들은 과거 국가가 모든 토지를 소유하고 그것을 국민에게 분배하여 경작하게 한 뒤 세금을 거둬들였다고 믿었다. 이 제도는 빈부 차이를 없앴으며 필요한 세입을 국가에서 제공하는 것이라고 했다. 국가 관리에게는 그 대가로 특별히 땅을 할당하며 이곳에서 지대를 거두어들일 권한을 주었으며 이것이 고려 전시과의 정수라고 개혁론자들은 믿었다. 조준과 뜻을 같이한 정도전도 토지에 기반을 둔 고려 귀족의 경제권을 박탈하기 위하여 전시과를 복구해 새로운 경제 기반 위에서 나라를 세우도록 밀어붙였다. 그들의 요구는 뜻이 같은 이들이 수없이 올린 상소문에 반영되었다. 조준의 정강은 개혁 의지가 있는 사람들이 기득권을 수호하는 이들과 맞서 싸우도록 부추겼다. 이것은 경제 문제를 둘러싸고 정치 세력의 양극화를 초래하여 결국 새로운 왕조를 세워야 한다는 충동을 불러일으켰다. 고려시대에 입안된 것은 1391년에 반포한 과전법의 기초가 되었지만 과전법이 실제로 시행된 것은 왕조가 교체된 뒤였다.[4]

왕조 교체에는 복잡한 종교 상황도 얽혀 있었다. 불교와 샤머니즘은 종교생활, 특히 죽음에 대한 숭배와 사후 세계에 대한 믿음을 지배했다. 사회는 물론 왕실에서도 불교와 샤머니즘의 제례가 행해졌다. 샤머니즘이 전반적으로 민속 현상인 반면 불교는 일관된 교의가 있는 잘 짜인 종교였다. 고려 태조가 불교를 국가를 수호하는 정신적 힘으로 간주하면서부터 불교는 강력한 경제 기반을 마련하였다. 더욱이 만인 평등을 주장하고 정신적 자유를 약속하는 불교는 많은 사람이 세속을 등지고 승려가 되도록 만들었다. 실제로 불교는 신돈의 득세에서 볼 수 있듯이 사회 이동을 가져왔다. 그리하여 불교와 관련된 문제는 시급히 해결해야 하는 또 하나의 과제였다.

그렇지만 무엇보다도 조선 왕조의 건국은 유학자들이 새 왕조가 유교 기반을 굳건히 마련할 사회정치적 정강을 제시함으로써 자신들의 이상을 입증하려 한 도덕적·지적 모험이었다. 이것은 한편으로는 진보적 개혁가의 이데올로기적 성향과 다른 한편으로는 군대의 실용적 목표를 절묘하게 결합한 것을 의미했다. 잘 알려진 유교 개념인 '유신'維新을 진정한 의미에서 한국식으로 바꿔놓았다.

조선 왕조 건국 세력의 등장

조선 왕조 건국 과정에서 이성계를 도운 이들은 누구였을까? 왕조 초기 세 차례 나온 공신 명단(1392, 1398, 1401)을 분석하면 이성계 지지 집단이 다양했음을 알 수 있다.[5] 문신 대부분이 공민왕 집권기 이후 과거에 합격한 사람들이다. 이들은 고려 왕조에서 중간 이상 높은 관직을 지냈으며, 1388년 위화도회군이라는 극적인 국면 전환 이후 이성계와 운명을 함께했다. 이들 문신의 사회 배경은 고르지 않다. 상당수는 조준처럼 고려시대 지배 귀족계급을 형성한 기존 가문에 속했다. 반면 이들의 거의 두 배에 이르는 사람은 비교적 덜 알려진 가문 출신이었다. 이들의 출생지는 한반도 전역에 걸쳐 있었는데, 그중에서도 상당수가 경상도에서 배출된 것으로 보인다. 이들 문신은 아무도 대규모 토지를 소유하지 않은 것으로 기록되어 있다. 반면 빈곤한 경제상황에 대한 불만은 컸는데, 이것은 종종 과장된 것으로 보인다.

이성계 지지자 가운데 다음으로 중요한 세력은 무인이다. 그들의 출생과 사회적·경제적 배경에 대한 정보는 충분하지 않다. 이것은 그들이 상대적으로 잘 알려지지 않았음을 시사한다고 여겨진다. 일부 인물만이 지휘관 직위에 있었으며, 이들보다도 더 적은 인물이 무과에 합격한 정도였다(무과는 1390년에야 제도화되었다). 이성계 자신은 선조가 이주한 서북 지방에서 출생하여 성장하였는데, 출신이 다소 미약하였다. 그는 바로 이 지역에서 사병을 모집하기 시작했다. 그는 연안으로 침입하는 왜구와 북쪽에서 쳐들어온 여진족을 무찌르면서 지휘관에 올라 점차 세력을 키워나갔다. 그의 주무대는 수도 개성이 아니었으므로 1383년 이후에야 중앙정부에서 어느 정도 기반을 잡을 수 있었다. 이성계는 대부분 직책을 일시적으로 맡는 데 그쳤다. 이렇듯 승진이 느린 것은 일반적으로 수도 바깥에서 근무하는 무인이 겪는 경력상 제약으로 보인다. 그의 경력에서 결정적 순간은 1388년 친명 성향이었던 그가 군대를 이끌고 압록강을 건너 명나라와 합세해 싸우는 대신 개성으로 회군하여 실권을 장악하면서 찾아왔다.

공신 중 가장 숫자가 적은 집단은 전주 이씨 왕실의 친척들이었다. 그들이 쌓은 공적의 몫은 왕위 계승을 둘러싼 첫 번째 투쟁이 일어난 1398년에 두드러지게 커졌다. 이성계의 이복동생 이화李和(?~1407)는 새 왕조를 굳히는 단계에 기여하여 세 차례에 걸쳐 모두 공신으로 책봉되었다. 다른 이들은 왕위를 둘러싸고 이성계의 아들들 사이에 벌어진 왕위 다툼에서 승자의 편을 들거나 중립을 지켰기 때문에 보상받았다.[6]

이렇듯 조선 초기 공신에 오른 이들은 사회경제적 배경이 다양하다. 그들은 새 왕조 건국에 기여한 보상으로 관직과 상당 규모의 토지 그리고 노비를 하사받았다.[7] 이들은 정치, 군사 행동뿐만 아니라 혼인에 따른 결속으로 다져진 작은 규모의 엘리트 집단이다.[8] 그들 가운데 문신이 분명히 압도적인데 실제로 조선 왕조를 만든 정도전, 조준, 하륜河崙(1347~1416), 권근權近(1352~1409) 같은 인물이 그러했다.

봉화 정씨 출신인 정도전은 가난하고 변변치 못한 집안에서 태어났으므로 유명한 조상을 둔 후손이 누리는 특권이 없었다. 조부는 중앙 정부의 관료 세계에서 처음으로 별로 중요하지 않은 직책이나마 얻었으며, 부친은 충숙왕 때인 14세기 초에 시험관을 지냈다. 정도전은 점잖았지만 넉넉지 않은 집안에서 자랐다고 전해진다. 하지만 문과 시험을 준비할 여가는 충분하였으며 1362년 진사시에 합격했다. 그는 성균관에서 몇 년 동안 일하면서 신유학 사상을 처음 접하였다. 그는 1375년(우왕 1)에 중앙에서 추방당했으며 그 후 8년 동안 지방에서 소외된 채 살아야 했다. 그의 첫 번째 철학서는 신유학에 지적으로 전념하는 기간에 나왔다. 정도전을 심오한 사상가라고 할 수는 없지만 광범위한 영역의 지식에 통달한 것은 분명히 인상적이다. 그의 학문은 병학에서 의학은 물론 천문학에서 수학까지 걸쳐 있었다. 그래서 그가 1383년에 이성계와 손을 잡았을 때 이성계의 가까운 조언자 가운데 한 사람이 될 준비가 되어 있었다.[9] 이성계가 1392년에 집권하는 길을 지적으로 포장하고 새 왕조 초기 몇 년간 개혁의 진로를 결정한 이는 정도전이었다.

평양 조씨 출신인 조준은 정도전의 출신 배경과 대조를 이룬다. 평양 조씨는 몽골 지배 기간에 득세하였으며, 그 시대 가장 유력한 성씨 집단과 더불어 고려 왕실과도 혼인관계를 맺고 있었다.[10] 그러므로 조준은 고려의 기존 체제에 속한 셈이다. 그는 1374년 과거에 급제한 후 하찮은 직책을 지냈다. 우왕(재위기간 1374~1388)이 통치하던 당시 권신 이인임李仁任(?~1388) 세력에 속하지 않았다는 이유로 1384년 관직에서 물러나야 했으며 그 후 4년 동안 역사와 철학 연구에 열중하였다. 그는 신유학에 통달한 초기 인물인 윤소종尹紹宗(1345~1393)과 친교를 유지하였다. 1388년 이성계 진영에 들어갔고 정도전과 힘을 합쳤다. 그렇지만 조선 초기 두 사람의 우호적 협력 관계는 정책 노선의 차이로 무너지고 말았다. 아마도 가장 극적이고 운명적인 사건은 태조의 왕위를 누가 계승하느냐를 둘러싼 선택이었을 것이다. 조준은 후에 태종(재위기간, 1400~1418)이 된 이방원을 선택한 반면 정도전은 태조의 막내아들이자 이방원의 이복동생을 지지하여 1398년에 죽음을 맞이하였다. 조준은 능숙한 정치가였을 뿐만 아니라 사려 깊고 능력 있는 입법가였다. 법에 대한 그의 이념은 새 왕조의 진로에 크게 기여하였다.

정도전과 조준은 각기 자신들을 추종하는 집단에 둘러싸였는데, 그들 중 몇몇은 공신 지위에 올랐다. 이들 집단에 속하지 않은 사람이 하륜과 권근이다. 이들은 조선 초기 입법과 지성사에 큰 발자취를 남겼다. 하륜은 남쪽에서 진출한 새로운 인물로 그의 조상은 잘 알려지지 않았다. 그는 1365년 문과에 합격하였다. 하륜은 이인임 파와 혼인관계를 맺었으므로 이인임이 참형되자 유배에 처해졌다. 그는 개혁이 필요하다고 보았지만 새 왕조를 창립하려는 정도전과 조준의 계획에는 분명히 반대하였다. 일단 조선 왕조가 세워지자 하륜은 새로운 정치 상황에 비교적 쉽게 적응했다. 그는 두 차례에 걸쳐 공신 지위에 올랐지만(1398년과 1401년) 어떤 보상을 받았는지는 알려져 있지 않다. 조선 왕조 건국 이후 20년 동안 그는 중요한 법을 제정하고 사회적 입법화를 시도하여 이름을 떨쳤다.[11]

하륜과 달리 권근은 오랜 기간 중앙정부의 문신 관리를 배출한 전통이 있는 정평 있고 유명한 안동 권씨 후손이다. 더욱이 증조부 권부에게서 신유학 연구에 대한 확고한 태도를 전수받았다. 1369년 문과에 합격한 이후 교육과 관련된 업무를 몇 차례 맡았다. 고려 말기 그는 친명 태도를 분명히 했는데, 1389년 명나라와의 외교 협상에 참여하여 눈 밖에 나 중앙에서 추방되었다. 권근은 관직에서 축출되어 있으면서 학문에 몰두하여 경학에 대한 첫 주석서인 『입학도설入學圖說』을 저술하였다. 지방으로 추방되어 있었으므로 1392년의 왕조 교체에는 적극적 역할을 하지 못했다. 그는 새로운 왕조를 조심스럽게 전망했는데, 이후 이것을 후회한 것이 분명하다.

태조는 그를 불러들여 적극적인 역할을 해달라고 부탁했다. 그는 다양한 공무를 처리하면서 탁월한 글 솜씨를 발휘하였는데, 그중 하나가 명나라 조정 외교 사절로 일한 것이다. 문체를 둘러싸고 정도전과 논쟁을 벌여 정도전의 공공연한 미움을 샀는데, 권근과 정도전은 언제나 긴장 관계를 유지하였다. 권근 역시 뒤늦게나마 공신 지위를 획득하였다.[12] 그는 태조와 밀접한 관계를 유지하였다. 그렇지만 정도전과의 반목 때문에 정도전이 살해된 1398년 이후에야 정치 전면에 나설 수 있었다. 조선 초기 권근은 다방면에 걸쳐 기여하였다. 중국 고전에 대한 그의 주석과 해설은 동시대인에게 중국 경전에 대하여 완전히 새로운 전망을 열어놓았다. 헌신적 스승이기도 했던 권근은 한국의 신유학 발전에 공고한 기초를 닦았다.[13]

이들 공신들, 특히 문신 세력이 새 왕조 초기 수십 년 동안 사건의 추이에 중요한 영향력을 행사한 것은 의심할 바 없다. 그들은 조선 왕조에서 고위관직을 차지했던 첫 세대를 구성하여[14] 조선 왕조 입법의 기초를 다져놓았다. 그렇지만 이들 공신의 후손이 그 같은 영향력을 얼마나 유지하였는지는 확실하지 않다. 분명히 공신에게 주어진 것은 세습되고 세금은 면제되었다. 하지만 관료제도가 점차 복잡해지면서 기존 지위만큼이나 과거를 통한 성취를 중요한 것으로 간주하면서 경제적으로 안정되었다 하더라도 사회적 · 정치적 우세가 오랫동안 보장되지는 않았다. 건국기에 얻은 명성일지라도 후세대에게 정당하게 인정받으려면 정규적인 승진 통로를 거쳐야 했다.[15]

그렇지만 오로지 공신만이 왕조를 건설하였다고 간주하는 것은 분명히 오류일 것이다. 왕조를 건설한 이들 중에는 너무 젊다는 등 잘 알려지지 않은 이유로 공신 지위에 오르지 못한 사람들도 있다. 이들 가운데에는 조선 초기 입법화 과정에서 두드러진 역할을 한 황희黃喜(1363~1452) 같은 인물도 있다. 황희는 1389년에 과거에 합격한 후 교육을 담당하는 직책을 맡았다. 고려가 망할 무렵 그는 은둔하고 있다가 태조의 부름을 받은 뒤 높은 관직에 올라 매우 눈부신 역할을 했다. 황희와 마찬가지로 영향력 있는 관리 가운데 한 사람이 1386년 과거에 합격한 맹사성孟思誠(1360~1438)이다. 고려 후기에 하찮은 직책을 맡은 맹사성은 조선 왕조 첫 10여 년 동안 공직 세계에서 승진을 거듭하면서 당대의 사회와 문화에 족적을 남겼다. 눈에 띄는 또 한 사람이 변계량이다. 1385년 문과에 합격한 그는 새 왕조를 위하여 뛰어난 문장 솜씨를 발휘하였으며, 그 밖에도 조선 초기 사회적 입법화를 처음으로 구상하였다. 변계량은 1390년 과거에 합격한 허조許稠(1369~1439)와 때때로 팀을 이루어 조선 초기 예학 연구를 주도하였다. 이 네 사람 모두 고려 후기에는 알려지지 않은 가문 출신이다.[16]

요약컨대 1392년 왕조 교체를 도와 새 왕조의 주도권을 잡은 사람들은 사회적·경제적 배경에서 볼 때 항상 권력을 잡고 정부의 중요한 직책을 맡던 부류에 속하는 사람들이었다. 실제로 그들 중 일부는 고려 지배 엘리트들이 가진 거대한 농장 때문에 아무런 몫이 없어 종종 궁핍하게 살아야 했으므로 경제상황에 불만을 품었을 것이다. 그렇지만 그들이 새 왕조 건설이라는 모험에 가담한 것을 순전히 경제적 이유만으로 설명하기는 어렵다. 일부 평민이 무인 집단에 들어간 것도 분명하고, 새 왕조의 주도권을 잡은 사람들이 귀족계급의 밑바닥에 있는 경우도 있지만, 그들 모두가 예외 없이 상류 귀족계급에 속해 있었다. 이들은 오랫동안 과거시험을 준비하는 데 필요한 경제력을 충분히 가지고 있었다. 이들이 과거에 합격한 비율은 분명히 높다. 시험에 합격하면 종종 명망 있는 가문을 배경으로 중앙정부의 관료세계로 나아가기도 했다. 하지만 그들의 출세는 느렸고 당시 열악한 정치 상황으로 막혀버리기도 했다. 관료 세계에는 지나치게 사람이 많았으며, 정치생활은 당파 갈등으로 찢어졌다. 이것이 개인적으로 좌절한 진짜 요인이었을 것이며, 바로 이 때문에 이들은 이성계 주위의 무인 세력과 연합하는 길을 모색하게 되었을 것이다.

조선 초기 공신 중 소수 무인은 예외이지만 새로운 지배계급으로 부상한 것을 시사할 수 있는 분명한 사회적 요소가 없다는 사실은 고위관리의 사회적 기원에 대한 연구와도 일치한다. 성명을 확인할 수 있는 조선 초기 관리의 절반가량은 어떤 출계집단 출신인지 알려져 있다. 대체로 약 158개 출계집단이 이를 대표한다. 사회적 배경이 알려진 관리들의 절반가량이 그 가운데 32개 출계집단에서 배출되었다. 이들 친족 집단의 3분의 2는 12세기 중반부터 고위관리직을 차지한 구성원을 배출했다. 말하자면 그들은 고려 귀족의 핵심에 속했다. 분명히 새로 출현한 출계집단은 많지 않았다. 그리고 단지 고려의 몇몇 출계집단만이 조선 초기에 정치적 활동을 중지하였다. 요컨대 이들 증거는 새 왕조에 들어 세력을 얻은 새로운 사회 세력은 없었으며 이미 확고하게 굳어진 귀족 가문 출신의 후손이 최고위직을 계속 맡고 있었음이 틀림없음을 알려주는 것이다.[17]

조선 왕조를 건립한 이들이 명나라 사례에서 보듯이 어려운 경제상황 때문에 원나라에 대하여 반란을 일으킨 농부들이 아니라 고려 귀족의 후손이라는 사실이 분명하다면 조선 왕조의 건국을 한국 사회사의 획기적 사건으로 만든 저 역동성은 어디에서 나왔을까? 그것은 새로운 왕조의 지적 기반을 확립한 이들이 연구한 자료, 다시 말해서 신유학의 경전에서 나왔음이 분명하다. 바로 이 문헌이 그들에게 도덕적 원칙을 기초로 한 새로운 사회정치적 질서에 대한 전망을 제시하여 그들 당대에 이 같은 질서를 재창조하도록 만든 것이다.

신흥 엘리트의 지적 형성

고려 왕조의 마지막 10여 년 동안 학문의 중심은 성균관이었다. 성균관은 오랫동안 쇠퇴하였다가 공민왕 통치 기간인 1367년에 재건되었다. 나라에서 주도한 관학이 다시 출현하면서 2년 후 3단계 과거제도(향시, 회시, 전시)가 소개되었다. 원나라의 제도를 본떠 시험 주제는 모두 고전에서 채택하였다. 그리고 고려시대에는 사적으로 결속되었던 시험관[知貢擧]과 응시자의 관계가 그때에 와서는 좀더 직업적인 기저 위에 놓이게 되었다. 이와 같이 사적 관계를 없앤 새로운 관리 선발 제도를 도입한 것은 중요한 혁신이었다. 이에 대하여 기존 지배계층은 강력하게 반대하였는데, 이것은 새로운 제도가 1376년에 폐지된 사실에서 드러난다. 지나간 시기의 질서를 유지하려는 부류와 새로운 제도를 자신의 이해에 맞추어 활용하려는 부류 사이의 갈등은 공양왕 (재위기간 1389~1392)이 꼭두각시 왕위에서 물러나고 새로운 시험제도를 재건하면서 끝났다.[18]

당시 잘 알려진 유학자는 성균관에 임명된 교사들이었다. 이들은 일상 수업 이후 학생들과 모여서 신유학 사상의 중요한 문제를 논쟁하였다. 이것은 이전에 고전의 지혜를 기계적으로 내재화하던 것과는 뚜렷하게 구분되는 지적 교환이었다. 이 토론의 지도자는 주자의 사서에 대하여 처음으로 대규모 논쟁을 주도한 이색이었다. 그는 "분석적이며 다른 의견을 타협할 수 있었으므로"[19] 그 모임을 능숙하게 주도한 것으로 평판이 나 있다. 그리하여 이색은 당시 가장 고무적인 사상이 출현하는 지적 환경을 형성하도록 도왔다.

당시 열띤 논쟁자 중 한 사람은 정몽주鄭夢周(1337~1392)였다. 그는 시를 짓는 것을 '잡기'라고 비판하면서 『대학』과 『중용』에 '심신지학' 心身之學이 구현되었다고 믿었다. 그는 친구와 함께 이 책들을 공부하기 위하여 암자에서 은거했다고 한다. 성균관에서 그는 사서의 의미를 해석하였다. 전하는 바에 따르면 송나라 유학자 호병문胡炳文(1250~1333)의 『사서통四書通』이 들어왔을 때 정몽주의 해석이 그의 해석과 완전히 일치하여 여러 유학자가 탄복하였다고 한다. 시 몇 편을 제외하면 그가 쓴 글은 1392년 그를 죽음으로 몰아넣은 정치적 소용돌이 속에서 없어졌다. 따라서 정몽주의 사상을 알아보기는 어렵다. 다만 그의 전기에 다음과 같은 간략한 내용이 들어 있다. "정몽주는 방대한 책을 광범위하게 읽고 날마다 『대학』과 『중용』을 암송하였다. 그는 이理를 연구하여 자신의 지식을 완성하였다. 그는 자신을 탐구하여 실질적인 표현을 찾았다. 그는 참으로 오랫동안 연구하여 아무 도움도 받지 않고 송의 유학자들이 전수하지 않은 신비를 해결하였다." 이색은 정몽주에 대한 존경심을 다음과 같이 표현하였다. "정몽주가 이를 논의할 때는 이치에 합당하지 않은 것이 없다." 이색은 정몽주를 '동방 이학理學의 시조'라고 불렀다.[20]

신유학을 수용한 초기에 신유학의 도를 모색한 이들에게 『대학』만큼 좋은 경전은 없었다. 분량이 적은 『대학』은 전통적으로 후기 유교 시대의 산물로 간주되었다. 주자가 사서의 하나로 선정해 정치 행위에 대한 긴급한 호소력과 도덕 교육을 결합하는 체계적이면서도 실용적인 정강을 제공하였다. 그리하여 『대학』은 공적 생활과 사적 생활을 모두 완벽하게 통제하려 한 신유학자의 요구를 뒷받침하였다. 더욱이 중국 고대 성현들에 대하여 언급한 것도 한국의 신유학자들이 자신들의 임무를 수행하는 방식에 신뢰성을 갖도록 만들었다. 당시 가장 광범위하게 사용된 『대학』 판본은 진덕수가 지은 『대학연의』였다.

재건된 성균관에서 이색, 정몽주와 함께 강의한 김구용金九容(1338~1384), 박상충朴尙衷(1332~1375), 이숭인李崇仁(1349~1392) 등에게는 신유학적 사유의 발견과 논쟁이 전통 학문의 무미건조한 일상에서 해방시켜주는 지적 모험이었다.[21] 그들의 가르침은 도덕적·정치적 행위 요소를 포함하였다. 그렇지만 이색이나 정몽주는 고려 쇠퇴기의 당파 싸움과 세습 불교에 붕괴되고 억눌려 있던 유교의 가르침에서 궁극적인 결론을 끌어낼 수 없었다. 이색은 이후 불교와 타협한 인물로 낙인찍혔으며 새로운 왕조 수립을 막으려던 정몽주의 시도는 1392년 고려의 충신으로서 살해되며 수포로 돌아가고 말았다.

그렇지만 이색과 정몽주는 조선 왕조 창건 과정에서 이성계에 합류하는 데 주저하지 않고 참여한 이들에게 사명감을 고취했다. 가장 뛰어난 사도는 분명 정도전이었다. 폭넓은 학문에 정치적 식견과 야망을 품은 정도전은 "이단(예를 들면 불교)의 가르침을 배척하고 도학을 밝히는 일을 자신의 책임으로 생각하였다."[22] 그와 동시대인이자 주석자인 권근은 정도전을 맹자(기원전 371~289?)의 전통에 직접 연결했다. 맹자가 세 성현[虞, 周公, 孔子]의 사업을 수행하고자 이단의 교의를 종식해야 했던 것처럼 정도전도 맹자를 계승하기 위하여 불교를 없애야 했다고 했다.⁽²³⁾ 권근은 정도전이 이성계 같은 계명한 통치자와 협력하여 왕화王化를 복구하고 현시대를 위해 정치 질서[治]를 바로 세울 수 있었다고 기술했다.⁽²⁴⁾ 정도전이 크게 주목할 만한 인물임에는 의심할 여지가 없다. 그의 해박한 지식과 많은 저작은 동시대인의 작품을 무색하게 할 정도로 전지적인 사대부의 원형이었다. 그의 철학 논문들은 불교의 도전에 유교의 관점을 서술할 목적으로 씌었으므로 어조가 매우 공격적이었다. 말하자면 그의 논문들은 신유학을 소개하는 텍스트로 쓰인 것이 아니었다.

권근은 학문을 도덕적 본성을 활성화함으로써 사람들을 통치하는[治] 수단으로 규정하였다. 그에게 이 '실학'은 고전을 기계적으로 내면화해 실제 적용할 수 없었던 것과는 대조적인 것이었다. 그가 말하는 실학은 밀접하게 연관되는 두 영역을 가지고 있었다. 하나는 자신에게서 도를 발견하는 궁극적 목적인 자기실현 과정을 고취하는 것이었다. 또 하나는 군주와 신하[君臣], 아버지와 아들[父子], 연장자와 연소자[長幼], 친구들[朋友] 사이의 합당한 인간관계를 발전시켜 모든 사람이 자신에게 적절한 삶의 위치를 알도록 하는 것이었다. 도를 추구하고 인간 도덕을 풍부히 하려면 삼대[夏, 商, 周]의 가르침과 고전에 집중해야 했다.⁽²⁵⁾ 이러한 사유 방향을 권근은 분명히 『대학』에서 찾았을 것이다. 그는 1390년에 『입학도설』을 지으면서 도설圖說 한 장을 『대학』에 할애하였다. 이 책자는 기본적으로 주석과 도해로 구성되었는데 신유학의 복잡한 내용을 간략하게 정리한 안내 책자로서 그 영향력은 상당했다. 그것은 조선 왕조의 첫 세기 동안 여러 차례 재간되었

다.[26]

    고려 말기 수십 년 동안 교육을 받고 조선 왕조 건국에 참여한 새로운 엘리트들은 신유학의 문헌에서 자극을 받았는데, 그것은 본질적으로 비유교적 환경에서 유교 국가를 건설하기 위한 규범을 정해야 한다는 것이었다. 또 한국에서 도를 전파하는 일도 맡아야 했다. 이 같은 두 가지 사명을 완수해야 한다는 압력 아래 어느 것에 우선권을 두어야 하는지를 결정해야 했다. 다수는 정치적 과정에 참여하는 길을 선택했으며 소수는 학문에 전념했다.[27] 정치적 행동가들에게 신유학은 자신들의 공직 수행 능력을 시험하는 데 필요한 지적 기반 이상의 의미였다. 그들은 신유학을 국가 건설에 필요한 보편적 기초로 받아들였다. 그러므로 새 왕조 건설은 신유학 원리를 표현하고 이행함으로써 사회를 갱생하는 것과 같았다. 그들의 관점에서 볼 때 신유학은 고전 유학을 새롭게 이해하는 열쇠를 제공하는 '실학'이었다.[28] 이전의 유학과는 대조적으로 그 같은 이해는 당대 상황에 더 어울렸다. 조선 초기에 신유학을 신봉한 사대부들은 자신들의 가르침이 효과적으로 작용할 수 있으며 자신들은 이 가르침을 행동으로 옮길 능력이 있다고 확신하였다.

고려 사회의 해체와 불교 문제

　태조의 새로운 왕조 건립은 신유학자들이 유교적 관계에서 고려 사회를 조망하여 평가하고 더 나아가 변화를 요구하는 전환점이 되었다. 신유학자들이 보는 고려 사회는 기본 질서를 잃어버리고 적절하게 기능하기를 멈춰버린 사회였다. 이렇듯 고려 왕조가 붕괴된 것은 불교의 영향 때문이라고 보았다. 다시 말해서 사회에 대한 기본 통제가 허물어지고 사회 지위는 사회 이동 때문에 무의미하게 되었으며, 인간관계는 해로운 관습 때문에 붕괴되었고 올바른 사회 행위[禮]는 분명히 사라졌다는 것이다.[29] 신유학을 신봉하는 새로운 엘리트들에게 불교는 사회 통제에 필요한 실용적 기준이 부족해서 결국 고려 사회를 해체시킨 것으로 이해되었다.

　고려시대에 유교와 불교는 서로 다른 기능을 보완한다고 믿었다. 유교가 통치를 위한 기본 정강을 제시한 반면 불교는 백성의 영적 요구에 보답한다는 것이다. 10세기에 활동한 최승로는 유교와 불교를 비판적으로 비교하여 유교의 장점을 설파한 초기 유학자 중 한 사람이다. 그는 불교 숭배는 저승에서의 보상을 지향하지만 유교 봉행은 현재 국가를 다스리는 근원이라고 지적했다. 또 조만간 사라져버릴 것을 위해서 현재와 관련된 것을 버리는 것은 잘못이 아니냐고 물었다.[30]

신유학이 처음 도입된 13세기 후반에는 이것이 불교와 평화롭게 공존하는 것을 막으려 하지 않았다. 심지어 신유학을 수용한 초기에 이제현은 신유학 개념에서 불교와 동의어를 찾으려고까지 했다. 즉 그는 불교의 '자비'를 유교의 '인', '희사'를 유교의 '의'義와 연결했다.[31] 하지만 그 후 신유학자들은 이제현의 유명한 제자 이색이 불교를 철저하게 비판하지 못했다고 비난했다. 비록 그는 불교 신자들의 경제적 낭비를 문제 삼기는 했지만 철학적 비판은 피했던 것이다.[32] 고려말기 유교는 여전히 불교적 환경에 있었으며 유학자들도 대부분 불교를 사회적 위협으로 간주하지는 않았다.

공민왕 통치 아래 유학자들은 불교를 더는 참을 수 없었다. 신돈의 유성과도 같은 출세와 몰락은 불교가 정부기관과 유학자들의 전통적 영역에까지 광범위하게 침투한 사실을 분명히 보여주었다. 특히 승려들은 젊은 유학자들을 좌절케 하여 그들이 급진적인 새로운 정치 질서를 요구하도록 만들었다. 더욱이 불교 제도는 유학자들이 비난하는 목표가 되었다. 정몽주는 승려들을 격렬하게 비판하면서 조상을 모시는 사당을 지으라고 독려하고 불교식 의례를 반대하는 법을 제정해야 한다고 주장했다. 그는 유학자들이 먹고 마시고 남녀관계를 맺는 등 정상적으로 활동하며, 심지어 요순시대 생활도 이 같은 합리적 기준에서 벗어나지 않았다고 했다. 그러나 불교의 가르침은 그렇지 않다고 했다. 이들은 친척과 절연하고 남녀관계를 끊은 채 홀로 동굴에서 허공을 쳐다보고 앉아 풀로 짠 옷을 입으며 나무 열매를 먹는다고 했다. 이것은 정상적인 도리가 아니었다.[33] 정몽주가 제안한 입법은 유교의 의례 개념을 일상에 비유함으로써 불교를 거부하는 진지한 첫 시도였지만, 유교적 개념 안에서 새로운 사회 질서를 확립하는 전망을 제시한 것은 아니었다.

조선 왕조가 건국된 이후 제도와 종교 양 측면에서 더욱 거세고 정교하게 불교를 공격했다. 비판의 초점은 두 가지 면에 맞추어졌다. 불교가 저승을 강조하여 현세와 무관하게 만든다는 것과 자신의 수양에만 몰두함으로써 가족과 나라에서 개인을 소외시킨다는 것이었다. 정도전은 유교와 불교의 철학적 차이를 폭넓게 분석하였다. 그의 『불씨잡변佛氏雜辨』은 초기 유학자들이 불교와 타협하는 것을 깨뜨리면서 불교를 반대하는 교의적 논쟁을 진행했다. 정도전은 신유학이 적극적 수신으로 인간 본성을 충분히 이해하려고 노력하는 것을 강조한 데 비해 불교는 같은 목표에 도달하기 위해서 명상적·수동적 방식을 보인다고 비난하였다. 그는 윤회, 업보, 저승, 무위, 자비 같은 불교의 주요한 교의에 반대했다.[34] 정도전의 불교 교리에 대한 격렬한 비판이 언제나 합리적인 것은 아니었지만, 신유학자들이 신유학을 기초로 사회 질서를 확립하려는 요구를 공식화하는 데는 도움이 되었다.

1400년 하륜은 불법佛法이 나라를 통치하고 백성을 평화롭게 하는 올바른 방식이 아니라고 주장했다. 업보와 행·불행을 가지고 중생을 설명하기를 거부하면서 장수는 전적으로 명에 달렸다고 주장하였다. "사람의 생사生死 수요壽夭가 모두 명수命數와 관계되니, 불씨佛氏가 어떻게 목숨을 늘리거나 줄일 수 있겠습니까?" 이렇듯 하륜은 불교 교의는 통치술에 아무 쓸모가 없다고 결론지었다. 권근도 하륜의 주장을 옹호하였다. 권근은 사람이 형상을 받아서 태어나는 것은 오행五行의 이치가 있기 때문이며, 불교에서 지地·수水·화火·풍風으로 형상을 받아 태어난다고 말하는 것은 무지한 것이라고 주장했다.(35)

승려들이 생사에 관한 모호한 생각으로 진지하게 수신하지 않은 채 즉각적인 보상만 약속하여 백성을 현혹한다는 주장은 유학자들이 승려들을 더욱 강력하게 비판하도록 만드는 끊임없는 주제였다. 유학자들은 불교를 최악의 이단이라고 하면서 부자와 군신의 도리를 파괴한다고 개탄했다. 또 그들은 특히 상례를 치를 때 승려들이 부처의 특별한 복을 받으려는 헛된 바람을 갖도록 만들어 재산을 탕진하도록 부추긴다고 비난하였다. 더 나아가 유학자들은 승려들이 지옥에서 처벌받고 극락에서 보상받는다는 잘못된 신앙으로 백성을 위협한다고 주장했다.(36)

성균관 유생들은 승려들을 세속으로 돌려보내 군역에 종사하게 하고 불경을 불태우며 그들 소유지는 군대를 위해서 사용하고 소유 노비는 관청들에 나눠주어야 한다고 하였다. 또 불상은 녹여서 동전을 주조하는 데 사용하고 목판은 유교 서적을 출판하는 데 다시 사용하도록 하며 사원을 정부 창고나 역참 또는 향교로 개조하라고 주장하였다.(37)

고려에서 조선으로 옮겨갈 무렵 신유학자들은 불교 승려들의 불법행위를 직접 목격하면서 승려들에 대한 자신들의 비판 사례를 마련하는 데 필요한 방대한 자료를 찾았다. 이들은 역사를 연구하면서 자신들의 경험을 좀더 폭넓은 틀 안에서 볼 수 있었다. 이들은 중국의 고대 왕조들이 그토록 오랫동안 번성하고 지속할 수 있었던 것은 불교에서 전적으로 자유로웠기 때문이라고 보았다. 그렇지만 1세기 후반 이후 후한에 이르러 불교가 들어오면서 재앙이 잇달았는데, 이는 새로운 신앙이 국가와 백성에게 해롭다는 것을 입증하는 것이라고 했다. 유학자들은 상소문에서 송의 유학자들이 불교에 집착한 것과 실정失政 사이에는 분명한 관계가 있음을 이해했다고 지적했다.[38]

조선 초기 국왕들은 백성의 전통적 종교생활을 유교 원리로 대체하려는 유학자들의 압력에 맞섰다. 그렇지만 국왕들은 사원에서 토지와 백성을 많이 점유한 것에 대하여는 가혹하게 조처했다. 새 왕조의 기반을 확립하기 위하여 왕조 자체의 토지를 증대하는 한편 사원에 소속된 사람들을 군역과 요역에 동원하여 경제력을 강화해나갔다. 이렇듯 원상복구하려는 기획이 불교에 심각한 타격을 주었지만, 조선 초기 국왕들은 정치경제 영역을 종교철학 영역과 연계해 유교와 불교를 상호 배타적으로 간주하는 조언자들의 요구를 쉽게 받아들이지 않았다. 이태조의 후계자들은 태조보다는 덜하지만 위의 두 논제를 동시에 취급할 수 없는 별개의 것으로 간주하는 경향이 있었다. 왕실에서 불교 의례를 계속 지냄으로써 신유학을 신봉하는 관리들과 계속 반목하였다.

세종(재위기간, 1418~1450)은 이러한 진퇴양난의 범위를 다음과 같이 요약하였다. "신유학자들의 주장이 합리적이라는 것은 인정하지만 불교는 오랫동안 백성의 영적 생활의 한 부분이었으므로 갑자기 억압할 수는 없다."[39]

신유학자들은 초기 왕조의 불교에 대한 의문을 이데올로기적 도구로 짜맞추었다. 사대부들은 불교가 제도로뿐만 아니라 종교로도 결함이 있으며 부적절하다는 것을 드러내 유교의 특질을 고양할 수 있었다. 고려 왕조를 '불교시대'로 규정한 신유학자들은 신유학을 기초로 한 사회 질서 확립을 새 시대 출발을 보여주는 역사의 구분선으로 그으려 했다.

새로운 사회 모델의 모색

신유학자들은 고려 사회의 몰락을 교훈으로 삼았다. 그들은 자신의 시대와 신유학이 흥기한 송대가 유사하다고 보았다. 송 유학자들은 당나라 유산을 다루어야 했는데, 그들은 당나라를 불교의 재앙으로 끝나버린 시대로 느꼈다. 신유학 수용 초기에 주자를 추종한 한국의 신유학자들은 고대 중국의 고전에서 자신들의 새로운 사회 모델로서 적합한 이상적인 사회 질서를 찾아냈다. 주자는 고전을 해석하고 주석을 달면서 복잡한 고대 세계에 접근하는 길을 열어놓고 고대 중국 왕조의 안정과 장수를 보장했던 사회제도를 보여주었다. 한국인은 과거에 검증받은 사회제도를 재창조하는 것을 당대 최우선 사명으로 삼았다.

한국인은 '고제'古制가 중국 요·순 임금과 하·은·주를 세운 이들이 만들었기 때문에 권위가 있다고 믿었다. 다시 말해서 고대의 제도와 의례를 만든 이들은 이 제도와 의례가 인간의 본성을 면밀히 검토하고 사회제도를 인간의 요구에 맞춤으로써 백성의 마음을 평화롭게 하여 위협하지 않고도 순순히 따라오도록 한 뒤 확립되었으므로 모델로 확실하다는 것이었다. 그러므로 사회 기능의 제도화는 인간 본성에 강요하지 않고 고대 제왕들의 통치가 지속되도록 보장해야 한다.[40]

조선 초기 새로운 사회를 건설하려는 이들에게 고대 중국 제도를 채용하는 것은 법과 질서를 복구하기 위한 자의적인 방법이 아니라 한국 자신이 주도적 역할을 담당했던 과거와의 관계를 다시금 활성화하는 것이었다. 한국 역사와 중국 고대를 연결했다고 생각되는 인물은 고대 한국에서 두 번째로 뛰어난 통치자인 기자였다. 기자는 나중에 '팔조금법'의 기초가 된 『홍범洪範』을 저술한 인물로 인정받았다. 정도전은 주나라의 창시자 무왕이 기자를 조선의 제후로 임명하였다고 했다.(41) 그리고 기자가 국정을 모범적으로 수행하여 조선을 전 세계에 알렸다고 진술했다. 이같이 기자를 한국 역사와 연결하는 데 주요한 역할을 한 정도전에게 조선 왕조 건립은 기자 조선을 복구하는 것을 의미했다.(42) 그는 기자의 가르침을 동시대 상황에 옮겨놓음으로써 태조에게 기자의 선정善政을 재창조하도록 하였다.(43)

이렇듯 이상적인 과거를 발견함으로써 한국인은 고대 제도를 기술한 텍스트의 권위를 믿게 되었다. 중국 삼대의 '고대 제도'는 한국 사회를 재구성하는 데 통합적이면서도 실용적인 청사진을 제공하여 새로운 사회 정책을 내놓을 때마다 연구해야만 했다. 고전 문헌에서 적절한 증거를 찾지 못할 때는 결정을 내릴 수 없었으며 때로는 결정을 몇 년간 미루기도 했다. 고대의 모델은 편리하지만 이단의 정책으로 손상받지 않을지 경계하면서 유학자들은 그 어떤 것도 중국 성현들의 전통적 지혜에 가감하지 않아야 한다고 주장했다. 정도전은 고대 제도가 전시대의 퇴폐적 관습을 없애는 강력한 도구라고 보았다. 그는 종종 태조에게 고대의 전지적 통치자를 본받아 통치하도록 충고하였다.(44)

사회의 재편

조선 초기 입법가들은, 복고 과정은 국가의 생명선으로서 사회의 구조적 원리인 강기綱紀를 바로세우는 일과 더불어 시작해야 한다고 주장했다.⁽⁴⁵⁾ 조준은 강기를 신체의 동맥에 비유하면서 이들이 세워져 있지 않으면 국가는 제 기능을 할 수 없다고 경고하였다. 말하자면 강기는 정부의 영令이 순환되는 회로였다. 변계량은 국왕이 해결해야 할 가장 시급한 업무가 강기를 굳건하게 세우는 것이라고 주장했다. 이를 위하여 통치자는 세 가지 자질이 있어야 하는데, 인仁, 명明, 근勤이 그것이다.⁽⁴⁶⁾ 변계량에게 '인'은 하늘과 땅과 만물을 합친 통치자의 자비이고, 통치자가 이룬 덕화의 반경 안에 있는 모든 것을 불러들일 수 있는 것이다. 변계량은 삼대의 통치자들이 인의 힘으로 세상을 다스렸다는 맹자의 말을 재론했다. 명에 대해서는 정부 기능에 대한 통치자의 이해, 우열을 적절하게 가릴 수 있는 능력, 올바른 조언자를 고를 수 있는 능력으로 해석하였다. 세 번째 요소인 '근'은 자신의 업무에 빈틈없이 계속 헌신할 수 있는 통치자의 능력으로 해석하였다.⁽⁴⁷⁾

정도전은 통치 과정에서 통치자의 핵심 자질을 역사적 관점으로 해석했다. 요순부터 고려시대 국왕들까지 이전 통치자의 삶과 행동을 묘사하면서 조심스럽게 그들의 장점과 단점에 대한 자신의 판단을 전달했다. 정도전은 하늘이 '만물의 조상'인 것처럼 국왕은 '만상의 우두머리'라고 진술했다. 국왕은 백성이 존경하도록 권위가 있으면서 동시에 성실해야만 한다고 했다.[48] 정도전은 불교적 성향이 강하여 확실한 유교 지도자로 나서지 않은 태조에게 국왕의 책임을 설파했다.

국왕은 모범적 행동과 거역할 수 없는 교화력을 신하들에게 보여야 했다. 또 자신의 사명을 실현하기 위하여 올바른 조력자를 이용해야 했다. 정부의 올바른 방향을 수호하기 위하여 성현成俔(1439~1504)은 그 어떤 국가도 유학자[儒] 없이는 존재할 수 없다고 말했다.[49] 정도전은 이상적인 '유'를 도덕이 있으며 이것을 정치에 실현하는 능력이 있는 사람으로 규정했다. 말하자면 과학, 도덕, 역사, 철학, 교육, 문학을 연구하는 다재다능한 사람이 이상적인 '유'인 것이다. 과거제도를 거쳐 선발되어 관리인 동시에 학자로서 백성을 교화하고 국왕에게는 조언하는 사람이다.[50] 군주와 신하가 도학에 기초를 두었으므로 정부는 요순과 마찬가지로 어떤 노력도 없이 최상의 상태에 도달해야만 할 것이다. 사대부들은 무지한 백성을 이끌도록 요구되는 현인으로서 뛰어난 역할을 수행했다.[51] 사대부들은 관리로서의 업적을 기초로 하여 특권을 부여받은 각별한 사회집단으로 사회의 나머지 일원과는 구분된다.

통치는 백성의 거친 본성을 국가 통제에 종속시키고 우주와 조화되도록 만드는 것으로 기본적으로 교육적이면서 규제를 수반하는 절차였다. 그것은 풍속으로 나타나는 '강기'를 활성화함으로써 백성을 새롭게 하는 신민新民의 문제였다.[52] 풍속風俗은 국가의 기본적인 도덕적 에너지를 대표한다. 백성이 영위하는 풍속의 특성은 국가의 건강

함과 힘을 오류 없이 보여주는 지표로서 국가 흥망성쇠와 직접 연결된다. 풍속이라는 말은 군주와 신하의 상호의존을 보여준다. '풍'은 군주의 교화력을 의미하는 반면, '속'은 백성의 관습을 의미한다. 군주는 우선 군주 자신의 확고한 정신으로 민심을 얻어내는 데 관심을 가져야 한다. 그리하여 백성이 군주를 따르는 것은 군주의 도덕적 리더십과 밀접하게 연결되어 있다. 풍속을 '선량'하게 만드는 것은 국가의 가장 긴급한 사명이다.[53]

풍속의 기본 정수는 인간 사회에 근본적이고 변함없는 구조, 다시 말해 군신, 부자, 부부 관계를 제공하는 삼강三綱에 들어 있다. 삼강은 군주 사이의 의[義], 부자 사이의 친[親], 부부 사이의 구분[別], 형제 사이의 출생 서열을 인정하는 서[序], 친구 사이의 신[信] 같은 오륜으로 다시 강화된다.

이들 관계는 적절한 의례 행위라고 할 수 있는 예의 관념으로 유지되는데, 이것은 백성이 질서를 잘 지키도록 교화하는 핵심이 된다. 예의 발전을 촉진하는 것이 바로 관혼상제의 사례四禮이다. 사례는 고대의 성왕들이 인간의 열정을 통제하고 올바른 정치로 교화하기 위하여 제도화한 것이다. 음양의 우주적 힘과 내적으로 서로 연결하면서 혼인에 의한 결합은 삼강三綱에 강력하고 올바른 기초를 마련한다. 사례는 사회의 행동 규범으로 정부 기능의 질서를 안정시켜주었다.[54] 사회조직은 삼강의 메커니즘으로 결합되어 있다. 아내로 대표되는 내적 영역은 아버지와 아들로 대표되는 외적 영역에 종속되며, 이어 아들과 아버지는 신하로서 군주에 종속된다. 삼강은 인간 사회의 위계질서를 객관화하는 동시에 내외 사이의 상호의존을 강조한다. 이상적으로 이 질서는 사례에서 표현되는 것과 같은 예의 힘으로 유지된다. 사례는 사회의 균형을 지키고 국가의 번영을 보장하는 사회 질서의 요소이다.

사회와 우주를 조화롭게 만드는 이상적 도구인 '예'는 '정'政의 도덕적 개념이다. 예를 잃으면 국가뿐 아니라 사회도 위험에 빠질 수 있으므로, 일반 백성이 예에서 멀어지는 것을 법으로 막을 수만 있다면 예는 충분히 활성화할 수 있을 것이다. 일반 백성이 예를 지키지 못하는 것은 예의 참다운 의미를 자연스럽게 이해하지 못했기 때문이므로 고대의 성현들은 예를 준수하는 데 필요한 법과 법제화를 고안하였다. 법은 단순히 백성을 통제하는[治] 수단만은 아니다. 법은 백성의 타고난 도덕적 잠재력을 발전시킴으로써 통치를 도와주는 보조 요소이다. 법은 백성의 풍속을 규제하는 힘이다. 법은 백성을 통치하고 백성은 법을 지키므로 사람과 법은 상호의존적이다. 예가 인간의 본성을 고려한 하늘의 속성[禮緣人情]인 반면, 법은 인간이 만든 합리적 수단[法原天理]이다.(55) 법의 개념에는 두 가지 요소가 있다. 그것은 형법이라는 형식으로 제어한다고 인식되면서도 동시에 훈계하는 측면도 있다. 처벌은 백성을 자제하도록 만드는 고삐 같지만 이것은 보상으로 균형을 유지해야만 한다. 그리고 군주는 이 양자를 적용할 때 치우침이 없도록 완벽하게 수행해야 한다.(56)

신유학자들의 연구 전거와 제도

　신유학자들은 중국 고대 성왕들이 고안한 모델을 기초로 이상적인 인간 질서를 개념화한 뒤 이데올로기적 외형을 내용으로 채워야 했다. 이데올로기에 구현된 원칙은 일상에서 사회 행위의 지표가 될 실행할 수 있는 계율로 축소되어야 했다. 이런 과제를 해결하기 위하여 신유학자들은 두 가지 중국 문헌을 전거로 활용하였다. 그것은 고대 이상사회가 운영된 것을 기술한 문헌과 이데올로기를 일상생활에서 실천하기 위하여 이를 정의하고 해석한 문헌 등이다.

　한국의 신유학자들은 『예기』와 『의례』를 고대 사회에 대해 가장 신뢰하면서 접근할 수 있는 문헌으로 보았다. 유교 출현 이전의 방대한 가르침과 고대 생활을 상세하게 기술한 이 두 문헌은 『주례』와 함께[57] 고려 초기부터 당의 판본으로 알려져 있었다.[58] 이 문헌들은 의례의 전거로 잠재성을 발휘하는데, 이것은 오로지 주자의 가례를 통해서만 가능하였다. 이 문헌들은 조선 초기 사회의 청사진을 만드는 과정에서 중시되었다. 그리하여 사회적으로 의미 있는 기본적 결정을 공식화해야 할 때마다 연구되고 인용되었다. 하륜은 명쾌한 서술로 높은 평가를 받고 있는 권근의 『예기천견록禮記淺見錄』에 붙인 서문에서 "예경禮經은 공자가 자신의 가르침을 세우는 대전大典으로서 인륜人倫을 일상생활에 적용하는 데 꼭 들어맞는다"라고 적었다.[59] 한국인이 일반적으로 활용한『의례』판본은 주자가 작성한 텍스트였으며 그가 죽은 뒤『의례경전통해儀禮經傳通解』라는 제명으로 출간되었다.(60)『예기』와『의례』는 조선 사회에 깊이 있게 지속적으로 영향을 주었다. 이중 가장 현저한 것은 부계 혈연 개념과 조상 숭배, 배우자의 구분과 오복제도였다. 한국인은 새 왕조 초기 입법화 과정에서 이들 지침서에 포함된 고제古制에 대한 기술을 문자 그대로 근본주의적 방식으로 해석하여 상당한 한계를 부여하는 절대적 기준으로 정착시켰다.

이데올로기를 일상생활에서 실천하기 위하여 이를 정의하고 해석한 가장 대표적 저서는『주자가례朱子家禮』였다. 주자의 마지막 작품으로 그의 제자가 완성했다고 전해지는 사례에 대한 이 짧고 결정적인 저작은 사회 질서와 안정을 복구하는 가장 효과적인 방안을 제시하고 있다. 1403년에는 처음 입사入仕한 관리들과 이미 입사한 관리들 중 7품 이하는 모두『주자가례』를 시험 보도록 하였다.(61) 한국인은 주자가 고대와 당대의 시간 격차를 메우고, 의례와 법 사이의 균형을 잡으며, 그 안에서 천지의 원리를 구현하여 인간의 본성과 조화를 이루었기 때문에『주자가례』가 중요하다고 생각했다.(62) 그리하여 주자는 백성이 불교 전통에서 해방되어 도덕적인 삶을 지향하도록 이상적 의례 편람을 제공하였다고 했다. 특히 상례와 제사에 대한 입법은 불교의 오용을 막는 유익한 해독제로 평가되었다. 조선 초기 가장 광범위하게 사용된 가례 판본은 권근이 쓰고 주석을 단『상절가례詳節家禮』이다.(63) 이 가례는 그 뒤 여러 차례 수정·보완되는데, 그중 18세기에 이재李縡(1680~1746)가 작성한『사례편람四禮便覽』이 가장 널리 알려졌다.(64)

『예기』,『의례』,『주자가례』를 가장 많이 참조하였는데, 이들만으로는 왕족의 혼례식처럼 종종 특별한 의례 절차를 밟아야 하는 경우, 세부 사항이 모자란다는 사실이 드러났다. 좀더 상세한 도움은 『대당개원례大唐開元禮』(713~741)나 『통전通典』 같은 백과사전류의 책에서 받아야 했다.⁽⁶⁵⁾ 특히 후자의 경우 의례에 관한 풍부한 정보를 담은 것으로 높이 평가받아 궁중의 중요한 의식을 치르는 데 종종 활용되었다. 태종과 세종 연간에 사용된 또 다른 중요한 보조 자료는 『문헌통고文獻通考』이다. 이것은 『통전』을 1224년까지 갱신한 증보판으로, 사실에 입각한 풍부한 해석으로 귀중하다고 인정받았다.⁽⁶⁶⁾

그 후 긴 시간이 흐른 16세기 초에 이르러 비로소 한국에서는 동시대 명나라에서 편찬한 자료의 도움을 받으려고 하였다. 명나라에서 1488년과 1505년 사이에 편찬되어 1518년 여름 사신이 가져온 『대명회전大明會典』이 그것인데, 여기에 수록된 명나라 제도를 참조하였다. 그런데 이 책에 태조 이성계의 조상에 대한 정보가 잘못 실려 있어 왕실이 동요하였다.⁽⁶⁷⁾ 중국에서 의심스러운 문구를 수정할 것을 재가한 50년 후인 중종(재위기간 1506~1544)과 명종(재위기간 1545~1567) 때 이 책은 한국에서도 출간되었는데, 『통전』과 관련지어 의례를 참조하는 지침서가 되었다. 이 책은 고대 제도를 동시대 상황과 연관지어 기술하면서 상세하고도 균형 있는 의례 관습의 모범을 제시해서 특히 유용했다.⁽⁶⁸⁾ 『대명회전』은 『정관정요貞觀政要』와 『지정조격至正條格』 같은 분량이 적은 두 권을 대체하였다. 이 두 권은 각기 정관貞觀시대(627~649)와 지정至正시대(1341~1367)에 추진된 정부 정책을 논의한 것이다. 조선 초기부터 중요한 참고서였던 것으로 보이는 『정관정요』

는 세조(재위기간 1455~1468) 시기에 상세하게 주해를 달았는데, 의례를 보완하는 중요한 자료로 간주되었다.[69]

위의 저서들과 성격이나 내용은 다르지만 1172년 주자가 서문을 쓴 『통감강목通鑑綱目』은 사회 정책의 성패를 역사적 관점에서 접근한 참고서로 높이 평가받았다. 이 책은 정부가 바른 길에서 벗어나는 것을 경계하면서 군주에게 과거의 이상 질서를 현재에 재현하라고 권하였다.[70]

이들 의례와 역사 문헌들은 사회적·정치적 입법 과정에서 영감을 불러일으키는 거대한 지식 저장소이면서 신유학 개혁 정강의 기능적 구성 요소를 대표하였다. 이 기능적 구성 요소는 반드시 사서오경 같은 경전의 이데올로기를 기초로 해야 한다. 고전은 선정善政의 기본 원리를 명확하게 표현하고 있다. 단지 선정만이 사회적·정치적 개혁을 성공적으로 만드는 환경을 조성할 수 있다. 그러므로 관리뿐만 아니라 군주도 고전 학문을 연구하는 것이 어떤 개혁 기획에도 필요한 전제 조건이다. 고전에 대한 완벽한 지식은 성현의 통치 방식을 이해하도록 이끌어 '이 시대와 백성의 행복'을 성취하는 결과를 가져온다.[71]

주자가 주해를 달고 해석을 붙인 사서는 신유학의 비전을 가장 뚜렷하게 제시하는 것으로 간주되었다. 1398년 조준과 하륜 등이 태조에게 『사서절요四書切要』라는 제명의 요약본을 바쳤다. 국왕이 심학心學의 기본 가르침에 친숙해지도록 이 책을 만들어 바치라고 주문한 것이 분명하다.[72] 학습이 선정의 출발점이라는 『대학』의 짧지만 긴급한 메시지였다. 이렇게 정강을 수록한 책은 특히 조선 초기 통치자들이 선호하는 텍스트가 되었다. 이와 함께 태조는 진덕수가 지은 『대학연의』를 즐겨 읽었다고 한다. 태종은 영감을 불러일으키는 이 책을 고무적인 저서로 찬미하면서 탐독하였고, 관료들을 위해 궁전 안쪽 벽에 크게 쓰라고 하였다. 그는 또한 1412년에 활자로 한국판을 처음 출간한 공인工人들을 포상하였다.[73] 이렇듯 『대학연의』는 조선 왕조 초창기에 신유학의 경전 가운데 으뜸가는 텍스트로 계속 존중되었다.

사서오경을 보완하여 추가한 또 하나의 중요한 책은 『성리대전性理大全』인데, 송대 철학에 대한 논의를 수록한 것으로 유명하다. 이 책에는 형이상학과 도덕수양, 의례 문제에 관한 대학자들의 텍스트에서 선정한 것들이 포함되어 있다.[74] 『성리대전』은 1420년대 초에 명나라의 황제가 사서오경과 함께 세종에게 전달하도록 하였다. 변계량은 1427년의 발문에서, 적절한 연구 자료가 부족한 한국 학자들에게 이 책은 하나의 돌파구로서 완벽하게 출간되어야만 한다고 환영했다.[75] 『성리대전』은 조선 초기 의례 문제에 대한 신뢰할 만한 자료였지만 이 책이 한국 신유학의 발전에 중요한 의미를 갖게 된 것은 김정국金正國(1485~1541)이 『성리대전절요性理大全節要』를 출간한 이후였다.[76]

주자의 『근사록近思錄』과 『소학』도 사서와 함께 일관된 몸체를 형성하는 것으로 간주되었다. 신유학의 정수를 담은 『근사록』은 특히 15세기 후반 사회적 입법화에서 중요한 책이었다. 이 책은 철학적 개념을 일상생활의 관심사와 명확하게 연결하면서 도덕적 의무의 실천을 바탕에 두고 정리하였다. 그리고 출계집단을 분명히 밝혀 조상 숭배를 제도화할 것을 강조하였다. 또 이 문헌은 수신에서부터 국가를 굳건한 도덕적 기반 위에 올려놓는 것까지 몇 단계를 모색하고 있다. 그러므로 이 책은 정치 문제를 해결하는 기본 텍스트이자 유용한 길잡

이로 간주되었다.⁽⁷⁷⁾ 한편 어린이의 초급 독본이라 할 『소학』은 교육적 가치를 높이 평가받았다. 1407년 권근은 이 책을 모든 학생의 필수 입문 텍스트로 만들자고 추천하였다. 말하자면 과거에 응시하는 모든 이도 이 책을 충분히 이해하지 않고는 합격할 수 없게 하자는 것이었다. 또 심성을 바꾸는 기본 도구로 그 중요성을 자주 강조하였다. 1429년 처음 인쇄한 후 반복해서 출간하였으며 한글로 번역하자는 주장도 나왔다.⁽⁷⁸⁾

태조는 정책을 입안하던 처음 몇 년 동안 소수의 조언자에게서 사적으로 도움을 받았다. 이 중 정도전과 권근이 가장 잘 알려진 인물이다. 15세기에 들어서면서 고려 말부터 활동하며 새 왕조를 건국하는 데 특별히 공헌한 유학자들은 사라지기 시작했다. 태조를 계승한 국왕들이 결정한 정책이 점차 제도화되어갔는데, 이것은 사회 정책을 결정하는 데 필요한 집중적 연구 덕분이었다. 1410년에 의례상정소가 만들어지면서 하륜과 변계량, 이저李著(1689~1737)가 처음으로 제조提調를 맡았다.⁽⁷⁹⁾ 고려 초반에 만들어진 기구의 전통을 잇는 의례상정소는⁽⁸⁰⁾ 태종이 집권한 이후에는 다른 정부기관, 특히 예조와 협력하는 조언기구로 기능하였다. 이제 막 출발한 왕조에 필요한 제의 요강을 대부분 초안하는 목표를 달성하고 1435년에 폐지되었다.⁽⁸¹⁾

1420년에 창설된 새 자문기관 집현전은 1428년 이후에는 조사 기관과 참고 도서관이라는 새로운 역할을 맡았다. 집현전 학사들은 거의 다 유망한 젊은이들로서 어린 나이에 문과 시험에 합격하였으며 정치적·사회적 엘리트에 속했다. 그들은 세종의 후견을 받으며 출세한 젊은 세대의 학자들로 구성되었다. 그들은 오랫동안 특정 직무나

보직을 맡지 않았으므로 유학 연구에 전념할 수 있었으며 또한 경연관으로서 국왕에게 쉽게 접근할 수 있었다. 이들 가운데 정인지鄭麟趾(1396~1478), 최항崔恒(1409~1474), 신숙주申叔舟(1417~1475), 양성지梁誠之(1415~1482), 서거정徐居正(1420~1488), 강희맹姜希孟(1424~1483)은 15세기 후반 세조와 성종(재위기간 1469~1494) 시대에 계속 공신 지위에 올라 마침내 중앙정부의 유력한 지위를 차지한 뛰어난 인물들이다. 그들은 모두 조선 왕조 최초의 종합 법전인 『경국대전經國大典』 편찬에 깊이 관여하여 왕조의 기본법을 형성하는 데 도움을 주었다.[82]

집현전 구성원의 중요한 역할 가운데 하나는 '고제'를 면밀히 검토하는 것이었다. 이 과제는 중국 고전문헌을 힘들여 연구하는 작업을 포함한다. 이 연구에서 한국식의 중국 고전, 특히 사서의 한국판을 편찬하고 주해를 다는 작업을 했다. 더 나아가 『자치통감』과 『정관정요』 같은 역사서를 정부 지침서로 활용하기 위해 작성하였다. 집현전 학자들은 법을 제정할 권한이 없었으며, 세부사항을 확정하여 정책으로 공식화하는 것은 예조판서와 의정부 관리들에게 맡겼다.

사회 정책을 확정하여 실현하는 일은 조선 왕조 초창기부터 사헌부와 사간원의 영향과 감독 아래에 있었다. 많은 집현전 학자가 이들 기구에서 처음 관리 생활을 하였다. 사헌부와 사간원은 처음에는 정책을 공식화하는 데 직접 개입하지 않았지만, 이 두 기구는 정부에서 사회 정책의 후견인이자 조사자, 추진자로서 강력한 지위에 놓이게 되었다.[83]

고대 모델의 타당성

한국에서 '고제'를 확립하는 일은 의무이자 서약이었다. 한국의 국왕은 중국 황제와 비교할 때 제후 위치에 놓여 있었다. 국왕은 기자의 유산을 계승하는 이로서 특별한 지위에 있다는 사실을 강조하며 모범적으로 행동하도록 종용하는 사회적 규례에 매어 있었다. 태조와 그의 계승자들은 자신들이 요순에 의한 이상적 통치 원칙의 구현자라는 사실을 끊임없이 상기해야만 했다. 한국 왕실은 국가의 정점에 있었으므로 의례에서 다른 것들과는 명확히 분리되었다. 왕실은 바깥 세계, 특히 중국에 대하여 한국을 대표하므로 한국의 의례 이미지를 준수해야 할 의무가 있었다. 그리하여 왕실은 의례의 순수성을 지키도록 강요받은 반면 사대부들은 필요하다고 생각할 때마다 이상적인 규범에서 이탈하는 일이 허용되었다.

왕실 의례는 태종 통치기에 서서히 발전했다. 1408년 태조 장례식은 궁정에서 처음 겪은 주요한 의례였다. 『주자가례』를 장례식 준비에 활용하였지만 태종의 불교적 성향과 관료들의 의례 경험 부족으로 행사는 유교적이기보다는 불교적인 모습을 띠었다.[84] 그렇지만 태종은 예조와 의례상정소의 고위관리인 허조에게 길례의 세부 사항과 절차를 연구하여 편찬하라는 명령을 내려 왕실 의례를 정하려고 노력하였다. 이 작업은 1415년에 완성된다.[85] 연구조사와 편찬은 세종 시대에 들어와 급진전되었다. 세종은 왕세자에게 걸맞은 혼인 절차를 발전시킨 이후 1444년에 정척鄭陟(1390~1475)과 변효문卞孝文(1396~?)에게『국조오례의國朝五禮儀』의 나머지 사례를 편찬하도록 명했다. 세종이 개인적으로 편찬을 주도하면서 자기 생각을 최종판에 반영한 것이 분명하다. 「오례五禮」는[86] 세종에 의하여 1451년에 완성되어『세종실록世宗實錄』의 부록으로 수록되었다. 이것은 국가 의례에 대한 첫 공식 지침서로 1474년 신숙주의 감수로 완성된『국조오례의』의 기초가 되었다.[87] 강희맹이 이 책의 서문에서 진술한 대로 이 책의 주요 문헌자료는『통감』, 특히『대당개원례』였을 것이다. 구체적 내용이 모자라면『국조오례의』는 종종『통감』과『대명회전』을 참조하여 보완하였다.[88]

조선 왕조의 사대부 계급은 국왕이 통치하는 데 필요한 '적절한 보조자' 역할을 맡았다.[89] 미덕과 타고난 지혜를 특별히 부여받은 이들은 유교에서 말하는 이상적 군주를 구현케 하는 유儒였다. 유교에서 이 같은 이상은 원래 업적으로 획득된다고 되어 있지만, 한국의 경우 군주 자격은 바른 지위 집단에서 출생해야만 획득할 수 있었다. 사대부는 특별한 권한과 특권(예를 들어, 부역 면제라든지 왕조 후기에는 병역이나 세금 면제) 그리고 경제적 보상을 누렸다.[90]

고대의 전례를 모델로 사대부는 궁극적으로 순수한 구성원[嫡室子孫]과 주변적인 구성원(첩의 자손)으로 구분되는 고도로 구조화된 부계 출계집단을 형성하였다. 이 집단에서 한 개인의 지위는 성별(이것은 역할을 결정한다)과 나이 그리고 오복제도를 통한 집단의 과거와 미래 세대에 대한 관계를 기초로 엄격하게 규정되었다. 집단의 권력은 할

아버지와 아버지 그리고 아들의 '사회적 임무'에 따라 배분되었다. 경계가 명확하게 규정된 출계집단이 출현한 것은 도덕적 시도 때문만은 아니었다. 그것은 새 왕조에서 정치 참여 관계를 정의하려는 사대부의 야망과 밀접하게 연결되었다. 명확한 부계 구조는 좁은 의미에서는 구성원의 자격을 합리적으로 규정하는 수단이었다. 좀더 넓은 관점에서는 엘리트 직위에 접근하는 것을 제한하는 데 적합했기에 이 역시 사회 지위를 규정했다. 그래서 어느 집안 출신인가 하는 문제[出系]와 정치 참여는 서로 내적으로 얽혀 있어 떼놓을 수 없게 되었다.

사대부는 1392년 여름에 "인륜을 풍요롭게 하고 풍속을 바로잡기 위하여" 착수한 『주자가례』를 기초로 명확한 의례 프로그램[著令]을 만들어 자신들과 나머지를 구별하였다.(91) 사대부는 유교 형식으로 수신하면서[飭勤] 동시에 새 왕조의 지식인과 관리 역할을 다할 수 있도록[勤職] 준비할 것을 권유받았다.(92) 의례 행위의 기본으로 여겨지던 『주자가례』는 수많은 이데올로기적 개념으로 뒷받침되었는데, 그것은 유교의 가르침이 적절한 제의를 통하여 사회에 미치는 구속력에 대하여 명쾌하게 밝히고 있다.(93)

사회 통제는 무엇보다도 출계집단의 사명이었다. 그것은 인간은 도덕적 완성을 계속 추구해야 한다는 가정을 기초로 했다. 이 가정을 실질적으로 적용한 것이 가훈이다. 이는 이상적 행동 규례로, 이를 통해 유교 교의의 교화적 영향력이 집안 영역과 가족 내부의 일에서 실현될 수 있었다. 이 규율은 수신이 제가의 출발점이라는 유교 가르침을 강조하였다. 말하자면 그들은 개인을 의무의 동심원 중앙에 놓았다. 이 의무의 동심원은 도덕적 순결과 경제적 근검으로 시작해 가족과 친족의 조화로운 관계로 넓어지고, 마침내 가정 영역이 공공 영역의 평화와 안정으로 직결되었다. 가훈은 개인과 국가를 연결하는 것으로, 적절히 발전하면 유교 국가의 대들보였던 도덕적 능력의 정수를 내포하게 된다.(94) 가훈은 사회의 도덕질서 속에서 특권층 젊은이를 훈련하기에 적합한 가족 분위기를 창출하고, 결과적으로 사대부라는 적합한 지위를 얻도록 하는 것이었다.

사대부는 그 구조를 '고제'古制와 유교 고전을 내적으로 결합해 끌어왔으며, 왕조 초기부터 이 둘을 일관되고 변하지 않으며 규정적인 하나의 제도로 합치는 데 전념하였다. 1394년에 정도전이 쓴 『조선경국전朝鮮徑國典』은 이 방향에 도움이 되었다. 이것이 개인과 국가를 중재하는 장치로서 출계집단 개념을 충분히 발전시키지는 못했지만, 정도전은 국가의 복지와 안정에서 기본 사회 행위(예컨대, 혼인과 상례)의 중요성을 인식하였다. 그는 또한 일반 기준으로서 제의의 중요성을 강조했는데, 그것으로 권위와 신분을 설명하고 구분할 수 있었기 때문이다.(95)

도덕은 법과 제도의 잠재된 형태이며, 반대로 법과 제도는 도덕의 가시적 표명이라는 관념은 반복하여 거론되는 주제였다. 법은 예와 함께 위대한 '천하의 방어막'[大防]을 형성한 후 치도治道의 융성을 가져오므로 조급하게 생각하고 제정할 수 없었다.(96) 반대로, 사회적 입법은 미래의 법이 미래 세대를 위해 타당성과 유용성을 견지하는 방식으로 추구되어야 했다. 고대 성현의 법을 찬양한다면 어느 누구도 잘못을 저지를 수는 없다는 맹자의 격언이 유효하다고 믿으면서 태종의 입법가들은 '고제'가 그들이 제정하는 법의 영속성을 보장한다고 생각했다. 이들의 법개념은 1397년 조준의 『경제육전經濟六典』과 1413년 하륜의 『속육전續六典』(이 책은 1426년과 1433년에 개정되고 정정되었다) 같은 저서에 표현되었는데, 이 책들의 내용은 오늘날 부분적으로만 찾아볼 수 있다.[97] 이보다 빠른 1395년에 명나라의 형법을 『대명률직해大明律直解』라는 제명 아래 이두로 옮겼다.[98] 세종 때까지 이 법문들은 보완할 수는 있지만 바꿀 수는 없는 일종의 헌법으로 간주되었다. 세종 때 고려시대의 사회적 특성(예를 들면, 중혼 같은 것)을 설명하기 위해 어느 정도 법적으로 조정했지만 그 같은 타협은 잠정적이었으며 미래 세대로 전수될 수는 없었다.[99]

그렇지만 법을 제정할 필요가 없다는 이상적 질서 개념과 현실 상황에 적용할 수 있는 법 사이에는 일정한 긴장이 있었다. 이 긴장은 입법 초기 절차를 특징지었고, 부분적으로는 1471년 『경국대전』 편찬을 지연시키는 이유가 되었다.[100] 이 법전의 사회적 규약은 그 기능이 왕조와 직접 관련이 있으면 사회가 기능을 할 수 있는 법적 테두리를 제공하였다. 그것은 의례편람에 표현된 바와 같이 도덕을 보강한 법이었고 정부 관직을 차지한 사대부들을 결속하는 것이었다.[101]

동화와 갈등

한국 사회에 새로운 안정과 질서를 부여하려는 열망은 실용적 이유뿐만 아니라 이상주의에 따른 동기도 있었다. 중국 고전에서 찾아낸 모델과 관례를 한국에 이식한다면 한국 사회가 궁극적으로는 이상적인 유교사회로 변하리라는 믿음이 그것이다. '고제'가 사회 해체를 초래한 고유 관습을 대체할 것으로 보았던 것이다.

조선 초기 정도전은 한국이 중국의 고대 관습에 완벽히 동화되어야 한다고 매우 강력하게 주장하였다. 그렇게 해야 부패한 고유 관습과 몽골 지배 흔적이 사라지고 새로운 제도가 '충만한 세기'를 위해 영구히 지속될 것이라고 주장했다. 정도전에게 합리화란 단순한 것이었다. 그는 기자를 한국이 '제례와 범절'의 나라라는 명성을 얻도록 초석을 닦은 인물로 인식하였고, 고려 왕조는 중국의 귀감에 따라 일부 제도를 모델로 삼았지만 바로잡지 못한 고유 관습이 어느 정도 남아 있다고 보았다. 그러므로 정도전은 태조의 왕위 등극이 기자가 시작한 임무를 완성할 유일한 기회라고 믿었다.[102] 그리하여 정도전에게 한국 사회제도의 유교화 작업은 이중적인 성격을 띠게 된다. 즉 그의 신유학적 사고의 기본 조건인 동시에 기자 유산에 대한 의무를 최종적으로 실현하는 일이다.

정도전은 태조의 과업이 궁극적으로는 과거 유산이 열매를 맺을 수 있는 정치적 환경을 조성하는 것이라고 주장하였다.[103] 개혁에 대한 정도전의 생각은 기자의 관습이 아닌 토속의 흔적을 없앰으로써 이상적인 과거와 현재 상황 사이에 벌어진 틈을 메우고 한국 사회에서 기자의 가르침을 지속해 궁극적 통합을 보장하는 제도로 대체하는 것이었다. 토착적 특징을 희생하면서 복고를 강력하게 주장한 정도전은 유토피아적 과거를 되찾으려는 신유학의 편견을 보여주는 전형이 되었다.

권근이나 하륜 같은 초기 신유학자들도 기본적으로는 정도전의 태도를 지지하였다. 그렇지만 다른 이들은 정도전이 중국에 그토록 의존하는 것에 의문을 제기하였다. 변계량은 거의 중간쯤에 있었다. 변계량은 고전을 문자 그대로 해석하기를 좋아하기는 했지만, 중국 황제만이 지닌 전형적 특권이라고 할 수 있는 하늘에 대한 제사를 조선 국왕이 치름으로써 국왕이 중국 황제로부터 독립적이라는 것을 보여 달라고 옹호하고 나섰다.[104]

그렇지만 중국 고대 모델을 기초로 한국 사회를 재편하는 데 헌신한 세종 같은 군주조차 중국의 예[禮]를 도입하려고 지나치게 서두른 나머지 지역의 풍속[土風]을 해쳐서는 안 된다고 믿었다. 그는 "어찌 우리가 과거 사람들이 행한 것에 매일 수 있겠는가?"라고 하여 과거와 현재는 다르며 시대 요구에 자신을 맞추는 일이 필요하다고 했다.[105]

중국의 가치를 흡수하면서 토착의 풍속을 지키려는 데에서 비롯된 15세기 중반의 딜레마를 양성지는 좀더 날카롭고 명료하게 표현하였다. 그는 국왕의 규칙을 세우는 데 초기 통치자의 사례를 따를 필요가 있다고 강조하면서도, 요순을 비롯한 삼대 통치자만을 유일한 모범으로 삼아서는 안 된다고 주장했다. 심지어 후기 왕조들도 유용한 좋은 제도를 가지고 있었다고 했다. 더 나아가 한국의 역사 또한 고려해야 한다고 했다. 양성지는 한국인이 오로지 중국이 번영한 시대만 알고 한국 역사를 무시하는 것을 개탄하였다.[106] 이것은 양성지가 중국식 제도를 치밀하게 모방함에 따라 국가 의식이 위협받고 있다는 시대적 위기감을 인식하고, 입법화한 지 반세기 이상 지났어도 한국이 유교 국가의 모델로 변하지 않았다는 사실을 표현한 것이다. 상소문을 올린 이들 가운데 일부는 이 같은 실패가 국왕이 백성의 풍속을 개선하는 데 게을리했기 때문이라고 한 반면,[107] 수적으로 많은 사대부는 중국의 예가 한국의 전통[土俗]과 완전히 양립할 수는 없다는 의견을 내놓았다.

 고대에서 이상을 처음 발견했을 때 느낀 흥분이 점차 시들고 부적절한 입법 절차로 불편함이 자리 잡으면서 갈등은 고조되었다. 분명히 고려 전통의 힘과 법률의 도입 그리고 실제 적용 3자 사이에 지체가 있으리라고 예견하지 못했다. 새로운 길을 개척하는 정신으로 무장했으리라 기대되던 관리 세계에 새로운 사회 개념을 수용하고 강화하는 것을 저해하는 세력이 숱하게 많았다. 그 같은 혐오가 불러일으킨 가장 분명한 결과가 『경국대전』이다. 그것은 '고제'의 기초 위에 고려 전통을 재구성하려는 거의 한 세기에 걸친 시도를 반영하였다. 그렇지만 이 같은 개혁의 추진력은 사회생활의 중요한 영역, 예컨대 상속 문제에서 전통과 혁신의 타협으로 약해졌다. 이후 그것은 자주 도전을 받았으며 의례편람의 권위에 눌리기까지 했다. 그럼에도 그것은 한국 사회의 독자적 질서를 설명하고 정당화하는 데 종종 성공적으로 사용되었다.

16세기에 논쟁은 정점에 이르렀다. 이때에는 출계집단의 형성과 관련하여 『주자가례』에 기술된 부계 구조의 실제 측면에 좀더 면밀하게 주목하였다. 특히 적실의 아들과 첩자의 분명한 구분은 출계집단을 정리하는 데 결정적 요소로 강조되었다. 또 사회 지위를 규정하여 궁극적으로는 정치권력에 접근하기 위한 좀더 확실한 기준을 제공하는 데 기여할 수도 있었다. 이 같은 구별을 매우 간결하면서도 분명하게 표현함으로써 한국인은 출계가 뒤섞이는 것은 물론 노비에게까지 관직을 수여하는 명나라와 자신들은 다르다고 생각하였다. 그렇지만 그것은 단지 한국과 명나라가 다르다는 차원만은 아니었다. 양국의 사회적 실천은 고대 중국의 모델과 어떤 면에서는 달랐던 것이다.[108]

명나라와 조선의 차이는 놀라운 것으로 간주되지 않았다. 즉, 중국에 비해 한국은 그 나름의 지리와 기후 환경을 가진 소국이었다. 관습도 같을 수 없었다.[109] 지역적 정체성에 대한 분명한 주장은 국속國俗, 즉 '국가의 습속'이라는 개념으로 표현할 수 있었다. 이는 본질적으로 한국이 자신만의 특정한 사회 구조 형태를 발전시켜왔음을 의미한다. 동화시킨 유교적 가치와 고유 전통 사이의 분명한 혼합인 이 국속은 16세기 중반까지 일관된 체제로 나타났다.

한국이 고유의 독창적 개성을 지녔다는 인식은 이를 뒷받침하는 근거로 확신할 수 있었다. 한국은 고제를 선택적으로 적용하는 것을 정당화하는 동시에 문화의 변용을 이해시킬 수 있는 틀을 제공했다. 이 같은 사고의 중심 개념은 '예'禮였다. 신유학의 관계에서 예는 물질을 의미하는 '기'氣와 함께 신유학 형이상학의 주요 요소의 하나인 이理

의 한 표명이다. 그러므로 예는 하늘의 원리[天理]의 한 단면으로서 종종 천리와 바꾸어 쓰기도 했다. 그것은 인간 세상을 넘어서는 도덕적 원리였고 규범적 성격은 초인간적 기원을 기초로 하였다. 그것은 오륜으로 구현되었다.[110] 인간 사회에 불변하는 근본 구조를 제공하는 하늘의 예는, 의례에서 표현되는 좀더 좁은 개념의 예와 대조된다. 이 가변적인 예는 삼대는 물론 현재에도 각기 다르다고 보았다. 이 예는 모든 나라가 똑같지 않다는 것이다. 그러므로 예를 모든 시간과 장소에 적용할 수 있는 하나의 일관된 양식으로 개념화할 수는 없었다.[111]

예와 풍속 사이의 내적인 상호관계에 대한 이 같은 분석은 16세기 한국의 신유학자들이 한국의 특질을 설명하기 위하여 발전시킨 융통성을 보여준다. 이 같은 점에서 『주자가례』조차 재평가되었다. 출계집단의 부계적 구획 같은 『주자가례』의 가장 현저한 특질을 기초로 하는 기본 가설은 『예기』나 『의례』 같은 고전이 뒷받침함으로써 논쟁의 여지가 없었다. 그럼에도 한국에서 마침내 장자상속권이 확립되면서 수용 수준은 중국과는 비교할 수 없을 정도였다. 하지만 혼례와 같이 일부 의례의 세부 항목은 논쟁의 여지가 있었다. 이 점에서 『주자가례』는 예의 가변적 특성을 기술한다고 여겨졌다. 따라서 그 자체가 바뀌고 수정되는 일을 겪게 되었다. 주자 시대에 적용할 수 있었던 것이 반드시 조선에 의미 있는 것은 아니라는 주장도 나왔다.[112] 그리하여 풍속을 조정할 수 있는 예의 융통성은 16세기 중반의 신유학자들에게 유학의 가르침과 한국 본래의 요소를 한국식으로 섞는 것을 정당화하기 위한 중요한 논쟁거리를 제공하였다.

엘리트주의와 이데올로기

한국이 유교사회로 변화한 결과가 이후 어떤 평가를 받았느냐와 관계없이 유교사회로 변한 것은 조선 왕조를 건국한 엘리트들의 강력하면서도 설득력 있는 전망에서 비롯했다. 이 엘리트는 전통 귀족계급에 뿌리를 두었으므로 사회 배경에서는 새롭지 않았다. 그러나 이데올로기 양성이라는 점에서는 새로운 것이었다. 초기에는 소수 신유학 대가들이 연구를 바탕으로 유순한 관료 이상의 경력을 준비시키는 전문성을 습득했다. 그 같은 연구는 그들에게 한 집단으로서 밀접하게 결합된 단일한 정체성(이는 복합적 혼인 관계로 더욱 강화되었다)을 갖도록 만들었으며 고려 후기의 사회정치적 환경에서는 성공할 수 없었던 사명감을 고취했다. 그들은 예외적으로 군대와 동맹이 절실히 필요하다는 사실을 인식하였다. 1392년의 왕조 변화에 대한 연구는 상당 부분이 직업적 엘리트들의 출현과 관련해 다시 이루어져야 할 것이다.[113]

확실히 이성계는 일찍이 나온 개혁 조치로 고무된 정책을 토대로 하여 고려 말에 만연한 정치경제적 문제의 일부를 현존 정치 질서에서 해결할 수 있었을 것이다. 그런데 개혁 초기부터 이성계는 당대 역사 무대에 규범적 틀을 제시한 조언자들로 둘러싸여 있었는데, 이들은 자기주장을 뚜렷하게 펼치는 유학자들이었다. 그들은 새 왕조를 건국하라고 주장했다. 이성계는 명 태조(재위기간 1368~1398)가 아니었다. 명 태조는 오랜 통치 기간을 군대에 의존했고, 유학자들의 훈계 목소리를 억압함으로써 전제적 통치의 초석을 깔았다.[114] 한국에서는 문인 관리들의 원칙이 지배적이었다. 이성계의 조언자들은 무인의 관점이 아닌 도덕적 관점에서 권력 문제를 말했다. 그들은 왕조 대 귀족이라는 한국의 기본 정치구조를 건드리지는 않았다. 즉, 그들 자신은 이 구조의 일부였다. 그렇지만 그들은 내부 작동과 균형 기제를 유교의 정치 철학과 관련하여 다시 정의했다. 즉 한국 사회의 의례화는 삼대(하·상·주)의 '자연 질서'를 조선의 도덕 질서로 복구하는 것이었다. 그들은 이 질서가 자아수련의 동력과 검증된 안정한 사회제도 사이의 변증법적 관계에서 자양분을 얻는다고 생각했다.

이 변혁 과정의 창시자인 신유학자들은 관료들을 지배하는 관료주의와 부딪치게 되었다. 새 왕조 초기의 삶과 사회관계의 일상적 행위에 대한 관료들의 전망은 원래 고려 전통에 깊이 뿌리박혀 있었다. 그들에게 동시대 사회인의 문제를 신유학을 기초로 해결하려는 시도는 실현할 수 없는 것으로 보일 수도 있었다. 사회 변화는 필연적으로 경쟁과 갈등을 불러일으켰다. 그러므로 처음에는 많은 사람이 사회적 입법의 빠른 속도에 저항했으며 사대부가 제시하는 모범적 틀에 더디게 적응하였다. 결국 왕실조차도 신유학의 지휘에 종종 순응하지 않았다. 그러므로 개혁 과정은 새 왕조 사업의 선봉장으로 신유학을 신봉하는 소규모 엘리트 집단의 결정에 의존했다.

신유학의 행동 강령은 조선 왕조가 전개되면서 제기된 다양한 사회, 정치, 경제적 이슈에 착수함으로써 스스로 추진력을 얻게 된 웅장한 구성체였다. 우선 현존하는 사회적 무질서를 대처할 실용적 대안을 찾는 과정에서 고전들 속의 교훈을 사회 정책으로 치환하였다. 그 다음에는 유학자로서 사명감이 점차 차별화되었다. 끝으로 유학자들은 고유 전통이 지속되는 것의 중요성을 충분히 고려하였다. 이 과정은 중국의 사회제도를 모방하는 데 집중된 초기 사업부터 유교를 한국의 사회 상황에 융합하는 개념으로 발전시키는 것까지를 포함하였다. 이것은 '국가의 관습'[國俗]이라는 표현에 포함된 문화적 정체성의 명확한 개념을 정비하는 것으로 정점에 이르렀다. 결국 사회적 유교의 한국적 형태를 설명하는 틀을 제공해준 것은 바로 이같이 확장된 형태의 신유학 철학이었다.

그리하여 조선 사회에는 재구성된 문인계급이 일어났는데, 이들은 한편으로는 혈통과 세습을 기초로 지도적 역할을 주장하면서 또 한편으로는 신유학적 지식을 이데올로기의 도구로 생각했다. 이 같은 도구로 사대부들은 송나라의 신유학자들이라면 꿈에도 가능하지 않았을 정도로까지 사회정치적 환경을 다시 만드는 데 성공한 것이다.

3장

종법과 계승 문제, 그리고 제사

…

한국에서 유교사회를 확립하기 위한 가장 중요한 첫걸음은 종법宗法, agnatic principle을 사회 기반으로 이식하여, 출계집단 안에 부계친 의식을 활성화하는 것이었다. 이 목적을 달성하는 데 제사보다 더 적절한 방법은 없었다. 제사는 단순히 죽은 사람에 대한 예찬이 아니라 그 이상의 것을 포함한다. 그것은 친족관계에서 없어서는 안 될 종교적 영역이기도 하다. 그러한 유교 구도 속에서 제사는 종법을 의례적으로 실천하여, 산사람과 죽은 사람을 하나의 부계 출계집단의 성원으로 동등하게 이어준다.[1] 무엇보다도 제사는 집안과 공적 영역 모두에 의미 있는 체계를 규정한다. 예를 들어 부계친에서 의례를 수행하는 서열의 위치는 출계집단 안에서 개인의 권리와 의무를 결정하며, 정치의 장에서도 그에 상응하는 지위를 보장한다. 이렇듯 제사는 한국 사회에서 부계적 양식을 부과하는 도구로, 조선 전기 사회 변화의 중요한 동인이었다.

신유학의 사회관

　신유학의 사회정치적 이론은 조상 중심의 부계친 출계집단을 사회의 기본 요소로 삼고 있다. 그 같은 출계집단은 이중 기능을 갖고 있다. 그들은 사회를 구축하는 동시에 정치적 과정에서 방해받지 않는 연속성을 보장받는다.『성리대전』은 '정치방법론'[治道]이라는 제명에서 '종법(부계친의 원칙)'을 핵심 용어로 사용하였다. 이 종법에 대해 송나라(960~1279)의 신유학자들은 다음과 같이 논의하였다. "종자宗子를 선택할 때 어떤 법적 통제가 없으면, 조정은 다음 세대의 관직자[世臣]를 기대할 수 없다. 종법이 없다면 종자가 죽을 경우, 족族(출계집단)은 붕괴되어, 그 집은 다음 세대로 이어지지 못하기 때문이다. 만약 종법이 세워져 고위관료들이 자신들의 가계를 유지할 수 있게 되면, 그들은 국가에 충성과 정의를 바칠 것이고, 이로써 국가의 기초는 확고해질 것이다."[2]

　이처럼 송나라 신유학자들이 내세운 종법의 이점에 대해서 주자도 똑같이 생각했다. 주자는『근사록』에서 정이의 이야기를 인용하여 다음과 같이 말했다. "천하의 인심을 잘 챙기려면 종족을 수합하고 풍속을 돈독하게 하며 사람들이 근본을 잊지 않도록 해야 한다. 반드시 가계 혈통을 분명히 하고, 세족世族을 수합하여 종자의 법을 확립해야 한다." 이어 "오늘날에는 종자가 없어서 조정에는 대대로 벼슬하는 신하[世臣]가 없다. 만약 종자의 법을 세운다면, 사람들은 근본을 중요하게 여기고 조상을 받들게 될 것이다. 근본을 중시하면, 자연히 조정도 떠받들게 될 것이다……. 종자의 법을 세우는 것은 자연의 이치를 따르는 것이다. 그것은 마치 나무와도 같다. 나무에는 반드시 뿌리에서 올라간 줄기가 있고 가지도 있게 마련이다"[3]라고 덧붙였다. 분명히 주자는 종법을 확실히 하고, 출계집단의 우두머리[長]를 세우며, 제사를 제도화하라고 주장하였다. 그리고 이 세 가지가 사회적·정치적 안정을 지탱하는 절대적 버팀목이라고 생각하였다.

　주자와 정이는 출계집단의 '이상형'을 잘 알려진 중국의 고전 가운데 『예기』와 『백호통白虎通』에서 찾았다. 그리고 주자는 이것을 자신의 『가례』의 기본 개념으로 삼았다(〈그림 6〉 참조). 중국의 과거 봉건제에서 시행된 장자상속법에 따르면, 적실의 맏아들인 적장자만 아버지를 계승할 수 있었다. '대종자'大宗子라고 불리는 맏아들은 봉사 의무뿐 아니라 부친의 봉토와 지위도 상속받았다. 이에 비해 어린 남동생들은 '소종자'小宗子라고 불렀다. 대종자는 대종大宗(상위 출계집단)으로 조상의 계통을 잇는다. 이 계보는 끝없이 발전하는데, 그 이유는 조상의 위패는 "백 대가 지나도 옮기지 않기 때문이다." 그의 어린 동생들은 상위 출계집단을 본떠 하위 출계집단(소종)을 세우는데 계보는 대종보다 길게 이어지지 않는다. 그들은 단지 고손 세대까지만 발전하고 그다음 세대부터는 갈라진다. 다시 말해 상위 출계집단인 대종은 출계집단 전체의 시조에게 계속 제사지내는 데 비해 소종은 구성하는 세대가 변하는 네 개 하위 출계집단이 있다. 먼저 부친에게 제사지내기 위하여 남자형제들로 구성되는 이종禰宗, 조부에게 제사지내

<그림 6> 오종에 대한 신유학의 관념

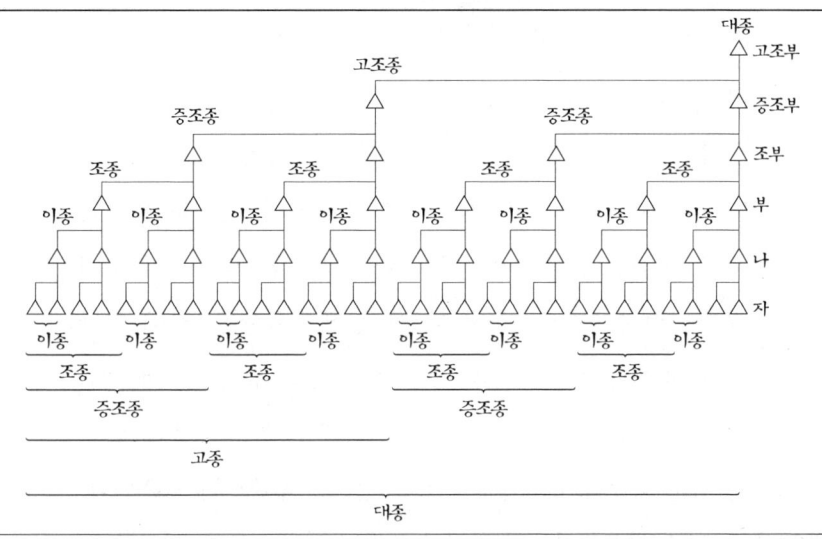

기 위하여 사촌들로 구성되는 조종祖宗, 증조에게 제사지내기 위하여 육촌들로 구성되는 증조종曾祖宗 그리고 고조에게 제사지내는 팔촌들로 구성된 고조종高祖宗이 그것이다. 그래서 구성원들 사이의 관계는 한 세대가 사라질 때마다 "조祖는 위로 올라가며 종宗은 아래로 내려간다"는 공식에 따라 변한다.(4)

대종(상위 출계집단)과 네 소종(하위 출계집단)이 모여 '오종五宗(다섯 출계)'을 구성한다. 각 계승 세대의 적장자가 대종을 구성하며, 그의 동생들은 각각 자신의 새로운 계통인 소종을 세워 나간다. 소종 창시자의 적장자는 부친 사후에 그 소종의 장이 됨으로써 새로운 계통을 잇는다. 반면 그의 어린 동생들은 각기 '2세대' 소종을 만든다. 이처럼 소종(하위 출계집단)에서 뻗어 나온 가지는 끊임없이 이어진다. 간단히 말해서 출계집단의 각 성원은 계보상 위치가 바뀌면서 모두 네 하위 계통 가운데 하나에 속하며 비록 전체 출계 구조의 주된 줄기에서 위치가 멀어지기는 해도 궁극적으로는 상위 출계 계통에 속한다.[5]

주자는 자신의 사회철학을 5개 제사 집단의 의례 운용에 기초를 두었다. '부계 출계집단'인 종은 『백호통』에서 동사인 '존경하다[尊]'와 같은 뜻으로 쓰였다. 부계 출계집단은 조상 제사를 관리하고 친족에게서 존경을 받았다.[6] 주자는 자신의 『가례』에서 제사를 사례의 하나로 다루었다. 의례를 통한 조상과의 친교는 인간의 모든 생활에 파고든다. 주자는 조상과 후손은 같은 기氣로 구성되어 있다고 했다. 인간이 죽으면 기는 소멸되어 흩어지지만, 그 본체는 후손에게 보존된다. 만약 후손이 조상에게 최고의 성의와 존경심을 표시하면, 제사를 지내는 동안 조상의 기를 불러낼 수 있다. 그러므로 죽은 사람과 피로 맺어진 사람만이 조상에게 제사를 지낼 수 있다. 주자가 말하는 세대 계승은 파도가 사정없이 밀려왔다가 부서지는 것과 같다. 다시 말해서 파도는 전에 왔거나 다음에 오는 것이 같지 않지만 모든 파도는 물로 이루어진 것과 같은 원리이다. 이와 마찬가지로 기는 제사를 치르는 과정에서 조상과 후손을 결합시키는 것이다.[7]

그렇게 해서 송나라 신유학자들은 강력한 부계친 이데올로기를 공식화하였는데, 그 구체적인 표현이 조밀하게 조직된 단계單系 출계집단에 나타난다. 그리고 이 집단에 일종의 일체감을 부여하는 공동 행위의 하나가 바로 조상에 대한 의례, 즉 제사였다. 제사를 통하여 그 집단의 기가 활성화되고, 가계는 제사를 통하여 더욱 강화된다. 조상에게 제사를 지냄으로써 후손은 조직화되었고, 같은 선조의 기로 결합되었다. 이 집단은 변화하는 세대의 자연 법칙에 따라 내적 원동력을 발전시키는 반면, 바깥 세계를 향한 안정된 하나의 단위이기도 하였다. 그러나 이와 같은 송대 신유학자들의 관념은 고대 중국에는 결코 존재하지 않았으며,[8] 자신들의 시대에 뿌리내리는 데도 성공하지 못한 매우 이상적인 체계였다.

제사의 도입

고려 왕조가 멸망하기 10년 전부터 일부 유학자들은 유교식 제사를 실천에 옮기라고 요구하였다. "각 가정에는 사당이 있어야 한다"[9]는 주자의 제안을 받아들여 사당을 건립하는 데 힘썼다. 고려 말 최초의 신유학자인 정몽주는 귀족과 상민에게 사당을 세우고 조상에게 봉사하라고 제의하였다.[10] 조준도 정몽주와 같은 문제에 관심을 가졌다. 조준은 "가묘제가 오랫동안 쇠퇴해왔다"라고 개탄하면서 주자의 『가례』를 모범으로 한 예제의 채용을 요구했다.[11] 고려 말 최후 몇 년 동안 예제의 입법화를 주도한 인물이 바로 조준이라는 것은 이미 예견된 일이었다.

1390년 초 관리들의 의례 행위를 개혁하기 위하여 새로운 법이 제정되었다. 대부 이상(4품 이상) 관리들은 3대를 봉사하고, 6품 이상 관리들은 2대를 봉사하며, 7품 이하 그리고 품계가 없는 자[庶人]는 1대만 봉사하도록 규정하였다. 몇 개월이 지나서 이것은 '사대부가제의' 士大夫家祭儀라는 이름으로 반포되었다. 여기에서는 사대부들이 계절마다 둘째 달[仲月](중월)에 증조부, 조부, 부친을 제사하도록 규정하고 있다. 적장자는 동생들과 사촌 그리고 육촌들의 도움을 받아 제사를 주재해야 했다. 동생들과 사촌, 육촌들은 각자의 집에 아버지와 조부의 위패를 따로 세우도록 했다. 이들 사이에는 별다른 집단적 조상 봉사도 없었다. 만약 적장자에게 아들이 없다면 봉사 책임은 적장자의 남자형제 가운데 다음 연장자나 조카에게 넘어갔다. 이 규정에는 사회적·의례적 측면이 추가되었으며, 제사 절차도 길게 설명하였다. 비록 의례는 영감의 원천으로 이용되었지만, 특별한 사회 상황에 맞도록 다소 조정하는 것이 묵인되었다. 심지어 전통 방식으로 묘를 보살피는 것에 관해서도 조금 양보하였다. 1391년 여름에는 '가묘제도'[家廟之制]가 추가로 보완되었다.[12]

그럼에도 이 법의 영향력은 미미했다. 일부 효자가 부모에게 제사 지낸다는 보고가 산발적으로 있었을 뿐이다. 어떤 경우에는 위패를 상으로 받기도 했다.[13] 또 다른 사람들은 효도를 빙자하여 땅을 '봉사를 위한 땅'[祖業之田]이라고 불법으로 가로채는 등 새 질서를 악용하기도 했다.[14]

이들 의례는 조선 왕조 건국 직전에 단편적으로 입법화되었다. 이어 1397년에 조준이 편찬하여 새 왕조에서 처음 반포한 『경제육전』에도 반복되었다(이 법전은 지금은 전하지 않는다). 이들 새로운 법규는 의례에 대한 사고와 행위에 새로운 시대를 열었다. 그 내용을 잘 살펴보면 겉보기에는 믿을 수 없을 만큼 단순하지만, 사회 구조를 근본적으로 바꾸는 내용을 포함하고 있다. 그러므로 유교식 제사를 채택하는 것은 단순히 새로운 의식이 아니며 근본적인 사회 변화의 촉매자로 작용하였다. 그 변화는 사회적·종교적 전통에 맞서 천천히 그리고 고통스럽게 일어났다.

조선 초기 입법가들은 모든 관리 계급이 조상 숭배에 대한 최소한의 표시로 사당을 짓게 하여 새로운 법에 따른다는 것을 보여주도록 열성을 다했다. 협조를 구하기 위한 특혜도 주었다. 예를 들면 보통 때는 소비가 금지된 술을 봉사자에게는 팔도록 지시했으며 효행이 각별한 경우에는 포상했다. 그리고 이를 어길 경우에는 엄한 벌을 줄 것이라고 경고하였다.[15]

태종 이후 유교화가 급속하게 진전되면서 다급해진 사헌부에서는 가묘 건립의 최종 시한을 정했다. 먼저 수도에 있는 관리들은 1402년 1월까지 가묘를 완성해야 한다고 했으며, 지방에 있는 관리들은 한 달을 더 주어 완성케 했다.[16] 그렇지만 어느 비판자가 지적했듯이, 이 최종 시한은 '효성스럽지 못한' 대다수 관리가 무시하여 1407년 말까지 연기되었다. 더욱이 가난하여 사당을 지을 땅이 없는 3품 이하 관리에게는 가묘 건립 대신 '조상에게 시제를 지낼 정결한 방 한 칸을 마련하는 것'을 허용하였다.[17] 그러나 2품 이상 관리에게는 1428년까지, 그 밑의 관리에게는 1433년까지 그 기간을 또 한 번 연장한 사실은 기본적으로 새로운 형식을 준수하라고 강요하는 데에는 법적 압력만으로는 부족하다는 것을 분명하게 보여준다.[18] 1431년에도 세종에게 한 관리가 가묘를 모두 세운다 해도 많은 사람이 위패를 모시지는 않을 것이라고 단호하게 말했다.[19] 1년 뒤인 1432년 예조는 가묘 건립을 반대하는 이들에게는 좀더 엄격하게 제재를 가하면서도 넉넉하지 못한 관리에게는 조금 양보해야만 했다.[20]

종법 개념의 초기 형태

조준은 고려에서 "오랫동안 종법이 쇠퇴했다"라고 개탄했는데, 이 때 조준은 틀림없이 종법 체계를 실시했을 것이라고 여겨지는 중국 고대를 연상했을 것이다. 어쩌면 과거에 대한 이 같은 향수가 종법을 자기 시대에 회복하려는 사명감을 낳게 했는지도 모른다. 조준이 종법 실천의 초점을 『주자가례』에 나와 있는 제사에 맞춘 것은 의미가 있는 듯하다. 그는 분명히 제사를 종법에 기초를 둔 사회를 만들기 위한 기본 가치로 보았다. 그렇지만 신분 의식이 있던 조준은 고려 사회의 위계적 구조를 많이 참작하였다. 가장 뚜렷한 것이 조상에 대한 제사 의무의 등급을 관직 보유 여부를 기초로 한 것이다. 조준은 이러한 자신의 생각이 동시대 명나라의 관행은 물론 조상 봉사를 4대로 규정한 『주자가례』의 규정과도 어긋난다는 사실을 분명히 알았을 것이다. 하지만 자기 생각을 실천에 옮길 때 이것이 종법 개념 자체에 잠재적 위험이 된다는 사실은 알지 못한 것 같다.

세종 10년(1428)에 처음으로 조상 봉사와 관련된 문제가 광범위하게 논의되었다. 가장 큰 문제는 품계가 각기 다른 형제들이 제사 의무를 나누는 것이었다. 종자인 장남이 고위관직에 있어서 아버지가 해온 대로 조상에게 제사를 계속 지내는 데 모자람이 없다면, 제사 의무 계승은 분명하면서도 단순한 일이다. 그렇지만 동생이 형보다 관직이 더 높다면 형제끼리 제사권을 놓고 갈등이 일어날 수밖에 없다. 그 같은 갈등을 해결하는 것은 매우 중요했다. 그것은 대종과 소종을 분명하게 구분하는 것과 곧바로 연관되었기 때문이다.

허조, 변계량, 이직李稷(1362~1431), 황희처럼 예와 법에 뛰어난 전문가들은 조상에 대한 종자의 권리와 의무는 관직이 높고 낮음에 관계없이 신성불가침하다고 주장했다. 그들은 『예기』에서 자신들의 견해에 대한 확고한 근거를 찾아냈다. 그들은 한국에 대종과 소종 제도가 알려진 사실을 인정하면서 종자와 차자들을 주자의 '대종소종도' 大宗小宗圖를 기초로 한층 더 확실하게 구분지어야 한다고 주장하였다. 또 그들은 이렇게 해야 지가가 본가를 찬탈하는 것을 막을 수 있다고 했다. 그들은 제사 의무를 사실상 나누어야 하는 경우 이에 대한 해결책을 『예기』에서 찾았다. 즉, 장남이 너무 가난하여 사당을 세우고 제사를 모실 수 없다면, 형보다 풍족한 동생이 이를 대신하여 일시적으로 제사지내는 것을 허용해야 한다는 것이다. 그렇지만 국가는 어떠한 경우에도 형의 봉사권을 동생이 빼앗는 것을 허용해서는 안 된다고 했다.[21]

조상에 대한 봉사자의 봉사 의무는 도전받을 수 없다 하더라도 다루기 힘든 절차상 문제를 많이 일으켰다. 봉사자가 아버지와 같은 관직에 오르지 못하여 아버지만큼 조상 봉사를 할 수 없다면, 봉사하지 못하는 조상의 위패는 봉사자가 이에 걸맞은 관직을 얻을 때까지 묻어두든지 잘 싸서 보관해야 한다. 여럿이 상소를 올려 그같이 봉사하는 조상을 줄이는 계획을 세웠으나, 예조에서는 장자의 봉사권은 신성불가침이므로 봉사할 수 없는 위패는 승진할 때까지 간직하도록 하였다.⁽²²⁾ 그렇지만 얼마 후 예조에서는 『예기』에서의 변화 규정과 초기 유학자들의 견해를 기초로 이 규정을 개정하였다. 그리하여 동생이 높은 지위에 있으면 여기에 맞추어 봉사하도록 허용하였지만 제사만큼은 봉사자 집에서 지내도록 했다.⁽²³⁾

이 논란은 1437년에 끝났으며 바뀐 규정 역시 세대를 넘어서도 적용할 수 있었다. 이사후李師厚의 부계손인 이장생李長生은 죽은 부친을 대신하여 사당을 돌봐야 했지만, 아직 어려서 관직에 오르지 못했다. 그래서 이사후의 둘째아들이며 고위관리인 이장생의 삼촌이 제사를 책임져야 했다. 두 사람의 사회 지위에는 큰 차이가 있었다. 관직이 없는[庶人] 이장생은 법적으로 부친만 섬길 수 있었다. 그렇지만 고위관리인 그의 삼촌은 3대를 섬길 수 있었다. 본가가 삼촌과 조카로 갈릴지도 모른다는 위험에 대비하여 책임 있는 관리들은 이 사안을 이장생이 종자이므로 삼촌이 섬겨야 할 만큼 조상들을 봉사하라고 『성리대전』을 근거로 인가하였다.⁽²⁴⁾ 그 결과 여러 형제가 가지고 있는 관직 중 최고 관직에 맞추어 봉사할 조상의 세대를 규정하는 조항이 마침내 『경국대전』에 기재되었다.⁽²⁵⁾

이렇듯 잠재적으로 갈등을 일으킬 수 있는 법을 정착시키는 가장 쉬운 방법은 관직에 상관없이 봉사하는 조상의 수를 일률적으로 정하는 것이다. 1428년에 그 같은 제안이 나오면서 열띤 논쟁이 있었다. 주창자인 정초鄭招(?~1343)는 고조부도 봉사해야 한다는 저명한 정이의 주장을 인용하여 4대로 똑같이 규정하자고 했다. 그는 더 나아가 동시대인 명나라에서도 4대를 봉사하도록 규정하였으며 송나라에서도 마찬가지였다며 그에 대한 적절한 증거로 『명회요明會要』와 『주자가례』를 인용하였다.

그런데 변계량은 반대 의견을 내놓았다. 그는 왕조 설립자들이 만든 법을 존중해야 하며 함부로 손대서는 안 된다고 강력하게 주장하였다. 그는 『의례』를 근거로 천자와 서인이 봉사하는 조상의 대수代數가 다른 것은 천리天理라고 주장하였다.[26] 변계량은 이 문제에서는 주자 이야기도 설득력이 떨어질 뿐만 아니라 현실적이지도 않다고 생각했다. 관직이 없는 이들에게 과도한 부담을 짊어지게 하기 때문이다. 고위관리들은 대부분 변계량의 제안을 지지했다.[27] 세종도 변계량의 주장에 기울어진 듯했지만 결정을 내리지는 못했다. 세종은 획일적으로 규정하는 것이 고위관리들과 하위관리들의 경계를 흐리게 할까 두려워했다.[28] 관직 유무와 고하에 따라 제사 규모를 달리하는 규정을 둘러싸고 문제가 계속 제기되었는데, 이것은 『경국대전』에서 재천명되었다.[29]

이처럼 제사 문제는 이미 조준이 인식한 것처럼 지위 의식과 연결되어 지속되었다. 장기간에 걸친 혈통 순환은 사회정치적 엘리트들의 특권이었다. 지위나 관직이 없는 사람에게 조상에 대한 기억은 별로 중요하지 않다고 보았다. 어떤 아들도 아버지 지위를 상속받을 수 없었기 때문이다. 그래서 조상을 기억하는 제사를 지내는 데 적합한 관직을 얻을 잠재성은 여러 아들에게 분산되어야 했는데, 이것은 어쩌면 종법 실천에 해로울 수 있는 해결 방안이었다. 그렇지만 세종 시대 대신들이 방계친의 공격에 맞서 종법을 옹호한 것은 주목할 만하다. 종자만 제사권을 갖고 있음을 재천명한 것은 종법에서 매우 중대한 첫걸음이었다.

승중과 제사

종법은 비록 같은 세대 구성원의 압력에 위협을 받았지만 가장 기본 기제로서 일시적으로는 지속성을 가질 수 있었다. 그렇지만 종자가 죽어 새로운 계승자를 지명해야 할 경우 조상 중심의 직계 구도 linearity는 여러 세대의 심각한 도전에 직면해야 했다. 『주자가례』는 한 세대에서 다음 세대로 넘어가는 것을 장자상속으로 규정한 반면, 고려의 관습은 형제 상속에 바탕을 두었다. 조선 초기 입법가들이 가장 해결하기 힘든 과제가 바로 이것이었다. 다시 말해서 수평 지향적 사회에 장자상속이라는 수직적 원칙을 이식해야 했던 것이다. 입법가들은 오직 타협만으로 이 일을 성공시켰다.

일단 종이 세워지면 오직 한 가지 이유만으로 그 자체를 영속시켜야 하는 압력을 받게 된다. 그것은 출계의 계선상에 있는 조상들에 대한 제사를 지속해야 하는 것이다. 적실에서 합법적 후계자가 태어난다면 종은 안전하게 승계된다. 그렇지만 적장자가 없을 경우, 계승은 주요 관심사가 되었고 심지어 갈등 주체가 되기도 하였다. 왜냐하면 계승은 출계 개념과 직결되었기 때문이다. 여기에는 여러 문제가 포함되어 있다. 내부로부터 집단의 연속성을 확인해주는 대체 후계자는 되도록 아들로서 그 특성에 부합해야 했다. 그러므로 고인의 가까운 친척이어야 했는데, 그 가운데 조카가 가장 이상적이었다. 특히 민감한 문제는 첩의 아들[妾子]이 적자를 대신할 만한 자격이 충분한가, 첩자가 부친의 형제와 그 형제의 아들들보다 우위를 차지할 수 있는가 하는 것이었다. 더욱이 후계 자격은 제사 의무와 마찬가지로 법적인 것을 수반하였다. 제사 의무에는 고인뿐만 아니라 원칙적으로 먼 조상의 제사를 지내는 것까지도 포함되었다. 이 모든 문제가 균형을 유지하도록 고려하는 것이 '합법적인' 후계자를 선택하는 선결 조건이었다.

조선 왕조가 창건될 무렵 승중承重, lineal succession의 개념은 모호했는데, 그것은 고려에서는 후계자가 반드시 죽은 이의 다음 세대일 필요가 없었기 때문이다. 적장자가 문제가 되지 않을 때 조준이 형제 상속을 규정한 것이 그 전형적인 사례이다. 이 규정은 『경제육전』과 이후 개정된 『속육전』에서 분명하게 반복되었으며, 조선 초기 계승이 의심스러운 사례는 이 규정에 따라 처리하였다.[30]

세종대에 처음으로 계승 관행을 면밀하게 조사하였다. 세종은 고위 관리들에게 실제 사안은 물론 이론적 문제에 대해서도 완벽하게 조사하여 검토하도록 하였다. 당시 논의 과정에서 직계 구조화된 사회의 계승 규칙을 이해하는 수준은 초보적이었으며 기술적 어휘도 한정되었음을 알 수 있다.[31] 실제 사안에서 공신 가문들의 계승 문제가 처음 부상했는데 이것도 그리 놀라운 일이 아니었다. 관료들 중에서도 이들 엘리트 집단은 사회경제적 특권을 누렸으므로 자신들의 세습권을 양도하는 것을 둘러싸고 꽉 짜인 규정이 자신들에게 어떠한 이익을 가져올지에 민감했다. 증거 자료는 불충분하지만, 1430년대 초 공신들에 대하여 장자상속을 하도록 법으로 규정한 것은 분명하다.[32]

1437년에 의정부는 긴 상소문을 올려 계승 관행을 논의하였다. 의정부 관리들은 후계자를 잘못 선택할 경우 가문에 끼칠 역효과를 깨달은 것이다. 그들은 계승의 기제를 좀더 잘 이해하기 위해 『예기』, 『통감』, 『성리대전』 같은 문헌을 광범위하게 참고하였다. 국왕에게 최종적으로 건의한 내용을 보면, 그들이 고대 모델에 지나칠 정도로 집착하였음을 알 수 있다. 만약 직계 후계자[嗣]가 없다면 '지자'支子, 즉 조카를 후계자로 삼도록 하였다. 그렇지만 조카가 첫째아들[嫡子]인 경우 그를 후계자로 입양하는 것은 허용하지 않았다. 그 같은 입양의 경우 양쪽의 승인을 받도록 했다. 존속尊屬은 물론 죽은 사람의 동생들은 그 같은 후계 자격을 갖지 못하도록 배제하였다.(33)

의정부 관리들은 이 문서에서 처음으로 승중의 원칙을 규정하였다. 다시 말해 직계는 아들이 없더라도 최소한 적합한 세대 중 가까운 친족에 의해서라도 유지되어야 했다. 그들은 이 절차를 분명히 나타내도록 고대 중국의 용어인 '입후'立後(후계자를 세운다)를 인용하였다. 이 말은 그때까지 사용된 적이 없지만(34) 그 이후에 '입후'(법적 계승) 조항의 주석에는 호구의 호주, 직함, 재산권을 법적으로 양도하는 것뿐만 아니라 한정된 제사 의무까지도 포함된다고 하였다. 입후자入後者는 원칙적으로 최소한 자신이 계승한 사람만이라도 제사를 지내도록 요구받았다. 그런데 의정부 관리들은 두 가지 중요한 문제를 빠뜨렸다. 먼저 서자 위치를 논의하지 않았다는 것이다. 하지만 더 중요한 문제는 의례적 측면에서 제사 의무의 양도를 규정한 『경제육전』과 연관짓지 않았다는 사실이다. 이렇듯 애매하게 처리한 탓에 입후자의 제사 범위를 둘러싸고 논쟁이 일어났다.

비록 법은 상당히 명확해졌을지라도 그 기반이 되는 원칙은 서서히 뿌리를 내렸다. '항구적인 규칙'[經]을 '임시의 편의'[權]로 보완해야 할 때 국가는 간혹 어려움을 겪었다. 예를 들면 조말생趙末生(1370~1447)의 경우가 그러했다. 고위관리[領中樞院事]인 조말생은 적손인 조영趙濙이 불구자라는 이유로 셋째아들 조근趙穜을 후사로 삼아서[立後] 봉사하도록 결정했다. 그런데 조말생이 죽고 10년이 더 지난 1458년에 의정부와 예조는 조말생의 결정을 면밀하게 조사하였다. 예조 관리들은 비록 적장자(아들 또는 손자)가 경제적 또는 신체적 이유로 조상에 대한 제사를 치르지 못하더라도 동생[次子]이 따로 사당을 세울 자격은 없다고 주장하였다. 동생이 할 수 있는 최소한의 일은 형이 제사 의무를 충실히 이행하도록 뒷바라지하는 것이라고 했다. 예조 의견에 찬성하는 관리들은 '종자에 대한 법'[宗子之法]을 어겨서는 안 되며, 부친이 개인의 총애에 따라 후사를 정한다면 『경국대전』에 규정된 토지법은 위험해질 것이라고 주장했다.

조말생의 의사를 존중하는 관리들도 종법을 논박했던 것은 아니다. 다만 이들은 가부장의 뜻이 관철되지 않는다면 조상에 대한 제사가 끊길지도 모른다고 걱정했다. 국왕도 융통성을 갖고 접근하여 조근을 합법적 후사로 인정했다.[35] 유사한 많은 사례와 마찬가지로 조말생의 경우에도 법은 마련되어 있지만 종손이 방계여서 위험에 처할 수 있음[奪宗]을 보여준다. 이처럼 국가는 때때로 한 개인의 최종 의사를 존중해야 하는 처지에 놓였다. 그리하여 아직도 계승문제는 완전히 통제되지 않았다.

조선 왕조 사회에 종법을 정착하기 위해 그토록 노력했던 고위관리들은 얼마 지나지 않아 신생 왕조의 초기 법전에 기록된 장자 계승 규정과 입후 규정을 타협해야 하는 딜레마에 직면했다. 이후 '봉사'라는 조항의 주석에 있는 그 규정은, 주로 부계 자손 가운데 최연장자를 1대 이상 조상에 봉사할 책무를 지는 봉사자로 뽑는 것에 관한 것이었다. 이것은 고려시대에 행해진 형제 계승 전통이 지속되는 것처럼 보이며, 그와 동시에 조상들은 가까운 부계 자손이 바치는 희생만 즐긴다는 고전의 금언을 충족하는 것이기도 했다.

'봉사'는 제사가 아직도 충분히 무르익지 않았다는 분명한 이유로 간간이 시행된 것 같다.[36] 이미 입법가들은 이 두 계승 규정이 기본적으로 모순된다는 사실을 분명히 깨달았을 것이다. 방계 구도를 강조하는 봉사 규정은 조상 중심 직계 구도를 강조하는 입후 규정을 위협하였다. 그런데 왕조 건국자들이 제정한 법의 유산에 강한 의무를 느낀 당시 관리들에게 이러한 모순은 해결하기 어려운 문제였다. 따라서 제사 의무의 계승 문제를 다시 명확하게 규정할 수 없었으며 단순히 종법의 원칙을 강화하려는 논쟁만 계속하였다. 두 규정이 모두 1471년에 만들어진 『경국대전』에 수록된 것도 바로 이 때문이다.[37]

봉사를 규정한 명문은 이보다 일찍 만들어진 법을 반복한 것이라 생각한다. 그것은 조상에 대한 제사 의무를 다음 계승 순서에 따라 양도하도록 고정했다. 즉 적장자, 적장자의 아들, 적장자의 동생들[衆子],[38] 동생의 아들들, 첩자(들) 순서이다. 완전히 새로운 내용은 입후에 관한 것으로, 여기에는 적자나 서자 없이 죽은 이의 후사를 세우는 것을 자세하게 기술해놓았다.[39] 이것은 1437년에 처음 받아들인 종법을 최초로 법적 형태로 묶은 것이다. 여기에서는 그 범위를 넓혀 첩자도 포함되도록 하였다. 첩자마저 없다면, 세대가 부합하는 방계 부계친[同宗支子]을 선택하도록 하였으며, 이 경우에는 관의 인가를 받도록 했다.⁽⁴⁰⁾

『경국대전』에는 필요하다면 지가가 희생을 치르더라도 본가를 영속화하는 수단으로 적장자 원칙을 처음 확립하였다. 종법(유교적 부계친 원칙)의 모델 위에 장남을 우선적인 후계자로서 단일화했으며, 이 원칙은 형제들의 관계에서 불평등을 심어놓았다. 계승 문제에 장자상속을 도입한 것은 한국 사회가 고려 전통에서 벗어나는 결정적인 첫걸음이었으며, 1471년의 법전 편찬은 이데올로기적으로 꼭 필요한 것을 법적 장치로 마련하였다는 점에서 중요하다. 그러나 장자상속에 대한 『경국대전』의 의견은 아직 완전하지 못했다. 두 계승 규정이 동시에 수록된 것은 전통과 개혁이 타협한 결과이다. 하지만 이것을 정확하게 해석해 실제에 적용하면서 종종 문제가 발생했다. 고려 사회의 특징은 사회적 법제화의 다른 주요한 영역에도 계속 남아 있었는데, 그중에서도 상속과 오복[服喪] 규정이 가장 두드러졌다. 100년 이상 시행착오를 겪고 나서야 장자상속이 비로소 일상의 관행으로 확고하게 뿌리내리기 시작하였다.

계승을 규정한 새로운 법률을 효과적으로 시행하려면, 이를 따르지 않으려는 사대부들을 제재할 조치가 필요했다. 법에 저항하는 이들은 개인적 총애에 따라 장자를 무시하고 차자에게 조상의 일을 맡으라는 유언을 남겼는데, 후계 자격은 경제적 이익을 동반하였다(이에 대해서는 아래를 참조할 것). 1473년, 예조에서는 그 같은 자의적인 장남 방기 행위[廢嫡子, 奪嫡子]에 대하여 『명률明律』에 따라 장 80대로 처벌하라고 요구했고, 이는 받아들여졌다.⁽⁴¹⁾ 그러나 『경국대전』의 두 계승 규정이 일치하지 않았으므로 후계자 지명은 여전히 문제로 남았다. 특히 예조의 고위관리들과 대간은 적장자에 대한 법적·의례적 우위권을 침해함에 따라 예상되는 문제를 주의 깊게 살폈다. 그것은 성종대(재위기간 1469~1494)에 거듭 논의된 유명한 두 사안에서 분명히 알 수 있듯이 바로 종법을 강화하려는 의도였다.

1475년(성종 6)에 발생한 고위관리 김연지金連枝(1396~1471)의 사안이 그중 하나이다. 김연지의 맏아들 김익수의 처 송씨는 시아버지 김연지가 관에 알리지 않은 채 후사를 바꾸었다고 예조에 고소하였다.⁽⁴²⁾ 김연지는 장자인 김익수가 조상 제사를 감당할 수 없다고 여겨 셋째아들 김견수金堅壽에게 제사를 모시게 하였다. 김연지는 아들·사위들과 상의한 후 자신의 뜻을 담은 내용을 문권으로 만들어놓았다. 이 고소에 대하여 예조는 그것이 종법을 문란하게 만드는 죄는 아니라고 하였다. 당국에서는 원래 결정을 취소하지 않았으며, 오히려 시아버지 뜻을 어기고 여성의 도리를 어겼다고 송씨를 비난했다. 그런데 송씨가 이에 불복하여 1489년(성종 20)에 다시 제소하였다. 예조에서는 이 사건을 재론하고 싶지 않았지만 이번에는 송씨가 왕명으로 자기 의견을 널리 개진할 수 있었다. 송씨는 1467년(세조 13) 남편 김익수가 죽었을 때 자신의 아들 김덕흥金德興이 어려서 김연지가 셋째아들 김견수를 봉사자로 정하였다고 주장했다. 그리고 김견수는 이제 죽었고 김덕흥은 성인이 되었으므로 제사 계승권은 김덕흥에게 와야 한다고 주장한 것이다.

잇따른 논쟁은 적장자를 압도적으로 지지하였음을 증명한다. 논쟁자 3분의 2가 김덕흥을 올바른 종자宗子로 인정하면서 김연지의 뜻은 분명히 종법을 무시한 불법이라고 드러내놓고 비난했다. 김연지의 뜻을 옹호하는 사람들조차도 종법에 문제를 제기하는 이는 거의 없었으나 김연지의 의사를 취소하면 유사한 선례들, 예를 들면 조말생 사안 같은 논란을 일으킬지 모른다고 우려하였다. 그러나 종법을 강력하게 지지하는 논의는 오직 한 가지 이유에서 꺾이고 말았다. 그것은 송씨가 시아버지를 관에 고소한 것이 불경스러운 일이라는 것이었다. 송씨의 처사는 김연지의 실수보다 더 나쁜 것으로 판단되었으며, 성종이 김견수의 계승 자격을 확정한 것도 이 때문이라고 생각된다.[43]

유사하지만 더 복잡한 경우가 1479년(성종 10)에 발생한 신승민申承閔(〈그림 7〉참조)의 사안인데, 이것은 대종의 지속성에 관한 것이다. 신효창申孝昌의 맏아들인 신자근申自謹은 아들이 없었으므로 자신과 부친 신효창의 봉사자로 서자인 신계동申繼童을 지명하였다. 그런데 신자근의 둘째동생 신자수申自守에게는 손자인 신승민申承閔이 이미 대종에 대한 제사를 분명히 책임지고 있었다. 1470년(성종 1)에 반포된 칙령에 따르면 신계동은 신자근을, 신승민은 신효창을 봉사해야만 한다.

이때 성종은 신승민의 의례상 위치를 면밀하게 조사하라고 명하였다. 유서에 따르면 처음에 신효창은 셋째아들에게서 태어난 손자를 총애하였으나 곧 마음을 바꾸어 둘째아들 신자경申自敬의 외아들 신윤동申允童을 후사로 삼기로 결정한 사실이 밝혀졌다. 하지만 신윤동이 죽은 뒤인 기미년(1439)에는 여러 자손 가운데 어진 자를 택하여 후사로 삼게 하였다. 그리하여 대신들은 재차 신효창의 유언과 몹시 복잡

<그림 7> 신승민의 사안*

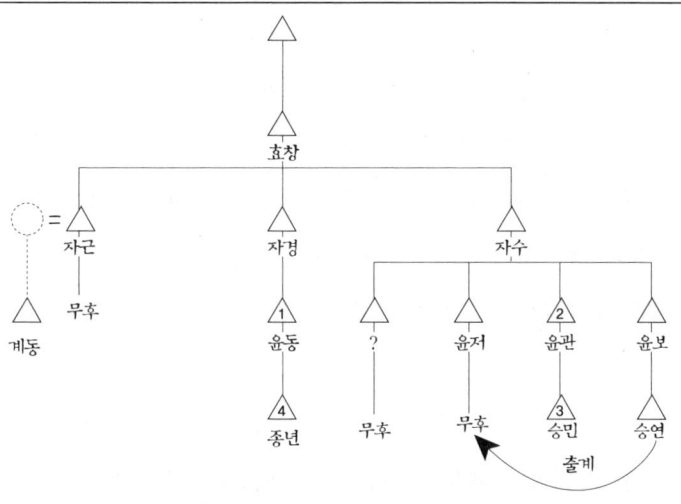

o ······ 서얼 계통
o 세모 안의 숫자는 후계자로 지명된 후계인의 순서를 의미한다.
원전: 『만성대동보』 하, 43b.
주가: 『만성대동보』에 수록된 평산 신씨 세계에는 신자경의 계열이 본가로 나와 있다. 신자근에 대한 제사는 그의 서자인 신계동이 지냈다. 그러므로 본가가 신효창의 차자 계열로 옮겨진 셈이다. 『평산신씨계보』(1976, pp. 77~84)에는 신계동을 서자로 언급하지 않았다. 여기에는 신자수의 맏아들로 신윤보를 올렸기 때문이며, 이는 『문화유씨가정보』(1565) 2:64도 마찬가지다. 그래서 실록 안의 정보와 이 집안의 계보에 대한 다양한 정보 사이에는 상당한 차이가 있다.
* 신승민의 사안에 대하여는 마크 피터슨, 김혜정 옮김, 『유교사회의 창출』(서울: 일조각), pp. 150~155도 참조할 것—옮긴이

한 의례 상황에 부딪혔다. 가장 적절한 후사는 분명히 신자수의 셋째 아들인 신윤관申允寬일 것이다. 그런데 신윤관이 죽자 그의 아들이자 신효창의 증손인 신승민이 제사 책임을 맡은 것이다.

신승민의 계승 자격을 두고 여러 대신은 몹시 반대하였다. 대신들은 적합한 후보는 신승민이 아니라 신자경의 손자인 신종년申從年이라고 주장하였다. 신승민은 적장자 자격이 없을 뿐 아니라 소목의 위계라는 측면에서 보더라도 신효창과 적절한 관계가 없다는 것이다.

신윤동의 아들 신종년도 적임자는 아니지만 신자근의 서자 신계동이 대종을 잇는 것은 더욱 적합하지 않으므로 신종년이 가장 적절한 후보에 속하였다. 그리하여 대신들은 만장일치로 신종년이 조상에 대한 제사를 책임지는 후사가 되어야 한다는 결론을 내렸다. 대신들은 종법을 압도적으로 지지했지만 국왕은 신효창의 의사를 쉽게 무효화할 수 없었다. 왜냐하면 조근, 김견수와 마찬가지 사안이 재개될 것이 분명했기 때문이다. 그런데도 재산은 신종년과 신승민에게 분배되었다.

신승민은 재산을 신종년과 나누어야 하는 불운을 겪은 지 4년 만인 1483년(성종 14)에 또다시 상속 분쟁에 연루되었다. 이 분쟁은 신승민(신효창의 후사로서 자신이 갖는 특권에 대하여 신승연申承演이 도전한 것에 분개하여)이 사촌인 신승연이 백부인 신윤저申允底의 후사를 세우는 서류를 위조했다고 당국에 고소장을 제출하면서 비롯되었다. 신승연이 신자수의 차자 신윤저의 양자로 들어가게 되면 셋째아들 신윤관의 아들인 신승민은 신효창의 후사에서 물러나야만 한다. 그렇지만 신승연의 후계 자격에는 아무런 문제가 없었으며, 반면 신승민은 제사를 치를 수 있는 어떠한 법적 근거도 없었다. 그래서 성종은 신승연이 신자수의 입후자로 제사를 맡도록 했으며, 이에 따라 신승민은 제사에 대한 모든 권리를 잃고 말았다.(44)

위의 경우 입후 자격과 봉사 자격 사이의 괴리를 자손 가운데 연장자 계보를 강조함으로써 줄이려는 경향을 보여준다. 그렇지만 입후자의 의례상 지위 문제는 여전히 남아 있었다. 중종은 있을 법한 다음과 같은 문제를 예조에 내놓았다. 만약 첫째와 둘째 아들 모두 적자가 없어 둘째아들이 계후자繼後者를 세운다면, 그 계후자가 조상 봉사를 맡아야 하는가 아니면 셋째아들에서 태어난 아들이 맡아야 하는가? 국왕은 둘째아들의 후사가 조카이므로 셋째아들의 장자(실제로 이들은 형제일지도 모른다)와 마찬가지로 조상과 관련되는 한 아무런 문제는 없다고 인정했다. 계승자를 이보다 다소 먼 친족 중에서 택하더라도 조상에 대한 태도는 아무 문제가 없을 것이다. 그런 상황에서 친손자의 우선권을 빼앗을 수 있는가 하는 질의에[45] 대한 회답에서 예조는 법을 문자 그대로 해석하여 다음과 같이 답하였다. 만약 계후자가 조카라면 그는 조상(그의 조부모가 될 것이다)을 봉사할 자격이 있다. 만약 그가 더 먼 친척이라면 양부모만 봉사할 자격이 있으며, 친손이 조부모를 모셔야만 한다.[46] 복잡한 법적 문제를 일으키는 불명확함을 해소하기 위하여, 1543년(중종 38) 『대전후속록大典後續錄』(『경국대전』을 후에 증보한 법전)에는 이것을 좀더 자세하게 구체적으로 명기했다. 그것은 적장자에게 아들이 없다면 동종의 가까운 친속[同族近屬]에서 입후해야 한다는 내용이었다. 만약 그 자신이 별도의 종을 세우려 한다면, 다시 말해서 직계 후손임을 기꺼이 포기한다면, 먼 친속[疎屬]의 입후를 청하더라도 허락한다고 하였다.[47]

이 규정만으로는 분명히 후사의 자의적 선택을 중지시키는 데 충분하지 못했다. 1552년(명종 7) 예조에서는 입후 자격과 봉사 후계 자격이 일치하지 않는다고 솔직하게 지적하였다. 그리고 『대전후속록』에 수정한 규정이 분명하지 않다고 개탄했다. 불행하게도 그 규정에는 먼 친족이 이 '무지한 과부들'을 선동하여 잘못 선택할 가능성이 추가되었다는 것이다. 그래서 예조는 이 문제를 전반적으로 다시 논의해야 한다고 주장했다.⁽⁴⁸⁾ 1년 후인 1553년(명종 8) 사헌부에서는 이 문제를 둘러싼 해석을 지겹도록 다시 시도했다. 봉사 후계 자격은 조상 삼대를 봉사하는 것을 의미한다. 그러므로 어떤 조카도 봉사자가 될 수 없지만 사촌의 아들은 봉사자로 받아들일 수 있었는데, 그것은 사촌의 아들은 최소한 조부의 직계 자손이기 때문이다. 이와 대조적으로 입후는 단 한 사람만을 위하여 후계자를 세우는 것을 의미한다. 사헌부에서는 법을 여전히 잘 이해하지 못하는 것을 유감스럽게 생각했다.⁽⁴⁹⁾

의정부는 법을 좀더 명확하게 하자는 사헌부의 요청을 받아들였다.⁽⁵⁰⁾ 그리하여 논의를 계속한 결과 1555년(명종 10)에 간행된 『대전주해大典註解』(『경국대전주해(經國大典註解)』를 말함)에 '입후'에 대한 설명을 이전보다 넓게 하였다. "동종同宗의 '지자'支子를 세워 뒤를 잇게 한다"라는 『경국대전』의 규정은 다음과 같이 재해석되었다. "적장자로서 적실과 첩 모두에게서 아들을 얻지 못하여 입후하려는 자는 반드시 그 아우의 아들을 입후한 연후에 조부 이상의 제사를 받들 수 있다. 동종의 지자는 입후할 수 있지만 조부 이상의 제사는 받들지 못한다. 이것은 조상이 자신의 손자를 버리고 형제의 손자[兄弟之孫]로부터 제사를 받을 수 없기 때문이다. 그렇지만 아우에게 아들이 없는 자는 이 법에 매이지 않는다."⁽⁵¹⁾ 분명히 입후 개념은 뚜렷해졌으며, 입후자는 좀더 넓은 범위의 조상을 봉사할 수 있게 되었다. 하지만 이것이 법제화되어 '이상적인' 선택을 강요하는 데 완전히 성공한 것으로는 보이지 않는다. 1746년(영조 22)에 편찬된 『속대전』에는 다시 이것을 막연하게 표현하였기 때문이다. 여기에는 단지 '동종의 가까운 친속'[同宗

近屬]으로 언급하였다.⁽⁵²⁾

입후는 종종 일시적으로나마 안심할 수 있는 방편으로 간주되었다. 실자가 태어나는 즉시 입후자 자격은 끝이 났으며[罷繼] '둘째아들(차자)'의 지위로 실추되는 것이다. 이러한 관행은 실자가 조상 봉사를 수행하도록 하고, 후계자[繼後者]는 실자의 아랫사람이 되도록 허용한 『명률』을 근거로 한다. 예조가 『명률』을 기초로 계후자의 지위 폐기를 허용한 후 이 문제는 1553년에 사헌부의 주요 문제가 되었다. 사헌부 항의로 『명률』 조항을 반복하는 칙령이 내렸지만 불공정한 파계를 금지하는 조항이 추가되었다. 봉사 문제는 제쳐놓는다 하더라도, 여기에는 계후자가 양부모의 재산 분배를 기대할 수 있는 등 경제적 이해관계가 포함되어 있었다. 따라서 이 조치는 계후자와 계후자를 맞아들인 뒤 태어난 실자 사이에 수많은 싸움이 정부 앞에서 벌어지도록 만들었다.⁽⁵³⁾

고위관리들은 『명률』 규정을 분명히 따르려고 한 반면, 이이李珥(1536~1584)와 같이 영향력 있는 유학자들은 인간의 감정을 통제하는 의례 규정이 약화되는 것을 개탄했다. 이이는 계후자와 아버지의 관계는 정서적으로나 의례적으로 실자의 그것과 다르지 않다고 했다. 그런데 어떻게 아버지가 부자의 연을 마음대로 끊을 수 있겠는가? 이는 그런 자의성이 부자관계에 적용되어 도덕적 가치를 결정하게 될까 두려워한 것이다. 그는 좀더 엄격한 법적 수단에 호소하였다. 이이의 관심에 대하여 후일 최명길崔鳴吉(1586~1647)도 지지하였다. 최명길은 계후자를 세운 뒤 아들을 낳았지만 계후자를 첫째아들[長子]로 받아들이기를 원했다. 송의 선례에 자극받은 최명길의 대담한 행동은 인조(재위기간 1623~1649)의 재가를 얻어 결국 앞서 1553년에 반포한 칙령을 철폐하는 신호가 되었다. 『속대전』은 예학자들의 주장에 따라 입후한 뒤 아들이 태어날 경우 그 아들은 차자가 된다고 규정하였다. 즉 입후자가 조상 봉사를 계속하도록 한다는 것이다.[54]

만족할 만한 계승법을 공식화하는 것은 조상 중심의 계적lineal 출계 집단을 존속하게 하는 데 필수적이었다. 덧붙여서 그 같은 법은 성질상 '소급 적용해야' 한다고 했다. 특정한 사람을 선택하는데 살아 있는 사람에게는 받아들여진다 하더라도 그 사람이 조상과의 관계에서 필요한 만큼 친분관계가 결여되어 있다면 그 선택은 무효가 될 것이다. 계승 관행에 대한 인식이 고양되었다는 것은 종법을 깊이 이해한다는 표현인데, 그 자체가 유교 문헌에 좀더 친숙해진 결과였다. 중종 통치 기간, 즉 16세기 초부터 관리들은 도덕 사회를 만드는 데 '종'의 개념과 그것이 내포하는 의미에 좀더 큰 관심을 보였다.[55] 그러므로 그 기간에 국가가 계승 문제에 대해 최종 발언권을 가지고 계승법을 다시 만들려고 노력한 것은 놀라운 일이 아니다. '종법에 대한 의식'이 강화되면서 종족의 윤곽이 뚜렷해졌으며, 결과적으로 장자도 종래에 비해 위치가 높아졌다. 이러한 발전이 서자와 여성에게는 부정적인 영향을 끼쳤다.

제사와 서얼

　서자(또는 첩자) 문제는 1413년(태종 13)에 적실(처)과 첩 사이의 엄격한 차별을 법제화하는 데에서 비롯되었다. 고대 중국의 의례 문헌에 따른다면 고위관리는 적합한 후계자를 두려고 부인 한 명과 첩 두 명을 거느리고 있었다.⁽⁵⁶⁾ 이를 전거로 할 경우, 서자도 부친의 의례 후계자가 될 수 있는 것은 분명한 것 같다. 그런데 문제는 이것이 사회적·법적 혼란을 초래하는 데 있다. 적실에게 아들이 없을 때 서자가 조상 봉사를 수행할 수 있는 적합한 아들일까? 출계집단 안에서 지위가 가장 낮은 그들이 봉사자가 되는 것을 방해하지는 않았을까?

　조선 초기에 서자(특히 양인 출신의 첩에게서 태어난 아들)가 먼 친척, 심지어 같은 형제의 아들보다 후사로서 선호된 것은 의심할 여지가 없다. 부친의 선대를 봉사하는 서자는 사회적으로 더 중요한 인물이 되었고, 경제적 혜택도 조금 누렸다. 더 나아가 봉사자가 아니라면 맡을 수 없는 관직에도 나아가는 등 국가로부터 어느 정도 인정도 받았다.⁽⁵⁷⁾

　그렇지만 남녀가 정식으로 결합하지 않은 사례에 대하여 사회적으로 낙인을 찍었으므로 존엄한 가문에서는 서자에게 제사의 우선권을 맡기는 것을 여전히 못마땅하게 여겼다. 더구나 차자가 형이 죽은 뒤 후사로 세운 형의 서자에게서 봉사 권리를 빼앗으려는 시도는 통상적으로 일어나는 종족 내분의 가장 큰 원인이었다.[58] 그러므로 서자를 승중자承重者로 지명하는 것은 도덕적·법적·경제적·사회적으로 고려해야 하는 일이었다.

서자의 지위를 둘러싼 첫 번째 논의의 하나가 '공신'과 관련이 있다는 것은 놀라운 일이 아니다. 태조의 이복동생 이화는 왕조 창건에 기여한 보상으로 부자가 되었는데, 그에게는 적장자가 없고 양첩자(양인 출신 첩이 낳은 손자)만 있었다. 1435년 논쟁은 이화에게는 다른 아들들과 손자들이 있으므로 양첩자는 그의 승중자가 될 수 없다고 결론지었다.[59]

『경국대전』에 계승 순서를 규정하는 첫 시도가 명확하지 못한 데는 이유가 있었다. 입후 규정과 봉사 규정에는 모두 서자가 언급되어 있다. 입후는 처와 첩 모두에게 아들이 없을 때에만 허용하였다. 반대로 봉사는 장자의 형제들을 서자보다 우선하였다.[60] 이 두 규정은 조화되지 않았으며 때로는 임의로 속임수를 쓸 수 있어 서자들에게 불리하였다. 그들은 계승 자격 순서에서 맨 마지막에 있었으며 종종 완전히 무시되기도 하였다.

1473년에 영향력 있는 정부 관리들이 대부분 참여한 자리에서 서자의 봉사 역할을 둘러싸고 찬반론이 전개되었다. 논쟁이 일어난 이유는 조선 전기의 고위관리 조방림趙邦霖이 적자가 없어 서자인 조복해趙福海를 입후자로 지명했기 때문이다. 조방림이 죽자 그의 동생 조부림趙傅霖이 『경국대전』의 봉사 규정을 인용하여 이 같은 선택을 논박하면서 조복해의 봉사를 금지했다.

많은 토론자가 광범위하고도 다양한 의견을 내놓으면서 『경국대전』의 규정은 서로 일치하지 않으며 논쟁을 일으킬 수 있다는 사실을 보여주었다. 예조는 의미가 같은 봉사조 가운데 '만약 적장자에게 자손이 없으면'이라는 구절이 법적 계승 규정에서 으뜸가는 구절이라고 보았다. 그리하여 조복해가 조방림의 합법적 후사로서 권리가 있다고 확정하였다. 『경국대전』을 편찬한 최항이나 정인지 같은 인물은 이에 반대하면서 적자와 서자의 차이는 마치 '하늘은 높고 땅은 낮은 것'[天尊地卑]과 같다고 주장하였다. 그러므로 도덕적 시각뿐만 아니라 법적 시각에서도 동생에게 아들이 있으면 서자가 조상 봉사를 하는 것은 어리석다고 했다. 그렇지만 서자는 자신의 부모에 대한 봉사에 매이지 않으므로 그 같은 경우 부친의 위패는 사당에서 치워야 한다.

나머지 집단에서는 이렇듯 본가가 지가로 옮겨가는 마지막 지점을 논의의 중심으로 삼았다. 만약 규정대로 동생의 직계 후손(심지어 직계 손자)이 서자에게서 봉사 의무를 빼앗아간다면, 세대의 원칙(『경국대전』은 아들 세대만 말하였다)은 무의미할 것이라고 하였다. 그렇지만 대다수는 서자가 본가의 지속에 부적절하다는 의견을 갖고 있었다. 이 같은 지원에 힘입어 국왕은 조복해 대신 조부림이 봉사를 계속해야 한다고 판결했다.[61]

조방림 사안만 있는 것은 아니었다. 왕조 건립 이후 한 세기가 끝나갈 무렵 비슷한 불만이 자주 쏟아져 나왔다. 서자가 종종 후사로 선택되는 것에 대하여 다른 가문도 반박하고 나섰다. 집안에서는 아들을 낳지 못한 적실이 경쟁자인 첩의 아들에게 남편 봉사를 맡기는 것에 분개했다. 특히 그들은 서자가 조상을 한 세대 이상 봉사할 능력이 있는지에 의문을 제기하였다. 관직이 없는 서자는 법적으로 한 세대만 봉사할 자격이 있었기 때문이다.

그러므로 적실은 죽은 남편이 서자를 후사로 선택한 것을 취소하고 방계에서 후사를 선택하도록 허용해달라고 관청에 쉴 새 없이 청원하였다. 분명 그러한 청원은 당연하게 받아들여졌고, 그 결과 서자 계승을 지지하던 이들은 서자가 있어도 아들이 없는 것과 마찬가지라고 개탄했다.[62] 유명한 예학자 이언적李彦迪(1491~1553)에게는 적자는 없고 서자만 있었는데 그조차 사촌의 아들을 계후자로 삼았다.[63]

16세기 중반 이후 입후 자격은 점차 봉사 차원에서 해석되었으며 출계집단 전체를 포괄하는 의미로 확대되면서 후사가 없는 남성의 계통 자체에 그치지 않았다. 결과적으로 자손이 없는 적장자가 동생의 아들을 후사로 삼을 수 없는 경우, 같은 세대에 속하는 사촌의 아들을 선택하게 되었다. 이렇듯 출계집단의 범위가 확장되면서 분명히 서자들은 불리해졌다.[64] 실제로 1543년 『대전후속록』은 서자를 더는 계승 가능성이 있는 후보로 언급하지 않았다.[65]

10년 후 의정부의 대신들은 이 규정이 『경국대전』의 입후에 관한 원래 규정과 어긋난다는 사실을 발견하고는 이것이 숱한 논쟁을 일으킬지 모른다고 우려했다. 심사숙고 끝에 국왕은 칙령을 내려 이 조항을 조금 상세하게 다듬었다. 즉 서자가 있는 적장자는 동생[同生弟]의 아들을 제외하고는 어느 누구도 후사로 삼는 것을 허용하지 않는다는 것이었다.[66] 이 규정을 소급 적용하지는 않았지만 이것은 아무도 만족시키지 못했다. 이 규정의 중요성을 강조하기 위하여 서자가 봉사하게 될 경우, 부친 이상에 대하여 품계에 맞추어 봉사할 수 있다는 내용을 1555년의 『대전주해』에 첨부하였다.[67]

법적 시각에서 보면, 평민 지위의 서자(천인 출신 모친에게서 태어난 얼자는 결코 논의되지 않았다)가 의례를 계승하는 것은 계속 받아들여졌다. 심지어 서자가 부계 선조들과 신체적으로 연관되어 있는 것을 사회에서 부과하는 지위보다 중요하다고 규정한 고대의 의례 규정에 비견하기도 하였다. 주자는 서자에 대하여 언급하지 않았지만 조선의 예서들은 서자를 법적인 면에서나 의례적인 면에서 봉사자로 받아들일 수 있다고 인정하였다.[68] 존경받는 유학자 이이도 적자가 없어 두 서자 가운데 맏아들을 봉사자로 삼았다.[69]

조선 초기에 만들어진 법 관념을 소생하려고 이같이 노력했는데도 서자를 봉사에서 강제로 배제하려는 경향은 돌이킬 수 없을 만큼 두드러졌다. 1746년에 편찬된 『속대전』에서는 서자에 대하여 더는 언급하지 않았다.[70]

서자의 봉사는 실제로 문제가 있었는데, 이것이 출계 계통을 분명하게 세우는 것과는 반대로 치달았기 때문이다. 서자 계승은 본가가 단절되면서 결과적으로 조상에 대한 본가의 특권이 지가로 옮겨가는 것을 의미하였다. 더구나 서자에게 봉사 우선권을 주는 것은 귀천을 무시하거나 심지어 폐기하여 사회 이동을 불러올 위험이 있었다. 서자의 지위가 갖는 넓은 사회적 함의의 관점에서 볼 때, 『경국대전』이 서자를 가능한 한 입후자 또는 봉사자로 언급하려고 한 것은 놀라운 일이다. 조선 초기 입법가들은 첩의 아들을 조금은 인정함으로써 첩의 운명을 완화하려는 의도가 있었다고 생각된다. 그것이 인간의 감정과 법적 합리성이 타협한 것이었는지는 모르지만, 이는 왕조 후반 이후까지 존속하지는 못했다.

제사와 여성

조선 초기 입법가들은 여성을 다루면서 유교사회에 적합한 지위를 부여하기 어렵다는 사실을 깨달았다. 그런데도 여성은 종족 집단 구성원의 권리를 전하는 핵심 인물이었다. 따라서 사후는 물론 살아 있을 때도 이들의 의례상 역할을 분명하게 규정해야 한다고 인식하였다. 처첩을 분명하게 구별하는 1413년의 법은 조선의 의례생활에서 첩을 배제하는 결과를 가져왔다. 첩은 살아 있는 동안 제사에 참여할 수 없었다. 죽은 뒤에도 조상으로 인정받지 못했다. 그 때문에 종족 내 사당에 위패를 봉안하는 것도 거부당했다. 이와 반대로 처는 제한적이나마 조상에 대한 의례에서 일정한 몫을 담당하였다. 그리고 죽은 뒤에는 조상 사당의 남편 곁에 봉안되어 최종적으로 인정받았다.

여성과 관련한 두 가지 중요한 문제는 주목할 만하다. 후처後妻를 사당에 봉안하는 일과 남편이 죽은 뒤 적장자의 처가 수행해야 하는 의례상 의무가 그것이다. 이 두 문제는 처리되는 과정에서 적嫡 개념을 강화하는 데 크게 기여하였다.

계모 또는 후모라고 부르는 둘째 부인은 살아 있는 동안에는 첫 부인의 특권을 그대로 누렸다. 문제는 그녀가 죽은 뒤 생겼다. 후처의 위패를 첫 부인의 위패 옆에 나란히 안치할 수 있는가? 적장자는 계모상에 얼마 동안 상복을 입어야 하는가?

이러한 의례 문제에 대한 해답은 출계집단에서 둘째 부인의 지위에 대해 궁극적으로 판단하게 했다. 둘째 부인을 첫 부인과 함께 같은 사당에 배향해야 하는가 하는 문제는 '같은 방 안에서 두 부인을 높이는 것'을 금지하는 것과 관련되었다.(71) 이 문제에 대한 유학자들의 견해는 크게 달랐지만, 한국인은 부인들을 함께 배향하는 것[並配]이 좋다고 한 당나라 헌종(9세기 초) 때 예학자 위공숙韋公肅과 주자의 해석을 기초로 최종 결정을 내렸다. 국왕은 이러한 취지 아래 1492년 예조에서 올린 청원을 재가하였으며, 마침내 『경국대전』에도 법제화하였다.(72)

계모를 사당에 봉안하기로 한 결정은 종자, 다시 말해서 계모의 의례상 양자[奉祀義子]가 상복을 입는 문제와 직접 관련이 있다. 조선시대에 들어와서 가장 일찍 편찬된 법전인 『경제육전』에는 계모에 대하여 3년상을 치르도록 규정해놓았는데, 이것은 『의례』의 오복 규정과 아주 유사하다.(73) 알려진 바로는 계모에 대해 그같이 긴 기간 상복을 입은 사례는 드물었다. 이것을 무시한 이유는 조선 왕조 창건기에 지위가 같은 부인을 여럿 거느릴 수 있었기 때문이다. 계모를 친모와 똑같이 배향함으로써 예조의 관리들은 계모에 대해서도 똑같이 상복을 입어야 한다고(다시 말해서 재최齊衰를) 주장한 것이다. 상복 입는 기간을 줄이는 것은 부친의 후처를 가볍게 여기는 것으로 인식되었다. 주자는 3년상을 자유의사에 따라 지내도록 하였지만 예조에서는 『경제육전』과 『명률』에 따라 준수하라고 요구하였다. 이 요구는 1434년에는 왕명으로 받아들여졌다. 그리고 나중에 『경국대전』에서 다시 확인되었다.(74)

이 같은 조항을 입법화한 것은 모자간의 기본 관계가 계모와 의자義 子 관계로 이전될 수 있다는 사실에 중요성이 있다. 자기 어머니를 모시듯이 계모를 모심으로써 종자는 장남으로서 자신의 위치를 재확인하면서 이복형제들(즉 그의 양모가 부친과의 사이에서 낳은 아들들)을 지위를 둘러싼 경쟁에서 배제했다. 계모에 대한 의례 의무를 3년으로 정하는 것은 부친의 둘째 부인을 존중한다는 표현일 뿐 아니라 계모의 아들들을 동생으로 분류하는 한 방법이 되었다. 그러므로 계모를 인정한다는 것은 원칙적으로 최소한 첫째 적실이 낳은 아들이 가계 계승을 확보하는 통제 수단이었다. 이 점에서 계모 사후에 수여된 의례적 존중심은 계모가 사는 동안에는 부정적으로 작용했을 수도 있다. 다시 말해 계모가 의자의 모친으로 존중받는다면, 계모 자신에게서 태어난 아들들은 출계집단에서 적장자 지위를 얻을 기회는 거의 없었다. 그러므로 계모는 조금 수준이 낮은 적실로 간주해야 했다.

『경국대전』에는 분명히 부계친 계승을 규정하여 딸과 며느리 등 여성은 봉사는 물론 입후에서도 배제했다. 그렇지만 조선 왕조 첫 200년 동안 여성은 의례 문제에서 중요한 발언을 보장받는 여러 요소로 유리한 처지에 있었다. 여성은 관행에 따라 가사에서 강력한 위치를 차지하였는데, 이 같은 고려시대 잔존물은 법으로도 쉽게 바뀌지 않았다. 더구나 종법에 따른 구조와 의식은 아직 잘 발달하지 못했으며, 혼인은 압도적으로 처가 거주제[婦妻制]가 지속되었다. 더 나아가 딸은 여전히 상속권을 갖고 있었다. 비록 법에서는 인정받지 못했지만, 여성은 법을 위반하면서까지 의례 문제에서 독자적으로 행동할 거대한 수단을 계속 갖고 있었다.

조선 초기 관습에 따르면 아들 없이 죽은 장자의 부인은 남편이 봉사자였는지와 관계없이 총부家婦(맏며느리)라고 불렸다. 총부는 두 가지 특권을 행사할 수 있었다. 하나는 봉사 자격을 물려받는 것이고, 또 하나는 죽은 남편의 후사를 지명하는 권리이다. 봉사를 계승하는 것은 과부에게 경제적으로 도움이 되었다. 총부는 보통 사당이 붙어 있는 대종가大宗家로 옮겨가서 봉사조로 특별히 따로 떼어놓은 토지와 노비를 소유하였다. (75) 원래의 총부가 죽으면 총부 지위는 둘째아들의 부인에게 옮겨갈 수 있었다.

봉사에서 총부는 남편 형제의 아들보다도 우위에 있었다. 총부는 조선 초기에 며느리가 통상 딸로 간주된 덕분에 이 같은 예외적 지위를 얻었다. 이 시기에는 딸과 아들이 윤회 봉사를 하였다. 아들이 없을 경우 가족의 자산이 다른 친척 손에 넘어가지 않도록 동종 근속을 후사로 삼지 않고 종종 딸을 핑계거리로 내세웠다. 어떤 총부는 같은 임무를 수행함으로써 시부모 재산이 흩어지는 것을 막았다.

이러한 총부의 특권은 출계집단 구성원 사이에서 심각한 긴장관계를 가져왔다. 총부는 조상에게 정기적으로 제사 의무를 수행하기보다는 조상 재산으로 때로는 낭비를 일삼거나 심지어 농지를 파는 등 가산을 탕진하기도 했다. 이렇듯 독립된 존재였던 총부는 특히 아들이 없고 딸만 있을 때 죽은 남편의 후사를 선뜻 지명하기를 내켜하지 않았다. 총부가 후사를 지명하지 않고 우물쭈물하는 것은 아직 생존하여 조상의 의례를 안정적으로 존속하는 데 관심이 있는 시어머니와 갈등을 일으켰다. 일반적으로 총부는 남편의 서자를 후사로 삼는 것을 싫어하였으며, 종종 남편의 유언을 무시한 것 같다.

더욱 심각한 문제는 총부가 봉사 자격에서 형제 계승을 가로막은 사실에 있다. 그 때문에 총부와 시동생 사이에 갈등이 일어나는 것은 불가피하였다. 많은 자료가 그 같은 갈등이 뻗어가고 있음을 지적하였다. 총부가 시동생에게 가문의 봉사를 맡길 경우, 시동생이 종종 맏형의 봉사를 거부하면서 총부에게 죽은 남편의 후사를 선정하라고 강요하였다. 더구나 동생들은 종종 홀로 된 형수에게 불친절하였으며 형수를 안정된 지위에서 축출하려고 하였다. 이 모든 것이 총부가 관습적 권리를 주장하면서 총부 지위에 그토록 집요하게 매달리는 이유였다.

총부의 지위는 상대적으로 안전했던 것 같은데, 이는 중종 초까지 의심할 여지없이 분명했다. 중종은 유교에 기초를 둔 정부의 구조적 요소로서 종 조직 개념에 관심을 가졌으며, 공식적 논의도 당연히 승중 문제에 초점을 맞췄다. 조선 왕조의 봉사 규정이 의례의 원전과 맞지 않는다는 사실을 인정하였는데도 봉사 규정과 입후 규정이 부조화하는 데서 비롯한 어려움은 심각한 관심사가 되었다. 논의가 진전되면서 총부의 역할 또한 세밀히 검토해야 할 대상이 되었다. 이상적으로 볼 때 봉사자가 된 동생의 장자가 죽은 삼촌의 후사로 지명된다면, 계승의 어려움을 줄일 수 있다. 이것은 적장자 계통을 되도록 단단하게 보존하면서 뚜렷하게 규정된 친족 집단 내에 조상의 자산을 집중할 수 있을 것이다. 이러한 이상적 해결책은 총부가 죽은 남편의 후사로 먼 친척의 아들을 선택함으로써 위태롭게 되었다. 이렇게 함으로써 총부는 종을 두 파로 쪼개고 조상의 자산도 분할하였다.

총부의 의례 경쟁 문제도 제기되었다. 총부 이름이 축문祝文에 올라

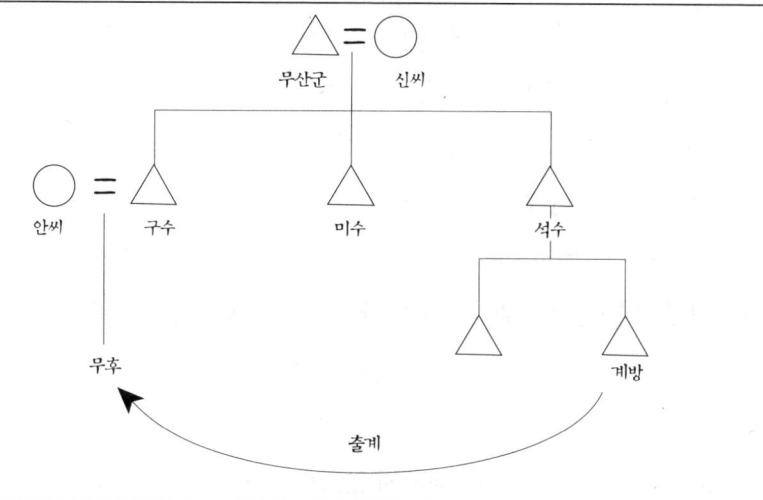

〈그림 8〉 무산군의 사안

갈 수 없다는 것은 총부가 제사를 모시는 데 적합한 자리에 있지 않음을 가리킨다. 또 시어머니가 살아 있는 경우 총부라는 맏며느리 권리에 의문이 제기되기도 했다.

이 모든 문제는 중종 때 성종의 열두 번째 아들인 무산군茂山君의 계승을 둘러싼 분쟁으로 주목받게 되었다(〈그림 8〉 참조). 무산군의 장자 이구수李龜壽는 후손 없이 죽었다. 이에 무산군의 차자 이미수李眉壽가 모친인 신씨의 협조 아래 총부인 이구수의 처 안씨의 전통적 권리를 무시한 채 형의 세습적 호칭과 관직을 빼앗아 봉사를 수행하였다. 그러자 안씨는 이구수의 막내동생 이석수李錫壽의 차자인 이계방을 이구수의 후사로 선정하였다. 이 사안은 계승 절차에서 어떤 일정한 원칙이 있어야 한다는 요구를 강화했다.

중종은 이미수의 경솔한 행위를 묵인했지만 봉사자를 변칙적으로 선출한 사례를 검토하여 사헌부의 권유에 따라 총부의 전통적 특권을 인정해주었다. 입후자 범위를 '동종의 근속'[同宗近屬]으로 좁히려고 노력한 덕분에[76] 중종은 입후와 봉사 규정의 괴리를 없앴을 뿐만 아니라 총부 선택권에도 한계를 설정하였다.

중종과 인종에 이어 명종(재위기간 1545~1567)이 왕위에 오르면서 대간들이 총부인 안씨의 권리를 침해한 이미수를 공박하면서 무산군의 사안이 다시 부상하였다. 또 대간들은 이미수가 불법으로 얻은 지위도 내놓으라고 요구하였다. 그렇지만 선왕이 인가한 것을 취소하기는 어려우므로 그 사안은 더 논의되지 않았다. 그런데도 국왕과 대신들에게는 총부의 특권이 종법을 성공적으로 이행하는 것을 방해하는 관행으로 받아들여졌다. 그리하여 의정부 관리들은 대간들이 지속적으로 항의했는데도 마침내 총부의 특권을 빼앗아야 한다고 국왕을 설득하였다.[77] 『예기』의 애매한 구절을 역사적 근거로 인용하여[78] 총부에게 허용된 특권이 남용되고 있다고 언급하였다. 마침내 국왕은 1554년 10월에 총부 개념을 명확히 하는 동시에 총부의 봉사권을 제한하라는 지시를 내렸다. 그 결과 시부모가 살아 있는 동안에는 죽은 장자의 부인은 조상 봉사를 할 수 없다고 규정하였다. 다만 남편이 죽기 전에 실제로 봉사자가 되었다면 총부는 남은 생애 동안 봉사를 계속할 권리가 있다고 인정하였다.

칙령에서는 총부의 한계를 명확하게 하고 의례상 임무를 제한했지만 남편의 입후자를 선택하는 데 결정적 발언권을 행사하는 권한은 그대로 두었다. 그렇지만 입후 자격에 관한 관리들의 뒤이은 해석은 총부의 '올바른' 선택을 강요하였다. 이렇듯 의례에 대한 총부의 권위가 대폭 줄어들면서 경제적 문제도 뒤따랐다. 총부는 토지와 노비에 대한 권리를 더는 주장할 수 없었으며, 조상의 재산은 고인이 된 남편의 형제에게 분배되었다. 사당이 붙어 있는 집은 조상 봉사를 맡은 사람이 물려받게 했지만 팔 수는 없게 했다. 총부의 의례와 경제상 특권에 대한 반대 움직임이 한꺼번에 기세를 얻은 16세기 중반은 조상 중심의 계적系的 의식lineal consciousness이 점차 부계친이라는 한정된 집단에 초점을 모으던 때였다. 또 이 시기는 토지 부족이 심화되면서 일부 토지를 손댈 수 없는 조상의 자산으로 바꾸어놓은 때이기도 했다(이에 대해서는 5장에서 더 논의한다). 1746년에 출간된 『속대전』은 단순히 총부의 소멸을 확정했다.[79]

외손의 제사 계승 관행

적장자 계열direct agnatic descent line의 영속성은 적자가 없으면 바로 위기에 봉착하게 된다. 적장자 계열이 끊이지 않고 조상 제사를 지속하기 위해 필요한 조처는 필연적으로 가장 가까운 친족원 사이에 불화나 심지어 공공연한 갈등을 불러일으켰다. 이에 대한 『경국대전』의 법적 지침은 명확하지 않았다. 그래서 종종 동요된 인간 감정을 법적으로나 의례적으로 적절하게 해결하는 데 실패하였다.

적손lineal agnatic descent을 방계 남손이 따돌린다면 적손에게 아들이 없고 딸만 있을 때 제사를 치르는 의무가 비부계 자손, 다시 말해 외손에게 넘어갈 경우, 적손은 분명히 소멸하는 상황에 직면하였다. 그럼에도 왕조 전반기에 때로는 방계 친손을 선호하기는 했지만 외손의 계승이 널리 행해졌다. 그것이 전통적 가족 가치에 조응하기 때문이었다. 아들이 없고 딸만 있는 집에서는 종종 사위와 함께 살았는데, 이때 사위는 처가의 대소사를 넓은 범위에 걸쳐 책임지는 경향이 있었다. 그리하여 외조부나 외조모와 함께 자란 자녀들이 그들에게 특별히 친화력을 강하게 갖는 것은 극히 당연했다. 그런 인간적 유대가 참작되어 1397년 반포된 『경제육전』에는 아들이 없는 외조부모에 대한 제사를 '속의'俗儀에 따라 외손에게 맡겨야 한다고 분명하게 명기하였다.[80]

초기 입법가들이 '속의'라고 명명했다는 것은 외손의 제사 계승 관행이 자신들이 적손을 강조하는 것과는 어긋난다는 사실을 잘 알고 있었음을 보여준다. 1425년에 공신들의 외손은 공신전을 상속받을 권리를 잃었다. 이렇듯 아무런 경제적 뒷받침을 받지 못하게 되면서 많은 사람이 외조부모 제사를 지낼 수 없게 된 사실에 실망했음이 분명하다.[81]

공신들은 특별히 친손 개념을 의식하였지만 그럼에도 외손은 계속해서 봉사 자격을 가진 후보였다. 1442년(세종 24)에 공신 김덕생이 아들을 낳지 못하고 죽자 세종은 후사를 찾으려 했는데, 여러 대신이 세속을 따라 김덕생의 딸이 낳은 아들을 선정하도록 하였다. 만약 그 외손에게 토지를 조금 준다면 김덕생의 봉사는 확실하게 이어질 것이라고 했다. 대신들은 이것이 예외적 조치이지만 김덕생의 봉사는 그의 조카보다는 비록 부계는 아니지만 진짜 손자인 외손이 오히려 더 잘 하리라고 생각하였다. 이 청원에도 국왕은 봉사자를 김덕생 동생의 차자로 결정하였다. 그에게는 노비 6명과 토지 60결(약 120에이커)을 주어 봉사 책임을 다하도록 하였다.[82]

외손봉사는 금지되지 않았다. 『경국대전』 편찬자들은 이것을 무시하였으나 이 같은 관행은 16세기에도 그대로 유지되었다. 그렇지만 관리들이 종법을 계속 내세우면서 외손봉사 관행이 부적절하다는 사실을 크게 드러냈다. 이황李滉(1501~1570)은 하늘이 천지를 창조할 때 하나의 뿌리만 주었다고 주장하였다. 그러므로 하나의 사당에 서로 다른 두 출계집단이 제사지내는 것은 자연 법칙에도 어긋나며, 그같이 부정확한 제물은 조상의 영도 좋아하지 않으리라고 하였다. 그렇지만 이황도 후계자가 없는 어머니 쪽 조상들에 대한 딜레마를 인식하였다. 그는 임시방편으로 특별히 방을 따로 마련하여 외조의 위패를 봉안하자고 제안하였다.⁽⁸³⁾ 그 뒤 예학자들은 이황의 이러한 관점을 되풀이하였는데, 이 같은 관점은 주자의 권위에서 나온 것이었다. 그렇지만 전통적 관행이 존속하는 한국의 현실을 무시할 수는 없었다. 외손들은 예서의 '변례'變禮라는 항목에서 자신들의 변칙 행위를 정당화하는 데 필요한 세목을 찾아냈다.⁽⁸⁴⁾

예학자들이 비부계친 봉사를 분명히 거부한 사실은 실록에 반영되었다. 명종은 자신의 이복형제(서형庶兄인 덕양군德陽君 이기李岐)가 자신의 이복형(서형)의 장남(풍산정豊山正 이종린李宗麟)이 외조를 위하여 봉사하도록 허락해달라고 한 청원에 동의하였다. 이에 대하여 실록을 편찬한 사가[史臣]들은 한 집안의 사사로운 정 때문에 예법을 훼손했다고 개탄하였다.⁽⁸⁵⁾ 선조대의 정부 정책은 외손봉사와 관련된 사안을 다루는 데 어느 정도 완고해지는 것같이 생각된다.⁽⁸⁶⁾

그렇지만 뿌리 깊은 관습은 사라지기 어려웠다. 박승종朴承宗(1562~1623)은 17세기 초에 고위관리였는데, 소문에는 그가 동생에게 집을 사주고 토지와 노비를 주어 후사가 없는 외조 제사를 지내게 했다고 한다. 더구나 공식 기록은 외손봉사가 18세기에도 이루어졌음을 보여준다.⁽⁸⁷⁾

족보, 출계집단의 도해

부계 제사 집단의 형성을 이끄는 이데올로기적 구성물은 '종법'이다. 이 계보적 규정은 『예기』의 다음 내용을 활성화했다. "인간으로서의 도리는 자기 친족을 인식하는 것으로 구성된다. 친족을 인식하면 조상이 명예로워지고, 조상이 명예로워지면 자손이 존경받는다. 자손이 존경받으면 친척은 화목해진다."[88] 그 같은 계보에 대한 금언을 어떻게 실천에 옮기며, 부계 출계집단 형성 과정에서 그 자체가 어떻게 설득력 있는 요소가 되는지를 그림으로 예시한 것이 바로 족보이다. 이들 기록 문서의 세부 기술 방식은 부계 출계집단이 조선 왕조가 건국된 이후 200년 이상에 걸쳐 어떻게 진전되었는지 흥미롭게 보여준다.

15세기에 편찬된 초기 족보는 유학자들의 통찰력에서 시작되었지만 내용은 당시 양변적 사회 현실을 따랐음을 분명하게 알려준다. 첫 번째 문제는 최초의 조상(시조 또는 비조鼻祖)을 선택하는 일이다. 족보에서는 대부분 신라 말에서 고려 초에 널리 알려질 정도로 두드러진 인물을 계보의 출발점으로 기록하였다. 대략 13세기 중기까지는 일반적으로 세대당 대표 한 사람을 통해서, 다시 말해 두드러진 아들이나 조카를 통해서만 선조를 추적할 수 있었다. 기록이 없을 때는 간헐적으로 세대를 계산하기는 했지만 기록하지는 않았다.[89] 그런 공백을 족보 편찬자들은 '종법도 족보도 알지 못했기 때문'이라고 보았고 "여러 세대가 지나면 4대 이상 선조의 이름은 잊어버리게 되고, 그들의 자손도 사이가 멀어져 길에서 낯선 사람을 만나는 것같이 서로 쳐다보게 된다"고 하였다.[90] 15세기 초의 족보는 고려 후기 이후 약 150년을 포괄적으로 기록하였다. 그것은 이용 가능한 호적이 종종 6대에 걸쳐 있어 13세기 중반까지 소급되며 그 밖에 다른 가문의 기록이 있기 때문이다. 끝으로 신뢰성 있는 계보 지식을 바탕으로 기재할 때는, 고려 말에서 조선 초의 인물을 '중조'中祖로 명기하여 족보를 아무렇게나 복원한 것이 아니라 기록을 기초로 하였으므로 신뢰성이 있다는 것을 나타내려 하였다.

조선 전기 족보 편찬자들이 보통 자신들과 직접 연결되는 단 하나의 출계 계통(라인)만 기록했다는 것은 초기 족보 편찬의 특징으로 남아 있다.[91] 이것은 종법에 따라 편찬자 개인의 출계 계통을 고정하려는 초기 유학자들의 선입견에서 나온 것만은 아닐 것 같다. 이 형태 역시 당대 사회 관행을 반영했을 것이다. 그 같은 사회 관행은 여전히 친손과 외손을 모두 포함하는 것이어서 가계 기록을 극히 복잡하게 만들었다. 그래서 초기 족보는[92] 왕조 초에 널리 퍼져 있던 '비유교적' 사회 상황을 생생하게 반영하였다. 1476년에 편찬된 『안동권씨성화보安東權氏成化譜』의 뚜렷한 한 가지 특징은 딸을 그들 각각의 자손과 함께 (그들 남편 이름 아래) 빠짐없이 기록한 것이다. 외손(비부계)은 약 9,000명이 올라 있어 380명에 불과한 친손(부계)에 비해 훨씬 더 많다.[93] 더욱이 아이들은 출생 순으로 기록했고, 후사가 없더라도[無後] 양자를 들이지 않았으며, 서자 표시도 없다. 여성의 재혼 사실은 상세

히 서술한 반면, 남성의 결혼 정보는 단지 그들 부인의 기록만으로 알 수 있다.(94)

당시 사람들이 구현하고자 한 유교에 기초를 둔 출계집단에 대해 좀더 깊이 이해하려면 16세기 전반에 쓰인 족보의 서문을 보아야 할 것 같다. 족보에 자손을 확정하는 원리를 나무에 견주어 가지를 많이 쳤지만 뿌리는 하나라는 통념을 바탕으로 다음과 같이 상술했다. "만약 (출계집단 성원들의) 이름을 기록하지 않으면 그들이 누구인지 알 방법이 없고, 멀고 가까우며 친밀하고 소원한 (친척의) 차이를 알 수 없으며, 그들이 누구에게서 비롯되었는지도 모른다."(95) 그리하여 족보의 기록은 직계와 방계, 적손과 서손을 구분하는 관점에 따라 친족을 구조화하는 데 도움을 준다. 따라서 "상을 당했을 때 각자에 대하여 3개월간 상복을 입는 친척[總麻](다시 말해서 팔촌)은 서로 이방인처럼 대해서는 안 된다"라고 보았다.(96)

이렇듯 친손의 위치와 임무에 관한 인식이 높아지면서 17세기 족보 편찬자들은 외손들을 기록하는 관례가 적합한지에 대해 다시 생각하게 되었다. 족보 기록에서 딸의 후손을 제외해야 하는 딜레마를 때로는 강하게 표현하였다. 왜 외손을 친손과 같은 형태로 기재해야 하는가 하는 물음에 대하여 유명한 정치인 김육金堉(1580~1658)은 다음과 같이 대답했다.

사람이 태어날 때에는 혼자 몸이지만 점차 번성하여 (그 자손들은) 수천에 달하게 되었다. 그들의 근본은 모두 같은 뿌리에서 나왔다. 따라서 아들의 아들은 동성의 손자가 되고 성이 같은 딸의 아들은 성이 다르더라도 이들 역시 손자이다. 딸의 아들에 대한 사랑이 아들의 아들에 대한 사랑과 어찌 다르겠는가? 비록 안과 밖(즉 친손과 외손)이라는 차이가 있을지라도, 자연적인 애정은 양쪽에 똑같다. 선조의 눈으로 본다면, 지금은 성이 다른 친족이라도 모두 선조가 똑같이 사랑하는 사람들일 것이다. 그런데 어떻게 내가 나의 자손만 구별하여 사랑할 수 있으며 선조가 같이 사랑하는 이들을 사랑하지 않을 수 있겠는가?⁽⁹⁷⁾

동시대 족보 서문이나 편찬 원칙을 일반적인 경향으로 판단할 경우, 김육의 간절함은 이곳저곳에서 희미하게나마 반영되어 있지만 외손에 대한 기록을 줄이려는 경향과는 맞지 않았다. 당대 족보 편찬을 감수한 저명한 가문의 사대부들은 부계를 강조할 필요가 있었으며 더불어 외손에 대한 정보는 줄이는 것이 정당하다고 생각하였다. 예외적으로 그 같은 한계를 뛰어넘어 외손도 기재해야 한다고 주장한 저명한 관리도 있었지만, 친손은 세대 제한 없이 기재해야 하는 반면 외손은 3대로 그쳐야 한다고 주장했다. 저명한 사대부인 박세당朴世堂(1629~1703)은 "일반적인 잘못을 고치고 성이 다른 후손을 분리하기 위해서" 외손을 더는 친계 가족 사항에 포함해서는 안 된다고 주장했다. 족보에서 외손을 분리해야 한다는 것을 강조하기 위해 1683년 『반남박씨족보潘南朴氏族譜』에서는 딸의 자손을 남편 이름 왼편에 수평으로 기록했다.⁽⁹⁸⁾ 당시 다른 족보들도 외손들은 작은 글자로 기재하였으며, 외손이라는 사실을 알리기 위해 성을 덧붙이고 2세대나 3세대 이후는 올리지 않았다. 이제 아들과 딸은 출생 순서가 아닌 성별性別 순서로 기재하게 되었다.

모든 후손을 무한정 기재해야 하는 어려움 때문에도 그렇지만 외손들에 대한 정보를 줄임으로써 부계 출계집단을 강화하려는 이 같은 노력은 서자들에게도 영향을 미쳤다. 이전까지는 서자를 출생 순서에 따라 적손과 함께 기록했으나 이제는 서자 집단을 분리하여 그들 세대의 맨 끝에 덧붙였을 뿐이다.[99] 이것은 '적파와 서파를 분명히 구별하려는 의도'였다. 이렇듯 가시적으로 분명하게 구별하려는 의도 외에 각 개인에 대한 정보를 기재할 때도 양자 사이에 미세한 차이를 두었다.[100] 서출은 기재되더라도 종종 한 세대에 그쳤다. 일부 족보는 이들을 완전히 생략하기도 했다. 적손이 없어 대가 끊길지 모르는 경우에는 '입양'된 후사[繼, 繼子]가 대를 이었다.[101]

이렇듯 족보 편찬에 대한 간략한 개관만으로도 족보가 출계집단이 한 뿌리에서 나왔다는 의식(역사주의는 조상 숭배에 내재된 하나의 측면이다)의 표현인 동시에 출계집단의 발전과 내적 조직화를 이끄는 한 수단이었음을 분명하게 일러준다. 그 기능은 송대 신유학자들이 지적한 바 있으며 한국의 족보 편찬자들도 잘 인식했다. 이에 덧붙여 족보에서 자주 언급되는 측면은 효도와 우애, 예절과 겸손 같은 도덕인데, 이들 기록은 이것을 불러일으키는 데 도움이 되었다. 그리고 이들 계보 기록은 정체성과 연대감을 고양하는 한 징표로서 바깥 세계와 출계집단을 조심스럽게 경계지었다.

봉사자의 경제적 지위

법적으로 인정된 부계 출계집단의 봉사자[宗子]는 의심할 나위 없이 특별한 경제적 혜택을 누렸다. 사당이 붙어 있는 집[宗家]을 받을 자격이 있었으며, 조상 봉사를 재정적으로 뒷받침하도록 따로 정한 임야와 노비(봉사조奉祀條의 전택田宅과 노비奴婢)를 받았다. 종손이 사당을 세우고 정기적으로 봉사할 비용이 없으면 잘사는 가족, 특히 형제들이 경제적으로 도와주었다. 비록 증거는 빈약하지만 조선 초기에는 종법이나 봉사 관념이 충분히 발달한 것 같지 않으며, 제사 비용을 충당하도록 따로 토지를 마련하는 일도 드물었던 것 같다. 대대로 전해지는 조상의 땅은 종종 사유지와 비슷하였다. 그것은 후사가 될 잠재성 있는 후손들끼리 토지와 노비를 차지하는 문제를 두고 논란이 있다는 보고에서 짐작할 수 있다. 아버지는 종종 특별히 아끼는 아들에게 조상의 자산을 물려줌으로써 각별한 사랑을 보여주었으며, 때로는 가족 성원이 봉사자에게 상속분을 온전하게 내놓으려 하지 않았다. 형제자매가 돌아가며 지내는 조상 봉사[輪行]는 누구나 특혜를 누릴 수 있다는 희망을 고려한 것으로 생각되며, 때로는 봉사에 대한 경제적 부담을 똑같이 나누려는 필요성도 헤아린 것 같다.[102]

조선 초기에는 '제전'祭田이라는 용어가 드문드문 나오고 조상 의례를 뒷받침할 목적으로 얼마만한 토지를 따로 마련하였는지도 분명하지 않다. 죽은 자의 땅 가운데 20분의 1을 그를 위한 봉사의 몫으로 떼어놓도록 한 『주자가례』의 규정을 그대로 따른 것 같지는 않다. 공신에 대해서는 영구히 봉사할 수 있도록 최소한의 제전을 법으로 보장하였다. 심지어 공신전을 상속받은 승중자가 천첩賤妾의 자손이라 하더라도 국가에서 공신전을 환수[屬公]하기 전에 최소한 30결의 제전은 보장하였다.(103)

『경국대전』은 봉사자의 경제적 지위를 처음으로 온전하게 기술하였다. 그는 조상의 신주를 모신 사당을 포함하여 출생한 가옥을 물려받았다. 만약 그가 승중자라면 형제자매에 비하여 부모가 소유했던 노비의 5분의 1을 더 받을 자격이 있었다. 이들은 '승중노비'承重奴婢라고 불렸다. 토지도 마찬가지였다. 그렇지만 그 몫은 출계집단의 경제력에 따라 크게 달라졌다. 서자가 승중자일 경우 출신이 평민이든 노비든 관계없이 적모嫡母의 노비를 특별한 몫으로 받도록 되어 있었다.(104) 이렇듯 법은 조상 봉사에 따른 경제적 부담을 인정하여 승중자에게 의무에 상응하는 보상을 하도록 한 것이다. 조선 초기에는 상속자가 그 같은 특별분의 토지나 노비를 어느 정도 처분할 수 있었지만 그것들은 마침내 출계집단의 공동 자산이 되었다. 16세기 후반부터 이 같은 봉사 재산은 통상 상속 문서의 봉사조奉祀條에 따로 언급하였다. 이것을 언급한 의도는 봉사자의 경제적 지위를 강화함으로써 제사의 윤행 봉공을 종식하기 위해서였다. 하지만 그 같은 재산을 봉사자가 마음대로 파는 것은 금지되었으며, 다음 세대에서 고스란히 물려주어야 했다.(105)

조상 의례의 제도적 측면

유교식 제사에서 의례 행위의 중심지는 사당이다. 신유학자들이 한국 사회를 유교화하려 한 고려 후기 이후 사당 건립은 의례를 신봉하는 척도였다. 이상적이라면 그 같은 사당은 안채에서 멀리 떨어진 곳에 세우도록 되어 있었으나 사대부들은 대부분 규정을 글자 그대로 따르기가 어렵다는 사실을 분명히 깨달았다. 좁은 곳에서 답답하게 살거나 경제적으로 빈곤한 사대부들이 사당을 법대로 짓는 것은 무리였다. 그래서 일부 사당은 규모가 제실祭室만 했다. 때로는 집 안에 깨끗한 방[淨室]을 하나 비워 제사를 지내는 사당으로 썼는데, 이것은 의례를 극도로 신봉하는 이들을 기쁘게 하지 못한 타협안이었다.[106]

그렇지만 신주神主가 없는 사당은 세종이 지적하였듯이 '빈 그릇'에 불과했다. 의례상정소에서 왕명에 따라 나무로 된 신주가 고대에 쓰인 것으로 생각되는 영정影幀보다 낫다고 확정되었을 때 신주의 불명확함은 해결되었다. 기일忌日 제사의 정확한 기준은 『주자가례』에 나와 있다.[107] 고대 중국에서는 부계 조상에 관한 위계구조, 다시 말해서 소목昭穆의 위차位次가 세대를 분명하게 확정하는 수단으로 언급되었지만 한국에서 사당에 조상의 신주를 배치할 때는 사용되지 않았다(이는 4장에서 논의하겠다). 그 대신 『주자가례』에 제시된 배열을 따랐다. 그리하여 가장 먼 조상을 표시하는 신주는 서쪽에 놓았는데 이것은 존경의 표시였다. 이어 다른 신주들은 순서에 따라 서쪽에서 동쪽으로 배열하였다. 때로는 부적절하게 지패紙牌를 사용하기도 하였다.[108] 공신들의 신주는 영구히 봉안되었다[不遷位]. 5대가 지나더라도 신주는 치우지 않고 특별히 봉안한 방으로 옮겨 제사를 지냈다.[109] 그리하여 한국에서 사당은 직계 선조의 신주만 배향하였다. 그것은 단순하지만 위엄 있는 외양을 하고 있었다.

『주자가례』에 따라 사대부들은 각 절기 중 중간 달의 첫날에 시제를 지내고 조상의 기일에는 기제를 지내는 것이 이상적이었다. 15세기에 나타난 대간들의 불만으로 미루어볼 때 관리들이 이러한 기준을 따르는 데는 시간이 걸린 것 같다. 그럼에도 마침내 이 내용은 법전에 올랐다. 관리들에게는 봉사 의무를 수행하도록 이틀간 휴가를 주었다.[110]

그렇지만 이후에도 사계절 봉사가 꼼꼼하게 지켜졌는지는 의심스럽다. 오히려 한국인은 속절俗節, 특히 단오(음력 5월 5일)와 추석(음력 8월 15일) 같은 농업 주기에 맞추어 봉사했다. 어떤 유명한 학자는 이 같은 명절에 봉사를 치른다면 어느 누가 조상을 기억하지 못하고 제물을 올리지 않겠느냐고 언급한 바 있다. 올바름을 손상하지 않는 지역 풍속이라면 이언적이나 이황 같은 저명한 예학자들조차 이것을 인정하였다.[111]

봉사의 주제자主祭者는 적장자였으며 적장자가 없으면 적당한 대행자가 했다. 적장자는 가계를 잇는 대표자로서 사회적으로 인정을 받았으므로 신주에 그 성명이 올랐다. 봉사하는 조상에 따라 그와 가장 가까운 부계 친족 집단이 돌아가며 주제자를 도왔다. 조선 초기에는 여성, 특히 적장자 부인[宗婦]이 봉사하는 데 큰 역할을 했으며, 때로는 주제자 역할까지도 했지만 신주에 이름을 쓸 수는 없었다.(112)

조선 초기에는 장자 혼자 봉사하는 경우는 드물었다. 자손들 심지어 사위까지 돌아가며 봉사했다. 경제적 이유에서 그와 같은 책임 분할이 고려되었을 것으로 생각된다. 그렇지만 그것은 모든 아들에게 동등한 의무를 부여하는 고려의 강력한 양변적 관행에 기인한다고도 생각된다. 형제자매가 많을 경우 몇 년에 한 번씩 봉사 책임을 맡았다. 또는 봉사자가 시제와 묘제를 책임지고 동생들은 기제를 나누어 맡기도 했다. 물론 이 경우 분담 업무는 크게 변했다. 원칙적으로 예학자들은 제사를 돌아가며 지내는 것을 반대하지 않았다. 그렇지만 그들은 그 같은 윤행이 묘제 때만 잘 이루어진다고 지적했다. 왜냐하면 묘제는 묘 앞에서 행하므로 흩어져 살던 후손들이 이때는 모두 참석하는 것으로 보였기 때문이다. 그리고 기제를 윤행할 때는 제사를 책임진 아들만 참석하고, 아들이 어릴 경우에는 종종 사당에서 봉사하려 하지 않는다고 개탄했다. 그렇지만 봉사자가 모든 제사를 책임져야 한다면 그의 형제들은 무관심해지고 더불어 제사 문제는 잊게 될 것이라고 했다.(113)

조선 초기 이후 관료 엘리트들은 몇 대를 조상 봉사해야 하는지 법으로 규정하였으며 이것은 후일 『경국대전』의 「봉사조」에 성문화되었다. 그리하여 문무관 6품 이상은 3대를, 7품 이하는 2대를, 서인은(114) 1대만 지내도록 하였다. 그렇지만 아직은 종법 관념이 제사지내는 이들의 마음에 분명하지 않는 한 조상들은 때로는 불확실한 실재로서 단순히 '경외 대상'[奉祀]으로 언급되었다. 최상위 조상을 지정하는 것도 문제가 될 수 있었다. 세종대 이후 공신이 출계집단의 창시자가 되어야 한다는 제안이 있었지만, 많은 공신의 선조를 고려 왕조에서 추적할 수 있었으므로 비현실적인 제안으로 간주되었다.[115]

의례 문제에 점차 친숙해지면서 특히 16세기부터는 조상 문제와 관련된 적절한 행동에 대한 관심을 고양했다. 그리하여 법규범과 의례 규정이 서로 일치하지 않는다는 인식도 생겨났다. 가장 두드러진 차이는 법전에서 규정한 3대 봉사가 예서에서 규정한 4대 봉사와 맞지 않는다는 것이었다. 이언적, 이황 등은 이 같은 법규범과 의례규범 사이에 괴리가 생기는 것은 정당하다고 하면서 다음과 같이 설명하였다. 즉 상복은 고조부터 입도록 규정되어 있으므로 고조도 제사 지내야 한다는 정이의 견해를 주자가 자신의 『가례』에 채용했다는 것이다.

한국인은 고조도 제사지내야 한다는 정이의 관심을 의례의 필요성보다는 의례는 정확해야 한다는 것에서 비롯했다고 간주한 것 같다. 특별히 의례를 능숙하게 처리하는 데 사로잡힌 일부 학자들은 한국인이 고조도 봉사한다는 사실을 알고는 있었지만 왕조의 법을 바꾸어서는 안 된다고 생각했다. 그렇지만 이언적은 봄가을의 정기 휴가 중 고조에 대한 묘제를 지냄으로써 '뿌리를 잊지 말아야' 한다고 제안했다. 반면, 이이는 3대에 국한된 봉사 규정을 엄격하게 지켰는데, 이 같은 행동은 동시대인에게 다소 혼란을 불러일으켰다.[116] 그러므로 당시만 해도 한국에는 봉사 규정이 통일되어 있지 않았던 것으로 보인다. 그렇지만 조선 후기에는 고조를 포함한 4대 봉사가 관행이 되었다.[117]

예학과 예서

적절한 의례 지식과 행동은 자주 강조되었다. 그것은 가르침의 결과였는데, 이 같은 가르침의 기초가 된 것이 의례에 대한 문헌이었다. 고려 후기 이후 『주자가례』는 가장 권위 있는 예서로 존중되었다. 『주자가례』는 짧고 간결한 텍스트였으므로 고려의 유학자들은 주석을 달아 보충할 필요가 있다고 보았다.(118) 조선 초기에 유명한 신유학자 권근은 『상절가례詳節家禮』(가례에 대한 상세한 주석서로 현존하지 않는다)를 지었다. 한 세기 이상 지난 후 이언적은 『봉선잡의奉先雜儀』(조상 봉사에 관한 다양한 의식)에서 조상에 대한 의례를 기술했다. 이이 같은 사람도 의례에 무지한 봉사자들을 돕고자 의례 절차를 간단하게 작성하였다.(119) 사대부를 위한 최소한의 의례 지침이 『국조오례의』에 포함되었는데, 이것은 1474년에 『경국대전』의 의례를 보완한 것이다.(120)

16세기 후반에 부계친 의식이 심화됨에 따라 의례를 바르게 집행하는 데 필요한 지식은 교육받은 엘리트의 핵심 관심사였다. 어느 주석자의 지적처럼 어떤 개인이나 국가도 예로부터 자신을 분리할 수 없었기 때문에 의례 문제를 가르치고 배우는 것은 최고 과제였다. 수도 서울에서는 의례에 필요한 전문지식을 얻기가 지방보다 쉬웠다. 수도의 동향을 예조에서 늘 주의 깊게 지켜보고 있었기 때문이다. 의례 문제로 어려움을 겪는 것은 조상에 대한 정성이 모자라기 때문이 아니라 의례 지침서를 정확하게 해석하여 집행해야 하기 때문이라고 믿었다.[121] 이 같은 어려움은 예서들이 늘어나면서 궁극적으로 줄어들었다.

17세기는 종종 '예학의 시대'로 불리는데, 그것은 전례 없이 '예학'이 풍미하면서 의례 지침서가 급증하였기 때문이다.[122] 그 모든 것 가운데 『주자가례』는 여전히 기본 지침서였다. 『주자가례』에 대한 연구에서 명나라의 탁월한 주자학자 구준丘濬(1420~1495)의 『가례의절家禮儀節』은 새로운 자극을 주었다. 이 책은 1518년 김안국金安國(1478~1543)이 조선에 들여왔는데, 그는 이 저작을 『주자가례』의 날개'[羽翼]라고 칭찬하면서 조선에서 출간하라고 추천했다. 하지만 1626년에 전라도 감사 민성휘閔聖徽(1582~1648)가 감수하여 출간하기 전까지는 출간되지 않은 것이 분명하다.[123] 17세기 전기에도 『주자가례』에 주석을 달고 보완한 수많은 예서가 출간되었다. 그중 가장 권위 있는 것이 김장생金長生(1548~1631)의 『가례집람家禮輯覽』인데,[124] 그는 당시 예학자 중 '종장'宗長으로 인정받았다. 한국인의 주석과 견해는 물론 중국의 그것까지 모아놓은 『가례집람』에서 김장생은 작은 분량의 『주자가례』에 담긴 내용의 올바른 의미를 아주 자세하게 찾아냈다.[125]

가례 중 간결하게 만들어져 가장 광범위하게 사용된 것은 18세기 초에 나온 이재의 『사례편람』이다. 이들 기본 텍스트 외에도 일반인을 위한 한글 번역서가 만들어졌는데, 예를 들면 1632년에 발간된 신식申湜(1551~1623)의 『가례언해家禮諺解』(가례의 한글판)는 한글로만 쓰였다.

한국에서 올바른 의례 행위를 위한 청사진은 중국의 것이 토대가 되었는데, 실제로 『의례』는 중국보다 한국 의례 생활의 정수를 결정하는 시금석이었다.[126] 그렇지만 한국의 예학자들은 한국의 의례 관습[俗禮]을 무시할 수 없음을 깨닫고 있었다. 더욱이 중국의 규범은 한국에 적용하는 과정에서 봉사자들에게 종종 의구심을 불러일으킬 정도로 양자 사이에는 괴리가 상당했다. 그 같은 불확실성이 위에서 열거한 문답 형식의 책을 많이 나오게 하였고, 이 중 가장 널리 알려진 책이 김장생의 『의례문해儀禮問解』(의례의 의심스러운 구절에 대한 문답)이다. 이는 한국인이 쉽게 이해하지 못하는 의례 개념과 행위를 가장 잘 보여준다.[127] 이와 마찬가지로 영향력 있는 또 다른 저작은 박세채朴世采(1631~1695)의 『남계예설南溪禮說』과 윤증尹拯(1629~1714)의 『명제의례문답明齋疑禮問答』이다. 상례에 관한 더 특별한 것으로는 신의경申義慶이 지은 『상례비요喪禮備要』인데, 1620년에 김장생이 서문을 썼으며 그 후 여러 차례 보완되었다.[128]

유교 의례에 관하여 이렇듯 방대한 저작이 만들어졌다는 것은 '의례 문제'[禮事]를 진지하게 다루었음을 분명하게 보여주는 징후이다. 그럼에도 의례 행위는 획일적이지 않았으며, 각 가문에서는 의례의 가르침을 그들 나름대로 수행하는 것에 자부심까지 가졌다. 유교식 제사는 엘리트의 특징으로 존속하였다. 『예기』에서 "예는 평민에게 내려가지 않는다"라는 격언에 따라[129] 낮은 사회 계층에서는 유교식 의례를 수행하지 않아도 되는 것으로 여겨졌다. 그런데도 마침내 일정한 형식의 의례가 대중의 의례로 여과되어 내려갔고, 평민도 결국 조상을 기념하는 제사를 지내게 되었다.

조상 의례의 종교적 측면

　신유학은 복잡한 종교적 환경에서 한국에 정착했다. 한국에서는 수세기 동안 불교와 샤머니즘이 민중의 신앙과 의례 행위를 결정하였다. 특히 죽은 자에 대한 숭배는 유학자들이 경멸하는 '부도덕한 의례[淫邪]'로 깊이 자리 잡고 있었다. 사람들은 집안에 '위호'[衛護]라고 하는 귀신을 모셨다. 심지어 관리들까지도 조상의 영혼을 돌보는 일을 샤먼[巫覡]에게 맡겼으며, 조상이 자손에게 병을 내려 벌을 준다는 위협에 따라 4~5명의 노비를 대가로 지불하기도 했다. 특히 여성은 무당의 열성적인 고객이었다. 어떤 집안에서는 기일에 승려를 불러 의식을 행하도록 했고, 불교 제단은 가정의 종교적 중심이 되었다. 유학자들이 유교식 사당을 세우도록 그토록 강력하게 밀어붙인 이유의 하나는 바로 그들이 경멸하는 이들 신앙을 근절하고, 상층계급을 순수한 의례의 세계로 이끌기 위해서였다. 그러나 관리들이 이를 잘 지키지 않는다는 보고가 잦았다는 사실은 유교가 제사에 대한 만족할 만한 대안으로 쉽게 받아들여지지 못했음을 입증한다.[130]

　조상에 대한 유교식 의례는 아들이 부모를 위해 다할 수 있는 최고 효행으로 높이 떠받들어졌다. 이 주장은 돌아가신 부모를 돌보는 것을 부모가 살아 있는 동안 봉사하는 것의 연장으로 기술한 『예기』의 한 구절에 기초한다.[131] 이것은 어느 대간의 말처럼 이 세상을 떠난 부모를 정말로 죽은 것으로 여기지 않은 증거이며, 죽으면 공기 속으로 사라진다는 불교 신앙을 거부하는 것이다.[132] 유학자들에게 제사는 산 자가 조상의 은혜에 보답하고[報本], 그들에 대한 기억을 되살려 간직함으로써[追遠] 효도를 표현할 수 있는 한 매체였다. 『논어』에 나오는 이 어구는[133] 종종 태만한 아들을 벌주려는 유학자들의 주장을 강화하는 데 사용되었다. 실제로 제사를 성실하게 수행하지 않는 것도 불효의 증거가 되었으며, 법으로 처벌받았다. 더욱이 아들이 노부모를 지나치게 무시하면, 노부모가 죽은 뒤에 봉사할 수 없도록 하였다. 더 나쁜 것은 아들을 사당에서 배제한 사실이다. 불효자는 '그의 아버지에게 봉헌한 음식을 먹을 수 없었기' 때문이다.[134]

분명히 인간의 모든 의무 중 가장 무거운 부담을 져야 하는 봉사자는 온전히 도덕적인 사람, 즉 효자여야 했다. 그렇지만 효도가 의례적으로 받아들여지는 유일한 기준은 아니었다. 주제자는 출계집단 가운데 자격을 완전히 갖춘 구성원, 즉 적자여야 했다. 서자는 공신이었던 조상에게 봉사하기에는 적합하지 않았다.[135] 조상을 기쁘게 하려면 도덕적으로나 사회적으로 합당한 자격이 있어야 했지만 사회 지위가 때로는 더 중요할 수도 있었다.

장자 중심의 제사 정착

　유교 종법의 근본 특징이라고 할 장자의 봉사 계승 관행이 한국 사회에 완전히 이행되기에 앞서 사회적 입법은 여러 단계를 거쳤다. 각 단계는 중대한 정책 결정으로 특징지을 수 있다. 돌이켜보면 이 과정은 느리고 어려움도 있었으나 어떤 왕조의 건설자들도 해낼 수 없을 만큼 현저한 내적 논리와 역동성을 보여준다. 이 과정에서 200년 이상 방향을 지켜온 패러다임은 주자의 '대종소종도'로 제시되었다. 이 그림은 입법을 담당한 각 세대가 스스로 새로워질 수 있는 완벽한 사회에 대한 전망을 갖도록 해주었을 뿐만 아니라 그것을 행동으로 옮길 수 있는 가장 효과적 수단도 제시하였다. 이것이 바로 제사였다. 사회적·정치적·종교적·도덕적 측면이 합쳐진 제사는 주자의 개념에 따라 사회 변화를 통제하고 장악하는 이상적 수단이 되었다. 그리하여 장자상속은 사당 봉사를 통하여 제도화되기에 이르렀다.

　조선 왕조 창건 이후 200년 동안 주요한 입법 사안을 살펴보면 부계와 단계 출계에 대한 애매한 개념이 부친과 부계 조상에 대한 장자의 특별한 위치를 명확하게 규정하는 것으로 괄목할 만한 진전이 있었음을 알 수 있다. 결정적인 첫걸음은 자손을 '적자嫡子'와 '첩자'라는 용어로 범주화한 것인데, 적자(처음에는 적자가 특별히 장자를 가리키는 것이 아니었다)는 적실에게서 태어난 아들이며 첩자는 첩에게서 태어난 아들이다. 이것은 적자들의 지위를 첩자들보다 높이고 출계집단 안의 여러 아들 사이에도 계승·상속과 관련된 기회에서 근본 차이가 있도록 만들었다. 그것은 또한 사회 지위의 차별을 표시하는 것도 되었다.

　1471년에 반포된 『경국대전』은 이보다 한 걸음 더 앞서갔다. 그것은 처음으로 적장자의 지위를 그의 동생들[衆子] 위에 올림으로써 적장자가 포함된 집단들 사이에 비동등성을 도입하였다. 그러나 적장자가 없을 경우 출계 라인을 유지하고 조상을 봉사하는 방법으로는 분명하지 못했다. 이를 해결하기 위해 상반된 두 규정을 입법화했다. 하나는 후사가 없는 라인을 계승하도록 규정한 것[立後]이고, 다른 하나는 조상을 계승하도록 규정한 것[奉祀]이다. 이들 두 규정의 공존은 출계가 분열될 잠재성을 내포하였다. 그 같은 위험은 입후가 좁은 시각에서 친자 접합親子接合, filiation 문제만 언급한 반면, 봉사는 넓은 시각에서 출계에 고정된 것에서 비롯되었다.(136)

　후사를 아들과 후손의 자격을 가장 가깝게 구현한 아랫세대의 구성원 중에서(그들은 유교 이론에 따르면 가장 하위종 출신의 후보이다) 지명하는 관행이 확립되는 데까지는 한 세기 이상 법적 논쟁과 사회적 실험을 거쳤다. 이러한 경향에 발맞춰 지가들을 희생하더라도 본가의 지속성은 점차 강화해나갔다. 본가는 종자宗子[承重者]에 의하여 영속성을 가져야 하는 반면 지가들의 운명은 대체로 출계집단의 존속이라는 측면에서 그다지 중요한 요소는 아니었다. 더욱이 이러한 구도에서 서자는 출계와 계승 대상에서 배제되었다. 이제 장자는 그 아버지의 주요한 후사로서 그리고 조상 봉사의 주요한 주재자로서 특권을 가진 위치에 놓이게 된 것이다.

장자의 높아진 지위는 17세기에 나온 의례편람에 자세하게 논의되어 있다. 그 본질은 다음과 같은 간단한 공식으로 요약할 수 있다. "종법은 의식으로서 이에 반하는 어떠한 유언이 있더라도 반드시 이 의식에 따라 장長을 세운다."⁽¹³⁷⁾ 이것은 장자가 몸이 좋지 않아 봉사할 수 없더라도 동생[次子]이 봉사할 수 없음을 의미한다. 만약 장자에게 서자만 있다면 서자가 봉사를 이어받기보다는 적합한 후사[繼後者]를 입양하는 것이 일반적이었다. 그 같은 해결책은 일부 예학자들이 인정한 바와 같이 관습법에는 맞아떨어지지만 반드시 고례古禮와 맞는 것은 아니었다.⁽¹³⁸⁾

그리하여 장자는 매우 특별한 방식으로 아버지와 아버지 쪽 조상과 연결되었다. 다시 말해서 장자만이 선조들의 유일한 후사로서 후손을 대신하여 아버지의 권리와 의무를 받는 '정체'正體를 가졌던 것이다.⁽¹³⁹⁾ 장자는 형제자매 집단을 대표하면서 세대를 잇는 이상적인 고리로 인식되기에 이르렀으며, 이것은 장자가 법적·의례적·경제적으로 우위에 놓이도록 만들었다. 이 같은 장자의 모습이 완전히 드러난 것은 17세기이다. 이것은 이상사회에 대한 주자의 개념을 기초로 한 부계친 사고의 절정을 나타낸 것이다.

4장

상장례의 변화

⋯

어떤 사회에서나 죽음은 가다듬어진 의례적 반응, 즉 상례를 수반한다. 상례는 죽은 이들에게 이별을 고하는 동시에 죽음으로 붕괴된 사회적 연결 고리를 다시 구성한다. 죽음을 기념하는 이 과정은 친족 사이에 그 어떤 사회적 의례보다도 특별한 감정과 행동을 강력하게 불러일으키는 통과 의례이다. 상례는 의례 규정에서 만들어진 일련의 사회적 행위라고 할 수 있다. 그 영향력은 죽음이라는 실제 사실을 훨씬 뛰어넘는다. 중국 고대 문헌에서는 상례의 사회적 의미를 다양하게 표현하고 있다. 『예기』에는 "장례와 제사는 사람들에게 선과 애정을 심어주는 데 도움이 된다⋯⋯. 상례와 제사를 분명하게 이해한다면 사람들은 비로소 자식된 도리를 다하게 된다"(1)라고 했다. 공자의 제자 증자도 유사한 점을 강조하여 "초상이 났을 때 예를 다하고 돌아가신 조상에게 제사를 잘 지내면 백성의 덕이 극치에 이를 것이다[愼終追遠 民德歸厚]"(2)라고 했다. 이 두 문헌은 죽은 사람을 위한 의식을 정성을 다하여 행할 것을 강조하였는데, 이것은 살아가는 데 도덕 수준을 높이기 위한 것이다.

오복제는 사회 환경과 개인감정의 복잡한 상호작용을 이상적으로 표현한 것이다.(3) 『이아爾雅』(4), 『예기』, 『의례』에 상세하게 묘사되어 있는 오복제는 남성을 중심으로 한 상례를 도해圖解로 잘 나타내고 있다. 부계 친족을 확실하게 분류하는 오복제는 '사회적 혈족의 멀고 가까운[親疎] 관계'를 기초로 5등급으로 나누어 상복을 입도록 규정하고 있다. 상복을 입는 기간은 (부모의 경우에 해당하는) 3년부터 3개월에 이르기까지 다양하며, 상복 재료도 거친 베[極生麻布]부터 고운 베[細布]까지 다양하다. 상복을 입는 친척은 위아래로 4대까지이며, 방계는 육촌까지로 한정하였다. 오복제는 부계친을 특히 강조하며 비부계친과 모계친 그리고 아내의 친족은 중요하게 여기지 않는다.[5]

구조화된 도해인「오복도」는 사람의 애정과 감정의 정도를 표현한 것만은 아니다. 공자가 주장한 것처럼 이것은 애도를 넘어 사회생활의 거의 모든 영역에 영향을 미치는 규범적인 친족 행동의 패러다임이었다.

상례 개정의 전주곡

14세기 들어와 한국의 지적 분위기가 바뀌기 시작했다. 신유학을 기초로 한 사회로 바꾸려는 일부 유학자들은 계속해서 불교식 상례를 유교식으로 바꾸어야 한다고 주장하였다. 고려 말 국가와 사회가 위태로웠던 것은 절이나 탑 같은 건축물을 짓는 행위뿐 아니라 미신 행위에 막대한 비용을 낭비하거나 승려들의 부패에 따른 영향도 있었다. 이와 관련해서 성균관 관원인 김초金貂는 "이렇듯 값비싼 노력을 치르고 효과를 본 이가 있는가?"라고 물으면서, 심지어 국왕이 이러한 낭비에 대한 대책을 마련하는 데 소홀하다고 감히 비난하고 나섰다. 이렇듯 대담한 행동으로 김초는 유배형에 처해졌다.[6] 1391년 공양왕에게 유교의 대의를 신봉하라고 요구한 박초朴礎(1367~1454)도 불교를 유교로 대체할 것을 강력하게 청원하고 나섰다.[7] 국왕의 노여움은 박초를 죽이려 했을 만큼 극에 달했는데,[8] 이것은 불확실한 위치에 있던 유교와 영향력이 막강한 불교 권력의 대치 상황을 단적으로 보여준다. 그러므로 일부 유학자들은 좀더 신중하게 행동했다. 다시 말해서 그들은 불교의 도량인 절에서 장례를 치르는 대신 가묘를 더 설립해 유교식 가묘에서 장례를 치르도록 혁신함으로써 불교에 맞서려 하였다.

고려 말에 있었던 또 다른 제도 변화는 백일상을 3년상으로 늘리는 것이었다. 이색은 상장제도가 쇠퇴한 원인이, 관리가 백일상을 마치고 관직에 복귀하도록 한 법규[起復]에 있다고 보았다. 상을 치르는 동안 관직에서 떠나도록 했지만 상복을 벗는 것은 실제로 상이 끝났음을 의미한다는 것이다. 이색은 이 규정이 원래 제도를 왜곡했으며 사람들이 이 사실을 깨닫지 못하고 계속 따라하는 것은 유감이라고 생각했다.[9] 그리하여 이색은 1357년에 3년상을 공식적으로 제정하라고 요구했는데, 이 요구는 승인되었다.[10]

그렇지만 공민왕이 통치하던 격동기에 3년상으로 강화한 규정은 정치적·군사적 이유로 잘 지켜지지 않았다. 3년상을 강제로 준수하도록 한 것은 정적을 오랫동안 축출하는 효율적인 방법이었다.[11] 그렇지만 1359년의 다급한 군사 상황에 따른 무반 인사로 1357년의 3년상 준수 지시는 철회해야 했다. 그 후 1360년 여름에 관리들에게 3년상을 다시 준수하라고 지시했지만 몇 개월 뒤 긴박한 군사 상황이 발생하면서 지시를 거둬들였다. 이렇듯 3년상 준수를 쉽게 철회한 것은 분명히 그전의 상례 관행이 아직도 널리 행해졌을 뿐만 아니라 관직에서 물러난 관리들 중에서도 일부만 3년상을 준수한다는 사실을 깨달았기 때문이다. 그러므로 1391년에 오복제도를 새로 반포한 것은 명나라 법전(『명률』)의 오복 규범을 '완전히 따르려는' 것으로, 이로써 한국 의례 역사에 새로운 장이 열렸다.[12]

오복제도의 변화

조선 초기 신유학파 입법가들은 고려 왕조의 상례 관습이 중국 고전의 의례 규정과 상당히 달라서 하루아침에 개혁할 수 없음을 잘 알고 있었다. 그들은 개혁을 상복에 쓰이는 옷감의 질을 결정하는 것과 같은 작은 문제에서 시작해야 한다는 사실도 깨달았다. 처음에 저지른 작은 실수가 커져서 결국에는 큰 악습이 될 수 있었기 때문이다.[13] 정도전이 주장하였듯이 부모에 대한 아들의 감정은 기본적으로 언제나 같지만 잘못된 관습과 습관으로 왜곡될 위험이 있다고 보았다. 따라서 법률을 제정하여 그릇된 행동을 막음으로써 사람들의 감정을 안내할 올바른 본보기를 마련해주어야 했다. 다른 의식과 달리 상례는 사람들의 마음에 깊이 간직되어 있는 감정의 표현이다.[14] 그러므로 이러한 감정이 의미를 갖기 위해서는 적절한 의례 규정에 따라 전달되고 활성화되어야 했다. 이 경우 "부모가 살아 계신 동안에는 예로써 섬겨야 하고, 부모가 돌아가시면 예에 따라 장사지내야 한다"라는 공자의 어구를 종종 인용하면서 그 의미를 부여했다.[15]

상을 치르는 사대부들에게 유교식 상장례에 대한 기본 지식을 제공한 최초의 의례편람이 바로 『주자가례』이다. 이 편람서는 조준이 1397년에 『경제육전』의 「상장례」[喪葬之禮]를 저술할 때 창조적 영감을 준 주요 자료였다. 『경제육전』에는 「오복도식五服圖式」이 첨부되어 있

〈일람표〉 상복 기간과 오복의 등급

등급	기간	상복 재료	사자(상주는 남자 기준)*
1 참최삼년	3년(실제로는 만 27개월)**	지팡이 있음, 굵은 삼베 (꿰매지 않음)	부
2a 재최삼년	3년(실제로는 만 27개월)	지팡이 있음, 굵은 삼베 (꿰맴)	모: 부가 이미 죽은 경우
2b 재최장기	1년	지팡이 있음, 약간 나은 삼베	모: 부가 아직 살아 있는 경우
2c 재최기년	1년	지팡이 없음, 약간 나은 삼베	처, 형제, 결혼하지 않은 누이, 조부모
2d 재최소공	5개월	지팡이 없음, 약간 나은 삼베	증조부모
2e 재최시마	3개월	지팡이 없음, 약간 나은 삼베	고조부모
3 대공	9개월(실제로는 만 8개월)	거친 천 추대	부계 사촌
4 소공	5개월(실제로는 만 4개월)	고운 삼베	부계 육촌, 외조부모
5 시마	3개월(실제로는 만 2개월)	고운 삼베	부계 팔촌, 처의 부모

전거: 『주자가례』

주기: * 부계, 모계, 인척 중 상복을 입는 이들에 대한 완전한 명단에 대해서는 『주자가례』에 수록된 상세한 그림을 볼 것

주기: ** 3년상이 실제로 얼마인지에 대하여는 합의되어 있지 않다. 일부 예학자들은 25개월을 주장하지만 다른 이들은 27개월을 고집한다. 이것은 윤달을 어떻게 계산하는가에 달려 있다. 한국에서는 통상 27개월을 기본으로 삼았다. 이 점에 대해서는 김두헌의 『한국가족제도사』, pp. 566~567을 참조할 것

<그림 9> 조선 전기 오복 등급의 변화

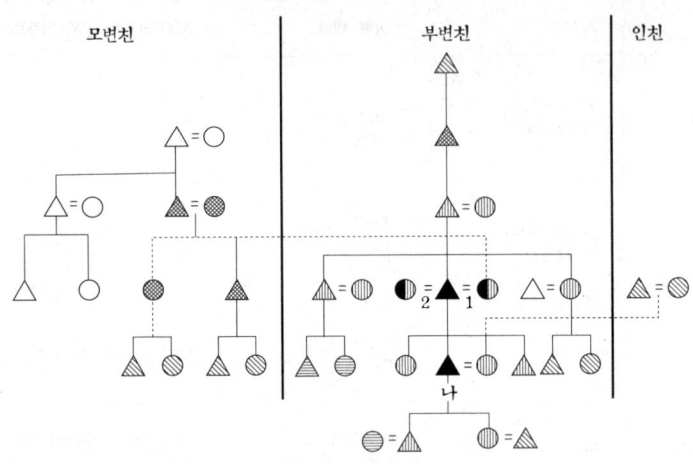

전거: 『경국대전』
기호(나의 오복친 의무를 기초로 규정)
● 3년(등급 1 부친에 대한 참최, 등급 2 모친에 대한 재최)
◉ 1년(등급 2 재최기년)
◒ 9개월(등급 3 대공)
◉ 5개월(등급 4 소공)
◌ 3개월(등급 5 시마)

는데, 이것은 조준이 기본적으로 고려 왕조의 전통을 훼손하지 않고 그 특수성을 보존하려는 의도로 만들었다. 그렇지만 그의 「오복도식」은 중요한 문제에서 『주자가례』와는 달랐으며 이 때문에 사람들에게 혼란을 불러일으켜 개정할 필요성이 제기되었다. 1471년에 반포된 『경국대전』만이 조선 왕조의 상례에 대한 신뢰성 있고 권위 있는 기초를 만들어냈다.[16]

개인에게 중점을 두는 「오복도」는 고려 사회를 유교사회로 재편하는 주요 수단이 될 수 없었다. 이보다는 오히려 조상 중심의 제사 집단을 만드는 것이 더욱 적절했다. 그럼에도 「오복도」 개정은 '사람들의 감정'을 적합한 방향, 다시 말해서 부계 중심의 방향으로 바꾸는 부차적인 중요 수단이었다(〈일람표〉와 〈그림 9〉 참조).[17]

조선 전기의 입법가들은 부모상의 경우, 3년상을 치르는 것이 기본이라고 계속 주장했다. 3년상은 중국 고대 성현들이 사람의 감정을 기초로 고안한 것이므로 사대부들이 의무적으로 준수해야 하는 '완벽한 제도'라고 믿었다.[18] 이 같은 성현들의 가르침은 매우 분명하여 이론의 여지가 없었다. 3년상을 지지하는 기본적인 논의는 『논어』에 포함된 공자의 가르침에서 유래를 찾을 수 있다. "아이는 3살이 되어야 부모의 품을 떠나므로 3년 동안 애도하는 것은 하늘 아래 어디에서나 같아야 한다."[19] 그렇지만 『의례』에 따르면 모친에 대한 3년상은 부친이 먼저 사망한 뒤에만 적용되었다. 『의례』에는 모친이 부친보다 일찍 사망하면 모친이 하위에 있다는 표시로 재최장기齋衰杖朞를 갖추고 1년상만 치르도록 되어 있다. 이에 대하여 주석자는 "가장인 부친이 살아 있는 동안 아들은 모친에게 개인적으로 느끼는 존경을 감히 완전하게 나타낼 수 없다"라고 설명하였다.[20] 『예기』에는 "하나의 하늘에 태양이 둘이 있을 수 없고, 하나의 땅에 국왕이 둘이 있을 수 없다. 한 나라에 통치자가 둘이 있을 수 없고, 한 가족 안에 두 사람의 존엄함이 같을 수 없다"라고 하여 이 같은 견해를 지지하였다.[21] 이렇듯 『예기』와 『의례』 모두가 부친이 사망하기 전에 사망한 모친은 아들에게 온전한 의례를 받을 수 없다고 하였다. 그렇지만 중국에서는 이 고대 교훈을 무시한 것이 분명하다. 『명률』뿐만 아니라 주자도 부모 모두에 대하여 3년상을 치러야 한다고 명시했기 때문이다.[22]

처음에 한국인은 조금도 주저하지 않고 3년상 원칙을 받아들였다. 무엇보다 고려 왕조에서 3년상 원칙 역시 적어도 문서상 규정으로 존속해왔다. 그리고 이것은 1391년의 법률에서도 다시 확인되는데, 고려 왕조의 관례였던 백일상을 『명률』에 근거를 두고 개혁하기 위해서였다. 조준 역시 『경제육전』에서 주자의 견해를 그대로 따랐다. 부친이 살아 있다면 모친상 기간을 줄여야 한다는 『의례』의 원칙은 1420년 세종의 모친이 죽었을 때 처음으로 문제가 되었다. 고대 관습에 우호적인 것으로 널리 알려진 태종은 왕실 의례에 세심하게 주의를 기울였지만 아들 세종에게(세종은 1418년에 왕위에 오르고 태종은 상왕으로 있었다) 모친에 대한 상복을 1년만 입으라고 명하였다. 전하는 바에 따르면 세종은 부왕의 지시이므로 어쩔 수 없이 그대로 따랐다고 한다. 예조는 이 행위를 『예기』의 의례 규칙을 사대부의 일반적 규칙으로 만들기 위한 전례로 삼았다. 이것은 부친의 존엄을 표현하는 것일 뿐이며 모친에게 박하게 한다는 표현은 아니므로 정승들은 공식적으로 정한 규정에 이어 3년의 '심상'心喪(마음속으로 애도하는 것)을 지켜야 한다고 주장했다.[23]

세종은 선왕인 태종의 유산이라는 이유를 들어 공식 규정에 이어 심상을 지키는 것을 지지했지만 심상은 도덕적 관계와 정치적 관계가 충돌해 지키기 어려운 것으로 판명되었다. 사헌부에서는 생각 없는 관리들이 '심상'의 의미를 이해하지 못하여 규정된 상복 기간을 끝낸 뒤 고려시대를 연상시키는 무절제한 생활을 한다고 지적하였다. 더욱이 관직 복귀를 촉구하는 관례 때문에 자식으로서 있을 수 없는 이 같은 불효를 조장하기까지 한다고 비판하였다. 이것은 모친을 소홀히 대하게 만들어 '심상'의 의미를 가볍게 만든다고 했다. 왜 『의례』를 『주자가례』보다 더 권위 있는 것으로 받아들였을까? 세종은 모친에 대한 3년상을 되살리자는 압력을 물리쳤으며, '고대의 법률'은 결국 『경국대전』에 법으로 제정되었다. 다만 관리들의 경우 관직에서 해임되어 '심상' 3년을 지낸다는 조항을 명시하였다. 이것은 나중에 편찬된 의례편람에 영향을 미쳤다.[24]

이러한 쟁점에 대한 세종의 확고한 견해는 여성의 사회 지위를 둘러싸고 진행 중인 논쟁의 틀 안에서 이해해야 한다. 오복제에는 아직까지 새로운 사회 질서 안에서 여성이 더 낮은 지위에 있다는 의미가 확실하게 들어 있지 않았다. 조선 전기 여성은 고려시대 여성이 가졌던 권리 가운데 '가장'家長이라는 영예를 남편에게 내주어야만 했다. 상복은 젊은 세대와 구세대를 가장 자연스럽게 묶어주므로 모친의 지위가 낮아지면서 여기에 맞추어 상복을 입어야 하는 것은 바로 아들이었다. 모친이 사망했는데 부친이 살아 있다면 아들은 사망한 모친에게서 받은 애정에 보답할 수 없었다. 이 역시 부친의 재혼을 수월하게 했을지 모른다. 이 해결책은 매우 한국적이라 할 수 있는데, 그 당시 중국 명나라에도 여기에 상응할 만한 것이 없었다.

사망한 생모에 대하여 아들이 상복을 입는 기간은 계모에 대한 의례적 의무와 밀접하게 관련되어 있었다. 봉사의자奉祀義子의 3년상 의무[齋衰三年]는 『경제육전』에 처음 규정되었는데, 계모를 생모보다 더 관대하게 대해야 한다는 논의가 정당화되어 있다. 그러므로 계모에게 생모와 같은 등급의 상을 치러주어야 했다. 오복 등급에서 이렇듯 계모의 위치가 놀랍도록 높아진 것은 조선 전기 오복제에서 가장 두드러진 변화였다. 이 특별한 인식은 두 번째 부인을 더 높이 평가해서 그런 것이 아니라, 첫 번째 부인의 자손을 두 번째 부인의 자손보다 높이려는 필요성에서 비롯했다.(25)

계모와 마찬가지로 입양한 아이를 키운 양모養母에 대하여도 친모처럼 간주하여 완전한 3년상을 치러야 했다.(26) 양부도 마찬가지였다. 계모와 양모 외에도 부친이 사망한 후 재가한 모친[嫁母]이나 부친에게 쫓겨난 친모[出母]도 오복에 포함시키는 것을 중요하게 여겼다. 고려에서는 재혼이 흔했으므로 가모嫁母에게는 예외적으로 백일상을 치렀다. 고려시대에는 아내를 내쫓는 것이 사회적으로 불가능하였으므로 출모出母는 오복제에 포함되지 않았다. 그렇지만 유교식 체제에서는 여성을 남성과의 관계에서만 다룬 만큼 조선 전기 가모와 출모 두 유형의 모친을 여기에 포함시켜야 했다. 출모와 마찬가지로 가모도 이미 부부관계가 끊긴 상태이므로 3년의 '심상'과 함께 재최장기만 치렀다.(27) 그리하여 적실은 남편 집안에서 삶을 마쳐야만 완전한 의례의 대상으로 받아들여졌다.

오복의 차이는 처첩을 구별하는 편리한 수단이었으며, 그 같은 구분은 1413년 법으로 처음 제정되었다. 첩은 아들을 낳아서 자기 존재를 입증한 경우에만 오복에 포함되었다. 서모에 대하여는 재최장기에 해당하는 1년 동안 상복을 입었는데, 조선 후기에 이 기간은 아주 짧아졌다. 유모에 대해서는 3개월 동안 상복을 입었다[緦麻].(28) 오복은 이렇듯 여성의 사회 지위를 확실히 드러내는 지표가 되었다.

전에는 결코 존재하지 않은 남편 가족에 대한 오복 규정은 첩은 물론 처도 남편의 친족에 묶어놓았다. 고려 왕조에서는 남편의 친족[夫

族]에 대한 오복은 언급된 적이 없으며 『경국대전』에 처음 나타났다.[29] 결혼한 여성은 남편이 부모를 위하여 상복을 입는 기간과 똑같이 상복을 입어야 했으나 남편의 다른 친척에 대해서는 그 기간이 대개 한 단계 정도 낮았다. 첩에게는 남편과 남편의 처 그리고 남편의 장자에 대해 상복을 입어야 하는 의무가 부과되었다. 여성은 친정에 대한 오복 의무가 철저히 낮아지면서 남편 가족의 일원으로 통합되었다.[30] 여성은 자신의 부모를 위해서는 1년만 상복을 입어야 했다. 그리하여 고려의 전통과 비교하면 아내로서, 어머니로서 여성의 지위는 오복을 바꾸면서 종법에 맞춘 것이 분명하다.

조선 초기의 입법가들은 모계 쪽 친족의 오복을 비판적 관점에서 보았는데, 여기에는 바로 '비정상적' 가족 관계를 바꾸기 위한 의도가 있었다. 이것은 매우 민감한 부분이기 때문에 1391년에는 언급되지 않았다. 조선 초기에는 고유의 오복 관례와 중국 고전에 나와 있는 규정 사이의 갈등이 예리하게 느껴졌으므로 과감한 변화는 피했다. 그러므로 외조부모를 위한 오복의 등급은 단지 한 단계만 낮추어 9개월로 잡았다[大功].[31] 그렇지만 전통적 거주형태인 처가 거주제[婦妻制] 때문에 외가에 대하여 느끼는 특별한 감정을 더는 허용할 수 없었으며, 결국 '올바른 의례'[正禮]에 따라 바뀌어야 했다. 『의례』와 『가례』의 내용을 맞춰 외조부모에 대하여 상복을 입는 기간은 『경국대전』에 규정된 바와 같이 5개월[小功]로 줄었다.[32] 외조부모에 대하여 상복 입는 기간이 줄어든 것은 자연스럽게 외가 친족에게도 영향을 주었다. 그 결과 모친의 형제와 자매의 상복 등급은 5개월[小功]로 한 단계 떨어졌다.[33] 모변 사촌에 대해서는 특히 면밀하게 파고들었다. 『경제육전』

에 사촌 중 여성에 대하여 오복에 언급하지 않은 사실은 주목할 만하다.[34] 명나라의 법전 역시 이 점은 언급하지 않았다. 그러나 이것이 누락될 경우 근친 사이의 혼인을 용이하게 할 수 있다는 점을 염려하였다. 그래서 예조는 혼인하지 않은 사촌에 한하여 3개월 동안 상복을 입도록[總麻] 했으며, 이 조처는 이들을 혼인 상대자 범주에서 배제하는 데 효과적이었다.[35]

한국에서 처가 거주제 전통 역시 처부모에 대한 오복의 등급을 결정하였다. 아들과도 같은 사위와의 관계는 사위에게 의례 문헌이 규정한 것보다 상복 입는 기간을 더 오래 준수하도록 한 것이다. 이처럼 관행과 의례 규정의 차이는 동요를 일으켰으며 조정에서 일어난 논쟁은 전통적인 혼인 관행을 개혁해 적합한 상례로 이끌지 아니면 오복제의 올바른 준수를 강화하여 비정상적인 혼인 전통을 바꿀지에 집중되어 있었다. 이에 대해 조정은 이미 굳어버린 혼인 현실을 고려할 때 올바른 의례 규범에 순응하는 것이 더 중요하다고 생각하였다. 『경제육전』에서는 사위의 책임에 관해서는 분명히 고려의 용례를 여전히 따르도록 규정하였지만(1년), 장인이 사위에 대하여 상복 입는 기간은 3개월로 낮추었다. 이러한 불균형은 1411년에 아내의 부모를 위한 상복 기간을 5개월로 조정함으로써 부분적으로 정정되었지만, 1430년에 마침내 왕명으로 장인에 대하여 상복 입는 기간을 의례적으로 적합한 3개월로 고정했다.[36]

오복제는 원칙적으로 선대에 초점을 맞추기는 했지만 후대에 대한 상복 입는 기간도 고정했다. 『경국대전』에서 적장자와 중자 그리고 조카 사이에 상복 입는 기간을 구분하지 않은 사실은 주목할 만하다.

이들 모두의 등급은 1년[朞年]으로 정해졌다. 종宗을 분명하게 확립하는 데 핵심적인 이 논제는 논의조차 되지 않은 것으로 보인다. 이 점에 대해 아무것도 언급하지 않은 이유는 『명률』과 『경국대전』이 일치한다는 사실로 설명할 수 있을 것 같다. 그렇지만 더욱 중요한 이유는 나이와 출생 순서가 분명히 결정적 척도였음에도 아들이 아직까지는 엄격하게 분류되지 않았다는 사실에 있을 것이다. 같은 오복 등급을 강조한 사실은, 아들 모두가 아직도 부친의 후사로서 가능성이 있는 것으로 간주하였음을 의미한다. 그렇지만 결국 아들 한 명만이 대를 이을 수 있었으며, 그의 지위는 아내[長子妻]에게 상복을 1년 입도록 규정한 사실로 확인된다. 다른 아들들과 조카의 아내들은 단지 9개월만 상복을 입도록 규정되어 있다. 아들대와 달리 손자 세대에 적손嫡孫은 분명히 명시되었다. 적손은 1년 동안 상복을 입어야 했는데, 이것은 다른 손자들은 9개월 동안 입도록 규정한 것과 구분된다.(37) 『경국대전』에 따르면 서자들은 자신들의 생모에 대해 단지 1년만 상복을 입도록 되어 있다.(38)

『경국대전』에 모든 아들이 똑같이 1년 동안 상복을 입도록 한 규정은 『명률』에서도 확인된다. 그러나 『가례』는 물론 『의례』에는 맏아들인 적장자는 최고 3년 동안 상복을 입을 수 있다고 규정되어 있다[斬衰三年].(39) 처음에는 이 규정을 의도적으로 무시하였으나 다른 동생들보다 장자 지위가 훨씬 높아진 17세기에는 타당하다고 인정하였다. 의례편람에는 적장자가 3년 동안 상복을 입는 데 전적으로 동의했으며, 부친 그리고 부친의 선대와 관련하여 장자의 예외적 위치를 들고 나옴으로써 장자의 위치를 설명하였다. 이러한 지위는 변할 수 없으므로 3년 동안 상복을 입는 명예는 가능성이 있는 이에게 전가될 수 없었다.[40] 장자의 의례 수행 임무가 강해진 것은 법전에 반영되지 않았지만 변함없이 유지되었다. 이러한 현상은 전적으로 의례편람의 권위에서 비롯했는데, 17세기에는 이들이 한국에서 바른 의례 행위의 길잡이가 되었다.

요컨대 조선 전기의 오복제는 『의례』와 『예기』의 고전적 모델을 기초로 크게 개정하는 과정을 거쳤다고 할 수 있다. 이러한 개정 작업은 신유학을 신봉하는 입법가들의 개혁 정신이 동기가 되었으며, 새로운 사회 질서를 건설하기 위한 총체적 노력의 일부분이었다. 고려시대에 왜곡된 채 시행되던 오복제도를 개정하여 옛 관례가 없어질 새로운 사회 환경을 만들려고 했다. 각자의 오복 등급에 사회적 중요성을 되돌아봄으로써 특권을 둘러싼 가족 간 분쟁을 해소하고 친소관계(가깝고 먼 친척관계)를 새로 규정하였다. 특히 모친의 친족에 대하여 상복 입는 기간을 단축함으로써 고려시대의 변칙적 요소를 없앤 것은 원래 오복제에 내재된 부계 구조가 다시 출현하는 계기가 될 수 있었다. 이렇듯 부계제로 뚜렷이 변한 것이 한국인의 정서와 거슬리는데도, 조선 왕조의 입법가들은 이것을 사회를 바로잡는 수단으로 완전히 정당화하였다.[41]

개정된 조선 왕조의 「오복도」는 원래의 부계적 성격을 되찾았으며, 부계의 수평적 범위를 육촌까지 확장했다. 이것은 고려시대에는 분명한 등급이 없던 직계 선조들이 「오복도」에서 등급화되었음을 의미한다.[42] 조선시대에 상복과 관계가 가장 밀접한 친척은 잘 알려진 바와 같이 당내堂內였다. 이 집단 사이에서는 서로 상복 입을 의무가 있었다

[報服]. 당내의 경우 상복 입는 사람과 이것을 받는 사람의 사회적 거리가 부자관계 같은 일부 예외를 제외하면 모두 같은 오복 등급으로 표현되었다. 그러한 상호 의무는 혼인을 불가능하게 만들었으므로, 당내 집단은 족외혼을 해야만 했다. 당내친 바깥의 먼 친족, 즉 5대조를 공동 선조로 하는 친척도 이 원칙[袒免]에 포함되었다. 이들은 공식적으로 상복을 입지는 않아도 되었지만 특별한 복장을 갖추어 친족원의 죽음에 예를 표했다.[43] 요컨대 당내 친족 집단은 상복 의무를 기반으로 균형을 유지했으며 종법의 대들보가 되었다.

상례와 사회적 위계

새 왕조가 건국되고 몇 년 지나지 않아 만들어진 『경제육전』에 '상장지례'喪葬之禮라는 조항이 설정되었다. 상장례는 새 왕조가 의례를 분명하게 바꾸겠다는 표시이지만, 상당히 불완전하고 대략적이었음이 분명하다(오늘날에는 그 이상 알려져 있지 않다). 태종과 세종의 강력한 통치 아래 국가 의식을 『예기』와 『의례』 지침에 맞추어 점차 개혁하였다. 신유학을 신봉하는 입법가들이 유교 의례에 관한 가장 완벽한 교본으로 평가한 두 고전은 사회 변화를 위한 처방전을 제공해주었으며, 특히 불교 전통에 대항하는 가장 효과적 논거로 활용되었다.(44)

유학자들이 요구한 상례의 기초는 자주 인용되는 공자의 다음 가르침에 그 철학이 간결하게 나타나 있다. "부모가 살아 계신 동안에는 예로써 섬겨야 한다. 부모가 돌아가시면 예에 따라 장사지내며 제사를 지내야 한다[生事之以禮 死葬之以禮 祭之以禮]."(45) 효는 천지와도 같은 부모의 은혜에서 나온다고 생각되었다. 다시 말해서 상호작용으로 부모는 언제나 변함없는 기질을 가진 자손을 낳는다. 그에 대한 답례로 자식들은 마찬가지로 지속적인 의례 행위로 부모를 섬겨야 한다.(46) 자식에게 생명을 주고 키워준 부모의 은혜에 바람직한 상례를 통해 부모에 대한 자식의 사랑인 의義를 잘 표현함으로써 양자가 형평을 이루어야만 했다. 공자는 3년상이 보편적이라고 주장했지만 이 상호관

계에는 세속적 측면도 있었다.⁽⁴⁷⁾

상복을 입는 규정은 상주가 평소 생활에서 벗어나야 하는 특별한 행동을 수반했다. 죽음은 오염을 의미했으며, 상喪은 길한 일과는 분리되어야 하는 흉한 일에 속했다. 길과 흉이라는 삶의 서로 다른 두 영역의 거리는 상을 지내는 동안 지켜야 하는 규범으로 전해졌다. 상주는 조악하고 색깔 없는 복을 입었는데, 이것을 지은 천이 조악하다는 것은 애도의 정도를 의미했다. 상주는 고기와 술, 양념을 삼가야 했으며 여자들의 거처에 가는 것도 금지되었다. 그 대신 여막을 짓고 살면서 무덤을 지켜야 했다. 시끄럽고 즐거운 오락거리와 말 타기, 성행위는 죽은 이를 모욕하는 것으로 비난받았다. 상중에는 혼례식을 치를 수 없었고 과거시험에도 응시할 수 없었다. 상중에 겪어야 하는 고초와 옹색한 일상생활을 피하려고 부모의 죽음을 숨기는 것은 큰 범죄가 되었다.⁽⁴⁸⁾

새 왕조는 첫 세기 내내 상례를 엄격하게 준수하도록 하였다. 그 같은 사실은 사헌부와 예조에서 숱하게 올린 위반 사례에서 잘 입증된다. 가장 흔한 위반은 부모 상중에 혼인하는 것이었다. 혼인하여 의도적으로 신부집에 거처를 정하는 일이었는데, 이는 자식의 도리와 법도에 어긋나는 일이었다. 그러므로 이 일은 엄하게 처벌받았다.⁽⁴⁹⁾ 상중에 간통하는 사안 역시 죄질이 나쁜 범죄로, 발각되면 가혹하게 처벌받았다. 부인과 사별한 남편은 법적으로 부인이 죽은 후 3년 안에는 재혼을 삼가야 했다.⁽⁵⁰⁾ 부모상을 치르는 기간이 매우 길었기 때문에 많은 상주가 상을 마치기도 전에 상복을 벗고 싶은 유혹에 빠졌다. 특히 상주가 삶과 죽음 양자 사이에 걸치고 있어야 하는 심상 기간에 그러했다. 다른 한편으로는 종종 물질적 보상을 기대하면서 상을 치르기도 했는데, 예를 들어 부유한 계모의 상을 치르는 일은 부담이 적은 것같이 보였다.(51)

규범에 어긋나는 행동을 한 이들과 달리 까다로운 상복 의무를 예의범절에 맞추어 지킴으로써 정부로부터 포상까지 받은 모범적인 아들과 딸, 부인도 있었다. 문익점文益漸(1329~1398)은 양친 무덤 옆에서 3년상을 끝까지 지켰다고 해서 정부에 그 효행이 천거되었다.(52) 상을 치르느라 병들고 쇠약해졌음에도 몸을 회복하기 위해 육류를 먹거나 술 마시기를 거절한 이들에게는 정려를 세워줘 기념하였다. 재혼하라는 친척들의 권유를 거부한 채 죽은 남편과 충절을 지켜 시부모가 살아 있는 기간뿐만 아니라 돌아가신 후에도 그들을 모신 젊은 과부도 특별히 표창하였다. 이러한 모범 사례는 의례의 장이 점차 개혁되고 있다는 바람직한 현상으로 해석되었다.(53)

그렇지만 조선 전기에는 여전히 고려의 전통이 널리 퍼져 있었으며, 특히 여성은 예전의 관습을 유지하고 의식 개혁을 등한히 했다. 관리들은 새로운 법을 따르고 3년 동안 상을 지내라는 압력을 받은 반면, 부인들은 고려 전통에 따라 백일이 지나면 상복을 벗어버렸다. 이렇듯 남성과 여성의 행동은 일치하지 않았으며 옷을 입는 방식에도 명백히 차이가 있었다. 상류계급 여성들은 상복으로 거친 베[麤布]를 쓰는 것을 기피했는데 고려 말에는 머리장식만으로 표시했다. 심지어 이 상복도 때로는 고운 베[細布]로 대체되었다. 1403년에 결벽이 심한 유학자들은 여성이 새로운 의례 정강을 따라야 하며 3년 동안 합당한 상복을 입어야 한다고 주장했다.(54)

남성들도 상기喪期를 완전히 준수하기는 어려웠다. 관계나 실제 관직 유무와 상관없이 모든 관리에게 '공통된 상례를 지키는 것'에 충실하라고 종용했으나 관직이 없는 사람들은 분명히 이것을 의무로 받아들이지 않고 고려시대 관습을 계속 따랐다. 다른 한편 관리들의 전문지식과 기능에 의존하는 국가로서도 때로는 '상중이라도 슬픈 감정을 접어두고 관직에 복귀하게'[奪情起復] 했다. 이것은 고전에서도 전거를 찾을 수 없는 '변례'였으며, 삶의 길흉 요소를 혼합한 위험스러운 일에 해당했다. 이렇듯 관직에 대한 의무를 다할 것인가 아니면 상을 치르는 의무를 다할 것인가에 대한 갈등은 부친이 살아 있고 모친이 죽어 심상을 지낼 때 특히 심했다. 심상을 지내는 사람은 보통 상주처럼 음식의 가짓수를 줄이고 성적 교섭을 자제해야 했지만, 복상 의무와 세속 의무 사이에서 효도와 충성은 갈등을 일으켰다. 기복은 흔히 상을 일찍 마치는 일종의 핑계거리로 환영받기도 했다. 그렇지만 이처럼 적합한 상례를 이행하지 않는 것도 국가의 관심 사안이었다. 다시 말해 불효한 아들은 충성스러운 관리가 되지 못한다고 생각하였다. 관리들의 세계에서 상을 치르는 행위는 전적으로 사적인 문제가 아니었다.

『경제육전』에서는 상중에 관직에 복귀하는 것을 합법화했으며, 그 후 『경국대전』에도 이를 포함하였다.[55] 그러나 사헌부와 예조에서 3년상을 정당하지 못한 방식으로 줄이는 일을 강력하게 반대하였으므로 상주가 복직하려면 국왕의 재가를 받아야 했다. 복직한 관리들은 직무를 재개하더라도 제약이 약간 따랐다. 그는 국왕을 알현할 수 없었으며 귀가하면 상복으로 갈아입어야 했다. 3년 동안 연회에 참석하거나 혼인하는 일은 금지되었다. 관직으로 복귀하기 위해 너무 일찍 상을 마친 위법자들은 처벌받아야 했지만 꼭 필요한 능력이 있어 국왕 명령으로 복직한 관리들은 자식으로서 의무를 다할 수 있도록 해달라고 종종 탄원하였지만 헛수고였다. 상을 치르는 일에 태만한 관리는 부모님의 자애를 끊어버렸다는 원성을 들었을 뿐만 아니라 신하로서의 자질도 의심받았다. 이렇듯 사적 영역과 공적 영역이 뒤얽힌 관계는 조선 왕조의 특징으로 남게 되었다.[56]

3년상은 모든 상층계급 구성원에게 공통으로 요구되는 사항인 반면, 서인과 군인들은 조선 왕조가 건립된 이후 이 규칙에서 제외되었다. 특히 군사軍士들과 갑사甲士들은 직무의 중요성 때문에 부모상을 백일만 치르도록 했다. 이렇듯 상복 기간을 달리 처리한 것은 인간의 기본 가치에 어긋난다고 여겨져 종종 논란거리가 되었다. 그래서 『속육전』에는 군인들도 청원하면 3년상을 치를 수 있다는 규정을 추가하였다. 일부 비판자들은 이러한 조치로는 의례 생활에서 배제된 일부 범주의 사람들을 달랠 수 없다고 했지만 『경국대전』에는 같은 내용을 담은 조항이 반복되었다.[57]

법전에는 노비들의 상례에 대해 언급하지 않았다. 1431년 예조에서는 사노비와 관청에 소속된 공노비도 원한다면 여묘廬墓는 기대하기 어렵겠지만 3년상은 마칠 수 있도록 법적으로 인정해야 한다고 제안하였다. 이렇듯 의례 준수에 강하게 집착했는데도 이것을 일반적으로 받아들일 수 있는 말로 옮길 수는 없었으므로 법전에는 수록하지 않았다.[58] 한편 법전에는 향리에 대해서는 백일상을 규정하였는데, 이렇게 백일상을 치르도록 한 것은 오직 향리뿐이며 향리는 이 규정을 자신들에 대한 차별이라고 생각하였다. 향리에 대한 뿌리 깊은 적개심이 그렇게 만들었다고 생각된다. 예조는 향리에게 3년상을 치르도록 허용하면 그들은 시간을 헛되이 보내거나 좋지 않은 행동을 저지를 것이라고 주장했다. 그러므로 정말로 3년상을 지내려는 향리가 있다면 그 동기와 행동을 면밀하게 관찰해야 한다고 했다.[59]

  3년상을 규정한 것은 모든 사람을 되도록 완전한 의례적 삶으로 이끌기 위한 장려책이었지만, 16세기 초반에는 상례를 제대로 치르려 애쓰는 사람이 거의 없었다. 심지어 백일상을 지키지 않는 경우도 있었다. 1516년 이 문제를 폭넓게 논의하였는데, 이것은 중종과 그의 조언자들이 사회 지위에 관계없이 모든 사람이 원칙적으로 3년상을 지내는 것에 찬성했음을 보여준다.[60] 그렇지만 일부 관리가 지적했듯이 평민[庶民]이 요역을 피하는 수단으로 상기喪期를 남용할 위험이 있는 것은 사실이었다. 국왕은 사대부와 서민의 상기가 일치하지 않는 것을 유감이라고 하면서, 모든 평민에게 3년상을 보장하는 새로운 법을 공식화하자고 제안했다. 국왕의 제안은 순수한 동기에서 앞서 나간 것이지만, 『경국대전』에는 이미 서민을 포함하여 모든 진지한 상주가 원할 경우 자식으로서 의무를 성실하게 할 수 있도록 법적으로 뒷받침하고 있다고 반대하여 이 제안은 받아들여지지 않았다.[61]

  3년상은 기본적으로 사회의 모든 부분에 속하는 공통 의례로 인정되었다. 상례의 기본 감정인 효는 사회 지위와 관계없이 모든 사람이 가지고 있는 속성이기 때문이다. 하지만 효심에 기초를 둔 상복 의무가 사회 계급을 가로질러 시행될 수 있을까? 이 물음은 15세기 말 입양 개념을 상복 문제와 관련하여 세밀하게 조사하면서 제기되었다.

『경국대전』에는 수양자를 3살 이전에 입양하여 양부모가 기른 아이라고 정의하였다. 그리고 수양자가 상복을 입는 의무를 친자식과 똑같이 규정하였다. 그렇지만 양부모 신분이 천민이라면 어떻게 해야 하는가? 의심할 여지없이 1471년의 『경국대전』 초판에는 이렇듯 다소 드문 사례는 고려하지 않았다. 1481년에 이 문제를 논의하라는 국왕의 지시에 따라 고위관리들은 거의 만장일치로 다음 두 요점에 도달했다. 입양은 양부모의 사회적 귀천과 관계없이 은혜와 관련이 있다. 그럼에도 사대부의 경우, 지위가 낮은 양부모의 상을 지냄으로써 자신을 낮출 수 없다. 부모 지위와 관계없이 상을 똑같이 치르는 것은 근거가 있는 듯이 보였다. 하지만 인간적 요소에 덧붙여 재산 문제가 개입되므로 그러한 행동은 존비가 뒤섞이는 위험한 일로 이끌 것이라고 주장하였다. 그 후 사대부는 사회적으로 지위가 낮은 양부모의 상을 치를 수 없다는 사실을 국왕의 전교로 확인하였다. 예조에서는 사대부가 자신들을 입양한 지위가 낮은 인물을 양부모로 부르지 말도록 하자는 요청도 들어주었다. 이러한 경직된 관점은 국왕이 그 문제를 다시 고려해보라고 명령을 내린 지 한 달 뒤에 조금 누그러졌다. 예조 관리들은 지위가 낮은 양부모의 상을 불가피하게 치르더라도 3개월을 넘겨서는 안 된다고 결정했다. 이 같은 결정은 1485년의 『경국대전』 마지막 판에 추가되었다.[62] 그리하여 한국적 맥락에서 상복은 신분 구조에 매이게 되었다. 비록 '인간의 감정'은 사회적 경계를 초월한다고 생각하였지만, 귀한 사람이 천한 사람에게 고개 숙여 인사할 수는 없었다. 상례 역시 한국의 최우선적 위계 원칙, 다시 말해서 사회적 구별짓기에 맞추어졌다.

장례식과 풍수지리

조선 전기 신유학자들이 입법화하기 위해 노력했는데도 죽음과 장례에서는 불교와 샤머니즘이 민중의 믿음에 강하게 자리 잡고 유지되고 있었다. 사후세계에 대한 불교와 유교의 관념은 기본적으로 상호 대립적이었다. 불교 신자들은 화장을 선호했는데 이것은 정신이 육체에서 벗어나는 즉시 극락에 가기를 원했기 때문이다. 이와 대조적으로 유학자들은 『예기』의 한 구절인 '장사지낸다'[葬]는 용어를 '간직한다'[藏]는 의미로 바꾸어 해석했다.[63] 불교에서는 주검이 흩어져서 '물고기와 새들의 먹이'가 되는 반면, 유교에서는 주검을 매장하여 삶과 죽음 사이를 순환한다고 여겨지는 기를 보존하도록 하였다. 만일 조상이 땅에서 평안을 찾는다면 자손은 세상에서 평안을 찾는다고 여겨졌다. 이러한 상호의존은 나무에 비유되었다. 즉 나무뿌리가 불탄다면 그 나무의 가지와 잎은 말라죽으므로 번성할 수 없다고 생각되었다. 그래서 성현들은 시체가 너무 빨리 부식할 것을 우려하여, 안팎이 견고한 관을 짜고 시체에 두꺼운 수의를 입혔다. 하지만 그들은 여전히 이것만으로는 충분하지 않다고 생각해 관 속에 침입한 해충이 주검 대신 먹을 수 있는 곡류를 넣었다는 것이다.[64]

유학자들에게 매장은 삶과 죽음이 이어지도록 한다는 점에서 중요하였다. 묘를 적절한 방식으로 마련한다면 죽은 자와 산 자 모두의 행복을 보장할 수 있다. 이러한 생명의 연속성에 대해서 이색은 다음과 같이 자세히 설명하였다. "묘는 백魄이 보존되는 장소이고, 혼魂은 집에 의해 지탱된다. 그러므로 우제虞祭는 혼이 쉴 수 있도록 집에서 세 번 치른다. 가묘家廟가 훼손되면 영혼은 갈 곳이 없어 떠돌아다녀 후손들에게 붙어 있지 않을 것이다."⁽⁶⁵⁾

유학자들은 망자를 사당뿐만 아니라 묘에서도 돌보아야 한다고 했는데, 이것은 인간의 가장 자연스러운 감정 가운데 하나인 효에서 나온다고 믿었다. 유학자들에게는 불자들이 지장보살과 명계冥界의 시왕十王에게 돌아가신 부모의 죄업을 이야기하면서 구원을 비는 일은 참을 수 없는 불효였다. 어떻게 음식 한 그릇으로 자비를 기대할 수 있겠는가? 그러한 기대만큼이나 부조리한 것은 저승에서 벌 받기를 두려워하여 속죄를 바라는 사대부나 서민 같은 무지한 사람들이 죽은 이의 명복을 비는[追薦] 장례식에 재산을 낭비하는 것이다.⁽⁶⁶⁾ 그러한 낭비는 일찍이 유교 입법가들의 표적이 되었다. 1413년에 새로 법을 제정하여 죽은 부모를 모신 절에 동행하는 상례자를 오복친으로 제한했다. 이와 함께 음식도 법으로 규제했다.⁽⁶⁷⁾ 이것은 분명 그동안 지속되어온 관행과 일시적으로 타협한 것이다. 불과 몇 년 후인 1420년대에는 비판의 목소리가 더욱 높아졌다. 유학자들은 불자들의 '사설'邪說이 유교의 올바른 길[斯道]에 가장 큰 위협이 되므로 『주자가례』를 모든 불교 예식을 대체하는 상장례의 지침서로 삼아야 한다고 주장했다.⁽⁶⁸⁾

유교의 관점에서 볼 때 묘는 이승[冥]과 저승[幽] 사이를 근본적으로 연결하는 것이므로, 묏자리를 마련하는 일이 장례식에서 가장 중요하였다. 그렇지만 오랫동안 지속되어온 관습을 개혁하여 죽음에 대한 유교적 개념을 사람들 마음속에 구현하도록 법적 기준을 마련하기는 쉽지 않았다. 이러한 방향으로 나아가는 첫 단계가 1395년에 불교에서 일상적으로 행해온 화장을 금지하는 것이었다. 이와 마찬가지로 도시의 길거리나 공터에 시체를 버리는 것도 혐오스러운 일이었다. 이러한 관습을 금지하기 위하여 1410년에 매치원埋置院을 한양에 세워 위반자들을 찾아 처벌하고 거리를 깨끗이 하려 했다.[69] 동시에 대간은 사대부들에게 바람직한 장례식에 대하여 일깨워주고 사치스러운 장례를 규제하는 내용의 조항을 마련하자고 주장했다.[70]

또 다른 특별한 문제는 시체를 매장하는 기간을 규제하는 것이었다. 전통적으로 매장은 3일에서 7일 안에 다양하게 행해졌다. 그런데 금기를 고려하다 보면 매장이 연기되기 일쑤였다. 아들이나 손자의 생년월일에는 매장을 피했으며, 자손이 많으면 알맞은 날짜를 선택하기가 더욱 어려웠다. 그동안 시체는 열린 공간에 놓아둔 채 '가장'假葬되었다. 1417년에 이 문제를 논의하면서 그러한 기행을 불미스럽다고 보아 서운관書雲觀에 지시하여 음양과 예언에 관한 '이상한' 책들을 불태우도록 했다. 그 후 풍수지리서 몇 권만 선택하여 매장 날짜를 결정하는 데 활용하였다. 고전의 모델을 기초로 4품 이상 관리에게는 석 달 안에, 5품 이하 관리에게는 한 달 안에 시체를 매장하도록 하였다.[71]

고려시대에 지위가 높고 공이 있는 관리의 장례식은 예장禮葬이라 하여 국가의 일로 취급하였다.[72] 고위관리가 죽으면, 조정은 며칠 동안 업무를 폐하고[輟朝], 국왕은 조제弔祭하고 쌀이나 콩 등을 부조하며

[致賻] 추증追贈하도록 하였다. 귀후서歸厚署는 상서롭지 못한 직무를 담당한다는 이유로 도성 바깥에 있었는데, 이 관청에서는 사적으로 치르는 장례뿐만 아니라 공적으로 치르는 장례에 필요한 내관과 외관을 제공했다. 너무 가난하여 장례비용을 충당할 수 없는 사람들은 예조에서 도움을 받을 수도 있었다.(73)

묘의 외관 역시 규제 대상이었다. 고려시대에는 묘를 조성하면서 부와 지위를 드러내는 경향이 있었으며, 묘를 만드는 데 재원을 많이 소모하였다. 이에 대한 제재 조처를 일찍부터 강력하게 취했지만 분묘를 높여 죽은 이의 사회 지위를 높이는 일을 중단하지 않았다. 그렇지만 아무리 지위가 높다 하더라도 석실은 지을 수 없었다. 석실 짓는 일은 『예서』에도 없을뿐더러 막대한 노동력이 필요했기 때문이다. 『가례』에 따라 석실은 석회암을 쌓는 것으로 대체되었다.(74) 예장의 영예를 누린 고위관리의 묘에 관습적으로 장식하던 석상과 석등도 '쓸모없는 것'이라는 비난을 받았다. 묘에 이르는 3단의 돌계단은 전통적으로 사용해온 다듬어진 돌 대신 자연 석판을 이용하라고 지시하였다. 그에 따라 이러한 작업에 동원되는 요역자 수는 줄어들었다. 석상, 묘석, 제단을 세우는 일은 비난을 받았는데도 여전히 사대부 묘의 특징이 되었다. 때로는 일부 부유한 평민도 지위에 따른 관례를 어기면서까지 묘석을 세워 묘를 장식했다.(75)

15세기에는 풍수지리에 따라 묏자리를 정하는 일이 점차 늘어났다. 고려시대에도 풍수지리가 널리 이용되었지만, 조선시대에는 죽은 자와 산 자 모두를 위해 묏자리의 중요성이 커졌으므로 좋은 묏자리를 잡기 위한 풍수지리가 더욱 중요하게 되었다. 좋은 땅을 찾는 행동이 너무 지나쳐 농민들을 강제로 삶의 터전에서 쫓아내는 일도 일어나 정부는 시골 마을 근처에 매장하는 것을 금한다는 지시를 내렸다. 곧 서울 주변의 남향 길지[南向大利]에 있는 최고의 묏자리는 모두 없어졌다. 1431년 묘지가 모자랄 것을 걱정한 정부는 수도 안에 있는 남향 길지의 땅을 개인이 차지하는 것을 금지하였다. 나아가 예조에서는 지식을 충분히 전파하여 '무지한 학자'들의 터무니없는 논리가 더는 통하지 않도록 중국에서 더 많은 풍수지리서를 들여오자고 제안했다. 그리하여 15세기 말에 풍수지리는 조선 유교사회의 일반적 속성이 되었는데, 이것은 유교가 인정한 것이 아니라—이 점에 대하여 『주자가례』는 모호했다—풍수지리의 유효성이 중국의 역사적 사실에서 확인되었기 때문이었다.(76)

상례의 근원은 '인간 감정'에 있었으며, 이것은 유교 입법가들이 한국의 상장 관습을 개혁하기 위한 노력의 전제가 되었다. 하지만 인간의 '감정'은 고려시대 불교와 무속의 관념 그리고 실천으로 왜곡되었으므로 올바른 가르침에 따라 새로 교화할 필요가 있었다. 상장례는 그러한 가르침의 한 부분이었으며, 인간 행동에 직접 적용함으로써 개혁 과정의 가장 중요한 구성 성분이 되었다. 그렇지만 『주자가례』에 나타나 있듯이 유교식 상례는 오래 계속된 일련의 분리된 행동이 아니라 그 같은 행동이 의미를 가질 수 있는 특별한 사회적 틀, 다시 말해 부계를 기초로 한 구조화된 사회를 전제로 하고 있다. 15세기 한국은 유교식 상례를 시행할 수 있는 적절한 사회 환경이 여전히 조성되지 않았으며, 여기에 걸맞은 똑같은 감정과 실제 행위로 상장례의 모든 부분을 유지하기는 어려웠다. 그러므로 15세기 말의 상황에 대한 평가는 복합적이다. 일부 열성적인 관리들은 1492년에 장례가 "고려 관습과 상당한 차이가 있다"라고 보고했다. 다시 말해서 사대부는 대부분 『주자가례』에 따라 장례식을 치렀으며, 소수만이 여전히 불교 관습을 고집하고 있다는 것이다. 그렇지만 또 다른 관찰자들은 매우 비관적이었으며 적절한 장례는 통탄할 정도의 단계까지 온 것으로 인식했다.[77] 하지만 상황이 더욱 악화된 것은 연산군 시대(재위기간 1494~1506)였다. 연산군 당시 모든 사대부와 서민은 달[月]을 날[日]로 바꾸는 중국의 오래된 관습에 따라 부모의 상복 기간을 줄였으며, 장례에 참석하는 친척들도 급격히 줄었다.[78] 이렇듯 혼란스러운 시간이 지나 중종대에 이르러 관혼상제는 다시 개선되었다. 열렬한 유학자들은 중종에게 완전한 의례 절차를 이행해야 한다고 계속 밀어붙였다. 하지만 16세기에도 비규범적 관습의 잔존에 관심을 보이는 사례가 많이 보고되었다. 어느 정도 유교에 친숙해졌으므로 규범에 순응하지 않는 일은 분명히 사회적으로 훨씬 심하게 비판받는 화제가 되었다.[79]

심지어 모범적인 행동을 보여야 한다고 자주 주의를 받는 고위관리 중에도 시체를 정해진 기간에 묻지 않는 위반자들이 있었다. 때때로 경고를 받긴 했지만 장례식은 경제력과 지위를 과시하는 행사로 남아 있었다. 기본 장례 지식은 대부분 불교 신자와 무속을 행하는 사람들이 계속 장악했다. 상서로운 복택조卜宅兆 또는 복영卜塋에 대한 풍수지리설이 모든 사회 계급에서 유행하였다. 이것은 원래의 묘터가 상서롭지 못하다고 입증될 경우 새로운 곳으로 묘를 옮기는 관행[遷葬, 改葬]에 기여했다. 심지어 그러한 믿음으로 명종은 조언자들이 항의하는 데도 부친의 묘를 옮기도록 했다.[80]

조선 왕조를 건국했을 당시부터 유교 입법가들의 영향력은 수도인 서울에서 가장 컸으며, 그들이 밀어붙인 개혁은 매우 느리게 수도를 벗어나 퍼져 나갔다. 오랜 관습이 수도의 거리와 골목에서 얼마나 오랫동안 존속하였는지를 목격한 관리들은 지방 상황을 걱정할 수밖에 없었다. 지방에서 제출된 보고서가 입증하듯이 그러한 걱정은 당연한 것이었다. 시골의 부자들은 경쟁적으로 부모 장례식 전날 밤에 손님을 많이 초대하여 장례를 사치스럽게 치렀다. 관을 임시로 친 천막으로 옮기고 '시체를 즐겁게 하기 위하여' 시끄러운 음악을 연주하였다[娛尸]. 남녀가 밤새도록 춤을 추었으며, 특히 '유밀과' 같은 사치스러운 음식들로 그릇과 접시들을 채웠고 술을 많이 소비하였다. 남부지방에서는 승려들이 '영이 떠나는 밤'[靈撤夜]이라고 알려진 의례를 도왔다. 장례에 재물을 쓰지 않고 술과 노래가 없으면 이웃들은 '초라한 장례식'[薄葬]이라고 헐뜯었다. 장례에 필요한 돈을 모으기 위해 가난한 사람들은 장례를 몇 년 동안 미루기도 했다. 북부지방의 보고에 따르면 함경도와 평안도의 장례 관습은 훨씬 더 비문명적이었음을 알 수 있다. 그 지역의 상류층조차 관을 사용하는 관습을 몰라서 시체를 관에 넣는 대신 넓은 들판이나 바위 절벽에 고작 돌 몇 개로 간신히 덮어놓아 시체가 바깥으로 드러났다. 서민들도 장례를 치르거나 조상을 섬기는 데 『주자가례』를 참조한다는 보고가 가끔 있기는 했지만, 왕조 초기에 정도전이 혹평한 부패한 관습이 16세기 초에도 유행하였다는 사실은 분명 충격적이다. 『삼강행실도三綱行實圖』를 배포하여 교화하거나 엄격하게 경고하고 법적으로 규제하는 것으로도 끈질기게 유지되어온 지방의 전통을 깨지 못한 것으로 보인다.(81)

5장

상속, 균분에서 장자 우대로

∴

　조선 왕조 개국을 전후로 시행된 과전법은 고려 왕조의 경제적 폐단에 개혁가들이 대응한 것이었다. 기간이 짧았는데도 지방의 토지 자원에 대한 국가의 권위를 재천명하였으며 토지제도를 어느 정도 정상적이고 일률적으로 운영되게 하였다.[1] 과전법의 주요 목표는 신흥 관리들의 생계를 보장하고 군비를 충분히 조달하는 것이었다. 지위에 따라 토지를 분급한 과전법은 국가나 지방 관청 대신 수혜자들에게 분급받은 토지에서 조를 징수하도록 권리를 부여한 녹봉제도였다. 그 같은 토지 분급 제도는 고려 때보다 더 제한적이었다. 그렇게 된 일부 요인은 처음 분급한 토지가 경기도의 토지 자원으로 제한되었기 때문일 것이다. 이와 더불어 수혜자 자격을 더욱 제한한 것도 국가의 분급을 억제했을 것으로 보인다.

　원칙적으로 과전은 수혜자가 사망하면 국가에 반납해야 했다. 이러한 기제는 개혁가들이 되풀이하여 강조한 바와 같이, 토지가 국가 통제를 벗어나는 것을 예방하기 위한 것이다. 그렇지만 사망한 관리의 가족이 생계를 유지하도록 과전의 전부 또는 일부에 대하여 조세권을 허용한 특별 규정이 처음부터 있었다. 과부는 '수절을 위한 토지'[守身田]를, 고아는 '양육을 위한 토지'[恤養田]를 받았다. 이 두 지목의 토지는 목적을 달성한 후에는 국가에 반납해야 했다. 하지만 실제로 이 같은 조치는 종종 지켜지지 않았다. 그러한 토지가 어느 정도 융통성이 있었다는 사실은 김하金何(?~1426)의 사안에서 드러난다. 김하는 어렸을 때부터 외가에서 살았는데, 외가에서는 김하를 부양하는 데 사망한 부친의 과전을 활용하였다. 김하는 18세가 되었을 때 말단 관직에 올랐고, 여기에 상응하는 몫의 과전을 받게 됨에 따라 휼양전은 포기해야 했다. 그렇지만 고아가 20세가 될 때까지 국가에서 수여한 토지에서 조를 징수할 권한을 부여한 법을 근거로 김하는 장인이 종전과 같이 과전 5결로 생계를 유지하도록 자신의 휼양전을 양도하겠다고 청원하였다.[2] 이처럼 수신전과 휼양전을 불법으로 양도하는 것은 상대적으로 쉬웠으며, 과전에 대한 압력도 이와 마찬가지로 컸음이 틀림없다. 특히 아들이 부친보다 관직이 낮아서 수입을 부당하게 맞추려는 유혹을 받게 될 경우 그러했을 것이다.[3]

국가와 사유재산

국가는 한편으로 과전 통제권을 유지하려고 노력한 반면 다른 형식으로는 토지를 하사하기도 했다. 그중 가장 두드러진 것이 공신에게 수여된 토지[功臣田]와 국가에 봉사한 데 대하여 특별히 수여한 토지[別賜田]인데, 이것은 처음부터 후손들에게 세습할 수 있었다. 이렇듯 국가가 충성스러운 지지자들에게 아낌없이 하사한 넓은 경작지는 국가 통제에서 영구히 벗어났다. 이것은 이미 존재해온 사적 점유지를 넓히거나 확대일로에 있던 전장의 핵심이 되었다.[4] 다른 한편으로 적절한 경제 기반을 갖추지 못한 많은 신진 관리에게 지급된 과전은 이들 신진 관리의 주요 수입원이었으므로, 그 토지를 환수하는 데는 어려움이 많았다. 그 같은 상황은 국가가 본의 아니게 관용을 베푸는 사태를 빚었다. 토지에 대한 국가의 관리를 위태롭게 하는 이러한 다양한 요소는 태종대에 이르러서는 훨씬 더 심각해졌다. 이때 경기도의 토지가 모자라 과전을 지급할 수 없게 되자 정부는 삼남 지방으로 옮겨 갈 수밖에 없었다. 하지만 이 지역은 행정 감시를 하기에는 너무나 멀었다. 이러한 조치들이 일으킨 부작용으로 말미암아 1466년에는 현직 관리들에게만 토지를 분급하는 직전제를 도입하였다. 그러나 이것으로 그 부작용을 상쇄할 수는 없었다. 이처럼 15세기 말에 이르러 녹봉제도가 차츰 무너지자 양반들은 토지를 더 보유하려고 적극적으로

황무지를 개간하였다. 전장이 확대되는 양상에 환멸을 느낀 어떤 관찰자가 지적했듯이 이것은 고려 말의 상황과 큰 차이가 없었다.⁽⁵⁾

조선 초기의 토지 개혁을 위한 노력은 모든 토지가 국가에 속하며 국가가 관리해야 한다는 전제를 기초로 했다. 따라서 조선 초기에는 전 왕조보다 토지를 잘 통제했을지 모르지만 개인이 토지를 소유한다는 것은 언제나 중요한 사실이었다.⁽⁶⁾ 국가가 언명한 이상과 달리, 사유재산의 가장 중요한 측면으로 상속에 관한 법규와 규제를 마련한 것은 바로 이렇듯 현실을 피할 수 없었기 때문이었을 것이다.

조선 초기의 입법가들은 숙고한 끝에 국가 권위의 행사 영역을 지금까지 치외법권에 속해 있던 사생활 영역으로 확대하기로 결정하였다. 고려 말의 가장 불안한 경제적 특징은 정부가 급속하게 토지 통제력을 상실했을 뿐만 아니라 사유화 확대가 인간 행동과 인간관계에 좋지 않은 영향을 미쳤다는 것이다. 사적으로 보유한 토지가 늘어나면서 국가의 봉록에 덜 의존하게 된 사람들은 관리가 되려고 노력하지 않게 되었다. 이는 사유지에 더 큰 압력을 부과하게 만들었으며 한 세대에서 다음 세대로 사유재산 양도를 규제하던 관행이 깨져 토지와 노비, 가내 재산을 놓고 집안 식구들끼리의 분쟁을 불러일으켰다. 상속은 토지 획득의 중요한 수단으로 입법가들도 더는 간과할 수 없게 되었다.

국가가 주로 토지와 노비로 구성된 사유재산의 상속에 개입한 것은 도덕적 차원과 관련이 있다. 상소문을 올린 이들이 언급한 바와 같이 부모에게 '조상의 토지'[祖業]를 받은 사람들은 국가에 대한 의무를 망각하는 경향이 있었다. 더욱이 재산을 둘러싼 가족 간의 불화는 인간

관계를 악화시켰다. 기대한 만큼 몫을 차지하지 못하여 불만을 품은 아들은 부친을 차갑게 대하였으며 심지어 부친상을 일찍 마치기도 하였다. 그러한 불화는 형제들이 반목할 경우 더욱 첨예화되었다.[7] 더욱 나쁜 것은 부패하기 쉬운 관리들이 가족 분쟁을 올바르지 못하게 해결하면서 정부에 대한 백성의 신뢰를 떨어뜨린 사실이다.[8] 이렇듯 상속 재산을 둘러싼 가족 간 분쟁으로 국가에 당연히 있어야 할 도덕적 특성이 동요되고 악화되면서 이 같은 잘못을 시급히 바로잡아야 할 필요성이 제기되었다.

상속 문제에는 새로운 왕조가 기반을 굳히는 동안 세심하게 주의해야 할 복잡한 정치사회적 사안도 포함되어 있었다. 가장 중요한 사회적 혁신이라고 할 종법은 계승자들 사이에 재산을 분배하는 데 큰 영향을 미쳤다. 특히 출계집단 문제에서 봉사자의 중추적 역할은 그가 형제자매들보다 세습재산을 더 많이 차지하도록 만들었다. 이러한 차별 대우는 결국 남자나 여자 형제들 사이의 균분 상속 관행이 사라지게 했다. 종법을 강조하는 것은 엘리트 계층으로 접근하는 길을 제약했으며, 사회 지위를 규정하기 위하여 더욱 날카로운 기준을 채택하도록 만들었다. 이것은 관리의 자녀를 양출良出과 천출賤出로 나누어 차별하는 결과를 낳았다. 따라서 이러한 새로운 사회 모델 속에서 상속은 전례 없이 중요하게 되었으며, 정부는 이를 통제하기 위해 조치를 강구하였다. 상속 문제에 정부가 개입하는 일이 정당하다는 것을 보여주고자 경제, 도덕, 봉사에 대한 주장을 내세웠지만, 사회 상황을 개혁하지 않는다면 토지 자원은 여전히 풍부한 상황에서 정부의 개혁 조치가 성공할 기회는 제한되어 있었을 뿐이다.

사유재산의 대부분을 구성하는 토지와 노비는 경제적으로 상호 밀접한 의존관계에 있었다. 토지 경작에는 노비의 노동력이 필요했고, 노비는 토지 덕분에 생계를 이어갈 수 있었다. 노비는 논밭에서 일할 뿐만 아니라 집안에서도 없어서는 안 될 존재였다. 요컨대, 노비는 상류계층의 '손과 발'이었으며, 그들의 수가 주인의 재산 정도를 보여주었다. 노비는 토지와 달리 살아 움직이는 재산이었으므로 뇌물과 증여에 편리하게 이용되었다. 그리고 그들은 매매와 소유권 분쟁의 대상이 되기도 했다. 그렇지만 가장 중요한 사실은 그들이 토지를 제외한 세습 재산[祖業人口]의 가장 중요한 부분이라는 것이다. 정당한 상속자를 희생하면서까지 노비 등을 불법으로 거래한 것은, 고려 말에 이어 조선 초의 사회경제적 분위기를 불안정하게 조성한 큰 요인이었다. 그리하여 새로 들어선 정부는 노비 문제를 토지 문제만큼이나 시급히 해결해야 한다는 것을 깨닫고 있었다.

태조와 그의 협력자들은 1391년에 시행한 과전제도가 이전에 시행한 토지제도의 폐단을 개혁할 거라고 확신했지만, 노비 문제에 대해서는 분명한 해결방법을 찾지 못했다. 다만 1395년에 와서야 고려 왕조에서 이미 만들어진 기구를 부활하여 '노비변정도감'이라 칭하고 노비 문제를 다루도록 했다. 이 기구는 20년 동안 설치와 폐지를 거듭하다가 1414년에 마침내 폐지되는데, 이러한 사실은 정부가 노비 문제를 해결하는 데 딜레마에 빠졌음을 보여준다. 다시 말해 당시 상황은 적극적인 노비 정책을 요구하였으나, 이에 반대하는 자들은 '(국가에) 전혀 이득이 되지 않는' 노비 문제에 국가가 항구적으로 개입하는 것은 분별력을 상실한 일이라며 문제를 제기하였다. 그럼에도 태종은

'노비를 둘러싼 자손들 사이의 분쟁'을 중요한 문제로 인식하였으며, 자신과 세종대에 사유재산 상속을 규제하는 가장 기본적인 법을 제정하기에 이르렀다. 그러한 입법이 노비 문제를 기초로 시작된 사실은 중요하며, 나중에 편찬된 『경국대전』 역시 이 체제를 채용했다. 인간의 노동력은 토지보다 부족했지만 상속제를 입법화하는 과정은 토지와 노비를 국가의 사회경제 정책의 기반으로 만들어야 할 필요성을 보여주었다.[9]

종법과 상속

 다음 세대에게 재산을 물려줄 때 적법한 후사가 세습 재산을 물려받는 한 아무 문제가 없었다. 고려시대에는 아들과 딸에게 부모 재산을 균등하게 분배하는 것이 관행이었다. 의심할 여지없이 친자가 후사가 되는 것이 가장 바람직하지만 그렇지 못할 경우 방계친이 대신 상속받을 수 있었다. 대를 잇는 것을 사회적으로 우선시하지 않았으므로 재산은 수평적으로 이전될 수 있었다. 그렇지만 고려 말기의 혼란 속에서 때로는 장차 후사가 될 사람은 완전히 무시한 채 조상 전래의 재산이 사찰이나 세도가의 수중으로 들어갔다. 이 때문에 세습 경로는 점차 깨져 나갔으며 재산은 순전히 개인의 이익을 위해 전용되었다.[10]

 조선 초기 입법가들은 상속 문제를 조상을 중심으로 한 계적 구도라는 새로 확립한 틀 안에서 검토하였다. 부계 계승이 강조되자 세습 재산을 배분받는 집단을 새로 규정할 필요가 있었다. 잠재적 수여자의 사회 의례적 지위를 기초로 상속할 몫을 결정하여 입법가들은 이 집단의 바깥 경계를 좁혔을 뿐만 아니라 내부적으로는 일정한 위계질서를 세우는 차등적인 계획안을 마련하였다.

 아들과 딸에게 고르게 상속하는 고려의 관행은 조선 초기에도 그대로 이어졌다. 이 관행은 매우 뿌리 깊은 것으로 당시에는 아들과 딸 사이의 차별이 아니라 아버지의 여러 부인에게서 태어난 자식들 사이의 차별이 오히려 더 큰 문제였다. 부계제 개념이 대두됨에 따라 적실의 자녀, 즉 적자만이 출계집단의 진정한 구성원이 될 수 있었으며 아버지 재산은 물론 사회 지위의 계승자가 될 수 있었다. 이와 대조적으로, 첩에게서 태어난 자녀들, 즉 서자는 출계집단에서 주변 지위를 차지할 따름이었다. 따라서 서자 상속분은 사회적 여건과 의례의 해석에 따라 가변적이 될 수밖에 없었다.

서자 상속에서 가장 먼저 고려된 사항은 적실에게 자식이 있는가와 첩의 사회적 출신이었다. 조선 초기 입법가들은 이 두 가지 사항을 함께 고려하여 서자의 상속분을 결정하였다. 1397년에 반포한 첫 규정에 따르면, 서자는 적실에게 자식이 없을 경우에만 상속 대상이 될 수 있었다. 서자가 상속자가 될 경우, 양인 출신의 첩에게서 태어난 자녀, 즉 양첩자는 아버지의 노비를 모두 상속받았다. 그렇지만 양첩자가 없어 노비 출신 첩이 낳은 자식, 즉 천첩자가 상속자가 될 경우에는 세습 재산의 일정 부분만 상속받도록 하였다. 그리고 나머지는 국가로 귀속시켰다.[11] 다시 말해, 양인 출신 자식들이나 천인 출신 자식들은 적자가 없을 때에만 상속받을 기회가 있었다는 것이다. 그리고 서자들 사이에도 차별을 두었다. 이러한 가혹한 발상은 서얼을 지나치게 구속하는 사고방식의 결과로, 1405년에는 법으로 더욱 정교하게 다듬어졌다.

서자 상속에 관한 규정은 모든 부계 후손에게 상속 특권을 주기 위한 것 같지만 사실은 어머니의 사회적 출신이 여전히 개인 몫을 결정하고 있음을 보여준다. 다시 말해서 적실이 낳은 아들이 있을 경우, 양첩자는 7분의 1을, 천첩자는 10분의 1을 받았다. 양첩자가 없을 때는 천첩자의 몫이 7분의 1로 늘어났다. 하지만 천첩자가 유일한 남자 자손이라 할지라도 그는 결코 완전한 후사가 될 수 없었다. 하지만 양첩자는 후사가 될 수 있었다. 그러나 그러한 경우라도 양첩자는 아버지와 가까운 방계친인 아버지 형제들과 공동으로 상속받아야 했다. 1405년의 법규는 서자의 입지를 후사로 승격했지만 동시에 고려의 수평적 상속 전통을 마찬가지로 재확인하였다. 국가의 이념을 양보하면서까지 상속에 방계친을 포함시킨 것은 불가피하게 종법을 압박하였다. 이것은 1430년 의례상정소에서 "적자가 없을 경우, 양첩자에게는 노비를 10명만 주고, 나머지 노비는 방계친에게 분배해야 하는가"라고 제기한 물음에 분명하게 나타난다. 세종은 이 제안을 거부하면서 제사를 책임진 후사의 몫을 마음대로 경감할 수 없다고 주장하였다. 이는 방계친이 재산을 상속받는 것에서 종법을 보호하려는 국왕의 의지를 드러낸 것이다.[12]

조선 왕조의 상속법은 1485년 『경국대전』에서 더욱 발전된 모습을 보여준다.[13] 앞에서 살펴본 바와 같이 이전 상속법을 토대로 만들어진 이 최종 규정에는 고려의 관행과 유교 이념을 편의에 따라 타협한 양상이 두드러진다. 여기에서 그 같은 관행은 아들과 딸 사이의 균분 상속을 확인한 것이라 할 수 있다. 개혁은 방계친의 수평적 상속을 분명히 거부하고 종법을 확고하게 이식한 것이라 할 수 있다. 이는 천첩자들이 더는 욕심 많은 방계친과 경쟁하지 않아도 되며, 양첩자가 없다면 아버지의 완전한 상속자가 될 수 있음을 의미했다. 그 나머지는 1405년의 규정과 같았다. 새로운 것은 승중자를 명백하게 우대 조치한 것이다. 1405년에는 제사가 그리 중요하지 않았으나 15세기 후기에는 좀더 중요해졌다. 따라서 그 경제적 근거를 마련하는 법안을 규정해야 했다. 사회 지위가 어떻든 간에 봉사자는 적어도 원칙적으로는 다른 형제보다 더 많은 몫을 분배받았다.⁽¹⁴⁾

사망한 자식을 포함하여 서자와 딸에게 균등하게 분배한 재산은 아버지와 어머니의 재산을 합친 것이었다. 아내의 재산은 대개 남편이 관리하였지만 남편은 그에 대한 소유권은 없었다.⁽¹⁵⁾ 그러므로 적처의 직접 상속자가 아닌 첩의 자녀는 단지 조금만 받을 수 있었다. 양첩자는 7분의 1을, 천첩자는 10분의 1을 받았다. 만약 서자가 제사 상속자일 경우, 이러한 상속액은 각각 3배나 2배로 늘어났다. 그리고 나머지 재산은 적처의 본가[本族]로 돌려주어야 했다.⁽¹⁶⁾

남편은 공식 문서가 없더라도 적처 재산이 친정으로 돌아가기 전까지는 그 재산을 사용할 권한이 있었다. 아내의 재산이 권한 없는 사람들에게 분산되는 것을 방지하기 위해 남편은 누구에게도 그 재산을 넘겨줄 필요가 없었으며, 법적으로 자격이 있는 사람들에게 분배할 때도 그 몫은 법이 정한 양을 초과할 수 없었다. 남아 있는 배우자의 경우, 『경국대전』은 단지 과부에 대해서만 언급하였는데, 그 배우자는 재혼하는 즉시 사망한 배우자의 재산 사용권을 잃었다. 분명히 그 법은 조상 전래의 재산을 보유하고 그것이 양도되는 것을 예방하려고 만들어진 것이다. 이것은 조상 전래의 재산은 팔 수 없었음을 의미한다. 법에는 이 같은 뜻이 내포되어 있었지만 '이것을 잘 모르는' 관리들이 이 규정을 자주 무시하였다. 그리고 다양한 위반 사례가 여러 차례 나오자 1490년에 그 문제를 두고 논쟁이 일어났다. 이 논쟁에서는

『경국대전』에 나오는 '구처'區處라는 법적 용어가 '파는 것'[放賣]을 내포하는지를 둘러싸고 주장이 엇갈렸지만 가난한 과부는 생계를 위해 남편 재산의 일부를 팔 수 있도록 허용해야 한다는 쪽으로 의견이 모아졌다. 가난을 판단하는 기준을 세우기가 어렵다는 것을 인정하더라도, 아무튼 가난한 과부는 그녀에게 좋지 않은 감정을 가진 친척이 철저하게 감시하였기 때문에 행동에 제약을 받았다. 당국에서는 실제로 증여한 것을 마치 판 것처럼 꾸며서 환심을 사려는 위법 행위를 감시해야 한다고 했다. 파는 것을 특별히 금지하지는 않았지만 종을 유지하려면 세습 재산을 잘못 사용하는 것을 어떻게 해서든 규제해야 한다고 판단하였다. 이렇듯 상속 재산에 대한 규정은 다소 느슨했는데, 이는 그 후 만들어진 『속대전』에서 수정되었다. 여기에서는 조상 전래의 재산을 파는 것을 확실히 금지하였다.[17]

세습 재산은 출계집단의 근간으로 인식되기에 이르렀으므로 대종에 후사가 없을 경우, 유산을 물려줄 친척의 범위를 규정하여 반드시 이를 잇도록 해야만 했다. 1405년의 법규는 친척의 한계를 사촌으로 규정하였다. 뒤이은 법규에서도 자주 반복된 이 기준을 『경국대전』도 마찬가지로 적용하였다. 그렇지만 본족의 구성원이라고 모두 그처럼 주인 없는 재산을 받을 자격이 있는 것은 아니었다. 단지 가장 가까운 방계친의 일부, 다시 말해서 사손嗣孫이나 본손本孫으로 알려진 형제 그리고 삼촌과 사촌만을 총괄하여 정당한 수혜자로 지명하였을 뿐이다.[18] 그러나 이 규정에서 이들 용어와 그들의 일시적인 순서의 정확한 의미는 분명하지 않다. 『경국대전』이 규정한 대로 삼촌에 해당하는 친척이 형제 다음으로 재산 상속의 우선권을 갖는다면, 죽은 형제의 자녀들은 상속에서 배제되는가? 아니면 삼촌에 그들을 실제로 포함하는 것인가?

위의 경우를 포함하여 이와 유사하게 불확실한 경우가 상속법을 준수하는 데 큰 장애였다. 그래서 상속법을 반포한 후 2년이 지난 1487년에 대신들은 오랫동안 논의를 거치고 나서 명확한 결론에 도달하려 하였다. 그렇지만 이들의 관점은 서로 달랐다. 논쟁의 초점은 본질적으로 생존 여부와 관계없이 형제들과 그들의 자손을 후사로 인정할 것인가와 아버지 쪽 삼촌을 형제들 바로 다음에 둘 것인가에 맞추어졌다. 이러한 문제는 수평적 상속과 수직적 상속의 서로 모순된 전통에서 유래하였다. 생존한 형제이거나 죽은 형제이거나 관계없이 양쪽을 모두 인정해야 한다고 옹호하는 관리들은, 부계 상속에서의 재산 분배를 유추하면서 혈통마다 분할해야 한다고 주장하였다. 말하자면 그들은 삼촌과 사촌을 직계 조카와 직계 손孫조카로 해석하고 그들을 잠재적 상속자 안에 포함시켰다. 이 같은 주장에 반대하는 사람들은 만약 생존한 형제가 없다면 상속권은 형제들의 후손을 무시하고 아버지 형제, 즉 삼촌에게 넘겨야 한다고 주장하였다. 이 논쟁은 1493년의 『대전속록大典續錄』 규정에서 알 수 있듯이 첫 번째 주장에 찬성하는 쪽으로 해결되었다. 1555년의 『대전주해』는 이 결정을 뚜렷하게 명문화하였다. 다시 말해서 "자손이 없는 사람의 개인 재산은 그 부모에게 속하게 된다. 그러므로 형제들의 자녀와 손자녀가 본족이 되어 삼촌숙과 사촌형들은 아무것도 받지 못한다. 그러나 만일 사촌손(고인의 조카가 낳은 자녀들)이 없다면, 재산은 위로 조부모(의 세대)에게로 귀속된다. 그러므로 삼촌숙과 사촌형제들도 본족이 된다." 이러한 정의

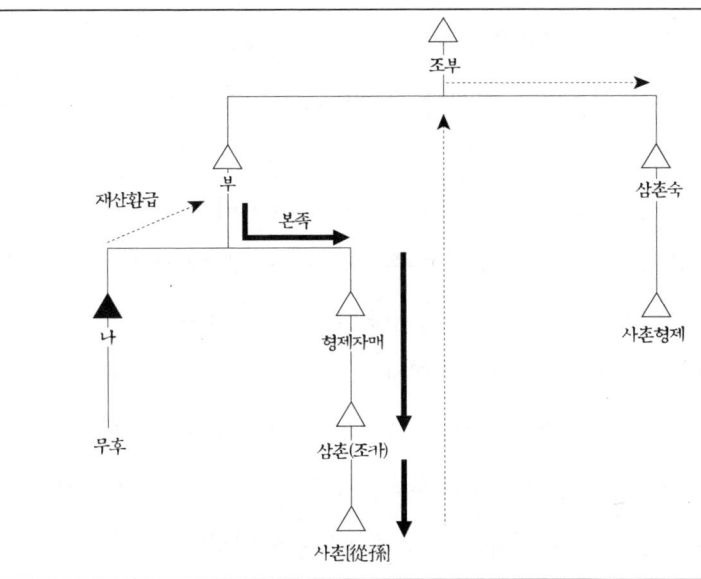

〈그림 10〉 사손도

는 직계[親]에 관한 명확한 사고를 드러내며 이것은 다음 그림에서 뚜렷하게 확인된다(〈그림 10〉 참조).

사손도嗣孫圖라고 하는 이 그림은 출계집단 내 상속자들의 권리에 대한 올바른 순서를 제시함으로써 16세기 초 관리들에게 종법의 요점을 주입하는 데 도움을 주었다.[19]

그러나 상속자를 방계친 가운데서 아무리 사려 깊게 선택했더라도 방계친은 기껏해야 잉여 상속자에 불과하여 좀처럼 재산권의 수여자가 될 수 없었다. 왕조가 교체되는 혼란한 시기에 자손이 없는 사람들은 살아 있는 동안 어떤 은전을 기대할 수 있는 세력가의 아들에게 자기 재산을 '투자'하는 것이 좀더 유익하다고 생각했다. 하지만 그러한 '경제적 양자 결연'은 방계 친족과 충돌을 일으켰을 뿐만 아니라 후사 없는 가계를 인위적으로 유지하도록 통제하는 규정과도 맞지 않았다.

그러므로 조선 초기 입법가들은 사회문제와 경제문제를 모두 충족할 수 있는 법규를 고안하려 하였다. 그들은 이미 고려 때부터 알려진 중국의 법 모델에 따라 양자를 두 범주로 명확하게 구분하였다. 첫 번째 범주는 남편 또는 부인의 혈통이거나 버려진(따라서 출신을 알지 못하는) 3살 이하의 아이를 양자로 선택하는 것이다. 이러한 경우 아이는 대부분 부계와 아무 관련이 없지만 어려서부터 오로지 양부모에게 의존하였으며 친자식처럼 양부모의 성姓을 썼다. 이것은 다른 점에서 부계 출신이 아닌 양자를 금지한 중국 법에서조차 인정했다.[20] '수양자'收養子라고 하는 이러한 입양의 경우, 양자는 친자로 간주되어 양부모의 재산을 모두 받을 수 있었다. 두 번째 범주에는 시양자侍養子가 속한다.[21] 중국에는 그에 상응하는 존재가 없었던 것 같다. 시양자는 성년의 나이에 입양되었으며, 문서로 분명하게 작성하지 않아도 양부모 재산을 조상 봉사를 맡은 이와 함께 나누도록 되어 있었다. 이러한 수양자와 시양자를 구별하는 것은 왕조 초기의 법전에 규정되어 있었으나 민간에서는 종종 혼동되었다. 따라서 여기에 수반되는 경제적 이득이 법보다는 정서에 따라 주어지는 형태가 지속되었다. 더욱이 어떤 형태로든 양자를 들이는 것은 아들이 없는 부부의 재산에 합법적 권리가 있는 방계친[傍孫]에게는 일종의 불행이었다. 수양자의 상속분이 계속 줄어든 것은 틀림없이 이들 방계친이 배후에서 벌인 성공적인 노력에서 비롯했을 것이다.[22]

이러한 입양의 초기 형태는 대lineal를 잇는 것을 고려하기도 했지만, 그보다는 오히려 자신들의 재산을 상속받을 수 있는 후사를 만드는 데 더 큰 의미를 두었다. 1430년대 이후에 와서야 관리들은 이런 입양을 차츰 입후 lineal succession 문제와 연결해 생각하게 되었다. 실제로 '양자로 받아들인 아들'[收養者]과 '후계자로서 세운 아들'[繼後者] 사이의 상관관계는 무엇일까? 1437년에 계승하는 가계를 확정하면서 수양자는 친아들이 지닌 특징을 모두 가지게 된 것처럼 보이는데, 그 온전한 특징은 재산권과 함께 종의 진정한 후사로 인식되는 것이다. 그러나 1442년 의정부가 이 문제를 진지하게 검토하면서 수양자 자격에 대해 일부 유보하는 모습을 드러냈다. 수양자는 3살 이전에 들인다고 하지만 대부분 부계친이 아니었으므로 양부모를 위하여 봉사할 자격이 없다는 것이다. 더욱이 그 자신의 친족이 상을 당할 경우 오복의 의무도 줄어들지 않았다. 대신들은 수양자가 되었다고 해서 자동으로 완전한 후사가 될 수는 없다는 결론을 내렸다. 그와 같이 수양자의 사회 자격을 박탈하는 것은 수양자의 경제적 기대에 불리한 영향을 미쳤다. 이로써 수양자의 상속분은 논쟁거리가 되는 일이 잦아졌다. 그리고 서자가 있을 때는 그 기회가 더욱 줄어들었다. 『경국대전』은 이렇듯 양자의 입지가 축소된 사실을 반영하였다. 그리하여 양자가 된 자녀들은 왕조 초기에 규정된 상속분보다 더 적은 몫을 받았다. 즉 양부모에게서 태어난 자녀가 없으면 7분의 1을, 첫째 부인이 낳은 자손이 있을 때에는 10분의 1을 받도록 규정하였다. 양부모에게 후사가 없을 경우[無子], 수양자에게 양부모 재산을 모두 준다는 규정이 법전에는 남아 있었으나 수양자가 재산을 모두 상속받을 기회는 거의 없었다. 특히 의례를 중요하게 여기는 상류계급에서는 더욱 그러했다. 반면, 부계친에 대한 관념이 더욱 깊어지면서 사회적 기준이 순수한 경제적 관심을 압도하게 되었다. 그리하여 결과적으로 수양자는 대부분 입양의 경제적 역할과 사회적 역할을 함께 수행하는 계후자로 대체되었다.[23]

상속문서의 효력과 규정

　고려의 관습에 따라 대개 부모의 한쪽 또는 양쪽이 모두 서명한 문서인 유서는 조선시대 상속 문제를 규제하는 중요한 수단으로 남아 있다. 유언을 중요하게 인식한 것은 국가가 재산을 통제하기보다는 개인이 재산을 통제한다는 생각에서 유래했다고 할 수 있다. 더욱이 상속은 부모에게 효도해야 주어지는 등 어떤 조건을 충족할 때나 가능한 것일 수도 있다. 이렇듯 상속은 가족의 '사적인 일'로 간주되었지만 그러한 문서가 효력을 발휘하는가 하는 점은 조선 초기 법전에서도 명백히 확인되었다. 그래서 분쟁을 중재하는 관리들은 통상 유서의 작성 목적을 먼저 확인하였다. 물론 그러한 기록은 마음대로 바꿀 수 있었다. 때로는 죽어가는 아버지가 마지막 순간에 마음을 바꾸도록 누군가 압력을 가하거나 관리들이 기록 문서를 선호한다는 사실을 알고 있는 위조자들이 유언자가 사망한 후 원래 의도를 뒤바꿔놓기도 했다. 한편, 부모는 흔히 특정 자식을 편애하여 자신들의 감정을 글로 적어놓으려 했다. 예컨대 자신보다 앞서 죽은 자녀들은 효심이 부족하다고 책망하면서 유언장에서 종종 이름을 빼버림으로써 그 자녀들은 상속을 받지 못했다.[24]

　상속에 대한 부모의 자의성은 형제자매 사이에 질투와 불화를 일으켰다. 이 문제는 최고위관리들 간에 잦은 논쟁을 불러일으킬 만큼 심각하였다. 그들은 법에서 관습[世俗]적인 요소를 버려야 하는지에 대한 복잡한 문제에 직면하였다. 고려시대부터 모든 형제자매에게 부모의 토지를 어느 정도 균등하게 상속해왔으며, 그 전통은 얼마 남아 있지 않은 이 시기의 문서에 반영되어 있다. 하지만 법으로 부모가 마음대로 상속하는 일을 규제한다면, 자기 재산을 마음대로 처분할 수 있는 권위를 침해하는 동시에 재산을 상속받기 위해서 자식들이 효도하는 의무를 소홀히 하게 만드는 것이기도 했다. 일찍이 1430년 정초는 세종에게 관리들이 재산을 균등하게 분배하도록 법으로 규정하라고 간청하였다. 그러나 세종은 그러한 조치에 강력하게 반대하였다. 다만 1485년에 편찬된 『경국대전』에는 적실 소생 모든 남녀 자녀에게 고르게 분배한다는[平分] 규정이 최종적으로 들어갔다.[25] 이는 여러 가지 면에서 법률 제정의 역설적 행위였다. 부계 출계 관념이 경제 문제에서도 점차 합리적인 것이 되어가는 시점에서 균분 상속 관행을 법으로 제정하였기 때문이다. 그러나 분명한 것은 종법이 어느 정도 시행되고 있었느냐는 문제였다. 딸의 상속 지분을 법적으로 어느 정도 보장한 것은 결혼한 여성의 재산을 그녀가 혼인한 가문으로 편입하게 하려는 입법가들의 노력으로 상쇄되었을지도 모른다. 그러나 혼인한 딸이 재산을 상속받을 때마다 상당한 재산이 그녀 친정집에서 떨어져 나갔으며, 그 때문에 토지는 널리 분산되었다.[26] 더욱이 균분 상속을 법으로 확정하면서 유서에 담긴 부모의 자유 재량권을 빼앗았으며, 그러한 문서들은 각 상속자에게 분배할 토지와 노비를 기록한 단순한 목록이 되기 쉬웠다.

상속은 다음과 같은 중요한 두 시기에 행해졌다. 한 번은 부모(또는 조부모) 생전에 죽음이 가까워졌다고 느낄 때이며, 또 한 번은 부모상이 끝난 후였다. 부모(흔히 아버지 아니면 과부가 된 어머니 혼자)가 자녀들에게 재산을 분배하기로 결정했을 때, 그들은 대체로 자신의 생계를 위해 재산 일부를 계속 보유하면서 '분급문기'라는 공식 문서[27]를 작성하였다. 이 문서에는 문서 작성에 참여한 원래 소유주, 대필자, 증인, 상속인 또는 그들의 대표들이 서명하여 이것이 틀림없음을 증명하였다.[28] '분급문기'의 성격이 공식적이었는데도 재산을 분급하는 부모의 자유를 인정하였으므로 문기 내용은 나중에 바뀔 수 있었다. 과거급제, 출생, 결혼, 그 밖에 경사스러운 일이 있을 때 재산을 분급하기도 했다. 이때 작성된 문서는 '특별 증여문서'[別給文記]라고 하였다. 이 문서는 엄밀한 의미에서 상속 문서는 아니지만 증여한 재산은 대체로 상속할 수 있는 재산권의 일부였다.[29]

상속 문서는 대부분 아버지 또는 양쪽 부모가 사망한 뒤 자식들이 함께 모여 작성하였으며, 과부가 된 딸은 그들의 자녀가 대신 참석하였다. 이때에는 세습 재산의 전부 또는 이미 그전에 분배하고 남은 것을 분배하였다.[30] 형제들이 함께 동의한 상속문서[同生和會文記, 同腹和會文記]는 흔히 고인이 된 아버지나 더 먼 조상의 유언(또는 유서)을 토대로 작성되었다. 그리고 그 문서 사본을 형제 수만큼 작성하여 각 상속자가 나누어 가졌다. 이들 문서는 기본적으로 조선 초기의 일반적 상속 관행을 단순히 확인하는 것처럼 보인다. 왜냐하면 15, 16세기에 작성된 이들 문서는 거의 대부분 아들과 딸 사이에 상속이 균등하게 이루어졌음을 보여주기 때문이다. 그러한 균분 상속은 글자 그대로 받아들여져 1485년 이후에는 흔히 '법에 의한 바와 같이'[依法]라고 명기하였다. 아무리 얼마 안 되고 먼 곳에 있는 토지라도 모든 상속자 사이에서 본질적으로 균등하게 분배되었으며, 노비 가족의 각 구성원은 각기 다른 주인에게 상속될 수도 있었다(그러나 그 노비 가족이 실제로 갈라진 것은 아니다).[31] 이렇듯 재산이 분산되어 종종 불편했으리라는 것은 의심할 나위가 없다. 그렇지만 이러한 관행의 이면에는 이 같은 방식이 조상들에 대한 책무뿐만 아니라 은혜를 생각하는 감정을 크게 불러일으켜 각 상속자들이 이러한 정서적 공동 유대에 참여할 것이라는 믿음이 깔려 있었다. 그러므로 이 같은 조치로 조상 대대로 내려온 재산이 지리적으로 만족스럽지 못하게 분배되더라도 반드시 가까운 친족 사이에는 부계 자손은 아니라 해도 공동 자손이라는 의식과 협조가 촉진되었다.[32]

외부인에게 세습 재산이 분산되는 것을 막기 위한 노력은 흔히 상속 문서의 서문이나 발문에 나타나는 강한 표현에서 찾아볼 수 있다. 한 아버지는 상속자들에게 "나의 바람은 내가 조상에게 물려받아 너희에게 증여하는 재산이 영원히 그리고 반드시 내 후손에게 전해지는 것이다"라고 했다. 만약 가난해서 이 재산의 일부를 매각해야 한다면, "낯선 사람들이 너희 집에 들어오고, 너희 밭을 갈고, 너희 소유물을 사용하지" 못하도록 친척 사이에서만 해야 한다. 또 그러한 문서는 불효한 자손이 재산을 다른 사람에게 팔거나 자식이 없는 사람이 인척을 양자로 들여 그를 상속자로 만들거나 천출인 아들이 아버지에게 거역하는 경우 당국에 대한 증거로 쓰려는 의도도 있었다.[33] 당시에 '자손'은 아들과 딸 모두를 의미했다. 이러한 사실은 15세기에는 부계 의식이 아직 미약했음을 보여주는 분명한 증거이다. 딸이 상속에 함께 참여했다는 사실은 토지가 부계 출계집단에서 나갔음을 의미한다.

그렇지만 직계 자손의 범위를 넘어선 이들에게 조상에게서 물려받은 재산을 양도하는 것을 금하는 유언[勿給孫外, 勿與他]은 이같이 제한된 부계친을 제외하고는 봉사자나 양자가 나올 가능성을 무시한 것이므로 때로는 문제가 되었다. 가계 존속에 필요하다고 하여 유언의 효력을 사회적으로 문제 삼아야 할까? 3살 이전에 양자로 입양되었는데도 유언이 있다고 후사가 아니면 원칙적으로 재산을 상속받지 못하는가? 이러한 문제를 거듭 심사숙고하면서 조상에게서 물려받은 재산을 자격 없는 사람들에게 잃게 될지도 모른다고 두려워한 나머지 유언에 엄격하게 집착하는 것을 현명한 일로 만들었다. 1430년대에는 계후자나 제사를 맡을 의붓아들[奉祀義子]을 사회적으로 중시하면서 이러한 배타주의적 견해는 비로소 수정되었다. 그리고 1442년에는 세습재산의 지분이 유언과 관계없이 양자에게 상속되도록 법을 제정하였다. 이 법은 훗날 『경국대전』에서 확정되었다.(34)

다양한 사회문제가 유서 한 장에 뒤섞일 수도 있었다. 이에 대해서는 상속자의 위치를 둘러싼 강희맹의 사안을 예로 들 수 있다(〈그림 11〉참조).

이숙번李叔蕃과 부인 정씨가 작성한 유언에 따르면, 이 부부는 1415년에 장녀의 남편 강순덕姜順德에게 상속분의 일부를 주었다. 강순덕은 자녀가 없었으므로, 부인 이씨의 동의를 얻어 형의 둘째아들인 조카 강희맹을 자신의 법률상 후계자[立後者]로 삼았다.(35) 이숙번과 이씨가 모두 사망한 후 곤궁해진 정씨는 유언을 바꾸고 싶어했다. 정씨는 강순덕이 조카 강희맹을 양자로 삼고 이숙번의 노비를 부인 쪽의 상

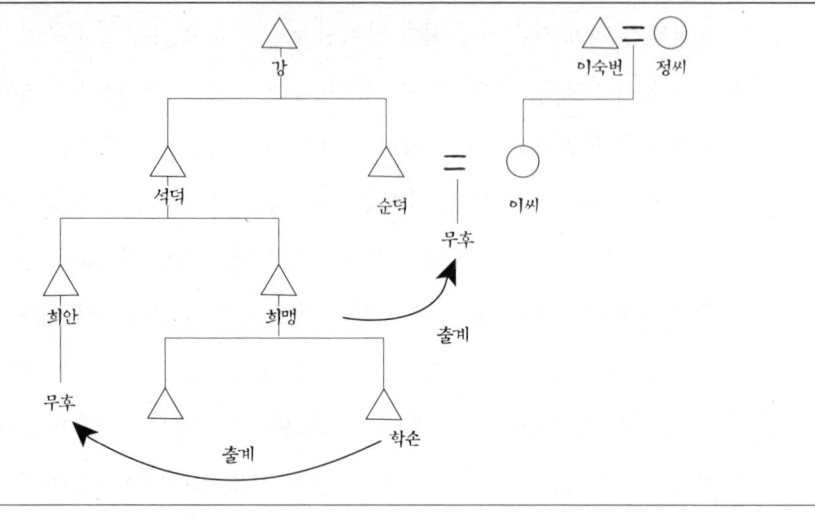

〈그림 11〉 강희맹의 사안

속 가능자들을 무시한 채 조카에게 모두 분배한 사실을 매우 마음 아프게 생각했다. 정씨는 강순덕이 유언장을 되돌려달라는 요구에 응하지 않자 관에 청원했다. 관리들은 정씨가 유언 내용을 바꾸는 것은 부인으로서 남편에게 순종하지 않는 것이므로 허용할 수 없지만 그녀 자신의 재산에 관해서는 뜻대로 처리하도록 허용해야 한다고 했다. 유언장에는 재산이 손자 강희맹의 범위를 넘어 주어져서는 안 된다는 글이 없었고, 강희맹은 이씨의 동의를 얻어 후사가 되었으므로 부계 친은 아니지만 직계 외손으로서 적법한 후사였기 때문이다. 후사를 세울 때[立後] 경제적 이해를 고려한 것은 아니지만, 강희맹이 재산을 상속받는 문제는 논의 대상이 아니었다. 결국 의정부 관리들은 정씨가 자기 재산을 처분할 권한이 있으며, 강순덕은 정씨에게 순종하지

않았으므로 이에 대해 처벌해야 한다고 판결하기에 이르렀다.[36]

유서의 법적 성격, 다시 말해서 파기할 수 없는 성격은 여전히 문제가 되었다. 유서가 관의 인정을 받아야 한다는 요구는 유언자의 자유로운 재산 처분을 법으로 침해하는 것이 분명했기 때문이다. 그러나 관의 인증이 없다면 유서는 가까운 친척끼리 쉽사리 논쟁의 초점이 되거나 적절한 상속 경로를 밟지 않은 채 재부의 원천인 노비를 빼앗는 수단이 될 수 있었다. 이러한 문제를 해결하기는 분명 쉽지 않았다. 1485년에 편찬된 『경국대전』에 따르면 여전히 가까운 친족 집단(부모, 조부모, 외조부모, 처부모, 남편의 처첩, 형제자매)이 협의하여 작성한 문서는 관에 신고하지 않아도 괜찮다고 되어 있다.[37] 그러나 조부와 부친의 유서가 법적으로 효력을 발생하려면 자신이 직접 써야만 했다.[38]

이와 똑같이 중요한 문제는 유언을 나중에 바꿀 수 있느냐인데, 이것은 강희맹의 사안에서 논의의 핵심이 되었다. 『경국대전』 초간본에는 그러한 개정 행위는 관에 신고만 하면 허용했음을 보여준다. 그러나 유산을 상속받은 사람이 사망하면 유언을 개정할 수 없었다. 1484년에는 "부모의 유서는 이 제한에 저촉되지 않는다"라는 어구를 이 규정에 추가하자고 제안하였다. 관에서 유언 내용을 바꾸는 것을 제한하는 추가 조항을 만장일치로 찬성한 것은 오로지 양자의 상속권을 보호하기 위해서였다. 부모가 생존했든 사망했든, 친자식에 대한 부모의 권위는 국가가 간섭할 수 없다고 재차 주장하였다. 다만 성종만이 사망한 아들이나 딸의 자녀들이 부당한 방법으로 생계 수단을 빼앗길 수도 있다고 우려하여 개정을 반대하였다. 그러나 국왕은 다른 방식으로 이 제안을 받아들였다. 그리하여 1485년의 『경국대전』에는 부모, 조부모, 외조부모의 유언장은 자손이, 남편의 유언장은 적처와 첩이 바꿀 수 있다는 내용이 추가되었다.[39]

상속과 여성

　유교식 입법이 서서히 시행되면서 여성의 전통적인 경제적 자립권은 눈에 띄게 축소되었다. 특히 부계 계승 원칙이 도입되면서 1413년에 법제화된 처첩 분간은 당연하였으며, 그 때문에 여성은 남편 집안에 더욱 의존하게 되었다. 부처제夫妻制가 강화되면서 여성이 상속받는다는 것은 사실상 점점 더 어려워졌다. 조상에게 물려받은 토지를 이동할 수는 없었으며,[40] 이와 함께 여성의 재산은 배우자의 권위에 좀더 직접적으로 종속되도록 이끌었다. 이러한 통합 경향은 자식 없이 죽은 부인의 재산을 처리하는 방식에서 더욱 뚜렷했다. 부인의 토지와 노비의 상당량은 남편 가족이 보유하고, 나머지는 부인의 친정으로 돌려주는 대신 제사 상속자에게 주어지기에 이른 것이다.

　이처럼 부인의 재산이 남편 본족에 통합되면서 여성이 과부가 될 경우 어느 정도 경제적 특권을 행사하는 것이 인정되었다. 여성은 혼인 때 갖고 왔든 그 후에 갖고 왔든, 친정에서 가지고 온 재산에 대한 권리를 주장할 수 있었으며, 일찍이 죽은 남편과 합의한 유산에서 자신의 몫을 회수할 수도 있었다.[41] 더욱이 여성은 사망한 남편의 토지에 대하여 사용권자의 권리를 누렸다. 더욱 중요한 것은 만약 그녀에게 아들이 없을 경우, 남편의 대를 잇는 후사를 선택하는 우선권도 가질 수 있었다. 법은 결국 이 같은 여성의 권한을 제한하기에 이르렀는

데, 그것은 많은 과부가 후사를 선택할 때 경제적 동기를 들어 부계친 상속을 무시하였기 때문이다. 예를 들어 과부는 자신의 친족 중에서 3살 이하 아이를 수양자로 받아들여 남편 재산을 모두 상속하도록 만들었다. 이러한 조치는 정당한 수혜자를 상속에서 소외시켰는데, 입법가들은 『대전주해』에서 이를 금지하였다.[42]

여성이 남편 가족의 일부가 될수록 상속 재산에 대한 여러 부인의 투쟁은 더욱 격렬해졌다. 사망한 첫 부인[前母]과 후처 사이에는 관습적으로 상하관계가 희박했는데, 이것은 경제 문제에서도 마찬가지였다. 둘째 부인은 죽은 전 부인의 자녀들이 남편의 재산을 나누어 갖지 못하도록 매매·양도하거나 자신의 소유로 만들기도 했다. 때로는 아버지가 둘째 부인이 낳은 아이들을 편애하기도 하였다. 이처럼 『경국대전』에 애매하게 규정되었던 후처의 권한도 1554년 왕명에 따라 금지되었다. 즉, 전처가 낳은 자식들이 있을 때는 사망한 남편의 토지를 마음대로 처분하던 권한을 잃게 된 것이다. 이러한 국왕의 명령은 후처가 독단으로 권위를 행사하는 것을 종식시켰다. 이는 『속대전』에서도 다시 한 번 규정하였다.[43]

자녀가 없는 부인의 재산을 차지하려는 경쟁은 처음부터 치열했다. 1435년 한 계모는 소유한 노비의 절반을 의붓아들, 즉 전처 아들에게 주어야 했다. 이러한 비율은 더욱 높아졌으며 『경국대전』에 따라 첫째 부인[前母]과 계모에게 모두 적용되었다. 다시 말해 자식이 없는 여성의 재산 가운데 5분의 4를 승중자(제사를 맡은 상속자)에게 주도록 한 것이다. 그리고 나머지는 승중자 형제들이 상속받았다. 이러한 분배 방식은 출계집단에서 봉사자의 지위가 높아진 사실과 함께 계모 재산을 대부분 그녀 친정으로 되돌려주지 않았음을 보여준다. 이러한 경향은 결국 1490년 논의에서 분명하게 보여주듯이, 순수하게 제사를 배려한 처사가 아니었다. 그때 문제가 되는 것은 적실의 재산이었다. 적실의 재산을 상속받은 아들이 자식 없이 사망할 경우, 아들의 이복동생들이 그 재산을 취하도록 허용해야 한다고 규정하였다. 이러한 규정은 이복형제들이 상속인으로 대체되는 것과 같았다. 국왕의 지시가 『경국대전』과 달랐는데, 결국 『속대전』에서는 이를 관행으로 인정하기에 이르렀다. 심지어 적실의 노비를 친정으로 돌려보내는 것조차 금하였다. 사망한 적실의 재산을 양자녀에게 모두 주는 것은 분명 제사에 대한 보상을 넘어선 것이며, 적실의 재산을 부계에 편입하는 것이었다.[44]

여성은 평생 질투에 사로잡힌 존재로 간주되었다. 기록에는 처첩의 불화가 자주 나오는데, 이것은 여성이 가지고 있는 부정적 특성에서 비롯된다고 하였다. 한 여성만 적실로 승격하는 것은 집안 내의 다른 여성을 주변화했으며, 결과적으로 그들 자녀들도 후사로서 지위가 크게 손상되었다. 일반적으로 첩은 자신들의 몫을 더 챙기기 위하여 '음모를 꾸미고,' 남편을 설득하여 재산을 상속받은 것으로 알려져 있다.[45] 그러나 이런 시도의 성공 여부와 관계없이 여성은 재산권 행사에서 분명히 차별을 받았다. 그리고 조선 왕조 전 기간에 걸쳐 첩의 낮은 경제적 지위는 분명히 그들의 처지를 보여주는 중요한 특징이었다.

법에는 딸도 남자형제와 똑같이 재산을 나누어 가질 권리가 있다고 규정되어 있다. 그럼에도 조선 왕조 전반기에 딸의 상속권은 상당히 변하였다. 사실 16세기 초반까지도 아들이 없으면 외손이라도 조상 제사는 지내야 한다는 특별한 바람과 더불어 딸이 아버지 쪽 재산의 주요한 수여자로 지명되는 경우가 종종 있었다.[46] 그와 같이 각별한 목적으로 딸에게 재산을 주는 사례(유교적 시각에서는 틀림없이 잘못된 것이었다)가 있었는데도 딸이 점차 재산 상속 자격을 잃는 경향이 뚜렷하였으며 이것을 막을 수는 없었다. 여성의 상속 재산은 원래 부부의 결합 상태와 전적으로 무관했다. 심지어 여성이 자식을 낳지 못해 친정으로 되돌아갔더라도 『경국대전』의 법조항에는 그녀의 재산에 대한 남편과 남편 집안의 권한은 확대한 반면 친정의 권한은 제한하였다. 다시 말해, 처음에는 느슨하게나마 친정에 있던 여성의 상속 재산은 결국 양도할 수 없는 남편의 혼인 자산에 크게 보태는 방향으로 전환되었다. 그 같은 재산이 혼인할 때 지참금 형태로 가져온 것이라면 이는 신부가 첫 부인이 되기 위한 부가적 요인이었을 것이다. 그러나 부모가 사망하여 상속받았으면 남편 재산의 중요한 부분이 되었다. 이러한 변화는 16세기 말과 17세기 초에 작성된 상속 문서에 상속분 수혜자로 딸 대신 사위 이름을 기록한 데서 미루어 알 수 있다.[47] 재산이 사위에게 주어진 사실은 확실히 여성이 상속 재산에 대한 권리를 상실하였음을 의미하며 그 재산은 원래 출처에서 영원히 분리된 것을 의미하였다. 이러한 변화는 여성의 경제력을 떨어뜨렸으며 여성이 점점 더 남편의 경제력에 의존하도록 만들었다.

장자상속제의 정착

새 왕조가 열리고 처음 100년 동안 상속제는 유교 입법가들이 추진한 사회 개혁 정강 가운데 중요한 부분으로 대두하였다. 새로운 유교적 사회 가치를 법으로 규정하여 상류 계층의 일상생활에 강제로 부과한 것이다. 종법을 강조한 새로운 법률은 상속 통로를 수평적인 것에서 수직적인 것으로 완전히 바꾸어놓았다. 새로운 유교식 모델 구조에서 형제 관계를 강조하는 제사 의무가 없었다면 가족 사이의 결합은 느슨했을지도 모른다. 형제자매들은 서로 후계자가 될 수 없으면 흩어지는 경향이 있기 때문이다. 제사 원칙은 장자를 우위에 놓고 동생은 하위에 두는 것이며, 이러한 위계구조가 향후 재산 분배를 결정하였다. 더욱이 전통적인 지위 의식은 서자보다 적자를 선호함으로써 더 편협해졌다. 이러한 유교적 체계를 완전히 법제화하는 데 장애가 된 유일한 관습은 딸에 대한 재산 분배였다. 이 관습은 17세기까지 지속되었으며 현재 남아 있는 수많은 상속 문서가 이것을 입증한다.[48]

이러한 상속 관행은 엘리트 집단에서 토지가 더 높은 사회 지위를 결정하는 중요한 요인이 되거나 부족해질 때까지 거의 변하지 않았다. 이 변화는 중요한 인구학적 발전, 농업기술의 향상, 제사에 대한 인식이 높아지는 것과 동시에 일어났다. 이런 모든 요인은 본질적으로 달랐으나 서로 복합적으로 작용하면서 상속 관행을 반드시 개정해야 하는 것으로 만들었으며, 경제적으로 장자상속권 이념의 확립을 촉진하였다.[49]

조선 초기에 토지는 풍부했으나 인력은 모자랐다. 이러한 현상은 시간이 지남에 따라 서서히 변하기 시작했다. 15세기에는 관개시설이 확대되고 논농사가 널리 보급되는 등 농업 혁신이 크게 일어났지만 주요 작물은 여전히 기장과 콩이었다. 그러나 비료 사용법이 개선되면서 해마다 수확을 할 수 있게 되었으며 생산량도 늘었다.[50] 이렇듯 조방농업에서 집약농업으로 진전되면서 인구가 급증하였다. 인구 증가는 16세기 중반에 처음으로 절정에 이르렀으며 임진왜란(1592~1598) 때 감소하였다가 17세기 후반에 다시 증가한 것으로 보인다.[51] 새로운 토지가 개간되었음에도 토지에 대한 압박은 가중되었다. 17세기에는 균분 상속으로 세습 재산 분산은 위험한 단계에까지 이르렀으며, 선진 농업에 대한 투자는 점차 수익성을 잃어가기 시작하였다. 이러한 어려움은 많은 노비가 도망치면서 보유 노비가 줄게 되자 더욱 가중되었다. 도망친 노비들 대신 병작인으로 대체해야 했는데 이것은 궁극적으로 노비보다도 토지를 중시하는 새로운 발전을 가져왔다. 그 결과 토지 경작 형태에 커다란 변화가 생겼다.[52]

이러한 경제적 요인은 새로운 제례에 대한 식견과 형태가 정착할 기반을 조성하였다. 경제상황이 악화되면서 대응책이 절박해졌으며 이에 따라 제례를 시급히 혁신해야만 했다. 가장 효과적인 대응책은 현존하는 상속 관행을 개정하여 토지 분산을 과감하게 줄이는 것이라고 인식하게 되었다. 이러한 전략은 의례편람에서 주장하듯이 장자를 세습 재산의 주요 상속자로 인정하면서 조상을 봉사하기 위해 세습 재산의 상당 몫을 따로 떼어놓는 것이었다. 17세기의 경제적 요구와 의례에 대한 관심이 합쳐져 세습 재산 상속에 큰 변화가 생겼다. 다시 말해서 세습 재산은 조상들이 자손 모두에게 물려주는 일종의 경제적 보험이라는 성격 대신 부계 자손들이 조상들에게 적절한 제례 행위를 하도록 지원하는 수단이 되었다. 이렇듯 달라진 관점은 대를 잇는 데 초점을 맞추면서 그들 자신의 권리에서 후사로서 여성의 입지를 손상시켰다. 여성이 남편 집안에 통합되면서 이전에 받은 상속이나 지참금 형태로 가져온 재산은 그녀가 출생한 가족과 영원히 분리되었다. 그리고 여성은 남자형제와 함께 조상의 사당에서 돌아가며 제사지내는 일을 더는 할 수 없었으므로 합법적으로 재산을 받을 권리도 사라졌다. 이렇듯 여성은 의례 행위에서 중요성을 상실함에 따라 경제적 독립성도 잃었다. 결국 재산과 상속의 기제는 남성의 지배 영역으로 굳건히 자리 잡게 되었다.

장자가 출계집단의 제사와 경제적 우선권을 장악함에 따라 주자가 논의한 바와 같이 사망했거나 생존한 가족 구성원 가운데 장자의 지위는 한층 높아졌다. 장자의 중추적 역할은 한 국가의 지배자 역할에 비유되었다. 장자는 자손들이 '토지 한 뙈기나 노비 한 명이라도 다른 사람에게 넘기지 않도록' 조상에게서 물려받은 재산을 보존하는 데 관심을 기울였다.[53] 이러한 관심은 결국 조선 초기의 관행으로 당시 의례 전문가들이 인정하지 않으려 한 윤행봉사를 중지하도록 만들었다.[54] 봉사에서 오는 경제적 부담을 공유하던 윤행봉사 대신 16세기 중반부터는 제사를 위한 봉사조가 상속 문서의 다른 모든 조항에 앞서 별개 범주로 등장하였다. 이전에는 제사를 맡은 상속자에게 법으로 보장된 봉사조가 거의 주어지지 않았다. 이황이 봉사조를 설정하라고 주장한 사실이 그 한 증거이다. 그는 '봉사자를 위하여 노비를 따로 떼어놓지 않고 재산을 모든 아들에게 분배한 큰 가문'을 두고 배려하는 자세가 부족하다고 혹평하였다.(55) 마침내 봉사를 위한 토지나 노비가 법률이 규정한 상속 재산의 5분의 1을 실제로 능가하기 시작하였으며 의례에 관한 그 같은 열정은 '예전禮典을 준수하는 것'으로서 점점 정당화되었다.(56)

장자를 경제적으로 우대해 봉사자 지위를 인정함으로써 세습 재산의 균분 상속 관행이 점차 깨지기 시작했다. 남은 재산 가운데 봉사조를 미리 책정한 것이 불균등 상속을 이끈 것은 아니지만 17세기 후반의 상속 문서에 잘 나타나 있는 바와 같은 장자상속분의 지속적 증가는 나머지 형제자매들에게 아주 적은 몫에 만족하도록 만들었다. 그럼에도 형제자매들이 아무것도 상속받지 않는 경우는 드물었다.(57) 의례 측면에서 정당화된 이와 같은 전개 과정은 그 당시 많은 지역에서 직면한 토지 부족과 분산 그리고 하향 이동에 따른 불가피한 결과에 대한 관심의 증대와 밀접하게 연관되어 있었다. 비록 『속대전』에는 균분 상속 규정이 다시 수록되었지만 의례편람 등의 규정은 분명히 법의 내용과 달랐다.(58)

장자가 의례적 측면이나 경제적 측면에서 가족의 대표자로 대두하면서 가족 안에서 여성 구성원에게 가장 심각한 결과를 가져온 것은 이론의 여지가 없다. 혼인한 딸은 먼 곳에 가서 살았으므로 그들의 자식들은 외조부모에 대한 존경심이나 강한 애착이 없었다. 1615년에 쓰인 권래權來의 유언장은 이러한 추론을 분명하게 보여준다.

나는 선대에서 세습 재산[遺業]을 받았다. 토지와 노비들은 집안 식구들보다는 많지만 전처나 후처가 낳은 딸도 매우 많다. 그러므로 이들 각각에게 똑같이 재산을 나누어주기에는 부족하다. 만약 이들에게 재산을 나누어준다면 직계 손자들[宗孫](문자 그대로 성을 계속 이어받는 손자들)이 궁핍을 면할 수 없어 조상 봉사를 계속할 수 있을지 매우 걱정스럽다. 아들과 딸이 부모에게서 똑같이 신체 외양을 받았으니 사람으로서 감정은 다르지 않을 것이다. 그러나 내외의 원칙[內外之體]을 통해서 볼 때 그들은 차이가 크다. 그러므로 종손은 아무리 극빈해도 조상의 묘에 향을 사르는 일을 차마 중단해서는 안 된다. 이와 반대로 성이 다른[異姓] 손자들은 학식이 있더라도 외가의 조상들에 대하여 성의를 표하는 이는 거의 없을 것이다. …… 재산을 분배할 때에 이르러 이 모든 것을 생각하니 아들과 딸 사이에 차이를 둘 수밖에 없다.(59)

이 문서에서는 당시 상속 문제를 솔직한 언어로 끄집어냈다. 다시 말해 토지가 매우 귀해지면서 세습 재산이 아무리 많아도 더는 많은 아들과 딸에게 계속해서 재산을 분배할 수 없다는 것이다. 더욱이 부계친 구성원 자격이 출계집단에 대한 충성과 연결되면서 외가 조상에 대해 지속적으로 관심을 갖기가 더욱 어려워졌음을 지적했다. 이러한 상황이 세습 재산에 대해 종래와 다른 분배 방식을 요구한 것이다.

이와 유사한 정서는 김명렬金命說(1613~?)이 1669년에 작성한 유언장[傳後文書]에도 표현되어 있다.(60) 김명렬은 의례편람에 제시된 규정과 어긋나는 윤행 관행 때문에 종가에서 이미 오래전에 봉사하는 법이 무너진 사실을 개탄하였다. 그는 여러 자식이 번갈아가며 제사지내는 것이 모든 사대부의 관례가 된 것을 유감스럽게 생각했다. 그가 인식한 문제의 핵심은 딸은 혼인하면 남편 집안의 사람이 되어 사위나 외손 등이 서로 책임을 미뤄 제사를 빼먹는 등 제사를 제대로 지내지 않는 상황이었다. 더욱이 혼인한 딸이 친가의 부모를 위하여 입는 상복 의무도 한 등급 낮추었다. 김명렬은 자신의 집안에서는 제사를 윤행하지 않은 지 오래되었다면서 "부모 자식 간의 정과 도리는 아들이건 딸이건 차이가 없지만 딸은 부모가 살아 있는 동안 부모를 봉양할 도리가 없으며 부모가 죽은 후에도 제사를 지내는 예가 없는데, 어떻게 딸에게 아들과 똑같은 몫의 토지와 노비를 나누어줄 수 있겠는가? 정과 도리에 비추어 딸에게 토지와 노비를 아들 몫의 3분의 1만 주더라도 조금도 잘못된 것이 아니다. 딸과 외손이 어찌 감히 그 이상을 받지 못한다고 다투려는 마음을 가질 수 있겠는가?[61]"라고 단호하게 말하였다. 하지만 딸과 외손의 불만을 막을 수는 없었을 것이다. 그리하여 딸의 상속분을 3분의 1로 삭감한다는 내용은 이후에 작성된 다른 문서에서도 재차 확인할 수 있다.[62] 딸의 상속 몫을 3분의 1로 줄인 것은 친정부모에 대한 딸의 복상 기간을 아들의 3분의 1로 낮춘 사실에 토대를 둔 계산임은 의심할 여지가 없다. 이러한 부안 김씨 집안의 해결책이 당시에 일반적으로 받아들여지지 않았는지는 모르지만 17세기를 지나는 동안 딸은 재산상속자로서의 지위를 서서히 잃어갔다는 결론을 내려도 좋을 만큼 그 증거는 충분하다.[63]

딸이 친정의 제사에 참여하지 못하거나 경제상 권리를 잃게 된 또 다른 요인으로 거주 양식이 변화한 사실을 들 수 있다. 혼인 초 처가에 잠시 머무르던 남편이 본가로 돌아감에 따라 남편의 본족이 사는 곳으로 이주하게 된 여성은 자신의 출생 친족원에게 외부인이 되었다. 지리적으로 거리가 떨어져 여성이 재산을 유지하는 것은 점차 성가신 일이 되었다. 따라서 조상에게서 물려받은 토지는 누구에게도 양도할 수 없다는 원칙은 더 지켜지지 않았다. 이것은 부인을 통해 얻은 논밭을 교환하거나 매매하는 일이 잦아지기 시작한 17세기부터 분명히 나타났다. 문서에는 그 같은 거래가 경작하는 데 멀거나 때로는 규모가 작아서 불편하다는 것을 정당화하였다. 때로는 여성의 상속 재산이 세습 재산을 관리하는 그녀의 오빠에게 팔리기도 했다.[64] 이러한 조치가 분산된 토지를 하나로 모으는 데 기여했음이 틀림없다.

장자가 부계 조상의 주요한 봉사자로 점점 성장함에 따라 제사 윤행이 중단되고 장자의 감독을 받는 토지는 다른 토지들과 뚜렷하게 구분되었다. 그러한 범주 가운데 가장 중요한 것은 조상에게서 전해 내려온 토지와 노비였다[承重民田].[65] 출계집단의 종가와 사당을 포함하는 조상의 자산은 이제 더는 다른 여러 아들에게는 분배되지 않았으며, 봉사자[宗子, 宗孫]에게만 배타적으로 상속되었다. 사실 이와 같은 재산은 제사를 맡은 봉사자 개인이 아닌 모든 출계집단의 소유이므로 새롭게 발전한 공동 자산의 토대가 되었다. 봉사자는 단순히 그것을 관리할 뿐 법적으로 파는 것은 금지되었다. 공동 자산 중 뚜렷한 부분은 제사를 치르기 위한 노비와 토지이다. 즉 직계 선조를 봉사하기 위한 토지와 노비[祭位條] 그리고 후사 없이 사망한 방계친을 봉사하기 위한 토지와 노비[班祔條]가 그것이다. 때로는 '제전'祭田이라고 하는 이들 토지는 봉사자가 관리하였으며 형제에게 분배될 수 없었다. 이러한 공동 자산과 제사를 위한 토지를 제외하면, 분배할 수 있는 유일한 재산은 한 개인이 일생 동안 획득한 토지와 노비였다[買得民田]. 아버지가 획득한 재산은 통상 장자가 가장 많은 몫을 받았지만 그러한 토지 중 일부는 이따금 딸에게 주어지기도 했다.[66]

더욱이 황종해黃宗海(1579~1642) 같은 예학자는 17세기 초 조상에 대한 제례는 집안의 사당에서 신주를 치우면서 끝나는 것이 아니며 무덤에서 계속하여 시제를 올려야 한다고 통치 엘리트들을 일깨웠다. 그리하여 조상 봉사를 위한 토지는 묘전墓田으로 바뀌었다. 조상에게 그 같은 토지를 할애하는 것은 의례 면에서도 적절할 뿐만 아니라 형제들과 그들 후손이 점점 흩어짐에 따라 종가의 종손이 봉사하는 데 꼭 필요한 경제적 기반도 제공해주었다. 봉사자가 관리하는 중시조 등의 묘전 이외에 다른 조상의 묘전은 『가례』를 기초로 동생들이 돌아가면서 돌보았다. 묘가 사람들이 사는 곳에서 멀리 떨어진 산등성이에 있을 때에는 특별히 지정한 묘지기[墓直, 墓奴]가 보살폈다.[67]

17세기 말에는 장자만을 유일한 봉사자로 인정하는 것이 일반 현상이 되었다. 이것은 의례에 대한 의식과 지식이 심화되어온 점진적 과정의 절정이었다. 이 같은 변화는 토지의 부족과 분산이라는 불리한 영향에 맞설 필요성에 따라 촉진되었다. 변화는 재산을 나누어갖는 집단의 규모를 줄이는 쪽으로 나타났으며, 이때 벌어진 논쟁에서 가장 자주 등장하는 논제는 제사에 관한 것이었다. 이와 더불어 제사를 맡는 집단의 범위도 좁아졌다. 조상에게서 물려받은 토지는 개인에게 상속되지 않았으며, 공동 집단의 자산으로서 양도할 수 없도록 변모

해갔다. 그 결과 상속 문서들은 새로운 관심사를 반영하게 되었다. 제사 의무를 표명함에 따라 맏아들이 아닌 부계 자손은 자신들에게 점차 불리해진 경제 현실에 직면할 수밖에 없었다. 여성은 가장 나쁜 대접을 받았다. 여성은 혼인할 때 가족의 세습 재산 일부나 때로는 노비 몇 명을 받기도 했다. 그렇지만 여성의 상속분은 남자형제들이 조상에게 봉사한다는 명분으로 상속받은 재산에 비하면 실제로는 거의 갖지 못한 것과 다를 바 없었다.

6장

신유학의 입법화와
여성에게 일어난 결과

유교는 남성 중심 철학이지만 남녀의 결합을 매우 중요하게 여겨 이것을 모든 인간관계의 뿌리, 즉 인간 도덕성의 토대로 간주한다. 그뿐만 아니라 부자관계에서 군신관계로 확대되는 사회화 과정의 원천으로도 본다. 우주론적 용어에서 볼 때 하늘[陽]은 땅[陰] 위에 군림하며, 남성은 여성에 비해 우위에 있다. 남녀 사이에 존재하는 이러한 명확한 위계질서는 우주론적으로 공인되어 인간 질서를 유지하기 위해 절대적 권위를 갖는다. 이 질서는 인간의 욕망을 억제해야만 유지할 수 있으며, 이를 위해서 유학자들은 여성의 내부·가사 영역과 남성의 외부·공식 영역을 명확하게 구분하였다. 그들은 성적 타락이나 이기심이 사회 불안이나 부부간의 역할 혼란을 불러일으킬 수도 있다고 보았으므로 남녀 구분이 그러한 현상을 억제하는 데 필수적이라고 생각하였다.

유교의 관점에서 보면 자연 법칙은 여성을 열등한 지위로 규정짓고 있다. 여성은 결혼 전에는 아버지를, 결혼하면 남편을, 남편이 죽으면 아들을 따라야만 했다. 이것은 여성이라는 내부 영역이 남성이라는 외부 영역에 종속됨을 의미한다. 그렇지만 가정이라는 영역에서만큼은 부인이 주도권을 갖도록 되어 있다. 가정의 운영은 마치 한 행정구역을 운영하는 것과 같다. 가정의 평화와 번영은 부인이 자신의 권위를 어떻게 활용하느냐에 달려 있다. 관습을 철저하게 지키는 것이 부인의 과업이자 막중한 의무였다. 관습을 철저하게 지키는 것은 왕조의 흥망과 직접 연결되기 때문이다.

유교를 기초로 한 사회 교리의 채용과 실천은 조선 초기 한국의 사회 상황을 영구히 변화시켜놓았다. 그 변화의 핵심에 가정 영역이 있다. 여성은 사회 변화를 주도하지는 못했지만 사회 변화는 종종 남성보다 여성의 삶에 더 큰 영향을 끼쳤다고 생각된다. 따라서 여성에 초점을 맞추는 것은 유교적 사회사상의 문화적 접변acculturation을 연구하는 데 적절할 것이다.

처첩의 제도화

조선 초기 신유학을 신봉한 입법가들은 '정명'正名, 즉 사회 지위를 확정하는 일에 사로잡혀 있었다. 이를 위해서는 혈통에 대한 명확한 계보를 파악해야 했으며, 이것은 출계집단 구성원 자격의 기준을 제공하여 사회 지위를 확정하였다. 부인 한 사람을 적처嫡妻로 그리고 적처 소생의 아들을 합법적인 후사로 선택하는 것은 매우 중요한 일이었다. 이러한 입법화 노력은 고려의 중혼重婚제도에 관심의 초점이 모아지는 것으로 귀결되었는데, 조선 초기 신유학자들은 고려의 중혼제도를 사회 갈등의 주원인으로 간주하였다. 사간원에서는 대소 관리들이 계속해서 부인을 여럿 거느리고 있으며, 이 같은 상황이 신분집단의 명확한 구분을 가로막는다고 빈번하게 보고하였다.[1] 요컨대 신유학자들은 처첩妻妾으로 등위를 설정하는 것이 사회를 안정시키는 가장 근본적인 과제라고 보았다.

1402년 태종은 자신의 유교적 양심에 압박을 받고 유교를 신봉하는 조언자들에게 고무되어 예조와 중추원의 저명한 관리인 하륜과 권근에게 고대 중국의 제후와 고려의 국왕이 보통 비妃와 빈嬪을 몇 명이나 거느렸는지 파악하도록 역사서를 검토하라는 하교를 내렸다. 이들은 중국의 고전을 살펴보면서 매우 독특한 일부다처제一夫多妻制 형태를 발견하였다. 봉건 중국의 귀족들 사이에서 행해진 일부다처제는 두 가지 원칙에 따라 규제되었다. 첫 번째 원칙은 혼인할 때 부인들을 한 가문에서 취해야만 했다. 그리고 두 번째 원칙은 그들과는 동시에 혼인해야만 했으며, 다시 혼인할 수는 없었다. 이는 귀족 가문 내부의 안정과 평화를 유지하기 위한 원칙인데, 그 이유는 지위와 가문의 배경이 같은 여성이 질투해서는 안 되었기 때문이다. 이 원칙은 혼인을 통한 유대를 한 가문으로 집중함으로써 귀족 가문 간의 상호 경쟁을 배제했다.(2)

한국인이 봉건제도의 복잡성을 충분히 이해하였는지는 명확하지 않지만, 숫자에 대한 중요한 정보는 갖고 있었다. 제후는 한 번에 9명의 여성을 취할 수 있었고, 경卿이나 대부大夫는 1명의 처와 2명의 첩, 사士는 1명의 처와 1명의 첩을 취할 수 있었다.(3) 이런 사실은 중요한 결론을 가져온다. 고대 중국의 왕[先王]은 인간관계를 명확히 하고 가내 영역을 조정하기 위해 여성을 분류하였다.(4) 이러한 고대 구조는 조선의 입법가들이 여성에게 엄격한 위계질서를 부과함으로써 부계 출계를 결정하는 데 사용할 논리적 근거를 제공하였다.

이렇게 해서 고대 사례에 대해 지견을 갖게 되면서 이것을 왕실에 처음 적용하였다. 연이은 두 차례의 왕위 계승투쟁으로 흔들리던 왕실은(5) 대간들의 손쉬운 비판 대상이었는데, 사간원 관리들은 왕실에서 여성 사이의 명확한 구분을 해치는 사례를 격렬하게 비난함으로써 자주 태종의 분노를 불러일으켰다.(6) 1411년 예조는 『예기』와 『춘추春秋』에 기록되어 있는 고대 중국의 제도와 유사하게 왕비王妃 이외에 빈 세 명, 첩[媵] 다섯 명을 두자고 제안하였는데, 이들은 모두 공신 가문 출신이어야 했다.(7) 이 제안은 중국 봉건 혼인제도의 본질을 외면적으로만 빌려온 것에 불과하였으므로 태종은 너무 복잡하다고 느낀 것 같다. 태종은 왕실 여성의 숫자를 빈 한 명과 첩 두 명으로 정하였다.[8] 왕실 여성 중에서 최고 위치를 차지하는 비妃는 중궁中宮에 거처하면서 특별한 작위를 받을 필요조차 없을 만큼 권위와 특권을 독점하였다.[9]

숫자를 정하여 내명부內命府를 정비하는 것은 분명히 그리 복잡한 일은 아니었다. 진정으로 효능을 시험하는 조처는 입법가들이 사회에서 엘리트를 구분하면서 여성을 새로 분류하는 시도로 나타났다. 첫 번째 조처로, 고대 중국의 이상형은 사대부에게 한 명의 처만 허가하였다는 사실을 강조하기 위해, 입법가들은 첫째 부인[正妻]에게 작위와 토지를 선사하였다. 그러나 조정으로부터 적처로 인정받아 명예를 얻게 되는 부인 한 사람을 여러 부인 가운데 선택하는 일은 남편에게 달려 있었다. 가장 중요한 기준은 '상호 헌신과 의무 정도'인데, 후일 유학자들은 이것을 인정하지 않으려 했다. 다음으로 고려하는 사항은 누구와 먼저 혼인했으며, 혼례식은 어떠했고, 특정한 한 부인과 보내는 시간은 어느 정도인지였고 가끔 부인의 도덕적 자질 같은 것들을 살폈다.

첫째 부인을 고르는 일은 아주 민감한 사안이었는데, 관리들이 이것에 대해 객관적 기준을 정하기를 꺼려한 데서 그 사실을 알 수 있다. 국가에서 제시한 유일한 조건은 반드시 처녀[室女]여야 하고 출신 계급이 낮아서는 안 된다는 것이었다.[10] 처음에는 국가에서 이런 조건 이상으로 나아가지 않은 것 같다. 사실상 국가는 한 남자가 거느린 여러 여성을 출신에 관계없이 똑같은 지위로 인정하는[尊卑相等] 조항이 가져오게 될 사회적 긴장을 해소해야 했다. 물론 이 조항은 여성을 한 명만 취하도록 하는 원칙에 대한 엄격한 해석과는 상충된다. 이는 조선 초기의 사회 상황을 감안하여 한 걸음 양보한 것이었는데, 나중에 왕조 창업자들은 이를 어쩔 수 없는 일시적 조처였을 뿐이라고 토로하였다.[11]

대간들은 중국의 고전 문헌을 열렬하게 인용하면서 점차 여성에 대한 정부의 일관성 없는 태도를 제거해나갔다. 그렇지만 그들은 춘추시대의 정신을 되살리는 것은 어떠한 법적 구속력이 없다면 수포로 돌아갈 것임을 깨달았다. 1412년 말, 태종에게 상소문을 올려 명나라 형률刑律을 적용하라고 요청하면서, 규정을 지키지 않는 남성이 규정을 따르도록 강제해야 한다고 주장하였다. 1413년 봄, 이 요청은 받아들여졌고 법적으로 부인이 있는 남성이 다시 부인[有妻娶妻]을 취하는 것을 금지하는 법률을 제정하였다. 이 법률을 어긴 자는 비합법적으로 취한 부인과 강제로 헤어져야 했다. 1413년 『속육전』에 명기된 이 법은 소급 적용되지 않았다. 이미 부인[妻]이 여러 명 있을 경우에 그들을 서열화하는 유일한 기준은 혼인 순서였다. 일부러 이 서열을 바꾸거나 뒤집는 자들은 명나라 형률에 따라 처벌했다.[12]

1413년 『속육전』에 나타난 이 새로운 사회 개념은 한국 사회에 쉽게 뿌리내리지 못했다. 전통과 갈등을 일으켰고, 여러 명의 부인과 그들의 아들들에게 막대한 영향을 미쳤다. 부인들을 서열화함으로써 국가는 여성 내부 영역에 범상치 않은 경쟁을 불러일으켰다. 부인 한 명을 선택하기 위한 국가의 기준이 남편의 개인적 기호와 항상 일치하는 것은 아니었다. 부인들은 사회 지위와 가내 재정을 두고 다툼을 벌였으며, 아들들은 자기 어머니가 적절한 신임을 받고 있음을 증명하기 위해 경쟁을 벌였다. 이는 합법적인 후계자가 되는 데 필요한 사회적 인정을 자신을 위하여 얻으려는 것이었다.

조선 왕조 첫 세기 내내 사간원에서는 재혼하려고 첫째 부인을 버리거나 소홀히 하는 남성을 처벌하고 경쟁 상대인 이복형제가 주장하는 법률상 권리를 조사하는 데 전력을 기울였다. 이 경우 어머니가 사회적 배경이 동일하다면, 결정적 판결을 내리기는 매우 어려웠다. 예를 들면, 1437년 조영무趙英茂(?~1414)의 두 아들은 이복형제로, 이들은 아버지의 합법적 후사로 공식적으로 인정받기 위해 경쟁하였다. 고려 말기 이복동생의 어머니에게 작위가 내려졌으나 합법적 부인인 '처'로 불린 것은 형의 어머니였다. 지위를 빼앗기 위해 동생은 이복형을 '첩자'妾子라고 불렀다. 그리고 자신의 합법성을 증명하기 위해 형이 사당에 모신 죽은 어머니의 신주를 없애버렸다. 사간원은 동생이 도덕성을 손상했다고 장 100대와 귀양[徒] 3년에 처했다.[13] 출계집단 구성원 자격에 관한 권리를 물려주는 것은 분명히 여성이 어느 누구보다도 결정적 인물이 되었다는 것이다.

1413년에 처첩을 명확하게 구분하는 조처는 인간관계와 사회 지위를 분명하게 하는 결정적 수단으로 환영받았다. 이것은 유교 법제화의 이정표로 왕조의 사회조직에 대하여 많은 것을 함축하는 것이었다. 한 명의 배우자를 처와 합법적 후사의 어머니로 격상한 것은 종법 원리에 명확한 개요를 마련하였으며, 여성을 남편의 출계집단에 굳게 결속해놓았다. 아울러 이 조처는 결과적으로 출신 계급과 연관되어 있는 여성의 세계에 구조적 불평등을 가져왔다. 대체로 처는 양반 엘리트에서 고른 반면 첩은 더 낮은 계급에서 고르기 때문이다. 넓은 관점에서 보면, 부인들을 서열화하는 것은, 사회를 존비尊卑와 귀천貴賤으로 이분하는 것과 밀접하게 연결되어 있었다. 양반을 다른 계급과 분리하고 신분 내혼적 지위 집단으로 만드는 '사회적 방어막'은 한국을 세운 기자가 가져온 금법에서 유래한다고 믿어, 한국 사회의 고유한 것으로 간주하기에 이르렀다. 저명한 학자 이황은 이것을 조정과 집안을 지탱하는 원리라고 옹호하였다.[14] 이러한 '사회적 구분'은 여성의 지위를 명확하게 하는 데 크게 의존하였다. 따라서 여성은 불평등한 구조의 피해자이자 수호자였다.

혼인규정과 전략

첫째 부인과의 혼인은 강한 법적·경제적·정치적 함의를 담은 두 친족 집단의 거래였다. 구조화된 부계 출계집단을 기초로 구성된 사회에서 혼인의 분명한 목적은 자손을 얻기 위한 것이며, 이것은 곧 사회의 생존 수단이었다. 『예기』「혼의昏儀」편 첫 문장은 이것을 확인하게 해준다. "혼례는 장차 두 성姓이 좋게 합하여 위로는 종묘를 섬기고 아래로는 후세를 잇는 것이다."[15](원문은 "昏禮者, 將合二姓之好, 上以事宗廟, 而下以繼後世也"-옮긴이) 그러므로 혼인의 목적은 출계집단의 영속성을 두 가지 방향에서 보장하는 것인데, 하나는 조상을 향한 것이고, 나머지 하나는 아직 태어나지 않은 후손을 향한 것이다.

명실상부한 유교 이데올로기 사회를 위해서, 조선 초기 신유학을 신봉하는 입법가들은 고려시대의 전 유교적 혼례 제도에 대해 엄격한 개혁을 요구하였다. 부처제婦處制가 낳은 '부자연스러운' 가족 관계를 개정하기 위한 첫 번째 방법으로, 1411년 예부는 오복제를 전면 개정할 것을 요구하였다. 모변 친족에 대해 상을 입는 기간을 줄이는 것은 모변 친족에 대한 감정과 충성도를 부변 친족에 대한 것으로 옮길 수 있고, 혼인한 부부가 남편의 집에서 살아야 하는 새로운 사회 풍습을 만들려는 중요한 시도였다. 그렇지만 어느 열의에 찬 개혁가가 지적했듯이, 혼인제도 자체를 전면적으로 그리고 더 근본적으로 개혁하지

않는다면 오복제를 유교식으로 적용하는 것은 완전히 부적절해질 수도 있었다.[16]

개혁안 중에서 가장 우선적인 것은 가까운 친족 간의 근친혼을 금지하는 것이었다. 부변 6촌끼리는 이미 조선 초기부터 혼인하지 않았지만, 사대부는 모변 사촌들끼리는 계속 혼인을 하고 있었다. 부처제 때문에 모변 사촌들은 한 지붕 아래 살고 있었고 종종 서로에게 이성으로 끌리곤 했다. 그러나 모변 사촌 간에도 상복을 입어야만 했으므로 모변 사촌과의 혼인은 금지되었다. 1415년 이원李原(1368~1429)은 처음으로 모계 사촌과의 혼인을 금지하자고 주장하였다.[17]

유교 모델의 도입은 정서에 어긋날 뿐만 아니라 경제 문제도 불러일으켰다. 딸은 관행에 따라 토지와 다른 재산을 남자형제들과 똑같이 물려받았다. 혼인하여 남편 집으로 옮겨갈 경우, 토지 대신 노비·의복·가사도구 혹은 토지에서 나오는 수입을 유산으로 받았다. 만약 신부 가족이 적당한 유산을 남기지 못하면 양쪽 모두에게 경제적 부담이 되었으며, 신랑 측이 가난할 경우 재산이 없는 신부를 받아들이기는 어려웠다.[18]

그렇지만 모변 친족과의 금혼 강화가 매우 어려웠던 이유는, 고려시대에 출계집단을 명확하게 구분하지 않았기 때문으로 파악되었다. 어머니 쪽 친족에게 갖는 친밀감은 친족 간의 한계를 흐릿하게 만들었다. 더 나아가 종종 같은 출계집단 안에서 성씨는 같지만 본관이 다르다고 애매하게 위장하여 혼인을 하기도 했다. 어느 누구도 조상이 실제로 같은지[19] 알아보려고 하지 않았는데, 아마도 전통적으로 출계집단의 경계가 불분명하여 대부분 조사하기 어려웠을 것이다.

1471년 사간원은 혼인할 수 있는 모변 친족과 그렇지 못한 모변 친족의 명확한 경계를 계속 요구하였다. 이에 육촌 범위 내 혼인을 금지하는 법령이 제정되었다.[20] 아내의 친척은 혈족으로 간주하지 않았으므로 같은 문제가 일어나지 않아 그에 대한 법령은 제정되지 않았다. 그렇지만 두 번째 혼인에서는 인족姻族 육촌과의 결혼을 피하는 것이 관례가 되었다.[21]

15세기 말경 출계집단의 족외혼은 기정사실이 되어 있었으나 무엇을 족외혼으로 간주해야 하는지에 대한 논란은 계속되었다. 유교 순수주의자들은 동성이본관同姓異本貫, 동본이성同本異姓 두 가지 혼인을 금지하라고 계속 주장하였다.[22] 마침내 1669년에 당대 가장 완고하고 권위 있는 유학자라고 할 수 있는 송시열宋時烈(1607~1689)은 규제를 더 강화하도록 법을 제정하는 것을 지지하였다. 이것은 동성이본同姓異本 간 혼인금지에 대한 법을 제정하는 데 영향을 미쳤다.[23] 이 법은 분절화를 거쳐 다른 본관을 취득한 출계집단이 서로 결혼할 가능성을 배제하는 데 그 의도가 있었다. 친족 의식을 심화하고 엄격한 법에 대해 폭넓은 동의를 얻기 위한 노력에도 부처제 같은 그전의 혼인 관습은 엄연히 존재하였다. 이것은 유학자들이 기울인 노력의 효율성을 반감했다.[24]

사회 지위는 조선 사회에서 정치적·경제적 진출을 결정하는 가장 중요한 요소였으며, 혼인은 권력 있는 출계집단과 인족관계를 맺는 중요한 한 가지 방법이었다. 따라서 엘리트의 특권은 일반적으로 출계집단을 위해 그리고 각별히 자손을 위해 유지되고 강화되었다. 지배 엘리트는 동일한 신분집단에서 권력과 경제 지배력에 대한 특권을 유지하는 데 전력을 다하였다. 이런 태도는 다른 신분집단에서 배우자를 들이는 것을 막았다. 비록 법률 조항에서 공공연하게 언급하지는 않았지만 사대부라는 강한 계급의식은 그보다 낮은 사회집단과의 혼인을 배제하였는데, 이런 '신분 내혼'은 혼인 전략에서 중요한 요소가 되었다.[25] 지배집단 내에서조차 혼인을 통한 유대를 형성하는 데 사회 지위와 경제적 영향력에 대한 등급이 작용하였다. 혼인에서 정치적 제휴가 중요한 역할을 하였으므로,[26] 조선 초기부터 유교를 신봉하는 이상주의자들은 혼인의 성공 여부가 도덕적 자질이 아니라 정치적·경제적 조건에 따라 결정되는 현실을 개탄하기도 하였다.[27]

조사를 광범위하게 한 것은 아니지만 조선 후기의 대략적인 증거(최근까지 시골에서 확인되는)에 따르면 지리학적 관점에서 혼인 반경은 약간 제한되어 있으며, 출계집단의 사회 지위와 연결된 것으로 보인다. 출계집단의 권력이 강하면 강할수록 혼인 범위는 넓어졌다. 비록 신부에 대한 신뢰도가 가장 중요한 요소였다 하더라도 지리적 거리도 혼인문제를 생각할 때 중요한 요소였다. 대다수 양반은 출계집단이 자리를 잡고 있는 농촌 마을[同姓村落]에 살았으므로 적합한 신부는 마을 외부에서 찾아야만 했다. 일반적으로 친정집이 가까운 신부를 선호하였다.[28] 안으로 들어오는 며느리와 밖으로 시집보내는 딸의 혼인 영역은 일치하지 않은 듯하다. 좋은 혼인 전략은 며느리는 낮은 가문에서 들여와서 남편의 사회적 지위로 상승하게 하는 것인 데 반하여 딸은 비슷하거나 더 높은 지위의 배우자를 선택하게 하는 것이었다. 따라서 딸에게 적합한 배우자를 찾기가 더 어려웠으며 지역적으로 더 멀리서 구할 수밖에 없었다.[29]

신부가 출계집단에 들어온 후 친정 가족과 남편의 친족 간에 중매인으로 나서는 것은 특별한 일이 아니었다.[30] 그리하여 인족 사이의 유대는 몇몇 구역에 걸쳐 도의 경계는 넘지 않을 정도의 거리에 흩어져 사는 출계집단에 의해 반복되면서 확장되었다. 만약 국가 차원에서 정치적 입신이 이루어질 경우, 서울이 혼인 성사의 거점이 되었는데, 딸은 왕비가 되기도 하였다. 따라서 혼인 전략은 특정한 조건에서만 하는 복잡한 게임과도 같았다. 성공적인 혼인은 사회적 배당금을 넉넉하게 가져오는 연대를 구축할 수 있게 만들었다.[31]

혼인은 개인 간의 일이 아니라 가족 간의 일이었다. 혼인 적령기 남성과 여성을 혼인시키는 책임은 집안 남성 가운데 최고 연장자가 맡았다. 혼인 성사 전에 혼인 비용을 마련하기 위해 오랫동안 준비하였다. 공동 재산 일부분을 '특정 목적을 위한 땅'[義莊]으로 따로 준비하여 여기에서 나온 수입으로 혼례식 같은 사회적 의무에 드는 비용을 충당하였다.[32] 또 다른 방법으로는 출계집단의 일원이 혼인 비용을 마련하기 위해 계를 만드는 것이었다[婚契]. 이러한 경제적 조처는 혼인이 출계집단 전체의 이해에 얼마나 중요하게 관련되어 있는지 보여주는 것이라 하겠다.

자녀들의 아버지, 할아버지 심지어 형이나 오빠는 어린 세대에 대하여 경제적 의무를 다해야 했으며, 적절한 기간 안에 알맞은 배우자를 찾아주는 책임도 그들에게 있었다. 조선 초기인 1427년 『주자가례』의 규정이 법으로 받아들여졌다. 『주자가례』는 혼인할 수 있는 나이를 남성은 16세에서 30세로, 여성은 14세에서 20세로 정해놓았다. 『경국대전』에서는 남성은 15세, 여성은 14세로 하한선만 명시해놓았으며 13세가 지나야 혼담이 가능하다고 덧붙여 놓았다. 만약 어느 한 쪽 부모가 지병이 있거나 50세가 넘게 되면 연령 제한은 12세로 낮아질 수 있었다.(33)

『주자가례』의 혼인 연령은 고대 중국 전통을 근거로 한다. 『백호통』에서는 다음과 같이 설명한다.

> 왜 여성은 20세에 혼인하는 반면 남성은 30세에 혼인하는가? 양의 수는 홀수이고 음의 수는 짝수이다. 왜 남성은 여성보다 더 많은 나이까지 혼인하는가? 양의 방식은 느리고 음의 방식은 빠르다. 남성은 30세에 정력이 강해지고 뼈가 단단해져 아버지가 될 준비가 된다. 여성은 20세에 살과 근육이 충분히 발육하여 자식의 어미가 될 준비가 된다. 둘의 나이를 합치면 50이 되는데 이는 1,000가지를 낳을 수 있는 숫자이다.(34)

연령을 제한하는 목적은 적당한 나이가 될 때까지 기다리지 않고 너무 어린 나이에 혼인시키는 고려시대 유습을 억제하기 위해서였다. 예조의 관리들은 조혼하는 이유가 인족 결합으로 재(財)를 추구하는 데 있다고 비난하였다. 그들은 남녀가 너무 일찍 혼인할 경우 부부는 자신들이 도덕의 버팀목임을 깨닫지 못하여 자녀들을 사회화하는 역할을 제대로 수행하지 못하므로, 조혼은 자손들에게 재난을 예고한다고 주장하였다.(35)

왕조 전반에 걸쳐 데릴사위[豫壻]나 민며느리[豫婦] 제도를 반대하는 소리가 높았다. 조혼의 한 방편인 이 제도는 경제적 이유 때문에 유지되었다. 10살 미만 아이들을 혼례식을 가장하여 집으로 데리고 와서 집 안이나 들에서 일하게 하였다. 이러한 가짜 혼례식은 광범위하게 퍼져 있었으며 특히 평민에게 많았다. 그렇지만 양반 역시 나이 제한을 이런 방식으로 어겨 발각되기도 하였다.[36]

가장 어린 나이에 혼인한 예가 몇 살이었는지를 확인할 만한 통계 자료는 없다. 그렇지만 단편적인 자료들에서 볼 때 조선 왕조 전반에 걸쳐 하한선은 법이 정한 것보다 낮았다. 호적 자료를 보면 부부의 나이 차이를 분명하게 확인할 수 있다. 부인이 남편보다 나이가 많았을 것이라는 일반적 믿음은 조선 왕조 전 시기에 걸쳐 유효하지 않다. 16세기 후기와 17세기 초의 자료에 따르면 양반 계층에서 남편의 나이가 10살 정도까지 연상인 것으로 보인다(많은 경우 두 번째 혼인이기 때문에 그럴 것이다). 이런 경향은 19세기에 들어와 바뀌는데, 이때는 부인이 남편보다 연상이었던 것으로 보인다. 이와는 대조적으로 평민과 천민의 경우에는 일반적으로 부인이 연상이었다. 경제적 이유로 평민이 아들을 일찍 혼인시키지 못했으리라는 것이 가장 설득력 있는 설명이 될 것이다. 양반들 중에는 비경제적 이유(예를 들면 친족 유대의 중요성 같은 것)가 조기 혼인이나 신부가 연상인 이유를 해명할 수 있을 것이다.[37]

18세기 후반과 19세기로 옮아가면서 양반의 지위는 점점 압박을 받았다. 이런 상황은 양반에게 자신들의 지위를 유지하려면 적절한 인족관계를 맺는 것이 어느 때보다 중요하다는 사실을 깨닫게 했을 것이다. 인척을 획득하는 일은 후손을 얻는 것보다 출계집단의 생존에 더 결정적이었다. 혼인 자체가 사내아이를 성인으로 만들기 때문에 나이는 별로 중요하지 않았다. 그러나 여자아이의 혼인 가능 여부는 신체적 성숙에 달려 있었기 때문에 나이가 결정적 역할을 하였다. 부부가 어리다는 사실과 신랑이 자신의 세대를 시작할 능력이 없다는 사실은 때로는 혼인과 실제 신부를 신랑집으로 들이는 것 사이에 간격이 큰 이유를 설명할 수 있을 것이다.

어떤 상황에서는 혼인을 연기해야만 했다. 가장 중요한 것은 부모의 죽음이나 가까운 친척의 죽음이었다. 예를 들면 죽은 형제를 위해서 1년 복상을 해야 했다. 조선 초기에 사대부들은 복상 기간 이후로 혼인을 미루지 않는 것을 개탄하였다. 『예기』의 규정을 강화함으로써 그러한 나쁜 관습을 없애려는 엄격한 조처가 요구되었다. 따라서 의정부는 1404년 부모에 대한 3년상을 치르는 중 혼인하거나 1년상을 치르는 중 백일 이내에 혼인하는 것을 금지하도록 하였다.[38] 이를 위반한 사람은 '불효'로 비난받아 부모가 관직을 삭탈당하는 처벌을 받았다.[39] 사간원에서는 금지 규정을 좀더 엄격하게 만들자고 빈번하게 요구하였으며, 이것은 18세기 중반 어느 한쪽 부모가 죽을 경우, 약혼식을 올렸다 하더라도 혼례식을 3년 연기해야 한다는 법률로 구체화되었다.[40] 또 다른 경우는, 조선 초기에 소녀들을 중국에 공녀貢女로 바치기 위하여 선택하는 시기이거나 왕비 간택이 진행되는 동안이다. 혼인은 성인이 되기 위한 전제 조건이었으며, 미혼으로 있는 것은 사회적으로 용납되지 않았다. 경제적 이유로 딸을 적령기에 혼인시키지 못하는 문제를 해결하기 위해 유교 입법가들은 지속적으로 관심을 기울였다. 조선 초기 부모의 가까운 친척에게 적당한 시기에 혼인시키는 책임을 맡기도록 하는 법률이 제정되었다.[41] 이에 대한 의무 태만은 강하게 처벌하도록 하였다. 『경국대전』에는 경제적으로 어려운 여성에게 정부가 도움을 보증하는 내용이 들어 있으며, 명시된 시간제한을 지키도록 가족 책임자에게 경고한 기록도 있다.[42] 혼인은 여성에게 별 관심을 받지 못하는 유년기 여성이 사회의 어엿한 일원이 되는 어른으로서 거쳐야 할 통과 의례를 의미하였다.

『주자가례』와 혼례식

『주자가례』에서 영구적 형태를 찾아볼 수 있는 유교식 혼례식은 기본적으로 『예기』와 『의례』를 근거로 한다. 『의례』에 대략 제시되어 있는 여섯 부분의 혼례 의식 절차는 육례六禮로도 알려져 있는데, 유교적 혼례 의식의 청사진이 되었다. 그 내용은 다음과 같다. ① 신랑집에서 신부집으로 선물을 보냄[納采], ② 신부의 이름을 물음[問名], ③ 신부집으로 좋은 점괘에 대한 소식을 보냄[納吉], ④ 신부집으로 증거물을 보냄[納徵], ⑤ 예식 시각을 물음[請期], ⑥ 직접 만남[親迎].[43] 『주자가례』에서 주자는 기본적 형태를 채용하면서도 이를 더 엄격하게 하여 이름을 다시 붙였다. 주자의 의식 절차는 다음과 같다. ① 혼인을 요청함[議婚], ② 약혼함[納采], ③ 신부집으로 선물을 보냄[納幣], ④ 신랑이 신부를 직접 만나서 집에 들임[親迎], ⑤ 신부를 부모에게 보임[婦見舅姑], ⑥ 사당에 신부를 보임[廟見]. 이에 주자는 일곱 번째 절차로서 '신랑을 신부 부모에게 보임'을 첨가하였다[壻見婦之父母].

주자가 기술한 혼인 예식의 최대 절정은 신랑이 신부를 자신의 집에 직접 들이는 의식이다[親迎]. 친영 뒤에는 부부가 서로 절을 교환하는 예식이 있었다[交拜]. 세 번째 의식까지는 혼인 당사자가 직접 관여하지 않지만, 친영에서 신랑과 신부는 처음으로 만나게 된다. 이 의식은 신부가 자신이 자란 집에서 성인으로서 삶을 보내게 될 집으로 옮기는 것을 상징화한다.

　조선시대 고유의 전통 의식 중에서 혼례 의식만큼 유교화에 저항한 것은 없었다. 주자의 모델을 받아들이는 데 가장 근원적인 갈등은 고려시대와 새 왕조에서 오랫동안 만연한 부처제婦處制 관행이었다. 조선 왕조의 주요 창업자의 한 사람인 정도전은 "신랑이 신부집에 가 있기 때문에 부인은 자신도 모르게 친정 부모의 사랑에 의존하게 되고 자연히 남편을 소홀히 대하게 된다. 따라서 부인이 점점 교만해져 마침내 부부간에 다툼이 있게 될 것이고, 이것으로 바람직한 가족의 방식은 무너진다"라고 개탄하였다. 유학자들은 '양陽이 음陰을 잘못 따라 부부의 의미를 저버리는' 풍습을 내버려둘 수 없었다.[44] 유교식 모델은 고유의 혼인 관행을 뒤바꾸어 신부가 출계집단의 일원이 되도록 신랑집으로 옮겨 살아야 한다고 했다.

　1395년 새 왕조가 성립된 직후 권근에게 관혼상제冠婚喪祭,[45] 즉 사례에 대하여 세부 사항을 정리하라는 왕명이 내려졌다. 이것은 한국 사회에 유교식 예절의 외피를 씌우려는 왕조 개창자의 의지를 표현한 것이었다. 1404년 대신들은 사대부의 혼례 모델은 『주자가례』에 따라야 한다고 주장하였다.[46] 10년 후 태종은 여전히 중국 사람들이 한국의 고유 혼인 풍습을 비웃는 것을 우려하여[47] 예조에 계속해서 중국 고전에 기록되어 있는 순수한 혼인 예식 형태를 연구해 한국에서 실행할 수 있는 모범을 만들라고 명령하였다.[48]

　유교 순수주의자들은 혼인 사치품을 금하고 부의 과시를 척결하는 엄격한 법률을 제정하라고 요구하였다. 이미 고려 말에 사치품을 사용하는 것은 금지되었으며,[49] 조선 초기에 더욱 엄격해졌다. 1394년금金을 더는 사용할 수 없었으며 부호들이나 무반들에게만 비단과 옥 장식을 사용하도록 허락하였다.⁽⁵⁰⁾ 혼인 예식을 정비한다는 목적으로 입법가들은 국왕에게 모든 사치품을 금지하고 혼례 비용을 제한하자고 압력을 가했다.⁽⁵¹⁾ 그리하여 사치품을 금하는 엄격한 법률이 『경국대전』에 입법화되었다.⁽⁵²⁾

개혁자들은 전통의 관성과 의식을 개혁하는 데 따르는 실제적 어려움을 깨닫고 있었다. 그럼에도 그들은 『주자가례』를 사대부 예절로 만들기 위해 미리 압력을 가하였다. 1434년 예조는 관직이 있거나 없는 모든 사람을 대상으로 적합하다고 여겨지는 최초의 혼례 예식을 만들어냈다.⁽⁵³⁾ 모든 단계에서 주자의 저술을 조목조목 따랐다. 첨삭 없이「종친급문무관일품이하혼례宗親及文武官一品以下婚禮」라는 제목으로「오례」에 첨부되었고, 곧 『국조오례의』에 법제화되었다.⁽⁵⁴⁾ 편리하게 참조할 수 있도록 『주자가례』가 사대부들에게 배부되었다.

새로운 형태의 혼례식을 채용한 왕실 사례나 입법 노력에도 불구하고 가시적 효과는 없었다. 15세기에 유교식으로 양반 혼례식을 올렸다는 보고는 찾아볼 수 없다. 그렇지만 중종 때 이 문제가 주목을 끌었다. 중종은 논란거리였던 친영 의식을 적극적으로 권장하였다.⁽⁵⁵⁾ 그렇지만 1518년 김치운金致雲이라는 젊고 열성적인 유학자가 친히 자신의 집으로 신부를 들이는 의식을 치른 최초의 양반이 된 것은, 1517년 중종의 친영 때문이 아니라 조광조趙光祖(1482~1519) 등의 개인적 영향이 더 컸다.⁽⁵⁶⁾ 그러나 김치운의 경우는 새로운 유행으로 자리 잡지 못하여 따르는 이가 적었다.

중종 이후 이따금 친영을 혼례식의 핵심 부분으로 만들자는 주장은 나왔지만,⁽⁵⁷⁾ 폭넓은 지지를 받지는 못하였다. 16세기 초에 반친영半親迎이라는 절충안이 고안되었다. 신부집에서 예식이 끝나면 다음 날 신랑 부모를 뵙도록 하였다.⁽⁵⁸⁾ 그러나 이것이 얼마나 광범위하게 시행되었는지 정확히 알 수 없다. 17세기에는 예학자들조차 고유한 전통과 유교식 예절의 차이를 메울 수 없음을 인식할 수밖에 없었으므로,⁽⁵⁹⁾ 그들의 주장을 강하게 고집할 수 없었다. 그들은 혼례를 유교식 틀에 맞추려는 노력을 포기하고, 그 대신 부수적인 세부 사항이나 중국 고전과 관련된 글을 정교하게 번역하는 데 그 초점을 맞추었다. 그들은 혼례식의 예에서 나타난 것처럼 자신들의 지식을 사회 현실과 연결하는 데 성공하지 못하였다.

왕실의 혼례식

한국에서 유교식 혼례식을 처음으로 치른 곳은 사대부가 아니라 왕실이었다. 이러한 선구자적 역할을 맡게 된 동기는, 국왕이 솔선수범하면 그 영향이 아래로 미쳐 백성을 변화시킬 수 있다는 유교 격언에 대한 믿음 때문이었다. 태종 재위기간에 궁실에서는 『주자가례』를 일부 사용하여 혼례식을 두 차례 치렀다.[60] 그렇지만 왕세자 혼례를 적절한 예식을 갖추어 치러야 할 과제에 직면한 최초의 국왕은 세종이었는데, 이 혼례식은 후일 문종(재위기간 1450~1452)이 된 왕세자를 위한 것이었다.

세종은 예조판서로 있으면서 전례에 관한 식견이 높았던 허조의 도움을 받아 고대 중국의 예식을 채용하는 데 특별한 관심을 보였다. 1426년 여름, 국왕은 예조에 하교를 내려 의례편람[禮典]을 연구하여 혼례식에 대한 상세한 절차를 만들라고 하였다. 허조와 그의 보조자들은 분명히 『주자가례』에 나와 있는 다양한 단계에 대한 간략한 기술을 활용할 수 없었다. 예식의 세밀한 항목을 결정하기 위하여 『대당개원례』와 『통전』 같은 책을 참조할 수밖에 없었다.[61] 허조가 세자 혼인을 위해 고안한 예식 절차와 『통전』에서 찾아낸 규정을 비교해보면 한국인이 중국의 전례 안내서에 얼마만큼 의존하였는지 알 수 있다. 공식 명칭과 어휘를 한국식으로 바꾸었음에도 예조의 관리들은 중국 모델에 지나치게 집착하였다. 1427년 봄 김오문金五文의 딸[62]과 왕세자의 혼인은 한국에서 진행된 중국 제국식 예절의 첫 번째 변형이었다.[63]

왕실이 앞장서서 실천한 이 선례는 '개정된 예절' 시대로 이끌려는 세종의 의도적 연출이었다. 그러나 효과는 미미하였다. 새로 도입된 친영 절차가 사대부가 왕실의 예를 채용하는 데 방해가 된다는 논란이 잇따랐다.[64] 세종은 이런 저항이 일어난 이유를 이해했기 때문에 처벌한다고 위협하면서까지 강제로 따르게 할 생각은 없었다. 그렇지만 고대 중국 예식의 이행과 해석에 근본적 태도를 고집한 고위관리들에 힘입어 세종은 왕실이 모범을 보여야 한다는 믿음에는 변함이 없었다. 1434년 봄 세종은 예조에 대하여 '고유한 혼인 풍습이 갑자기 바뀌면 그 결과가 혼란스러울 것'이라고 말하고 왕실만이라도 고대 중국 제도에 충실할 것을 강조하였다. 그리고 예조에 하교를 내려 사대부를 위한 예식을 제정하라고 하였다.[65]

세종이 정한 형식을 따라[66] 윤평尹泙(1420~1467)과 태종의 막내딸 숙신옹주淑愼翁主가 1435년 처음으로 혼례를 올렸다.[67] 1년 후인 1436년 예조는 1427년의 예식 절차를 기초로 세자를 위한 혼인 규범을 제정하였다.[68] 이 규범은 「오례」에 제시된 세자 혼례의 청사진이 되었다.[69] 「가례嘉禮」에 기술한 국왕의 혼례는 『통전』에 수록된 중국 제국의 예식을 약식으로 변형한 것이었다. 이것은 여섯 부분으로 구성된다. ① 정혼함[納采], ② 혼례 선물을 보냄[納徵], ③ 혼례 날짜를 정함[告期], ④ 왕비로 책봉함[册妃], ⑤ 왕비를 들임[奉迎王妃], ⑥ 왕실에 왕비를 보임[王妃朝].[70] 중요한 사실은 유학자들이 가장 강조한 친영 절차가 국왕의 혼례에서는 빠졌다는 것이다. 왕세자 혼례는 네 단계까지는 국왕의 혼례와 다르지 않았으나 세 가지 특별한 의식이 포함되어 있었다. ① 국왕이 마지막 조언을 위해 왕세자의 가마에 다가감[臨軒醮戒], ② 왕세자가 직접 신부를 맞아들임[親迎], ③ 왕궁에서 며느리를 보임[嬪朝見].(71)

왕실 혼례를 확립한 것은 국왕과 유교 관료 사회 사이의 이데올로기적 대화의 한 양상이었다. 유교 연구와 유교 이데올로기를 일상의 표준 규범으로 바꾸는 데 관심이 깊었던 세종은 독재적 군주였다. 혼례에서 그는 매우 예민한 사안을 처리해야만 했다. 이것이 고유 전통과 전래된 가치의 양립성에 대한 논란의 일부분이기 때문이다. 이 논란은 양반 관리 사회를 두 편으로 갈라놓았다. 그것은 중국식 모델에 의존하는 것을 옹호하는 태도와 고유 관습을 보호하려는 태도였다. 후자는 '고유 관습과 중국 관습은 서로 다르기 때문에 갑작스러운 변화를 강요하면 효력이 없을 것'이라고 주장하였다. 학자·관리들은 자신의 혼례를 유교식으로 치르기를 꺼려했으면서도 왕실의 혼례는 유교식 규범과 일치하라고 요구하였다. 이런 모순된 태도는 세종 이후 정치적 쟁점이 되었다. 다시 말해, 양반들이 왕실 혼례에 대해 유교 이데올로기적 순수성을 요구하는 것이 국왕 교화를 위한 주된 내용이 되었다.(72)

연산군의 폭정 시대에는 유교 이데올로기가 전면적으로 무시되었으나, 그의 통치가 종식된 후 신유학은 다시 활기를 띠기 시작하였다. 학자·관리 사회는 유교화를 강화하였고 젊은 중종은 교화하기 쉬운 대상이었다. 중종 시대 이후 신유교는 점차 정부의 이데올로기로 받아들여겼다. 중종은 혼인 절차를 유교화하려는 세종의 노력이 별 효과가 없었음을 애석하게 여기고, 친영이 가장 핵심 부분으로 되어 있는 혼례 예식을 강행하려 하였다. 중종은 위에서 올바른 모범을 보이면 아래에 영향을 줄 수 있다고 굳게 믿었다.[73] 혼례를 이데올로기적으로 바로잡는 일은 사회 · 정치적인 것을 암시한다고 인식되었다. 1515년 겨울에 공포된 왕실 법률은 '혼례 예식이 올발라야 임금과 백성 그리고 아버지와 아들의 관계가 바로설 수 있다'고 적고 있다.[74]

곧 중종 자신이 유교 이데올로기에 충실하다는 것을 보여줄 기회가 왔다. 1517년 늦여름 중종이 세 번째 왕비를 친히 왕궁에 들임으로써 유교식 혼례는 절정에 이르렀다.[75] 그는 친영을 시행한 첫 번째 국왕이었고 후대 국왕이 따랐다.[76] 1702년 유교 교화가 얼마만큼 성공적이었는지 상징적으로 보여준 왕실의 이 중요한 변화는『오례의』에 구체화된다.[77]

조광조 측근들이 주축을 이룬 사간원이 이데올로기적 순수성을 위해 압력을 가하던 시기에 중종의 혼인이 이데올로기적 효과를 가졌다는 것은 놀라운 일이 아니었다. '적절한 예식'이 시행된 뒤 홍문관 관리 이자李耔(1480~1533)는 국왕이 왕비를 종묘에 보이는 의식을 거쳐야만 혼례가 완성된다는 주장을 펴 이를 둘러싸고 논란이 일어났다. 시행을 주장하는 이들은 이 의식이야말로 혼례식의 가장 중요한 부분이라고 했다. 이것이 신부를 부인으로 만들어주고 사회 지위를 부여하기 때문이다.[78] 전에 한 번도 시행하지 않은 새로운 의식이었으므로 중종은 의정부와 예조에 하교를 내려 이 제안을 검토하라고 지시하였다. 사간원에서는 고대 의례 문헌을 근거로 정확한 해석이라면서 완성된 의식 없이는 이미 이루어진 예식은 무의미하다고 주장한 반면, 의정부 관리들과 예조 관원들은 이 의식이 훌륭하기는 하지만 조선은 중국과 다르고, 신부가 이미 왕비 영역에 들어와 있으며, 왕비 책봉을 중국에 요청해놓았다고 하였다. 국왕은 의정부 의견을 따랐고 더는 사간원의 의사 개진을 허락하지 않았다.[79] 그렇지만 간소함을 내세워 이 의식의 시행을 국왕에게 설득하자 중종은 논의를 재개하였다.[80] 논의가 계속되면서 고대 문헌을 너무 세세하게 해석하는 공리공담이 될 수밖에 없었다. 중종은 계속 동의하기를 거부하였고 마침내 고위관리들이 이 의식에 반대한다는 애매한 언급으로 논의에 종지부를 찍었다.[81] 이는 유교적 국왕에게 적합한 혼례식을 찾기 위한 한 세기의 노력을 마감하는 마지막 사건이었다. 세종대에는 왕실이 새로운 의식 형태를 발전시키는 선구자 역할을 맡았다. 이런 행위는 사대부 사회에 필요한 유교적 교리를 광범위하게 준수하려는 의지를 조장하고, 선도적 영향을 끼칠 수 있다고 생각되었다. 그렇지만 이 사안은 다양한 요소로 복잡한 양상을 보였다. 한국 고유 풍습을 유교식으로 바꾸려는 광범위한 노력은 순수하였지만, 그 어떤 사회 관습에서도 혼례식만큼 변화에 저항하는 토착 풍습은 없었다. 또 그 어떤 사회생활 분야에서도 혼례만큼 중국의 가치로부터 고유성을 강하게 방어하는 분야는 없었다. 어떤 특정 지역의 유교제도를 합리화하여 다른 지역에 강요하는 것은 결코 쉬운 일이 아니었다.

조선의 혼례식

16세기에 활동한 사대부 조식曺植(1501~1572)은 한국에서 유교의 가르침은 세세하게 준수되는 것이 아니라 대강만 따른다고 지적하였다.[82] 이것은 한국의 특별한 혼례 풍습에 대한 설명이자 합리화이기도 했다. 법은 『가례』에 적힌 규칙을 따르도록 규정하였지만 양반 집안의 혼례식은 여전히 고유의 것을 따랐다.[83] 그렇지만 고유 의식은 유교 의식 가운데 몇 부분을 빌림으로써 토착적 부분이 더욱 빛을 발하게 되었다. 따라서 이것은 고유 풍습의 유교화가 아니라 유교 의식의 토착화라 하겠다.

한국의 혼례식은 다음 세 가지로 구성된다. ① 약혼함[納采], ② 기러기를 보냄[奠雁], ③ 신부가 신랑집으로 들어감[于禮, 于歸].[84] (이것은 『시경』의 '주남周南·도요桃夭'에 나온다-옮긴이) 유교식 혼례에서 기러기를 신부집으로 보내는 것은 친영의 예비 단계로, 혼례식이 개최되는 신랑집으로 신부를 데려오기 직전에 이루어진다. 한국에서 이 절차는 혼례식의 중심 부분인데, 예전에 관습적으로 신부집으로 보내던 동물들을 대신하여 주로 나무를 깎아 만든 기러기를 약 사흘 전에 보냈다.[85] 이 선물은 혼인을 더욱 굳건하게 만들어준다고 믿었으며, 부부 결합의 최고 절정을 의미했다. 한국 관습에 따르면, 신랑과 신부는 신부집에서 절을 나누게 되는데[壻婦交拜], 이것이 부처제婦處制 전통을 유지케 하였다. 준안奠雁과 교배交拜를 합쳐 같은 날 치르게 한 것은 저명한 신유학자 서경덕徐敬德(1489~1546)의 업적이다.[86] 『주자가례』에서는 예식을 치르는 데 몇 가지 세부 사항만 참조했을 뿐이다.

배우자 재산 정도에 따라 그 화려함이 정해지는 혼례식은[87] 장소와 때에 따라 다르게 치러졌다. 지역적 차이도 있으므로 조선 왕조 시대 양반의 혼례식을 묘사하기는 불가능하다. 아래에서 묘사한 예식은 역사적·민족학적 자료를 근거로 합성한 것이다.

남자아이가 적령기에 이르면 부모는 적당한 신부감을 찾기 시작한다. 이것은 사회적 배경이 적절하고 재능이 있으며 아름다운 여자아이에 대한 비공식적 수소문으로 이루어진다. 직접 대면할 수 없었기 때문에 들은 바를 확인하기 위해 하인을 시켜 신부 후보를 보러 가게 한다. 이상적 신부 후보가 발견되면 중매인을 정해 사회·경제적 배경을 알아보도록 한다.[88] 적합하다고 판단되면 아버지인 혼주婚主들이[89] 신랑집에 모여 첫 번째 혼인 협의를 한다[面約].

신랑·신부가 될 사람이 너무 어리면 몇 년이 될 수도 있지만 보통 얼마 후에 신랑 측 혼주가 혼례를 청하는 서찰을 신부집에 보낸다[請婚書].[90] 이 서찰에는 신랑에 대한 중요한 정보, 즉 출생한 시간, 날, 달, 해의 네 쌍의 숫자[八字]를 담았다. 사성四星 혹은 사주四柱라고 하는 여덟 글자는 사람의 운명을 말해준다. 세대주 또는 경우에 따라 출계집단의 최고 어른[門長]이 서명한 이 서찰은 혼인이 양측 출계집단에 관계되는 사안임을 증명한다. 승낙[許婚書](혼인을 허락하는 서찰)과 약혼 그리고 혼인 날짜가 포함된 서찰을 받으면 혼례의 전반부인 '약혼' 단계가 이루어지는 것이다.

약혼은 공식적 혼인약정서[婚書]와 다양한 선물을 보내 신부집과 공식적 관계를 맺는 것이었다.⁽⁹¹⁾ 신랑 부모는 다양한 색깔의 비단과 실로 된 선물(주로 빨갛고 파란)과 다산多産을 상징하는 물건들인 수수귀, 누에, 고추 같은 것들을 준비한다. 옻칠한 혼인함 안에 넣어 보내는 가장 중요한 물건은 혼인약정서인데, 이것은 두 출계집단의 결합을 확정한 것이다.⁽⁹²⁾

조선 초기에 혼례 절차를 밟는 동안 혼인을 깨뜨릴 수 없는 것으로 보아야 하는 때는 언제인지에 대한 의문이 계속 제기되었다. 사간원은 약혼을 소홀히 취급하여 신부와 신랑이 가볍게 파혼한다는 항의가 자주 제기되어 이를 처리해야만 했다. 이에 따라 혼인약정서와 혼인 선물을 신부집에 전달하는 행위가 바꿀 수 없는 인족관계를 입증하는 것이라는 법규를 제정하였다. 이 법령은 『경국대전』에서 확정된다.⁽⁹³⁾

이 규정은 양측의 복상 의무에 막대한 영향을 미쳤다. 신부가 장래 시아버지를 위해서 복상해야 할 경우가 생기기도 했다. 그렇지만 신부의 부모가 죽었을 경우에 신랑의 가족은 이것을 영향력의 상실로 보고 혼인 선물을 돌려달라고 요구하였다. 『경국대전』에서는 이러한 구체적 규정을 정해놓지 않았다. 그러나 17세기 중반에는 왕명으로 만약 약혼 후에 양쪽 어느 한 부모라도 사망하게 되면, 혼례식을 올리기 전에 3년상을 반드시 마쳐야 한다고 했다. 이 법률은 『속대전』에서 다시 확인할 수 있다.⁽⁹⁴⁾

이 법률은 두 출계집단 간의 복상 의무를 규정해놓았으나 장래의 신랑이나 신부가 죽었을 경우 배우자에게 복상할지에 대한 규정은 마련해놓지 않았다. 왕조 초기에 이 문제가 여러 번 제기되었다. 유명한 사건은 세종과 신빈愼嬪의 막내아들 담양군潭陽君이 12살인 1450년에 죽었을 때 일어났다. 세종은 왕자가 죽기 직전 남경우南景佑의 딸과 혼인시키려고 하였으나 혼인 예물은 아직 신부집으로 보내지 않았다. 문종은 장래의 신부가 왕자를 위해 복상해야 한다고 생각했으나, 정승들은 이에 동의하지 않았다. 예조는 국왕 편을 들어 약혼 날짜와 친영 날짜가 정해졌으므로 이미 혼인한 것과 마찬가지라면서 복상 의무를 이행해야 한다고 주장하였다. 예조의 정인지는 담양군의 경우가 향후 전례가 될 것을 우려하여 중국 고전과 『가례』를 근거로 혼례 날짜는 약혼 이후 정해진다고 반대하였다. 만약 신부가 복상 의무를 치르게 될 경우 왕실의 일원이 되어 담양군의 조상 사당에 봉헌해야 하는데, 이는 신부가 조상 사당을 알현하지 않으면 완전한 일원[成婦]이 되지 못한다는 규정과 어긋나기 때문이었다. 그래서 정인지는 신부에게는 복상 의무가 없다고 주장하였다. 다른 판서들도 이에 따랐고 국왕 또한 이 청원을 받아들였다.[95] 법전에는 실리지 않았지만 이 판결은 약혼이 장래의 신부를 실제의 부인으로 만들어 죽은 약혼자를 위해 3년의 의무를 다해야 하는 것을 의미한다. 관습에 따르면 '부인으로서의 의무'를 다한 신부는 재혼하지 못하도록 되어 있었다.[96]

양반가에서 항상 행해진 것은 아니었지만 신랑의 관례冠禮는 혼인 예식의 전 단계였다. 16세기 초에는 왕실 외에는 별 효력이 없었다.[97] '어른으로 가는 길'로 인식된 관례는 혼례 직전에 이루어진다. 가족과 손님 앞에서 신랑 될 사람의 씻은 머리를 올려묶고(상투), 띠로 두른 다음(망건), 모자(갓)를 씌웠다. 이 세 가지를 삼가三加, 즉 '세 가지 일을 더함'이라고 했다. 만약 신랑이 너무 어리면 갓 대신에 짚으로 만든 간

345

단한 모자를 썼는데, 20세 정도가 되면 갓으로 바꾸어 썼다. 그리하여 신랑은 남성의 세계로 입문하였고 성인으로서 신부를 맞이하러 나간다.⁽⁹⁷⁾

혼례 예물을 보낸 뒤 대개 1년 안에 신랑은 신부집에서 있을 혼례식을 준비한다.⁽⁹⁸⁾ 혼인이 임박하면 사당에 보고한 후[告廟], 신랑은 말을 타고 신부집으로 간다[初行]. 이때는 흔히 상객上客으로 부르는 가까운 관계의 어른이나 아버지, 삼촌, 할아버지 등과 동행하며, 산 기러기나 나무로 만든 기러기 같은 혼례 선물을 보내지 않았으면 통에 담아 하인에게 짊어지게 하고 찾아갔다. 신부 아버지가 신부집으로 인도한 후 신랑은 장인, 장모 앞에 기러기를 내놓고 집의 중앙 건물[中堂, 大廳] 마당에 설치된 차양 안 예식 탁자[醮禮床]로 나간다. 옷과 두건으로 아름답게 차려입은 신부는 노련한 안내자들의 인도를 받아 예식 탁자 서쪽에 선다. 탁자 위에는 밥, 미역국, 떡 같은 특별히 준비된 음식이 정해진 순서에 따라 놓여 있고 대나무, 솔가지, 산 닭, 대추, 곶감, 목화씨 같은 상서로운 음식 그리고 아들을 낳는 데 도움을 준다는 건어물 등이 마련되어 있다. 주례의 도움을 받아 신부가 네 번 절하고 신랑은 그 답례로 두 번 절한다.

혼례식의 최고 절정은 안내자 두 명의 도움을 받아 신랑신부가 술잔을 교환하는 것이다[交卺, 醮禮].⁽¹⁰⁰⁾ 이것이 끝나면 신부는 안방으로 들고, 신랑과 측근은 잔치를 끝으로 식을 마감한다. 친척과 이웃이 보는 앞에서 이루어지는 이 풍성한 예식과 잔치는 혼인의 합법성과 장차 태어날 후손의 적법성을 드러내는 것이다. 지방 혼인 풍습에 따르면, 첫날밤 신부의 방은 갓 혼인한 부부를 놀려주기 위해 창호지 문에 구멍을 뚫고 방을 엿보는 신부 쪽 사람들로 둘러싸인다. 이를 '신혼방을 지킴'[守新房]이라고 했다. 혼례식이 끝난 그날, 신랑은 사람들에게 놀림감이 되어 신체적 고통을 당하게 된다[同床禮].[101]

다음 날 신랑과 같이 온 사람들은 신부와 공식적으로 상견례를 하고 신랑집으로 떠난다. 신랑은 신부의 집에 사흘 동안 머물고 난 뒤 혼자 자신의 집으로 돌아온다. 그 후 사흘에서 두 달 정도 지나 신랑은 신부의 집을 다시 방문하여[再行] 며칠 머물고 난 뒤 집으로 돌아온다. 만약 신랑의 집이 너무 멀 경우, 신부의 친척집에서 하룻밤 자고 난 뒤 신부의 집으로 향하기도 한다. 혼례식을 치른 후 3개월이 지나 신랑은 신부의 집에 세 번째로 찾아온다[三行]. 신랑이 없는 동안 두 집안은 서로 편지나 선물을 보내거나 방문하면서 왕래한다. 명절날 신부집은 비싼 음식이나 선물을 신랑집으로 보낸다.

혼례식의 마지막 의식, 즉 신랑의 집으로 신부가 들어가기까지[新行, 于歸] 몇 년이 걸릴 수도 있었다. 경제 사정과 배우자 연령에 따라 삼행 직후 신부를 데려오거나 처가 식구들과 함께 거주할 수도 있었다. 후자의 경우, 신랑의 집으로 오기 전에 첫아이가 태어나기도 하였다. 신부는 신중히 택한 길일吉日에 신랑집으로 들어왔다. 신부는 옷감, 술, 특별한 음식[幣帛, 紙幣] 같은 선물을 싣고 왔는데, 신부는 시부모에게 절하고 술을 드린 후 이것들을 선사하였다. 신부를 소개받은 신랑 측 친척들은 이 장면을 지켜보았다.[102] 이후 신부는 아침과 저녁에 시어른에게 문안인사를 드려야 했으며, 사흘 후 사당을 알현할 수 있었다 [告廟].[103]

조상을 알현하는 것은 혼례식의 마지막 의식인데, 이는 신부를 신랑의 출계집단의 완전한 일원으로 확인하는 것이었다. 신부는 새로운 환경에서 며느리와 부인으로 시집살이를 하게 된다. 만약 신부가 시부모와 조상을 알현하기 전에 죽으면, 그녀의 신주는 사당에 봉헌되지 못한다. 이것 때문에 몇 가지 전례 문제가 일어났다. 혼례식을 치르고 여러 해가 지나거나 경우에 따라서는 아이를 낳고 신랑집에 가는 것이 관례였기 때문에 아내의 위상을 사당 참배 여부에 따라 정하는 것은 타당한 기준이 아니었다. 그래서 가장 큰 기준은 아들을 낳았느냐는 것이었다.[104]

여성에 대한 훈육과 교화

유학자들이 묘사한 '덕행'德行은 반드시 중국 고전에 적힌 사회적 교훈에서 배워야 했다. 하지만 고전을 읽을 수 있을 만큼 한문을 배운 여성은 드물었다.[105] 그래서 조선 초기 국왕들은 여성을 교화하고자 한글로 쓰인 책들을 보급하였으며 이것은 여성이 고전을 이해하는 열쇠였다. 『삼강행실도』 같은 초기 서적들이 그것인데, 충신, 효자, 열녀가 삼강三綱을 실천한 사례를 그림을 곁들여 모아놓은 이야기책이다.[106] 중국의 지혜를 소개한 전통적 책의 하나로 『천자문千字文』도 들 수 있는데, 이는 외우기 쉽도록 한자 1,000개를 4자씩 묶어 배열해놓은 책이다.

여성에게 가장 중요하고 영향력이 있던 책은 1475년 성종의 어머니 소혜왕후昭惠王后(사후 추증)가 편집한 『내훈內訓』(여성을 위한 교훈)이다. 이 책은 주자가 아동을 위해 편집한 『소학』과 같은 최고 학습서에서 발췌한 인용문으로 이루어져 있다. 『내훈』은 여자아이에게 여성으로서 지녀야 할 덕목으로 다음 네 가지를 가르친다. 첫째, 도덕적 행위, 즉 여성은 재능이 뛰어날 필요가 없으며, 조용하고 차분해야 하며, 정숙하고 예의범절이 있어야 한다. 둘째, 얌전한 말씨, 즉 여성은 말을 잘할 필요는 없으나 상스러운 말이나 공격적인 말은 삼가고 잘 가려서 해야 한다. 셋째, 정숙한 외모, 즉 여성은 아름다울 필요는 없으나 의복과 외모가 청결해야 한다. 넷째, 여성으로서의 의무, 즉 여성은 똑똑할 필요는 없으나 베를 짜거나 손님을 접대하는 의무에 정성을 기울여야 한다. 『내훈』은 혼인한 여성이 완수해야 할 역할을 자세히 설명하였다. 시부모를 잘 모시는 며느리로서, 순종적이고 의무를 다하는 부인으로서, 현명하고 자상한 어머니로서 역할을 다해야 한다고 가르치고 있다.[107]

내용과 교훈적 성격에서 비슷한 것으로 『여사서女四書』가 있다. 이덕수李德壽(1673~1744)는 이것을 한글로 옮긴 언해본을 내놓았다. 『여사서』는 여성을 위해 특별히 쓰인 중국 서적 네 종류를 합쳐놓은 것이다. 다른 책으로는 『동몽선습童蒙先習』이 있다. 박세무朴世茂(1487~1554)가 편집한 이 책은 오륜五倫을 강조하기 위해 중국 고전이나 역사에서 발췌한 인용문으로 구성되어 있다. 이 책들에는 종종 미덕을 갖춘 여성의 전기가 추가 보완되기도 하였다.[108]

여성에 대한 교육은 교화였다. 교화 목적은 중국 고전을 통해 남성 중심 사회의 이상을 여성에게 주입하고, 혼인 생활에 필요한 과업을 수행하도록 동기를 부여하는 데 있었다. 유학자들이 제시한 행동 규범은 개인차를 허용하지 않는 완고함이 있었다. 유교사회에서는 특정한 여성을 추앙했는데, 이들은 개성이 아니라 유교 이데올로기가 원하는 틀에 얼마나 완벽했느냐에 따라 선정되었다.

혼인 전 여자아이는 유교 이데올로기를 기초로 한 교육을 받았을 뿐만 아니라, 실제로 그 중요성을 체득하였다. 7살이 되면 남자아이나 남자 어른과 함께 있지 못했다. 여성은 어머니와 할머니에게서 가사 의무에 대한 가르침을 받으면서 행동 영역이 집으로 한정되어갔다. 여성은 바느질이나 양잠을 배우거나 제사 음식 준비 같은 일상사에 발을 들이기 시작했다.

여자아이에 대한 문화적 훈련은 전적으로 혼인한 여성으로서 의무를 충실히 하는 것에 집중되었다. 이데올로기와 실제 생활에 대한 훈육은, 도덕적 인간은 성인의 가르침으로 만들어진다는 유교 교리를 기초로 하였다. 이러한 가르침을 성공적으로 응용하는 것은 관습과 예절에 반영되어 있다. 여자아이를 가사 영역의 도덕적 수호자로 훈육하여 가족에게 필요한 물리적 요구를 충족하는 것은 매우 중요한 일이었다.

시집살이

여성은 혼인함으로써 사회의 성인 일원이 된다. 여성은 자기 집을 떠나 시집에서 새로운 삶을 시작하면서 자신이 외톨이라는 사실과 함께 개인적 관계보다 공식적 관계를 강조하는 유교식 사회 규범과 가치에 제약을 받는다는 사실을 발견하게 된다. 여성이 출가한 출계집단은 예전에 자신이 속했던 출계집단이나 가족보다 항상 우선권을 가졌다. 출계집단 안에서 구성원의 역할은 성별과 나이에 따라 달랐다. 이데올로기적으로 유교는 여성과 남성 영역을 확연하게 구분하였고, 내적 영역을 외적 영역에 종속시켰다. 이러한 사회적 구분은 유교가 부계 친족 구조의 근간으로서 남성 조직을 강조하면서 더 심화되었다. 결과적으로 아버지와 아들의 세대 간 관계가 혼인관계보다 우위에 있었다.

여성에 대한 유교의 이미지는 이중적이었다. 한편으로는 정숙하고 순종적이어야 하며, 한편으로는 강하고 책임감이 있어야 했다. 유교적 이상론에 따르면 이런 이미지가 덕이 있는 것으로 간주되었다. 여성은 남녀유별과 남성 중심 사상으로 완전히 교화되어 있는 시집에 왔지만 곧 자신이 사회적 조화를 목표로 하는 이데올로기와 갈등으로 가득 찬 현실 사이의 긴장 아래에 놓여 있음을 깨달았다.

고려시대에는 남녀가 자연스럽게 사귈 수 있었으나 조선 초기 유학자들은 이렇듯 절제되지 않은 남녀의 교제가 사회의 고결함을 해친다고 믿었다. 조선 초기부터 사간원은 양반 여성이 가장 가까운 친족과도 접촉하지 못하도록 법으로 규제하라고 주장하였다.[109] 수많은 간통사건은 입법가들에게 '인간질서의 파괴'를 막기 위한 극단적 조처를 취하도록 만들었다. 1423년 경고 조처로 안방에 자유롭게 드나들던 먼 친척과 간통을 저지른 한 고위관리의 부인을 참수형에, 상대 남자를 유배형에 처했다. 국왕은 높은 지위에 있는 여성은 정숙하게 행동해야 한다고 언급하면서 중죄로 처벌한 사실을 정당화하였다.[110] 세종은 상복을 입을 필요가 있는 친척들이 서로 왕래하는 것을 금지하는 법 제정을 추진하였지만 간통한 여성을 극형에 처해야 한다는 요청에는 반대하였다. 그 후 가족의 최고 어른은 남녀유별을 준수하도록 하는 책임을 지게 되었다.[111]

점차 제한을 더해가던 법령은 여성의 행동 자유에도 영향을 미쳤다. 조선 초기부터 고위관리의 부인들은 고려시대처럼 몸이 보이는 가마를 타고 돌아다닐 수 없게 되었다.[112] 세종 재위기간에 여성이 외출하는 것에 대한 법령을 구체적으로 만들었다. 탈 때 몸이 모두 보이지 않는 가마를 왕명으로 만들었다. 그리고 타고 있는 여성의 지위를 표시하기 위해 색깔을 달리 칠하도록 하였다. 곧이어 신중한 사간원 대간들은 양반 여성은 공무를 볼 필요가 없기 때문에 낮에 거리를 다닐 수 없도록 하자는 내용의 상소문을 올렸다.[113]

더 나아가 신유학을 신봉한 입법가들은 '여성의 길을 바로잡기 위해' 그리고 그들을 가사 영역에 가두기 위해 여성이 절에 자주 출입하는 것에 특별히 주목하였다. 1404년 여성이 부모를 추모하는 목적 이

외에 절에 출입하는 것을 금지하였다.⁽¹¹⁴⁾ 여성은 법으로 절에 갈 수 없을 뿐만 아니라 풍속을 해치는 온상이 된다고 하여 1431년에는 무당집 출입도 금지되었다. 이것을 묵인하는 관리나 승려는 무거운 처벌을 받을 것이라고 경고하였다. 그렇지만 정부도 개탄하였듯이 법이나 권고사항은 별다른 효력이 없었다. 사찰에 출입하는 여성을 제한하려는 사간원의 노력은 1447년 열매를 맺었는데, 여성이 이런 위반을 하게 되면 최고 연장자와 가장 가까운 남성 친족이 공동 책임을 져야 한다는 판결을 국왕이 받아들였기 때문이다.⁽¹¹⁵⁾ 『경국대전』에는 여성이 절에 출입할 경우 장 100대로 처벌하도록 기록해놓았다.⁽¹¹⁶⁾

조선 초기 신유학자들은 고려 왕조에서 이어져온 '타락한' 여성을 단속하는 데 관심을 기울였을 뿐만 아니라 여성의 복장을 개정하는 데도 주의를 집중하였다. 의복 스타일과 색깔은 사회적 차이를 드러내는 손쉬운 수단이었다. 사간원은 옷감과 스타일을 사용하는 데 차별을 두지 않는다면 사회 지위 집단 사이의 분별을 해친다고 비판하면서 검약을 주장하였다.⁽¹¹⁷⁾ 15세기 중반 새로운 복장과 장식 형태는 보이지 않지만 여성은 옷을 어떠한 불온한 눈길도 닿을 수 없도록 입어야 했다. 특히 적처가 바깥에 나갈 때는 얼굴을 완전히 덮고 위로 올려서는 안 되는 쓰개치마[簾帽]를 사용하라고 특별히 강조하였다. 예전에는 부채로 얼굴을 가렸을 뿐이다. 1449년 비단망사, 무늬비단, 붉은색은 양반 여성과 기생들 같은 특수 계층에서만 사용하도록 하였다. 『경국대전』에서는 눈으로 쉽게 사회 계층을 알아볼 수 있도록 의복 재료와 색깔 선택에 제한을 두었다.⁽¹¹⁸⁾

일상용어에서 '안'과 '밖'이라는 구분은 적처로서 집의 안채에 거처를 정해야 하는 새 신부에게는 많은 것을 암시한다.[119] 부인은 이동의 자유가 줄어들어 근원적으로 바깥세계와 접촉하지 못하게 되었다. 혼인하고 몇 년이 지나야 하인을 대동한 채 가마를 타고 처음 외출할 수 있었다. 부인이 만나서 이야기 나눌 수 있는 남성의 범위는 자신의 친가 쪽으로는 10촌까지 그리고 아주 가까운 시댁 식구, 즉 시누이의 남편과 남편의 숙부, 백부 등으로 제한되어 있었다.[120]

남편 집에 들어서자마자 신부는 남성 지위에 따라 권위와 명성이 정해지는 여성의 세계에서 자신의 자리를 찾고자 노력해야만 했다. 최고 권위자는 시아버지나 시할아버지였으며 그에 필적하는 사람이 시어머니였다.[121] 시어머니는 어린 신부의 삶에서 가장 중요한 인물인데, 신부가 가장 낮은 위치에 있는 반면 시어머니는 여성 사회의 특권과 권위 면에서 최고 위치에 있었기 때문이다. 시어머니와 며느리는 세대 차이에서 비롯되는 갈등 속에서 서로 공유하는 한 남성의 관심과 신임을 얻기 위해 경쟁을 벌이는 한편, 긴장과 갈등을 피해야 하는 이중적 상황에 놓이게 된다. 이것은 우위에 있는 시어머니를 대하는 며느리 태도에 큰 영향을 미쳤다. 충실한 며느리는 시어머니의 명령을 잘 따르고 꾸중을 들을 만한 상황을 만들지 않으려고 노력하였으며, 말대꾸로 불복종을 표시하지 않았다. 분열과 불협화음이 좌절과 불행의 가장 중요한 원천인 반면, 시어머니와의 원활한 교류는 어린 며느리에게는 만족과 충실의 가장 중요한 원천이었다.

가정의 평화는 대부분 고부간의 평화적 관계에 달려 있었다. 출계집단 내 부인의 지위는 같은 지붕 아래에 살게 된 동서들에 따라서도 결정되었다. 사회적 위치가 높으면 높을수록 출계집단의 구성은 더 복잡한 경향을 띠었다. 그렇지만 규모가 큰 대가족은 양반 사회 중 일부 부유한 계층에서만 나타나는 전형적인 형태였다.[122] 대가족의 경우 여러 형제가 함께 살았는데, 이들의 위치는 출생 순서에 따라 고정되어 있었다. 장남은 최고의 권위를 가졌는데, 장남이 모든 의식의 계승자로서 출계의 주요 선상에 자리 잡고 있었기 때문이다. 형제간에 내재되어 있는 경쟁자로서의 의식은 형이 동생에게 복종을 요구하는 우애[悌]라는 개념으로 순화되었다. 같은 출계집단으로 시집온 여성은[同婦] 남편의 위계관계에 적응하였지만 갈등과 불화가 가내 영역에서도 일어났다. 큰며느리는 자신의 아들이 적통권을 이어받으므로 자연히 최고 자리를 차지했으며 다른 동서들이 갖지 못한 의례에 대한 특권도 누렸다.

집안 내 여성 영역에서 드러나는 인간관계는 첩과 많은 하인에 의해 더욱 복잡해진다. 따라서 여성의 영향력과 행동반경은 기본적으로 혼인함으로써 획득한 지위에 의존하며, 그다음으로는 타고난 성품과 천성 그리고 경험으로 얻은 수완을 어떻게 발휘하느냐로 결정된다. 신부는 자신이 어떤 자질을 가졌는지와 상관없이 시댁 가족이 며느리보다는 딸을 더 좋아한다는 사실을 깨닫게 된다. 대를 이을 아들을 낳은 후라야 비로소 여성은 자신의 의무를 다한 것으로 인정받아 어머니로서 권위와 신임을 얻으며 남편과 더불어 자식 세대로부터 존경과 복종의 표시인 효를 얻었다.[123]

여성은 이름으로 호칭되지 않았다. 아이 때는 한국식 이름으로 불렸다. 한 자나 두 자의 한자로 된 남자 이름과 달리 여자아이 이름은 한국식이었고 약식으로 '-이'로 끝나는 이름이 많았다.[124] 정식 이름은 없었으며 가족도 거의 부르지 않았고 본인의 출계집단 족보에도 기록되지 않았다. 혼인 후 남편 이름과 함께 시댁 족보에 올랐다. 여성은 배配라고 기록되며 성과 자신이 출생한 출계집단의 본관으로 구분되었다. 가끔 아버지를 포함한 조부, 증조, 고조, 외조부 등을 포함하는 이른바 사조의 성명이나 관직이 그녀의 출신 배경을 밝히기 위해 추가되기도 하였다. 친정 가족은 그녀를 남편의 성과 '서방'書房을 합친 것에 접미사 '댁(집)'을 붙여 불렀다. 시댁 마을에서는 그녀를 출신지에 '댁'을 붙여 불렀다. 아이를 낳았을 경우는 누구 어머니라고 불렀다. 같은 출계집단으로 시집온 여성은 서로 친족 용어로 불렀다.(125)

호적과 같은 공식 문서에서 여성의 사회적 출신은 전문용어로 명확하게 기재된다. 양반 집안의 적처[配]는 성과 본관으로 표기하였다. 성 뒤에는 존경의 의미로 '씨'氏를 붙이고, 본관은 '적'籍으로 표시하였다. 이런 명칭은 평민층 부인과 평민층 남편과도 대조를 보이는데, 평민층의 경우 '씨'는 '조이'[召史]로, '적'은 '본'本으로 대체된다. 양쪽 모두 사조에 대한 정보는 부인의 이름 옆에 첨가되었다.(126)

남성의 세계에서 소외된 만큼 양반 여성은 남편의 관계官階에 따라 부여받은 작첩爵牒을 통해 간접적으로 공식적 영역과 연결되어 있었다. 이 특권은 적처와 적처 소생의 딸에게만 보장되었다.(127) 여성에게 작위를 수여하는 것은[命婦封爵] 조선 초기에 제도화되어 『경국대전』에 법제화되었다. 작위는 단지 남편의 공적에 따라서만 주어졌는데, 유교 입법가들이 이 규정을 신중하게 처리한 이유는 부인이 가정의 평화와 번영을 위하여 의무를 다할 때만 남편이 공직에서 성공할 수 있다는 유교의 가르침을 인지하였기 때문이라고 생각된다.(128)

기혼 여성의 법적·의례적 역할

유교적 관점에서 보면 가족은 법적으로 자기충족적 단위였다. 가정에서는 평화가 유지되어야 하며 가족의 위계구조와 남성 중심적 권위 분배 구조를 강조하는 이데올로기적 가치로 구성원 간의 갈등을 완화해야 했다. 비록 여성이 가족의 일상사를 책임지고 가정의 분위기를 결정하지만, 가족 구성원과 그들의 행위에 대한 최고 권력은 가족이나 세대주에게 달려 있었다.[129] 세대주에게는 옳고 그름을 판단하고 불화를 조정하며, 가족 구성원이 제자리를 지키고 서로 조화로운 관계를 유지하도록 하는 결정적 책임이 있었다. 세대주의 권위는 권위자에게 대항하는 가족 구성원을 중벌重罰에 처할 수 있는 법적 규정에 따라 공식적으로 유지되었다. 사법적으로 가족 구성원 중 아들, 남동생, 부인, 하인같이 이른바 가정 영역에서 권위가 없는 이들이 권위를 가진 이들에게 대항하는 증언은 받아들여지지 않았다.[130] 권력 구조 내에서 여성의 지위는 명확히 종속적이었다. 비록 어머니로서 여성이 자식의 지적·정서적 발달에 영속적 영향을 끼치려고 최선을 다하더라도 그 권위는 공식적으로 제한되어 있었다.[131]

여성은 남편이 죽었을 경우에만 주도적 역할을 할 수 있었다. 남편의 지위를 직접 계승할 수 있는 성년 아들이 없을 경우, 여성이 가족과 가정의 주도자가 될 수 있었다.[132] 그렇지만 그것은 일시적일 뿐 그 주도권은 아들이 혼인하여 성인이 되거나 법적 계승자가 정해지면 곧 그들에게 이전되었다. 다만 입후자를 정할 때 과부의 선택은 결정적 영향을 끼쳤다.(133) 가정의 주도권을 새로운 세대에게 넘겨주면서 과부는 새로운 가구의 일원이 되었다. 그렇지만 그녀는 별개의 가구를 구성하지는 않은 듯하다.(134) 따라서 독립적 존재로서 삶을 영위하지는 못했다. 주거나 살림살이에서 그녀의 지향점은 항상 가족의 남성 구성원을 향했다.

여성은 남성 권력에 종속되어 있을 뿐만 아니라 집안 최고권자의 운명과 밀접하게 연관되어 있었다. 세대주가 중요 범죄에 연루되면 가족 모두가 처벌받는 것이 관례였다. 18세기 말경에는 무장 반란을 일으킨 주모자의 처나 첩은 중죄로 처벌하지 않았다. 양반 여성과 자녀 역시 더는 노비가 되지 않았다.(135) 역모나 반란 이외의 형사사건에서 양반 여성은 평민 계층이 누릴 수 없는 특권을 누렸다. 양반 여성은 의금부에 보고된 후에야 감옥에 갇혔다. 죄를 인정한 경우에는 돈으로 보상하여 처벌을 면제받았다.(136) 1745년 이후에는 반란이나 역모가 아니고는 문초를 당하지도 않았다. 직접 법정에 나올 필요가 없어 아들이나 시동생 심지어 하인이 대신 나올 수 있었다. 아주 드문 경우 태형笞刑을 당했다.(137) 임신한 경우에는 출산 백일 후로 처벌이 연기되었다.(138) 왕조 초기부터 여성이 법을 어기지 않고 계속 자신의 자리를 지키도록 하는 책임은 남성에게 있었다.(139)

유교 이데올로기가 여성에게 요구하는 남편의 출계집단에 대한 융합은 여성이 딸로서 권리를 점점 잃어가는 것으로 설명된다. 5장에서 논의한 것처럼 조선 중기에는 혼인하면서 곧 자기 집을 떠난 딸은 조상의 재산에 대한 권리를 박탈당하고 예전에 갖고 있던 땅과 하인을 잃어버린 채 남편 집으로 들어온다. 그들이 갖고 있는 것은 재산 약간과 노비였다. 따라서 여성은 조선 초기에 누린 경제적 독립을 상실하였다. 이것은 출계집단의 상속 토지와 노비를 종손의 손에 집중시키는 '장자상속'長子相續의 점진적 도입과 밀접하게 연관되어 있다. 이는 부처제婦處制에서 부처제夫處制로 변화하는 것과 동시에 일어났다.

남편이 죽고 나면 부인은 과모寡母로서 남편의 재산 분할을 감독하도록 요청할 수 있었다. 남성 상속권자가 없을 경우 그녀 자신이 가질 권리가 있으나 이것은 임시일 뿐이었다. 상속자가 정해지면 재산권을 포기해야 했다. 그리하여 여성은 경제적으로 자신의 친족 내 남성 상속자가 관리하는 재산에 철저하게 종속되었다.

의례에서 여성은 부수적인 임무를 담당하였다. 조상 제사를 주관하는 아내로서 유일한 의무는 두 번째 잔을 올리는 일뿐이었다[再獻, 亞獻].[140] 오복제五服制에 따르면 아들은 죽은 어머니에 대해 3년 복상[齋衰]을 하지만 아버지가 살아 있을 경우 이 기간은 짧아진다.[141] 이것은 『주자가례』와 맞지 않지만 살아 있는 아버지를 모시는 데 3년상은 적합하지 않은 것으로 받아들여졌다.[142] 친정 부모에 대해서 여성은 1년 상만 치렀다.[143]

부인은 죽은 남편을 위해 3년상을 치르지만 남편은 부인을 위해 1년상을 입었다. 부인이 죽더라도 남편은 원칙적으로 공식적으로는 휴가를 낼 수 없었다. 법으로 정한 3년상을 마치면 남편은 부모에 대한 '효'를 다하도록 재혼할 것을 권유받았다. 만약 부모가 원하거나 남성

의 나이가 40세 이상이고 아들이 없는 경우, 이 기간을 1년으로 줄일 수 있었다.[144]

아들이 있든 없든 여성이 적처였다는 결정적 증거는 남편이 죽은 후 드러난다. 복상 기간이 끝나면 그녀의 신주는 남편 사당에 봉안되고 정기적으로 제사를 받게 된다. 다시 말해서 죽은 부인은 조상이 되면서 정기적인 제사로 기억되었다.

첩과 서얼

1413년 법률로 처첩을 구분하여 고려의 중혼제도를 종식했다. 이 법률은 적처 소생에게만 관직 진출을 허용했다. 적처는 여러 사회적 기준을 근거로 하여 배우자로 선택되었다. 적처는 적절한 의식을 거쳐 출계집단으로 들어왔고, 자신이 낳은 아들이 출세하거나 합법적 상속자가 되기 위해 필요한 사회적 공인을 유일하게 보장하는 존재였다. 따라서 남성이 적처 이외에 집에 맞아들이는 여성은 출계집단에서는 별로 중요하지 않았다. 첩이나 다른 여성을 취하는 것은 '개인적' 결정이었다. 이들은 적처와 같은 사회적 권위가 없었고 가족 집단에 갖는 구속력은 불안정하였으며 아들이 없을 경우에는 일시적이었다.

『백호통』에서는 처첩의 차이를 이렇게 설명했다. "처와 첩은 무엇을 의미하는가? 처는 '전부'를 의미한다. 부인은 남편과 함께 하나이자 전부인 몸을 만든다. 천자부터 일반 사람들에 이르기까지 처가 갖는 의미는 모두 같다. 첩은 '사귐'을 의미한다."[145]

부인을 명확히 구분하는 것은 우주론적 용어로 합리화되었다. 처첩이 순서를 잃으면 우주에 혼란이 일어나 인간 세상에 재난이 일어난다고 경고하였다.[146] 이 법률은 첩이 처의 지위로 나아가는 것을 금지하였다.[147] 강한 이데올로기적·법적 사유가 첩을 처에게서 분리했다. 이 극단적인 차별은 중국에서도 유례를 찾아볼 수 없는 한국만이 지닌 고유한 것이다.

사회에서 첩에게 따라다니는 불명예는 경제적 궁핍 이외에 양반 딸이 첩이 될 가능성을 배제하였으며, 자연히 첩은 더 낮은 사회 계급에서 선택되었다.(148) 첩의 사회적 출신 배경은 다양하였다. 첩의 딸이 다시 양반의 첩이 되는 경우도 종종 있었다. 그 밖에 평민계층[良妾], 직업적인 접대부[妓生], 하녀[賤妾] 등이 있었다.(149) 생계유지 수단이 없는 과부 역시 첩이 되었다. 첩을 취하는 것은 분명히 신분 내혼 규정에 제한을 받지 않았다.

첩의 삶은 출계집단 안에서 열악한 지위를 두드러지게 만드는 사회 규범에 종속되었다. 조선 초기에는 양첩 소생 아들도 의례 계승자가 될 수 있었는데, 이때 첩을 취하는 이유가 처에게 아들이 없었기 때문이다. 그렇지만 장자상속제도를 골자로 하는 종법이 점차 치밀하게 법제화되어감에 따라 이 기준조차 첩의 존재를 정당화하지 못했다. 첩을 거느리는 다른 이유는 특정한 여성을 접대부나 성적 파트너로 삼거나 부인을 여러 명 거느리는 것이 높은 관직과 경제적 지위를 가진 남성에게 주는 사회적 특권 같은 것이었기 때문이다.

첩의 삶은 법이 아니라 관습에 따라 규정되었기 때문에 공식 문서에서 이들에 관한 기록은 거의 찾아볼 수 없다. 따라서 첩에 관한 구체적 정보를 얻기가 쉽지 않다. 그러나 첩은 20세기까지 상층계급 집안의 한 부분으로 계속 존재해왔으므로 근래 모은 정보를 근거로 이렇게 설명할 수 있다.

남성이 첩을 얻을 때 정해진 혼례 예식은 없었다.(150) 그렇지만 만약 신부가 평민일 경우는 약식으로 예식을 치르는 것이 관례였다. 노비일 경우는 예식이 없었다. 첩을 얻는 것을 사람들에게 알리는 것이 중요하지 않았다. 인척관계를 맺는 것이 목적은 아니었지만 남편은 첩을 관리할 책임이 있었다. 집안에 첩이 있는지 없는지는 호적에 이름이 올라 있는지를 보면 알 수 있다. 그러나 아들을 낳더라도 족보에 첩의 이름은 남지 않았다. 따라서 첩이 얼마나 일반적이었는지에 대한 통계는 찾아볼 수 없다. 첩은 자기 출신지 뒤에 '댁'이나 '집'으로 불렸다.[151] 남편인 주인[君]과의 관계가 미약하더라도 타당한 이유 없이 혼인관계를 깰 수는 없었다. 여성에게는 이러한 혼인관계가 종종 생계수단이 되기도 하였다.[152]

처와 첩은 종종 한 집에서 살기도 했다. 한쪽은 시골에, 다른 한쪽은 서울에 사는 경우도 있었다. 거주지는 조선 초기에 부인을 서열화하는 수단이 되었을 것이다.[153] 가정에서 평화를 유지하는 것이 처의 의무였으나 불화의 원인은 많았다. 이 긴장의 주된 원인은 여성 세계에 부과된 위계질서 때문이었다. 또 서로 사회적 배경이 다르기 때문에 질투와 불만이 생겨났다. 출계집단에서 첩이 차지하는 미미한 위치는 첩의 자녀에게 좌절과 울분을 가져다주었다.

첩은 자녀들에게 부모로서 권위를 행사할 수 없었다. 자신의 남편이 살아 있을 동안 그것은 남편에게 있었다. 남편이 죽은 뒤 처가 세대주가 되면 부모로서 권력은 적모인 처에게 있었다.[154] 원칙적으로 첩은 집안의 세대주가 될 수 없었다. 다만 남편이 죽은 후 세대주의 동의를 얻어 별개 가구를 만들 수는 있었다.[155] 첩에게 재산 일부를 물려주는 경우도 있었으나 남편의 재산을 받을 수 있는 계보에 속해 있지는 않았다. 그렇지만 첩이 아들 없이 죽었을 경우 남편은 그녀 재산을 가질 수 있었다.(156) 가족이라는 개념이 첩에게는 적용되지 않았다. 첩과 남편의 관계는 남편이 살아 있는 동안에만 유지되었으며 영속성을 지닌 사회 단위로 인정받지 못하였다.

첩이 출계집단 안에서 차지하는 불완전한 위치는 남편의 조상에 대해 의례적 의무가 없는 데서도 확인할 수 있다. 정기적 제사 때 첩은 제외되었고 신주는 사당에 배향되지 못했다. 그러나 남편, 처, 남편의 직계 조상과 후손에 대한 의례적 의무는 꼭 지켜야 했다. 후손에 대한 관심은 부차적인 것으로 취급되었다. 남편은 첩을 위해 단지 3개월만 복상을 하는데 그것도 아들이 없을 경우에는 하지 않았다. 반면, 첩은 죽은 남편을 위해 3년상을 치러야 했다. 첩은 자신의 아들이 죽으면 1년상을 치러야 하지만 처의 장남이 죽으면 3년상을 치러야 했다. 첩이 죽으면 처는 상복을 입을 의무가 없는 반면, 첩은 사망한 적처를 위해 1년상을 지내야 했다. 첩이 죽을 경우 그녀의 아들은 자신의 어머니에 대해 1년상만 지냈으며, 자기 집에서 어머니 신주를 모시고 당대에만 제사를 지냈다.(157)

첩 제도에 따른 사회적 불평등은 첩의 아들[妾子, 庶子]에 대한 차별 대우에서 가장 심하게 드러났다.(158) 조선 사회에서 서얼의 지위는 골치 아픈 문제였다. 이것은 좁게는 출계집단 내에서 정통성이 누구에게 있느냐에 대한 판정시비를 불러일으켰으며, 넓게는 사회 계급의 경계를 구획 짓는 사안에 관여되었기 때문이다. 앞에서 제시한 것처럼 여성은 자식의 적법성을 결정하는 데 결정적 역할을 하였다. 혼인 후에도 처는 계속 자기 성씨를 사용함으로써 공개적으로 인정된 엘리트 부계를 대표하였으며, 남편의 집으로 올 때는 자신과 사회적으로 비슷한 집단에 합류하였다. 이 결합은 사회적으로 인정받아 자손을 가문과 부계의 명실상부한 일원으로 합법화해주었고 모변 친족과 지속적으로 연결되도록 만들었다. 이와 대조적으로 출신이 낮은 첩은 자신의 출계집단에 사회적 권력이 없으므로, 사회적으로 축복받지 못한 채 종속적 지위를 점유하였다. 비록 첩의 아들은 양반인 아버지의 '뼈와 살'을 이어받았다고 인정받았으나, 이것으로 부계 출계집단의 완전한 일원이 되지는 못했다(만약 아버지가 높은 관직에 있을 경우 천민 출신 어머니의 아들은 평민이 될 수 있었지만). 이는 아버지 혼자만의 문제가 아니었다. 서자를 부적격자로 만드는 것은 서자의 완벽한 합법성을 확인해주는 '지위자산'에 그의 어머니가 아무런 기여도 하지 못한다는 사실이었다.

지위의 확정, 다시 말해서 합법성은 우선 법적 기준보다는 사회적 기준에서 유래하였다. 이미 고려시대의 사회적 지위는 기본적으로 출계와 세습에 따라 정해져 있었으며, 모계통이 부계통과 비슷한 무게를 가지고 있었다. 이러한 전통을 조선시대 한국인은 유교식 부계 중심에 어긋난다고 인정하였다. 엘리트에게도 지위 획득은 양변적이었다. 혈통적 가치와 문화적 가치의 병치는 한국 고유 어구인 '사조'에서도 발견되는데 여기에는 부, 조, 증조 외에 모의 부친이 포함되어 있다. 서자들의 경우 조상과 관계를 밝히면서 외조부를 밝힐 수 없는 것은 서자의 삶을 '반양반'半兩班이라는 명예롭지 않은 지위로 만들었다. 이것은 서자에게 불복종의 빌미를 줄 수 있었으며, 사회적 위계구조의 분열을 가져올 수 있다는 우려를 낳았다.

단지 전통적 지위 의식만이 서자에게서 출계집단의 합법성을 박탈한 것은 아니다. 유교식 부계에 기초를 둔 출계 이데올로기 역시 서자를 방관자로 밀어냈다. 왕조 초기에 평민 지위의 서자는 가끔 적처 소생 아들이 없을 경우 의례의 계승자가 되곤 하였다. 그러나 전 출계집단을 지배하는 계통 의식구조가 확산되고, 서자를 배제하는 장자상속제도가 시행됨에 따라 서자가 계승자가 되는 일은 아버지 계통뿐만 아니라 출계집단 모두에게 받아들여지지 않게 되었다. 16세기 중반 의례 계승에 대한 설득력 있는 법률을 제정하려는 눈물겨운 노력은 의례 담당자의 사회적 지위와 종법을 절충하기 어려워졌다는 사실을 입증한다. 궁극적인 해결책은 서자를 계승권과 상속권에서 완전히 배제하는 것으로, 그들의 이름이 족보에서 빠졌을 때였을지도 모른다. 계승자가 없어 출계집단의 영속성이 위협받을 경우에는 적합한 후보자를 부계 조카 중에서 입양함으로써 이 문제를 해결하였다. 왕조 중반부터 입양을 시작하면서 첩을 맞아들이는 가장 중요한 원인을 없애 버렸다.

한편, 서자가 집안에서 차지하는 불안한 위치는 그가 정치 세계로 나아가는 것을 막았다. 조선 초기 이후 계속해서 서자들은 정규 관직에 진출하기가 불가능하였는데, 이런 차별은 서자와 그의 후손에게 과거 응시를 하지 못하도록 규정한 『경국대전』으로 더욱 강화되었다.[159] 서자들은 관직에 진출하여 출세할 수 없었다. 비록 16세기 중반부터 능력에 따라 관리를 선발하는 데 조정이 관심을 기울여야 한다는 주장과 함께 서자를 막고 있는 장애물을 완화하는 조처를 취하기는 했지만 거의 효과가 없었다. 자기 출계집단의 정통성을 지킴으로써 권력 획득에 필요한 적통성을 고수하려는 양반에게 서자는 확실히 방해되는 지점에 서 있었다. 그래서 서자에 대한 법적·의례적 차별은 조선 왕조의 사악한 사회문제의 하나로 남게 되었다.

혼인관계의 해소

혼인관계를 해소하는 것은 사회적으로 불가능했다. 혼인은 남편의 은恩과 아내의 의義가 조화를 이루는 토대였다. 만약 아내가 '어둡고 무지한 천성'(음양이원론에서 여성은 음을 상징한다)으로 자기 역할을 다하지 못하면 아내를 고치도록 인도하여 가정의 평화를 회복하는 것이 남편의 과제였다. 아내에게 행동을 고칠 시간도 주지 않고 내쫓는 것은 잔인하지 않은가?[160] 그러나 고대 중국의 성인은 남편에게 아내를 내쫓을 수 있는 여러 가지 기준을 부여하였다. 극단적인 7가지 불복종[七出]이 그것이다. 그것은 부모에 대한 불효, 아들을 낳지 못한 경우, 간통, 절도, 부당한 질투, 중병, 심한 수다 등이다. 이것이 악용되는 것을 막기 위해 성인은 부인을 내쫓을 수 없는 세 가지도 정했다[三不去]. 다시 말해서 혼인해 살면서 재산이 크게 늘어난 경우, 부인이 친정으로 돌아갈 수 없는 경우, 이미 시부모에 복상의 의무를 다한 경우였다.

조선 왕조의 유학자들은 아내를 내칠 수 있거나 그럴 수 없는 두 가지 조건을 모두 법적 가치보다는 도덕적 압력으로 인식하였다. 혼인으로만 인정받고 사회 지위를 얻는 여성에게 남편 가족으로부터 쫓겨나는 것과 재혼할 경우 따라오는 사회적 오명이 가져다주는 위협은 여성을 복종적이고 순종적으로 만드는 효율적 수단이었다.[161] 유교 이데올로기는 가정의 평화를 유지하는 궁극적 책임을 천성적으로 열등한 아내보다 도덕적으로 우위에 있는 남편에게 돌리기 때문에 사간원은 큰 이유 없이 아내를 내쫓는 남편을 엄하게 다루었다. 사간원은 『명률』을 법률적 근거로 삼았는데, 『명률』에는 칠출七出 중 어느 것도 입증하지 못한 채 아내를 쫓아내거나 이혼을 정식으로 허락받지 않고 아내를 내쫓은 남편에게 형법을 근거로 장80대에 처하도록 규정하고 있다. 예를 들면, 아내가 남편을 구타하면 남편은 사법적으로 이혼할 수 있었다[離異]. 남편이 아내와 이혼하기를 요구하는 이유를 질투·중병·수다라고 해서 올린 사건은 대개 기각당했는데, 그런 것들은 단지 여성의 천성의 일부라고 여겼기 때문이다. 이런 경우 배우자끼리 협의할 수 있는 것[完聚, 復合]으로 간주되었다.

　칠출 중 네 번째까지는 도덕적·법적으로 중요한 복잡성이 있는데, 그 이유는 그것들이 출계집단의 이해 그리고 도덕성과 밀접하게 연관되어 있기 때문이다. 이런 사건을 판정할 경우, 이데올로기적 고려와 법 규정의 적용 사이 갈등은 확연했는데, 다음 예는 이것을 증명해준다. 남편이 호소하는 가장 큰 이유는 불효인데, 최고 불효는 계승자를 낳지 못하는 것이었다. 이 사건은 아내가 아들이 없어서 다른 여성을 부인으로 취한 남성이 자신을 변호하는 것이었다. 사간원은 처음에는 그의 아내가 시아버지의 상을 치렀다는 이유로 합의를 주장하였으나, 뒤에는 이 주장을 포기하고 남편이 이미 아내가 있는데도 다른 여성을 취했다는 죄로 큰 대나무로 장90대에 처하였다.[162]

　아내를 내치지 않도록 적용하는 기준은 사건을 판결하는 사람의 해석과 도덕적 태도에 따라 크게 달라졌다. 이 두 기준을 두고 의견 충돌이 자주 일어났다. 성종과 사간원 관리들이 이맹균李孟畇(1371~1440) 사건을 두고 대립한 것도 그 같은 사례의 하나이다. 이맹균의 70세 된 아내가 남편의 첩(하녀)을 질투하여 그녀를 학대하고 마침내 죽음에 이르게 하였는데, 높은 관직에 있던 이맹균은 이 일을 은폐하려 하였다.(163) 이 사실이 밝혀져 민심이 동요하자 사간원은 질투를 이유로 부인을 내쫓도록 요구하였다. 그녀 역시 아들이 없었다. 국왕은 이 결정을 따르기를 꺼렸는데, 그것은 두 가지 이유 때문이었다. 하나는 남편이 출세할 때 함께 살았고, 또 하나는 시부모님 복상 의무를 치렀기 때문이었다. 국왕은 부인이 불미스러운 행동을 한 원인이, 남편이 가정의 평화를 유지하는 의무를 다하지 못한 것과 관련이 있다고 주장하였다. 국왕은 이맹균을 관직에서 쫓아내고 부인의 작첩을 빼앗았다. 좀더 무겁게 처벌하라고 요구하는 주장에 밀려 국왕은 이맹균을 귀양 보내는 데는 동의하였지만 아내를 더 처벌하는 데는 반대하였다.(164)

혼인관계 해소에서 특히 칠출 중 첫 번째와 두 번째 이유에 해당하는 경우는 배우자의 개인적 이해를 넘어선 사안이었다. 아들의 혼인생활에서 부모의 간섭은 자주 언급되는 다음 글로도 알 수 있듯이 공공연한 것이었다. "아들이 며느리와 사이가 좋더라도 며느리에게 불만이 많은 시부모는 아들에게 며느리를 쫓아내도록 한다. 며느리를 좋아하는 시부모는 아들이 며느리를 좋아하지 않더라도 함께 살도록 강요한다." 따라서 아내를 내쫓은 일은 효도 행위였다. 이것은 세종 때 한 고위관리가 아내를 쫓아내고 재혼한 이유를 아들이 없어 부모 요청에 따라 그렇게 한 것이라고 주장한 사건에서도 알 수 있다. 그는 자기 아내를 시아버지 3년상을 치른 뒤 쫓아냈으므로 사간원은 그의 동기를 미심쩍어하면서 며느리의 효도 행위를 감안해 부부가 합의해야 한다고 주장하였다. 그러나 왕은 이 요청을 받아들이지 않고 아들은 아버지의 명령을 따라야 한다고 주장하였다. 세종이 판단하기에 시부모를 위해 복상하는 것이 아들을 낳지 못한 것을 보상할 만큼 충분하지 않았다는 것이다.[165] 세종은 시아버지 처지를 옹호하여 다음과 같은 판결도 내렸다. "시아버지가 며느리를 못마땅하게 여겨 내쫓아야 한다고 주장하는 실제 이유는 며느리가 집안 노비를 학대하였기 때문인데, 이는 많은 노비가 도망간 사실에서도 확인할 수 있다." 사간원은 화해할 것을 주장했으나 국왕은 시아버지 주장을 지지하여 결국 며느리를 내쫓는 데 동의하였다.[166]

이데올로기를 기초로 한 주장은 법 적용을 통제할 수 있었으며 경우에 따라서는 법을 적용하는 데 제약까지 가할 수 있었던 반면, 이데올로기가 법률을 대신하는 경우도 있었다. 칠출은 법 규정을 적용하는 데 문제가 있을 때, 그중에서도 특히 양반 계급 여성이 형법에 연루된 경우, 중요한 사법적 무기로 인식되었다.[167] 다른 한편 이데올로기가 판결을 복잡하게 만들지 않을 경우 법률은 혹독하게 적용되었다. 합당한 이유 없이 적처를 내쫓고 재혼한 남편은 신체에 대한 중형까지 각오해야 했는데, 만약 고위관직일 경우 관직 삭탈과 강제 협상까지도 감수해야 했다. 대간들은 아내를 내쫓는 데 얼마나 부당한 동기가 많았는지 수없이 보고하였다. 한 피고인은 관직을 얻기 위하여 조정 허가를 받지 않고 재혼하기도 하였다.[168] 신부의 외모나 초라한 혼수품에 실망한 한 신랑이 신부가 간통했다며 거짓으로 고발하고 내쫓은 사례가 있었는데, 신랑은 장 60대와 유배형[徒] 1년에 처해졌으며

신부는 다시 돌아오도록 하였다.[169]

　유교사회는 혼인한 여성에게 남편과 이혼을 가능케 하는 어떠한 이데올로기적·법적 근거도 부여하지 않았다. 여성은 일단 출계집단에 혼인하여 들어가면 이 관계에서 벗어날 수 없었다. 아주 드문 경우, 한 여성이 남편과 헤어지고자 할 때 단지 '남자의 전략'만을 사용함으로써 가능했다. 그 같은 여성은 자기 남편에게 강제로 자신을 내쫓도록 하는 글을 쓰게 하고는 다른 남성과 혼인하였는데, 두 사람은 엄한 처벌을 받았다.[170]

　혼인관계를 해소하는 것은 간단한 문제가 아니었다. 이데올로기와 법률은 혼인관계가 해소 불가능하다는 것과 혼인한 여성이 얼마나 안전한지 강조하였으며, 사생활에서 질서와 조화에 대한 의무를 남편에게 지웠다. 전 출계집단을 향한 도덕적 결과를 암시해 혼인과 가정의 불화를 해결하도록 함으로써 혼인관계를 의도적으로 파기하지 못하도록 만들었다.

과부와 재혼

혼인은 출계집단 전체의 일이므로 남편이 죽은 뒤에도 혼인관계는 지속되었다. 배우자가 죽으면 아내의 지향점은 다음 세대로 향한다. 어머니로서 그녀는 집안의 어른이 된다. 유교 이데올로기는 여성의 가장 큰 미덕으로 남편과 출계집단에 대한 아내의 헌신을 강조하였다.[171] 혼인관계의 이러한 배타적 성격을 강조하면서 여성이 재혼할 정당성을 제거하였다. 중국에서 채용한 이 이상은 심지어 조선 왕조 전부터 혼인에 대한 한국인의 태도에 영향을 끼치고 있었다.

고려시대 과부의 재혼은 상당히 보편적이었던 것 같으며, 재혼을 반대하는 이데올로기는 재혼할 경우 직위가 강등되는 문무 고위관리들에게만 국한되었다.[172] 신유교가 도래하면서 재혼은 중요한 쟁점이 되었으며 공식적으로 재혼에 대한 태도가 강경해졌다. 1389년에 도평의사사(都評議使司)에서는 귀족 가문의 과부는 재혼해서는 안 된다고 하였으나 사실상 과부는 상을 마치면 재혼할 수 있었다. 재혼하지 않고 혼자 살다 죽은 과부를 기리는 열녀문을 세워 수절을 칭송하였지만, 재혼은 계급이 낮은 여성에게 더 쉬웠다.[173]

조선 초기에는 연속 혼인에 대한 보고가 많았다. 과부 중 놀라울 정도로 많은 숫자가 두 번, 세 번 혼인하였다. 이런 행위는 국가의 도덕적 삶에 치명적이라는 주장이 나왔다. 1406년 정부는 세 번 혼인한 여성은 「자녀안恣女案」(방탕한 여성의 기록부)에 오르게 되어 있는 고려 왕조의 법률을 복원하였다. 이 법률은 특별히 양반 계층의 적처에게 적용하기 위해 만들어졌다.⁽¹⁷⁴⁾ 이 법률은 잘 지켜지지 않았는데, 30년 후인 1436년 대간들은 더 엄격하게 준수해야 한다고 주장하였다. 이 쟁점은 1468년 김개金漑(1405~1484)가 그의 어머니가 세 번이나 혼인했는데도 왕실의 총애를 받아 고위관리로 승진한 일 때문에 중요한 사안이 되었다. 사간원에서는 세조의 미온적 태도에 격분하여 행실이 바르지 못한 여성의 아들은 관직에 적합하지 않다고 주장하였다. 사간원은 행실이 바른 집안과 건강한 정부의 강한 연관성을 지적하였다.⁽¹⁷⁵⁾ 김개는 별개 사건으로 처리되었고 『경국대전』은 세 번 혼인한 여성이 기록부에 올라야 한다는 규정을 반복하였다.⁽¹⁷⁶⁾

유교 입법가들은 '정절을 지킨' 과부들을 특별한 경제적 수단으로 지원하였다. 남편이 죽은 후 적처로 인정받은 과부는 남편의 과전科田 일부를 받았는데, 아들이 있는 경우는 3분의 2를, 없는 경우는 3분의 1을 받았다. 이 토지는 '절의를 지키기 위한 토지'[守身田]라고 불렸으며 과부의 경제적 독립을 위한 것이었으나 오래 지속되기에는 비용이 너무 많이 들었다. 1466년 과전이 공전公田으로 전환됨에 따라 수신전은 폐지되었다. 수신전을 복원하자는 요구가 자주 있었지만 끝내 이루어지지 않았다.⁽¹⁷⁷⁾

경제적 혜택보다 더 중요한 것은 '재혼이라는 악습'을 바로잡기 위한 법적 조처였다. 그 가운데 하나가 재혼한 여성의 작첩을 박탈하는 것이었다.⁽¹⁷⁸⁾ 재혼하라는 부모의 권유를 뿌리치고 다시 시집으로 도망 와서(이것은 부처제婦處制의 명확한 증거이다) 효부로서 시부모를 모신다거나 머리를 깎고 중이 되었다는 등 많은 영웅적인 이야기에도 정부의 정책은 분명히 재혼을 막지 못했다.

　이 문제는 15세기 전반부에 계속 입법가들의 주목을 끌었다. 유학자들은 재혼을 첩이 되거나 간통하는 것과 같은 범주로 취급하며 혐오감을 표시하였다. 여성의 재혼은 여성이 남성에게 집착하는 비정상적 행위로 인식되었다. 재혼은 흔하였으므로 쉽게 금지할 수 없었으나, 재혼한 자손은 심한 제한을 받았다. 현존하지 않는 1471년판 『경국대전』은 세 번 혼인한 여성의 자손은 고위관직에 오르지 못하도록 규정해놓았다. 1477년 성종 때 일어난 재혼문제에 대한 광범위한 논의에서 대다수 관리는 이 제한을 삼혼三婚으로 하는 데 동의하였다. 부모와 자식이 없는 젊은 과부에게는 재혼만이 궁핍을 면할 수 있는 유일한 길이므로, 부모와 출계집단의 어른들에게 허락을 받은 경우 재혼이 가능한가에 대한 논의도 있었다. 소수는 재혼금지법을 『경국대전』에 올리자는 견해도 내놓았다. 양반을 대상으로 하는 풍속 정화에 특별히 관심이 많았던 성종은 이 소수의견에 따랐다. 자신의 뜻을 강조하기 위해 성종은 『삼강행실열녀도三綱行實烈女圖』를 한글본으로 찍어서 배포하였다.[179] 두 번 혼인한 여성의 아들이나 손자가 관직으로 진출하지 못하는 중요한 이유는 바로 이데올로기 때문이었다. 1485년 『경국대전』 개정판에는 간통하였거나 재혼한 여성의 아들과 손자는 문무관리로 진출할 자격이 없다는 규정이 적혀 있다. 그리고 서자들과 함께 그들 역시 소과와 대과를 치를 수 없었다.[180] 재혼이 위법은 아니었지만 혼인한 여성의 직계 자손에게 미치는 이데올로기적·법적 암시는 과부에게 재혼을 거의 불가능하도록 만들었다.

따라서 재혼은 생계를 이유로 마지못해 하는 것이기 때문에 대부분 특별한 예식은 없었다. 과부가 재혼하려면 죽은 남편 집의 세대주나 자기 부모에게서 승낙을 얻어야 했다. 자녀가 있을 경우에는 부모로서 자녀들에 대한 권리를 잃었다. 그리고 죽은 남편이 남긴 부동산에 대한 권리를 주장할 수도 없었다.(181) 과부의 수절을 '미풍양속'으로 간주하였으나, 왕조 전반을 통해 재혼금지법을 폐지하자는 여론이 높았다. 그러나 부정적인 성격에도 불구하고 과부의 수절 관습은 자리 잡는 데 성공했으며, 최근까지도 과부의 재혼은 사회적으로 멸시를 받았다.(182)

남성에게도 재혼은 순탄하지 않았다. 고대 중국에서 두 번째 혼인은 적처 두 명이 한 집에 거처할 수 없다는 원리에 따라 금지했기 때문이다.(183) 고대 중국에서는 혼인 법률이 복수 혼인 동맹을 금지함으로써 영주들 사이의 경쟁을 최소화하기 위한 정치적 조처로 기능한 반면, 한국에서는 순수하게 사회적 의미만 있었다. 중국에서는 제후의 부인이 죽으면 그녀의 자매나 조카 가운데 한 명이 그 뒤를 이을 수 있었다.(184) 한국에서는 적처의 특권적 지위 때문에 그 자리가 곧 채워지지 않았다. 그러나 적처가 죽은 뒤 재혼은 사회적으로 필수불가결하였다. 집안의 여성 영역을 지도자 없이 내버려둘 수 없었고, 일부 고전 문헌에는 첩을 처 자리로 올려서는 안 된다고 적혀 있다.(185)

적처의 중요성을 특별히 강조하는 1413년 법률은 이러한 곤경에서 벗어나는 해결 방법을 모색하도록 만들었다. 중국 사례를 자세하게 살펴본 한국 유학자들은 중국의 재혼 금지가 제후에게는 원칙적으로 적용되나 제후 신하에게는 적용되지 않는다는 결론을 내렸다. 왕실은 재혼 금지에 종속되어 있지만 사대부는 그렇지 않다는 가정 아래 자신은 안전한 의례적 토대에 있다고 생각하였다. 변계량은 고대 중국 제도가 한국에서 더 지속적으로 적용되지 않는다고 개탄하였지만 세종은 사대부의 경우 왕실과 같은 법률이 적용되지 않는다고 주장하였고, 1446년 왕비가 죽었을 때 주위에서 재혼하라는 권유를 거부하여 고대 중국 혼인 규범을 충실하게 준수하는 전례(후대 국왕들은 이에 거의 관심을 기울이지 않았다)를 남겼다.[186]

변하지 않는 유교적 여성 이미지

한국에서 유교 이데올로기는 여성에 대한 가혹한 통제를 의미했다. 유교 입법가들은 남성에게 정치적·경제적 권리를 부여함으로써 여성이 집안에서만 지위와 권위를 가지도록 하였다. 여성의 영역은 정부가 직접 처리하고 싶지 않은 '별개 세계'였다. 그래서 정해진 기능에서 일탈한 여성의 부정행위에 대한 처벌을 여성에게 직접 하기보다는 남편이나 아들 같은 남성 대표자에게 부과하였다. 유교 이데올로기는 특별한 행동을 수행하는 여성의 역할을 만들어냈고(예를 들면, '후덕한 아내', '순종적인 며느리', '수절한 과부'), 여성을 이러한 역할을 완벽하게 실천한 여성과 그렇지 않은 여성으로 분류하였다. 친족이 기록하고 그들의 문집에 첨가한 여성에 대한 전기(傳記)에는 개인의 성격에 대한 정보는 아주 조금밖에 없다. 그런 기록에서는 여성을 유교 교리에 충실한 화신으로 교조적으로 묘사하는 경향이 있었다.

여성이 남편 집으로 편입되는 것이 어떤 고상한 이상으로 합리화되든 여성에게 실제 삶은 고요하지도 엄숙하지도 않았다. 여성은 이데올로기가 자신의 세계에 부과한 기능과 가치에 본능적으로 반응하였다. 제도 안에서 여성은 자신과 자녀들을 보호하기 위해 최고의 생존 전략을 고안할 수밖에 없었다. 이데올로기의 장막을 걷어냈을 때, 실제 정책이 모습을 드러냈다. 현실 정책이 여성의 가사 영역을 지배하였다. 남성 방관자에 비해 여성은 끊임없이 계획하고 계산하였고, 갈등과 긴장이 일상생활의 일부였다. 일부 여성은 유교를 자기 이익에 맞도록 이용할 수 있었다. 예를 들어 젊은 과부는 가족의 재혼 권유를 뿌리치고 시부모를 충실히 모심으로써 자신의 '정조'를 지키는 것에 대해 대중의 칭찬으로 확실하게 보상받았다. 그러나 무도한 행위와 질투 행위에 대한 보고가 더 잦았다. 여성은 자살로 남편과 시부모의 학대에서 도피하였다. 자식의 안녕에 미치는 큰 이해관계 때문에 처첩 사이의 질투와 불화는 뿌리 깊었으며, 많은 적처는 남편이 낮은 계급 여성과 벌이는 애정 행각에 심한 배신감을 느꼈다. 이러한 '부당성'에 처했는데도 신유학자들은 여성에게 올바른 행위를 하라고 고집했다. 결국 여성은 유교 이데올로기의 본질을 제공하는 역할을 담당해야 했으며, 조정과 사회에 '올바른 인간상'을 제시해야 했다.

결론

종족사회의 출현

...

 고려에서 조선으로 이행하는 시기 한국 사회의 발전 과정을 이제는 좀더 넓은 비교 시점에서 판단하고 평가할 수 있을 것 같다. 먼저 발전 과정에서 가장 두드러진 측면을 간단하게 요약하여 중국 사회사에서 이와 비슷한 특징과 병치함으로써 한국적 차원을 분명하게 드러내려 한다. 또 이러한 변동이 조선 왕조의 지배 엘리트 구성과 관련하여 초래된 결과와 한국 사회 발전에서 이데올로기의 역할도 지적할 수 있다. 이러한 변동이 조선 전기 신유학을 기초로 착수된 사회 구조의 관념에 대한 근본적 변화에서 비롯되었다고 주장하고 싶다.

 이와 같은 논의를 시작하려면 고려에서 조선으로 변동하는 시기에 나타난 두드러지고 결정적인 요소를 짧게나마 다시 논의하는 것이 도움이 될 것 같다. 그 가운데 가장 눈길을 끄는 분명한 변화는 출계 범위를 엄격하게 좁히는 것이다. 남성은 물론 여성으로 이어지는 모든 후손을 망라한 고려의 출계집단은 이제 엄격하게 부계 체계가 되어야 했다. 이것은 출계집단의 구성원을 충원하는 기반을 완전히 바꾸어놓았다. 다시 말해 모든 후손을 망라하는 고려시대의 출계 원칙이 조선시대에는 배타적 원칙으로 교체되었다. 이것은 모변의 친족 대부분에게 작용했다. 모변의 친족이 고려의 친족 구조에서 차지하던 압도적 위치를 점차 잃었기 때문이다. 일반적으로 여성은 혼인과 동시에 남편 집단에 통합됨에 따라 경제적 독립과 지위의 상실을 겪게 되었다. 그 결과 거주 형태가 종래 처가 거주에서 부처제夫處制로 바뀌었다. 출계집단은 족외혼을 하게 되었는데, 이것은 타협할 여지가 없었다. 남계친은 물론 비남계친까지 추적하는 종래의 계보 의식은 '종'이라는 단계單系 원칙을 기초로 한 엄격하게 부계적인 것으로 바뀌었다. 고려에서는 여러 세대 전에 고위관직을 지낸 선조가 부변이든 모변이든 관계없이 그 후손에게 음직이 수여되도록 출계가 일정한 원칙 없이 재구성된 것으로 보인다. 이와 대조적으로 조선에서는 남계친 가운데 유명한 조상이 있는 후손은 대체로 자신의 남계 출계집단을 형성하고 유지하기 위한 출발점을 확보하려고 그 조상을 기억하였다. 결국 고려시대 출계집단이 이렇듯 부계로 출계 범위가 축소된 것은 장자상속이 제도화되어 우애에 입각한 계승과 균분 상속을 종식하면서 정점을 이루었다. 그리하여 2세기 이상 제도화와 교화를 거친 후 수평적 사고방식에서 수직적으로 힘겨우면서도 복잡한 이동이 마무리되었다.

한국 사회의 유교화에서 가장 근본적인 특징은 의심할 나위 없이 부계 종족 체계의 발전이다. 한국의 종족은 중국보다도 더 엄격하게 구조화되기에 이르렀다.[1] 가장 결정적 차이는 고전에 기술된 고대 중국의 종족 조직의 근간이라고 할 장자상속이 어느 정도 행해졌느냐에 달려 있음이 분명하다. 중국의 경우 장자상속은 오랜 세기 동안 제 기능을 하지 못했으며, 장자를 선호하는 것은 이름에 불과했다. 장자 선호는 고작 장자가 형제자매 중 수위에 있음을 인정하여 통상 상속 재산에서 여분의 몫을 주는 가운데 존속했을 뿐이다.[2] 상속 관행은 바꿔었지만 기본 준칙은 형제들에 대한 균분 상속이었다. 이와 달리 한국에서는 장자 한 사람을 당대의 이상적이며 바람직한 대표로 선정하였는데, 이것은 지가를 희생하더라도 본가는 유지하는 데 더 중점을 둔 데에서 비롯했다. 장자가 의례를 계승하는 것이 균분 상속의 완전한 종식을 직접 이끌지는 못했다. 그러나 후기로 갈수록 경제적인 면에서 완전한 장자상속은 드물다 하더라도 장자상속을 선호하는 경향은 두드러졌다. 특별한 경우, 관행은 다르더라도 장자상속의 관념은 사회의식에 확고하게 뿌리박았으며 출계 범주를 현저하게 좁히면서 서자는 물론 차자에게도 불리하게 작용했다.

이러한 변동을 가져온 이데올로기적 기반은 조상 숭배였다. 아버지와 아들 사이의 친자접합親子接合, patrifiliation을 인간의 가장 기본 고리로 찬미하면서[3] 장기간에 걸쳐 구조적 중요성을 획득하기 위하여 더 큰 계보적 출계의 맥락에 깊숙이 뿌리내려야 했다. 출계집단 내에서 각 남계 구성원의 위치를 바꿀 수 없는 세대[世] 체계와 방계 구도에 따라 규정하면서 제사는 남계의 친족관계agnation를 이데올로기에서 살아 있는 실재로 바꾸었다. 제사는 종(출계 계통)을 분명히 하고 친족의 경계를 그었다. 이와 함께 조상의 사당 앞에 모인 남계친 사이에 같은 후손이라는 의식과 더불어 결속력을 촉진하였다. 그리하여 조상 의례는 정치경제적 상황과 분리된 일종의 이데올로기적 단체를 창안하게 되었는데, 이것은 조선시대 부계 출계집단의 형성에서 가장 중요한 동인으로 작용하였다.

제사는 무엇보다도 인간이 자기 출계집단에서 차지하는 위치에 대한 사회적 · 의례적 기준을 규정하였다. 의례상 지위, 역할과 상관관계가 있는 것은 상속권과 상복 의무이다. 유교 이데올로기에 따르면, 정치적 또는 공공의 영역은 가家가 직접 확장된 것으로 보았으므로 집안에서의 구속 기준은 공적 세계의 기회에도 적용되었다. 출계집단에서 구성원으로서의 자격을 완전히 인정받은 이들만이 정치 영역으로 진출하는 것을 기대할 수 있었다. 사회 질서를 세우는 데 제사를 중요시하게 되자 그 누구보다도 서자와 여성이 차별을 받았는데, 이들은 의례 체계에는 맞지 않았다.

서자 차별은 부분적으로 한국의 제사에서 사용되는 규제 방식의 직접적 결과이다. 중국에는 이와 대응하는 것이 없었다. 아버지의 아들로 인정받더라도 서자는 모친의 지위가 낮아서 계보 면에서나 사회적인 면에서 유대가 약했으므로 서자 출계집단은 서자를 주변화했다. 그러므로 서자는 기껏해야 자신의 아버지 계통을 잇는다는 수준에서 받아들여질 수 있었으나, 조상을 돌보는 일을 맡을 수 있는 자격을 갖지 못하는 것으로 생각되었다. 이러한 주변화는 장자상속 이행과 더불어 더욱 심해졌다. 집안에서 제사지낼 수 있는 충분한 자격을 갖지 못했으므로 서자는 공적 영역에서도 제약을 받았다. 그들은 과거시험에서 배제되어 정부에서 경력을 쌓을 수 없었다.[4]

여성의 경우에도 비슷한 이유로 더 나을 것이 없었다. 조상들, 다시 말해서 그 자신과 남편의 조상에 대한 여성의 위치는 애매하였다. 여성이 그들 자신의 출계집단의 실제 일원이었던 조선 전기에는 남자형제들과 제사 책무를 나누어 맡는 것이 자연스러웠을 것으로 생각된다. 그러나 여성이 남편 출계집단에 차츰 병합됨으로써 상징적으로나 때로는 지리적 거리에서도 자신이 출생한 집과 거리가 멀어졌다. 그와 더불어 여성 자신과 여성의 후손들이 친가의 조상에 대한 의무를 성실하게 이행할 수 있는가가 점차 문제가 되었다. 조상들에게서 분리된다는 것은 궁극적으로는 상속권 상실을 초래하였다. 혼인한 여성은 남편 조상에게는 낯선 존재였다. 그러므로 여성에게는 결코 자신의 인족의 사당에서 의례에 참여하는 자격이 부여될 수 없었다. 기껏해야 집안의 의식에서 사소한 역할을 수행하였다. 여성이 처음으로 자신의 견해를 말할 수 있던 것은 과부가 되어 죽은 남편의 후사를 선택할 때였다. 그렇지만 계보에 입각한 사고방식이 모든 출계집단을 에워싸기 시작하면서, 여성은 이 같은 결정권을 곧 잃고 말았다. 혼인한 남편의 친족이 의례적으로 여성을 돌봐야 했음에도 혼인한 여성은 그 가문의 의례 생활에서 배제되었다.

이러한 분석은 조상 의례의 구조적 기능을 강조하는 한편 조선 후기 종족의 출현이 무엇보다도 고려시대 이래의 출계집단을 부계 계통으로 한정하도록 만든 의례에 따른 것이었다는 결론으로 이끈다.

고려 사회가 유교적으로 변환하는 과정은 점진적이었으며 대체로 조선 왕조 건국 이후 250년에 걸쳐 일어났다. 유교사회로 이념화하는 과정은 하층사회에서 흡수하는 것보다도 정부의 고위 계급에서 사실 훨씬 빨랐다. 그러므로 15세기는 여전히 상당한 유동성과 불확실성으로 특징지을 수 있었으며, 가끔 저항도 있었다. 다시 말해서 한국의 주요한 전통을 답습하려는 경향이 강하였다. 그러나 이데올로기의 전환은 돌이킬 수 없을 만큼 분명했다. 왕조 건립 이후 2세기가 되면서 종족 이데올로기가 내면화되고 적용되면서 관성이 붙었다. 사회 활동을 구속하는 전략은 정치 영역에 크게 자리 잡았을 뿐 아니라 변화하는 경제적·인구학적 상황이 이를 더욱 가속하였다. 한국에서 귀족의 출계집단이 자신들의 부계구조를 충실하게 획득하고 유교를 기초로 한 사회정치적 질서가 원숙해진 시기도 바로 이때였다.

이러한 성공에도 불구하고 16세기와 17세기 신유학 이론가들은 고대 제도로 거의 완전하게 이행하는 것을 유감스럽게 여겼다. 한국의 특수성 때문에 중국 고전과 신유학 이론에서 나타나는 고유의 청사진을 크게 수정하였다. 결과적으로 일부 중요한 사회적 특징, 예를 들면 서자와 같은 경우 이에 관한 법적 공식화와 제의적 공식화 사이에 커다란 불일치가 생겨났다. 그리하여 신유학자들은 국속國俗이라는 개념을 새로 만들었는데, 이 개념은 한국적 가치의 지속적인 힘, 특히 그중에서도 출계 및 사회 지위와 관련된 것을 서슴없이 인정하고 있다. 짧게 말해서 '국속'은 한국에서 진행된 유교화 과정의 두드러진 본질을 조심스럽게 보존한 것이다. 그것은 한국인이 유교 이전 중국의 과거를 근본주의적으로 해석한 모델과 중국의 신유학자들이 중국 고전에 대한 주석을 독해한 것을 출계와 지위에 대한 한국 특유의 강인한 전통 아래 섞은 것이다. 이 같은 변환은 완전한 사회를 이룩하려는 신유학자들의 이상에 힘입어 일어난 것이다. 그러나 궁극적으로 한국에 등장한 사회는 중국 사회를 재현한 것이라기보다는 한국인 나름대로 해석한 유교사회였다. 조선 사회는 동시대 중국 사회에 못지않게 '유교적'이라고 주장할 수 있었다. 이 두 사회는 모두 신유학파들이 자신들의 사회 이론의 출발점으로 삼았던 고대 중국의 원형과는 결정적으로 달랐으며, 한국인도 이것을 잘 알고 있었다.

그렇다면 한국 사회 전통의 주요 요소 가운데 일부는 무엇일까? 그 같은 사회 전통은 국가의 유교화에도 불구하고 존속했으며 후에 신유학자들이 고백했듯이 '국속'이라고 부른 것에도 실제로 기여했다. 가장 두드러진 것은 엘리트의 지위를 결정하고 재생산하는 출계에서 모계가 지속적으로 힘을 가지고 있었다는 것이다. 여성은 각각의 부계를 대표하면서 그들의 출생을 완전하게 만드는 중요한 세습적 정수精粹를 전하며, 그들에게 이러한 정수가 부족하다면 그들 남편의 출계집단은 반쪽 구성원이 된다. 엘리트에게 지위의 재생산은 양변적兩邊的이다. 여성의 혈통에 대하여 여성 자신의 자녀를 합법화하는 지속적인 중요성을 부여한 것은 신유학 수용 이전 과거 사회의 중요한 유풍이었다. 유교에서 부계친을 강조하는 것과 대조를 이루지만 이것은 사실상 한국인의 부계 출계집단의 배타성을 강화하는 구실을 했다.

결과적으로 혼례는 중국인의 실제 모습뿐만 아니라 유교 이론과도 거리가 있었다. 혼례식을 치를 때 공개적으로 혼인 서약을 하는 장소는 곧 여성이 태어난 집의 마당이었다. 이어 신부를 보내는데 아무런 재산도 주지 않은 채 오직 신부 부계 조상의 지위만을 이어받도록 했다. 이것은 그녀가 남편과의 사이에서 태어난 자식들을 남편의 출계집단의 완전한 어른으로서 합법화하는 데 꼭 필요하였다. 이것은 중국에서 신부에게 경제적으로 지참금을 주는 것과는 대조적이며, 지위를 확정하여 부계 집단에 대한 유교적 뒷받침을 이완하기보다는 오히려 강화하였다.

그래서 지위와 그것을 전하는 것은 서자 문제의 핵심이었다. 서자의 모친은 상층계급의 지위를 가지고 오지 못하므로 자기가 낳은 아이에게 이 같은 필수적 속성을 나누어줄 수 없었다. 결국 한국에서 서자에게는 사회적으로뿐 아니라 (결국은 경제적으로도) 계보학적으로도 제3자로서 종족의 계승권과 조상 제사 의무가 부여될 수 없었다. 중국의 경우 서자는 갈수록 덜 주변화되는 것처럼 보인다. 그럼에도 현존하는 관련 문헌은 다양성이 매우 크다고 이야기하고 있다.[5] 서자들은 어머니의 출신이 낮다는 이유로 완전한 종족원으로서의 자격이 주어지지 않은 것은 아니었다. 그래서 서자들은 쉽게 아버지의 대를 잇는 후사가 되었으며 적어도 원칙적으로는 적자들과 마찬가지로 아버지의 재산에 대해 같은 권리를 갖고 있었다. 구조화가 느슨한 중국의 종족은 한국에서라면 배제되었을 구성원도 받아들였다. 더욱이 당나라 이후 중국 사회는 한국 사회보다 사회 지위에 대한 의식이 낮았으며, 한국에서라면 사회 이동의 잠재적 추진자로서 그토록 두려워했던 서자들에 대해 사회적 · 정치적 장벽을 쌓지 않았다.

더 나아가 고려의 전통을 떠올리게 만드는 것은 비남계친의 계승 관행으로 표현되는 외조부모에 대한 지속적인 높은 존중이다. 외손은 때로는 아들 없이 죽은 외조부모에 대한 봉사를 수행하도록 선정되었다. 유교에 기초를 둔 남계친의 규범을 노골적으로 어겼음에도 이 같은 관행은 강한 심정적 가치에 따라 유지되면서 조선 중기까지 존속되었다. 그 무렵 외손은 족보 기록에서 사라지고 외손의 계승은 남계친의 입양으로 잊혀야만 했다(결코 전면적으로 그러한 것은 아니다).

조선 후기에는 출계집단의 구조가 엄격하여 '내', '외'의 이항 대립으로 표현하듯이 남성 자신의 부계와 어머니의 부계를 날카롭게 구분하기에 이르렀다.[6] 여성은 단지 이들 두 집단 사이를 연결하는 고리가 되었다. 다시 말해서 그녀가 출생한 가족의 족보에는 누군가의 아내로 기재되며 그녀의 남편의 족보에는 누군가의 딸로 기재되는 것이다. 고려 왕조에서보다도 의례 면에서나 경제 면에서 보호를 덜 받는 가운데 조선 왕조 사회에서 여성은 동시대 중국 여성보다도 자신들이 혼인한 가정에 더 의존하게 되었다. 중국의 여성, 특히 송대 이후의 여성은 상당한 규모의 지참금을 가지고 와서 부부의 공동 자금에 경제적으로 기여했는데(이것은 언제나 세대의 재산과는 분리되어 유지되었다), 이 덕분에 남편과 마찬가지로 일정 수준 자립할 수 있었다. 그리하여 중국의 여성은 한국의 여성보다도 남편 가문의 일원으로 덜 통합되었다. 그러므로 재혼하는 것은 한국보다도 더 보편적이고 용이했다.[7]

 말하자면 조선 전기 신유학자들이 정립하려 한 사회 체계는 한국의 사회 환경을 반영하면서 유교의 모델을 한국 특유의 방식으로 해석하여 적용하고 있음을 보여준다. 이러한 해석은 중국판 종족제도와는 현저하게 다른 가치를 포함하게 되었다. 중국(적어도 남중국만큼은)에서는 종족이 재산을 기초로 만들어진 반면, 한국과 같이 고도로 계층화된 사회에서 종족은 지위와 특권의 정수를 표현한다. 한국의 유학자들은 지위 의식을 없애기보다는 오히려 이것에서 힘을 얻어 주요 영역에서 유교의 전언을 자신들의 사회 환경에 맞도록 조정하였다. 그 결과 중국의 사회 경험과는 전혀 다른 분위기를 창출한 것이다.

 고려 사회의 변화가 주로 성리학의 훈련을 받은 소수 학자 관료들이 신유학의 가르침을 체계적으로 적용하면서 나타났다는 주장이 타당하다면, 당나라에서 송나라로 이행하는 시기에 중국의 신유학자들도 비슷한 결과를 초래할 수 있는 변화의 촉매자 구실을 했는지를 묻는 것도 의미가 있을 것 같다. 이 시기를 연구하는 사회사가들은[8] 당나라에서 송나라로 교체되는 동안 지배 계급의 본질과 사회조직이 급격하게 바뀌었다고 강조한다. 당 사회에서는 상층이 '문벌,' 다시 말해서 상층 지위의 씨족 집단으로 구성되었는데, 이들은 매우 폭넓게 규정된다. 이들 씨족들은 공통의 부계 출계를 추적할 수 있지만 공동 조상을 기초로 고착된 조상 숭배 집단은 존재하지 않았다. 중국에서 당나라는 거의 오로지 오복집단 수준의 친족만이 관심사였던 것처럼 보인다. 사당에서는 대종제도와 소종제도가 장자상속을 준수하지 않고도 시행되었다. 출계 계통은 결코 큰아들에서 동생으로 바뀔 수 없었다. 후계자들 사이에 재산을 균분했으므로 어떠한 재산도 공유하지 않았으며 재산 분할에서 벗어날 수 없었다. 이들 '문벌'들은 계보 기록을 편찬하여 스스로를 과시하는 씨족 의식을 강력하게 발전시키면서 결속하였다. 이들 가문의 귀족 지위는 출생으로 뒷받침될 수 있었음에도 관직은 국가가 인정하는 상위 신분을 얻는 데 압도적으로 중요한 조건이었다. 그리하여 정부의 상층은 실제로 귀족이 독점하였다. 상세한 명부화로 귀족의 특권과 관리 자격을 성공적으로 결합한 이들 씨족들의 명세서를 밝혀놓았다.

표면적으로는 당나라의 주요 씨족이 고려의 출계집단과 어느 정도 유사성이 있는 것처럼 보인다. 양자는 느슨하게 구조화되었으며 결코 출계에 큰 가치를 부여하지 않았다. 당과 고려 두 사회에서 장자상속

이 존재한 사실은 확인되지 않으며 눈에 띄는 공동 제사나 경제 행위
는 없었다. 높은 사회 지위는 국가의 비준에 의존했으며 그 상황은 귀
속적 지위와 성취적 지위의 관계를 어느 정도 모호하게 만들었다. 그
렇지만 당나라와 고려 사이의 가장 중요한 차이는 당 사회가 분명히
부계적인 데 반하여 고려 사회는 그렇지 않았다는 것이다. 그러므로
이러한 결정적 차이가 신유학의 도전에 대하여 서로 어긋나는 반응을
일으켰음이 틀림없다.

  송 전기에 당의 옛 귀족들은 권력에서 밀려나고 사회 배경이 다른
새로운 계급이 출현하였다. 극소수 고위관리들의 가문만이 당나라 때
부터 유래하였다.[9] 이러한 상황 변화는 일반적으로 새로운 과거제도
에 기인하는데, 당나라의 과거제도는 송대에 들어와서 정제되고 다듬
어졌다. 이것은 매우 중요하다고 하더라도 하나의 요소에 불과하다.
상업의 급속한 발달, 도시화 그리고 갑자기 발전한 인쇄 산업 등을 통
한 경제 성장은 새로운 시대의 도래를 알리는 징후였다. 그렇지만 170
년이 채 지나지 않아 여진족이 북중국을 침입하여 금나라를 세우면서
송나라는 남쪽으로 물러났다. 이러한 충격적인 사건은 엘리트들을 둘
러싼 사회 환경에서 두 번째로 주요한 상황 변화가 일어났음을 알려
주었다. 중국 사회에 최근까지 남아 있는 특질을 중국이 획득한 때는
바로 남송시대였다.[10]

  송대에는 사회 행위나 조직의 가치가 부계 출계집단의 중심이 되기
에 이르렀다. 이 출계집단은 공동 조상을 의식하면서 출계에 기초를
두고 남계 후손을 확정했다.[11] 남계친 의식을 북돋아 남계친을 묶는
새로운 방법의 하나는 조상 묘소에서 제사드리는 것이다.[12] 초기 출

계집단의 형성을 보여주는 또 다른 징후는 족보 편찬인데, 그 시기는 신유학자들이 부계의 종을 소생시킴으로써 사회를 개혁하려고 노력한 시기와 일치하는 것처럼 보인다.

11세기 중반 장재張載(1002~1078)와 정이는 경전에 상세하게 기술되어 있는 고대 중국의 출계 제도를 다시 살릴 것을 제기하였다.[13] 얼마 후 주자는 선행자들의 권고를 기초로 대종과 소종에 대한 정교한 체계를 구축하였는데, 이것은 장자상속을 가계 유지의 주요 기제로 삼는 것이었다. 신유학자들이 사회를 개조하기 위하여 제기한 이러한 가르침은 향후 부계 조직을 기초로 한 모든 이데올로기적 논의에 인용되었다. 그런데도 그 가르침은 결코 문자 그대로 따르지 못했다. 그 가르침은 일반적으로 가지고 있던 가족 구조나 전략과 잘 부합하지 못했으며 심지어 긴장 관계에 놓여 있었기 때문이다. 그런데도 정기적인 조상 제사, 공동 재산 그리고 족보 편찬은 명대와 청대에서 중국 출계집단의 전형적이고 획일적인 특질이 되었다(이들 특질 각각에 부여된 중요성은 시대와 지역에 따라 크게 변했을 것이다).

그렇다면 새로운 사회 질서에 대한 신유학자들의 요구에 비추어 당나라에서 송나라로 이행하는 것에 필적할 만한 고려에서 조선으로의 이행은 어떠했을까? 가장 분명한 것은 중국의 신유학자들은 당나라 몰락에 개입하지 않았다는 사실이다. 그들은 당나라 귀족들이 몰락하면서 친족 조직의 근본적 재편에 도움이 되었던 사회정치적 환경에서 이상사회에 대한 자신들의 관점을 발전시켰다. 남계친 사이에 좀더 통제된 관계와 행동을 향한 주요한 변화의 분위기가 퍼져 있었던 것처럼 생각된다. 신유학자들은 출계집단 형성에 대한 내용을 고전에서 발견하여 이것이 안정적인 사회 질서를 보증한다고 선전하면서 체계화된 기획으로 단순히 이 같은 발전 근거를 제시하였을 것이라고 생각된다. 그러나 그들은 실제보다는 이데올로기 면에서 더욱 크게 성공했다. 다시 말해서 그들은 교사로서는 존경을 받았으나 정부에서 자신들의 이상을 구체화하는 권세는 결코 많이 획득하지 못한 것이다.

  이와 대조적으로 한국에서는 고려의 통치 계급과 조선의 그것 사이에 급격한 단절이 없었다. 사대부들은 지난 고려 귀족들의 모체이며 이 같은 유산의 두드러진 요소, 다시 말해서 지위와 출계를 전하였다. 이들의 신유학 습득은 송의 유학자들보다도 오히려 그들과 동시대인인 원말명초의 유학자들과 필적할 만한 전문성을 갖추고 있었다. 왕조 교체의 실제 추진자로서 사대부들은 모든 영역에 걸쳐 정책 결정에 직접 관여하였다. 고려 말의 사회적·경제적·정치적 역경에 대한 이들의 해답은 그 모두를 포함하는 정강이며 핵심은 사회를 근본적으로 개조하는 것이었다. 다시 말해서 안정되고 조직화된 사회에 대한 신유학자들의 관점을 실천하는 것이라 할 수 있다. 남송에서는 유학 교육을 받은 엘리트들이 더는 관직 소지자가 아니었으며 관직 소지자는 세습 귀족을 대체하기에 이르렀다. 그러나 한국의 조선 왕조에서는 신유학자들이 관직자로서 위치를 확립하였으며 새로운 왕조의 세습 엘리트를 구성하였다. 그들은 유교의 친족 조직에 대한 자신들의 안목과 자신들과 사회의 나머지 사이의 경계를 긋기 위하여 점점 더 세련되고 제한된 관료제에 대한 요구를 결합하였다. 고려 왕조 이상으로 엘리트에 대한 정의는 국가의 합법성에 의존하게 되었다.

중국과 한국 두 국가가 겪은 이행기는 각 사회에 지속적인 영향을 주었는데, 이행기를 대상으로 그 일부 측면을 이렇듯 간략하게 평가하는 것만으로도 한국의 경험은 중국의 그것과 대단히 차이가 큼을 뚜렷하게 보여준다. 결과적으로 두 나라에서 친족 원리의 발전은 분명 서로 다르다는 것도 기대할 수 있다. 한국의 경우 중국보다도 더 지속적이며 동시에 더 변화한 것같이 생각된다. 이 같은 역설을 어떻게 설명할 수 있을까? 중국의 송나라에서는 귀족의 전통이 완전하게 개선된 과거제도로 파괴된 반면 한국에서는 왕조가 교체되었는데도 사회와 정치에서 강력한 귀족적 요소가 존속하였다. 그럼에도 귀속적인 지위 규범은 국가에서 통제하는 과거제도로 평가받는 성취적 요소에 따라 전보다는 상쇄되었다. 새로운 왕조의 특질이라고 할 귀족적인 것과 관료적인 것의 독특한 혼합은 조선 왕조에서 중앙집권화된 권력이 성장하는 것을 막았다.[14]

하지만 유교는 여기에서 어떤 역할을 하였는가? 유교에 존재하는 평등주의적 요소와 위계적 요소는 이 같은 합성을 허용하여 이것이 존속하도록 지켰다고 주장하는 것으로 충분할까?[15] 실제로 이 문제를 풀기 어려웠던 원인은 유교에 있었고, 정치 철학보다는 사회 철학의 영역에 있었다. 한국인은 유교의 평등주의적 요소를 분명하게 인식하였으나 이 이념은 그들 사회의 전통적 위계질서와 기본적으로 타협할 수 없었다. 중국과 한국의 차이는 사회조직과 관련해 신유학의 가르침을 읽는 방식에서 가장 두드러진다. 중국인은 장자상속으로 영속화되는 대종과 소종에 대한 주자의 엄격한 체계를 잇는 방향을 선택하였는데, 그 이유는 아마도 송대 사회의 평등주의적 경향과 양립할 수 없었기 때문일 것이다. 반대로 한국인은 고려 사회에서도 공통적이었던 출생에 따른 지위 귀속을 더 좁히는 데 적합한 기획으로 신유학의 사회적 청사진을 문자 그대로 해석했다. 조선의 새로운 관료들은 출계를 제한하는 유교적 계책을 적용하여 장기적으로는 자신들의 사회 지위와 정치권력을 높였으며 사회 영역에서든 정치 영역에서든 어떠한 평등주의에도 맞서 이를 지켰다. 그러므로 한마디로 한국에서는 유교가 귀족적인 요소를 보전하는 데 도움을 주었을 뿐만 아니라 경계도 명확하게 굳힐 수 있었다. 동시에 과거제도, 관직, 이데올로기를 통하여 국가를 향한 충성심을 높이도록 요구하는 관료제도를 뒷받침하였다.

이제까지 제사의 실천이 조선 왕조 사회에서 부계 출계집단의 형성과 관련하여 가장 중요한 도구라고 강조하였다. 그 과정은 족보 편찬에 반영되었으며 이와 함께 족보 편찬은 여기에 박차를 가하기도 하였다. 이들 행위는 상호 일체화된 측면이 있지만 이들로 조선 후기 종족이 성장하는 데 충분했을까? 중국의 종족 조직에 대한 연구는 대부분 전장田莊을 종족 단체의 필수적인 중심이라고 주장한다.[16] 한국에서 종족이 지닌 전장의 발전에 대한 역사 연구는 아직 부족하며 이 같은 주제에 대한 논의는 대개 최근의 관찰을 기초로 한다. 현재의 조사 보고는 조상 대대로 내려오는 계 형태의 토지가 한국의 종족이 단체로서 기반을 유지하는 중요한 구실을 한다는 사실을 알려주고 있다. 그렇지만 그 같은 공동 점유 토지는 신유학의 가르침이 의식적이면서도 능동적으로 적용되는 것에 비하여 초보적인 수준 정도로 천천히 발전하였다. 그러므로 토지는 한국에서 종족이 형성되는 데 부차적인 중요성을 가질 뿐이었다.

그리하여 조선 후기 종족을 만들어가는 데 이데올로기가 가장 큰 영향을 준 것처럼 보인다. 더욱이 조직이 좀더 느슨한 중국 종족과는 구분되는 한국 종족의 분명한 구조적 구도는 이것을 제시한다. 한국의 종족은 주요부라고 할 대종(최상위 계통의 출계)에 초점을 맞추었는데, 소종(하위 계통)은 이로부터 가지를 쳤다. 제사의 중요성 때문에 어떠한 방법을 써서라도 대종(주요 계통)의 존속은 보장받은 반면 소종(하위 계통)은 때로는 없어지기도 했다. 장자상속과 결합되어 대종을 그처럼 강조하는 것은 분지화를 막을 수 없었더라도 억제했음이 틀림없다. 그리고 일단 분지가 되면 새로 생긴 파는 의례 면에서 결코 대종(상위 주요 계통)에 맞추어 조정하지 않았는데, 그렇다고 대종(주요 계통)의 계보상 우위가 논란의 대상이 된 것은 아니다. 소종(하위)으로의 분지는 저명한 사회적 인물이나 학자 같은 인물을 새로운 시조로 선정하여 그를 중심으로 조직해 자체의 전장으로 유지한다. 이 하위 파는 그 자신이 장자 중심의 후손과 더불어 독립된 존재로 발전하며 경제적으로나 정치적으로 대종(상위 계통)을 능가하기도 한다. 그러나 하위 계통이 '분지'에 불과하다는 의식은 사라지지 않는다. 이 분지는 언제나 파조派祖의 관직이나 호로 구분되며 이렇듯 새로 중시조로 내세운 인물의 후손이 새로 본관을 만들어 그 파를 표시하지는 않는다. 그러므로 원래 집단과 완전히 갈라서지는 않는 것이다. 일반적으로 특권과 족보를 기초로 하는 한국의 종족이 경제적 동기로 분지하려는 압력을 덜 받은 것은 분명하다. 한국에서는 아직 분지에 대해 널리 조사되지 않았다. 그럼에도 소종(하위 계통)이 부정기적으로 분지하는 반면 대종(상위 계통)은 지속되는 한국 종족의 독특한 구조적 전제를 기초로 한다면 '척수脊髓, spinal cord 모델'이 중국의 종족 분지에서 전형적인 비대칭적asymmetrical 모델보다 이 같은 종류의 분지를 더 잘 묘사한다고 가정할 수 있을 것 같다.[17]

부계 출계집단의 형성에서 신유학이 지닌 이데올로기의 우위는 한국에서 다양하게 입증되어왔다. 그렇지만 그 같은 출계집단의 점진적 조직화가 조선 왕조 건국을 전후로 한 지배 엘리트를 규정하는 것과 어떻게 연관이 있는지를 설명해야 하는 과제는 여전히 남아 있다. 신유학을 통하여 부계적 출계 이데올로기를 도입하고 적용하는 것은 상층계급의 기획이었는데, 절박한 시대 상황이 이를 정당화하도록 하였다. 다시 말해 파벌들 사이의 싸움에 따른 불안정과 기득권이 너무 커지는 사회 환경에서, 소규모 집단이 정치적 지도력을 내세우는 가장 효과적인 수단으로 사회적 배타성이 나타난 것이다. 무엇보다도 조선 초기 사대부들은 학자일 뿐만 아니라 자신들의 권력을 지속적으로 장악하여 사회정치적 질서를 창출하는 것을 목표로 하는 정치가이기도 했다.

사대부들은 정치적·사회적 우위를 획득하기 위하여 다양한 수단을 동원해 사회의 나머지 부류와 자신들을 구별하였다. 그들은 신유학을 계속 독점하고 독특한 생활양식의 특징을 강조하는 의례 정강을 기획하였다. 『주자가례』는 한국에서 엘리트들의 의례 생활에 지침서가 되었는데, 이들이 의례 생활을 낮은 사회 계급들과 공유하려고 한 것은 아니다(또는 적어도 단지 간접적으로만 공유하려 했다). 상위 계층에서조차 분명한 법적 규범이 의례를 뒷받침하였고, 이것이 사회 계층화를 뒷받침하였다. 『경국대전』에 따르면 최고위 현직 관리만이 3대 봉사를 하도록 허용되었다. 다른 모든 이는 이보다도 의례 규모를 축소한 것에 만족해야 했다. 의례는 지위의 상징으로 그 같은 것을 공유할 수는 없었을 것이다.

사대부들은 스스로 하나의 사회집단으로 한정짓기 위해 구성원에게 분명한 위치를 부여할 수 있고 무엇보다도 소규모 집단으로 유지할 수 있는 사회 체계를 채택했다는 것이 이치에 맞을 것이다. 그러므로 고대 중국의 사회적 모델은 모든 이를 겨냥한 것이 아니었다. 그 모델은 단지 사대부만이 자신들의 이해에 맞춰 해석하고 동화하도록 정해졌다. 심지어 그들에게조차 '종족 멘탈리티'mentality가 또 하나의 특질이 되기까지 여러 세대가 걸렸다. 그렇지만 처음에 사대부들이 숭배한 소규모 집단은 조선 왕조에서 여전히 유효한 것으로 견지한 세습 같은 오래된 사회적 가치에 체계를 부여하였다. 그리고 이렇게 지지하는 사회 지위와 이것이 수반하는 특권을 다음 세대로 전달해야 했다.

정치적 영역에서 사회적 배타성에 대해 정당성을 제공하는 논리적 근거는 무엇일까? 물론 그것은 정치권력과 지도력에 대한 사대부들의 주장이다. 일반적으로 이 같은 주장은 사대부들이 유학 교육으로 자신들이 획득하였다고 믿는 도덕적 자질에 의존하였다고 본다. 그렇지만 이렇듯 획득된 자격을 사대부들은 사회적 자격이라는 좀더 근본적인 관념에 종속시켰다. 그러므로 정부 관직과 같이 정치권력을 행사하는 직책에 접근하는 것을 문과 응시자의 적법성을 사회적 경계

안에서 규정함으로써 통제해야 했다. 한국에서는 과거시험을 정부 관리를 채용하는 데 평등주의적 기준을 적용할 목적 아래 도입한 것은 결코 아니었다. 이와 반대로 재능 있는 이를 선발하는 것은 분명하게 규정된 사회적 경계와 밀접하게 관련된 것으로 간주되었다. 따라서 사회적으로 인정받는 출계집단에서 자격이 입증된 이들만이 정치 영역에 진출하는 데 적합하다고 간주하였다. 과거 응시를 허용하기에 앞서 응시자의 사회 배경이 조회되어야 했다. 지적 능력을 시험하더라도 사회 지위와 타협하는 것은 허용하려 하지 않았다. 사士의 선발 방법은 엄격해야 한다는 조선 초기의 언명과 같이[18] 적실 자손만 적합한 자격자로 간주하였으며, 서자나 여성이 재혼하여 낳은 아들은 자격이 없었다.[19]

사회적 기원과 출계를 따지는 것은 이미 고려 왕조에서 현저한 것이었지만 이것은 관료제도를 좀더 합리적으로 구축해야 할 조선 초기 긴박한 상황과 사실상 결부되었다. 세습 지위와 학문적 성취를 동시에 강조하는 이중성은 귀족적·관료적 사대부를 만들어냈다.[20] 세습성을 통하여 귀족적 요소를 보전하면서[21] 한국 사회의 지위에 따른 전통적 위계질서는 유지되고 심지어 강화되었다. 그 결과 과거 합격과 고위관직은 상대적으로 소수의 종족이 압도적으로 차지하게 되었다. 조선시대 전 기간에 문과 합격자는 750개 출계집단이 배출하였는데, 그중 39개라는 소수의 선두 종족이 전체 합격자의 53%를 배출하였다. 전주 이씨는 왕실의 가장 주요한 부분을 구성하는 출계집단인데, 모두 844명의 합격자를 배출하여 합격자 배출 순위의 정상에 있다.[22]

정치적으로 두드러진다는 것은 경제적으로도 유리하다는 것을 뜻한다. 조선 왕조의 토지제도와 조세제도는 모두 엘리트들에게 유리하였다. 조선 초기에 새로운 토지제도를 시행했을 때(상당량의 토지를 새 왕조에 반대하는 이들에게서 몰수했을 때), 이 제도의 수혜자는 공신과 신흥 관리였다. 새 왕조 창시자를 지지한 이들에 대한 공로나 관직에 대한 보상으로 하사받은 토지와 이미 소유한 토지를 합한 전장이 그들의 경제적 토대가 되었다. 전장의 중요성은 국가가 토지 분배를 통제하려는 모든 시도가 실패한 15세기 말이 가까워지면서 더욱 커졌다. 토지에서 산출되는 재부는 엘리트들이 경제적으로 존속하고 의례를 유지할 때 의존해야 하는 기초였다. 그렇지만 토지가 모자라는 현실에서 재산을 계속 상속하면서 토지를 보전하는 것은 위협을 받았다. 적절한 대응책은 합법적 방법이든 비합법적 방법이든 토지를 획득하는 것으로, 무엇보다도 잠재적 토지 수여자의 수를 줄일 수 있는 엄격한 상속제도가 필요했다. 장자상속을 강행하려는 시도는 그 같은 방어 전략의 최정점이었다. 토지의 중요성은 17세기 말, 특히 18세기에 들어와 상업 활동이 재부를 축적하는 새로운 길을 열 때까지도 사라지지 않았다. 유교를 신봉하는 관리들은 상업에서 획득한 재부에 대한 혐오감에서 결코 벗어나지 못했는데, 그들에게는 상업을 통한 재부 획득이 사회적으로 지위가 높은 이들에게는 잘 맞지 않는 방법으로 받아들여졌다.

한마디로 사대부는 출계와 세습을 조선시대 정치생활과 경제 자원을 독점하는 데 잘 활용했다. 그렇지만 국가 역시 관리들의 공급원이 그토록 안정된 덕분에 도움을 받은 것은 아닐까? 한국에서 종족 조직을 놓고 볼 때, 종족 조직은 중앙집권화된 국가와 양립할 수 없다는 주장은 분명히 논박해야 한다. 이것이 오히려 정치 체계의 장명長命에 기여한 것처럼 보인다.[23] 종족 조직이 중앙집권화된 국가와 양립할 수 없다는 주장은 한국의 경우에는 단지 제한된 타당성이 있을 뿐이다. 강력한 부계 출계집단의 출현이 완전한 중앙집권화와 국왕에게 절대 권력이 부여되는 것을 막았기 때문이다. 이것은 귀족 출계집단에 국가가 필요하지 않았음을 의미하지는 않는다. 과거 합격자에게 품계와 관직을 수여하고 사회 지위를 비준하는 것은 바로 국가였다. 그러나 국가에 대한 의무는 특별히 경제 영역에서 출계집단의 이해와 때때로 상충하였다. 정치적 조화와 이에 따른 국가의 존속은 그같이 상충하는 이해가 얼마나 균형을 잡느냐에 달려 있었다.

　물론 중요한 변수의 하나는 왕실이 상대적으로 강하냐, 약하냐 하는 것이다. 15세기에 세조나 연산군이 보여준 어느 정도 전제적인 경향 이후 조선 왕조의 국왕들은 자신들의 통치 방식이 태조가 출발했던 자리로 돌아갔음을 깨달았다. 전주 이씨는 그다지 사회 배경이 높지 않았으므로 다른 출계집단보다 전주 이씨를 우위로 끌어올린 것은 오로지 왕실의 특권뿐이었으며, 이 같은 왕실의 특권은 결코 심각하게 도전받은 적이 없었다. 이러한 사실은 국왕이 관직을 차지한 엘리트들과 관련하여 대체로 약하고 상처받기 쉬운 지위가 되는 데 틀림없이 기여했을 것이다. 더욱이 국왕은 자신을 지지하는 긴밀한 친족원에 둘러싸여 있다기보다는 법적 우위에 둘러싸여 있었다. 통치자의 후손들은 4세대 동안 과거에 응시하여 관직에 오르는 것을 금지했기 때문이다. 그럼에도 전주 이씨는 앞서 언급한 바와 같이 과거 합격자를 가장 많이 배출함으로써 관료제 전반과 긴밀하게 연결되어 있었다.

　그러나 조선 왕조의 정치적 진로를 크게 지배한 것은 바로 귀족 종족이었다. 동시에 이들은 관료화가 진전됨에 따라 득을 보았는데, 고위관직을 점거하는 것은 상층 지위를 유지하는 중요한 조건의 하나였기 때문이다. 그러므로 국가는 비할 바 없는 사회적 정당화의 원천 그 자체였다. 공훈을 세운 신하에게는 그의 출계집단 전부에게 이 유리한 사회 특권을 비롯하여 권위 행사의 도구라고 할 직함, 토지, 노비를 보상하는 것도 바로 국왕의 권력 행사 범위에 있었다. 그렇지만 왕조가 건국되고 첫 세기가 끝나갈 무렵 관직을 맡을 자격을 갖춘 후보자들이 늘어나면서 출계집단 사이에 관직과 품계를 둘러싼 경쟁이 심해졌다. 그리하여 종종 사소한 문제를 놓고 심각한 차이를 드러냈으며, 때로는 메울 수 없을 정도여서 귀족을 상호 반목하는 파벌로 갈라놓았다. 국왕은 그 같은 갈등에서 초연할 수 없었으므로 중재자 역할을 성공적으로 수행했다.[24]

　그리하여 사회적·정치적 요소가 수도의 지배 엘리트들의 이해를 증진하거나 위협하는 것으로 작용했는데, 이것은 지방에 거주하는 지배 엘리트들에게도 마찬가지였다. 종족은 법과 명령이 지역 사회 차원에서 유지되는 통로였으며 여기에서는 중앙정부가 약하게 나타날 뿐이다. 지역화된 종족은 토지에 집요하게 집착하면서 농법을 새로 도입하고 개선함으로써 각자 지역을 발전시키면서 명령을 지키는 데 관심을 가졌음이 틀림없다. 그 같은 방식은 높은 세입을 가져오므로 국가에도 최소한 간접적으로나마 도움이 되었을 것이다. 그럼에도 특별히 서원 소속의 대규모 면세지 같은 문제에 국가가 간섭할 경우 종족은 이에 맞서는 만만찮은 방파제로 성장할 수 있었다. 앞으로 조선시대 친족과 권력 사이의 긴장에 대한 변증법적 분지를 세밀하게 밝혀야 할 것이다. 그렇지만 한편으로는 조직화된 종족이 출현하면서 정치 담론에 좀더 날카로운 경향이 도입되고, 다른 한편으로는 출계가 정치 구조와 그토록 긴밀하게 결부되면서 종족은 국가 존립을 그들 자신의 존속 조건으로 만들어야만 했다.

생각해야 할 중요한 요점이 한 가지 더 있다. 평민과 노비라는 다른 두 사회 지위 집단과 관련하여 엘리트를 규정하는 일이다.[25] 위에서 논의한 바와 같이 사대부는 특별한 의례, 사회, 정치, 경제의 특권을 통제하면서 계급으로서 정체성을 잘 인지하는 계급을 구성하였다.[26] 이와 동시에 사대부는 자신을 제외한 나머지 모두를 가리키는 천賤과 대비하여 귀貴라는 용어를 가지고 스스로를 표현하는 '사풍'士風 같은 것도 갖고 있었다. 이것은 『주역』의 「계사상전繫辭上傳」에 나와 있는데,[27] 이들은 한국 사회에서 두드러진 불평등을 뜻하는 자기중심적인 용어였다.[28] 좀더 정확하게 말한다면 이것은 다른 모든 사회집단의 비순수성과 대비하여 사대부의 순수함을 가리킨다. 한국의 유학자들이 가장 빈번하게 인용하는 중국 고전 구절은 대부분 특히 『역경』에 나와 있는데,[29] 그 맥락에서 볼 때 모든 이가 출생 당시 신분을 갖고 있는 사회 질서를 사대부들이 상정한 것이 분명하다.[30]

사회를 이와 같이 귀와 천으로 구분한 것은 사대부들이 모든 관직을 배타적으로 차지한 사실에서 분명히 드러난다. 말하자면 이들은 아래 집단과 역할을 나누어 맡지 않은 것이다. 그러나 더 미묘하면서도 동시에 더욱 날카로운 것은 사대부들이 낮은 계급에서는 적실을 맞아들이기를 거부한 사실이다. 그러므로 사대부는 출생에 입각하여 구성 자격이 결정되는 신분 내혼으로 이루어지는 집단이었다. 앞서 제시한 바와 같이 사실상 그 같은 배타성을 보전하는 것은 남성이 아니라 여성이었다. 결과적으로 여성의 남계친이 사회의 '존귀한' 쪽에 속하는 경우에만 그 여성이 낳은 아들은 부계 선조들의 유산과 완전하게 연결될 수 있었던 것이다. 반대로 사회의 하위 계층 출신 여성이 낳은 아들은 부친의 조상 제사 의무를 넘겨받을 수 있는 사회적 순수성을 결여한 셈이다. 어느 한 사람의 조상을 일목요연하게 입증하는 전형적인 공식이 세 계통의 선조와 그의 외조를 가리키는 '사조'라는 사실이야말로 어머니 쪽이 '하자가 없을 때' 관직 세계에 들어갈 수 있도록 한 사회적 통과증인 것이다.(31)

이 같은 해석은 조선 초기부터 부인을 적실과 첩으로 구분하는 것이 명분과 밀접하게 상호 연관된다고 빈번하고 강력하게 주장한 것을 뒷받침한다.(32) 조선 전기에 법을 제정한 이들은 여성을 배우자로 선정하는 것이 지위 집단을 규정하고 자신들의 계층을 상승시키는 중요한 수단임을 분명하게 알고 있었다. 여성의 물질적 재산보다도 사회적 재산이 궁극적으로는 처로서 여성의 가치를 결정하였다. 출신 계급이 낮은 여성과 혼인하는 것은 어울리지 않는 것으로 간주하였으며, 지위 의식은 사대부들에게 그 같은 혼인관계가 맺어지는 것을 막았다.

이것은 양반 종족의 사회적 동질성에 의문을 불러일으킨다. 연구가 더 진전될 때까지는 이러한 물음에 결정적인 대답을 내놓을 수 없다하더라도, 위의 분석은 한국의 종족이 관행에 따라 사회적 배경이 흠 잡을 데 없음을 입증할 수 있는 구성원만 받아들인다는 것을 시사한다고 생각한다. 그러므로 앞서 논의한 이유, 그중에서도 가장 현저한 것이 엄격한 지위 의식과 결부된 계보적 지향인데 이로써 한국의 종족은 당연히 사회 지위의 경계를 넘어설 수 없는 사회적으로 동질적인 실체이다.[33] 한국에서 종족은 경제적으로 획일적이지는 않지만 사회적으로는 획일적이기 때문에 그토록 오랫동안 생명을 유지한 상층계급의 현상이었다고 정의할 수 있다. 이러한 점에서 사회 배경이 다양한 구성원은 받아들이지만 경제적 이유로 말미암아 분열 경향이 있는 중국의 종족과 한국의 그것은 분명하게 구분된다.[34] 한국의 종족은 구성원 내에 상당한 수준의 경제적 차이를 허용한다. 그럼에도 경제적 경쟁은 각 파 사이에서 갈등을 일으킬 수 있다. 오랫동안 가난하여 좀더 영향력 있는 친족원과 밀접한 관계를 유지할 능력을 잃으면서 결국 양반 지위를 상실할 수도 있었다(더불어 족보에서도 사라졌을 듯하다). 이처럼 평민 종족으로 보이는 것이 실제로는 하강 이동의 결과일 수 있다.

그러므로 현재 일부 연구자가 논의하고 있듯이[35] 조선 사회를 귀천에 따라 크게 양분하는 것은 적절한 듯 보인다. 다른 말로 조선 사회는 무엇보다도 '순수'라는 관점에서 넓게 정의할 수 있는 두 주요 집단, 즉 한쪽은 엘리트, 다른 한쪽은 나머지 모든 사회집단을 형성하는 것으로 인지되었다. 이 같은 귀천 구분이 양천 구분과 같은 뜻은 아니다. 다시 말해 비루하지 않은 이를 칭하는 양良과 노비, 무당, 백정, 피혁공과 같이 더러운 일에 종사하는 이를 지칭하는 천賤으로 구별하는 것과 귀천은 결코 같은 뜻으로 사용되지 않았다. 엘리트는 언제나 이 같은 양천의 범주 위에 놓여 있었다.[36] 근대 용어로는 조선 사회의 위계질서는 세습과 직역을 기초로 한 두드러진 세 지위 집단으로 구성되었는데, 그들은 사회정치적 엘리트(양반), 지배 엘리트에 속하지 않는 평민 그리고 노비와 다른 천한 이들이다. 왕조가 건국될 무렵, 소수의 평민이 과거시험을 치러 정부 관리로 올라선 사실은 알려졌지만 그렇다고 그들이 정말로 양반으로 인정받았을까?[37] 무엇보다도 국가는 양반 지위를 확정할 수는 있었으나 수여할 수는 없었다. 왕조가 다음 세기로 옮겨가면서 사회적 차별은 강화되어 양반과 평민 사이를 가르는 경계는 더욱 고착되었다. 그러므로 그 같은 사회에서 양반의 하강 이동은 평민의 상승 이동보다 훨씬 많았을 것이다.

이 결론에서 제시한 일부 요점은 이 책 앞에서 기술한 것 이상으로 나아갔다. 그런데 그것은 조선 전기의 발전이 조선 후기 사회의 전형적 특징을 배태한 것과 관련되는 도정을 생각해보려는 의도였다. 여기에서 제안한 것은 앞으로 연구를 더 해서 검토해야 할 것이다. 그렇지만 아주 분명한 사실은 조선 후기의 두드러진 특징인 부계 친족 조직이 신유학을 신봉한 입법가들에 의하여 조선 왕조가 출발하면서 태동하기 시작한 심오하면서도 지속적인 변환의 산물이라는 사실이다. 이러한 변환은 17세기에 장자 우대 불균등 상속제도와 더불어 절정에 달하는데, 이것은 중국 유학자들과는 대조되는 한국 유학자들이 한국 사회의 유교화에 초석을 다지는 행동이었다.

저자 후기[1]

1

1967년 가을 처음 한국에 왔을 때는 한국의 경제발전이 시작된 지 얼마 안 되어서 생활은 어려웠어도 살아 있는 유교전통을 목격할 수 있어서 참 기뻤다. 당시 내가 한국에 온 목적은 한국의 유교를 공부하자는 것은 아니었다. 당시 나는 구한말 개항에 관한 논문으로 하버드대학교에서 박사학위를 받은 후 보충자료를 수집하러 한국에 왔다. 왜냐하면 미국에서는 연구자료가 충분치 않았기 때문이다. 그래서 규장각에서 『일성록』 같은 자료를 보고 있었지만 매일 도서관에 다니면서도 한국의 전통적인 풍습과 접할 기회가 있었다. 가끔 지방에 내려가서 제사 같은 유교 의례를 구경할 기회도 있었다. 그때 깊은 인상을 받았는데, 한국 사회에 관심이 커짐에 따라 한국의 전통적 사상과 사회를 공부하기로 마음먹게 되었다.

「외교사에 관한 연구서」 Confucian Gentlemen and Barbarian Envoys(1977)가 끝난 후 유럽으로 돌아가서 옥스퍼드대학교에서 모리스 프리드먼Maurice Freedman 교수에게서 사회인류학을 공부하기 시작했다. 프리드먼 교수는 중국의 사회제도를 전공한 분으로 한국 사회에도 깊은 관심을 갖고 동양 사회를 전공한 학자였다. 그의 지도를 받으면서 조선시대의 사회사를 공부하기 시작했다. 그 당시에는 어려움이 정말 많았다. 사료가 부족했을 뿐만 아니라 조선시대 사회 구조를 다루는 논문도 거의 없었다. 더구나 나는 2년 동안이나 한국에 살면서도 한국 사회를 깊이 연구할 시간이 없었기 때문에 프리드먼 교수의 질문에 확실한 대답을 할 수 없었다. 어디서부터 시작해야 할까? 실마리를 얻는 것이 첫걸음인데 싶어 『조선왕조실록』부터 읽기로 했다.

  2년 동안 『실록』을 독파한 후 중요한 사실을 발견하게 되었다. 주로 조선 전기 사회에 관한 기록을 뽑아서 분석한 결과 얻은 결론은 15세기 조선 사회가 재편성 과정에 있었다는 것이다. 다시 말해 15세기는 사회적으로 급격히 변해가는 과도기였다는 느낌을 받았는데 과도기라 함은 변동이 있었음을 의미한다. 그런데 과도기를 이해하기 위해서는 그 과도기의 근원을 찾아야 했기 때문에 고려시대로 거슬러 올라갈 수밖에 없었다. 그 후 2년 동안 고려 사회를 공부하였다. 여러 가지 사료를 모아 분석함으로써 그 당시의 사회 구조를 파악하기 시작했다. 정말 어려운 과제였다. 고려시대 사회에 관해서는 자료가 부족할 뿐만 아니라 단편적이었기 때문이다. 수수께끼를 푸는 것처럼 단편적인 사료들을 하나씩 하나씩 붙여서 원래 모습을 재구성해야 했다. 이를 위해 옥스퍼드에서 배운 이론을 잘 적용할 수 있었다. 물론 이론만으로 문제를 해결하려는 데에는 문제가 있다고 생각하지만 이론이 없으면 역사란 재현할 방법이 없다.

  고려와 조선 사회를 연구하는 동안 두 사회 사이에 중요한 차이점을 발견하게 되었는데 그 차이가 왜, 어떻게 발생하게 되었는가 하는 문제도 해결해야 했다. 그때부터 유교 사상, 주로 성리학을 공부하기 시작했다. 원래 원나라 때부터 어느 정도로 변형된 성리학(주자학)은 고려 말·조선 초에 한국으로 전래되어 한국 사회에 커다란 영향을 미쳤다. 조선을 건국한 사대부는 성리학을 공부한 학자 계층으로 그 당시 사회를 근본적으로 재편성하기 위하여 이 이데올로기를 효과적인 도구로 사용했다. 그들은 중국 고대에 있었다고 믿어지는 이상적 사회를 당시 조선에 재건하려는 강한 비전을 갖고 있었다. 나는 한국의 유교화란 바로 그 비전의 결과였다는 결론에 도달하게 되었다.

그 비전으로 고려 말·조선 초에 한국 사회가 어떻게 변했는가 하는 것이 이 책의 내용이다. 이 책은 또한 사회인류학적 방법론, 사상사, 사회사에 근거하여 시간이 많이 소요된 연구결과이다. 나아가 그 변화의 이해를 돕기 위하여 당시 중국 사회와 고대 일본 사회의 비교를 시도했다. 특히 명·청조와 비교해보면 조선 사회의 특징은 더욱 분명하게 드러난다고 생각한다.

2

좀더 구체적으로 말해 이 책의 내용을 유교화 이전pre-Confucian의 시대(즉 고려시대)와 유교화의 시대(즉 조선 전기)로 구별하였는데, 다각적인 면에서 고찰하는 것이 바람직하겠으나 시간적인 제약성을 고려하여 이 연구에서는 과도기에 일어난 변화를 가장 분명하게 나타내주는 특징적 문제만 다루었다. 친족주도, 제사, 가계계승, 상속제도, 여성의 위치, 혼인관계, 상장례 등이 주요 연구항목이다.

그러면 유교 사상에서 얻은 비전이 구체적으로 어떻게 실현되었는가? 아래에서 설명하겠지만 부계사회를 이룩하기 위한 좋은 방법 중 하나는 제사ancestor worship이다. 사당 앞에서 조상을 위한 의식을 거행하는 과정에서 한 조상의 후손들은 부계구도를 인식하게 된다. 즉 공동 조상을 숭배함으로써 부계 중심 친척구도가 분명하게 된다. 『주자가례』에 따른 의례는 조선시대 사회에 깊은 영향을 미쳤는데 당시 예는 법보다 더 중요한 역할을 했다. 조선 초기에는 그렇지 않았지만 조상 봉사를 담당한 장자의 위치는 의례 면에서뿐만 아니라 경제 면에서도 점점 강화되었으며 조선 중엽에 가서는 종손으로서 지배적 역할을 하게 되었다. 그 당시 '분재기'란 고문서를 보면 그 과정을 잘 파악할 수 있다. 즉 조선시대 사회의 유교화 과정에는 의례가 가장 효과적인 방법이었다.

결론을 말하면 한국 사회는 설득력이 강한 이데올로기인 유교 사상에서 깊은 영향을 받았음에도 완전히 '유교사회'가 되지 않았다는 것이다. 즉 중국 고대의 사회 구조를 모범으로 삼아 조선 전기부터 부계에 기초한 종족 문화가 차츰 발전하기 시작했지만 유교화 이전의 특징이 그대로 잔존해 있었던 것이다. 그 특징 가운데 중요한 것의 하나는 엘리트의 신분이 조선시대에도 계속 양계적인 조건으로 결정되었다는 것이다. 다시 말해 출계는 부계에 따라 결정되지만 신분, 즉 사회 지위의 정통성은 부계뿐만 아니라 모계를 통하여도 좌우되었다는 것이다. 그래서 조선시대에는 중국과 달리 고려 사회의 특징이었던 양계적 개념이 그대로 지속되었다. 그 결과 적서 구별은 중국보다 더 엄격했다는 것이다.

이러한 의미에서 특기할 만한 것은 조선시대에도 계속하여 모계가 중요한 역할을 하기는 했지만 고려 말부터 조선 중엽에 걸친 과도기에서 여성의 사회적 지위가 근본적으로 달라졌다는 것이다. 물론 어느 전통 사회라도 여성은 정책수립자가 아니라 오히려 그 정책의 희생자였기 때문에, 여성의 지위 변천을 조사함으로써 한 사회 전체의 변천을 좀더 자세히 파악할 수 있다고 생각한다. 한국의 경우에는 특히 여성을 중심으로 하여 사회 변천을 분석할 때 그 변천의 특징이 더욱 뚜렷하게 나타난다. 출계 개념이 양계에서 부계로 바뀌게 됨에 따라 고려시대에는 자녀 균분 상속으로 경제적 독립을 누리던 여성이 조선시대에 와서는 상속권을 잃음으로써 경제적으로 남편에게 종속되는 결과를 낳게 된 것이다. 여성의 권위 상실은 가족제도에 깊은 영향을 미쳤을 뿐만 아니라 신분제도에도 주목할 만한 변화를 일으켰다. 예를 들어 귀천을 엄격하게 구별해야 한다는 관념이 조선 초기 사회를 지배하여 적서 차별이 심각한 문제로 대두되었는데, 이는 다시 말해 엘리트 여성만이 적자를 낳을 자격이 있고 사회 지위가 낮은 여성은 첩이 되어 서자를 낳았다는 것이다. 이는 위에 언급한 양계 제도에 따른 신분 정통성의 결과라고 생각한다. 이것은 부계 제도와 모순된 개념이라고도 할 수 있겠지만 한 걸음 더 나아가 생각하면 모순은 아니었다. 왜냐하면 신분 양계 제도가 부계 제도를 강화했기 때문이다. 사조라는 개념을 보면 이 문제를 쉽게 이해할 수 있다. 사조란 부, 조, 증조, 외조를 가리키는 말인데 엘리트로 알려져 있는 씨족을 대표하여 시가에 들어간 여성만 처 primary wife가 될 수 있었던 데 반해 첩 secondary wife의 경우에는 외조가 (물론 있었지만) 없다고 생각되었다. 즉 처로 간주되는 여성만 자기 자식에게 완전한 양계 제도를 부계를 약화하지 않고 오히려 더 엄격한 제도로 만들었기 때문이다. 이 사실은 중국 사회와 크게 구별되는 중요한 점이다.

3

　한국의 유교화는 정말 획기적인 것이었는데 물론 하루아침에 일어난 것이 아니라 조선 초기부터 약 250년간에 걸쳐 이루어진 것이다. 유교 사상은 중국 사회에도 깊은 영향을 미쳤지만 한국에서는 세계 다른 어느 나라에서도 보기 힘들 정도로 중대한 변화를 가져왔다. 그것은 중대한 변화이긴 했어도 한국 전통의 전형적인 요소가 그대로 잔존했기 때문에 유교화는 한국을 작은 중국으로 창조하지 못하고 오히려 하나의 특수한 문화를 만들어내게 했다.

　『한국의 유교화 과정』이란 나의 책은 고려와 조선 전기를 중심으로 그 사회의 변천을 다루었는데 앞으로는 이 시기에 발생한 사회발전 과정이 어떻게 그 이후까지 지속되었는가 하는 문제를 계속하여 연구할 계획이다. 시기가 지나감에 따라 양반 사회는 여러 가지 견제를 받게 되었는데 그것은 양반 사회 자체가 분화되어 신분을 유지하기가 어려워졌기 때문이라고 생각한다. 특히 벼슬을 얻지 못한 재지 사족在地士族이 어떻게 양반신분을 유지할 수 있었는가 하는 문제는 더 자세히 연구해야 할 과제의 하나이다. 또 지배층만 중심으로 연구하면 한국 전통 사회의 전모를 파악할 수 없기 때문에 상민 또는 노비 사회에 대해서도 검토·분석해야 할 것이다.

　한국 역사를 넓은 의미에서 보면 급히 다루어야 할 문제가 많지만 한국 역사 연구에서 무엇보다 시급히 요구되는 것은 좀더 효과적인 방법론의 개발, 새로운 문제 제기, 문제성의 인식이라고 생각한다. 국내외 역사가들이 이러한 문제를 직시하면서 계속하여 함께 노력해야 할 줄 믿는다.

옮긴이 개정판 후기

마르티나 도이힐러 교수의 논저를 한글로 옮겨서 출간한 것이 2003년 12월이므로 올해로 정확하게 10년이 된 셈이다. 그동안 좋은 반향이 계속 이어졌고 덕분에 한글 번역본은 곧 시중에서 구할 수 없게 되었다. 그리하여 역자는 물론 저자에게까지 한글 번역본을 구할 수 없느냐는 연락이 계속 왔으나 원래 출간했던 곳에서는 여러 사정으로 더는 책을 찍지 못하고 있었다. 당연히 아쉬움이 컸는데 때마침 너머북스의 이재민 대표께서 새로이 개정판을 내면 어떻겠느냐고 제안해 왔다. 한국의 출간 현실에 비추어 개정판을, 그것도 새로운 출판사가 나서서 내는 것은 번역자조차 권유할 사안이 아니었다. 그럼에도 출판사의 열의와 정성 덕분에 번역서가 개정판으로 빛을 보게 되었다. 그저 감사할 따름이다.

재판이지만 초판을 그대로 내놓은 것은 아니다. 우선 책 제목부터 바꾸었는데 이 과정에서 유익한 이야기가 많이 오고 갔다. 그 자체가 곧 새로운 공부였다. 물론 오류도 바로잡았으며 덧붙여 문장도 전면적으로 가다듬는 등 일반 독자들도 조금 더 가깝게 다가설 수 있도록 새로 만들었다. 그 덕분에 전일의 부끄러움을 조금이라도 씻을 수 있을 것 같다. 이 과정에서 동아대학교 사학과의 이옥부 선생과 박지현 선생을 비롯하여 김덕헌 신부님은 바쁜 중에도 거듭 정치하게 원고를 검토해주었음을 밝혀둔다.

한편 2003년에 번역본이 출간된 후 전북대학교의 함한희 교수님과 권연웅 교수님은 그 책을 읽고 그 중요성을 많은 이에게 알려주셨다. 이와 함께 한경구 교수님은 긴 논평에서 번역서의 문제점은 물론 논저의 문제점까지 상세하게 밝혀 역자에게 큰 공부가 되었다. 그리고 당시 지적한 문제점 등은 이번 개정판에 모두 반영하였다. 긴 시간이 지났지만 그 고마움은 잊을 수 없다.

저자도 개정판의 머리말에 언급했듯이 저자가 새로운 연구서를 곧 내놓을 예정이다. 사실 『한국의 유교화 과정』은 조선 중기는 물론 조선 후기에 대한 서술에서 아쉬움이 컸으며 이는 저자도 마찬가지였던 것 같다. 일종의 후속작이 될 새로운 연구서가 어서 출간되기를 기대하며 노년에도 여전히 지적 긴장을 놓지 않는 마르티나 도이힐러 교수님에게 경의를 표한다.

2013년 10월

이훈상

옮긴이 초판 후기

1

역사적 연원이 오래되었을 것으로 생각되던 전통 가족이 실제로는 조선 후기 이후 만들어졌다는 사실이 확인된 것은 얼마 되지 않는다. 흔히 사회의 기본 단위로 꼽히는 가족과 친족 구조가 이렇듯 달랐다는 사실은 단순히 왕조 구분에 따른 시대 구분이나 경제적 변화만으로 설명할 수 없는 또 다른 영역의 중요성을 일깨워준다. 이 같은 사실은 최근 한국사 연구가 거둔 중요한 성과의 하나일 것이다.

마르티나 도이힐러 교수는 이 같은 사실을 토대로 다음과 같은 물음으로 나아간다. 이렇듯 사회 구조의 재편을 초래한 요인은 무엇인가? 여기에서 저자는 고려 왕조에서 조선 왕조로 이행하면서 새로운 왕조의 창건을 주도한 이들은 이미 그전 왕조의 지배 엘리트들이라는 사실에 주목하고 있다. 양자 사이에서 찾을 수 있는 연속성에도 불구하고 새로운 왕조를 창건한 사대부들이 저자 평가대로 왕안석 이후 동아시아에서 최고의 개혁을 이끌어갔다는 것이다. 여기에서 저자는 그 같은 동인을 바로 신유학에 기초한 이데올로기라고 보고 있다.

이러한 구도 아래 친족제도를 개편하기 위한 국가 차원의 노력과 이를 위한 사상, 그리고 이것이 사회 구조에 미친 영향을 검토한다. 그 과정을 분명하게 드러내기 위하여 저자는 중국과 시종일관 비교하고 있다. 이러한 논의를 통하여 저자는 매우 중요한 사실에 도달하고 있다. 사회 재편이 신유학 이데올로기에 기초한 주형에 따라 이루어졌지만, 그것은 동시에 한국의 전통적 가치를 일면 보전하면서 타협하는 방향을 선택하였다는 것이다. 전통적으로 한국 사회는 혈연을 사회 운영의 주요한 원리 및 엘리트의 사회 지위를 유지하는 중요한 가치로 받아들였다. 그리하여 부계 친족체계로 재편하는 과정에서 개인의 사회 지위를 결정하는 데 외족의 역할을 강조하는 방향으로 나아간 것은 바로 이 같은 타협의 산물이라는 것이다.

이러한 결론을 이끌기 위하여 저자는 고제를 이식하기 위한 국가 차원의 노력과 이를 뒷받침한 사대부들의 법제화 노력에도 주목하였다. 사회 재편은 단순한 정책 시행으로 이루어진 것이 아니라 여기에 저항하고 상호 모순되는 이념을 조정하고 통합하는 과정이라는 사실을 면밀하게 보여준다. '입후'와 '봉사' 조항을 둘러싼 상충되는 논의에 대한 저자의 기술은 이런 면에서 인상적이다. 조선 초기 사회 재편을 둘러싼 정책입안자들의 지적 수준과 그 방향을 충분히 가늠할 수 있다.

조선 초기 이후 사회 재편을 위한 개혁과 그 실제, 이것을 뒷받침하는 지적 토대가 이 연구의 많은 부분을 차지하지만, 그 논의는 단순히 조선시대에 국한되지 않는다. 고려시대 친족제도에 대한 논의는 저자가 강조하는 조선 전기의 사회 재편 노력이 왜 역사적으로 중요한 의미를 갖는지 이해하는 데 결정적이다. 한국 사회의 유교화 이전과 그 이후를 비교하기 위하여 저자는 고려시대 친족제도 자체에 대한 해명에 큰 비중을 두어 제한된 사료를 분석하고 심층 해석하기 위하여 사회인류학의 친족제도에 대한 성과를 원용하고 있다.

해석의 타당성을 떠나 여기에서 제시한 작업가설은 앞으로 학계의 중요 쟁점으로 다루어야 할 것이 적지 않다. 인류학의 친족 개념을 널리 원용했다는 사실만으로 누구라도 한마디로 응축할 수 있는 도식을 기대할지 모른다. 그렇지만 그 윤곽은 풍부한 기술과 분석, 논증을 통하여 나타나고 있으며 따라서 충실하게 읽고 그 성과와 대화하여야 한다.

2

17세기 중반 이후 한국 사회에서 두드러진 예학의 발전과 종족 만들기, 나아가 족보 편찬이 성행한 것이 동시대 청나라에서 전개된 양상과 그 시차 면에서 별다른 차이가 없다는 것은 놀라운 일이다. 사대부 성장과 사회 개혁 이데올로기로서 신유학의 역할을 강조하는 고려 말 조선 초기의 변동을 통상 그보다 앞선 당송 변혁기 및 남송시대와 비교하는 것이 일반적인 사실을 고려할 때, 17세기 중반 이후 한국과 중국에서 거의 동일한 현상이 사회 저변과 지성사에서 전개된 것은 주목할 만한 사실이 아닐 수 없다.

조선 왕조를 건립한 지배 엘리트들이 성리학에 기초한 대규모 개혁을 시행하면서 부계 중심의 친족제도가 정착할 수 있는 기반을 조성하였기 때문이라 생각한다. 고려 이전의 사회가 부계에 기초한 단계單系 출계 出系 사회가 아니었으므로 부계 중심의 친족제도로 이행하기에 앞서 상속과 입양 같은 제도 변화를 극심한 긴장과 불안 속에서 겪었다. 이것은 조선 전기 유교 이데올로기에 기초한 거대한 사회 재편 프로젝트가 없었다면 불가능했을지 모른다. 이러한 면에서 종법에 기초한 사회 재편 프로젝트를 열정적으로 실천하려는 개혁 작업과 그 이데올로기를 강조한 저자의 견해는 두 사회의 시차가 줄어든 것을 설명하는 데도 적합하다.

다만 사회사의 성과와 비교할 때 실제 조선 전기의 개혁과 이에 따른 사회 재편 속도와 층위에 대하여는 여전히 문제가 남는다. 상속이나 입양에서 실제 변동이 일어난 것은 고문서 등을 분석할 때 그보다 훨씬 뒤인 조선 중기이며 그것도 누적적이라기보다는 급격한 것이었다. 이러한 사실은 정책과 이데올로기 그리고 사회 재편 사이의 시간적 배치에 대하여 저자의 가설 이상으로 더 복잡한 논의를 요구한다고 할 수 있다. 나아가 전쟁이 이 과정에서 어떻게 작용하였는지도 고려해야 한다. 이 점에 대한 논의는 충분하지 않다.

조선 후기 종족화는 사회 저변으로까지 하향 확산되는데, 이것은 넓은 의미에서 한국 사회 전반의 사회경제적 변동에 상응하는 것이었다. 조선 중기 이후 소농사회로의 발전과 같은 새로운 가설도 이러한 면에서 조선 후기 한국의 종족화를 설명하는 데 중요하다. 조선 후기 사회의 주요 특성으로 흔히 거론되는 사회의 양반화 또는 양반 지향화라는 현상도 이렇듯 종족화가 사회 저변으로 확산되는 변화와 같은 맥락에 놓여 있으며, 이와 함께 소농사회로의 전환이라는 변동에 상응하는 것이기도 하다. 조선 후기의 사회 재편은 이렇듯 조선 중기 이후 또 다른 변화와 상승 작용을 일으켰다. 따라서 조선 후기의 사회 구조를 조선 전기와 직결해 논의하는 구도가 강조되다 보면 다른 새로운 요인을 놓칠 수도 있다.

다행히 다음 프로젝트로 조선 후기 사회에 대한 연구를 수행 중이다. 저자의 견해와 연구 방향을 저자 자신의 입으로 확인하는 것도 이 저작을 이해하는 데 유익할 수 있다. 이와 관련하여 저자 자신이 이 책에 대하여 쓴 에세이와 인터뷰를 참조할 것을 권한다(「나의 책을 말한다」, 『한국사시민강좌』 15, 1994, 199~204쪽; "An Interview with Martina Deuchler," *The Review of Korean Studies* vol. 4, no. 1, 2001, pp. 173~195). 특히 저자의 지적 편력에 대한 이야기도 이 책에서 제기한 문제와 대화하면서 새로운 물음으로 나아가는 데 유익할 수 있다.

저자가 제기한 물음 중에는 종족과 사회 지위 사이의 관계에 대한 매우 중요한 논의도 포함되어 있다. 그것은 종래 신분과 계급의 틀에 구속되어 이른바 한국적 '구별 짓기'를 간과한 종래 연구에 새로운 지표가 될 것이다. 이 같은 논의를 포함하여 저자가 제기한 물음은 한국학계의 일반적 통설과 매우 다른 가설에 기초하고 있다. 이러한 면에서 저자의 책은 서구 한국학계를 비롯한 서구 동양학과 국내 한국학 사이의 괴리를 다시 한 번 확인하게 해준다. 이러한 면에서 저자가 제기한 풍부한 물음을 폭넓게 논의하는 장이 있어야 한다고 생각하며 이것은 자리를 바꾸어 다루려 한다.

3

마르티나 도이힐러 교수는 외교사에 대한 첫 책을 출간하기 전인 1970년 중반 무렵부터 이 저작의 중요 논제인 친족과 사회의 관계에 대한 새로운 프로젝트에 착수하였다고 회고하였다. 우연의 일치겠지만, 역자가 1979년에 군대에서 제대하고 대학원에 처음 들어와 관심을 갖기 시작한 주요 논제의 하나였다. 그 후 친족과 사회의 관계는 전근대 한국사 연구에서 주요 지표의 하나라는 생각을 점차 굳히게 되었다.

그렇지만 1980년대 이후 격변하는 사회 속에서 역사의 역동성을 강조하는 당시 한국사 연구자들은 가족, 친족 같은 논제를 정태적인 것으로 간주하였다. 이러한 상황이 지속되어 김두헌에서 최재석 등으로 이어지면서 축적된 한국 내의 가족제도사 연구, 특히 조선시대의 그것은 학계의 중요 관심사에서 멀어졌다. 반면 이와 견해를 달리했던 역자는 오랫동안 홀로 작업해야 했다.

가족과 친족 같은 논제가 갖는 역사적 중요성을 간과한 것이 곧 한국사 연구의 지체로 이어졌다고 생각한다. 실제로 한국의 친족과 사회 그리고 사상의 관계에 대한 설득력 있는 담론과 주요 연구 성과는 주로 한국 밖의 연구자들에게서 나오고 있는 것이 현실이다. 연구의 지체가 가져온 또 다른 문제는 가족제도 등이 급격히 변동을 겪고 있는 현재의 한국 사회에서 한국사 연구자들이 더는 새로운 대안 담론을 만들어가는 처지에 있지 않다는 사실에 있다. 그리하여 호주제 폐지나 여아 낙태 등 여성문제와 관련된 현실적인 사안에서도 그 불합리성에 대한 역사적 근거 역시 주로 서구의 한국사 연구자들의 성과에 힘입었음을 상기하지 않을 수 없다.

이 방면에 기여한 서구 연구자들의 지적 성과를 여기에서 부연 설명할 수는 없지만, 그중에서도 방대한 자료의 활용과 이론적 성과의 연계, 나아가 동아시아 전반에 대한 비교사적 접근 등에 기초한 마르티나 도이힐러 교수의 이 논저는 정점에 놓여 있다고 보아도 좋다. 실제로 이 책은 국외는 물론 국내에서도 여러 분야에 걸쳐 널리 읽힐 만큼 매우 높은 평가를 받고 있다.

이 책이 출간된 이후 나온 국내의 관련 성과는 이 책에서 제기된 중요 문제에서 크게 나아간 것 같지 않다. 친족제도 등에 대한 인류학적 지견과 비교사적 시야 그리고 방대한 고전 등의 활용이 돋보이는 이 책을 비판적으로 검토하는 작업 자체가 아직도 무리인 것으로 보인다. 이 같은 사실은 논평 등에서도 확인할 수 있다. 한결같이 극찬으로 일관한 여러 논평은 실제로는 이 책을 충분히 이해한 느낌을 주지 못한다. 매우 진부한 이야기이지만 이 문제를 해결하는 바람직한 방법의 하나는 바로 번역·출간일 것이다.

해외에서 한국학과 관련된 매우 중요한 성과들이 나왔지만, 이들에 대한 번역은 아직도 잘 되고 있지 않다. 최근 외국에서 출간된 주요한 저작을 소개하거나 쉽게 접할 수 있는 기회가 많아졌다. 또한 이들 저작의 가치를 역설하는 연구자도 많아졌다. 그렇지만 그 성과를 실제로 공유하도록 번역하는 작업만큼은 나서려 하지 않는다. 어쩌면 이는 충분히 납득할 수 있는 일이다. 번역에 소요되는 방대한 시간과 노력을 생각할 때 번역은 결코 쉽게 나설 일이 못 된다. 더욱이 한국사 연구서의 번역이라면 많은 관련 전문가의 검토와 평가도 의식하지 않을 수 없는 것이 아닌가? 중요한 한국사 저작을 한글로 옮긴다는 것은 인용 원문이 담긴 1차 자료는 물론 2차 연구도 모두 확인하고 검토하는 지루한 작업과 엄청난 노력을 수반할 수밖에 없다.

이 책의 번역 과정도 예외는 아니었다. 특히 이 저작의 경우 영어 원문만 가지고 번역할 경우 역사 연구자들에게 의미를 전달하기가 어려워 저자가 활용한 거의 대부분의 자료를 하나하나 찾아서 확인하여야 했다. 더욱이 어려웠던 것은 주로 인류학에서 정립한 친족 용어와 개념에 대한 이해가 이 책을 읽는 데 반드시 전제되어야 한다는 사실이었다. 특히 그전에 한글로 옮긴 학술용어 등이 통일되어 있지 않고 일상생활에서 사용되는 용어들도 혼선을 빚을 가능성이 높아서 이것을 새로 연구하고 정리하지 않으면 안 되었다.

앞서 이야기한 바와 같이 친족과 사회의 관계에 관심을 가진 이후 그것은 역자에게 미로를 통하여 출구를 찾아가야 하는 논제와 같았다. 그 같은 미로에서 벗어나기 위하여 모색하고 있을 때 바로 이 책을 접하였다. 처음에는 누구나 그렇듯이 메모하면서 책을 읽었지만 곧 그 내용을 분명하게 이해하려면 시간이 걸리더라도 번역하면서 읽는 것이 바람직하다고 보았다. 그렇지만 이 책을 번역할 생각은 없었다. 에드워드 와그너 교수의 연구 성과를 번역하기로 하고 이미 작업에 착수하였기 때문이다. 더욱이 그 직전에 제임스 팔레 교수의 논저를 한글로 번역·출간하면서(『전통한국의 정치와 정책』) 번역자는 해외 한국학 논저를 번역하는 어려움을 통감하였으므로 이미 약속한 에드워드 와그너 교수의 논저 번역 외에 새로운 책을 번역하는 일은 능력 밖의 일이라고 생각했다.

그렇지만 번역하면서 읽는 과정에서 더 많은 연구자가 이 성과를 공유하는 것이 바람직하지 않을까 하는 데 생각이 미쳤다. 더욱이 주로 사회사와 정치사 영역에 집중된 와그너 교수의 연구 성과 번역 작업도 도이힐러 교수의 것을 번역하는 작업과 병행한다면 더욱 나을 것 같았다. 번역에 착수한 후 10년이라는 긴 시간이 지나서 두 작업이 거의 비슷한 시기에 마무리된 이유가 바로 여기에 있다. 그리하여 이미 번역·출간된 제임스 팔레 교수의 저작을 비롯하여 이어 곧 출간될 에드워드 와그너 교수의 성과까지(『조선왕조사회의 성취와 귀속』) 모두 세 연구자의 주요 성과를 더 많은 연구자가 접할 수 있게 된 셈이다. 그 의미는 결코 작지 않을 것 같다. 이들 세 연구자는 부르스 커밍스와 더불어 서구 한국학계에서 큰 영향력을 행사해온 연구자들이기 때문이다. 이들의 연구성과만으로 서구 한국학의 지적 지형을 완전하게 그릴 수는 없다. 그렇지만 이들을 통하여 서구의 한국학계가 그동안 축적한 중요한 지적 성과와 문제의식을 공유하는 데는 큰 도움이 될 것 같다.

앞서 언급한 바와 같이 국외 연구자들의 성과를 다루는 논평 등이 일방적인 찬사나 폄하로 그치는 경우가 적지 않다. 소개나 평가도 많아야 하겠지만, 실제로는 번역 없이 주요 저작을 활용하는 것은 기대하기 어렵다. 해외 한국학의 주요 성과를 비판적으로 수용하고 대화하며 이를 통하여 앞으로 나아가야 한다는 당위성은 번역 작업으로 뒷받침되어야 한다고 믿는다.

4

이 책의 출간과 관련하여 무엇보다도 한국학술협의회와 아카넷출판사에 진심으로 감사드린다. 이 책의 번역 출간을 기획한 것은 원저가 출간된 그 다음 해인 1993년으로 기억한다. 바로 이때 번역하기로 약속하였으므로 다소 번거로운 과정을 거쳐 역자가 뒤늦게 번역을 전담하기로 한 사정을 고려하더라도 무려 10년 만에 출간되는 셈이다.

그동안 이렇듯 지체되었음에도 계속 인내를 갖고 역자를 신뢰해준 한국학술협의회와 아카넷출판사 정연재 부장님을 비롯하여 좋은 글이 되도록 최선을 다하여 준 출판사 편집진의 노고는 잊지 못할 것 같다.

마르티나 도이힐러 교수의 논저는 방대한 인용 문헌과 큰 비중을 차지하는 친족과 관련한 인류학 용어 등으로 번역하기가 쉽지 않았다. 한국사 연구자들도 꼭 보았으면 좋겠다는 바람으로 시작하였지만 열의만큼 능력이 따라오지 못했다. 그 때문에 주위 연구자들의 큰 도움을 받아야 했다. 먼저 초고를 검토하여 문제점을 지적하고 바람직한 번역에 대한 조언을 아끼지 않은 경북대 권연웅 교수님에게 감사드린다. 친족 개념 및 번역과 관련하여 전북대 함한희 교수님과 국민대 한경구 교수님, 정신문화연구원의 정승모 선생은 좋은 제언을 주셨다. 특히 함한희 선생은 번역 원고를 읽고 문제점을 일일이 고쳐주는 번거로운 일을 서슴없이 맡아주셨다.

전남대의 변동명 선생과 김혜정 씨는 번역 원고를 꼼꼼하게 가다듬어 좋은 글로 만들어주었다. 뒤늦게 나온 번역서가 그 고마움에 대한 보답이 되면 좋겠다. 함께 글을 고치고 문제점을 바로잡도록 내내 힘을 모아준 동아대 대학원생들은 어려운 번역으로 지친 역자를 격려하여 이 책 출간에 큰 수훈을 세웠다. 번역을 도와준 손숙경 선생과 윤성진 선생을 비롯하여 원고를 거듭 검토해준 진상원 선생과 인문과학연구소 김상돈 선생에게 진심으로 고맙게 생각한다. 원저 내용 색인을 그대로 살리기 위하여 모두 번역하고 다시 번역 원고에서 일일이 확인하고 대조하는 작업은 번거롭고도 시간이 많이 걸렸다. 대학원생 조재형을 비롯하여 김근영과 조영숙이 작성 작업을 돕지 않았다면 통상 그렇듯이 그냥 사항 색인 정도를 만들도록 출판사에 위임했을 것 같다.

이 책의 번역에 처음 착수한 1993년 이후 참으로 많은 일이 일어났다. 그 모두를 돌이켜볼 수는 없다. 다만 그동안 여러 가지 작업을 핑계 삼아 늘 역자를 따뜻하게 배려해준 주위 여러분에게 빚을 제대로 갚지 못한 사실을 죄송스럽게 생각한다. 일본의 岐皇聖德學園대학의 武田幸南 교수님과 東京都立大學 鄭大均 교수님을 비롯하여 성균관대학교의 宮嶋博史 교수님에게 이 번역서가 구차하나마 변명이 되었으면 좋겠다.

한편 친족과 사회의 관계에 관심을 갖는 계기를 마련해주고 계속 격려해주신 이기백 선생님에 대한 고마움은 언제나 잊은 적이 없다. 이것이 조그마한 기쁨을 안겨드릴 수 있을까? 마르티나 도이힐러 교수님은 번역을 허락하고 번역 원고를 직접 검토하여 주셨다. 출간 이후 새로운 생각을 정리하여 번역서에 수록하기로 했는데 그동안 연락 두절로 한국어판 서문만 새로 수록할 수밖에 없었다. 많이 아쉽다. 퇴임 이후 여전히 학문에 대한 열의를 접지 않으신 선생님께서 이 책의 후속 작업으로 기획하신 조선 후기 연구도 큰 성과가 있을 것으로 믿는다. 끝으로 이 책의 번역을 지원해준(번역공모과제 제63호) 동아대학교에도 감사드린다.

부록 1_ 친족용어 풀이와 개념

    이 책에서 큰 비중을 차지하는 것은 친족체계와 관련된 논의이다. 이 과정에서 인류학의 개념과 용어를 널리 활용하였다. 그러므로 관련 분야 전문가가 아닌 연구자들이 이 책을 읽으려면 이들에 대한 기본적 이해가 전제되어야 한다. 더욱이 현재 널리 사용되는 친족 용어라도 인류학 용어와 개념에 대응하여 새롭게 학술적으로 정의해야 할 것도 적지 않다. 이 점을 고려하여 이 책을 읽는 데 가장 필수적인 친족 개념과 용어를 선택하여 풀이하였다.
    인류학, 역사학, 사회학 연구자들은 친족체계에 대해 오랫동안 관심을 두고 연구를 해왔다. 그럼에도 용어와 개념은 아직도 합의하지 못한 상황이다. 그것은 이 분야 연구가 그 중요성에 상응할 만큼 아직도 진전되지 못한 것을 반영한다. 여기에는 식민지 이후 일본에서 한국의 친족체계를 정리하면서 발생한 한국과 일본의 서로 다른 사회 구조에서 비롯된 문제와 이에 따른 혼란도 한몫하고 있음을 지적할 수 있겠다.
    이러한 문제를 고려하여 다양한 용례를 검토하고 그 문제점을 제시하면서 이를 재정의하였다. 어떤 경우에는 다소 낯설더라도 중지를 모아 새로운 용어를 채용하였다. 그리하여 본문에서는 이와 관련된 역자 주를 가능한 한 따로 달지 않았다. 개념에 대한 상세한 해설이 필요하므로 부록으로 정리하는 것이 읽는 이들에게 도움이 될 것이라 생각했기 때문이다. 많은 성과 중에서도 특히 다음의 정리를 기초로 하였음을 밝힌다. James L. Watson and Patricia Buckley Ebrey eds., *Kinship Organization in Late Imperial China, 1000~1940*(Berkeley: University of California Press, 1986).

계통, 계열, 직계/변

    계통系統은 단계單系와 공계共系로 구분되는 출계出系 체계의 하나로 관계의 선을 중시한다. 여기에서 출계가 종적 유대만으로 본인과 연결되는 사람들을 계통친系統親, lineal kin이라 한다. 계통lineal에는 직계直系, stem lineal와 방계傍系, branch lineal 두 종류가 있다. 직계는 조부모, 부모, 자식, 손자 등 특정 개인의 혈족을 위로 또는 아래로 더듬어 파악할 수 있는 것을 지칭한다. 방계는 한국의 경우 형제와 자매 등의 계통을 지칭한다.
    한편 변邊, 側, 方, lateral의 경우, 조상과 자손의 관계를 밝히는 친족 용어가 아니며 '본인'을 중심으로 친족을 정하는 범위이다. 보통 계통에 대비하여 변이라는 표현을 사용한다. 조선 전기 고문서 등에서 흔히 모변, 부변으로 나오는 것이 바로 이것이다.

어떤 나라나 시대를 막론하고 이 두 가지 친족이 존재한다. 다시 말해서 조상을 중심으로 하는 친족과 나ego를 중심으로 하는 친족이다. 여기에서 유의할 점은 한국과 일본에서 같은 방계라는 용어의 지칭 범위와 활용성이 각각 다르다는 사실이다. 일본에서 흔히 사용하는 직계라는 용어는 일본의 친족 조직에 바탕을 둔 것이다. 일본인에게 lineal의 개념은 직계밖에 없다고 해도 지나친 말이 아니다. 일본에서는 collateral을 방계로 번역하는데, 이 경우 형제, 삼촌과 삼촌의 아내, 사촌 등 일단 상세대上世代를 더듬어 본인이 속하지 않은 다른 하세대下世代로 내려감으로써 파악할 수 있는 것을 지칭한다.

그러므로 일본의 친족 용어에서 lineal을 굳이 계열 또는 계통이라고 하지 않고 직계라고 해도 크게 상관이 없다. 그렇지만 이것은 방계branch lineal도 친족 조직에서 중요한 분파로 다루어야 하는 한국과는 구분된다. 특히 조선시대에는 더욱 그러하다. 이렇듯 한국과 일본의 친족 구조가 다르므로 lineal을 직계로, collateral을 방계로 번역하는 일본의 용례를 조선시대에 적용하는 것은 경우에 따라 혼란을 가져올 수 있다(이 점은 함한희 교수가 교시한 것이다).

그렇지만 현 단계에서 새로운 용어를 채택하는 것이 오히려 혼란을 가져올 수 있으며 마르티나 도이힐러 교수도 현재 사용하는 용어인 방계를 염두에 두고 collateral을 사용하였다는 사실을 확인하였으므로 부자연스럽더라도 저자 뜻을 따라 collateral을 그대로 방계로 사용하였다. 그렇지만 앞으로는 혼동을 피할 새로운 용어를 채택하여야 할 것이라 생각한다. 이제 이상의 논의를 바탕으로 본문에 나오는 용어는 다음과 같이 번역하여 보았다

    계통   직계stem lineal
              방계branch lineal

    변, 방   부변patrilateral
              모변matrilateral
              방계collateral

한편 변친邊親, lateral kin, 방계친傍系親, collateral kin, 양변친兩邊親, bilateral kin은 다음과 같이 구분된다. lateral kin은 나ego를 중심으로 어느 쪽을 정하지 않고 이야기할 때를, collateral kin은 양쪽, 다시 말해서 부변과 모변을 함께 칭한다. 변성(또는 변적 구도)laterality, 직계lineal descent, 직계친lineal kin, 계통 체제lineal system, 직계line, 직계 구도 lineality

교차종/평행종

교차종交叉從, cross cousin은 부의 자매와 모의 자매의 자녀와 같이 부모대에서 성姓이 다른 자녀를 지칭한다. 다시 말해서 고모나 외숙의 자녀들이다. 평행종平行從, parallel cousin은 자기를 중심으로 부모대에서 남녀의 성姓이 같은 편의 자녀를 지칭한다. 예를 들면 아버지 쪽 형제들의 딸patrilateral parallel cousins은 부변 평행종으로서 복기服期가 대공大功에 해당하는 아버지의 형제들에게서 태어난 딸을 지칭한다. 보통 cousin은 사촌으로 번역하여 사용하지만 종從이 오랫동안 사용한 용어이며 전경수 교수도 이것을 따라 종을 쓰고 있다. 그리하여 본문에서는 종을 사용하였다.

남계친男系親, agnate, agnatic kin

남자 조상에서 남계男系로 추종追從하는 친족親族을 가리킨다. 부계친父系親, patrilineal kin이라고도 한다. (남계의) 친척관계; 동족 관계agnation

모계 출계/부계 출계

모계 출계母系 出系, matrilineal descent는 단계 출계單系 出系, unilineal descent 가운데 하나이며 여계 출계女系 出系, uterine descent라고도 한다. 어떤 조상으로부터 여계女系를 통하여 그 관계를 추적하는 것을 일컫는다. 그러므로 모계친母系親, matrilineal kin은 여자의 조상에서 여계로 이어지며 한국의 경우 외척外戚을 지칭한다. 여계친女系親, enatic; enatic kin 이라고 한다.

한편 부계 출계父系 出系, patrilineal descent 역시 단계 출계의 하나이며 부와 관련된 친족집단과의 관계를 추적하는 것을 지칭한다. 다시 말해서 아이들이 부의 사회집단에 속하는 출계를 일컫는다. 남계 출계라고도 한다. 모계matriline, 부계patriline

복합 가족joint family

부친이 사망한 후 형제들이 분가하지 않고 동거하는 경우의 가족을 지칭한다. 결합 가족이라고도 한다.

부가 거주, 부처제/처가 거주, 부처제婦處制, uxorilocal residence

부가夫家 거주 또는 부처제夫處制, virilocal residence는 신부가 신랑의 집이나 가까운 곳으로 옮겨 거주하는 거주 규제로서, 부방夫方居住, patrilocal이라고도 한다. 반면 처가妻家 거주는 혼인거주방식에서 신랑이 신부의 거주지로 옮겨 머무는 것을 일컫는다. 그 같은 맥락에서 처가 거주와 모처母處 거주는 같은 의미로 사용되는 경향이 있다.

분처 거주/신처 거주

분처分處 거주duolocal residence는 부부가 결혼한 후에도 전과 마찬가지로 따로따로 자신의 친족과 동거하는 것이나 신혼부부가 처음에는 모처제母處制였다가 후에 부처제夫妻制로 옮기는 모처-부처제와 같이 두 처제를 갖는 것을 말한다. 태어난 곳에 그대로 머무르는 거주 형태라는 점에서 나야르식 거주제라고도 한다.

한편 신처新處 거주neolocal residence는 부부가 양자의 가족으로부터 떨어져 새로운 장소에 거주를 정하는 것, 다시 말해 부부가 독자의 새로운 거처를 정하는 것이다.

세대, 가구

가구家口, household 또는 세대世帶는 가족과 달리 거주를 같이하는 사람들이 경제적 협력체를 이룬 것을 말한다. 따라서 가구 구성원은 가족과 같이 반드시 혈연관계와 혼인관계로 결부된 사람이 아닐 수 있다. 세대에 해당하는 용어는 한국의 고문헌 자료에는 거의 대부분 호구戶口로 지칭되고 있다. 그렇지만 호구보다는 세대가 의미 전달이 분명할 것이라는 점을 고려하여 세대로 통일하여 사용하였다.

연속連續 결혼serial marriage/중혼/형제연혼

중혼重婚, plural marriage은 일부다처제polygyny 또는 일처다부제poplardry와 같이 한 남자가 둘 이상의 여자 또는 한 여자가 둘 이상의 남자와 혼인하는 형태를 지칭한다. 형제연혼兄弟緣婚, levirate은 죽은 남편의 형제가 그 과부와 결혼하는 혼인 유형을 지칭한다.

인족, 인척

영어에서는 혈연 친족血緣 親族, consanguinity과 혼인 친족婚姻 親族, affinity을 서로 대응해 사용하며, 혈족血族, consanguine에는 인족姻族, affined을 포함하지 않는다. 인족은 혼인관계로 발생한 친족을 지칭하며 혈족은 생물학적인 친자관계親子關係와 그 연쇄連鎖로 결합되어 있지만 양친자관계養親子關係 같은 의제적 친자관계擬制的 親子關係에 따른 것도 포함된다.

인족은 혼인을 계기로 생긴 친족이며 특정 개인으로 보면 자기 배우자의 혈족과의 관계, 자기 혈족의 배우자와의 관계라는 두 유형이 있다. 인족도 혈족도 특정 개인으로 보면 무한하게 넓어질 수 있다. 그러나 당사자가 실제로 인지할 수 있는 범위에는 일정한 한계가 있으며 인지되는 범위 한도의 친족관계를 친족권親族圈, kinship universe이라고 한다. 인족과 혈족은 친족의 하위 카테고리를 이룬다. 인척姻戚, affinal relative, 인족affines, 인족원姻族員, affinal kinsmen.

장자상속/말자상속

남자형제 중에서 장자가 적법한 상속권을 가진 것이 장자상속長子相續, primogeniture이며, 차자가 적법한 상속권을 가진 것을 말자상속末子相續, ultimogeniture이라 한다. 한국의 경우 조선 후기의 상속 관행은 장자를 우대하지만 장자만 독점하는 것은 아니므로 장자우대불균등상속이라고 하여야 하며, 장자상속을 의미하는 영어primogeniture는 여기에 정확하게 부합한다고 보기 어렵다.

조상 숭배

부계 집단은 몇 세대에 걸친 산 자와 죽은 자 사이의 연계성을 강조하였는데, 정례적인 종교 의식을 통하여 그러한 공동체를 형성하였다. 영어권에서는 이것을 조상 숭배ancestor worship라고 잘못 이름 붙였는데, 그것은 조상이 후손을 도울 수 있다고 믿으므로 조상에게 예를 올리지만 조상을 신처럼 숭배하지는 않는다는 사실을 간과하였기 때문이다.

많은 영어 문헌이 ancestor worship을 사용하고 번역서에서도 대부분 이것을 그대로 옮겨 '조상 숭배'라고 하였는데, 이러한 점에서 적절한 번역은 아니다. 마르티나 도이힐러 교수 역시 'ancestor worship'으로 표현하였다. 이상의 사실을 고려하여 이 책에서는 '제사'로 옮겼다.

종족

명확하게 인식되는 조상과 자손의 계보系譜 관계를 갖는 것으로 간주되는 공통의 조상으로부터 출계가 같은 사람들의 집단을 말한다. 통상 종족宗族, lineage은 단계적單出的 출계집단出系集團이며 외혼제外婚制를 수반하는 단체corporate group이다. 선조와 성원의 계보관계를 확정할 수는 없지만 그 관계가 설명되는 경우, 출신 집단을 씨족clan이라고 하며 종족과는 구분한다. 단계單系 출계出系를 원리로 하는 사회는 출계집단으로 씨족clan만 있는 사회, 여러 종족을 하위 구분으로 하는 씨족이 있는 사회, 씨족은 없고 종족만 가진 사회로 통상 분류할 수 있다.

부계 종족은 거주 양식으로서 남자가 결혼한 후에도 아버지와 생활하는 아버지 집 거주[父方 居住]를, 모계母系 종족은 남자가 어머니의 삼촌 집에서 생활하며 여기에서 배우자를 맞이하는 삼촌집 거주를 채용함으로써 매우 결속력이 높은 지연집단地緣集團을 만들어낼 수 있다.

출계/단계 출계/이중 단계 출계/양계 출계/양변 출계/공계 출계

출계出系, descent는 조상에서 자손에 이르는 집단 성원권成員權의 전달 양식에 한하여 사용된다. 그러므로 출계는 집단의 성원권 또는 영속단체corporation group가 보유한 권리, 위신, 의무와 관련하여 사회적으로 정의되는 내용을 전달하는 계보적系譜的 규준規準이며, 출계집단descent group은 그 같은 계보적 규준을 가진 배타적·폐쇄적 단체이다.

출계집단은 친족의 집단이기 때문에 친족 집단kin group이지만 출계는 출계율出系律을 정하는 필연 조건이고 친족은 혈연관계의 사람을 지칭하기 때문에 출계는 친족과 다른 개념이다. 그러므로 출계는 부모와 자식의 친자관계親子關係의 양식만 가리키는 친자접합親子接合, filiation과 다르며 특정 조상과 자손과의 계보 관계와 특정 조상의 직계 구도 lineality만 가리키는 개념과도 다르다. 또 특정 조상과의 계보系譜관계에 기초한 귀속양식 affiliation과도 다른 개념이다.

친족 집단의 성원권 획득은 개인의 출생에 따르는 자동적인 것이라기보다는 사회적으로 규정된다. 그 전달은 부로부터(부계 출계patrilineal descent), 모로부터(모계 출계matrilineal descent), 그리고 쌍방으로부터(양변 출계bilateral descent)의 세 가지 유형이 논리적으로 생각되었다. 부계 출계와 모계 출계는 어느 한쪽의 성性으로부터의 전달에 한정되는 양식이다. 이것을 총칭하여 단계單系 출계unlineal descent라고 한다.

희귀한 사례로서 부계와 모계 양 출계의 원칙이 동일 사회에 병존하는 사회가 있으며 이것을 이중二重 단계 출계double unlineal descent라든지 양계兩系 출계bilineal descent 등으로 칭한다. 이중 단계 출계는 한 개인이 특정 목적에 따라 부계에 속하면서 동시에 다른 목적에 따라 모계에 속하는 것이다. 양계 출계는 단계 출계가 분명하지 않은 출계로, 출계율이 분명하지 않다 하여 양변兩邊, bilateral이라는 용어를 사용하기도 한다.

양변兩邊 출계bilateral descent에 관해서는 그 원칙이 논리적으로는 개인의 출계집단 귀속을 의미한다. 그 사례도 세계적으로 희귀하여 당초 출계 유형에는 없었으나 태평양 사회 연구에서 그 유형의 필요성이 제창되어 비단계 출계non-unilineal descent 양식으로서 채용되기에 이르렀다. 양변 출계는 한 개인이 부모 쌍방(양변)에게 동등한 친밀도를 갖는 출계로서 부모 쌍방의 관계를 평등하게, 수미일관하게 따르는 것이다.

금일에는 양변 출계와 비단계 출계의 유형을 포함하여 부나 모의 성性에 구애받지 않는 성원권의 전달 양식을 공계共系 출계cognatic descent와 같은 용어로 총칭하고 있다. 이렇듯 비단계 출계non-unilineal descent를 공계 출계라고 취급하는 것에 대하여 전경수 교수는 공계 후손에는 부계 후손과 모계 후손이 포함되므로 공계 출계를 곧 비단계 출계로 취급해서는 안 된다고 지적하고 있다.

그러므로 비단계 출계는 하나의 공계 출계적 범주 내에 핵심적 단계 출계가 분명한 사회에 존재하는 것으로서, 최소한 한 번 이상 교대된 성적 연결alternate sex link을 통하여 형성된 출계 지위를(예를 들면 한 번 이상 여성과의 연결고리female link를 통하여 이루어진 비남계nonagnatic, 한 번 이상의 남성과의 연결고리male link를 통하여 이루어진 비여계 nouterine가 이에 속한다) 지칭하는 용어로 사용해야 한다고 주장하고 있다. 이에 따라 공계 출계는 남자 또는 여자와 연결되는 어떠한 조합이건 모두 포괄한 계보를 통하여 추적되는 출계를 지칭하거나 양변 친족과 같은 의미로 정의하고 있다.

다만 이러한 전달 양식의 분류는 상기 분류에 머무르지 않고 새로운 출계 규칙의 발견으로 오늘날에는 여러 가지 분류가 추가되고 있다. 특히 출계 이론이 심화됨에 따라 당초에 상정하였던 세계 보편적인 사회 구조의 중핵으로서 출계 원칙은 이론의 주된 관심사에서 벗어나게 된다. 또 오늘날 모든 사회에 존재한다던 출계 규칙의 차이보다도 연구자들 사이의 출계 관념의 차이가 현저하게 지적되고 있다.

현재 출계 원칙은 결코 모든 민족에게 보편적으로 도출되는 것이 아니라 선조와의 계보 관계에 따라 구성원을 보충하려는 규칙이 존재하는 사회에서만 적용할 수 있는 개념이 되고 있다. 다른 한편으로 출계 개념 자체의 민속 개념적 특질도 명확해지고 있다.

한편 인류학자 중에는 출계와 친자접합filiation을 구분하지 않는 이들도 있다. 그렇지만 이 책의 저자인 마르티나 도이힐러 교수는 descent와 filiation을 구분하여 접근하는 지적 논의를 따라 역사적 의미를 부여하고 있다. 이러한 점에서 이 책에서 사용하는 descent 개념은 filiation과 구분하여 이해하여야 한다.

한편 descent의 번역과 관련하여 고려하여야 할 점이 있다. descent는 통상 출자出自, 출계出系 또는 혈통으로 번역하여 사용되고 있다. 출자는 일본 번역어를 채용한 것으로서 출자의 '자自'가 'ego'에 국한된다는 점에서 개인을 집단의 성원成員으로 귀속시키는 원리라는 descent의 개념과 거리가 멀다.

한편 역사학 연구에서도 출자를 사용하는 경우를 찾아볼 수 있는데, 대부분 인류학에서의 친족 개념을 의미하지는 않는다. 인류학 연구에서는 대부분 출계出系를 사용하는데, 이 경우 '계系'와 '변邊'을 모두 포괄하는 descent의 개념에서 '변邊'을 배제하는 인상을 준다. 이와 관련하여 출계로 사용하던 것을 혈통으로 새로 번역한 사례도 주목된다 (Roger Keesing, *Cultural Anthropology: A Contemporary Perspective*, 2nd ed., New York: Holt, Reinhart and Winston, 1981; 전경수 옮김, 『현대문화인류학』, 한역 3판, 현음사, 1993). 이 역시 위와 같은 문제를 직시했기 때문이라 생각된다.

그렇지만 혈통의 '통統' 자가 통상 '계系' 자와 연결·사용되어 이 역시 계통系統이라는 의미를 갖게 되며, 나아가 '혈血' 자도 귀속이 자동적인 것이 아니라 사회적 규정에 따른다는 descent의 정의에는 잘 맞지 않는다. 그러므로 현재로는 descent의 번역 용어로 적합한 것이 나오지 않았다고 할 수 있다. 그리하여 여기에서는 편의상 현재 가장 많이 통용되는 출계出系를 일단 채택하기로 한다.

친속, 친류親類, kindred

친족 구조화의 준거점에서 볼 때, 조상 중심적인 것과 자기중심적인 것의 두 가지 방

435

법이 있다. 친속親屬은 살아 있는 개인을 중심으로 보아 혈연을 양변bilateral, 다시 말해서 부변·모변을 동등하게 찾아가는 친족의 범위이다. 구덴니프W. H. Goodennough는, 출계는 조상을 중심으로 직계 구도에 따라lineally 조직된 개념으로, 친속은 개인을 중심으로 관계를 변적 구도에 따라literally 찾는 혈연관계자의 카테고리로 기술한다. 친속의 용법은 이 개념 구분을 채용하고 있다.

친족관계親族關係, kinship

친족kin이라는 개념은 지금도 매우 혼동되고 있다. 친족을 성립시키는 계기는 세 가지가 있다. 그 세 가지란 부모와 자식, 혼인, 가계이다. 연구자에 따라서는 부모와 자식에만 주목하여 친족을 부모와 자식 간 유대관계의 네트워크만으로 한정하여 정의하는 사람도 있다. 이 경우에는 혼인관계나 가계를 근거로 한 관계는 제외되고 있다. 그러나 친족 개념은 넓어지는 경향이 있으며 연구자들은 대부분 위에서 이야기한 세 가지 중 어느 한 가지만 만족하면 친족이라고 부른다.

영어에는 혈족血族, consanguines과 인족姻族, affines을 모두 포괄하는 말이 없다. 영어의 kin은 어원에서 피로 이어지는 유대관계를 의미하므로 서구의 학자들은 우리말로는 인척까지 kin에 포함시키는 데에는 아무래도 저항감을 느끼는 것이다. 레드클리프 브라운은 양자를 포괄하는 언어로서 친족체계親族體系, kinship system라는 용어를 썼다고 한다. 친족kin, 친족원kinsmen, 형제연兄弟緣, 친족원fraternal kinsmen

친척

인류학에서 말하는 친속親屬이라는 개념은 한국의 경우 친척親戚, relative에 해당한다. 친척은 친족, 외척, 인척을 포함하므로 출계집단descent group과 같이 영속 집단corporate group을 형성할 수는 없지만 오복제도에서와 같이 일정한 범위에서 협력하는 관계를 가질 수 있다.

혈족

혈족血族, consanguine은 동일한 조상에서 유래되어 혈통으로 연결된 친족, 다시 말해서 친족의 연계가 출계를 같이하는 동세대 구성원과의 유대나 서로 출계관계를 추적할 수 있는 관계에 있는 사람들을 지칭한다. 혈연관계血緣關係, consanguinity가 혈연에 의한 관계 relative라면 혼인관계婚姻關係, affinity는 이와 달리 결혼으로 맺어진 관계relative로 상호구분하여 사용한다. 그러므로 인척姻戚, affines은 다른 혈족과 결혼으로 맺어진 사람들을 지칭한다. 혈족혼血族婚, consanguineous marriage, 혈연관계血緣關係, consanguinity

부록 2_ 마르티나 도이힐러의 연구 업적

"The Opening of the Korean Ports." *Korea Journal* 9.1(Jan. 1969): 11-20.

"Pusan Yesterday and Today." *Historical Sites and Remains of Pusan.* ed. by Kim Ui-hwan. Pusan, 1969.

Edition of Ching Young Choe, *The Rule of the Taewŏn'gun, 1864~1873: Restoration in Yi Korea.* Contribution of an "Epilogue." Harvard East Asian Monographs no. 45. Cambridge: East Asian Research Center, 1972.

Edition of the English diary of Yun Chi-ho: *Yun Chi-Ho's Diary*, vols. 2 and 3 of *Yun Chi-ho ilgi.* 서울: 국사편찬위원회, 1974.

"Neo-Confucianism in Early Yi Korea: Some Reflections on the Role of Ye." *Korea Journal* 15. 5(May 1975): 12-18.

"Koreanische Musik"(in collaboration with Lee Hye-gyu) in *Die Musik in Geschichte und Gegenwart.* Kassel: Barenreiter Verlag, 1980. Second printing in *Aussereuropaische Musik in Einzeldarstellungen.* Munchen and Kassel: dtv and Barenreiter Verlag, 1980.

Confucian Gentlemen and Barbarian Envoys: The Opening of Korea, 1875~1885. Seattle: University of Washington Press, 1977. 310. pp. Second printing: 1983.

"The Tradition: Women during the Yi Dynasty." In *Virtues in Conflict: Tradition and the Korean Woman Today.* Ed. by Sandra Mattielli. Seoul: Royal Asiatic Society, 1977. pp. 1~47. Second printing: 1983.

"Thoughts on Korean Society." In *Papers of the First International Conference on Korean Studies.* Seognam: The Academy of Korean Studies, 1979. pp. 643~654.

"Neo-Confucianism: The Impulse for Social Action in Early Yi Dynasty Korea." *The Journal of Korean Studies* 2(1980): 71-111.

Editor(in collaboration with Dieter Eikemeier) of the Festschrift for Frits Vos. *Asiatische Studien* XXXIV.2(1980).

"Self-cultivation for the Governance of Men: The Beginnings of Neo-Confucian Orthodoxy in Yi Korea." *Asiatische Studien* XXXIV.2(1980): 9-39.

"Preface" to *Korean Women: View from the Inner Room*. Ed. by Laurel Kendall and Mark Peterson. New Haven: East Rock Press, 1983.

"Reject the False and Uphold the Straight: Attitudes Toward Heterodox Thought in Early Yi Korea." In *The Rise of Neo-Confucianism in Korea*. Ed. by Th. William de Bary and JaHyun Kim Haboush. New York: Columbia University Press, 1985. pp. 375~410.

"Korea: Assimilation und Eigenstandigkeit." *Asiatische Studien* XL.1(1986): 57-71.

Special Issue of *Swissair Gazette* dedicated to Korea(four articles with photographs). Zurich: Verlag A. Vetter, 1986.

"Die Ahnen leben weiter... - Konfuzianische und schamanistische Ahnenrituale in Korea." In *Leben und Glauben* 11(March 1987): 4-9.

"Neo-Confucianism in Action: Agnation and Ancestor Worship in Early Yi Korea." In *Religion and Ritual in Korean Society*. Ed. by Laurel Kendall and Griffin Dix. Institute of East Asian Studies, University of California, Berkeley: Korea Research Monograph 12, 1987. pp. 26~55.

"Modern Korea in Historical Perspective." *Occasional Papers of the Centre Asiatique*. Geneva: Institut Universitaire de Hautes Etudes Internationales, 1987. 21 pages.

Ten articles in *Encyclopedia of Asian History*. Sponsored by The Asia Society, New York. New York: Macmillan Publishing Company, 1987.

"On the ritual role of secondary sons in the early Chosŏn period." Contribution to *Song Chun-ho kyosu chognyon kinyom nonch'ong* [Festschrift for Prof. Song June-ho]. Cheju, 1987, pp. 85~90.

"Sprache, Schrift und Druckkunst in Korea." *UniZurich* 5(1988):13-15.

"Regards sur le passe de la Coree." *Bulletin de l'Association d'Amitie a la Coree* 31(June 1988):15-20.

"'Heaven Does not Discriminate': A Study of Secondary Sons in Chosŏn Korea." *The Journal of Korean Studies* 6(1988-89): 121-163.

"Geschichte." In *Korea*. With photographs by Kazuyuki Kitamura and further articles by Micos Tzermias and Dieter Eikemeier. Zurich: U. Bar Verlag, 1989, pp. 9~25.

"Konfuzianismus und Schamanismus: Mannerreligion und Frauenreligion in Korea." In *Homo Religiosus*. Ed. by H. J. Braun and K. H. Henking.

Ethnologische Schriften Nr. 9. Zurich: Volkerkundemuseum der Universitat Zurich, 1990. pp. 89~105.

The Confucian Transformation of Korea. A Study of Society and Ideology. Harvard-Yenching Institute Monograph, no. 36. Cambridge, MA: Council on East Asian Publications, Harvard University, 1992. 439 pages. Paperback edition, 1994.

Contribution to *Fairbank Remembered.* Compiled by Paul A. Cohen and Merle Goldman. Cambridge, MA: Harvard University Press, 1992.

"Rites in Early Chosŏn Korea." In *King Sejong the Great. The light of 15th century Korea.* Edited by Young-Key Kim-Renaud. Washington: International Circle of Korean Linguistics, 1992. pp. 37~40.

Chapter 14 "Political Thought in Early Chosŏn" and Chapter 16 "Social Life." In *Sourcebook of Korean Civilization* vol. 1. Edited by Peter H. Lee. New York: Columbia University Press, 1993. pp. 491~514, pp. 550~574.

「한국의 유교화 과정: 사회와 이념에 대한 연구」, 「한국사시민강좌」 15(1994): 199-204.

Chapter 21 "Technology: Pak Che-ga." In *Sourcebook of Korean Civilization* vol. 2. Edited by Peter H. Lee. New York: Columbia University Press, 1996. pp. 86~100.

「영국에서 보내온 축하문」, 「한국사시민강좌」 20(1997): 277.

"Die Drei Konigreiche: Korea." In *Brockhaus Weltgeschichte in 6 Banden.*(Mannheim: Brockhaus Verlag, 1997), vol. 2, pp. 632~643.

"Social and Economic Developments in Eighteenth-Century Korea." In *The Last Stand of Asian Autonomies. Respones to Modernity in the Diverse States of Southeast Asia and Korea, 1750~1900.* Ed. by Anthony Reid. London: Macmillan, 1997.

"Is the Concept of 'Civil Society' Applicable to Late Chosŏn Korea?" In *Etat, Societe et Sphere Publique en Asie de l'Est.* Regards sur les Traditions Politiques de la Chine, du Japon, de la Coree et du Vietnam. Ed. Charles Le Blanc et Alain Rocher. Montreal: Universite de Montreal, 1998.

"Korea." In *A Historical Guide to World Slavery.* Ed. by Seymour Drescher and Stanley L. Engerman. New York and Oxford: Oxford University Press, 1998.

"A Personal Tribute to Professor Lee." In *Essays in Musicology. An Offering in Celebration of Lee Hye-ku on his Ninetieth Birthday.* Ed. by Special Editorial

Committee. Seoul: 1998.

"Vernacularization and Sociopolitical Order: The Case of Korea." Unpublished paper prepared for the Conference on The Vernacular Millenium, June 13-16, 1998, in the Swedish Collegium for Advanced Study in the Social Sciences, Uppsala.

「조선후기의 지방지배층과 중앙정부」, 조선시대사학회 편, 『동양 삼국의 왕권과 관료제』. 서울:국학진흥원, 1998.

"Die Literaten der Chosön-Zeit." Contribution to Exhibition Catalogue "Korea-Die Alten Konigreiche." Villa Hugel, Essen, June-October 1999. Munich: Hirmer Verlag, 1999.

Culture and the State in Late Chosön Korea. Coedited with JaHyun Kim Haboush. Harvard East Asian Monograph 182, Harvard-Hallym Series. Cambridge, MA: Harvard University Asia Center, 1999.

"Despoilers of the Way-Insulters of the Sages, Classics Controversies in Seventeenth Century Korea." In *Culture and the State in Late Chosön Korea*. Edited by JaHyun Kim Haboush and Martina Deuchler. Harvard East Asian Monograph 182, Harvard-Hallym Series. Cambridge, MA: Harvard University Asia Center, 1999.

Han'gul oder Nationalbewusstsein." In DU(Die Zeitschrift fur Kultur), April 2000. pp. 32~33.

"Thoughts on Korean History." *Cornell History Journal*, 1.1(Spring 2001): 1-4.

"In Pursuit of Learning?" In *The Cradle of Korean Studies at Harvard University*. Harvard-Yenching Library Bibliographical Series no. 10. Ed. By Yoon Choong-Nam. Seoul: Uryu munhwasa, 2001, pp. 116~120.

"Toegye as Teacher?" In *Exploring the Origin of Homo Koreanus*. Proceedings of the Keimyung International Conference on Korean Studies in Commemoration of the 500th Anniversary of Toegye's Birth. 대구: 계명대학교 한국학연구원, 2001.

"The Practice of Confucianism: Ritual and Order in Chosön-Dynasty Korea." In *Rethinking Confucianism: Past and Present in China, Japan, Korea, and Vietnam*. Benjamin Elman, John B. Duncan, and Herman Ooms eds. Los Angeles: UCLA Asian Pacific Monograph Series, 2002.

"Propagating Female Virtues in Chosön Korea." In *Gender and Text in Pre-*

Modern China, Korea, and Japan: The Making and Unmaking of Confucian Worlds. Ed. by Dorothy Ko, JaHyun Kim Haboush, and Joan Piggott. Berkeley: University of California Press, 2003.

"Connoisseurs and Artisans." In *Catalogue of the Gompertz Collection*, Fitzwilliam Museum. Cambridge. Cambridge: Cambridge University Press, 2003.

In Press:

"The Korean Rare Books: A Sampling." In *Treasures of the Yenching: Seventy-Fifth Anniversary of the Harvard-Yenching Library*. Cambridge, MA: Harvard-Yenching Library, Harvard University, 2003.

Ready for Publication:

Chapter 4, "Koryŏ Society." for *Cambridge History of Korea*, vol. 3.

Chapter 8, "Society in Chosŏn Korea." for *Cambridge History of Korea*, vol. 4.

In Preparation:

Expansion of Reischauer Memorial Lectures into a book manuscript tentatively titled: Patterns of Dominance: Kinship, Status, and Locality in Chosŏn Korea.

참고문헌

한국 원전

『각사수교』, 『수교집요』(q.v.), 재판, 경성: 조선총독부 중추원, 1938.

강희맹, 『사숙재집』 5책, 1942.

『경국대전』, 재판, 경성: 조선총독부 중추원, 1934, 영인.

『고문서집진』, 서울: 서울대학교 도서관, 1972.

『고려명현집』, 영인, 서울: 성균관대학교 대동문화연구원, 1973.

『고려사』, 영인, 서울: 연세대학교 동방학연구소, 1955.

『고려사절요』, 영인, 서울: 고전간행회, 1960.

『광산김씨오천고문서』, 성남시: 한국정신문화연구원, 1982.

『국조오례의』, 영인, 서울: 경문사, 1979.

권근, 『양촌문집』 2책, 영인, 서울, 1969.

_____, 『예기천견록』, 영인, 서울, 연대 미상.

_____, 『입학도설』, 권덕주 역, 을유문고 131, 서울, 을유문화사, 1974.

기대승, 『고봉선생문집』 5책, 1630.

길재, 『야은선생속집』, 『여계명현집』, 서울: 성균관대학교 대동문화연구원, 1959.

김부식, 『삼국사기』, 김종권 역, 서울: 광진문화사, 1963.

김성일, 『학봉문집』 16권, 1851.

김수온, 『식우집』, 『이조명현집』 2, 서울: 성균관대학교 대동문화연구원, 1973.

김시습, 『매월당집』, 영인, 서울: 아세아문화사, 1973.

김안국, 『정속언해』, 연대 미상.

_____, 『모재선생집』 15권, 1687.

김장생, 『의례문해』 4권, 1646.

_____, 『가례집람』.

_____, 『사계선생전서』 24책, 연대 미상.

김종국, 『경민편』, 연대 미상.

김종직, 『이존록』, 1528.

김집, 『의례문해속』 연대 미상.

남학명, 『회은집』 5권, 연대 미상.

『내훈』, 김지용 편, 서울: 연세대학교 인문과학연구소, 1969.

「내훈, 여사서」, 영인, 서울: 아세아문화사, 1974.
「대명률직해」, 재판, 경성: 조선총독부 중추원, 1937.
「대명회전」, 1587, 재판, 1963.
「대전속록급주해」, 재판, 경성: 조선총독부 중추원, 1935.
「덕수이씨세보」.
「만성대동보」, 영인, 연대 미상.
「문화유씨가정보」, 1565.
「밀양박씨숙민공파세보」[박승종], 연대 미상.
박건중, 「상례비요보」, 1645.
박세채, 「남계예설」, 1718.
＿＿＿, 「남계집」9책, 연대 미상.
박수춘, 「국담집」2책, 1725.
박은, 「조은선생문집」, 재판, 서울, 1979.
「반남박씨세보」20책, 1831.
백문보, 「담암일집」, 「고려명현집」5, 서울: 성균관대학교 대동문화연구원, 1980.
「백천조씨세보」, 1880.
변계량, 「춘정문집」12권, 1824.
「부안김씨우반고문서」, 성남시: 한국정신문화연구원, 1983.
「사송유취」, 서울: 법제처, 1964.
성현, 「허백당집」8책, 연대 미상.
＿＿＿, 「용재총화」, 재판, 타이베이: The Oriental Cutural Service, 1971.
성혼, 「우계집」, 영인, 서울: 아세아문화사, 1979.
소혜왕후한씨, 「내훈」, 1475, 영인, 서울: 아세아문화사, 1969.
「속대전」, 1746, 재판, 경성: 조선총독부 중추원, 1938.
송준길, 「동춘당집」.
「수교집록」, 「수교집요」, 재판, 경성: 조선총독부 중추원, 1943.
「수교집요」, 재판, 경성: 조선총독부 중추원, 1943.
「순흥안씨족보」, 1864.
신근, 「의례유설」, 1792.
신숙주, 「보한재집」.
「안동권씨성화보」, 1476.
양성지, 「눌재집」, 영인, 서울: 아세아문화사, 1973.
「양주조씨족보」, 1743.

『여계명현집』, 서울: 성균관대학교 대동문화연구원, 1959.
『여사서』, 영인, 서울: 아세아문화사, 1974.
『여주이씨족보』.
『역주경국대전』 2책, 성남시: 한국정신문화연구원, 1985~1986.
『역주고려사』, 부산: 동아대학교 고전연구실, 1971.
유희춘, 『미암선생문집』.
_____, 『미암선생집』 3책, 연대 미상.
_____, 『미암일기』.
윤증, 『명재의례문답』.
이규보, 『동국이상국집』, 영인, 서울: 동국문화사, 1958.
이색, 『목은문고』, 『여계명현집』, 영인, 서울: 성균관대학교 대동문화연구원, 1959.
이식, 『택당집』 17책, 1747.
이언적, 『회재전서』, 영인, 서울: 성균관대학교 대동문화연구원, 1973.
이유철, 『예의유집』, 연대 미상.
이의조, 『가례증해』.
이이, 『율곡전서』 2책, 영인, 서울: 성균관대학교 대동문화연구원, 1971.
이익, 『성호사설』 2책, 영인, 서울: 경인문화사, 1970.
이재, 『사례편람』, 재판, 서울: 세창서관, 1967.
_____, 『사례편람』, 『광례람』, 영인, 서울, 1977.
이제현, 『익재선생난고』, 『여계명현집』, 영인, 서울: 성균관대학교 대동문화연구원, 1959.
_____, 『역옹패설』, 『여계명현집』, 영인, 서울: 성균관대학교 대동문화연구원, 1959.
『이조명현집』, 영인, 서울: 성균관대학교 대동문화연구원, 1973.
이황, 『퇴계상제례답문』 2책.
_____, 『증보퇴계전서』 5책, 영인, 서울: 성균관대학교 대동문화연구원, 1971.
임춘, 『서하집』, 『고려명현집』 2, 영인, 서울: 성균관대학교 대동문화연구원, 1973.
장현광, 『여헌선생문집』 11권, 연대 미상.
_____, 『여헌선생성리설』 6책, 연대 미상.
『전주이씨고림군파선조유문집』, 전주, 1975.
정경세, 『우복집』.
정구, 『한강문집』 12권, 연대 미상.
정도전, 『삼봉집』, 재판, 서울: 국사편찬위원회, 1961.
정몽주, 『포은집』, 『여계명현집』, 영인, 서울: 성균관대학교 대동문화연구원, 1959.

정철, 『송강집』 7책, 1894.

조식, 『남명집』 8책, 1764.

조호익, 『지산문집』 5책, 연대 미상.

_____, 『가례고증』 3책, 1646.

『조선금석총람』 2, 영인, 서울: 경인문화사, 1974.

『조선왕조실록』 48책, 영인, 서울: 국사편찬위원회, 1955~1958.

조익, 『포저선생집』 18책, 연대 미상.

조준, 『송당문집』 2책, 1901.

주세붕, 『무릉잡고』 9책, 1859.

『증보문헌비고』 3책, 영인, 서울: 고전간행회, 1957.

『창녕성씨사숙공파보』, 1836.

『청풍김씨세보』, 1750.

최신, 『학암집』 6권, 1894.

최항, 『태허정문집』 2책, 1625.

『추관지』, 재판, 경성: 조선총독부 중추원, 1937.

『평산신씨계보』, 1976.

『한국성씨대관』, 서울: 창조사, 1967.

『한국인명대사전』, 서울: 신구문화사, 1967.

한원진, 『남당문집』 22책, 연대 미상.

황종해, 『후천집』 4책, 1713.

『회헌실기』, 연대 미상.

중국 원전

『구당률소의』, 재판, 타이베이: 연대 미상.

『논어』, Szu-pu pei-yao, ed, 재판, 상하이: Commercial Press, 연대 미상.

두우 편, 『통전』, 재판, 타이베이, 1963.

『명회요』 2책, 베이징, 1957.

서긍, 『고려도경』, 영인, 서울: 아세아문화사, 1972.

『성리대전』, 영인, 서울, 1978.

『송사』 40책, 상하이: 중화서서출판, 1977.

주희, 『문공가례』, 상하이, 1918.

_____, 『주자어류』, 영인, 서울, 1978.

한글 논저

강신항, 「계림유사 「고려방언」 어석」, 《대동문화연구》 10(1975. 12), pp. 1~91.

강진철, 『고려토지제도사연구』, 서울: 고려대학교 출판부, 1980.

_____, 「농민과 촌락」, 『한국사』 5, 서울: 국사편찬위원회, 1975.

『고려 · 조선초기의 학자 9인』, 서울: 신구문화사, 1974.

고병익, 『동아교섭사의 연구』, 서울: 서울대학교 출판부, 1970.

구병삭, 『한국사회법제사특수연구』, 서울: 동아출판사, 1968.

권재선, 「여대친족 및 남녀 호칭어에 대한 고찰」, 한국어문학회 편, 『한국어문학대계』, 서울: 형설출판사, 1975.

김동수, 「고려시대의 상피제」, 《역사학보》 102(1984. 6), pp. 1~30.

김동욱, 『고문서집진』, 서울: 연세대학교 인문과학연구소, 1972.

김두헌, 『한국가족제도사연구』, 서울: 서울대학교 출판부, 1969.

김병구, 『회헌사상연구』, 서울: 학문사, 1983.

김상기, 『고려시대사』, 서울: 동국문화사, 1961.

_____, 「이익재의 재원생애에 대하여」, 《대동문화연구》 1(1963. 8), pp. 219~244.

김선곤, 「이조초기 비빈고」, 《역사학보》 21(1963. 8), pp. 33~65.

김수태, 「고려 본관제도의 성립」, 《진단학보》 52(1981. 10), pp. 41~64.

김용만, 『조선시대 균분상속제에 대한 일연구』, 성남시: 한국정신문화연구원, 석사학위 논문, 1982.

_____, 「조선시대 재지사족의 재산소유형태」 I, 《대구사학》 27(1985. 6), pp. 89~159.

김용선, 『고려음서제도의 연구』, 서강대학교 박사학위논문, 1985.

김용숙, 『이조여류문학 및 궁중풍속의 연구』, 서울: 숙명여자대학교, 1970.

김의규, 「신라모계제사회설에 대한 검토, 신라친족연구 기일」, 《한국사연구》 23(1979. 3), pp. 41~64.

김철준, 「신라상대사회의 Dual Organization」, 《역사학보》 1(1952. 7), pp. 15~47; 2(1952. 10), pp. 85~115.

김택규, 『씨족부락의 구조연구』, 서울: 일조각, 1979.

노명호, 「고려의 오복친과 친족관계법제」, 《한국사연구》 33(1981. 6), pp. 1~42.

_____, 「고려시의 승음혈족과 귀족층의 음서기회」, 『김철준박사화갑기념사학논총』, 서울: 지식산업사, 1983.

_____, 「고려초기 왕실출신의 '향리' 세력-「여초친속들의 정치세력화 양태-」, 변태섭 편, 『고려사의 제문제』, 서울: 삼영사, 1986.

_____, 「이자겸 일파와 한안인 일파의 족당세력-고려중기 친속들의 정치세력화 양태-」,

《한국사론》17(1987. 8), pp. 167~225.
민현구, 「신돈의 집권과 그 정치적 성격」, 《역사학보》 38(1968. 8), pp. 46~88; 40(1968. 12), pp. 53~119.
_____, 「고려후기의 권문세족」, 『한국사』 8, 서울: 국사편찬위원회, 1977.
_____, 「조인규와 그의 가문」 상, 《진단학보》 42(1976. 8), pp. 17~28.
_____, 「토지제도」, 《한국사론》 2(서울: 국사편찬위원회, 1981.12), pp. 71~95.
박병호, 『한국법제사고』, 서울: 법문사, 1974.
_____, 「한국의 전통가족과 가장권」, 《한국학보》 2(1976 봄), pp. 67~93.
박용운, 「고려시대 음서제의 실제와 그 기능」 상, 《한국사연구》 36(1982. 3), pp. 1~35.
_____, 「고려시대 음서제의 실제와 그 기능」 하, 《한국사연구》 37(1982. 6), pp. 1~39.
_____, 「고려시대 정안임씨, 철원최씨, 공암허씨가문분석」, 《한국사논총》 3(1978. 12), pp. 33~66.
_____, 「고려시대의 음서제에 관한 몇 가지 문제」, 『고려사의 제문제』, 서울: 삼영사, 1986.
_____, 「고려전기 문반과 무반의 신분문제」, 《한국사연구》 21·22(1978. 12), pp. 33~66.
_____, 『고려시대사』 상, 서울: 일지사, 1985.
_____, 「고려시대의 해주최씨와 파평윤씨 가문분석」, 《백산학보》 23(1977. 12), pp. 121~153.
박종홍, 『한국사상사논고』, 서울: 서문당, 1977.
박천규, 「양촌권근연구」, 《사총》 9(1964. 12), pp. 1~50.
백승종, 「고려후기의 팔조 호구」, 《한국학보》 34(1984 봄), pp. 101~213.
변태섭, 『고려사의 제문제』, 서울: 삼영사, 1986.
_____, 「고려사, 고려사절요의 사론」, 《사총》 21-22(1977. 10), pp. 144~153.
_____, 『고려정치제도사연구』, 서울: 일조각, 1971.
손진태, 「조선혼인의 주요 형태인 율서혼속고」, 『조선민족문화의 연구』, 서울: 을유문화사, 1948.
송준호, 「한국에 있어서의 가계기록의 역사와 그 해석」, 《역사학보》 87(1980. 9), pp. 99~143.
_____, 「조선양반고」, 《한국사학》 4(1983. 3), pp. 27~357.
_____, 「한국의 씨족제에 있어서의 본관 및 시조의 문제」, 《역사학보》 109(1986. 3), pp. 91~136.
_____, 『조선사회사연구』, 서울: 일조각, 1987.
송찬섭, 「17·18세기 신전개간의 증대와 경영형태」, 《한국사론》 12(1985. 2), pp.

231~304.

신석호, 『한국사료해설집』, 서울: 한국사학회, 1964.

신정숙, 「생존노부인의 문견채록」, 《국어국문학》 58-60(1972. 12), pp. 321~340.

_____, 「한국전통사회 부녀의 호칭어와 존비어」, 《국어국문학》 65-66(1974. 12), pp. 199~213.

양회수, 『한국농촌의 촌락구조』, 서울: 고려대학교 아세아문제연구소, 1967.

윤사순, 「성리학시대의 예사상」, 『한국사상대계』 4, 서울: 성균관대학교 출판부, 1984.

_____, 「정도전 성리학의 특성과 그 평가문제」, 《진단학보》 50(1980. 10), pp. 151~160.

_____, 『한국유학사상론』, 서울: 열음사, 1986.

이광규, 「조선왕조시대의 재산상속」, 《한국학보》 3(1976 여름), pp. 58~91.

_____, 『한국가족의 구조분석』, 서울: 일지사, 1975.

_____, 『한국가족의 사적연구』, 서울: 일지사, 1977.

_____, 「한국의 친척명칭」, 《연구논총》 1(1971), pp. 221~256.

이기문, 「고려시대 국어의 특징」, 《동양학》 6(1976), pp. 299~305.

_____, 「아자비와 아자미」, 《국어학》 12(1983), pp. 3~12.

이기백 편, 『고려광종연구』, 서울: 일조각, 1981.

_____, 「고려귀족사회의 형성」, 『한국사』 4, 서울: 국사편찬위원회, 1977.

_____, 「고려중앙관료의 귀족적 성격」, 《동양학》 5(1975), pp. 37~47.

_____, 『신라사상사연구』, 서울: 일조각, 1986.

_____, 『신라정치사회사연구』, 서울: 일조각, 1974.

_____, 『한국사신론』, 서울: 일조각, 1976.

이난영, 『한국금석문추보』, 서울: 아세아문화사, 1968.

이능화, 『조선여속고』, 재판, 서울: 학문각, 1968.

이만갑, 『한국농촌의 사회구조』, 서울: 한국연구원, 1960.

이만열, 「고려 경원이씨가문의 전개과정」, 《한국학보》 21(1980 겨울), pp. 2~29.

이병도, 『한국사』, 중세편, 서울: 을유문화사, 1961.

이병휴, 「여말선초의 과업교육」, 《역사학보》 67(1975. 9), pp. 45~70.

이상백, 「재혼금지습속의 유래에 대한 연구」, 『조선문화사연구논고』, 서울: 을유문화사, 1948.

_____, 「불교양교교대의 기연에 대한 일연구」, 『조선문화사연구논고』.

_____, 『이조건국의 연구』, 서울: 을유문화사, 1959.

_____, 『한국사, 근세전기편』, 서울: 을유문화사, 1962.

_____, 「천자수모고」, 《진단학보》 25-27(1964. 12), pp. 155~183.

이성무, 「공전·사전·민전의 개념--고려, 조선초기를 중심으로」, 『한우근박사정년기념사학논총』, 서울: 지식산업사, 1981.
_____, 「양반」, 『한국사』 10, 서울: 국사편찬위원회, 1977.
_____, 「조선전기의 신분제도」, 《동아문화》 13(1976. 6), pp. 173~191.
_____, 「조선초기신분사연구의 재검토」, 《역사학보》 102(1984. 6), pp. 205~233.
_____, 『조선초기양반연구』, 서울: 일조각, 1980.
이수건, 「고려전기토성연구」, 《대구사학》 14(1978. 6), pp. 29~70.
_____, 『경북지방고문서집성』, 경산: 영남대학교 출판부, 1981.
_____, 『한국중세사회사연구』, 서울: 일조각, 1984.
이순근, 「신라시대 성씨취득과 그 의미」, 《한국사론》 6(1980. 12), pp. 3~65.
이숭녕, 「중세국어의 가족호칭에 대하여」, 《동양문화》 6-7(1968), pp. 229~246.
이우성, 「한인·백정의 신해석」, 《역사학보》 19(1962. 12), pp. 53~89.
이은순, 「이색연구」, 《이대사원》 4(1962), pp. 37~69.
이재길, 『집현전고』, 서울: 한국도서관협회, 1978.
이춘녕, 『이조농업기술』, 서울: 한국연구원, 1964.
이태진, 「14·5세기 농업기술의 발달과 신흥사족」, 《동양학》 9(1979. 10), pp. 15~34.
_____, 『조선유교사회사론』, 서울: 지식산업사, 1989.
_____, 『한국사회사연구』, 서울: 지식산업사, 1986.
이필상, 「고려시대 복제의 연구」, 서울: 서울대학교 석사학위논문, 1974; 《한국사론》 2(1975).
장주근·맹인재, 『낙안성마을』, 서울: 문화재관리국, 1973.
_____, 『양동마을』, 서울: 문화재관리국, 1973.
_____, 『하회마을』, 서울: 문화재관리국, 1973.
정두희, 『조선초기정치지배세력연구』, 서울: 일조각, 1983.
정옥자, 「여말 주자성리학의 도입에 대한 시고」, 《진단학보》 51(1981. 4), pp. 29~54.
천관우, 「한국토지제도사」 하, 『한국문화사대계』 Ⅱ, 서울: 고려대학교 출판부, 1965.
최승희, 「집현전연구」, 《역사학보》 32(1966. 12), pp. 1~58; 33(1967. 5), pp. 39~80.
_____, 『한국고문서연구』, 한국정신문화연구원, 1981.
최재석, 「조선후기 반촌에 있어서의 가족의 구성」, 『석주선교수회갑기념민속학논총』, 서울, 1970.
_____, 「고려시대 부모전의 자녀균분상속재론」, 《한국사연구》 44(1984. 3), pp. 1~46.
_____, 「고려시대의 친족조직」, 《역사학보》 95-95(1982. 6), pp. 208~218.
_____, 「고려시대의 혼인제도」, 《인문논집》 27(고려대학교, 1982), pp. 105~128.

_____, 「고려조에 있어서의 토지의 자녀균분상속」, 《한국사연구》 35(1981. 12), pp. 33~44.
_____, 「고려후기 가족의 유형과 구성」, 《한국학보》 3(1976 여름), pp. 22~57.
_____, 「고려의 상속제와 친족조직」, 『동방학지』 31(1982. 6), pp. 5~39.
_____, 「신라왕실의 왕위계승」, 《역사학보》 98(1983. 6), pp. 39~105.
_____, 「신라왕실의 혼인제」, 《한국사연구》 40(1983. 3), pp. 1~32.
_____, 「조선시대의 상속제에 대한 연구」, 《역사학보》 53-54(1972. 6), pp. 99~150.
_____, 「조선전기의 가족형태」, 《진단학보》 37(1974. 4), pp. 133~159.
_____, 「조선후기 도시가족의 형태와 구성」, 《인문논집》 19(고려대학교, 1974), pp. 125~155.
_____, 『한국가족제도사연구』, 서울: 일지사, 1983.
_____, 『한국농촌사회연구』, 서울: 일지사, 1975.
최홍기, 『한국호적제도사연구』, 서울: 서울대학교 출판부, 1975.
피영희, 「이론적용을 통해서 본 신라왕의 신분관념」, 《한국사론》 5(1979. 10), pp. 65~105.
하현강, 「고려왕조의 성립과 호족연합정권」, 『한국사』 4, 서울: 국사편찬위원회, 1977.
_____, 「호족과 왕권」, 『한국사』 4.
『한국사』 25, 서울: 국사편찬위원회, 1973~1979.
『한국사상대계』 2, 서울: 성균관대학교, 1976.
한영우, 「조선왕조의 정치·경제기반」, 『한국사』 9, 서울: 국사편찬위원회, 1977.
_____, 「이성무, 조선초기양반연구」, 《사회과학평론》 1(1982. 6), pp. 81~109.
_____, 「정도전의 인간과 사회사상」, 《진단학보》 50(1980. 10), pp. 123~135.
_____, 「조선초기 사회계층연구에 대한 재론」, 《한국사론》 12(1985. 2), pp. 305~358.
_____, 『정도전사상의 연구』, 서울: 서울대학교 출판부, 1983.
_____, 『조선전기사회경제연구』, 서울: 을유문화사, 1983.
_____, 『조선전기사회사상연구』, 서울: 지식산업사, 1983.
_____, 『조선전기의 사회사상』, 서울: 한국일보사, 1976.
한우근, 「세종에 있어서 대불교정책」, 《진단학보》 25-27(1964. 12), pp. 67~154.
_____, 「조선왕조 초기에 있어서의 유교이념의 실천과 신앙·종교」, 《한국사론》 3(1976. 8), pp. 147~228.
_____, 『이조후기의 사회와 사상』, 서울: 을유문화사, 1961.
_____, 「여말선초의 불교정책」, 《인문집》 6(서울대학교 문리과대학, 1957), pp. 1~80.
핫토리 다미오 服部民夫, 「조선시대후기의 양자수양에 관한 연구」, 《한국학보》 11(1978 여름), pp. 111~154.

허흥식, 「고려과거제도사연구」, 서울: 일조각, 1981.

_____, 「국보호적으로 본 고려말의 사회구조」, 《한국사연구》 16(1977. 4), pp. 51~147.

_____, 「고려사회사연구」, 서울: 아세아문화사, 1981.

_____, 「한국중세사회사자료집」, 서울: 아세아문화사, 1976.

현상윤, 「조선유학사」, 서울: 민중서관, 1949.

홍승기, 「고려시대노비연구」, 서울: 한국연구원, 1981.

황수영, 「증보한국금석유문」, 서울: 일지사, 1976.

황운용, 「고려벌족에 관한 연구」, 대구: 신학사, 1978.

영문 논저

Akiba Takashi, "A Study on Korean Folkways," *Folklore Studies* 16:1-106(1957).

Baker, Hugh D. R., *Chinese Family and Kinship*. London: The MacMillan Press, 1979.

Balandier, Georges, *Political Anthropology*. London: Allen Lane, The Penguin Press, 1970.

Beattie, Hilary J., *Land and Lineage in China: A Study of T'ung-ch'eng County Anhwei, in the Ming and Ch'ing Dynasties*. Cambridge University Press, 1979.

Bendix, Reinhard, and Seymour Martin Lipset, eds., *Class, Status, and Power: Social Stratification in Comparative Perspective*. 2nd ed., London: Routledge & Kegan Paul, 1967.

Berkner, Lutz K., "Inheritance, land tenure and peasant family structure: a German regional comparison," in Jack Goody et al., eds., *Family and Inheritance*, Cambridge: Cambridge University Press, 1976.

Boit, Edouard, *Le Tcheou-li ou Rites des Tcheou*. 2 vols. Paris: Imprimerie Nationale, 1851.

B nger, Karl, *Quellen zur Rechtsgeschichte der T'ang-Zeit*, Peiping: The Catholic University, 1946.

Buxbaum, David C., *Chinese Family Law and Social Change in Historical and Comparative Perspective*, Seattle: University of Washington Press, 1978.

Chan, Hok-lam, and Wm. Theodore de Bary, eds., *Y an Thought: Chinese Thought and Religion under the Mongols*, New York: Columbia University Press, 1982.

Chan, Wing-Tsit, tr. and comp., *A Source Book in Chinese Philosophy*, Princeton: Princeton University Press, 1963.

_____, "Chu Hsi and Yüan Neo-Confucianism," in Hok-lam Chan and de Bary, eds., *Yüan Thought*(q.v.).

Chang, K. C., *Early Chinese Civilization: Anthropological Perspectives*, Cambridge: Harvard University Press, 1976.

Ch'oe Yŏng-ho, "Commoners in Early Yi Dynasty Civil Examinations: An Aspect of Korean Social Structure, 1392~1600," *Journal of Asian Studies* 33.4:611-631(Aug. 1974).

_____, *The Civil Examinations and Social Structure in Early Yi Dynasty Korea: 1392~1600*, Seoul: The Korean Research Center, 1987.

Ch'ü, T'ung-tsu, *Law and Society in Traditional China*, The Hague: Mouton & Co., 1965.

Clark, Donald N., "Chosŏn's Founding Fathers: A Study of Merit Subjects in the Early Yi Dynasty," *Korean Studies* 6:17-40(1982).

Cohen, Myron L., *House United, House Divided: The Chinese Family in Taiwan*, New York: Columbia University Press, 1976.

Dardess, John W., *Confucianism and Autocracy: Professional Elites in the Founding of the Ming Dynasty*, Berkeley: University of California Press, 1983.

Davenport, William, "Nonunilinear Descent and Descent Groups," *American Anthropologist* 61.4:557-572(1959).

de Bary, Wm. Theodore, "Some Common Tendencies in Neo-Confucianism," in Nivison and Wright, eds., *Confucianism in Action*(q. v.)

_____, *Neo-Confucian Orthodoxy and the Learning of the Ming-and-Heart*, New York: Columbia University Press, 1981.

_____, Wing-tsit Chan, and Burton Watson, eds., *Sources of Chinese Tradition*, New York: Columbia University Press, 1960.

_____, and JaHyun Kim Haboush, eds., *The Rise of Neo-Confucianism in Korea*, New York: Columbia University Press, 1985.

Deuchler, Martina, "The Tradition: Women during the Yi Dynasty," in Sandra Mattielli, ed., *Virtues in Conflict: Tradition and the Korean Women Today*, Seoul: Royal Asiatic Society, 1977.

_____, "Self-cultivation for the Governance of Men: The Beginnings of Neo-

Confucian Orthodoxy in Yi Korea," *Asiatische Studien* 34.2:9-39(1980).

_____, " 'Heaven Does Not Discriminate' : A Study of Secondary Sons in Chosŏn Korea," *Journal of Korean Studies* 6:121-163(1988~1989).

Dreyer, Edward L., *Early Ming China: A Political History, 1355~1435*, Stanford: Stanford University Press, 1982.

Duncan, John B., "The Koryŏ Origins of the Chosŏn Dynasty: Kings, Aristocrats, and Confucianism," Ph. D. dissertation, University of Washington, 1988.

_____, "The Social Background to the Founding of the Chosŏn Dynasty: Change or Continuity?," *Journal of Korean Studies* 6:39-79(1988~1989).

Ebrey, Patricia Buckley, *The Aristocratic Families of Early Imperial China. A Case Study of the Po-ling Ts' ui Family*, Cambridge: Cambridge University Press, 1978.

_____, "Conceptions of the Family in the Sung Dynasty," *Journal of Asian Studies* 43.2:219-243(1986).

_____, "Concubines in Sung China," *Journal of Family History* 11.1:1-24(1986).

_____, "The Early Stages in the Development of Descent Group Organization," in Ebrey and Watson, eds., *Kinship Organization in Late Imperial China, 1000~1940*(q. v.)

_____, and James L. Watson, eds., *Kinship Organization in Late Imperial China, 1000~1940*, Berkeley: University of California Press, 1986.

Feng, Han-yi, *The Chinese Kinship System*, Cambridge: Harvard-Yenching Institute, 1948.

Fortes, Meyer, "The Structure of Unilineal Descent Groups," *American Anthropologist* 55.1:17-41(1953).

_____, *Kinship and Social Order: The Legacy of Lewis Henry Morgan*, London: Routledge and Kegan Paul, 1969.

Fox, Robin, *Kinship and Marriage*, Harmondsworth: Penguin Books, 1967.

Freedman, Maurice, *Lineage Organization in Southeastern China*, London: The Athlone Press, 1958.

_____, *Chinese Lineage and Society: Fukien and Kwangtung*, London: The Athlone Press, 1966.

_____, ed., *Family and Kinship in Chinese Society*, Stanford: Stanford University Press, 1970.

Freeman, J. D., "On the Concept of the Kindred," as reprinted in Paul Bohannan and John Middleton, eds., *Kinship and Social Organization*, New York: The Natural History Press, 1968.

Fung Yu-lan, *A History of Chinese Philosophy*, Derk Bodde, tr. 2 vols. Leiden: E. J. Brill, 1953.

Gardner, Charles S., *Chinese Traditional Historiography*, Cambridge: Harvard University Press, 1961.

Gardner, Daniel K., *Chu Hsi and the Ta-hsueh: Neo-Confucian Reflection on the Confucian Canon*, Cambridge: Council on East Asian Studies, Harvard University, 1986.

Goodrich, L. Carrington, "Korean Interference with Chinese Historical Record," *Journal of the North China Branch of the Royal Asiatic Society of the Year 1937* 68:27-34(1937).

Goody, Jack, "The Classification of Double Descent Systems," *Current Anthropology* 2:3-26(1961).

_____, "Inheritance, marriage and property in Africa and Eurasia," *Sociology* 3:55-76(1969).

_____, "Sideways and downwards," *Man*(N.S.) 5:627-638(1970).

_____, *Production and Reproduction: A Comparative Study of the Domestic Domain*, Cambridge: Cambridge University Press, 1976.

_____, *The Oriental, the Ancient and the Primitive: Systems of Marriage and the Family in the Pre-Industrial Societies of Eurasia*, Cambridge: Cambridge University Press, 1990.

_____, ed., *Succession to High Office*, Cambridge: Cambridge University press, 1966.

Granet, Marcel, *La Polygynie sororale et le sororat dans la Chine f odale*, Paris: E. Leroux, 1920.

Hartwell, Robert, "Demographic, Political, and Social Transformation of China, 750~1550," *Harvard Journal of Asiatic Studies* 42.2:365-442(Dec. 1982).

Holmgren, Jennifer, "Marriage, kinship and succession under the Ch'itan rulers of the Liao dynasty(907-1125)," *T'oung Pao* 72:44-91(1986).

_____, "Observations on Marriage and Inheritance Practices in Early Mongol and Y an Society, with Particular Reference to the Levirate," *Journal of Asian History* 20.2:127-192(1986).

Hucker, Charles O., *The Ming Dynasty: Its Origins and Evolving Institutions*, Ann Arbor: Center for Chinese Studies, The University of Michigan, 1978.

Hymes, Robert P., *Statesmen and Gentlemen: The Elite of Fu–Chou, Chiang–Hsi, in Northern and Southern Sung*, Cambridge: Cambridge University Press, 1986.

Ikeda On, "T'ang Household Registers and Related Documents," in Arthur F. Wright and Denis Twitchett, eds., *Perspectives on the T'ang*, New Haven: Yale University Press, 1973.

Johnson, David G., *The Medieval Chinese Oligarchy*, Boulder, Colorado: Westview Press, 1977.

Janelli, Roger L., and Dawnhee Yim Janelli, "Lineage Organization and Social Differentiation in Korea," *Man(N.S.)* 13:272–289(1978).

_____, *Ancestor Worship and Korean Society*, Stanford: Stanford University Press, 1982.

Kalton, Michael C., "The Writings of Kwŏn Kŭn: The Context and Shape of Early Yi Dynasty Neo–Confucianism," in de Bary and Haboush, eds., *The Rise of Neo–Confucianism in Korea*(q.v.).

_____, "Early Yi Dynasty Neo–Confucianism: An Integrated Vision," in Laurel Kendall and Griffin Dix, eds., *Religion and Ritual in Korean Society*, Berkeley: Institute of East Asian Studies, University of California, 1987.

Kang, Hugh Hi–Woong, "The Development of the Korean Ruling Class from Late Silla to Early Koryŏ," Ph. D. dissertation, University of Washington, 1964.

_____, "Institutional Borrowing: The Case of the Chinese Civil Service Examination System in Early Koryŏ," *Journal of Asian Studies* 34.1:109–125(Nov. 1974).

Kawashima, Fujiya, "Lineage Elite and Bureaucracy in Early Yi to Mid Yi Dynasty Korea," *Occasional Papers on Korea* 5:8–19(1977).

_____, "A Study of the *Hyangan*: Kin Groups and Aristocratic Localism in the Seventeenth–and Eighteenth–Century Korea Countryside," *Journal of Korean Studies* 5:3–38(1984).

Kendall, Laurel, and Mark Peferson, eds., *Korean Women: View from the Inner Room*, New Haven, Conn: East Rock Press, 1983.

_____, and Griffin Dix, eds., *Religion and Ritual in Korean Society*, Berkeley: Institute of East Asian Studies, University of California, 1987.

Lee, Hochol, "Rice Culture and Demographic Development in Korea, c. 1429~1918," in Akira Hayami and Yoshihiro Tsubouchi, eds., *Economic and Demographic Development in Rice Producing Societies—Some Aspects of East Asian Economic History, 1500~1900*, Papers presented to the Tokyo Workshop on "Economic and Demographic development in Rice Producing Societies," September 11-15, 1989.

Lee, Ki-baik, *A New History of Korea*, Edward W. Wagner tr., with Edward J. Shultz. Seoul: Ilchogak, 1984.

Legge, James, tr., *I Ching: Book of Changes*, ed. with an Introduction and Study Guide by Ch'u Chae with Winberg Chai, New York: University Books, 1964.

_____, tr., *Li Chi: Book of Rites*, See *Li Chi*.

L vi-Strauss, Claude, *The Elementary Structures of Kinship*, J. H. Bell, J. R. von Sturmer, and Rodney Needham, trs. London: Social Science Paperbacks, 1969.

Lewis, I. M., ed., *History and Social Anthropology*, London: Tavistock Publications, 1968.

Li Chi: Book of Rites. An Encyclopedia of Ancient Ceremonial Usages, Religious Creeds, and Social Institutions, James Legge, tr., Ed. with Introduction and Study Guide by Ch'u Chae and Winberg Chai, 2 vols, New York: University Books, 1967.

Li Ogg, *Recherche sur l'Antiquit Cor enne: Ethnie et Soci t de Koguryŏ*, Paris: Coll ge de France, Centre d'Etudes Cor ennes, 1980.

Liu, Ts'un-yan, and Judith Berling, "The 'Three Teachings' in the Mongol-Y an Period," in Chan and de Bary, eds., *Y an Thought*(q.v.).

Mair, Lucy, *Marriage*, Harmondsworth: Penguin Books, 1971.

McCullough, William H., "Japanese Marriage Institutions in the Late Heian Period," *Harvard Journal of Asiatic Studies* 27:103-167(1967).

McMullen, I. J., "Non-Agnatic Adoption: A Confucian Controversy in Seventeenth-and Eighteenth-Century Japan," *Harvard Journal of Asiatic Studies* 35:133-189(1975).

Michell, Tony, "Fact and Hypothesis in Yi Dynasty Economic History: The Demographic Dimension," *Korean Studies Forum* 6:65-93(1979~1980).

Morris, Ivan, *The World of the Shinging Prince: Court Life in Ancient Japan*, London: Oxford University Press, 1964.

Murdock, George P., *Social Structure*, New York: The Free Press, 1949.

_____, "Cognatic Forms of Social Organization," as reprinted in Paul Bohannan and John Middleton, eds., *Kinship and Social Organization*, New York: The Natural History Press, 1968.

Nivison, David S., and Arthur F. Wright, eds., *Confucianism in Action*, Stanford: Stanford University Press, 1959.

Osgood, Cornelius, *The Koreans and Their Culture*, New York: The Ronald Press Company, 1951.

Palais, James B., *Politics and Policy in Traditional Korea*, Cambridge: Harvard University Press, 1975.

_____, "Han Yŏng-u's Studies of Early Chosŏn Intellectual History," review article in *Journal of Korean Studies* 2:199–224(1980).

_____, "Land Tenure in Korea: Tenth to Twelfth Centuries," *Journal of Korean Studies* 4:73–205(1982~1983).

_____, "Slavery and Slave Society in the Koryŏ Period," *Journal of Korean Studies* 5:173–190(1984).

_____, "Confucianism and the Aristocratic/Bureaucratic Balance in Korea," *Harvard Journal of Asiatic Studies* 44.2:427–468(1984).

Peterson, Mark. "Adoption in Korean Genealogies," *Korea Journal* 14:28–35(Jan. 1974).

_____, "The Puan Kims: A Case Study in Social Change in Mid Yi Korea," Unpublished paper, 1983.

_____, "The Mid Yi Dynasty Transformation of the Korean Family and Lineage: An Examination of Adoption and Inheritance Practices," Ph. D. dissertation, Harvard University, 1987.

Po-hu t'ung, Tjan Tjoe Som, tr. 2 vols, Leiden: E. J. Brill, 1949.

Potter, Jack M., "Land and Lineage in Traditional China," in Maurice Freedman, ed., *Family and Kinship in Chinese Society*(q.v.).

Provine, Robert C., *Essays on Sino-Korean Musicology: Early Sources for Korean Ritual Music*, Seoul: Il Ji Sa, 1988.

Reflections on Things at Hand: The Neo-Confucian Anthology Compiled by Chu Hsi and L Tsu-ch'ien, Translated with Notes by Wing-tsit Chan. New York: Columbia University Press, 1967.

Rogers, Michael C., "Sung-Koryŏ Relations: Some Inhibiting Factors," *Oriens* 11:194-202(1958).

_____, "*P'yŏnnyŏn T'ongnok:* The Foundation Legend of the Koryŏ State," *Journal of Korean Studies* 4:3-72(1982~1983).

Rotours, Robert Des. *Le Trait des Examens*, Pairs: Librairie Ernst Leroux, 1932.

Sansom, G. B., *Japan: A Short Cultural History*, London: The Cresset Press, 1952.

Sasse, Werner, *Das Glossar Koryŏ-pangŏn im Kyerim-yusa*, Wiesbaden: Otto Harrassowitz, 1976.

Schwartz, Benjamin I., *The World of Thought in Ancient China*, Cambridge: Harvard University Press, 1985.

Service, Elman R., *Primitive Social Organization*, 2nd ed., New York: Random House, 1971.

Seidensticker, Edward, tr., *The Gossamer Year: Kagero nikki, The Diary of a Nobleman of Heian Japan*, Tokyo: C. E. Tuttle, 1975.

Shaw, William, "The Neo-Confucian Revolution of Values in Early Yi Korea: Its Implications for Korean Legal Thought," in Brian E. McKnight, ed., *Law and the State in Traditional East Asia: Six Studies on the Sources of East Asian Law*, Honolulu: University of Hawaii Press, 1987.

Shima, Mutsuhiko, "In Quest of Social Recognition: A Retrospective View on the Development of Korean Lineage Organization," *Harvard Journal of Asiatic Studies* 50.1:87-129(June 1990).

Shin, Susan S., "Land Tenure and the Agrarian Economy in Yi Dynasty Korea: 1600-1800," Ph. D. dissertation, Harvard University, 1973.

_____, "The Social Structure of Kŭmhwa County in the Late Seventeenth Century," *Occasional Papers on Korea* 1:9-35(1974).

_____, "Some Aspects of Landlord-Tenant Relations in Yi Dynasty Korea," *Occasional Papers on Korea* 3:49-88(1975).

Shultz, Edward J., "Institutional Developments in Korea under the Ch'oe House: 1196~1258," Ph. D. dissertation, University of Hawaii, 1976.

_____, "Twelfth-Century Koryŏ Politics: The Rise of Han Anin and His Partisans," *The Journal of Korean Studies* 6:3-38(1988~1989).

Smith, Robert J., "Stability in Japanese Kinship Terminology: The Historical Evidence," in Robert J. Smith and Richard K. Beardsley, eds., *Japanese*

Culture: Its Development and Characteristics, Chicago: Aldine Publishing Company, 1962.

Sohn Pow-key, "Social History of the Early Yi Dynasty, 1392~1592," Ph. D. dissertation, University of California, Berkeley, 1963.

Somerville, John N., "Success and Failure in Eighteenth Century Ulsan," Ph. D. dissertation, Harvard University, 1974.

Song Chun-ho(Song June-ho 송준호), "The Government Examination Rosters of the Yi Dynasty," in Spencer J. Palmer, ed., *Studies in Asian Genealogy*, Provo: Brigham Young University Press, 1972.

Sprenkel, S. van der., *Legal Institutions in Manchu China: A Sociological Analysis*, London: The Athlone Press, 1962.

Steele, John, *The I-li or Book of Etiquetle and Ceremonial*, Translated from the Chinese with Introduction, Notes and Plans, London: Probsthain, 1917.

Teng, Ssu-y , and Knight Biggerstaff, *An Annotated Bibliography of Selected Chinese Reference Works*. Rev. ed., Cambridge, Harvard University Press, 1950.

Twitchett, Denis C., *Financial Administration under the T'ang Dynasty*, Cambridge: Cambridge University Press, 1963.

Wagner, Edward W., "The Korean Chokpo as a Historical Source," in Spencer J. Palmer, ed., *Studies in Asian Genealogy*, Provo: Brigham Young University Press, 1972.

_____, *The Literati Purges: Political Conflict in Early Yi Korea*, Cambridge: East Asian Research Center, Harvard University, 1974.

_____, "The Ladder of Success in Yi Dynasty Korea," *Occasional Papers on Korea* 1:1-8(1974).

_____, "Social Stratification in Seventeenth-Century Korea: Some Observation from a 1663 Seoul Census Register," *Occasional Papers on Korea* 1:36-54(1974).

_____, "Two Early Genealogies and Womem's Status in Early Yi Dynasty Korea," in Kendall and Peterson, eds., *Korean Women*(q.v.).

Wakita, Haruko, "Marriage and Property in Premodern Japan from the Perspective of Women's History," *The Journal of Japanese Studies* 10.1:73-99(1984).

Waley, Arthur, *The Analects of Confucius*, London: George Allen and Unwin, 1949.

Watson, James. L., "Anthropological Overview: The Development of Chinese Descent Groups," in Ebrey and Watson, eds., *Kinship Organization in Late Imperial China, 1000~1940*(q.v.).

_____, "Chinese Kinship reconsidered: Anthropolotical Perspectives on Historical Research," *The China Quarterly* 92:589~622(Dec. 1982).

Watson, Rubie S., *Inequality among Brothers: Class and Kinship in South China*, Cambridge: Cambridge University Press, 1985.

_____, and Patricia B. Ebrey, eds., *Marriage and Inequality in Chinese Society*, Berkeley: University of California Press, 1991.

Waxman, Chaim I., ed., *The End of the Ideology Debate*, New York: Simon and Schuster, 1968.

Wolf, Arthur P., and Chieh-shan Huang, *Marriage and Adoption in China, 1845~1945*, Stanford: Stanford University Press, 1980.

Yang, C. K., *Religion in Chinese Society*, Berkeley: University of California Press, 1967.

Zaborowski, Hans-Jürgen, *Der Gelehrte und Staatsmann Mogŭn Yi Saek(1328~1396)*, Wiesbaden: Otto Harrassowitz, 1976.

일문 논저

有井智德,「李朝初期の戶籍法について」,《朝鮮學報》39-40(1966), pp. 42~43.

野村調太朗,『朝鮮祭祀相續法論序說』, 京城: 朝鮮總督府 中樞院, 1939.

『朝鮮圖書解題』, 朝鮮總督府, 1919.

『現行朝鮮親族相續法類集』, 京城: 登記と戶籍研究會, 1939.

『朝鮮史』, 朝鮮總督府編 37책, 京城: 朝鮮總督府, 1932~1940.

鮎貝房之進,『雜攷』, 再版, 1973.

花村美樹,「經濟六典について-李朝國初の法典に關する一考察-」,《法學論纂》5, 京城: 京城帝國大學 法學部, 1932.

_____,「高麗律」,《朝鮮社會法制史硏究》9(1937), pp. 1~127.

旗田巍,『朝鮮中世社會史の研究』, 東京: 法政大學出版局, 1972.

『慣習調査報告書』, 京城: 朝鮮總督府, 1912.

『高麗以前の風俗關係資料撮要』, 京城: 朝鮮總督府 中樞院, 1941.

『民事慣習回答彙集』, 京城: 朝鮮總督府 中樞院, 1933.

諸橋轍次,『大漢和辭典』, 東京: 大修館書店, 1955.

內藤吉之助,「經國大典の難産」,《朝鮮社會法制史研究》9(1937), pp. 129~256.

仁井田陞,『唐令拾遺』, 1933, 재판, 東京, 1964.

_____,「高麗および李氏朝鮮の財産相續法と中國法」,《朝鮮學報》30(1964. 1), pp. 1~80.

小田省吾,「李朝黨爭略史」,『朝鮮史講座-分類史-』, 京城: 朝鮮史學會, 1924.

『李朝法典考』, 中樞院 調査課編, 京城: 朝鮮總督府 中樞院, 1936.

喜頭兵一,『李朝の財産相續法』, 京城: 朝鮮總督府 中樞院, 1936.

四方博,「李朝人口に關する一研究」,《朝鮮社會法制史研究》9(1937), pp. 257~368.

周藤吉之,「麗末鮮初における農莊について」,《靑丘學叢》17(1934. 11). pp. 1~61.

_____,「鮮初における奴婢の辨正と推刷とに就いて」,《靑丘學叢》22(1935. 11), pp. 1~61.

武田幸男,「高麗朝における功蔭田柴法の意義」,『仁井田陞博士追悼論文集』1, 東京: 頸草書房, 1967.

_____,「高麗田丁の再檢討」,《朝鮮史研究會論文集》8(1971. 3), pp. 1~37.

柳洪烈,「麗末鮮初の私學」,《靑丘學叢》24(1936. 5), pp. 64~119.

尹瑢均,「朱子學の傳來とその影響に就いて」,『尹文學士遺稿』, 京城: 京城帝國大學, 1933.

善生永助,『朝鮮の聚落』3책, 京城: 朝鮮總督府, 1933~1935.

미주

서론

1) 다음 책의 서론을 볼 것. I. M. Lewis, ed., *History and Social Anthropology*(London : Tavistock Publications, 1968).
2) 이에 대해서는 다음과 같은 것을 본보기로 들 수 있다. James L. Watson, "Anthropological Overview: The Development of Chinese Descent Groups," in Patricia Buckley Ebrey and James L. Watson, eds., *Kinship Organization in Late Imperial China, 1000~1940*(Berkeley: University of California Press, 1986), pp. 274~292. 다음도 볼 것. James L. Watson, "Chinese Kinship reconsidered: Anthropological Perspectives on Historical Research," *The China Quarterly* 92:589-622(Dec. 1982).
3) 부계 종족은 족族(상위 종족), 파派(상위 종족) 또는 상위 종족의 주요 분파, 문중으로 다양하게 불린다. 그렇지만 통일된 학술용어는 없다. 상위 종족이라는 용어는 모리스 프리드먼에게 빌려왔다. 이 용어는 일군의 지역 종족을 지칭하는 것인데, 이들은 공동 조상에서 나온 부계 후손임을 기초로 집단을 형성한 것이다. 이에 대해서는 다음을 볼 것. Maurice Freedman, *Chinese Lineage and Society: Fukien and Kwangtung*(London: The Athlone Press, 1966), pp. 20~21. 필자가 쓰는 출계집단, 종족 등과 같은 전문용어는 되도록 다음 책의 서론에서 규정한 정의를 따랐다. Patricia B. Ebrey and James L. Watson, eds., *Kinship Organization in Late Imperial China, 1000~1940*. 한편 한국 종족에 대한 최근의 연구로는 다음을 참조한다. Mutsuhiko Shima, "In Quest of Social Recognition: A Retrospective View on the Development of Korean Lineage Organization," *Harvard Journal of Asiatic Studies 50*. 1:87-129(June, 1990).
4) 『증보문헌비고』는 18세기 말에 처음 간행된 백과사전 형태의 편찬물인데, 1904년에 개정되었다. 여기에는 모두 497개 성姓을 본관에 따라 구분하여 나열했다. 예를 들면 김씨의 경우 499개 본관을, 이씨의 경우 451개 본관을, 최씨의 경우 326개 본관을 제시했다. 그렇지만 성은 대부분 본관이 10개를 넘지 않는다. 『증보문헌비고』 권 47-53. 이들 자료와 관련하여 젠쇼 에이스케는 다음 책에 알아보기 쉽도록 일람표로 정리하여 놓았다. 善生永助, 『朝鮮の聚落』 III(경성: 조선총독부, 1933~1935), pp. 60~121. 이 주목할 만한 방대한 저작은 젠쇼 에이스케가 1930년대 초 현지조사에서

거둔 성과를 토대로 한국 촌락에 대해 종합적으로 개관해놓은 것이다.
5) 이 책에서 'secondary wives'와 'secondary sons'는 첩과 그들의 소생을 지칭하는 것으로 사용된다.
6) 이것은 한국과 중국 종족의 큰 차이점의 하나이다. 중국의 경우, 종족은 그들 구성원을 뒷받침할 만큼 재산이 충분할 때면 언제나 출현할 수 있었다.
7) 예를 들면 왕족인 전주 이씨의 경우, 100개 이상의 파로 세분되었다. 善生永助, 위의 책, Ⅲ, pp. 65~66. 경상도 서북부의 풍산 유씨의 지역화된 계파 명단에 대해서는 김택규, 『씨족부락의 구조연구』(서울: 일조각, 1979), p. 148을 볼 것.
8) 한국의 종족 형성과 조직에 대한 폭넓은 논의는 다음을 참조한다. Roger L. Janelli and Dawnhee Yim Janelli, "Lineage Organization and Social Differenciation in Korea," Man(N. S.) 13:272-289(1978). 이 논문에서 자넬리는 모리스 프리드먼의 종족 모델을 한국에 적용할 수 있는지 연구하였다.
9) 善生永助, 위의 책, Ⅲ, pp. 131~132.
10) 족보가 역사적으로 신뢰할 만한 것인지에 대한 논의는 다음을 참조한다. Edward W. Wagner, "The Korean Chokpo as a Historical Source," in Spencer J. Palmer, ed., *Studies in Asian Genealogy*(Provo: Brigham Young University Press, 1972), pp. 141~152. 또한 송준호의 다음 글도 참조한다. 송준호, 「한국에 있어서의 가계기록의 역사와 그 해석」, 『역사학보』 87(1980), pp. 99~143.
11) 대종, 소종 같은 오래된 전문용어는 20세기 전반에는 덜 사용된 것 같다. 이에 대해서는 野村調太朗, 『朝鮮祭祀相續法論序說』(京城: 朝鮮總督府 中樞院, 1939), p. 489를 볼 것.
12) 집안과 종족의 제사에 대한 기술은 다음을 참조한다. Roger L. Janelli and Dawnhee Yim Janelli, *Ancestor Worship and Korean Society*(Stanford: Stanford University Press, 1982). 동아시아의 제사에 관심이 있는 이들은 중국인의 제사에 관한 프리드먼의 다음과 같은 고전적 논의에서 큰 도움을 받았다고 생각한다. Maurice Freedman, *Lineage Organization in Southeastern China*(London: The Athlone Press, 1958).
13) 일제의 식민 통치 기간 한국의 촌락을 종합적으로 개관한 것에 대하여는 다음을 볼 것. 善生永助, 위의 책, Ⅲ. 한편 3권은 완전히 단일 종족이 거주하는 촌락에 대하여 할애하였으며, 매우 귀중한 기술 및 통계 자료를 포함하고 있다.
14) 善生永助, 위의 책, Ⅲ, pp. 217~218. 1930년에 조사한 저명한 단일 동성 촌락의 기원, 발전, 그리고 구성에 대한 간략한 언급에 대해서는 다음을 참조할 것. 善生永助, 위의 책, Ⅲ, pp. 219~253, pp. 349~351.

15) 善生永助는 유명한 건축물 구내를 다수 도해해놓았다. 善生永助, 위의 책, III, pp. 369~390.
16) 한국 종족의 경제적 측면에 대한 논의는 다음을 참조한다. 善生永助, 위의 책, III, pp. 413~452; 野村調太朗, 위의 책, pp. 520~529; 김택규, 위의 책, pp. 170~180; 이만갑, 『한국농촌의 사회구조』(서울: 한국연구원, 1960), pp. 105~153.
17) 입양에 대한 간략한 논의에 대해서는 다음을 볼 것. Mark Peterson, "Adoption in Korean Genealogies," *Korea Journal* 14:28-35(Jan. 1974); 김택규, 위의 책, pp. 115~116. 조선 후기 입양에 대하여는 다음의 논문을 참조한다. 핫토리 다미오 腹部民夫, 「조선시대 후기의 양자수양에 관한 연구」, 《한국학보》 11(1978 여름), pp. 111~154.
18) 『증보문헌비고』 229:25b-26. 이는 다음에서 인용하였다. Fujiya Kawashima, "Lineage Elite and Bureaucracy in Early Yi to Mid-Yi Dynasty Korea," *Occasional Papers on Korea* 5:9(1977).
19) 이는 후지야 가와지마의 논지이다. Fujiya Kawashima, "Lineage Elite and Bureaucracy in Early Yi to Mid Yi Dynasty Korea," p. 14, p. 17. 또한 와그너의 다음 글도 볼 것. Edward W. Wagner, "The Korean Chokpo as a Historical Source," pp. 150~151; Edward W. Wagner, "The Ladder of Success Yi Dynasty Korea," *Occasional Papers on Korea* 1:4-6(1974).
20) 후지야 가와시마는 지방 엘리트의 문화를 연구했다. Fujiya Kawashima, "A Study of the Hyangan: Kin Groups and Aristocratic Localism in the Seventeenth-and Eighteenth-Century Korean Countryside," *Journal of Korean Studies* 5:3-38(1984).
21) 서원 명단에 대하여는 다음을 참조한다. 『증보문헌비고』 211-213. 1930년대에도 여전히 존속한 서원의 명단에 대하여는 善生永助, 위의 책, III, pp. 644~645를 볼 것. 종족과 서원의 관계에 대하여는 사례를 들어 설명한 다음 책을 참조한다. 김택규, 위의 책, p. 40, p. 160. 또한 다음도 볼 것. James B. Palais, *Politics and Policy in Traditional Korea*(Cambridge: Harvard University Press, 1975), pp. 113~115.
22) 양반은 원래 신분 용어가 아니었으며, 문인 관리를 지칭하는 동반과 무인 관리를 지칭하는 서반을 일컫는 말이다. 조선 왕조 창건 무렵에도 양반이라는 용어는 고려의 전통을 이어 '관직에 오른 이들'이라는 각별한 의미가 있는 용어로 사용되었다. 이와 동시에 양반은 좀더 넓은 의미로 관직 보유자뿐 아니라 그들의 직계가족, 다시 말해서 지배 엘리트도 의미하였다. 비슷한 용어로서 '사士-대부大夫'가 있다.
23) 이들 문제에 대한 논의는 다음 논문에서 그 대요를 논하고 있다. 송준호, 「한국의 씨

족제에 있어서의 본관 및 시조의 문제」,《역사학보》109(1986. 3), pp. 91~136; 송준호, 「조선의 양반제를 어떻게 이해할 것인가」, 『조선사회사연구』(서울: 일조각, 1987), pp. 118~164. 이들 문제에 대하여 필자는 1986년 여름 송준호 교수와 장시간에 걸쳐 논의하였다. 송준호 교수에게 감사한다.
24) 조선 왕조 초기에는 양반 역시 군역을 졌다. 그렇지만 이들은 수도에 있는 엘리트 부대에서 근무하였다.
25) 이들 문제에 대한 상세한 논의에 대하여는 다음을 참조한다. Ch'oe Yŏng-ho. "Commoners in Early Yi Dynasty Civil Examinations: An Aspect of Korean Social Structure, 1392~1600," *Journal of Asian Studies* 33.4:611-631(Aug. 1974); *The Civil Examinations and Social Structure in Early Yi Dynasty Korea: 1392~1600*(Seoul: The Korean Research Center, 1987).
26) 이에 대한 사례로는 다음을 볼 것. Edward W. Wagner, "Social Stratification in Seventeenth-Century Korea: Some Observation from a 1663 Seoul Census Register," *Occasional Papers on Korea* 1:36-54(1974). 또한 다음 논문도 참조한다. Susan S. Shin, "The Social Structure of Kŭmhwa County in the Late Seventeenth Century," *Occasional Papers on Korea* 1:9-35(1974).
27) 그렇지만 종족은 사회적으로 하위 집단들에 의하여 형성될 수도 있었다. 잡과의 합격자로서 흔히 중인이라 불리는 이들도 양반과 상민의 중간에 위치하는데, 이들은 종족을 형성한 것으로 알려졌다. 덧붙여 양반의 서자들은 자기 부친의 순수한 종족 구성원이 아니었고, 때로는 족보에서 빠졌기 때문에 그들 자신의 파를 만들었다. 1960년대에도 여전히 서파와 같은 사례를 인지하고 있었다. 이에 대해서는 다음을 볼 것. 이만갑, 위의 책, pp. 73~74.
28) 통일신라시대 유교의 발전에 대한 간결한 개관은 다음을 참조한다. 이기백, 「유교수용의 초기형태」, 『신라사상사연구』(서울: 일조각, 1978), pp. 122~139. 이기백 교수는 6두품에 대하여도 연구하였다. 「신라육두품연구」, 『신라정치사회사연구』(서울: 일조각, 1974), pp. 34~64.(저자는 통일신라시대 유교의 발전과 관련한 논문으로 위의 논문을 제시하였으나, 이는 삼국시대의 것을 다루었을 뿐이다. 이 논제는 다음 논문에서 중점적으로 다루었다. 이기백, 「신라 골품체제하의 유교적 정치 이념」, 『신라사상사연구』, pp. 222~246-옮긴이)
29) Kang Hugh Hi-Woong. "Institutional Borrowing: The Case of the Chinese Civil Service Examination System in Early Koryŏ," *Journal of Asian Studies* 34.1:109-125(Nov. 1974).
30) 고려 후기 사립학교에 대하여는 다음 두 논문이 유익하다. 柳洪烈, 「麗末鮮初の私

學」,《靑丘學叢》, 24(1936. 5), pp. 64~119; 이병휴, 「여말선초의 과업교육」,《역사학보》 67(1975. 9), pp. 45~70. 윤사순은 북송(960~1126)에서 발전한 성리학이 한국에는 빨라야 11세기 전반기에 전파되었을 것이라고 추측하고 있다. 그렇지만 이 가정에 확실한 증거가 있는 것은 아니다. 윤사순, 『한국유학사상론』(서울: 열음사, 1986), pp. 11~12.

31) 신유학의 전래 및 조복과 허형의 경력에 대한 상세한 논의는 다음을 참조한다. Wm. Theodore de Bary, *Neo-Confucian Orthodoxy and the Learning of the Mind-and-Heart*(New York: Columbia University Press, 1981), pp. 20ff, pp. 131~135.

32) 『고려사절요』 21:13. 유학제거사에 대해서는 다음을 참조한다. 고병익, 『동아교섭사의 연구』(서울: 서울대학교 출판부, 1970), pp. 256~257.

33) 『회헌실기』 1290년 편.

34) 『회헌실기』는 안향의 생애에 대한 상세한 연보를 수록하고 있다. 안향은 후에 안유安裕로 알려졌다. 그에 대한 공식적인 전기는 다음에 수록되어 있다. 『고려사』 105:28-31b. 안향의 생애와 사상에 대한 근래의 연구로는 다음을 볼 것. 김병구, 『회헌사상연구』(서울: 학문사, 1983).

35) 『회헌실기』 1304년 편.

36) 이들 모두의 전기가 『고려사』에 수록되어 있다.

37) 백이정이 한국에 신유학을 처음 전래한 인물이라고 믿는 사람들도 있다. 그의 전기는 이같이 주장하고 있다. 이에 대해서는 다음을 볼 것. 『고려사』 106:2a-b; 백문보, 「담암일집」 2:18-19b; 尹瑢均, 「朱子學の傳來とその影響に就いて」, 『尹文學士遺稿』(京城: 京城帝國大學, 1933), pp. 20~31. 홍여하(1621~1678) 역시 중국에서의 신유학 발흥과 한국의 전래에 대하여 짧게 논평하면서 백이정이 전파 과정에서 중요한 역할을 했다고 확신하고 있다. 길재, 『야은선생속집』 하, 23b-24b. 안향과 백이정 두 사람 가운데 누가 신유학을 더 깊이 이해했는지 추측하는 일은 비현실적이라 생각된다. 두 사람의 저술은 전혀 남아 있지 않다.

38) 『고려사』 34:20a-b; 『증보문헌비고』 202:12b-13.

39) 『고려사』 109:21a-b.

40) 『고려사』 107:15에 수록된 그의 전기를 볼 것.

41) 『고려사절요』 24:3a-b.

42) 『고려사절요』 23:30b-1.

43) 요추의 활동에 대한 간략한 개요에 대해서는 다음을 볼 것. Wm. Theodore de Bary, *Neo-Confucian Orthodoxy and the Learning of the Mind- and-Heart*, pp. 20~21.

44) 이제현의 베이징 체류와 관련해서는 다음을 볼 것. 김상기, 「이익재의 재원생애에 대하여」, 《대동문화연구》 1(1963. 8), pp. 219~244; 정옥자, 「고려말 주자성리학의 도입에 대한 시고」, 《진단학보》 51(1981. 4), pp. 29~54. 한편 중국 유학자들에 대해서는 다음의 책을 참고한다. Chan, Hok-lam and Wm. Theodore de Bary, eds., *Y an Thought: Chinese Thought and Religion under the Mongols*(New York: Columbia University Press, 1982).

45) 몽골 행정 기관인 정동행성의 주재 아래 개성에서 향시를 치르도록 제도화되었다. 1313년 이후 베이징에서 정규 과거시험이 부활하면서 원제국 내 각 행정지역에는 원의 수도에서 치르는 최종 시험에 응시할 향시 합격자의 정원이 할당되었다. 한국에 할당된 정원은 세 명이었다. 충숙왕 2년(1315)에 한국에서 보낸 세 명의 향시 합격자는 모두 떨어졌다. 「고려사」 74:8. 합격자들의 명단에 대해서는 다음을 볼 것. 「증보문헌비고」 185:23-25; 허흥식, 「고려과거제도사연구」(서울: 일조각, 1981), pp. 250~251.

46) 「고려사」 74:8; 「고려사절요」 24:9, 11.

47) 「고려사」 74:8; 「고려사절요」 24:15; 정옥자, 앞의 논문, pp. 48~49.

48) 이는 다음에서 인용하였다. Chan Wing-tsit, "Chu Hsi and Y an Neo-Confucianism," in Chan Hok-lam and Wm. Theodore de Bary, eds., *Y an Thought: Chinese Thought and Religion under the Mongols*, p. 210.

49) 이에 대해서는 다음에서 폭넓게 검토하였다. Wm. Theodore de Bary, *Neo-Confucian Orthodoxy and the Learning of the Mind-and-Heart*, p. 106ff.

50) 오경은 「역경」·「춘추」·「서경」·「시경」·「예기」이다. 때에 따라서는 「악기」 또는 「주례」를 포함하여 육경을 구성하기도 했다.

51) 상세한 내용은 다음을 볼 것. Wm. Theodore de Bary, "The Rise of Neo-Confucian Orthodoxy in Y an China," *Neo-Confucian Orthodoxy and the Learning of the Mind-and-Heart*, pp. 1~66.

52) 이제현, 「역옹패설」, 「전집」 1:12b-14.

53) 「고려사」 110:34a-b.

54) 「고려사」 115:6-7, 10b.

55) 그 같은 견해는 충선왕이 정부에서 사람을 쓰는데 권문세가의 자손이 아닌 초야에 묻혀 있는 재능 있고 덕 있는 이들이라고 한 1308년의 교서에서 이미 표출되었다. 「고려사」 75:10b.

56) 「회헌실기」 1301년 편.

57) Liu Ts'un-yan and Judith Berling, "The 'Three Teachings' in the Mongol-Y an

Period," in Chan Hok-lam and Wm. Theodore de Bary, eds., *Y an Thought: Chinese Thought and Religion under the Mongols*, pp. 479~503.
58) 상세한 것은 다음을 볼 것. Fung Yu-lan, *A History of Chinese Philosophy*, Derk Bodde, tr.(Leiden: E.J. Brill, 1953), vol. 2, p. 469ff.
59) 백문보, 『담암일집』 2:1-2.
60) 변계량, 『춘정문집』 12:4. 상세한 내용은 이 책의 2장을 볼 것.
61) *Works of Mencious*(『맹자』) bk. 3, pt. 1, sec. 12.
62) 정도전이 내세운 주장의 배경에 대해서는 이 책의 4장을 볼 것.
63) 인간의 본성을 둘러싼 존재론적이고 심리적인 문제는 16세기와 17세기 한국 철학자들이 탐구한 주요한 논제였다.
64) 벤저민 슈워츠는 예禮(올바른 행위)의 다양한 면을 다음 책에서 논의하고 있다. Benjamin I. Schwartz, *The World of Thought in Ancient China*(Cambridge: Harvard University Press, 1985). 이 중 특히 pp. 67~75를 볼 것.
65) 신유학에서 복고에 대한 논의로는 다음을 볼 것. Wm. Theodore de Bary, "Some Common Tendencies in Neo-Confucianism," in David S. Nivison and Arthur F. Wright, eds., *Confucianism in Action*(Stanford: Stanford University Press, 1959), pp. 34~36.
66) 원명 교체기에 유학 전문가를 철저하게 다룬 다음 연구를 볼 것. John W. Dardess, *Confucianism and Autocracy: Professional Elites in the Founding of the Ming Dynasty*(Berkeley: University of California Press, 1983), Chapter 1.
67) 이데올로기라는 용어는 다니엘 벨이 설정한 의미에 따라 사용했다. 다니엘 벨은 다음과 같이 정의하였다. "이데올로기는 이념idea이 사회 수단으로 전환된 것이다. …… 그것은 이념의 결과에 대하여 확약한다. …… 이데올로기에 대하여 힘을 주는 것은 그 열정이다. …… 이데올로기의 창도자에게 진리는 행동에서 나타나며, 의미는 '동기를 변환함으로써' 경험에 주어진다." Chaim I. Waxman, ed., *The End of the Ideology Debate*(New York: Simon and Schuster, 1968), p. 3.

1장

1) 『고려사』 2:15b.
2) 『고려사』 73:1, 76:1, 78:2, 84:1a-b. 고려시대 법제화에서 당법唐法의 영향에 대한 논의로는 다음을 볼 것. 花村美樹, 「高麗律」, 《朝鮮社會法制史研究》 9(1937), pp. 6~13.
3) 5대와 고려의 외교 관계에 대한 연구로는 다음을 볼 것. 이기백 편, 『고려광종연구』

(서울: 일조각, 1981), pp. 135~152. 고려와 송과의 관계에 대하여는 다음을 볼 것. Michael C. Rogers, "Sung-Koryŏ Relations: Some Inhibiting Factors," *Oriens* 11:194-202(1958).

4) 『고려사』 93:16(최승로전).

5) 『고려사』 2:15b.

6) 이와 유사한 사례는 일본에서도 생겨났다. 일본에서도 중국식의 용어가 역시 일본 본래의 용법에 맞지 않았다. 이에 대하여는 다음을 볼 것. Robert J. Smith, "Stability in Japanese Kinship Terminology: The Historical Evidence," in Robert J. Smith and Richard K. Beardsley, eds., *Japanese Culture: Its Development and Characteristics*(Chicago: Aldine Publishing Company, 1962). pp. 25~31.

7) 『고려사』의 편찬에 대한 논의로는 다음을 볼 것. 신석호, 『한국사료해설집』(서울: 한국사학회, 1964), pp. 1~13; 변태섭, 「고려사, 고려사절요의 사론」, 《사총》 21·22(1977. 10), pp. 113~133.

8) 『태종실록』 3:3b.

9) 이 작품의 내용과 저자에 관한 논의에 대해서는 다음을 볼 것. Werner Sasse, *Das Glossar Koryŏ-pangŏn im Kyerim-yusa*(Wiesbaden: Otto Harrassowitz, 1976), pp. 3~6.

10) 귀족은 고려 사회의 최상층을 지칭하는 애매한 일반 용어이다. 문헌상에 보이는 또 다른 용어로는 '대족大族', '명족名族' 또는 '망족望族'이 있다.

11) 이규보, 『동국이상국집』(영인, 서울: 동국문화사, 1958), 권 35, p. 20; 임춘, 『서하집』(『고려명현집』 2. 영인, 서울: 성균관대학교 대동문화연구원, 1973), 권 5, p. 3.

12) 고려 초기 귀족제의 성격과 발전에 내한 논의로는 다음을 볼 것. 이기백, 「고려 중앙관료의 귀족적 성격」, 《동양학》 5(1975), pp. 37~47; 이기백, 「고려귀족사회의 형성」, 『한국사』 4(서울: 국사편찬위원회, 1974), pp. 152~212; 변태섭, 『고려정치제도사연구』(서울: 일조각, 1971), pp. 276~341; 이성무, 『조선초기양반연구』(서울: 일조각, 1980), pp. 5~13. 고려 귀족제의 형성을 논의한 가장 최근의 성과로는 다음을 볼 것. John B. Duncan, "The Koryŏ Origins of the Chosŏn Dynasty: Kings, Aristocrats, and Confucianism"(Ph. D. diss., University of Washington, 1988).

13) 고려사에 대한 개론으로는 다음을 볼 것. Lee Ki-baik, A New History of Korea, Edward W. Wagner with Edward J. Shultz, trs.(Seoul: Ilchogak, 1984), pp. 110~124, pp. 136~151.

14) 『고려사』 33:21b~26.

15) 고려 후기 귀족제에 대한 논의로는 다음을 볼 것. 민현구, 「고려후기의 권문세족」,

『한국사』 8(서울: 국사편찬위원회, 1974), pp. 13~59. 이 중에서도 특히 pp. 28~30을 볼 것; 이성무, 『조선초기양반연구』, pp. 24~25; John B. Duncan, "The Koryŏ Origins of the Chosŏn Dynasty: Kings, Aristocrats, and Confucianism," pp. 78~81.

16) 세 부분으로 구성되었다고 추정되는 『계림유사』에서 고려 방언에 대한 어휘풀이는 이 중 한 부분에 불과하다. 나머지 두 부분은 단편적인 형태로 보전되었다. 어휘풀이 내용에 대한 상세한 논의로는 베르너 사세의 글을 볼 것. Werner Sasse, Ibid., pp. 3~7.

17) 『계림유사』에 들어 있는 친족 용어는 다양하게 분석되었다. 그렇지만 적절한 역사적 시각으로 풀이된 것은 아니다. 이에 대하여는 다음 논문들을 참조하였으며 특히 용어의 음성 표기에 대한 풀이를 참조하였다. 이기문, 「고려시대 국어의 특징」, 《동양학》 6(1976), pp. 299~305; 권재선, 「여대친족 및 남녀호칭어에 대한 고찰」, 한국어문학회 편, 《한국어문학대계》 II(대구: 형설출판사, 1975), pp. 135~173; 강신항, 「계림유사 '고려방언' 어석」, 《대동문화연구》 10(1975. 12), pp. 1~91. 이광규의 다음 논문은 인류학의 관점에서 용어를 논의한 것이다. 이광규, 「한국의 친척명칭」, 《연구논총》 1(1971), pp. 221~256. 용어를 비정하는 작업은 사세의 글에서도 찾아볼 수 있다. Sasse, Ibid., pp. 97~138.

18) 오복제도는 985년 고려에 처음 도입되었다. 그렇지만 이것이 복상의 맥락에서 사용된 것은 아니다(사용되었더라도 매우 드물었다). 그 의례적인 면에 대한 논의는 같은 2장 중 오복제도를 볼 것.

19) David G. Johnson, *The Medieval Chinese Oligarchy*(Boulder, Colorado: Westview Press, 1977), p. 110.

20) 당나라와 고려의 오복제도에 대한 도해는 다음 논문에서 찾아볼 수 있다. 노명호, 「고려의 오복친과 친족관계법제」, 《한국사연구》 33(1981. 6), p. 38, p. 40.

21) 고려의 상피제도는 당나라와 송나라의 선례를 기초로 1092년에 제도화되었다. 이 법은 정부의 중요 직책에 있는 동안 특정 범주의 친족을 자동으로 관직에서 배제해 관직 생활에 따른 이익을 추구함으로써 빚어지는 문제를 방지하는 것이 목적이다. 이에 대하여는 다음을 볼 것. 『고려사절요』 6:16; 『고려사』 84:4b-5. 또한 다음 논문도 볼 것. 김동수, 「고려시대의 상피제」, 《역사학보》 102(1984. 6), pp. 1~30; 노명호, 「고려의 오복친과 친족관계법제」, pp. 16~22. 그리고 본문의 그림에 대하여는 〈그림 2〉를 볼 것. 상피제가 호혜성에 기초를 두고 있다고는 아무도 생각하지 않는다. 그것은 손자가 명단에 올라 있다면 조부는 명단에 올라 있지 않더라도 자동으로 포함된다는 사실을 의미한다. 그러므로 그 후 1485년의 『경국대전』에 나타나는

바와 같이 이 법은 정말로 고려적인 용례의 확장이 아니다. 다시 말해서 해당하는 친족 명단을 만든 것은 단지 좀더 철저한 것이다.
22) 이는 이숭녕의 제안이다. 이숭녕, 「중세국어의 가족 호칭에 대하여」, 《동양문화》 6·7(1968), p. 230.
23) 족族의 구성원은 족인, 족속, 족당, 족류로 명명되고 있다.
24) 삼족이라는 용어가 어떻게 해석될 수 있는지에 대해서는 다음을 볼 것. Karl B nger, *Quellen zur Rechtsgeschichte der T'ang-Zeit*(Peiping: The Catholic University, 1946), pp. 115~117(fin. 112). 인친에 대하여도 역시 혼족 또는 족인이라고 불렀다. 『고려사』 64:22b-25(오복), 84:4b-5(상피).
25) 『고려사절요』 13:34b; 『고려사』 21:12. 이들 각각에서는 삼족에 해당하는 것을 단순히 족으로만 기재하고 있다. 여러 성씨를 포함하는 족에 대한 또 다른 사례는 『고려사절요』 11:9b에서 찾아볼 수 있다. 성씨에 대해서는 이 장 마지막 절에서 더욱 상세하게 논의할 것이다.
26) 다음에서 그 사례를 찾아볼 수 있다. 『고려사절요』 11:16b. 추측건대 여기에는 아마도 사촌들을 포함했을 것이다.
27) 『고려사』 127:11b-24(이자겸전). 또 다른 전거를 찾으려면 다음을 볼 것. 노명호, 「이자겸 일파와 한안인 일파의 족당세력-고려중기 친속들의 정치세력화 양태-」, 《한국사론》 17(1987. 8), pp. 170~177. 친족 용어의 사례에 대하여는 다음을 볼 것. 『고려사』 78:2b, 14b. 이들 양자의 경우, '아들들과 손자들'과 연결되어 자손 친척이 된다. 이에 관해서는 다음을 볼 것. 『고려사』 79:1b, 104:30b; 『고려사절요』 24:35.
28) 또 다른 사례는 최충헌의 행동 집단인데, 이들은 성이 다른 친척들을 포함하고 있었다. 『고려사절요』 13:41. 이들의 신원에 대하여는 다음을 볼 것. Edward J. Shultz, "Institutional Developments in Korea under the Ch'oe House: 1196~1258"(Ph. D. dissertation, University of Hawaii, 1976), p. 186. 또한 같은 저자의 다음 논문도 참조할 것. "Twelfth-Century Koryŏ Politics: The Rise of Han Anin and His Partisans," *The Journal of Korean Studies* 6:14-17(1988~1989).
29) 『고려사』 73:3b-4, 95:2a-b.
30) 이난영, 『한국금석문추보』(서울: 아세아문화사, 1968), p. 133.
31) 예를 들어 다음의 책에서 집대성된 고려의 묘지명이 그 대상이다. 황수영, 『증보한국금석유문』(서울: 일지사, 1976); 이난영, 위의 책. 이들 묘지명에는 가보家譜, 가첩家牒, 세보世譜 또는 보譜와 같이 다양하게 불리는 가문 기록이 존재한 사실을 보여준다. 그렇지만 어느 것도 현존하지 않는다.

32) 사조라는 용어는 諸橋轍次의 『大漢和辭典』(東京: 大修館書店, 1955)에는 올라 있지 않다. 중국의 경우, 기본적 계보 공식은 부父, 조祖, 증조曾祖를 의미하는 '세 조상'(삼조)이다.
33) 『고려사』 74:2(1273). 사조라는 용어는 『고려사』에 드물게 나타난다. 아마도 과거 응시자와 관련하여 사조가 처음 나타난 것 같다.
34) 팔조는 문자대로라면 단순히 '여덟 선조'를 의미하지만, 개인의 여섯 선대에 걸쳐 선조가 여덟 명 이상 있음은 분명하다. 그러므로 그 용어는 선조를 나열하는 것을 의미할 수 없으며 특정 출계 계통을 지칭한다. 이들 출계의 구성에 대하여 기술한 것으로는 다음을 볼 것. 『태종실록』 30:39a-b; 『세종실록』 69:20a-b.
35) 아버지 쪽을 의미하는 '내향'과 어머니 쪽을 의미하는 '외향' 사이에는 구분이 있었다. 『세종실록』 69:20a-b.
36) 이러한 의미에서 향은 원래 본관과 일치하였다. 향이 본관을 의미하는 좋은 사례를 다음에서 찾아볼 수 있다. 『고려사』 1:9, 56:6b, 80:28, 93:25b, 102:12b. 당시 향은 종종 관과 결합하여 향관이 되었으며, 이는 본관보다 오랜 형태인 것처럼 보인다.
37) 호적 가운데 현존하는 것은 단지 11사례인데, 이들은 모두 14세기의 것이다. 이들 자료에 대해서는 다음 연구가 있다. 최홍기, 『한국호적제도사연구』(서울: 서울대학교 출판부, 1975); 최재석, 「고려후기 가족의 유형과 구성」, 《한국학보》 3(1976 여름), pp. 22~57; 허홍식, 「국보호적으로 본 고려말의 사회구조」, 《한국사연구》 16(1977. 4), pp. 51~147; 백승종, 「고려후기의 팔조호구」, 《한국학보》 34(1984 봄), pp. 191~213. 이들 단편들 가운데 팔조 호구 형식의 세 호구 이상을 수록한 가장 범위가 넓은 호적이 이른바 '이태조李太祖 호적원본戶籍原本'이다. 이는 국보 제131호로 지정되었으며, 1391년의 것으로 추정된다. 위에 언급한 모든 연구자가 이들 문서를 연구하고 분석하였다.
38) 호적제도는 고려 초기에 당나라에서 도입하였다. 그렇지만 정확한 연대는 알려져 있지 않다. 당나라의 호적제도는 일반적으로 호주의 부친과 조부의 성명 및 관직, 그리고 관계를 포함한다. 이에 대해서는 다음을 볼 것. David G. Johnson, *The Medieval Chinese Oligarchy*, p. 14. 확대 호구(또는 세대)는 방계친(예를 들면 아저씨와 아주머니), 남매의 배우자들과 자식들, 또는 처나 호주의 가까운 혈연으로 이루어질 수 있었다. 둔황이나 투루판에서 발견된 문서를 기초로 연구된 당나라의 호적제도에 대한 논의로는 다음을 볼 것. Ikeda On[池田溫], "T'ang Household Registers and Related Documents," in Arthur F. Wright and Denis Twitchett, eds., *Perspectives on the T'ang*(New Haven: Yale University Press, 1973), pp. 121~150.

39) 이와 관련하여 현존하는 문서들을 분석한 다음 논문을 볼 것. 백승종, 위의 논문, pp. 197~201.

40) 3품에서 6품까지의 관리들은 처의 이향二鄕(처의 내외향)을 배제한 채 육향만 기재하여야 했다. 한편 7품에서 9품까지의 관리는 부계의 조부와 증조의 외향을 추가로 제외해 단지 사향만 기재하여야 했다. 관직이 없는 엘리트의 형제들이나 아들들은 부친과 모친의 외향을 추가로 배제하여 단지 이향만 기재해야 했다. 이에 대하여는 다음을 볼 것.『세종실록』 69:20a-b(세종 17년 9월 을사).

41) 『태종실록』 30:39a-b;『세종실록』 69:20a-b; 백승종, 위의 논문, pp. 204~205.

42) 『고려사』 79:3b.

43) 호구의 규모와 구조에 대해서는 다음을 볼 것. 허흥식,『고려사회사연구』(서울: 아세아문화사, 1981), pp. 59~79; 최재석,「고려후기 가족의 유형과 구성」, pp. 22~57.

44) 이에 대한 사례로는 다음을 볼 것.『고려사』 128:6;『고려사절요』 12:23b.

45) 당나라의 계승 규칙에 대해서는 다음을 볼 것. 仁井田陞,『唐令拾遺』(1933; 再版, 東京, 1964), pp. 304~314.

46) 『고려사』 2:15b.

47) 중국에 대하여 한국인들이 형제 상속을 정당화한 것에 대하여는 다음 사례를 볼 것.『고려사』 21:2a-b.

48) 고려의 종묘 역사에 대해서는 다음을 볼 것.『고려사』 60:1ff;『고려사』 61:34b-46. 이제현은 1357년 소목의 좌차를 새로이 정리하라는 지시를 받았다.『고려사』 61:44b-46; 110-39; 이제현,『역옹패설』(『여계명현집』 2. 영인, 서울: 성균관대학교 대동문화연구원, 1959), pp. 19~25. 소목제도에 대해서는 다음 연구서에서도 어느 정도 논의하고 있다. Claude L vi-Strauss, *The Elementary Structures of Kinship*(London: Social Science Paperbacks, 1969), pp. 325~345; K. C. Chang, *Early Chinese Civilization: Anthropological Perspectives*(Cambridge: Harvard University Press, 1976), pp. 95~96.

49) 음서제도에 대해서는 다음과 같은 연구 성과를 찾아볼 수 있다. 박용운,「고려시대 음서제의 실제와 그 기능」상,《한국사연구》 36(1982. 3), pp. 1~35;「고려시대 음서제의 실제와 그 기능」하,《한국사연구》 37(1982. 6), pp. 1~39;「고려시대의 음서제에 관한 몇 가지 문제」, 변태섭 편,『고려사의 제문제』(서울: 삼영사, 1986), pp. 123~156; 김용선,「고려음서제도의 연구」(서강대학교 박사논문, 1985); 노명호,「고려시의 승음혈족과 귀족층의 음서기회」,『김철준박사화갑기념사학논총』(서울: 지식산업사, 1983). 김용선은 음서로 임명된 이들에 관한 거의 완전한 명단을 작성하여 놓았는데, 그 인원은 198명에 이른다.

50) 육품 이하 관리들의 후손도 때로는 음서의 혜택을 누린 것으로 보인다. 그렇지만 그 같은 사례는 일부에 지나지 않았으리라 짐작된다. 박용운, 「고려시대 음서제의 실제와 그 기능」 상, 《한국사연구》 36(1982. 3), p. 14. 한편 왕실의 후예에게 음서가 실제로 시행된 사례는 전혀 찾을 수 없었다. 이에 대해서는 다음을 볼 것. 김용선, 「고려음서제도의 연구」, p. 28.

51) 박용운은 같은 혈연 집단 안에서도 음서의 특권을 중첩하여 누린(재음再蔭 또는 삼음三蔭) 흥미로운 사례를 제시하고 있다. 박용운, 위의 논문, pp. 139~144.

52) 남성 후사에 관한 바람이 이 시기에 보기 드문 것은 아니었다. 이에 대해서는 다음을 볼 것. 「고려사」 93:2, 99:22.

53) 「고려사」 81:7b, 96:39b.

54) 仁井田陞, 「唐令拾遺」, pp. 305~314.

55) 이 번역은 「고려사절요」 4:31b의 것을 따랐다. 「고려사」 4:31b의 것과 비교하기 위해서는 주 64를 볼 것.

56) 「증보문헌비고」는 외손(여손)을 후사로 세운[立嗣] 사례를 담고 있다. 「증보문헌비고」 86:4. 특별히 첫아들을 언급할 때는 원자 또는 적장 같은 용어를 사용하였다. 후에 「경국대전」에는 가장 첫아들을 적장자라는 용어로 지칭하고 있다. 당나라의 용례에 대해서는 다음을 볼 것. David G. Johnson, *The Medieval Chinese Oligarchy*, p. 113.

57) 법규에 대해서는 다음을 볼 것. 「고려사」 84:40b, 41b; 「구당률소의」 12:8b-9. 최재석은 고려시대 입양 사례까지도(고려사열전과 묘지명에서) 철저하게 찾아보았는데, 고려 전 기간을 통틀어 단지 14건만이 나온다. 최재석, 「고려시대의 친족조직」, 《역사학보》 94·95(1982), pp. 208~218.

58) 고려 토지제도에 대해서는 상당수의 논문이 나와 있음에도 토지 소유권, 조세, 경작 방식과 같은 주요한 문제는 아직 합의에 도달하지 못하고 있다. 자료의 부족과 현존 자료의 부적절성으로 이들 논제는 앞으로도 계속 논의하고 고찰할 여지가 있다. 특히 이들 문제들을 예를 들어 사회조직과 같은 좀더 넓은 맥락에서가 아니라 각기 따로따로 다룰 때 그러하다. 1930년대 일본인과 한국인 연구자들의 학문성과에 대하여 개관한 것으로는 다음과 같은 것이 있다. 민현구, 「토지제도」, 《한국사론》 2 고려편(서울: 국사편찬위원회, 1977), pp. 71~95. 고려 토지제도에 대한 개략에 대하여는 다음을 볼 것. 이성무, 「공전·사전·민전의 개념-고려, 조선 초기를 중심으로-」, 「한우근박사정년기념사학논총」(서울: 지식산업사, 1981), pp. 319~342. 해석들 중 과거의 것과 새로운 것 모두를 비판적으로 검토한 방대한 성과로는 다음을 볼 것. James B. Palais, "Land Tenure in Korea: Tenth to Twelfth Centuries,"

Journal of Korean Studies 4:73-205(1982~1983).

59) 『고려사』 78:6b. 전시과제도에 대한 논의로는 다음을 볼 것. 강진철, 『고려토지제도사연구』(서울: 고려대학교 출판부, 1980), pp. 30~61. 전시과제도는 그 후 여러 차례에 걸쳐 개정된다. 이에 대해서는 다음을 볼 것. Palais, Ibid., p. 85ff.

60) 『고려사』에서는 전시과제도가 당나라의 균전제를 모델로 하였다고 언급하고 있다. 『고려사』 78:2a-b. 중국 제도에 대한 간결한 기술에 대해서는 다음을 볼 것. Denis C. Twitchett, *Financial Administration under the T'ang Dynasty*(Cambridge: Cambridge University Press, 1963), pp. 1~23. 근래 한국인 학자들과 일본인 학자들은 토지 사유권의 존재를 입증하고자 이러한 일반 설명을 논박하려고 노력해왔다. 국가가 분급한 토지수조권에 대한 새로운 이해를 필연적으로 포함하는 수정주의자들의 견해에 대해서는 다음을 볼 것. James B. Palais, "Land Tenure in Korea," p. 73ff.

61) 사유지는 사전의 문자적 의미이다. 그렇지만 대부분이 수조지인 듯하므로 그 용어는 아마도 기껏해야 '개인에게 이익을 주는 토지' 정도로 표현할 수 있을 것이다. 그렇지만 이 토지를 민전의 범주에 속하는 개인적으로 소유한 토지와 혼동해서는 안 된다. 민전은 국가가 세금을 거두어들이는 이른바 공전의 하위 범주일 것으로 생각된다. 강진철, 『고려토지제도사연구』, pp. 62~172. 사전과 공전을 해석하는 다양한 시도에 대하여 요약한 다음 연구를 볼 것. James B. Palais, Ibid., pp. 114~127, pp. 144~150.

62) 전정의 의미를 아우르는 정확한 범위에 대한 합의는 없다. 하타다 다카시는 군인과 향리들에 대한 토지 분급을 의미한다고 보고 있다. 旗田巍, 「高麗時代における土地の嫡長子相續と奴婢の子女均分相續」, 《東洋文化》 22(1957); 『朝鮮中世社會史の硏究』(東京: 法政大學出版局, 1972), p. 336. 이와 대조적으로 다케다 유키오는 전정이 전시과제도 아래 토지 분급을 포함하여 모든 토지 분급에 사용된 용어라고 생각하고 있다. 武田幸男, 「高麗田丁の再檢討」, 《朝鮮史研究會論文集》 8(1971. 3), pp. 5~13. 팔레가 지적하였듯이, 전정이 수조인가 토지 분급인가는 그 같은 토지를 국가에 돌려주어야 하는가 아니면 당연히 다음 세대에 물려줄 수 있는가에 달려 있다. James B. Palais, Ibid., pp. 86~94.

63) 『고려사』 78:13b, 14a-b.

64) 『고려사』 84:41b. 『고려사』에 수록된 상속 규정은 『고려사절요』의 그것과 조금 다르다. 『고려사절요』의 상속 규정은 아들 없는 이의 법적 후사를 옹립하는 것에 대하여 언급하고 있는 반면 『고려사』는 전정의 교체[田丁連立]에 대해 기술하고 있다. 당나라의 모델과 한국에 실제로 적용된 것 사이의 차이점은, 한국에서는 서자와 서손의 의

미가 중국과 같지 않다는 사실에 있다. 중국의 경우, 서자는 상민 신분의 아들, 다시 말해서 정식 결혼이 아닌 부차적인 결혼secondary marriage에서 낳은 아들을 지칭한다. 서庶의 정의에 관해서는 다음을 볼 것. David G. Johnson, *The Medieval Chinese Oligarchy*, p. 154. 주 1. 그렇지만 고려에서는 서자라는 용어에 그 같은 사회적 의미가 없으며(후에 보는 바와 같이, secondary marriage 제도는 존재하지 않았다), 따라서 사용할 수 없는 것이다. 그러므로 서손이라는 용어도 중국과 같이 '서자의 아들'을 의미하지 않았다. 단지 이는 직계손lineal grandson, 예를 들면 적자의 동생의 아들들은 물론 적손의 동생, 그리고 부계친의 손자를 지칭한다. 고려 사회가 지닌 전형적인 특성은 여손女孫이 추가된 것이다. 그러므로 하타다와 다케다가 한국이 당률을 잘못 베꼈다고 가정한 점은 올바르다고 할 수 없다. 한국 특유의 용례는 전적으로 고려의 사회 상황과 밀접한 관련이 있는 것이다. 이에 대해서는 다음을 볼 것. 旗田巍,「高麗時代における土地の嫡長子相續と奴婢の子女均分相續」, p. 327; 武田幸男,「高麗田丁の再檢討」, p. 14. 그러므로 팔레가 번역한 1046년의 법 역시 잘못되었다. 이에 대하여는 다음을 볼 것. James B. Palais, "Land Tenure in Korea," p. 90. 하타다에게 고려 왕조 초기부터 토지는 오직 장자만이 상속한 반면 노비는 모든 후사가 분할-상속했다고 믿도록 한 것도 바로 이 법이다.

65) 『고려사』 78:14a-b. 다케다 유키오는 1069년의 법을 수조권이 아들과 손자, '친족'에게 물려지는 것임을 입증한다고 생각한다. 그는 친족을 정의내리지 않았으며, 1046년의 법에 명문화된 것보다도 넓은 범주의 집단으로 생각하는 듯싶다. 武田幸男, 위의 글, p. 15. 그렇지만 친족은 대부분 1046년의 법에 열거된 사람들, 다시 말해서 어린 동생들(같은 어머니에서 태어난), 부계친과 비부계친의 후손에 대한 약칭으로 사용되었다. 그러므로 1069년의 법이 1046년의 법을 상술한 것은 아니다. '친족'이라는 용어에 대한 논의로는 다음을 볼 것. 武田幸男, 위의 논문, pp. 38~39.

66) 이난영, 『한국금석문추보』, no. 58, p. 157.

67) 다케다 유키오가 이 같은 관행에 대한 증거로서 제시한 것은 그 시기가 비교적 늦다. 따라서 아마도 이것이 왕조 초기를 대표하는 것은 아닐 것이다. 이에 대해서는 다음을 볼 것. 武田幸男, 위의 논문, p. 18.

68) 이들 용어는 또한 용도를 바꾸어 토지를 국가에 되돌려주는 경우에도 사용되었다. 고려의 토지제도에 대한 2차 문헌은 대부분 상속과 계승을 혼합한 상속연립相續連立 같은 용어를 만드는 등 상속과 계승을 혼동하고 있다. '상속'이라는 용어는 고려의 문헌에는 나오지 않는다.

69) 다케다 유키오는 공음전시가 5품 이상의 양반들에게 지급되었다는 이우성의 견해에 찬성하는 것처럼 보인다. 武田幸男,「高麗朝における功蔭田柴法の意義」, 『仁井田陞

477

博士追悼論文集』, 1(東京: 頸草書房, 1967), pp. 221~234; 旗田巍, 위의 논문, pp. 337~344.

70) 하타다 다카시는 직자直子를 수양자收養子와는 대비되는 실자實子, 다시 말해서 '진짜 아들'로 해석하고 있다. 旗田巍, 위의 논문, p. 339.

71) 『고려사』 78:15.

72) 『고려사』 78:15b-16.

73) 문관이나 무관으로서 아들이 없어 아무도 부양할 수 없는 과부에 대하여는 남편이 봉록으로 받은 토지의 일부를 지급하였다(구분전口分田). 『고려사』 78:13b, 14.

74) 하타다 다카시에 따르면 민전은 '공전'의 세 번째 범주(삼과)에 속한다. 다른 두 범주 (일과 · 이과)는 왕실에 지급되는 토지(왕실어료지)이거나 정부 기관의 경비에 충당하도록 지급된 토지(관청의 공해전公廨田)이다. 민전은 그 수확량의 4분의 1에 해당하는 양을 지대로서 내야 하는 토지였다. 旗田巍, 「高麗の公田」, pp. 208~250; 「高麗の民田について」, pp. 163~174. 또 강진철이 공전에 대하여 논의한 것도 참조할 것. 강진철, 『고려토지제도사연구』, pp. 175~209.

75) 사유권 문제와 관련하여 팔레는 부당한 침탈에 저항할 수 있는 권한이 그 궁극적인 요소라고 지적한다. James B. Palais, "Land Tenure in Korea," pp. 187~188. 최재석은 토지 매매와 선물로서 증여한 사례를 모았다. 최재석, 「고려조에 있어서의 토지의 자녀균분상속」, 《한국사연구》 35(1981. 12) p. 37 최재석이 타인의 토지를 병합한 것으로 제시한 사례는 최재석 자신이 알기를 원하는 토지의 사적 본질에 관한 것이라기보다는 오히려 토지의 사적 권한이 약한 사실을 보여준다.

76) 이에 대한 사례로는 다음을 볼 것. 최재석, 「고려후기 가족의 유형과 구성」, pp. 44~45; 허흥식, 「국보호적으로 본 고려말의 사회구조」, p. 93.

77) 『고려사』 84:40b. 중국의 모델은 당나라의 법전에 수록되어 있다. 『구당률소의』, 12:7b-8, 24:4b-5. 노인의 생활을 보장하기 위하여 요구되는 법규는 당나라의 다른 법전에서 추가하였다. 다음도 볼 것. David G. Johnson, *The Medieval Chinese Oligarchy*, p. 112.

78) 이에 대하여는 다음 논문에서 개발되었다. Lutz K. Berkner, "Inheritance, land tenure and peasant family structure: a German regional comparison," in Jack Goody et al., eds., *Family and Inheritance*(Cambridge: Cambridge University Press, 1976), pp. 71~95.

79) 『고려사절요』 18:16b-17.

80) 예를 들어 다음 논문의 일람표를 볼 것. 허흥식, 「국보호적으로 본 고려말의 사회구조」, p. 90. 호구 역시 세금과 요역을 부과할 목적으로 정기적으로 등록하도록 되어

있는 법제적 · 행정적 실체였다. 이 목적을 위하여 호구는 법제적으로 9개 범주로 나뉘어 있었다(구등호九等戶). 그렇지만 수치상의 내역은 알기 어렵다. 세금은 규모가 작은 호구보다도 큰 호구에서 부담이 적었다. 이에 대해서는 다음을 볼 것. 『고려사』 84:39b. 강진철은 조세 부담의 집단성을 강조하였다. 강진철, 「농민과 촌락」, 『한국사』 5(서울: 국사편찬위원회, 1975), pp. 277~290. 당나라의 자료와 비교한 것으로는 다음을 볼 것. Ikeda On, pp. 121~150.

81) 『고려사』 109:9; 『조선금석총람』 I(영인, 서울: 경인문화사, 1974), pp. 649~650. 윤선좌의 묘지명에 따르면 그와 첫째 부인 사이에서 태어난 두 아들과 딸, 그리고 둘째 부인 박씨 사이에서 태어난 두 아들이 있었음이 분명하다. 그의 첫아들은 죽고 따라서 유언장은 실제로는 둘째아들, 다시 말해서 살아 있는 아들 가운데 가장 나이가 많은 아들이 작성하였다. 조인규(1237~1308)도 이와 유사한 유언을 했다. 『고려사』 105:40.

82) 『고려사』 85:35b. 여기에 나오는 적장嫡長이라는 용어에 주목해야 한다. 이것은 특별히 가장 나이 많은 아들을 언급하는 것이라 생각되며, 단순히 어떠한 직계 후손을 언급하는 것처럼 보이지는 않는다.

83) 가장 나이가 많은 아들이 유산 분배를 처리하는 중요한 역할을 담당했던 몇몇 사례가 있다. 이에 대해서는 다음을 볼 것. 『고려사』 95:16b, 109:9. 현재 타이완에서 재산을 분배하는 데 나이 많은 아들의 역할에 대하여는 다음의 논의를 볼 것. Myron L. Cohn, *House United, House Divided: The Chinese Family in Taiwan*(New York: Columbia University Press, 1976), pp. 142~143.

84) 『고려사』 102:17-18; 『고려사절요』 17:2b-3.

85) 『고려사』 95:116; 『고려사절요』 10:42a-b. 이지저의 형제자매의 수는 그의 부친의 묘지명에서 분명히 확인된다. 이난영, 『한국금석문추보』, pp. 102~103.

86) 홍승기, 『고려시대 노비연구』(서울: 한국연구원, 1981), pp. 90~109, pp. 162~178. 중국 당나라의 재산 분할에 대해서는 다음을 볼 것. David G. Johnson, *The Medieval Chinese Oligarchy*, p. 112.

87) 『고려사』 85:4. 그 같은 세습 물품의 가치는 의복의 중요성에서 표현되고 있다.

88) 『고려사』 104:42a-b; 『조선금석총람』 I, p. 637.

89) 『고려사』 119:2b-3.

90) 상속자가 없는 노비는 고려 초기부터 분명히 국가로 귀속되었다. 『고려사』 85:43. 소유자가 없는 재산의 수혜자로서 사손이라는 용어가 언제부터 사용되었는지는 분명하지 않다. 고려 후기의 법 기록에 처음 언급되어 있다. 공변친이 이 용어에 포함되었는지는 결코 분명하지는 않다. 최재석과 하타다 다카시는 사손을 본손, 친척 또는

동종과 같은 뜻으로 간주한다. 최재석, 「고려의 상속제와 친족조직」, 《동방학지》 31(1982. 6), pp. 25~27; 旗田巍, 「高麗時代における土地の嫡長子相續と奴婢の子女均分相續」, pp. 350~353. 자식 없는 상속자의 운명에 대하여는 이 책의 5장을 볼 것.

91) 『고려사』 88:1a-b; 『고려사절요』 2:2.
92) 『고려사』 91:19b-20b. 이들 혼인 명단에 대해서는 다음을 볼 것. 하현강, 「고려왕조의 성립과 호족연합정권」, 『한국사』 4(서울: 국사편찬위원회), p. 54.
93) 『고려사절요』 2:2.
94) 고려 초기 국왕들의 결혼 관계에 대하여는 『고려사』 권 88을 볼 것. 왕실 내부에서 조카 및 아주머니와 결혼한 이들에 대한 명단은 다음을 볼 것. 최재석, 「고려시대의 친족 조직」, p. 226.
95) 왕위 계승을 둘러싼 첫 갈등에 대해서는 다음을 볼 것. Kang Hugh Hi-Woong, "The Development of the Korean Ruling Class from Late Silla to Early Koryŏ," (Ph. D. diss., University of Washington, 1964), pp. 87~93; 하현강, 위의 논문, p. 104ff. 이 두 연구는 세부적인 면에서 차이가 있다.
96) 상세한 내용은 다음을 볼 것. 이병도, 『한국사』 중세편(서울: 을유문화사, 1961), pp. 421~428; 이만열, 「고려 경원이씨 가문의 전개과정」, 《한국학보》 21(1980 겨울), pp. 2~29. 경원 이태후는 1308년 충선왕의 《재상지종》 중에 기록되어 있다.
97) 상세한 내용은 최충헌의 전기를 볼 것. 『고려사』 129:21b, 26b-27; Edward J. Shultz, "Institutional Developments in Korea under the Ch'oe House: 1196~1258." pp. 119~123. 최충헌의 아들 최우의 결혼 정책에 대하여는 다음을 참조한다. Edward J. Shultz, Ibid., pp. 194~195.
98) 이 같은 사례에 대하여는 다음을 볼 것. 『고려사』 28:10b-11.
99) 충선왕은 반은 한국인이다. 그의 어머니는 원 세조의 딸로, 그는 어린 시절을 연경에서 보냈다. 그래서 충선왕은 고려의 전통에 구속받지 않고 자유롭게 기존 결혼제도의 개혁을 주도하였을 것이다. 이병도, 『한국사』 중세편, p. 635.
100) 『고려사』 33:24a-b; 『증보문헌비고』 89:3a-b.
101) 이 같은 견해를 표명한 것은 민현구이다. 민현구, 「조인규와 그의 가문」 상, 《진단학보》 42(1976), p. 27.
102) 이복형제와 이복자매 사이의 결혼의 다른 범위에 대한 증거는 다음에서 논의할 다양한 법에 따라 간접적으로 제공되고 있다. 이것은 점차 금지되었다.
103) 루시 마어에 따르면 분명한 법규가 있을 때에 한하여 족내혼이라 할 수 있다. Lucy Mair, *Marriage*(Harmondsworth: Penguin Books, 1971), p. 29. 그러므로 여기에

서 필자는 족내혼이라는 용어를 피하려 한다.
104) 안동 김씨의 통혼권을 분석한 것에 대하여는 다음을 볼 것. 허흥식, 『고려사회사연구』, pp. 213~215. 또한 이수건은 고려 초기 지방 가문의 통혼권은 협소하다고 밝히고 있다. 이수건, 「고려전기토성연구」, 《대구사학》 14(1978. 6), p. 70, 주 64.
105) 『고려사』 125:1b; 박용운, 「고려시대의 해주최씨와 파평윤씨 가문분석」, 《백산학보》 23(1977. 12), p. 131.
106) 『고려사』 99:17a-b. 김보당의 반란에 대하여는 다음을 볼 것. Edward J. Shultz, "Institutional Development," p. 98.
107) 허흥식, 위의 책, pp. 213~219.
108) 임원후는 인종의 장인이며 의종, 명종, 그리고 신종의 외조이다. 직산 최씨와 정안 임씨에 대하여 좀더 상세한 설명은 다음을 볼 것. 박용운, 「고려전기 문반과 무반의 신분문제」, 《한국사연구》 21・22(1978. 12), pp. 45~49.
109) 고려 귀족들에 대한 박용운의 논문들을 볼 것. 또한 이수건의 다음 논문도 볼 것. 이수건, 「고려전기토성연구」, p. 58. 민현구는 조인규과 그의 후손들의 결혼관계를 검토하고 있다. 민현구, 「조인규와 그의 가문」 중, 《진단학보》 43(1977), pp. 14~32.
110) 『증보문헌비고』 89:2b.
111) 『송사』 XL (상하이: 중화사서출판, 1977), p. 14047.
112) 『고려사』 75:22b. 이 방법으로는 부계 사촌[平行從]에 대해서는 영향을 주지 못했다. 친족관계는 중국에서 985년에 도입된 오복제도로서 표현된다.
113) 『고려사』 95:28a-b; 『고려사절요』 5:40.
114) 『고려사』 75:23.
115) 『고려사』 75:23.
116) 『고려사』 75:23b.
117) 『고려사』 75:23b.
118) 『고려사』 75:24.
119) 『고려사』 75:24, 84:39 간비조. 세대를 넘는 결혼 중 금지된 것에는 부변 사촌(한 세대 아래) 및 형제 아들의 딸과의 결혼도 있다. 『증보문헌비고』 89:2b에는 1147년의 법과 유사한 내용이 있다. 그렇지만 아버지와 같은 성씨 집단이라는 의미로서 '동성'이라는 용어를 사용하고 있으며, 그 집단 내의 근친혼을 금지하였다.
120) 1308년과 1367년에 모변 사촌[從] 그리고 모변 6촌과 결혼하는 것을 금지한다고 발표하였다(『고려사』 84:39a-b).
121) 성씨가 다른 친척, 다시 말해서 모변 친족과 결합하는 것은 그들이 세대의 원리를

깨지 않는 한 금지되지 않았다.
122) 『구당률소의』 14:1-4b, 16:18-19. 간통에 관한 법규는 '잡률雜律'에 속했다.
123) 『고려사』 84:39.
124) 허흥식, 『고려사회사연구』, p. 114; 이난영, 『한국금석문추보』, pp. 232~233.
125) 허흥식, 위의 책, p. 114, p.220. 허흥식은 하급 품관 및 향리들은 동성동본혼이 많았다고 주장한다.
126) 고려시대에 친영과 같은 유교 의례는 행해지지 않았을 것이라고 거듭 주장하였다. 이에 대한 사례로는 다음을 볼 것. 『세종실록』 48:25.
127) 묘지명과 '이태조호적'에 기초를 둔 결혼 연령의 일람표에 관하여는 다음을 볼 것. 허흥식, 『고려사회사연구』, pp. 305~310; 최재석, 「고려시대의 혼인제도」, 《인문논집》 27(고려대학교, 1982), pp. 113~115. 두 연구자는 결혼 연령이 특히 여성의 경우 몽골이 한국의 여성을 공녀로 요구하는 바람에 너무나 낮아졌다고 주장한다.
128) 이 정보는 다음 자료를 근거로 한 것이다. 『계림유사』(『高麗以前の風俗關係資料撮要』, 京城: 朝鮮總督部 中樞院, 1941), p. 696; 서긍, 『고려도경』, p. 111. 서긍의 『고려도경』에 따르면 평민[民庶]들은 결혼을 단지 술과 쌀만으로[唯以酒米 通好而已] 치른다고 되어 있다.
129) 『고려사』 85:20a-b, 22b-23, 108:6. 왕조 말기로 갈수록 상소를 올린 이들은 결혼식에서 과도하게 소비하는 것을 금지해야 한다고 주장하였다.
130) 『고려사』 96:10, 109:15b-16; 이규보, 『동국이상국집』 37:14.
131) 최재석은 남편이 처의 집에 머무르는 기간을 결정하려 하였다. 그는 두 가지를 가정하는 것처럼 보인다. 첫째, 모든 결혼은 처가 거주이거나 그와 같은 형태로 출발한다. 모든 처가 거주는 부인이 남편의 집으로 귀환하면서 끝이 난다. 이들 가정을 뒷받침하는 어떠한 확실한 증거는 없다. 최재석의 추정에 대하여는 다음을 볼 것. 최재석, 「고려시대의 혼인제도」, pp. 106~107.
132) 이규보, 『동국이상국집』 37:14.
133) 이곡의 주장에 따르면 처가 거주의 근거는 딸이 자신의 부모를 부양해야 할 책임에 있다. 이 기록은 한국 여성을 몽골로 보내는 것을 반대하여 쓰인 것과 관련하여 부모에 대해 딸이 지닌 의무의 중요성을 과장하였을 것이다. 『고려사』 109:15b-16.
134) 『고려사』 27:8; 『세종실록』 48:25.
135) 예로서 장인이 김방경인 조변의 전기를 들 수 있다. 『고려사』 103:6b. 과거 합격자에게 추증할 부모가 없다면 장인과 장모가 대신할 수 있었다. 『고려사』 74:3b.
136) 예를 들어 최사추의 전기를 볼 것. 『고려사』 96:1-3. 이자겸, 문공인, 유인저(?~1113)가 최사추의 사위였다. 이들은 모두 고위관직에 올랐으며, 최씨 가문의 번

성에 기여했다고 한다.

137) 『고려사』 94:28. 그 밖에 다른 사례는 다음을 볼 것. 『고려사』 98:33a-b.

138) 『고려사절요』 17:13b.

139) 『고려사절요』 12:25.

140) 장인 덕분에 음서의 혜택을 받은 사위는 이세창으로서 장인은 문공유이다. 이에 대하여는 박용운의 다음 논문의 표를 볼 것. 박용운, 「고려시대 음서제의 실제와 그 기능」 하. 황보영(?~1047)은 자신의 사위인 김녹숭의 아들, 곧 외손자를 상속자로 삼았다. 『고려사』 7:4b.

141) 『고려사』 64:24, 28. 이 같은 오복 등급은 중국 당나라에서 준수하던 것과 비교하면 예외적인 것이다. 왜냐하면 당나라에서는 사위는 물론 장인의 애도 기간도 단지 3개월만 지속되었기 때문이다.

142) 이에 대한 사례는 다음을 볼 것. 『고려사』 96:10.

143) 『고려사』 130:20b.

144) 서긍, 『고려도경』, p. 111.

145) 이에 대한 사례로서 다음을 볼 것. 『고려사』 114:19, 123:19, 124:11b-12, 37. 『고려사』의 편찬자들이 '폐행嬖幸'의 명단에 오른 이들의 전기에서 항상 이 같은 형태의 결혼을 말하는 것은 우연이 아닐 것 같다. 이들이 모두 몽골의 지배 기간에 활약하였으므로, 이러한 사실이 허흥식에게 몽골의 지배 기간에 중혼이 한국에 도입되었다고 믿게 한 것이다. 허흥식, 『고려사회사연구』, p. 300. 그렇지만 이것은 잘못된 견해라고 생각된다. 몽골의 지배를 받기 오래전부터 중혼이 존재했음을 보여주는 분명한 근거가 있기 때문이다.

146) 최재석은 한 번 이상 결혼한 사례를 언급한 묘지명을 모두 14개 찾아냈다. 이에 대해서는 다음을 볼 것. 최재석, 「고려시대의 혼인제도」, p. 116.

147) 이에 대한 사례는 다음을 볼 것. 『태종실록』 19:2b, 23:9a-b, 25:13a-b, 27: 46b-47; 『세종실록』 10:13. 사헌부에서 사용한 용어는 '병축竝畜'으로, 이것은 여러 부인을 동시에 거느리고 있다는 뜻이다.

148) 모계제에서의 풀이이지만 '방문 남편'에 대해서는 다음을 볼 것. Robin Fox, *Kinship and Marriage*(Harmondsworth: Penguin Books, 1967), p. 101.

149) 최재석이나 허흥식, 어느 누구도 이러한 주목할 만한 현상을 해석하려 들지 않았다. 최재석, 「고려후기 가족의 유형과 구성」, pp. 22~57; 허흥식, 위의 책.

150) 이에 대한 사례로서 윤택(1289~1370)의 묘지명을 볼 것. 윤택은 부인을 네 명 거느리고 있었다. 부인 둘은 무인 가문 출신이며, 나머지 둘은 분명히 문인 집안 출신이다. 『조선금석총람』 I, pp. 676~678.

151) 서긍,「고려도경」, pp. 103~104.
152) 좋은 사례의 하나가 윤선좌의 경우이다. 이에 대해서는 상속을 다룬 부분에서 논의한다.
153) 그 대신 '사私'나 '통通'과 같이 애매한 표현을 쓰고 있다. 예를 들면 곽여(1058~1130)의 전기에는 곽여가 결코 결혼하지 않았으며, 기생과 일을 저질렀고 더욱이 비첩을 거느리고 있었다고 알려주고 있다.「고려사」97:9b-10. 서긍은 궁宮에는 시녀[媵]가 있으며, 정부 관청에는 첩妾이 있다고 쓰고 있다. 이들을 첩과 같은 용어로 해석하기는 어렵다.「고려도경」에 나오는 첩은 관비와 동일한 용어이다. 서긍,「고려도경」, 비첩婢妾, p. 104, p. 106. 첩의 또 다른 용례에 대하여는 다음을 볼 것. 최재석,「고려시대의 혼인제도」, p. 121. 첩이「고려사」의 지志에 쓰이는 경우, 당의 법전이나 중국식의 법률로부터 인용할 때 흔히 나타난다. 묘지명에는 나타나 있지 않다.
154) 이색,「목은문고」16:7b(이제현 묘지명); 정몽주,「포은집」,「속록」1:5b(해양군 대부인 이씨 묘지명).
155) 이 구절의 해석은 이 용어의 의미와 관련이 있다. 현재에는 양가녀良家女로서 설명된다. 같은 문서 속의 결혼한다는 용어인 '취娶'는 '거느린다'는 용어로서 경멸적인 '축畜'으로 대체되었다. 김혼(1239~1311)의 전기에 대하여는 다음을 볼 것.「고려사」103:29b.
156) 허흥식은 고려에서 일부일처만이 결혼생활의 유일한 형태라고 주장한다. 따라서 박유의 제안을 일부다처제를 새로 도입하자는 주장으로 해석하고 있다. 허흥식은 일부다처제를 몽골과 교류하면서 나타난 것으로 믿고 있다.「고려사회사연구」, pp. 302~303과 특히 p. 303의 주 34 및 p. 70의 주 50을 볼 것.
157)「고려사」106:40-41.「고려사절요」19:28b에는 박유의 상소문은 1275년 둘째 달에 기재되어 있다. 호구의 감소와 관련한 비슷한 관심은 김혼의 전기에도 표명되어 있는데, 여기에는 국왕이 사민士民들에게 서처庶妻를 거느리라고 명령하려 했다고 되어 있다.「고려사」103:29b. 몽골의 요구로 인구가 감소할지 모른다는 것에 대한 두려움은 일찍이 고종(재위기간 1213~1259)이 1232년 몽골에 보낸 문서에도 표명되어 있다.「고려사」23:12-13b. 몽골의 고려 여성에 대한 요구가 인구 변동에 미친 충격에 대해서는 아직 연구 과제로 남아 있다.
158) 서긍,「고려도경」, p. 111;「계림유사」, p. 969 참조.
159)「고려사」88:26b-27.
160)「고려사」102:19;「고려사절요」15:41b.
161) Arthur P. Wolf and Chieh-shan Huang, *Marriage and Adoption in China*,

1845~1945(Stanford: Stanford University Press, 1980), p. 182.

162) 서긍, 『고려도경』, p. 111.

163) 이에 대한 사례를 『고려사』 99:1, 129:44b에서 찾아볼 수 있다.

164) 『고려사』 84:41. 이 규정을 정한 날짜는 기록되어 있지 않다.

165) 『고려사』 84:41b. 1152년의 법에 따르면 그 같은 결합으로 생긴 자식들은 관직에 나가는 것이 금지되었다. 『고려사』 75:24.

166) 서긍, 『고려도경』, p. 117; 『계림유사』, p. 696. 법 조항의 엄격성은 일반적으로 이성 상호 만남이 손쉬운 사실을 부정적으로 반영하는 것일 수 있다고 생각된다. 간통은 엄격한 처벌을 받았다. 그럼에도 당의 선례를 따른 이 법은 비합법적으로 통정할 경우[姦非] 교살하도록 한 규정의 대상을 특별히 소규모의 근친집단으로 선정하고 있다. 그 대상은 다음과 같다. 조부의 첩, 부계 삼촌의 부인, 부친의 누이, 누이, 아들과 손자의 부인들, 형제의 딸들이다. 『고려사』 84:39. 결혼한 형제들과 집을 꾸미고 또한 사위들이 처가에 거주하는 것은 자연히 간통할 기회를 제공하였을 것이다. 형의 딸들과 간통한 사례에 대해서는 다음을 볼 것. 『고려사』 95:30b. 처제들과의 간통에 대해서는 다음을 볼 것. 『고려사』 114:7b-8. 삼촌의 부인들과의 간통에 대해서는 다음을 볼 것. 『고려사』 26:14.

167) 『고려사』 75:34; 『조선금석총람』 I, p. 363; 이난영 편, 『한국금석문추보』, p. 185, p. 186.

168) 성종의 첫째 부인 문덕왕후는 왕비가 되기 전에 첫째 남편을 잃었다. 『고려사』 88:11b. 충렬왕의 셋째 부인 역시 과부로 있었다. 『고려사』 89:12a-b. 그 같은 사례는 더 많다.

169) 이난영 편, 위의 책, p. 163; 『고려사』 110:18, 124:12.

170) 『고려사』 114:9b.

171) 『조선금석총람』 I, pp. 387, 418; 『고려사』 11:25b, 129:45b.

172) 『고려사』 64:25.

173) 김부식, 『삼국사기』, 김종권 역(서울: 광진문화사, 1963), p. 62.

174) 이것은 일본도 같은 상황이다. 18세기 초에 중국식의 오복례를 도입하면서, 일본의 관행에 더욱 근접하도록 계속 수정해야 했다. G. B. Sansom, *Japan: A Short Cultural History*(London: The Cresset Press, 1952), pp. 161~162.

175) 이 그림은 오복 가운데 단지 일부만을 적출하여 제시하였다. 오복에 대한 완전한 도해는 다음을 볼 것. 노명호, 「고려의 오복친과 친족관계법제」, p. 38.

176) 『고려사』 64:27a-b.

177) 『고려사』 64:28.

178) 『고려사』 64:26b, 27, 85:8.
179) 고려의 오복제도에 대한 기술은 다음을 볼 것. 이필상, 「고려시대 복제의 연구」(서울: 서울대학교 대학원 석사학위 논문, 1974); 노명호, 「고려의 오복친과 친족관계 법제」, pp. 1~42. 남편의 가족에 대한 처의 상복 규정이 없다는 것이 아니라 누락되었다고 생각하는 것이 타당하다. 노명호, p. 5.
180) 효자들에 대한 전기는 다음을 볼 것. 『고려사』 99:28b-30, 110:6b-8, 112:30b-31b, 31b-32b. 금석문에 수록된 사례에 대하여는 다음을 볼 것. 이필상, 위의 논문, p. 46.
181) 『고려사』 112:32.
182) 『고려사』 63:18, 64:25a-b, 84:5-7b.
183) 『고려사』 64:25a-b, 94:37.
184) 『고려사』 74:6b-7. 그렇지만 일반적으로 상중에 있는 사람은 과거에 응시할 수 없었다. 그 같은 사례에 대해서는 다음을 볼 것. 이필상, 위의 논문, p. 52.
185) 『고려사』 81:13b, 16b.
186) 월을 일로 바꾸는 방법은 왕실에서도 사용되었는데, 그 이유는 국왕이 상복을 입도록 규정된 기간에도 자신의 의무를 소홀히 할 수 없었기 때문이다. 좀더 상세한 내용에 대해서는 다음을 볼 것. 이필상, 위의 글, pp. 52~54.
187) 조선 전기에 행해진 백일상은 고려시대의 전형적인 것이었으리라 짐작된다. 『정종실록』 1:3; 『세종실록』 58:19b.
188) 『고려사』 64:20-22b. 「제신상」이라는 조목에서는 고려시대 대부분의 기간에 대한 사례를 제공한다.
189) 『고려사』 85:6b.
190) 『고려사』 85:13.
191) 『태종실록』 12:13.
192) 이난영 편, 『한국금석문추보』, p. 111, p. 219; 『조선금석총람』 I, p. 391.
193) 『세종실록』 26:29b.
194) 이난영 편, 위의 책, p. 117, p. 229, p. 280; 『고려사』 104:24. 매장처는 보통 묘지명에서 확인할 수 있음에도 그 장소를 알아내기는 어렵다. 장소를 알아내는 작업은 의심할 나위 없이 엄청나게 시간이 걸리지만, 이 작업을 성공적으로 수행할 수 있다면 수도에 거주하는 엘리트들이 어떻게 역사적으로 형성되어왔는지 밝힐 수 있을 것이다.
195) 이에 대한 두 사례에 대해서는 다음을 볼 것. 이난영 편, 위의 책, p. 218, p. 221.
196) 『고려사』 85:18, 111:4b; 『태종실록』 33:57.
197) 『고려사』 85:21b.

198) 『고려사절요』 10:8b.
199) 『고려사』 64:26.
200) 『고려사』에는 장례를 치를 때의 실제 행동에 대한 정보는 수록되어 있지 않다. 반면 묘지명은 좀더 상세한 내용을 담고 있다. 묘지명을 집성한 주요한 세 책을 참조할 것. 『조선금석총람』; 이난영 편, 『한국금석문추보』; 황수영 편, 『증보한국금석유문』.
201) 『태조실록』 15:13a-b; 『세종실록』 44:2a-b.
202) 『고려사절요』 10:8b; 『고려사』 84:19; 『송사』, p. 14054. 설부는 다음에 인용되어 있다. 『高麗以前の風俗關係資料撮要』, p. 696.
203) 그 같은 해석에는 신라 사회가 본래 모계제라고 보는 스에마쓰 야스카즈末松保和의 견해에서 처음부터 부계제라고 제안한 이기동의 견해까지 망라하고 있다. 이 양극 사이에는 많은 편차가 있다. 모계제 이론에 대하여 반박한 것으로는 다음과 같은 연구를 찾아볼 수 있다. 김의규, 「신라모계제사회설에 대한 검토」, 《한국사연구》 23(1979. 3), pp. 41~64. 이렇듯 다양한 이론에 대하여 조감한 것으로는 다음을 볼 것. 피영희, 「이론적용을 통해서 본 신라왕의 신분관념」, 《한국사론》 5(1979. 10), pp. 65~73.
204) 신라 사회에 대한 한국 측의 문헌뿐 아니라 일본 측의 문헌도 방대하고 복잡하여 여기에서 조감할 수는 없다. 결혼과 왕위 계승에 대하여 요약한 최근의 글로는 다음을 볼 것. 최재석, 「신라왕실의 혼인제」, 《한국사연구》 40(1983), pp. 1~32; 「신라왕실의 왕위계승」, 《역사학보》 98(1983), pp. 39~105. 골骨이 족族과 마찬가지인가 아닌가 하는 문제는 이 연구에서는 고찰하지 않기로 한다.
205) 이에 대하여는 김철준, 「신라상대사회의 Dual Organization」, 《역사학보》 1(1952. 7), pp. 15~47; 2(1952. 10), pp. 85~115를 볼 것. 이 성과는 매우 흥미로운 것으로 알려져 있으나, 용어상의 애매함은 숱한 오해를 불러일으키므로 더 많은 것을 생각해야 한다. 그 가운데 출계를 더욱 새롭게 조감한 것에 대해서는 다음을 볼 것. 피영희, 위의 글.
206) 분석 도구로서의 이중 출계를 논박한 데 대해서는 다음을 볼 것. Elman R. Service, *Primitive Social Organization*(2nd ed., New York: Random House, 1971), pp. 118~121. 조지 머독은 다음 책에서 양변 출계bilateral는 부계patrilineal나 모계matrilineal 양자로부터 직접 기원을 찾을 수 있으나 이중 출계로부터는 그렇게 할 수는 없다고 서술하고 있다. George P. Murdock, *Social Structure*(New York: The Free Press, 1949), p. 327. 한국에서 이같이 복잡한 것을 완전히 검토하는 작업이 이루어져야 한다. 서구 인류학 문헌에서 나타난 용어상의 애매함이나 비일관성은 한국 역사 서술에 지속적으로 혼란스러운 영향을 끼쳤다.

207) 15세기 친족 용어를 재구성한 것으로는 다음을 볼 것. 이숭녕, 「중세국어의 가족호칭에 대하여」.
208) 『가게로 닛키』의 영어 번역본에 대해서는 다음을 볼 것. Edward Seidensticker, Trs., *The Gossamer Year: Kagero nikki, The Diary of a Nobleman of Heian Japan*(Tokyo: C. E. Tuttle, 1975).
209) 이들 정보는 윌리엄 맥컬러프의 세미나 발표 논문을 기초로 하였다. "Japanese Marriage Institutions in the Late Heian Period," *Harvard Journal of Asiatic Studies* 27:103-167(1967). 또한 다음을 볼 것. Wakita Haruko, "Marriage and Property in Premodern Japan from the Perspective of Women's History," *The Journal of Japanese Studies* 10,1:73~99(1984).
210) 송나라가 동시대에 존속한 고려 사회에도 영향력을 행사했을 것이라는 사실을 부정하는 것은 아니다. 그렇지만 이것은 분명히 덜 두드러진 양상이다.
211) 이같이 과부가 고인의 형제와 결혼하는 이른바 형사취수제兄死取嫂制는 분명히 한국에서는 알려져 있지 않았다. 이것이 고구려에서는 종종 행해진 관습인 것으로 보인다. 좀더 상세한 것은 다음을 볼 것. Li Ogg, *Recherche sur l'Antiquit Cor enne: Ethnie et Socit de Kogury*(Paris: Collge de France, Centre d'Etudes Cor ennes, 1980), pp. 228~229.
212) 몽골 초기와 원나라 사회의 사회 관습에 대한 계몽적인 논문에 대해서는 다음을 볼 것. Jennifer Holmgren, "Observations on Marriage and Inheritance Practices in Early Mongol and Y an Society, with Particular Reference to the Levirate," *Journal of Asian History* 20,2:127-192(1986).
213) 예를 들면 다음이 그러하다. 허흥식, 『고려사회사연구』, pp. 300~301. 허흥식은 호적에는 단지 '한 남편-한 부인'이라는 공식만이 나타나며, 몽골과 밀접한 관련이 있는 이들만이 부인을 여럿 거느렸다고 주장한다.
214) Jennifer Holmgren, Ibid, p. 147, pp. 154~155. 홀그렌은 몽골의 일부다처제를 수혼이 더욱 널리 확산된 관습으로 자리 잡는 선행조건으로서 간주하고 있다.
215) 신라시대 성의 채용에 대한 상세한 논의는 다음을 볼 것. 이순근, 「신라시대 성씨취득과 그 의미」, 《한국사론》 6(1980. 12), pp. 3~65.
216) 이 이야기는 『이씨가록』에 수록되어 있다. 이에 대하여는 다음을 볼 것. 이만열, 「고려 경원이씨 가문의 전개과정」, 《한국학보》 21(1980 겨울), p. 5 중 특히 주 4와 주 5. 이만열은 이李와 허許의 이중 성을 사용한 의미에 대하여 적극적으로 설명하지 않았다.(인천 이씨는 본래 가락국 수로왕자로서 모후의 성을 따라 허씨가 되었으나, 그 후손 기가 공을 세워 당나라 현종으로부터 이씨의 성을 사성 받았다고 한다─옮

긴이) 그러나 가락의 후손으로 일컬어지는 기는 자신의 직계 후손들이 허를 사용함으로써 이 같은 출계를 기억하기를 원했음이 틀림없다. 허는 모친의 성을 따른 수로왕의 두 번째 아들의 성이며, 가락 왕실의 주요 계열의 성은 김이다. 이에 대해서는 다음을 볼 것. 이순근, 「신라시대 성씨취득과 그 의미」, p. 51. 이순근은 위의 전설과 관련하여 다음을 인용하고 있다. 『한국성씨대관』(서울: 창조사, 1967), p. 252.

217) 그 같은 사례를 더 참조하려면 다음을 볼 것. 이순근, 위의 논문, p. 47. 왕건의 가계를 고정하는 문제를 둘러싼 어려움에 관한 논의에 대해서는 다음을 볼 것. Michael C. Rogers, "P'yŏnnyŏn T'ongnok: The Foundation Legend of the Koryŏ State," *Journal of Korean Studies* 4:3-17(1982~1983).

218) 이에 대해서는 다음을 볼 것. David G. Johnson, *The Medieval Chinese Oligarchy*, p. 91.

219) 한국 본관제도의 기원에 대하여 독창성을 풍부하게 보여주는 다음 논문을 볼 것. 송준호, 「한국의 씨족제에 있어서의 본관 및 시조의 문제」. 본관의 원래 의미는 본적, 즉 '등록된 장소'와 일치한다. 그렇지만 후에 본관은 이 같은 본래의 의미를 상실해버려 출생지나 거주지와 일치하는 것은 드물었다.

220) 송준호, 위의 논문, p. 134. 고려 귀족의 형성을 다룬 다음 논문도 볼 것. 이기백, 「고려귀족사회의 형성」.

221) 여러 형태의 명부 가운데 고사렴의 성명과 결부되는 632년의 『씨족고』는 개성에 알려져 있었다. 『고려사』 10:25. 당나라에서는 그 같은 형태의 국가 족보를 분명히 신분을 관직 점유에 기초를 두도록 할 의도에서 편찬했다. David G. Johnson, *The Medieval Chinese Oligarchy*, p. 48ff.

222) 『고려사』 33:24a-b. 1308년 귀족들의 출계집단에 대한 논의로는 다음을 볼 것. 황운용, 「고려벌족에 관한 연구」(대구: 신학사, 1978), pp. 110~116.

223) 다음을 볼 것. David G. Johnson, Ibid., p. 92.

224) 그 같은 사례에 대하여는 다음을 볼 것. 『고려사』 104:55, 109:17. 1308년 귀족 가문의 명부에서 '일종一崇'은 족 내에서 특별한 개인의 직계 후손의 계열을 지칭하는 것을 의미한다.

2장

1) 신돈의 정치 활동에 대해서는 다음 연구를 볼 것. 민현구, 「신돈의 집권과 그 정치적 성격」, 《역사학보》 38(1968. 8), pp. 46~88; 40(1968. 12), pp. 53~119.

2) 고려 말에서 조선 초에 걸친 변환기의 정치경제적 배경을 논의한 중요한 두 연구는 다음과 같다. 한우근, 「여말선초의 불교정책」, 《인문집》 6(서울대학교 문리과대학,

1957), pp. 1~80; 이상백, 「불교양교교대의 기연에 대한 일연구」, 『조선문화사연구논고』(서울: 을유문화사, 1948), pp. 1~170. 경제 문제에 대하여 다음 연구도 고찰하고 있다. 周藤吉之, 「麗末鮮初における農莊について」, 《青丘學叢》 17(1934. 8), pp. 1~80. 던컨은 고려 말의 정책에 대해 논의하고 있다. John B. Duncan, "The Koryo Origins of the Choson Dynasty: Kings, Aristocrats, and Confucianism"(Ph. D. dissertation, University of Washington, 1988). 이 중 특히 7장을 볼 것.

3) 『고려사』 115:1-9.

4) 『고려사』 118:1-34(조준전), 78:20-38(조준, 이행, 황순상, 허응, 그리고 조인옥의 상소문); 정도전, 「조선경국전」, 『삼봉집』, pp. 214~215. 고려 말 토지 개혁을 둘러싼 논쟁에 대한 훌륭하면서도 상세한 논의에 대해서는 다음을 볼 것. 이상백, 『이조건국의 연구』(서울: 을유문화사, 1959), pp. 117~120.

5) 이들 주요 명단들 외에 그렇게 중요하지 않은 명단이 있다. 조선 초기 공신 직위에 오른 실제 인원은 아마도 1,000명을 넘어설 것으로 추정된다.

6) 이러한 개관은 다음을 기초로 하였다. 정두희, 「태조-태종대 삼공신의 정치적 성격」, 『조선초기정치지배세력연구』(서울: 일조각, 1983), pp. 7~56. 이 책에 수록된 논문 중 다음에 발표한 논문에는 원래 삼공신 집단의 명단이 모두 수록되어 있었다. 《역사학보》 75 · 76(1976. 12), pp. 121~176. 다음도 볼 것. 한영우, 「조선 개국 공신의 출신에 대한 연구」, 『조선전기사회경제연구』(서울: 을유문화사, 1983), pp. 117~180. 이 책에는 1392년의 모든 공신에 대한 간략한 전기를 수록하고 있다. 다음도 볼 것. Donald N. Clark, "Chosŏn's Founding Fathers: A Study of Merit Subjects in the Early Yi Dynasty," *Korean Studies* 6:17-40(1982); 이상백, 「이성계와 고려 말기의 정책」, 『이조건국의 연구』, pp. 3~116.

7) 1392년 태조의 공신에게 수여된 포상 목록에 대해서는 다음을 볼 것. Donald N. Clark, Ibid, p. 19.

8) 공신과 새로운 황실과의 혼인관계에 대한 간략한 논의에 대해서는 다음을 볼 것. Donald N. Clark, Ibid, pp. 28~31.

9) 한영우, 「정도전의 인간과 사회사상」, 《진단학보》 50(1980), pp. 123~135. 한영우는 정도전이 서얼 출신임을 지나치게 강조하는 듯싶다. 그의 외조모가 '첩'인 것은 분명하지만 고려 후기에 '첩'은 아직 사회적으로 오명은 아니다. 정도전이 1398년에 잘못 판단하여 치명적인 타격을 입었을 때 그를 공격한 비난자들은 자신들의 시대에 들어 새로 마련한 법적 기준을 가져다댄 것이다. 그리하여 이 잣대를 정도전의 이미지를 더욱 손상시키기 위한 방법으로 활용하여 첩의 지위를 절하했다. 그러므로 이 문제가 정도전이 이성계에게 합류한 주요한 동기라고 간주하는 것은 시대착오이다. 이와 관

련하여 클라크의 논문도 볼 것. pp. 24~25.
10) 조준은 조인규의 손자인데, 조인규는 몽골의 통역관으로서 고려 후기 권력의 자리에 올랐다. 다음을 볼 것. 민현구,「조인규와 그의 가문」상과 중. 조준의 사망 기사는 다음에 나타난다.『태종실록』9:24-27. 조준의 동생 조견(1351~1425)은 1392년에 2등 공신이 되었다.
11) 하륜의 사망 기사에 대하여는 다음을 볼 것.『태종실록』32:25b-27. 다음도 볼 것. 정두희,『조선초기정치지배세력연구』, p. 34.
12) 권근은 추후 원종공신에 책봉되었는데, 1392년 후기에 책봉된 공신들 중 격이 떨어지는 이들이 있다. 덧붙여 1401년에 그는 태종의 좌명공신이 되었는데, 이것은 4등에 해당한다. 그의 공신 지위는 그다지 인상적이지 않았지만 권근은 셋째 딸이 태종의 셋째 아들과 결혼하면서 왕실과 긴밀한 가문이 되었다.
13) 권근의 사망 기사에 대해서는 다음을 볼 것.『태종실록』17:8b-11. 그에 대한 가장 광범위한 내용의 전기는 다음을 볼 것. 박천규,「양촌권근연구」,《사총》9(1964. 12), pp. 1~50. 또한 다음도 볼 것. 정두희, 위의 책, pp. 34~35.
14) 예를 들면 왕조 창건 이후 거의 30년 동안 정승(정1품)에 오른 20명 중 17명이 공신이었다. Edward W. Wagner, *The Literati Purges: Political Conflict in Early Yi Korea*(Cambridge: East Asian Research Center, Harvard university, 1974), p. 13.
15) 조선 왕조의 첫 2세기 동안 가장 많은 문과 합격자를 배출한 씨족, 예를 들면 안동 권씨(65명)나 광산 김씨(78명) 등에서 태조, 정종, 그리고 태종 등이 통치한 왕조 초기에는 합격자가 적었다는(안동 권씨는 5명, 광산 김씨는 7명) 사실은 흥미롭다. 이들 집단 중 소수는 조선 초기에는 고위관리를 배출하였으나 태조, 정종, 그리고 태종의 재위기간에 책봉된 공신 명단에는 아무도 포함되어 있지 않다. 이에 대해서는 다음에 있는 일람표를 볼 것. Donald N. Clark, Ibid., p. 39, 주 30. 이 일람표는 에드워드 와그너가 편찬한 통계를 기초로 하였다. 이 통계는 그동안 일부가 수정되었다.
16) 이들 네 명에 대한 전기 자료는 왕조실록의 사망 기사와 그들의 전집에 있는 행장에서 찾아볼 수 있다. 또한 다음을 볼 것.『한국인명대사전』(서울: 신구문화사, 1967). 이들 네 명의 출계집단은 던컨이 편집하여 다음 논문에서 제시한 고려 말에서 조선 초의 '주도 씨족'들의 명단에서는 찾아볼 수 없다. John B. Duncan, "The Social Background to the Founding of the Chosŏn Dynasty: Change or Continuity?", *Journal of Korean Studies* 6:52-53(1988~1989).
17) 이것은 다음 논문을 기초로 하였다. John B. Duncan, Ibid. 던컨은 공민왕 이전부터 1392년까지와 1392년부터 1400년까지 두 시기에 대한 이용 가능한 정보를 분석하였다. 그는 또한 고위관리들을 함께 묶는 밀접한 혼인관계도 보여주고 있다. 이 연

구는, 한국의 일부 사회사 연구자들이 신흥사대부들이 조선 왕조의 건국과 더불어 권력을 갖게 되었다는 견해에 대하여 의문을 제기하고 있다. 그 같은 견해는 다음 사례에서 찾아볼 수 있다. 한영우, 「조선왕조의 정치·경제기반」, 『한국사』 9(서울: 국사편찬위원회, 1977), pp 25~29. 한영우는 여러 책에서 고려 말 조선 초의 이행기에 중소 지주를 대표하는 사대부들이 리더십을 행사했다는 의견을 내놓고 있다. 이 같은 견해에 대한 비판에 대하여는 다음을 볼 것. James B. Palais, "Han Yŏng-u's Studies of Early Chosŏn Intellectual History," *Journal of Korean Studies* 2:199-224(1980).

18) 국학에 대하여는 다음을 볼 것. 허흥식, 『고려과거제도사연구』(서울: 일조각, 1981), pp. 48~52.

19) 이색의 전기에 대해서는 다음을 볼 것. 『고려사』 115:1-28. 그의 사망 기사에 대해서는 다음을 볼 것. 『태조실록』 9:6b-8. 그의 생애에 대한 상세한 연구로는 다음을 볼 것. Hans-J rgen Zaborowski, *Der Gelehrte und Staatsmann Mogŭn Yi Saek*(1328~1396)(Wiesbaden: Otto Harrassowitz, 1976).

20) 정몽주의 전기는 다음을 볼 것. 『고려사』 117:1-20. 또 다른 짧은 전기로는 함부림(1360~1410)이 『포은집』에 쓴 것을 들 수 있다. 정몽주, 『포은집』 4: 30b-39. 그와 동시대 인물인 정도전이 남긴 정몽주에 대한 개인적인 회고담도 찾아볼 수 있다. 정도전, 「포은봉사고 서」, 『삼봉집』, pp. 89~91. 박종홍은 정몽주의 사상을 호병문(1250~1333)의 『사서통四書通』을 기초로 그 대략을 재구성하려고 했다. 박종홍, 『한국사상사논고』(서울: 서문당, 1977), pp. 24~29.

21) 『고려사』 115:10b-11; 정도전, 『삼봉집』, p. 370.

22) 권근의 정도전의 「심기이편」에 대한 주석은 다음에 수록되어 있다. 정도전, 『삼봉집』, p. 286.

23) *Works of Mencius, bk.* 1, *pt.* 2, chap. 9, sec. 13.

24) 권근, 「불씨잡변서」(1398년으로 추정), 정도전, 『삼봉집』, pp. 277~278. 정도전의 사상에 대한 충실한 연구는 다음을 볼 것. 한영우, 『정도전사상의 연구』(서울: 서울대학교 출판부, 1983). 또한 다음을 볼 것. Chung Chai-sik, "Chŏng Tojŏn: 'Architect' of Yi Dynasty Government and Ideology," in Wm. Theodore de Bary and JaHyun Kim Haboush, eds., *The Rise of Neo-Confucianism in Korea*, pp. 59~88.

25) 권근, 「영흥부학교기」, 『양촌문집』 14:8-9b.

26) 『입학도설』은 최근 권덕주가 한글로 번역한 것을 활용할 수 있다. 권근, 『입학도설』, 권덕주 옮김(을유문고 131. 서울: 을유문화사, 1974). 『입학도설』에 대한 논의로는

마이클 칼톤의 다음 연구를 볼 것. Michael C. Kalton, "Early Yi Dynasty Neo-Confucianism: An Integrated Vision," in Laurel Kendall and Griffin Dix, eds., *Religion and Ritual in Korean Society*(Berkeley: Institute of East Asian Studies, University of California, 1987), pp. 9~25. 같은 연구자의 다음 논문도 볼 것. "The Writings of Kwŏn Kun: The Context and Shape of Early Yi Dynasty Neo-Confucianism," Theodore de Bary and JaHyun Kim Haboush, eds., *The Rise of Neo-Confucianism in Korea*, pp. 89~123.

27) 한국에서 '도통'에 대한 논의로는 다음을 볼 것. Martina Deuchler, "Self-cultivation for the Governance of Men: The Beginnings of Neo-Confucian Orthodoxy in Yi Korea," *Asiatische Studien* 34.2:9-39(1980).

28) 한우근의 조선 전기 실학에 대한 정의에 대하여는 다음을 볼 것. 한우근, 「이조 실학의 개념에 대하여」, 『이조후기의 사회와 사상』(서울: 을유문화사, 1961), pp. 363~370.

29) 『세종실록』 120:14b.

30) 『고려사』 93:19.

31) 이제현, 『익재선생난고』 5:5b.

32) 한우근, 「여말선초의 불교정책」, p. 9; 이은순, 「이색연구」, 《이대사원》 4(1962), pp. 64~65.

33) 『고려사』 117:10b-11.

34) 이 주장에 대한 전문은 다음을 볼 것. 정도전, 『삼봉집』, pp. 254~279. 정도전의 사상에 대한 평가로는 다음을 참조할 것. 윤사순, 「정도전 성리학의 특성과 그 평가문제」, 《진단학보》 50(1980), pp. 151~160.

35) 『정종실록』 3:2a-b.

36) 『태조실록』 2:3b; 『태종실록』 24:18a-b; 『세종실록』 23:27-29, 55:19a-b, 85:7b-8; 최항, 『태허정문집』 책 2, 권 1:30.

37) 『세종실록』 23:30-32.

38) 『태종실록』 24:18a-b; 『세종실록』 23:27-9; 정도전, 『삼봉집』, pp. 270~279.

39) 『세종실록』 23:29.

40) 『세종실록』 50:32a-b, 64:8b, 77:24b; 성현, 『허백당집』 10:12a-b.

41) 홍범은 『서경』의 한 장이다.

42) '조선'은 한국인들이 내놓은 두 가지 안 중에서 명이 선택한 것이며, 1393년에 새 왕조의 국호가 되었다. 또 다른 것은 '화녕'인데 영흥(함경남도에 있는 지역)의 또 다른 이름으로 이태조의 출생지이다. 태조는 1393년이 될 때까지 계속 '고려'를 사용

하였다. 『태조실록』 2:15b-16, 3:3b-4; 이상백, 『한국사』 근세전기 편(서울: 을유문화사, 1962), pp. 63~65.

43) 정도전, 「조선경국전」, 『삼봉집』, p. 205. 조선 초기의 역사주의historicism는 한국민의 신화상 시조인 단군을 비롯하여 신라, 고구려, 백제 그리고 고려의 창건자들에 대한 제사에서도 표현되고 있다. 왕조 창건자들에 대한 칭송은 한영우가 해석한 바와 같이 국가 주체의 한 표현일 뿐만 아니라 더욱 중요한 것은 중국 고대와 상상 속의 역사적 고리를 재확인하여 새 왕조의 기반을 좀더 넓은 역사적 맥락에서 위치지은 데 있다. 단군, 기자, 그리고 왕조 창건자들에 대한 다양한 숭배에 대해서는 다음을 볼 것. 한영우, 『조선전기의 사회사상』(서울: 한국일보사, 1976), pp. 53~61; Han Yŏng-u, "Kija Worship in the Koryŏ and Early Yi Dynasties: A Cultural Symbol in the Relationship between Korea and China" is in Wm. Theodore de Bary and JaHyun Kim Haboush, eds., *The Rise of Neo-Confucianism in Korea*(q. v.), pp. 349~374.

44) 『태종실록』 3:3b, 25:14a-b; 『세종실록』 28:15, 41:16b-17, 19, 120:14b; 정도전, 「조선경국전」, 『삼봉집』, p. 242.

45) 강기는 삼강 육기를 줄인 말이다. 이것은 대개 세 가지 중요한 관계와 여섯 가지의 사회 원칙을 결합한 어구이다. 삼강은 유교 도덕의 기본이 되는 세 가지 큰 줄거리, 곧 군신·부자·부부 사이의 도리로, 군위신강君爲臣綱·부위자강父爲子綱·부위부강夫爲婦綱을 일컫는다. 육기에 따르면 아버지는 아버지로서의 사랑인 선을, 양부는 의를, 가족은 서를, 형제들은 친을, 윗사람은 존을, 친구는 구를 가지고 있다.

46) 조준, 『송당문집』, 책 2, 권 4:23b. 신체의 순환 체계와 국가의 행정 통로 사이의 유사성은 종종 반복되는 주제이다. 예를 들면 김장생은 강기를 국가의 명맥이라고 불렀다. 국가의 복지는 그 명맥을 보전함으로써 달성될 수 있다는 것이다. 김장생, 『사계선생전서』 2:19.

47) 변계량, 『춘정문집』 권 7(페이지 표시는 없다).

48) 정도전, 「경제문감, 별집」, 『삼봉집』, pp. 295~358.

49) 유儒는 종종 사士와 같은 의미로 쓰였다.

50) 성현, 『허백당집』 10:4a-b; 정도전, 『삼봉집』 권 3, p. 83, p. 87; 한영우, 『정도전사상의 연구』, pp. 97~99.

51) 이이, 「성학집요」 7, 『율곡전서』 25:29b.

52) 신민은 『대학』의 첫 절에 나오는 주요 개념이다. 주자와 마찬가지로 정도전은 이러한 개념으로 읽었으며 원래 표현된 백성을 사랑한다는 '친민'의 의미로 읽지 않는다. 정도전, 「불씨잡변」, 『삼봉집』, p. 269. 이 절을 달리 표현한 것에 대한 설명은

다음을 볼 것. Daniel K. Gardner, *Chu Hsi and the Ta-hs eh: Neo-Confucian Reflection on the Confucian Canon*(Cambridge: Council on East Asian Studies, Harvard University, 1986), pp. 89~90.

53) 『태종실록』 19:33b; 양성지, 『눌재집』 1:24b, 4:26a-b, 46; 이언적, 『회재전서』 7:7.

54) 정도전, 「조선경국전」, 『삼봉집』, p. 232; 최항, 『태허정문집』, 책 2, 권 1:36; 성현, 『허백당집』 10:12b; 강희맹, 『사숙재집』 7:1b.

55) 『세종실록』 86:33; 『성종실록』 35:1; 변계량, 『춘정문집』, 권 7(페이지 표시 없음); 장현광, 『여헌선생문집』 7:59b; 이익, 『성호사설』, I, p. 326.

56) 『세종실록』 52:27b, 89:32b; 정도전, 「조선경국전」, 『삼봉집, p. 239; 이이, 『성호사설』, I, p. 421; 이이, 『율곡전서』 25:24; 성현, 『허백당집』 10:8b-9. 조선 초기 법사상에 대한 논의는 다음을 볼 것. William Shaw, "The Neo-Confucian Revolution of Values in Early Yi Korea: Its Implications for Korean Legal Thought," in Brian E. McKnight, ed., *Law and the State in Traditional East Asia: Six Studies on the Sources of East Asian Law*(Honolulu: University of Hawaii Press, 1987), pp. 149~171.

57) 이 저작들에 실린 텍스트의 역사에 대한 간략한 설명은 다음을 볼 것. Charles S. Gardner, *Chinese Traditional Historiography*(Cambridge: Harvard University Press, 1961), pp. 56~57. 여기에서 활용한 번역본은 다음과 같다. James Legge, *Li Chi, Book of Rites*, 2 vols.(New York: University Books, reprint, 1967); John Steele, *The I-li or Book of Etiquette and Ceremonial*, 2 vols.(London: Probsthain, 1917); Edouard Boit, *Le Tcheou-li ou Rites des Tcheou*, 2 vols.(Paris: Imprimerie Nationale, 1851).

58) 예를 들면 1045년에 공영달이 주석을 단 『예기정의』를 국왕에게 바쳤다. 『고려사』 6:34b. 의례를 다룬 『예기』·『의례』·『주례』는 또한 고려시대 과거에 응시하려면 공부해야 하는 자료의 일부이기도 했다. 『고려사』 73:4a-b.

59) 권근, 『예기천견록』 1:1-4b; 『단종실록』 10:42b. 『예기』에 대한 권근의 저작은 그의 『오경』 중 일부가 남아 있다. 이 저작을 간략하게 언급한 다음의 글을 볼 것. 박천규, 위의 논문, pp. 7~8. 조선 초기에 사용된 『예기』의 또 다른 판은 호광의 『예기집설대전』이다. 규장각의 가람 문고에 소장된 것은 세종 때 출간된 목판본이다. 이것은 그 후 여러 차례에 걸쳐 재간된 바 있다.

60) 이 저작에 대한 기술에 대해서는 다음을 볼 것. Robert C. Provine, *Essays on Sino-Korean Musicology*(Seoul: Il Ji Sa, 1988), pp. 90~92.

61) 『태종실록』 5:27.

62) 『세종실록』 88:27.
63) 『태종실록』 24:19; 『세종실록』 23:28a-b, 31b, 55:20b, 88:27.
64) 『가례』의 여러 판본을 개관한 것에 대해서는 다음을 볼 것. 『朝鮮圖書解題』(京城: 朝鮮總督府, 1919), pp. 22~24. 이 저작에 대한 상세한 논의에 대해서는 3장을 볼 것. 『사례편람』의 가장 최근 판은 1900년에 의학 전문가인 황필수가 출간하였다.
65) 『대당개원례』는 황제의 명에 따라 소숭 등이 편찬하여 732년에 황제에게 바쳤다. 이 것을 확대한 판본이 『통전』의 106~140장에 포함되었으며 아마도 한국에는 이것이 전해졌을 것이다. 이에 대하여는 다음을 볼 것. Robert C. Provine, Ibid., pp. 71~72. 두우(735~812)가 801년에 황제에게 바친 『통전』은 전설적인 황제시대부터 천보시대의 마지막(755)에 이르기까지 중국의 제도에 대한 방대한 연구이다. 이 저 작을 간략하게 개관한 서지 정보에 대해서는 다음을 볼 것. Robert Des Rotours, *Le Trait des Examens*(Pairs: Librairie Ernest Leroux, 1932), pp. 84~85; Teng Ssu-y and Knight Biggerstaff, *An Annotated Bibliography of Selected Chinese Reference Works*, 2nd ed., Cambridge, Harvard University Press, 1950, pp. 148~149.
66) 『문헌통고』는 송말 원초에 마서림이 편찬한 것이다. 상세한 내용은 다음을 볼 것. Teng and Biggerstaff, Ibid., pp. 150~151; Robert C. Provine, Ibid., pp. 95~96; 『태종실록』 6:19, 16:4b; 『세종실록』 42:15b.
67) 『대명회전』에는 이성계가 이인임(중국 문헌에는 이인인으로 나와 있다)의 아들로 되어 있다. 그들은 1373년에서 1395년 사이에 왕씨 가문의 국왕 네 명을 살해한 책임이 있다고 되어 있다. 『대명회전』 105:2. 이인임은 1374년에 공민왕을 암살하고 우왕을 왕위에 올린 권세 있는 인물이다. 우왕은 1388년에 이성계에 의하여 권좌에서 축출되었다. 이 문제는 태종이 즉위한 직후 알려졌다. 그렇지만 한국인들이 이것을 알았더라도 이 오류를 바꿀 수는 없었을 것이다. 중국인의 관점에서 『대명회전』의 수정을 둘러싼 논쟁에 대한 설명으로는 다음을 볼 것. L. Carrington Goodrich, "Korean Interference with Chinese Historical Record," *Journal of the North China Branch of the Royal Asiatic Society* 68:27-29(1937). 구드리치는 한국 사신의 한 사람이었던 이계맹(1458~1523)이 『대명회전』을 한국에 가져왔다고 이야기하고 있다. 실록에 따르면 이계맹이 아니라 이지방이다. 『중종실록』 32:46, 64b, 33-5-6. 한국에서는 이성계에 대한 잘못된 정보를 수정하여 달라고 중국에 여러 차례 청원하였으나, 1587년 판에는 이성계의 계보를 바로잡은 보유와 함께 이성계가 권좌에 오른 것에 대한 간략한 요약만 포함하고 있다. 원래의 잘못된 정보는 텍스트에 그대로 남았다. 『대명회전』 105:2-4; 『중종실록』 34:74b. 수정본을 수도 한

양으로 가져온 것은 1588년의 초여름이다. 『선조실록』 22:11b-13.
68) 『중종실록』 38:47, 64:2b, 81:57, 59; 『명종실록』 11:51, 55b, 57, 13:12.
69) 『태조실록』 8:5; 『세종실록』 77:26, 120:7b; 『세조실록』 1:12b, 21b; Robert Des Rotours, Ibid., p. 104.
70) 『태종실록』 1:23; 『세종실록』 77:26. 『통감강목』은 사마광의 『자치통감』을 요약한 것이다. 다음을 볼 것. Charles S. Gardner, Ibid., p. 14.
71) 김수온, 『식우집』(『이조명현집』 2), pp. 661~663.
72) 『태조실록』 15:11b-12b. 사서四書를 한글로 옮기는 방대한 작업은 세종 때 고전학자인 김구(?~1462)가 담당하였다. 『세종실록』 119:19b.
73) 『태조실록』 1:21, 2:13a-b; 『태종실록』 22:47, 24:17b. 세종이 통치할 때 새로 주조한 활자를 가지고 두 번째로 출간한 것이 분명하다. 변계량, 「대학연의주자발」, 『춘정문집』 12:28b-29.
74) 『성리대전』은 1414년에 황제의 명으로 호광이 주도하여 편찬하였다. 이 작업은 1415년에 마쳤다.
75) 『세종실록』 30:4, 34:10b, 37:4b, 56:26a-b, 70:4b; 변계량, 「사서오경성리대전발」, 『춘정문집』 12:29b-30. 『증보문헌비고』에 따르면(242:14), 이들 저작들은 1426년 중국에 갔던 사신이 처음으로 한국에 가지고 온 것으로 되어 있다. 그렇지만 실록에 따르면 그들이 처음 전한 것이 아니다. 그 후 명나라에서 여러 차례 한국에 전해주었으며 한국에서는 반복하여 출간하였다.
76) 김종국의 판에 주세붕(1495~1554)이 1541년에 서문을 썼다. 주세붕, 『무릉잡고』 7:28b-30. 이 저작 편찬의 어려움에 대하여는 다음을 볼 것. 『중종실록』 96:62.
77) 『세종실록』 68:2b; 『중종실록』 25:43b, 26:28, 34b-35, 36b, 32:18b. 주희는 여조겸(1137~1181)과 협력하여 1175년에 이 저작을 썼다.
78) 『태종실록』 13:14b; 『세종실록』 20:21, 43:26b, 84:32b-33, 94:6; 『문종실록』 5:13b; 『중종실록』 28:21b-22, 34:3; 『명종실록』 1:16, 12:29a-b. 『소학』은 주희의 제자 유청지의 저작으로 생각된다. 한국의 사절단은 주희의 『주자어류』를 1476년과 1482년에 베이징에서 가져와서 세종에게 바쳤다. 이것은 방대하고 특색이 분명하지 않아서 사회적 입법화가 진행되는 초기에는 많이 활용되지 못한 것처럼 보이며, 1570년까지 출간되지는 못했다. 『성종실록』 67:6b, 139:6; 『선조실록』 5:7.
79) 『태종실록』 20:14.
80) 『고려사』 77:26. 이것은 1113년에 건립되었으며, 그 역할은 잘 알려지지 않았다. 1352년에 예의추정도감이라는 명칭의 새로운 관부가 설립되었으므로 이것은 그 전에 폐지되었다고 생각한다. 『고려사』 77:28b.

81) 『세종실록』 17:7.
82) 다음 연구는 집현전의 여러 측면에 대한 중요한 성과이다. 최승희, 「집현전연구」, 《역사학보》 32(1966. 12), pp. 1~58; 33(1967. 3), pp. 39~80; 정두희, 「집현전 학사의 사회적 배경과 정치적 성장」, 『조선초기 정치지배세력연구』, pp. 125~194. 최승희가 집현전의 제도적 측면들을 주로 분석한 반면 정두희는 집현전 학사들의 사회적·정치적 역할을 연구했다. 집현전의 참고 도서관으로서의 기능에 대하여는 다음에 기술되어 있다. 이재철, 『집현전고』(서울: 한국도서관협회, 1978).
83) 조선 초기 대간의 위치와 역할에 대한 광범위한 기술에 대해서는 다음을 볼 것. Sohn Pow-key, "Social History of the Early Yi Dynasty, 1392~1592"(Ph. D. dissertation, University of California, Berkeley, 1963). 세종 연간 사간원에 대한 연구로는 다음이 있다. 정두희, 「세종대 대간의 정치적 지위」, 위의 책, pp. 57~124.
84) 『태종실록』 15:29, 32:1b-2; 이상백, 「불교양교 교대의 기연에 대한 일연구」, pp. 122~125.
85) 『태종실록』 29:11b; 『세종실록』 128:1. 국왕에게 바친 책은 『제사의』라고 제명을 붙였다. 허조의 저작이라는 사실은 『세종실록』의 기사로 알 수 있다.
86) 세종의 오례는 실록의 「오례의주」로서 수록되어 있다.
87) 『세종실록』 128-135; 『단종실록』 3:8b-9. 『국조오례의』는 국가의 모든 의례에 대한 설명과 이에 관한 그림을 담고 있는데, 이것은 다음 다섯 가지 항목으로 구분되어 있다. ① 길례, ② 가례(왕실 혼례), ③ 빈례, ④ 군례, ⑤ 오복례. 또한 다음도 참조할 것. Provine C. Provine, Ibid., pp. 34~38.
88) 『성종실록』 161:7; 『중종실록』 38:55; 『국조오례의』 '서문.'
89) 사대부라는 용어는 고려시대에는 드물게 사용되었다. 이것은 중국의 고전, 그중에서도 각별히 『의례』에서 기원한다. 대부는 4품 이상의 관계를 지닌 관리를 지칭하며 사는 5품 이하를 지칭한다. 이들은 둘 다 관계를 가진 관리를 나타내고 있다. 사대부는 종종 양반과 같은 의미이다. 여기에서는 이들 두 용어를 혼용하였다.
90) 관료제도, 군사제도에서 사대부의 역할과 토지의 관계에 대한 논문으로는 다음을 볼 것. 이성무, 「양반」, 『한국사』 10(서울: 국사편찬위원회, 1974), pp. 549~595; 『조선초기양반연구』.
91) 『태조실록』 1:43b.
92) 『태조실록』 8:8b.
93) 『세종실록』 11:21b.
94) 초기 가훈에 대해서는 다음을 볼 것. 김안국, 『모재선생집』 15:11b-12b; 신숙주,

『보한재집』 13:1-4b; 유희춘, 『미암선생문집』 4:1-30; 장현광, 『여헌선생문집』 10:3(김굉필 전기); 기대승, 『고봉선생문집』 3:58a-b(김굉필 전기). 김굉필(1454~1504)은 가훈을 처음 만든 사람들 중 한 명으로 짐작된다.

95) 정도전, 「조선경국전」, 『삼봉집』, p. 231, p. 242.
96) 『세종실록』 62:22b.
97) 『경제육전』에 대한 논의는 다음을 볼 것. 花村美樹, 「經濟六典について-李朝國初の法典に關する一考察-」, 《法學論纂》 5(京城: 京城帝國大學 法學部, 1932).
98) 『태조실록』 1:44b; 『태종실록』 8:26a-b, 22:43b, 29:25b-26. 1395년의 번역본은 1389년에 출간된 명의 법전을 기초로 하고 있다. 한국판은 명의 원본과 다소 차이가 있을 뿐인데 조선 말기까지 권위 있는 형전으로 사용하였다. 한국에서 명나라의 법 채용에 관한 간략한 논의로는 다음을 볼 것. 『李朝法典考』(京城: 朝鮮總督府 中樞院, 1936), pp. 76~128.
99) 『세종실록』 41:17b, 86:28, 120:15b, 17, 121:25b.
100) 『경국대전』의 편찬에 대한 논의로는 다음을 볼 것. 內藤吉之助, 「經國大典の難産」, 《朝鮮社會法制史研究》 9(1937), pp. 129~256; 박병호, 『한국법제사고』(서울: 법문사, 1974), pp. 397~421. 오늘날에 남아 있는 가장 이른 『경국대전』 판본은 1485년의 것이다. 조선시대에 몇 차례 수정하여 1746년에는 『속대전』이, 1785년에는 『대전통편』이, 1865년에는 『대전회통』이 나왔다.
101) 서인은 귀족 배경을 가지고 있으나 새로운 관료 세계에 들어가지 못한 이들을 지칭하며 사대부의 바로 아래 위치하였다. 이들의 미래는 관직과 관계를 보전하지 못하는 한 불안정했다. 그 용어의 의미는 점차 변했다고 생각된다. 그리하여 16세기 중반에는 더는 엘리트에 속하는 이들을 지칭하지 않는 것이 분명하다. 이제 서인은 평민[庶民], 양민[良民]과 같은 의미가 되었다. 그 같은 사례로는 다음을 볼 것. 『성종실록』 81:11b(여기에는 서인이 엘리트의 경계 아래에 있는 이들을 의미하는 것으로 간주된다); 『명종실록』 20:14, 15(여기에는 서가 양반이 아닌 이들을 지칭한다). 당나라에서 사와 서 사이의 구분에 대해서는 다음을 볼 것. David G. Johnson, *The Medieval Chinese Oligarchy*, pp. 154~155.
102) 정도전, 「조선경국전」, 『삼봉집』, p. 242.
103) 정도전, 위의 책, p. 222.
104) 『세종실록』 41:16b-17, 19; Sohn Pow-key, pp. 27~31.
105) 『세종실록』 86:3; 최항, 『태허정문집』 책 2, 권 1:36b.
106) 양성지, 『눌재집』 1:26b-27, 30b-31.
107) 『성종실록』 91:19, 20.

108) 『명종실록』 15:37-39b, 17:44.

109) 위의 책.

110) 다른 한편 기는 오행을 이룬다.

111) 조익, 위의 책, 26:26b-27; 기대승, 『고봉선생문집』 1:9b. 개념을 도식화한 사례에 대해서는 다음을 볼 것. 조식, 『남명집』 3:12.

112) 조익, 위의 책, 26:27-28.

113) James B. Palais, "Confucianism and the Aristocratic/Bureaucratic Balance in Korea," *Harvard Journal of Asiatic Studies* 44.2:427-468(1984). 팔레는 귀족적 요소와 관료적 요소의 결합을 조선 초기 사대부들의 가장 두드러진 특징으로 보고 있다.

114) 명나라 건국에서 지적인 직업 엘리트들에 대한 논의는 다음을 볼 것. John W. Dardess, *Confucianism and Autocracy: Professional Elites in the Founding of the Ming Dynasty*(Berkeley: University of California Press, 1983). 양국을 비교하려면 다음도 볼 것. Edward L. Dreyer, *Early Ming China: A Political History, 1355~1435*(Stanford: Stanford University Press, 1982).

3장

1) 유교적 양식의 제사와 종족 조직 상호 의존성에 대해서는 다양한 맥락에서 논의되어 왔다. 다음을 예로 들 수 있다. Freedman, *Chinese Lineage and Society*(London: The Athlone Press, 1958) pp. 81~91 및 C. K. Yang, *Religion in Chinese Society*(Berkeley: University of California Press, 1967), p. 253ff.

2) 『성리대전』 67:1-2.

3) *Reflections on Things at Hand: The Neo-Confucian Anthology Compiled by Chu Hsi and Lu Tsu-ch'ien*. Translated with Notes by Wing-Tsit Chan(New York: Columbia University Press, 1967), pp. 227~228, pp. 231~232.

4) *Li Chi*(『예기』), '상복소기,' 6:36b; *Li Chi, Book of Rites* II, James Legge, tr.(New York: University Books, 1967), p. 43. 중요한 제사 후계자의 종자는 자신의 아들을 '별자'라고 부르는데, 그것은 귀한 신분의 어린 아들은 그 자신의 새로운 계통[宗]을 세워야 하기 때문이다.

5) *Li Chi*, '상복소기,' 6:36b-38; *Li Chi*, '대전,' 6:56-57; *Po-hu t'ung*(『백호통』 II, Tjan Tjoe Som, tr.(Leiden: E. J. Brill, 1949), II, pp. 574~575; Ch', T'ung-tsu. *Law and Society in Traditional China*(The Hague: Mouton & Co., 1965), pp. 31~33.

6) *Po-hu t'ung*(『백호통』) II, p. 574.

7) 주희, 『주자어류』(영인, 서울, 1978), 3:6, 10, 18b, 20.

8) 상나라와 주나라의 종족제도에 대한 기술은 다음을 볼 것. K. C. Chang, *Early Chinese Civilization*, pp. 72~92.

9) *Reflections on Things at Hand*, p. 229.

10) 『고려사』 117:19b; 『증보문헌비고』 86:1a-b.

11) 『고려사』 118:23-24; 조준, 『송당문집』 책 2, 권 4:18a-b.

12) 『고려사』 63:18-20; 『증보문헌비고』 86:1a-b; 정몽주, 『포은집』, 「속록」 1:6-8.

13) 『고려사』 121:21-22; 『증보문헌비고』 86:1b-2.

14) 『고려사』 78:19b, 23b, 30b.

15) 『태조실록』 5:1, 8:15, 17b, 9:3b, 11:12a-b.

16) 『태종실록』 2:22.

17) 『태종실록』 11:29b.

18) 『태종실록』 25:25a-b; 『세종실록』 35:14b.

19) 『세종실록』 54:24b, 33.

20) 『세종실록』 55:10.

21) *Li Chi*, '증조종,' 4:18a-b, 19b-20; *Li Chi, Book of Rites*, James Legge, tr. II, pp. 335~336; 『세종실록』 36:28, 41:16a-b. 레그가 서자를 첩에게서 태어난 아들로 해석한 반면 한국인은 이 대목에서는 차자와 동일한 것으로 간주하였다.

22) 『세종실록』 43:23b-24b, 44:7a-b.

23) 『세종실록』 45:5b.

24) 『세종실록』 77:19b-21; 『성리대전』 66:8.

25) 『경국대전』, p. 276.

26) 변계량은 『예기』를 『의례』로 잘못 인용한 것 같다. 『예기』는 봉사하는 조상의 대수차별을 논의하고 있다. *Li Chi*, '왕제,' 3:13; *Li Chi, Book of Rites*, James Legge, tr., I, p. 223.

27) 『세종실록』 41:17-18; 『명회요』 I, p. 223.

28) 『세종실록』 43:23b.

29) 『세종실록』 50:13b-14; 『경국대전』, p. 276.

30) 태조의 동생인 이화의 사안은 다음을 볼 것. 『세종실록』 67:23b.

31) 『세종실록』 64:11b.

32) 『세종실록』 68:27. 이 법은 전하는 바에 따르면 논쟁이 있었다.

33) 『세종실록』 77:33a-b. 이 법은 공신, 고위관리, 왕실 성원의 후사를 세우는 데는 적

34) 『고려사』에서는 '입후'와 '봉사'를 찾아볼 수 없다. 『증보문헌비고』에서 '입후'라는 제명으로 고려의 계승법을 언급하고 있다는 것은 좀더 적절한 범주를 결여하고 있음에 틀림없다. 이에 대하여는 다음을 볼 것. 『증보문헌비고』 86:4. 花村美樹는 「花村美樹」을 복원하면서 '입후'라는 제명의 사항을 넣지 않았다. 花村美樹, 「經濟六典」.

35) 『세조실록』 13:38b-40b. 조근이 조말생의 봉사자가 되었다는 사실은 1743년에 출간된 『양주조씨족보』나 일제강점기 출간된 『만성대동보』 그 어디에도 없다. 강희맹의 사례에 대해서는 이 책 5장을 볼 것.

36) 예를 들어 다음이 그것이다. 『세종실록』 90:23.

37) 1471년에 편찬된 『경국대전』은 현존하지 않지만 그 내용은 대부분 그 후의 판본과 실록을 통하여 알려져 있다.

38) 중자는 차자와 동의어이다.

39) 입후와 수양자의 관계에 대해서는 이 책 5장을 볼 것.

40) 『경국대전』, pp. 276~277.

41) 『성종실록』 32:1a-b; 『대명률직해』, p. 170.

42) 공식 문서에 여성은 그녀의 부친의 성에 종족 또는 가문을 의미하는 '씨'를 덧붙여 지칭하고 있다.

43) 『성종실록』 52:4a-b, 233:14-16b.

44) 『단종실록』 3:12; 『성종실록』 6:17a-b, 107:77-8, 12b-14, 150:3b-4.

45) 『중종실록』 41:14b.

46) 『중종실록』 41:15a-h.

47) 『대전후속록』(『대전속록급주해』, 재판, 경성: 조선총독부 중추원, 1935), p. 161.

48) 『명종실록』 13:54b-55.

49) 『명종실록』 15:20b-21.

50) 『명종실록』 15:52a-b.

51) 『대전주해』(『대전속록급주해』), p. 270.

52) 『속대전』, pp. 234~236. 입후는 예조에 보고해야만 구속력이 있다. 『경국대전』, p. 277. 훗날 학자들은 이것이 자의적이며 사사로운 행위가 아니므로 당국의 재가가 필요했다고 거듭 지적하였다. 이에 대해서는 다음을 볼 것. 최신, 『학암집』 2:5b.

53) 『명종실록』 14:47; 『선조실록』 14:17b-18, 15:5a-b; 『현종실록』 6:3b-4, 5a-b; 『수교집록』, p. 164; 『각사수교』, pp. 26~27.

54) 『속대전』, pp. 234~235; 이이, 「입후의」, 『율곡전서』 8:25b-27b.

55) 『중종실록』 27:2, 36:37a-b, 45b-46b. 또 다른 흥미로운 논의를 다음의 기사에서 발견할 수 있다. 『성종실록』 35:1b-2.
56) *Po-hu t'ung*(『백호통』) II, p. 257.
57) 『세종실록』 97:7b-8, 114:15a-b. 조선시대 서얼 문제에 대한 일반적인 논의에 대하여는 다음을 볼 것. Martina Deuchler, "'Heaven Does Not Discriminate': A Study of Secondary Sons in Chosŏn Korea." *Journal of Korean Studies* 6:121-163(1988~1989).
58) 『세종실록』 64:10b-11b.
59) 『세종실록』 67:23a-b. 서자들에 대한 또 다른 장애는 이들이 충의위에 들어갈 수 없다는 것인데, 충의위에는 적실의 자손만 들어갈 수 있었다. 조상에 대한 제사를 받드는 이들 공신의 서자들은 매우 드물었지만, 충의위를 비롯한 기타 기구에 들어가는 것이 허용되었다. 『경국대전』, p. 399와 다음도 볼 것. Deuchler, Ibid., p. 136.
60) 『경국대전』, pp. 276~277. 적장자에게 서자만 있을 경우 동생의 아들을 봉사손으로 삼기를 원한다면 이것을 정부에 신고해야 한다고 추가 조항에 규정하였다. 그 같은 경우 당사자는 자신의 서자가 일지인 것으로 주장할 수 있었다.
61) 『성종실록』 35:1-3, 146:8b-9b.
62) 『명종실록』 13:55, 15:19-20b, 20:13b-15; 『수교집록』, p, 164.
63) 『조선사』 4·3:357; 『만성대동보』 I, 123; 『여주이씨족보』 상, pp. 4~5.
64) 예를 들어 『명종실록』에 수록된 남해의 사안을 들 수 있다. 『명종실록』 15:19-21b. 이 사례는 다음에 논의되어 있다. Martina Deuchler, "'Heaven Does Not Discriminate,'" pp. 131~133.
65) 『대전후속록』, p. 161.
66) 『명종실록』 15:52a-b; 『수교집록』, p. 164.
67) 『명종실록』 20:13b-15; 『대전주해』, p. 269. 의례에 관심을 가진 유학자들은 서자는 지위는 낮지만 같은 조상의 후손이므로, 첫 부인에서 태어난 이복형제들이 모두 죽는다면 제사를 받들 수 있다고 거듭 표명하였다. 여기에 대하여는 다음을 볼 것. 정경세, 『우복집』 13:28a-b; 송준길, 『동춘당집』 8:20b.
68) 이재의 『사례편람』에는 서자들에 대하여 언급하고 있지 않다. 이의조가 편찬한 『가례증해』는 1792년에 처음 출간되었는데, 서자의 제사 의무를 규정한 『경국대전』의 조항을 수록하고 있으며, 더불어 김장생의 『의례문해』에 수록된 문답을 덧붙이고 있다(김장생은 대답 중 미천한 출신의 서자라도 평민이 되었다면 봉사할 수 있다고 확신하고 있다). 『의례문해』 1:13.
69) 『덕수이씨세보』 2:27b.

70) 그렇지만 『속대전』에는 사족의 자손이나 조정의 관리가 적처에게서 자손을 얻지 못하여 공천의 소생으로서 승중시킨 경우, 이를 조사하여 분명히 입증한다면 다른 노비로 대체하여 평민이 되도록 허용한다는[代口贖身] 규정을 담고 있다. 『속대전』, p. 429.

71) 『세종실록』 41:19.

72) 『세종실록』 41:16b-17, 19, 44:7b, 120:15b-17b; 『경국대전』, p. 276. 『경국대전』의 법은 다음과 같다. "사대부는 두 사람 이상의 부인을 함께 사당에 모실 수 있다[士大夫二妻以上并祔]." '두 사람 이상의 부인'에 대하여는 후일에 좀더 명확히 할 필요성이 있다고 생각된다. 1555년에 편찬된 『대전주해』에서는 주희가 제시한 몇 가지 선택 사항을 기초로, 정실은 셋째든 넷째든 가묘에 배향해야 한다고 결정하였다. 『대전주해』, pp. 267~269.

73) Steele, tr., *I-Li*, II, p. 13.

74) 『세종실록』 50:3b-4, 64:8a-b, 31a-b, 65:5b, 6, 9b, 77:24-26b, 82:11b; 『경국대전』, p. 257.

75) 『경국대전』, pp. 491~492.

76) 이 조항은 1543년에 『대전후속록』에 법규로 들어갔다. 『대전후속록』, p. 161.

77) 간쟁기구들이 의정부의 관리들과 맞선 파벌 정치와 관련하여 이것이 수반하는 함의에 대해서는 더 밝혀야 할 것이다.

78) *Li Chi* 6:51a-b; *Li Chi*, James Legge, tr. II, p. 59. 레그의 번역에서는 이 어구를 다음과 같이 읽고 있다. "장자와 그의 부인이 부모의 자리를 차지할 수 없을 때, (심지어 장자의 부인이 죽는 사건이 일어날 경우) 그녀의 시모는 5개월 동안 애도해야 한다." 레그가 번역한 '장자와 그의 부인'은 분명히 족부族婦를 잘못 해석한 것이며, 이것은 총부와 같은 의미로 간주되어야 한다. 한국인들은 실제로 이것을 총부와 같은 의미로 보았다.

79) 총부의 연구에서 다음의 실록 기사를 참조하였다. 『중종실록』 26:45-46, 38:32b, 41:15a-b, 15b-16; 『명종실록』 6:17b-18, 10:93b, 11:44-45b, 66b, 12:1a-b, 3b-6b, 13:26a-b, 54b-55, 15:19a-b, 17:44b-45, 51b-52, 21:11b-12b; 『수교집록』, p. 164; 『대전후속록』, p. 161; 『대전주해』, p. 270; 『속대전』, p. 234.

80) 신근, 『의례유설』 8:38b.

81) 『세종실록』 30:3b.

82) 『세종실록』 97:24a-b, 28a-b. 결結은 경작지에 대한 기본 단위로서 생산성과 측량 단위로 사용되었다. 실제 규모는 다양했지만 1등급의 1결은 최대 2에이커(8093.6제곱미터)로 비견된다. 여기에 대해서는 다음을 볼 것. Susan S. Shin, "Land Tenure

and Agrarian Economy in Yi Dynasty Korea: 1600~1800"(Ph. D. dissertation, Harvard University, 1973), Appendix I.

83) 이유철, 『예의유집』 24:33b-34.

84) 예를 들어 다음을 볼 것. 신근, 『의례유설』 8:38a-b; 박세채, 『남계예설』 1:31b-34b; 윤증, 『명재의례문답』 1:7a-b, 8.

85) 『명종실록』 26:60a-b.

86) 『선조실록』 21:7b, 166:14b.

87) 『밀양박씨숙민공파세보』, p. 10. 박병호, 『한국법제사고』, pp. 371~377. 박병호는 혈연관계에 있지 않음에도 계승한 사례를 1684년에서 1772년 사이에 걸치는 『수양시양등록』과 1644년에서 1741년 사이에 걸치는 『법외계후등록』에서 각기 15가지와 7가지를 찾아냈다. 이들 사례들은 재산 분쟁 때문에 당국의 주목을 받은 것들이다. 비혈연자가 제사를 계승한 사례는 1960년대에 알려졌다. 김택규, p. 133, p. 168.

88) *Li Chi*, '대전' 6:57a-b.

89) 예를 들어 광산 김씨 세계도를 볼 것. 『광산김씨오천고문서』(성남시: 한국정신문화연구원, 1982), p. 9. 다음도 볼 것. Edward W. Wagner, "The Korean Chokpo as a Historical Source," p. 146.

90) 『안동권씨성화보』의 서문을 볼 것. 필자가 영어로 번역한 서문은 다음에 수록되어 있다. Peter H. Lee, ed., *Sources of Korean Tradition*(forthcoming).

91) 송준호, 「한국에 있어서의 가계기록의 역사와 그 해석」, pp. 117, 141.

92) 가장 이른 족보는 문화 유씨 가문에서 1423년에 처음 간행한 것으로 알려졌다. 세종 때 관리였던 유공(?~1430)이 서문을 썼으며, 다음에 이를 요약한 것이 수록되어 있다. Fujiya Kawashima, "Lineage Elite and Bureaucracy in Early Yi to Mid Yi Dynasty Korea." 그렇지만 1423년의 것은 현존하지 않는다. 현존하는 판본 중 가장 이른 시기의 것은 1565년에 출간된 것이다.

93) 다음을 볼 것. 송준호, 「한국에 있어서의 가계기록의 역사와 그 해석」, p. 118. 『문화유씨가정보』와 『안동권씨성화보』를 치밀하게 비교한 다음 성과도 볼 것. Edward W. Wagner, "Two Early Genealogies and Women's Status in Early Yi Dynasty Korea," in Kendall and Peterson, eds., *Korean Women: View from the Inner Room*(New Haven, Conn.: East Rock Press, 1983), pp. 23~32.

94) 이 문서에 대하여 와그너 교수는 아직 출간하지 않은 "Some 15th Century Family Records: the 1476 Andong Kwŏn Genealogy"라는 제명의 발표 요지에서 일부 정보를 알려주었다. 한편 『안동권씨성화보』의 복사본을 제공해준 마크 피터슨에게도 감사드린다.

95) 성현이 1493년 쓴 서문은 1836년 출간된 『창녕성씨사숙공파보』에 수록되어 있다.
96) 이에 대해서는 1864년에 출간한 『순흥안씨족보』에 수록된 1546년의 서문을 볼 것.
97) 1637년에 쓰인 것으로 추정되는 김육의 서문은 『청풍김씨세보』(1750)에 수록되어 있다.
98) 1683년에 쓰인 박세당의 서문이 수록된 『반남박씨세보』를 볼 것. 이에 대한 사례는 더 많이 인용할 수 있을 것이다.
99) 조선 후기 이후 서자를 봉사자로 지정하는 사례가 드물기는 했지만 그래도 종종 행해졌는데, 이 경우 그의 이름은 적녀의 앞에 수록하여 그의 각별한 위치를 부각했다.
100) 예를 들어 『백천조씨세보』(1880)의 편찬 용례에는 본부인은 '配'로, 첩은 '측실'로 표기하도록 규정하고 있다. 또한 적손이 죽을 경우 '絶'로, 서손이 죽을 경우 '終'으로 규정하였다.
101) 족보 편찬의 전성기인 18세기 이후의 전형적인 족보에 수록된 통상적인 정보에 대해서는 다음을 볼 것. 송준호, 「한국에 있어서의 가계기록의 역사와 그 해석」, p. 117.
102) 『세종실록』 35:14b, 65:27, 82:22; 『세조실록』 13:38b-40b; 『성종실록』 32:1a-b, 35:1, 107:15; 『명종실록』 19:61b; 최재석, 「조선시대의 상속제에 대한 연구」, 《역사학보》 53-54(1972. 6), pp. 129~136. 최재석은 제사윤행의 중요성을 고찰하고 있지 않다.
103) 『경국대전』, p. 190; 『대전주해』, pp. 264~265; 『성종실록』 276:25, 277:15b.
104) 『경국대전』, pp. 491~492, 493, 495; 『세종실록』 97:7b-8, 102:29b; 이황, 『퇴계상제례답문』, I, p. 37; 황종해, 『후천집』 5:9; 최재석, 위의 글, pp. 132~136.
105) 『사송유취』(재판: 서울: 법제처, 1964), pp. 504~505; 『속대전』, pp. 234~235. 공동 재산의 형성과 관련 있는 상속 문서에 대한 좋은 사례는 다음을 볼 것. 성혼, 「봉사천택노비세전종가유서」, 『우계집』 6:50b-51. 그 같은 문서들을 폭넓게 논의한 이 책 5장을 볼 것.
106) 『태조실록』 2:6; 『태종실록』 2:22; 『세종실록』 55:2b, 10.
107) 『태종실록』 11:29b; 『세종실록』 54:24b, 55:6b-7, 56:35b-36; 『주자가례』, '제례' I.
108) 『태종실록』 2:22; 『성종실록』 107:7b; 166:11a-b; 『중종실록』 29:13.
109) 『경국대전』, p. 276. 1456년에는 공신의 자손에게 삼묘 외에 각별한 선조를 배향하는 별묘를 세우라고 처음 지시하였다. 여기에 대해서는 다음을 볼 것. 『세조실록』 7:15a-b; 『증보문헌비고』 86:2b.
110) 『세종실록』 50:12b, 54:41b, 77:43b; 『성종실록』 19:8; 『중종실록』 29:13; 『명종실록』 19:31b-32; 『경국대전』, p. 275, pp. 276~277. 세시에 맞추어 준수해야 할 의

례 절차에 대해서는 다음을 볼 것. 『국조오례의』 2:109-112.

111) 조호익, 『지산문집』 2:18b-19b; 이황, 「퇴계선생언행록」, 『증보퇴계전서』 IV, 권 2:19; 절기에 따른 의식에 대해서는 다음을 볼 것. 성현, 『용재총화』 권 2. 속절에 대해서는 다음을 볼 것. 이익, 『성호사설』 I, p. 338.

112) 『세종실록』 120:15a-b. 이황 역시 본부인이 제사에 참여하는 것을 호의적으로 보았다. 이황, 『퇴계상제례답문』 II, p. 133b.

113) 『중종실록』 26:45b, 29:13; 김성일, 「봉손제규」, 『학봉문집』 7:1-3; 이이, 「격몽요결」, 『율곡전서』 27:14b; 이황, 『퇴계상제례답문』 II, pp. 40a-b, pp. 134b-135. 최재석은 제사를 윤행하는 흥미로운 사례를 제시하고 있다. 최재석, 「조선시대의 상속제에 대한 연구」, pp. 129~131. 때로는 노비조차 자식 없이 죽은 주인을 제사지냈으며 유언장에 그 같은 내용을 규정하였다. 이러한 흥미로운 사례에 대해서는 다음을 볼 것. 『성종실록』 81:11a-b, 11b-12.

114) 여기에서 서인은 평민이 아닌 관직이나 품계가 없는 엘리트 구성원을 지칭한다. 서인의 정의에 대해서는 이 책 2장의 주 101번을 볼 것.

115) 『세종실록』 36:28, 41:17-18; 『경국대전』 p. 276; 박세채, 『남계집』 45:33. 제사 절차에 따르면 출계집단을 설립한 조상의 위패는 3대를 지나더라도 땅에 묻지 말아야 하며 100대를 지나더라도 제사를 지내야 한다[百世不遷]. 시조를 숭배할 목적으로 시조묘가 건립된 예는 분명히 드물었다.

116) 『중종실록』 35:30; 이황, 『퇴계상제례답문』 II, pp. 125a-b, p. 147b; 김성일, 『학봉문집』 3:2a-b(이황에게 보낸 서한), 7:3b(「봉손제규」); 김장생, 『가례집람』 1:40a-b, 41; 박세채, 『남계집』 45:34a-b; 송준길, 『동춘당집』 8:20b-21b; 이익, 『성호사설』 I, pp. 351~352, pp. 355~356; 최재석, 「조선시대의 상속제에 대한 연구」, pp. 126~127.

117) 현대 한국에서 제사의 범위를 정하는 원칙은 통일되어 있지 않다. 자넬리에 따르면 4대까지 제사지내는 것이 가장 통상적이라고 한다. 한편 오스굿은 강화도의 경우 3대가 한도라고 보고하였다. Roger L. Janelli and Dawnhee Yim Janelli, *Ancestor Worship and Korean Society*(Stanford: Stanford University Press, 1982), pp. 114~116; Cornelius Osgood, *The Koreans and Their Culture*(New York: The Ronald Press Company, 1951), p. 191.

118) 이익은 『성호사설』에서 가례의 어려움을 논의하고 있다. 『성호사설』 II, pp. 283~284.

119) 조준, 『송당문집』 II, 권 4:18; 이이, 「격몽요결」, 『율곡전서』 27:15, 22-34.

120) 『국조오례의』에 대한 간략한 언급에 대하여는 2장을 볼 것. 이 책은 영조 연간에 두

차례에 걸쳐 보완되었는데, 1744년의 『국조속오례의』와 1751년의 『국조속오례의보』가 그것이다.

121) 장현광, 『여헌선생문집』 8:1; 이식, 『택당집』 9:33a-b; 『명종실록』 19:28b, 31b-32.
122) 예학에 대한 전반적인 경향에 대한 논의로는 다음을 볼 것. 윤사순, 「성리학시대의 예사상」, 『한국사상대계』 IV(서울: 성균관대학교 출판부, 1984), pp. 599~624.
123) 『중종실록』 34:73a-b. 『가례의절』의 간기는 1626년으로 추정된다.
124) 김장생의 서문은 1599년에 쓰인 것으로 추정된다. 그렇지만 그의 저작은 17세기 중반이 되도록 출간되지 않았다.
125) 여기에 일일이 언급할 수 없을 정도로 많은 저작이 있는데, 이에 대해서는 다음을 볼 것. 『朝鮮圖書解題』, pp. 14~27.
126) 예를 들면 김장생의 아들 김집(1574~1656)은 「고금상례이동의」에서 고대와 현재의 예를 광범위하게 비교하였다. 김집의 『의례문해속』 부록을 볼 것.
127) 김장생의 『의례문해』는 그의 아들 김집이 수정하여 『의례문해속』으로 만들었다.
128) 이에 대한 사례로는 다음을 볼 것. 박건중, 『상례비요보』(1645).
129) *Li Chi*, '곡례' 상, 1:23b; *Li Chi, Book of Rites*, James Legge, tr., I, p. 90.
130) 조준, 『송당문집』 책 2, 권 4:18; 『태조실록』 2:6, 8:17b, 11:12a-b; 『태종실록』 2:21b-22, 25:14a-b; 『세종실록』 53:3b-4, 65:20b, 76:15b-16; 한우근, 「조선왕조 초기에 있어서의 유교이념의 실천과 신앙·종교」, 《한국사론》 3(1976), pp. 151~152, pp. 158~163.
131) *Li Chi*, '제통' 8:55.
132) 『태종실록』 22:1b-22.
133) *Lun-y* (『논어』) 1:3b-4; Arthur Waley, *The Analects of Confucius*(London: George Allen and Unwin, 1949), p. 85.
134) 『태종실록』 11:29b, 25:25; 『세종실록』 40:22a-b, 45:4b-5, 54:41b, 55:10; 『성종실록』 162:10a-b.
135) 『명종실록』 15:20b-21b.
136) 필자는 친자접합과 출계라는 용어를 다음에서 차용하였다. Meyer Fortes, *Kinship and Social Order: The Legacy of Lewis Henry Morgan*(London: Routledge & Kegan Paul, 1969), p. 253ff.
137) 다음이 그 사례이다. 김집, 『의례문해속』, p. 3.
138) 예학자들은 일반적으로 서자를 후사에서 배제하는 것을 좋게 보지 않았다. 그렇지만 한국에서 서자의 지위는 낮은 사회 지위와 긴밀하게 연관되어 있었으므로 서자는 특히 본가의 후사로서 받아들여질 수 없는 것으로 간주되기에 이르렀다.

139) 예를 들어 이것은 다음에 폭넓게 기술되어 있다. 박건중, 『상례비요보』. 이러한 장자의 배타적인 지위 역시 장자가 3년상을 치를 것을 요구하였다. 이에 대해서는 이 책 4장을 볼 것.

4장

1) 이것은 Fung Yu-lan, *A History of Chinese Philosophy*, 1, p. 354에 수록된 『대대예기』에서 인용한 것이다.
2) *Lun-y* (『논어』) 1:3b-4; Arthur Waley, *The Analects of Confucius*(London: George Allen and Unwin, 1949), p. 85. 상례와 제사를 다룬 고전의 해석에 대한 좀 더 상세한 논의는 다음을 볼 것. C. K. Yang, *Religion in Chinese Society*, pp. 44~48.
3) 복은 '속한다' 또는 '자신을 바친다'는 의미로 설명된다. 그러므로 이것은 수동적인 뜻을 내포하고 있다. 이에 대해서는 다음 예를 볼 것. 조호익, 『가례고증』, 책 3, 권 7.
4) 『이아』는 고전 문헌에 대한 용어 해석 사전이다. 이에 대해서는 다음을 볼 것. Charles S. Gardner, p. 61, 주 80.
5) 오복제에 대해서는 다음을 볼 것. Maurice Freedman, *Lineage Organization in Southeastern China*, pp. 41~45.
6) 『고려사』 117:33-36.
7) 『고려사』 120:34-41b.
8) 박초가 처벌받지 않은 것은 정몽주가 개인적으로 사건에 개입했기 때문이라고 한다.
9) 이색, 『목은문고』 7:12b-13.
10) 『고려사』 64:28b.
11) 『고려사』 64:28b, 114:22, 115:41b-42; 『고려사절요』 26:27.
12) 『고려사』 64:28b-29b.
13) 『태종실록』 5:13.
14) 정도전, 「조선경국전」, 『삼봉집』, p. 232.
15) *Lun-y* (『논어』) 1:8; Waley, *The Analects*, p. 89.
16) 『태종실록』 5:13b, 19:7, 35b-36, 22:54a-b; 『세종실록』 92:31b; 『경국대전』, pp. 244~265.
17) 여기에 제시한 그림은 변화한 양상을 제시하기 위해 오복도에서 그 일부를 적출한 것이다. 『경국대전』에 수록되어 있는 오복도 전체에 대해서는 다음을 볼 것. 노명호, 「고려의 오복친과 친족관계법제」, 《한국사연구》 33(1981. 6), p. 39; 김두헌, 『한국가족제도사연구』(서울: 서울대학교 출판부, 1969), pp. 570~ 571. 청나라의 법전

에 규정되어 있는 그림에 대해서는 다음을 볼 것. Maurice Freedman, *Lineage Organization in Southeastern China*, p. 45.

18) 『태조실록』 7:14; 『태종실록』 4:6, 5:12b.
19) *Lun-y* (『논어』) 9:5b-6b; Waley, *Analects*, p. 215.
20) Steele, *The I-li*(『의례』) II, p. 15.
21) Li Chi(『예기』): *Li Chi, Book of Rites*, James Legge, tr., II, p. 467.
22) 주희는 자신의 가례에 재최삼년이라고 한 반면, 『명률』에는 참최삼년으로 되어 있다.
23) 『세종실록』 10:18.
24) 『세종실록』 38:4a-b, 52:4b-5, 54:17b-18b, 22, 28a-b, 56:2b, 9a-b, 76:32b, 77:5-6b, 111:27-28, 112:30a-b; 『성종실록』 10:16a-b. 그렇지만 『경국대전』과 『사례편람』 사이에는 그 규정에 차이가 있다. 『경국대전』에는 공식적으로 상복 입는 것을 15개월이 지난 후 끝내도록 제안하면서 그동안 여러 가지 특별한 제례를 치르는 기간을 규정함이 없이 일정 기간이 지나면 치르도록 하였다. 반면 『사례편람』에는 재최장기에 해당하는 1년으로 규정하고 있다. 『경국대전』, pp. 246~247; 이재, 『사례편람』, p. 113.
25) 이 점을 둘러싼 모든 주장에 대해서는 3장의 '제사와 여성'에 인용했다. 한편 계조모에 대하여 상복 입는 것을 둘러싼 논쟁을 통하여 이것이 법제화되는 과정은 흥미롭다. 법이나 의례 문헌의 오복 규정에는 계조모에 대한 것이 포함되어 있지 않으므로 예조에서는 계조모에 대해서는 상복을 입지 말아야 한다는 의견을 내놓았다. 세종은 호혜 관계와 유사한 관계 때문에 이 의견에 반대하면서 예조에 이 문제를 재고하라고 지시했다. 예조에서는 합의에 도달할 수 없었으며 1438년에 베이징의 예부에 검토해달라고 의뢰했다. 1451년 마침내 중국에서 회답이 왔는데, 그 내용은 계모는 진짜 모친과 다를 바 없으므로 계조모에 대하여도 똑같이 대우해야 한다는 것이었다. 이 근거와 일찍이 세종의 견해에 따라 문종은 마침내 계조모에 대해 상복 입는 것을 인가했다. 이것은 『경국대전』에서 다시 확정하여 놓았다. 다음을 볼 것. 『세종실록』 77: 24-26b, 82:11b, 102:1b; 『문종실록』 6:32-33; 『경국대전』, p. 247. 남편이 계모를 쫓아냈을 경우, 계모에 대해서는 상복을 입지 않았다. 『세종실록』 61:33.
26) 3살 이전에 아이를 거두어 기른 부모를 양부모로 규정하였다.
27) 주희가 범주화하여 주로 법전에 사용한 이른바 '삼부팔모'의 원칙은 조선 왕조의 『경국대전』에 규정되었다. 모든 '삼부'는 의붓아들이 함께 사는가에 따라 오복의 등급이 달라지는 반면, '팔모'는 후계자와 관련이 있는 적처와 첩들로서 여성의 사회적 지위를 드러내는 명단이다. 그들에게 부여된 오복의 등급은 주희의 모델에 따라

『경국대전』에 수록되었다. 『경국대전』, pp. 256~259.

28) 『사례편람』에는 서모에게 아들이 있거나, 상복자를 아이 때부터 키웠을 경우 단지 5개월만 상복을 입도록(소공) 규정하였다. 이 경우에 해당하지 않을 때에는 불과 3개월만 상복을 입도록 규정하고 있다. 이에 대해서는 다음을 볼 것. 『경국대전』, pp. 158~159; 이재, 『사례편람』, p. 144.

29) 이것은 고려시대에 부인이 남편에 대하여 결코 상복을 입지 않았음을 의미하지는 않는다. 남편의 친족을 위하여 상복을 입는 규정은 이미 『경제육전』에 언급되어 있을 가능성이 있다.

30) 『태종실록』 16:31b; 『경국대전』, p. 244ff.

31) 『태종실록』 29:2b.

32) 『세종실록』 48:25, 『경국대전』, p. 247. 외조부모가 사망했을 때 추가로 15일을 공무에서 면제해준 것은 의심할 여지가 없다.

33) 명나라의 법전에는 외숙모가 죽은 것은 오복의 등급에 해당하지 않았다. 그렇지만 고려에서는 외숙모에 대하여 상복을 입었으므로 『경국대전』에는 3개월로 규정하고 있다. 다음을 볼 것. 『태종실록』 19:7; 『경국대전』, p. 250.

34) 고려시대의 오복도에는 외사촌의 경우 남녀 모두에 대해 3개월의 상복을 입도록 규정하고 있다.

35) 『태종실록』 22:54b; 『세종실록』 40:9a-b; 『경국대전』, p. 250.

36) 『태종실록』 22:54b, 29:2b; 『세종실록』 28:15b, 48:25, 30b; 『경국대전』, p. 246. 『경국대전』에서는 장인이나 장모가 죽었을 경우 별도로 23일의 휴가를 주고 있다.

37) 3대나 4대 후손은 일률적으로 상복을 3개월 입도록 했는데, 이것은 분명히 드문 일이다. 좀더 특수한 사례들에 대해서도 언급할 필요가 있다. 외손은 당연히 적자는 아니지만, 외손은 결코 3개월 동안 상복을 입지 않았다. 『경국대전』에 규정된 적장자에 대한 3개월의 오복 등급은 『의례』에서 확인되지 않으므로, 『의례』을 기초로 입후자의 양부모와 그들의 친족에 대한 정확한 의무 기간을 결정하는 데에는 큰 고통이 따랐다. 입후자를 친자와 똑같이 간주하여야 한다는 결론이 내려짐에 따라 입후자의 생부와 생모에 대한 오복 의무는 낮아졌다. 『세종실록』 77:33a-b, 92:30b-31b. 그러나 『경국대전』에는 여전히 계후자가 자신의 생부와 생모에 대하여 얼마 동안 상복을 입어야 하는지에 대한 규정은 없다. 그 같은 규정은 『사례편람』에 처음 소개되고 있다.

38) 『경국대전』, p. 260.

39) 『주자가례』에는 장자의 오복을 3년으로 설정하면서, '현(송나라) 제도'에서는 단지 1년을 준수한다고 언급하고 있다.

40) 3년 동안 상복을 입지 않아도 되는 네 가지 사례는 다음과 같다. ① 사당에서 제사를 지낼 자격이 없는 장자, ② 봉사자로서 임명된 직계 손자, ③ 봉사자가 된 첫아들 이외의 아들, ④ 조상에 대하여 계속 책임을 지는 직계 손자. 이들 모두가 원래 후사의 부친 및 조상과 관련하여 적절한 자격[正體]을 결여하였다. 이에 관한 설명으로는 다음을 볼 것. 박건중, 『상례비요보』(1645); 장현광, 『여헌선생문집』 4:27b-28.

41) 이러한 변화의 결과, 구(舅)와 생(甥)이라는 용어의 의미가 바뀐 것도 그 사례의 하나이다. 고려에서는 구가 부인의 부친을 지칭한 반면 생은 사위를 의미했다. 이와 동시에 이들 용어는 모친의 형제와 자매의 아들도 의미했다. 『이아』와 『의례』에도 알려져 있는 이 같은 이중적 의미는 고려시대에 모변 교차 4촌 사이의 결혼이 성행했음을 의미한다. 그렇지만 조선 전기에 구는 남편의 부친, 곧 시부를 의미하게 되었으며, 사위라는 의미의 생은 사라진 것으로 보인다. 이에 대해서는 다음을 볼 것. 『고려사』, 64:22b-25; 『세종실록』 48:25; Feng Han-yi, *The Chinese Kinship System*(Cambridge: Harvard-Yenching Institute, 1948), pp. 44~45.

42) 노명호는 「고려의 오복친과 친족관계법제」에서, 『고려사』에서 특별히 언급하지 않은 오복의 등급을 재구성하였다. 그가 작성한 고려와 조선 전기의 오복도는 그 내용이 거의 같아서 조선 전기의 근본적인 변화는 모호한 것처럼 보인다.

43) 단면의 원칙은 『예기』에 설명되어 있다. *Li Chi*(『예기』), Legge, tr., Ⅱ, p. 63. 단면으로 불리지 않았음에도 때로는 상복의 의무가 없는 모변의 친족들까지도 특별히 고려하였다. 예를 들면 그들은 단면 친척들과 같이 족친위에 배속될 수 있었다. 『성종실록』 104:16b; 『경국대전』, p. 399.

44) 『태종실록』 10:7, 19:36; 『세종실록』 10:15, 27:14b.

45) *Lun-y*(『논어』) 1:8; Arthur Waley, *Analects*, p. 89; *Li-chi* 22:3; *Li-chi*(『예기』), James Legge, tr., Ⅱ, pp. 237~238.

46) 『세종실록』 52:4b; 『성종실록』 28:6b.

47) *Lun-y*(『논어』) 9:5b-6b; Arthur Waley, *Analects*, p. 215; 『태종실록』 4:6; 『세종실록』 54:17b.

48) 『태조실록』 15:11a-b; 『태종실록』 1:17b, 4:6, 5:13b, 11:11b, 28:29b, 34: 28b-29; 『세종실록』 27:18-19, 52:4b, 112:30-31; 『중종실록』 5:13b, 34: 32a-b; 『경국대전』, p. 483; 『대명률직해』, pp. 285~286. 상복을 입는 이 가운데 70세 이상일 경우 고기와 술을 먹도록 하였다. 『세종실록』 125:9b-10.

49) 1404년의 규정에 따르면 부모의 3년상을 지내거나 1년 동안 지속되는 상중에는 첫 백일 동안 혼인식을 올리는 일이 금지되었다. 『태종실록』 8:5b.

50) 『경국대전』, p. 278.

51) 이것은 가장 중요한 전거에서 선정한 것에 불과하다.『정종실록』1:3a-b;『태종실록』1:19b, 10:24b;『세종실록』22:8, 35:16, 38:4b, 40:8b, 43:26b;『중종실록』44:51b.
52) 문익점은 한국에 목화를 가져온 것으로 유명하다.
53)『태종실록』1:20b;『세종실록』22:21b, 54:13b-14b, 58:19b-20, 65:16b-17, 88:3b-4.
54)『태종실록』5:12b-14b;『세종실록』43:13b.
55) 기복은 의정부의 천거를 기초로 예조에서 특별 증서[依牒]를 발급하는 절차에 따라 이루어졌다.『경국대전』, p. 284, pp. 319~321.
56)『태조실록』13:3a-b, 14:9b-10;『태종실록』4:6a-b, 10:4b-5;『세종실록』10:4b-5, 11:4, 38:10, 43:5a-b, 19, 54:28a-b, 56:2b, 9b, 71:4b-5, 5b-6, 11b-12, 12b, 76:32b, 77:12-13b, 80:32b-33, 92:15, 97:3a-b, 10a-b, 11b, 124:11-12;『세조실록』15:18, 21, 16:13b, 16b-17b;『성종실록』10:16-17b, 11:17b-18;『중종실록』34:32a-b;『경국대전』, p. 245, p. 284.
57)『태종실록』25:22a-b;『세종실록』11:8b, 16:12b, 51:26b-27;『성종실록』20:6, 150:10b;『경국대전』, p. 246.
58)『세종실록』51:26b-27, 52:16b.
59)『중종실록』15:25a-b;『대전속록』(『대전속록급주해』, 재판, 경성: 조선총독부 중추원, 1935), p. 71.
60)『경국대전』에 아무런 관직이나 관계가 없는 이를 서인庶人으로 지칭하던 것이 16세기 초에 이르러 평민, 다시 말해서 엘리트에 속하지 않는 이들을 지칭하는 것으로 바뀐 사실은 흥미롭다. 그리하여 서인을 서민과 바꾸어 사용할 수 있었으며 이에 따라『경국대전』의 규정도 그렇게 읽혔다.
61)『중종실록』18:19b, 22:50, 23:5, 26:23a-b, 25b-26, 58, 59b-60, 60a-b, 62b, 31:49b, 44:51b.
62)『성종실록』124:5b-6, 125:2b, 126:8;『경국대전』, pp. 257~258.
63) *Li-chi*(『예기』) 2:35b; *Li-Chi*(『예기』), James Legge, tr., I, pp. 155~156. 레그는 장葬을 '숨겨 버리고 있는 것'으로 번역하였다.
64)『고려사』85:21b-22b;『세종실록』10:14.
65) 이색,『목은문고』7:13.
66)『태종실록』10:7a-b;『세종실록』10:14b, 27:14b; 정도전,「조선경국전」,『삼봉집』, p. 232.
67)『태종실록』25:5b.

68) 『세종실록』 10:14-15, 27:14b, 43:14. 사대부와 평민들에 대한 의례는 『주자가례』를 기초로 『국조오례의』에 그 대강을 제시하여 놓았다(8:72b~95).

69) 『태조실록』 7:14; 『태종실록』 19:35b.

70) 『태종실록』 19:36.

71) 『태종실록』 33:57-58, 34:38b, 36:8b; 『세종실록』 3:20a-b, 26b; 박은, 『조은선생문집』 1:40-42b; 『경국대전』, p. 279. 1419년에는 일단의 관리들이 『장일통요수전』이라는 제명의 소책자를 왕명으로 편찬하였는데, 여기에는 장례하는 일시를 선정하는 데 대한 합리적인 지식이 담겨 있다. 불교의 예식에 따라 시신을 묻지 않으려는 위반자들이나 장례식을 연기하는 이들은 『대명률직해』의 규정(pp. 287~288)에 따라 처벌받았다. 『세종실록』 4:28b, 20:24b.

72) 예장은 왕실의 장례인 국장과 대조된다.

73) 『태종실록』 10:30a-b; 『세종실록』 73:3b, 100:34b, 102:19; 『성종실록』 152:14b, 163:16b-17, 164:12b-13; 『경국대전』, p. 95, pp. 278~279. 『경국대전』에는 고위관리의 장례식에 경의를 표한다는 각별한 의미를 내세워 모든 관리가 참석하도록[會葬] 했지만, 이것은 불편하고 비용이 너무 많이 든다는 이유로 시행되지 않은 듯하다.

74) 『태종실록』 7:11b-12, 12:13, 35:56; 『경국대전』, p. 279.

75) 『세종실록』 26:29b, 28:32; 『성종실록』 38:9a-b; 『정종실록』 66:5.

76) 『태종실록』 35:5; 『세종실록』 15:15, 51:5, 106:28b-29b; 『성종실록』 3:3, 125:18b.

77) 『성종실록』 234:14, 271:16a-b.

78) 『연산군일기』 59:19a-b, 61:7b, 62:9.

79) 신흠(1566~1628), 『상촌집』. 이것은 다음에서 인용하였다. 野村調太朗, 「朝鮮祭祀相續法論序說」, p. 27.

80) 『중종실록』 20:12a-b, 48:52b-53, 93:34a-b; 『명종실록』 9:8b, 10:5b, 15:43a-b, 16:25b, 17:36b-37b, 25:32b-33b, 33b-34.

81) 『세종실록』 117:2b, 122:8a-b; 『성종실록』 14:12-13, 15:16b-17b, 20b-22, 47:1, 99:7b-8, 228:3a-b, 251:4a-b; 『중종실록』 5:13b, 8:47b, 22:30, 45:1; 『대전속록』, pp. 68~69; 정도전, 「조선경국전」, 『삼봉집』, pp. 231~232. 북부 지역으로부터의 보고와 고구려의 매장 풍습에 대한 기술을 비교하는 것은 흥미롭다. 분명히 이같이 먼 지역에는 고려의 전통이 조선 왕조에도 존속하였다. 이에 대해서는 다음을 볼 것. Li Ogg, Recherche sur l'Antiquit Cor enne: Ethnie et Soci t de Koguryŏ, pp. 240~245.

5장

1) 전시과 및 이와 관련된 문제에 대하여는 다음에 상세하게 논의하고 있다. 이성무, 『조선초기양반연구』, pp. 286~326.
2) 『태종실록』 34:10a-b. 태종은 이 같은 요청을 달가워하지 않았으며 이를 널리 논의하라고 지시했다. 그러나 그 결과는 알려져 있지 않다.
3) 『고려사』 78:40; 『태종실록』 27:46b, 28:15; 『세종실록』 39:1, 53:10. 수신전이 상당한 규모인 것은 분명하다.
4) 『고려사』 78:40b; 『경국대전』, p. 190.
5) 이러한 발전에 대해서는 다음을 볼 것, 이상백, 『이조건국의 연구』, pp. 196~219; 천관우, 「한국토지제도사」, 하, 『한국문화사대계』 II(서울: 고려대학교 출판부, 1965), pp. 1387~1480; 周藤吉之, 「麗末鮮初における農莊について」, 《青丘學叢》 17(1934. 11). pp. 1~80.
6) 사유지의 발달에 대해서는 다음을 볼 것. 이성무, 『조선초기양반연구』, pp. 326~353.
7) 『고려사』 78:23a-b, 32b-33.
8) 『태조실록』 2:20b; 『태종실록』 9:17a-b, 33:68.
9) 『고려사』 85:45-46; 『태조실록』 2:20b, 8:17; 『태종실록』 9:17a-b, 27:22, 28:3a-b, 31:39b-40, 33:68. 태종 시대에 노비를 관리하는 기구는 노비변정도감이라는 새로운 명칭으로 불렸다. 여기에서 정正이라는 한자가 '바로잡는다'는 뜻을 내포하고 있는 것은 의심할 나위가 없다. 이 기구의 성립과 발전에 대해서는 다음에 상세하게 논의하고 있다. 周藤吉之, 「鮮初における奴婢の辨正と推刷とに就いて」, 《青丘學叢》 22(1935. 11), pp. 5~37. 다음 논문도 볼 것. 구병삭, 『한국사회법제사특수연구』(서울: 동아출판사, 1968). 하타다 다케시는 노비가 상속 재산에서 가장 중요한 부분이며, 토지의 사유화는 조선 초기에 크게 진전되지 않았다고 주장하면서 『경국대전』이 재산 상속분을 노비로 표현하고 있는 사회 분위기를 설명하고 있다. 이에 대해서는 다음의 글을 볼 것. 旗田巍, 「高麗時代における土地と功蔭田柴法の意義」, 『朝鮮中世社會史の研究』, p. 354.
10) 『고려사』 85:45-46.
11) 『태조실록』 12:1b-3b, 4a-b. 상속 비율은 천첩자의 모친이 부친 자신이 소유한 비인가(2분의 1) 아니면 타인이 소유한 비인가(7분의 1)에 따라 결정되었다.
12) 『태종실록』 10:9b-11b; 『세종실록』 48:2.
13) 상속법이 「형전」의 '사천' 조항에 포함되어 있다는 사실을 지적하는 것은 흥미로울 것이다. 국가의 이익이 직접적으로 문제가 되지 않았음에도, 출계집단 구성원들 사이의 분쟁을 미연에 방지할 목적에서 규정되었음을 시사하는 것으로 생각된다.

14) 『경국대전』, pp. 491~496.
15) 예를 들어 1429년의 분재기에 따르면 각자의 몫은 그 출처를 '부변전래', '모변전래' 등과 같이 분명히 명기하고 있다. 이에 대해서는 다음을 볼 것. 최승희, 『한국고문서연구』(성남시: 한국정신문화연구원, 1981), pp. 291~293.
16) 『경국대전』, pp. 493~496.
17) 『태조실록』 12:1b-3b; 『태종실록』 10:11, 11:5b; 『성종실록』 142:15b, 240:19a-b, 241:4b-6b, 6b-7, 9; 『경국대전』, p. 499; 『수교집록』, p. 239; 『속대전』, p. 440.
18) 사손이라는 용어는 전형적으로 한국에서 만들어진 것이라 생각된다. 중국이나 일본의 주요 사전에서는 이 용어를 찾을 수 없기 때문이다. 하지만 그 어원이 매우 애매하여, 종종 본손이라는 용어와 동일한 의미로 사용되고 있다. 상속자가 없는 노비들의 소유 문제와 관련된 첫 번째 법률 조항은 1405년 4월에 제정된 것으로 추측된다. 그러한 노비는 족친에 국한하여 분배해야 한다고 규정되어 있다. 『태종실록』 9:14b. 그러므로 사손은 족친이라는 제한된 집단에 한정된 용어라고 생각된다.
19) 『태종실록』 10:11, 11:5b, 13:26b; 『성종실록』 199:10b-12b; 『경국대전』, pp. 493~494; 『대전속록』, p. 114; 『대전주해』, pp. 281~282. 이 사손도는 1585년에 『사송유취』를 편찬한 김백간(1510?~?)이 작성한 것이다. p. 524. 김백간의 그림을 서양의 인류학적 용례에 맞추어 여기에 다시 그려 놓았다.
20) 시기를 3살로 제한한 것에 대해서는 어떠한 설명도 찾을 수 없다. 다만 어린아이가 3년이 지나면 부모의 품에서 벗어나므로, 상복을 입는 기간을 3년으로 정하여 그 기간의 보살핌에 대하여 보은한다는 고전의 금언과 관련이 있을 것 같다.
21) 본인은 '수양자'와 구별짓기 위하여 시양자라는 용어를 사용한다.
22) 『고려사』 85:45b, 46a-b; 『태조실록』 12:2; 『태종실록』 7:1b-2, 10:10b, 13:26a-b, 25:25a-b, 26:32.
23) 『세종실록』 82:22, 97:7b-8, 102:29-30b, 120:3-4, 130:17a-b; 『중종실록』 66:58; 『명종실록』 20:60b-61; 『경국대전』, pp. 496~499; 『대전주해』, p. 282; 『속대전』, p. 439. 평민들 사이에서 비혈연자를 입양하는 것은 상대적으로 중요했으며, 여전히 남아 있었던 것처럼 보인다. 상속자로서의 모든 자격을 결여한 시양자는 집안일과 농사일에 필요한 여분의 일손을 얻기 위한 목적으로 입양되었으며, 따라서 노비와 거의 차이가 없다. 이들 문제에 대하여는 다음을 볼 것. 박병호, 「이성계후의 실증적 연구」, 『한국법제사고』, pp. 361~371.
24) 『경국대전』, p. 491. 여기에서는 살았거나 죽은 아이들에게도 적절한 상속분을 주어야 한다고 뚜렷하게 규정하고 있다.
25) 『태종실록』 13:26a-b, 26:22; 『세종실록』 31:7b, 49:34b-35, 59:12, 61:31b-32,

82:17a-b, 22, 102:29-30b;『문종실록』 9:20a-b;『단종실록』 4:10b-15;『성종실록』 126:7a-b, 172:3b-4b;『경국대전』, p. 491ff; 김용만, 「조선시대 균분상속제에 대한 일연구」(성남시: 한국정신문화연구원, 석사학위논문, 1982), pp. 13~14.

26) 그들의 지역별 분배에 따른 재산 목록에 대해서는 다음을 볼 것. 周藤吉之,「麗末鮮初における農莊について」, pp. 10~23.

27) 종종 몫이라는 의미인 '衿'은 다른 용어로도 쓰이고 있다. '분급문기'가 상속받는 모든 이들의 명단을 수록하고 있는 대체로 매우 긴 문서인 반면 '금부문기衿付文記'로 알려진 문서는 이보다 짧으며 단 한 명의 상속자 몫을 기록하고 있다.

28) 그 같은 문서의 사례에 대해서는 다음을 볼 것. 최승희,『한국고문서연구』, pp. 291~293. 이것은 1429년에 네 아들과 두 딸, 여덟 명의 손자와 손녀, 그리고 두 명의 사촌에게 분배한 김무의 재산을 다루고 있다. 이 문서는 다음의 고문서집성에 좀 더 완전한 형태로 수록되어 있다.『광산김씨오천고문서』, pp. 150~156.

29) 유사한 문서의 하나가 '허여문기'인데, 이것은 연장자가 연소자에게 어떠한 선물로 준 재산을 기록한 문서이다. 이것은 자의로 배분되었으므로, 분명히 논란을 불러일으킬 수 있었다. 그러므로 공식적으로 인정받아야 했다. 여기에 대해서는 다음을 참조할 것. 최승희,『한국고문서연구』, pp. 305~314.

30) 좀더 이른 시기에 이루어진 분배 양상을 분명하게 보여주는 문서는 다음에서 찾아볼 수 있다.『광산김씨오천고문서』, pp. 150~156. 다음도 살펴볼 것. 최승희, 위의 책, pp. 291~293.

31) 세습 재산이 그 같이 산산조각 난 것에 대한 놀라운 사례에 대해서는 다음을 볼 것. 김용만,「조선시대 재지사족의 재산소유형태」I,《대구사학》27(1985), pp. 124~125의 주 60. 1510년의 상속 문서를 토대로 다섯 명의 아들과 두 명의 딸을 포함한 일곱 명의 형제자매가 24곳에 흩어진 작은 토지들을 상속받았다. 한 지역의 토지는 여섯 명의 상속자에게, 어느 두 지역은 다섯 명의 상속자에게, 또 다른 두 지역은 세 명의 상속자에게, 다섯 지역은 두 명의 상속자에게 배분되었다. 12지역의 상속분은 나누어지지 않은 채 개인 상속자가 배분받았다. 그러므로 그들 중 어느 누구도 24곳에 흩어진 토지 모두에 대하여 소유권을 행사한 이가 없었다. 예를 들면 장자의 경우, 분배받은 지역은 9곳이고 차자는 단지 4곳에 불과하며 각 딸들은 8곳이었다.

32) 그 같은 상속 문서의 사례는 다음과 같은 다양한 출전에서 찾을 수 있다. 김용만,『조선시대 균분상속제에 대한 일연구』; 최승희,『한국고문서연구』, p. 281ff;『전주이씨고림군파선조유문집』(전주, 1975).

33) 이수건,『경북지방고문서집성』(경산: 영남대 출판부, 1981), p. 128.

34) 『세종실록』, 48:23b, 61:8b, 31b-32, 82:22, 97:7b-8; 102:29-30b, 120:3-4; 『경국대전』, p. 500. 1555년의 『대전주해』는 『경국대전』의 규정을 해석한 것처럼 보인다. 이 규정에 따르면 봉사손이 마치 실제 아들과 같으며 손자의 범위를 넘어설 수 없었다. 『대전주해』, pp. 283~284도 볼 것.
35) 이것은 『문화유씨가정보』(1565) 2:49b 또는 『안동권씨성화보』(1476) 3:62에는 기록되어 있지 않다.
36) 『단종실록』 4:10b-15; 5:6b-7. 그 후 1476년에 강희맹의 상속권은 재차 논의되었으나 그 유언은 더는 아무런 역할을 하지 못했다. 이에 대해서는 다음을 볼 것. 『성종실록』 68:1a-b.
37) 이 법은 1461년에 제정된 형전의 첫판보다 일찍 나왔다. 1442년의 국왕의 지시를 기초로 제정된 이 법은 주요 관심이 근친을 벗어나는 이들에게 노비를 아무 제약 없이 주고받는 데 있었다. 『세종실록』 97:33b-34; 『세조실록』 25:3b-4b; 『경국대전』, p. 499.
38) 『경국대전』, pp. 499~500; 『대전주해』, pp. 284~285. 글을 쓸 수 없다고 알려져 있거나 병든 여성은 필서를 하거나 증인으로서 나설 수 있는 고위관리인 친척이 필요했을 것이다.
39) 『성종실록』 163:23b-24, 164:5, 165:10a-b, 172:3b-4b; 『경국대전』, p. 499; 『대전주해』, p. 283; 『속대전』, p. 461.
40) 『세종실록』 50:33b.
41) 앞 절의 강희맹의 사안을 볼 것.
42) 『경국대전』, pp. 496~497; 『대전주해』, pp. 282~283; 『사송유취』, pp. 516~ 517.
43) 『태종실록』 13:26b; 『경국대전』, p. 499; 『수교집록』, p. 240; 『사송유취』, p. 466; 『속대전』, p. 440.
44) 『세종실록』 68:13; 『성종실록』 15:16, 39:12; 『경국대전』, p. 496; 『수교집록』, p. 240; 『속대전』, p. 439.
45) 『태종실록』 26:21b-22; 『세종실록』 116:26a-b; 『성종실록』 130:17a-b.
46) 1530년과 1528년에 작성된 이 두 문서는 각기 김동욱의 『고문서집진』, p. 202 및 최승희의 『한국고문서연구』, pp. 315~316에서 찾아볼 수 있다. 이 중 1530년에 작성된 문서에는 천첩에서 태어난 아들은 조상의 제사를 지내는 것이 적절하지 못하다고 간주하고 있으며 따라서 딸이 조상의 제사 의무를 맡아야 한다고 되어 있다.
47) 다음에서 그 사례를 찾아볼 수 있다. 『부안김씨우반고문서』(성남시: 한국정신문화연구원, 1983), no. 5(1581), pp. 201~202; no. 23(1607), p. 207, no. 35(1669), pp. 225~226.

48) 17세기 균분 상속 관행을 분명하게 보여주는 상속 문서는 위의 주 32에 제시한 고문서 집성들 중에서 찾아볼 수 있다. 이광규는 서울대학교 규장각에 소장된 상속 문서를 연구했는데, 이것은 그의 저서 『한국가족의 사적 연구』(서울: 일지사, 1977) 8장, pp. 360~390에 수록되어 있다.

49) 여기에서 사용한 경제적 측면에서의 장자상속권 개념은 엄격하게 말해서 법적인 의미라기보다는 인류학적 의미이다. 이것은 장자가 반드시 그의 동생들을 희생시키는 단독 상속자는 아님을 의미한다.

50) 이태진은 15세기 농업 기술의 발달에 대하여 기술하고 있다. 이태진, 「14·15세기 농업기술의 발달과 신흥사족」, 『한국사회사연구』(서울: 지식산업사, 1986), pp. 91~106. 다음과 같은 선행 연구도 있다. 이춘녕, 『이조농업기술』(서울: 한국연구원, 1964).

51) 조선 전기의 인구 발달에 대한 연구는 활용할 수 있는 자료가 빈약하여 제약이 많다. 여기에 덧붙여 정부의 통계는 신뢰할 수 없는데, 그것은 인구 현황에 대한 보고가 세금 및 요역을 부과할 수 있는 장정과 관련되어 있기 때문이다. 그러나 토니 미셸은 다음의 논문에서 일반적인 경향에 대하여 분명하고 간결하게 설명하고 있다. Tony Michell, "Fact and Hypothesis in Yi Dynasty Economic History: The Demographic Dimension," *Korean Studies Forum* 6:65~93(1979~1980). 최근 이루어진 다음 연구는 미셸의 해석을 대체로 뒷받침하고 있다. Lee Hochol, "Rice Culture and Demographic Development in Korea, c. 1429~1918," in Akira Hayami and Yoshihiro Tsubouchi, eds., *Economic and Demographic Development in Rice Producing Societies-Some Aspects of East Asian Economic History, 1500~1900*(1989), pp. 55~71. 다음의 글도 볼 것. 송찬섭, 「17, 18세기 신전개간의 증대와 경영형태」, 《한국사론》 12(1985. 2), pp. 231~304.

52) 김용만은 재령 이씨, 안동 권씨, 경주 양동의 월성 손씨 가문의 문서를 기초로 이 같은 발전에 대한 견해를 표명하고 있다. 김용만, 「조선시대 재지사족의 재산소유형태」 I, pp. 89~159. 수잔 신은 농업 노동력의 변화를 기술하고 있다. Susan S. Shin, "Some Aspects of Landlord-Tenant Relations in Yi Dynasty Korea," *Occasional Papers on Korea* 3:49-88(1975).

53) 『명종실록』 20:61.

54) 적합한 봉사자가 제사에 대한 모든 책임을 짊어질 수 없을 경우 윤행봉사가 안전한 방법의 하나라고 17세기의 고문서에도 계속하여 언급하고 있다. 이에 대해서는 이광규의 다음 글을 볼 것. 이광규, 『한국가족의 사적 연구』, pp. 370~371.

55) 이황, 『증보퇴계전서』 27:16b.

56) 봉사조가 점차 나타나기 시작한 근거는 다음의 고문서 집성에서 찾을 수 있다. 『광산김씨오천고문서』, no. 11, 12, 14(모두 16세기 후반의 것이다), pp. 170~182; 이수건, 『경북지방고문서집성』, pp. 178~180.
57) 이광규, 위의 책, pp. 360~386.
58) 『속대전』, p. 234.
59) 이수건 편, 『경북지방고문서집성』, p. 795.
60) 김명렬은 임진왜란 당시 명성을 얻은 김명원(1571~1645)의 아들이다. 김홍원은 당대의 저명한 인물들과 편지를 주고받았으며 따라서 그와 그의 후손들이 당시의 의례 발전에 대해 잘 알고 있었다는 사실은 놀라운 일이 아니다.
61) 『부안김씨우반고문서』, no. 33, p. 224. 우반의 부안 김씨 가문이 소장하고 있던 고문서가 발굴된 것은 특별한 행운이 아닐 수 없다. 이 고문서는 16세기 초기부터 식민지 시기에까지 걸쳐 작성되었다. 이 중 상속 문서는 마크 피터슨이 분석하였는데, 이것은 다음 제명으로 1983년의 워크숍에서 발표한 바 있다. Mark Peterson, "The Puan Kims: A Case Study in Social Change in Mid Yi Korea," Unpublished paper, 1983.
62) 다음을 예로 들 수 있다. 『부안김씨우반고문서』, no. 26, p. 209, no. 29, p. 213.
63) 이수건 편의 『경북지방고문서집성』에는 같은 의미를 담고 있는 17세기 후반의 여러 문서를 수록하고 있다. 그 내용은 딸은 조상 제사에 더는 참여할 수 없으므로 상속 재산을 나누어줄 수 없다는 것이다. 그 같은 사례는 다음에서도 찾을 수 있다. 이수건, 『경북지방고문서집성』, p. 245, p. 401, p. 411. 그리고 다음도 살펴볼 것. 이광규, 『한국가족의 사적연구』, pp. 384~385. 여기에 수록된 18세기 전반의 두 문서는 딸에 대해 더 언급하고 있지 않다.
64) 최승희, 『한국고문서연구』, p. 322, pp. 328~329; 『부안김씨우반고문서』, no. 28, pp. 211~213; 김용만, 「조선시대 재지사족의 재산소유형태」 I, p. 136. 김용만은 경주 양동의 월성 손씨 가문의 고문서를 분석하였다. 그는 토지의 매매와 양도가 증가한 것은 부재지주였던 전 소유자들이 16세기 후반 이후 재지지주로 바뀌어 동성 촌락을 세우게 된 것과 관련이 있다고 보았다. 이 같은 주장을 촌락의 역사적 형성에 대한 연구와 더불어 입증한다면 흥미로울 것이다.
65) 부변 전래의 재산과 모변 전래의 재산을 따로따로 나누던 초기의 관행은 딸이 상속에서 제외되면서 사라져버렸다.
66) 1609년부터 1799년까지 이렇듯 다양한 범주의 재산 발전은 부안 김씨 상속 문서에서도 발견된다. 『부안김씨우반고문서』, pp. 207~225.
67) 野村調太朗, 『朝鮮祭祀相續法論序說』, p. 554. 이 중 주 8에 인용된 황종해의 『후천

집」을 볼 것.

6장

1) 『태종실록』 19:2b, 11b; 23:9a-b.
2) 봉건시대 중국의 결혼풍습에 대해서는 다음을 볼 것. Marcel Granet, *La Polygynie sororale et le sororat dans la Chine f odale*(Paris: E. Leroux, 1920), pp. 53~57.
3) 『태종실록』 3:3b. 예조에서는 이 숫자가 『예기』 「혼의」 장에서 연유한 것으로 잘못 파악하였는데, 사실은 『춘추공양전』에서 인용한 것이다. 이것은 『백호통』에도 보인다. *Po-hu t'ung* I, p. 251.
4) 『태종실록』 6:26b.
5) 간략한 설명은 다음을 볼 것. 이상백, 『한국사』, 「근세전기편」, pp. 72~76. 첫 번째 사건에 태조의 두 왕비가 연루되었다.
6) 『태종실록』 6:26b, 25:21b.
7) '훈현충의'는 '업적이 있고 현명하며, 충성스럽고 신의가 있는 것'을 의미하는데, 이들은 태조, 정종, 태종이 왕위에 오르는 데 큰 공로를 세운 자들을 말한다.
8) 『태종실록』 22:25a-b. 1414년에 여러 비빈의 자손들을 위계에 따라 수여하는 작위의 목록을 만들었다. 『태종실록』 27:3a-b. 이러한 작위 명칭은 『경국대전』에 법제화된 것들과 조금 다르다. pp. 35~38. 세자궁의 내명부도 비슷하게 구성되었다. 『세종실록』 50:30b-31.
9) 『세종실록』 55:6b, 64:4. 세자의 부인에게는 '빈'이라는 칭호가 주어졌다. 조선 전기 궁중 여인들에 대한 연구로는 다음을 볼 것. 김선곤, 「이조초기 비빈고」, 《역사학보》 21(1963. 8), pp. 33~65.
10) 『태조실록』 9:8b. 재혼하는 여성은 그 전에 가진 작위를 상실하였다. 비록 조선 전기에 작위와 함께 토지를 수여했다는 증거가 있지만, 『경국대전』에는 그러한 규정을 더 싣고 있지 않다.
11) 『세종실록』 120:14b-16b. 여러 명의 부인에 대하여 사회적 배경을 고려하지 않고 지위를 똑같이 부여한다는 조항이 『경제육전』에 첨부된 「육전등록」에 명확하게 수록되어 있었다. 그렇지만 그 후 개정된 법제와 모순되어 1426년의 개정판인 『속육전』이 나오기 전에 삭제된 것 같다. 현존하는 법전 중 이 조항이 기록된 것은 없고, 다만 『조선왕조실록』에 나와 있는 기록을 근거로 부분적으로 재구성할 수 있다.
12) 『태종실록』 25:13a-b, 27:46b-47, 33:16b-17; 『세종실록』 10:13, 117:21b, 『경국대전』, p. 518. 『명률』에는 부인을 변칙적으로 취하고 조작하는 행위[妻妾失序]와 관련하여 다음 세 가지 조항을 제시하고 있다. ① 처를 첩으로 삼는 자는 장 100대에

처하고 바로잡는다. ② 처가 있음에도 첩을 처로 삼는 자는 장 90대에 처하고 바로잡는다. ③ 처가 있는데도 또 처를 취하는 자는 장 90대에 처하고 이이離異시킨다. 『대명률직해』, p. 204.

13) 『세종실록』 76:30. 다른 사례에 대해서는 다음을 볼 것. 『세종실록』 23:30, 39: 10b-11, 21a-b, 117:21b; 『문종실록』 12:42b; 『세조실록』 29:14, 35:8-9, 17b-18b; 『성종실록』 68:1a-b, 74:1-2. 두 명의 처를 거느리는 위법 행위는 중종대까지도 논란거리였다. 이에 관한 사례에 대해서는 다음을 참조할 것. 『중종실록』 2:15a-b, 28b, 14:63, 18:30b, 60:4b.

14) 『명종실록』 15:38, 39.

15) Li Chi(『예기』), James Legge, tr. II, p. 428.

16) 『세종실록』 48:25.

17) 『태종실록』 29:11b; 『세종실록』 40:9b.

18) 『세종실록』 50:33b.

19) 『세종실록』 50:32a-b, 83:23b. 1443년에 왕실의 일원들은 왕실 계보에 속하지 않더라도 이씨 성을 가진 사람들과는 결혼하는 것을 금지하였다. 『세종실록』 96: 22.

20) 『성종실록』 10:16b-17, 45. 모변 육촌과의 결혼 금지는 양모와 계모의 친척들에게도 의무사항이었다. 박병호, 『한국법제사고』, pp. 347~351.

21) 박병호, 위의 책, pp. 351~353.

22) 출계집단의 범위를 소홀히 여기는 것에 대한 비난이 많았는데, 이수광(1563~1628)은 양반들이 성은 같지만, 본적이 다른 출계집단과의 결혼을 수치로 여기지 않는 것을 우려하였다. 그와 동시대인인 정경세(1563~1633) 역시 본적이 다르면 다른 성으로 간주하는 경우가 많은 것을 염려하였다. 이능화, 『조선여속고』(재판, 서울, 1968), pp. 51~52.

23) 『현종실록』 16:3, 25:10b-11; 최신, 『학암집』 2:27-28; 『속대전』, p. 236.

24) 1556년 먼 도서 지역에서는 혈족혼이 계속되고 있었다. 『명종실록』 20: 30b-31.

25) 이런 진술을 재확인하는 자료로는 다음을 볼 것. 최재석, 「조선후기 도시가족의 형태와 구성」, 《인문논집》 19(1974), pp. 144~146. 평민과 천민과의 결혼에서 낳은 자식에 대한 사회 지위를 확정하기 위해 만들어진 이 규정은 중요한 사회정치적 도구였다. 이상백, 「천자수모고」, 《진단학보》 25-27(1964), pp. 155~183.

26) 김두헌이 언급한 이중환의 『팔역지』, p. 440. 결혼과 정쟁 간의 관계에 대한 연구는 충분하지 않다. 이 문제는 다음에서 다루고 있다. 小田省吾, 「李朝黨爭略史」, 『朝鮮史講座-分類史-』(京城: 朝鮮史學會, 1924), pp. 182~184.

27) 예를 들어 1442년 부변·모변·인족 사촌 범위를 넘어 노비를 주고받는 것이 금지되

었다. 이 조항은 혼인할 때에도 노비를 선물로 줄 수 없도록 만들었다.『세종실록』 97:33b-34;『경국대전』'노비결송정한', p. 521; 김종직,「이존록」, 후편, 4:18b.

28) 족보나 호적대장 같은 역사 자료를 근거로 이 주제를 탐구한 연구는 없다. 김택규는 다음 연구에서 하회지방(경상북도)에 대한 민속학적 사례 연구를 기반으로 몇 가지를 시사하고 있다. 김택규,『씨족부락의 구조연구』, pp. 119~127. 양회수 역시 김택규가 찾아낸 것을 재확인하였다. 양회수,『한국농촌의 촌락구조』(서울: 고려대학교 아세아문제연구소, 1967), p. 251. 최재석은 독보적인 두 출계집단인 여강 이씨와 월성 손씨에게 시집온 여성들의 본관 목록을 제시하였다. 최재석,『한국농촌사회연구』(서울: 일지사, 1975), pp. 500~503. 그러나 본관과 주거지가 거의 일치하지 않기 때문에 이 본관의 목록을 가지고는 통혼권을 설명하지 못한다.

29) 김택규, 위의 책, pp. 123~127.

30) 김택규, 위의 책, pp. 134~135. 이것에 대해서는 몇 가지 사례가 있다. 남편의 조카딸이 부인의 조카의 부인이 되거나, 며느리의 육촌형제와 시아버지의 사촌형제가 결혼을 하기도 하였다.

31) 민속학적 자료에 일차적 근거를 둔 이 분석은 역사 기록에 기초를 둔 자료로 더욱 강화되고 보충되어야 할 것으로 본다.

32) 善生永助,『朝鮮の聚落』III, p. 414, p. 449.

33)『세종실록』37:24a-b;『세조실록』24:6b;『경국대전』, p. 227.

34) Po-bu t'ung(『백호통』), I, p. 245.

35)『세종실록』88; 26b-27. 왕실의 경우 결혼할 수 있는 나이는 양반보다 낮았다. 남성은 14세, 여성은 13세로 정해놓은 나이 제한은 1467년에 폐지되었다. 이어 1년 후인 1468년에는 6살 이상 차이가 나는 결혼을 금지하는 법률도 폐지되었다.『세조실록』24:6b, 38:9b, 41:22.

36)『세종실록』85:46a-b, 88: 21. 김두헌이 이야기한 것은 다음 책에서 인용하였다. 정동유,『주영편』, p. 454.

37) 통계 자료에 대해서는 다음을 볼 것. 최재석,「조선후기 반촌가족」,『한국가족제도사연구』(서울: 일지사, 1983), pp. 419~422; 최재석,「조선후기 도시가족의 형태와 구성」, 위의 책, pp. 147~148; 최재석,「조선전기의 가족형태」,《진단학보》37(1974), pp. 155~156. 사카다 히로시는 최재석이 발견한 것과는 반대 견해를 보여주고 있는데, 그는 아내보다 연상인 남편이 50%에서 60%를 차지한다는 사실을 밝혀놓았다. 최재석이 지적한 바와 같이, 이는 사회집단들을 구분하지 않은 데서 온 결과이다. 四方博,「李朝人口に關する一研究」,《朝鮮社會法制史研究》9(1937), pp. 289~298. 양반과 평민 부부들이 10살 이상 나이 차이가 나는 현상은 일상적인 일로

받아들여졌으며, 조선 전기에 이미 이 현상에 대해 언급하였다.『세조실록』41:22. 김택규는 부인이 연상인 경우가 양반들 사이에서 더 빈번한 일이었지만, 하회마을의 경우에는 전형적인 것은 아니라고 언급하고 있다(김택규,『씨족부락의 구조연구』, p. 129).

38)『태종실록』8:4b. 후자는 1429년에 법으로 확정되는데, 상복은 30일 이후에 벗을 수 있었다.『세종실록』43:13b.

39) 이런 경우의 예는 다음을 볼 것.『세종실록』35:16;『세조실록』35:6b-7, 36:7b-8, 37:32. 혼인은 국상 기간에도 금지되었다.『세종실록』17:29b.

40)『속대전』, p. 236.『속대전』의 이 법률은 많은 논의를 거친 후 제정되었다. 16세기 전반기까지는 복상기간에도 혼인을 하였다. 1545년 이 문제에 대하여 법을 제정하여 관심을 환기했으며 조정 안팎의 해당 관청들에서 적절한 방도를 조처하도록 만들었다.『명종실록』3:93b-94;『각사수교』, p. 22;『수교집록』, p. 159. 조선 왕조의 법전은 고려시대 법률을 반복한 것 같지는 않다. 고려시대에는 아버지나 할아버지가 감옥에 수감되어 있는데 혼인하면 장 100대에 처했다고 되어 있다.『고려사』85:1.

41) 이 법률은 1413년의『속육전』에 명확히 나타난다.『세종실록』10:12b.

42)『세종실록』23:24, 37:24a-b, 38:12b, 40:12b-13, 69:30b;『경국대전』, p. 293. 1472년 가난한 양반 처녀들을 위해서는 결혼 자금으로 미두 10석으로, 평민 처녀를 위해서는 미두 5석으로 정했다.『성종실록』18:4, 249:5b;『연산군일기』44:4b;『속대전』, p. 236.

43) 이 해석은 Steele, *The I-li*(『의례』), I, pp. 18~27을 근거로 한 것이다. '증거물들을 보냄'은 아래와 같이 설명되어 있다. "남자 쪽 아버지가 예비 의식을 마치기 위하여 보낸 선물은 검고 붉은 비단 한 묶음과 사슴 가죽옷 두 벌이었다." Ibid., I, 21.

44) 정도전,『삼봉집』, p. 231; 유형원,『반계수록』25:19b.

45)『태조실록』7:13b.

46)『태종실록』8:5b.

47)『태종실록』28:34.

48)『태종실록』35:9.

49)『고려사』85:20a-b, 22b-23;『증보문헌비고』89:3b.

50)『태조실록』6:5. 관계官階가 없는 사람들은 은, 비단옷, 가죽을 사용할 수 없도록 하였다.

51)『태종실록』35:9, 44;『세종실록』36:1, 43:13b.

52)『경국대전』, p. 278. 혼례식날 밤에 아버지가 2품 이상의 관리이면 10자루의 횃불

을, 3품 이하면 6자루의 횃불을 사용할 수 있었다. 신부가 시부모를 뵙게 될 때, 앞으로 나아가 술 한 동이와 안주 다섯 그릇을 올렸다. 그리고 여종 3명과 남종 10명을 데려갈 수 있었다.

53) 『세종실록』 67:18-20.
54) 『세종실록』 133:30-31b.
55) 『중종실록』 12:61b-62, 22:57b-58, 23:66b, 24:13a-b.
56) 『증보문헌비고』 89:6b. 김치운은 홍문관 부교리로 재직 중인 1531년에 사망하였다. 기록에 따르면 그는 충동적이었으며 허항(?~1537), 김안로(1481~1537), 채무택(?~1537) 등과 어울려다녀 경계의 대상이 되기도 하였다.
57) 친영을 거행하자는 요구에 대해서는 『명종실록』 9:18b-19; 『선조실록』 152: 6b-7b, 11a-b; 『영조실록』 70:15b, 104:25.
58) 『증보문헌비고』 89:6b.
59) 이에 대한 사례로서 박세채, 『남계예설』 3:31을 볼 것.
60) 1407년 태종의 장자이자 당시 세자였던 양녕대군은 김한로(1367~?)의 딸과 혼인하여 궁실로 맞아들였다. 『태종실록』 14:5b-6. 1414년 태종의 넷째 아들인 성녕대군 역시 성억의 딸과 같은 방식으로 결혼하였다. 『태종실록』 28:45b.
61) 『고려사』에는 왕실 혼례에 대한 기술이 전혀 없다. 태자의 혼례식에 대한 간략한 규정은 『고려사』 '왕태자 납비의王太子 納妃儀'에 나와 있다. 『고려사』 66:27-32b.
62) 김오문은 김구덕(?~1428)의 아들이며, 김구덕의 딸은 태종의 빈이다.
63) 혼례식의 여러 절차를 알기 위해서는 다음을 볼 것. 『세종실록』 35:13-14b, 17-18b, 23b, 36:2-4, 5a-b, 7-10. 중국의 세자 혼례식에 대하여는 『통전』 권 127을 참조할 것.
64) 『세종실록』 50:33b.
65) 『세종실록』 64:8b, 11b.
66) 이 규정은 1434년 말경에 예조에서 국왕에게 올렸다. 『세종실록』 67:16b-20.
67) 『세종실록』 67:21b. 그해 초 예조는 친영을 거행할 때 왕실 사람들을 수행할 인원을 정했다. 『세종실록』 67:9b.
68) 『세종실록』 72:26b-34. 이 규정을 제정한 것은 후일 문종이 될 세자가 세 번째 부인을 맞아들인 것과는 관련이 없어 보인다. 1427년에 혼인한 첫째 부인은 추문으로 1429년에 궁실에서 쫓겨나고 왕실 족보에서 삭제되었다. 『세종실록』 45:5, 7. 두 번째 부인은 봉려(1375~1436)의 딸로서 후일 순빈이 되었는데, 그녀 역시 아들을 낳지 못한다는 이유와 동성애 혐의로 평민으로 강등되어 자기 집으로 쫓겨났다. 세자의 후궁들 가운데 한 명인 권씨가 세자빈으로 책봉되었다. 『세종실록』 46:3, 75:7b-

9b, 26b-27b, 76:16-18, 19b-20.
69) 『세종실록』 128-135.
70) 자세한 내용은 다음을 볼 것. 『세종실록』 133:1-10; 『증보문헌비고』 73:3-7; 『통전』 권 122.
71) 자세한 내용은 아래를 참고할 것. 『세종실록』 133:18-26b; 『증보문헌비고』 73:7-14; 『통전』, 권 127. 다음 해부터 비슷하지만 좀더 간략한 규정으로 세종의 후궁 소생인 두 아들의 혼례식이 이루어졌다. 『세종실록』 79:18, 87:31b. 조선 초기에는 가례嘉禮가 왕실의 모든 혼인을 지칭하는 용어였으나, 왕조 말기로 가면서 왕실 계보에서 경중의 차이를 강조하기 위해 왕자들을 제외한 왕실 혼인은 길례吉禮라고 했다. 김용숙, 『이조여류문학 및 궁중풍속의 연구』(서울: 숙명여자대학교, 1970) p. 343.
72) 국왕과 관리들 사이의 이데올로기 갈등에 대한 논의로는 다음을 볼 것. Sohn Pow-key, 'Social History.'
73) 『중종실록』 17:17b-18, 20b-21.
74) 『중종실록』 23:27.
75) 『중종실록』 28:36. 국왕에게 친영을 권하는 것에 대한 논의로는 다음을 볼 것. 『중종실록』 27:49b-50b. 중종의 첫 왕비의 아버지는 신수근(1450~1506)으로서 연산군의 처남이었는데, 중종반정 때 죽임을 당했기 때문에 중종의 첫 비인 신씨는 1506년 폐위당했다. 1515년에 신씨의 축출을 둘러싸고 일어난 논쟁에 대한 분석으로는 다음을 볼 것. Edward W. Wagner, *The Literati Purges*, p. 83ff. 중종의 두 번째 부인은 1515년에 인종을 낳다가 죽었다.
76) 선조와 인조는 각기 1601년과 1638년에 이 의식을 치렀다. 『선조실록』 149:19, 『인조실록』 37:34.
77) 『증보문헌비고』 73:27b. 원래의 의식인 '봉영왕비'에서는 특별히 임명된 관리들이 새 왕비를 왕궁으로 맞아들이도록 되어 있으나, 국왕이 직접 왕비를 인도하는 것으로 변하였다.
78) 『중종실록』 28:36a-b.
79) 『중종실록』 28:36a-b, 38.
80) 『중종실록』 28:42b.
81) 『중종실록』 28:46a-b, 54a-b, 29:2b-3b, 4, 11-12, 19b-20.
82) 조식, 『남명집』 5:10b.
83) 『속대전』, p. 236.
84) '우귀'라는 용어는 『시경』에서 기원한다. 여섯 번째 시에 "이 젊은 아가씨는 미래의 집으로 가네"라는 구절이 있다.

85) 한국에서는 혼례식 전에 신부의 집으로 가축을 보내는 관습이 있었던 것 같다. 고구려에서는 돼지를 보냈다. Li Ogg, *Recherche sur l'Antiquit Corenne*, p. 225를 볼 것. 고대 중국에서는 연장자를 방문할 때 야생 거위를 선사하는 관습이 있었다. 『의례』 '관리의 혼인'에서 납징만 제외하고 혼례식의 단계마다 야생 거위를 올리는 과정이 있었다. 『예기』에서는 신랑이 신부를 직접 맞이하는 것과 관련하여 야생 거위를 올리는 것을 언급하고 있다. 전안에 관한 논의로는 다음을 볼 것. Akiba Takashi, "A Study on Korean Folkways," *Folklore Studies* 16:62~73(1957).

86) 조식, 『남명집』 5:10b; 『별집』 1:5b; 남학명, 『회은집』 5:1b; 이능화, 『조선여속고』, p. 70.

87) 한국에서 일반적으로 '결혼'에 대한 한자어는 복합어인 '혼인'이었다. 『백호통』에 따르면, '여성[女]'과 '해질녘[昏]'이라는 두 요소로 결합된 혼은 결혼식이 원래 이른 저녁 무렵에 행해진다는 의미가 있음을 알려준다. 인은 남편을 따르는 여성을 의미한다. *Po-hu t'ung*(『백호통』) I, 244ff. 한국 상황에 더 맞는 표현으로는 '입장가'(한국의 현재 말로는 장가가다)인데, 신랑이 신부집으로 간다는 뜻이다. 유형원, 『반계수록』 25:19b를 볼 것. 그러나 유학자들은 처를 취한다는 취부 또는 취처보다도 혼인이라는 용어를 선호하였으며, 또한 남편을 맞이한다는 가적인, 귀보다도 역시 혼인이라는 용어를 선호하였다. 한국에서는 후자의 경우 '시집간다'고 한다.

88) 중매인의 역할은 일반적으로 남자 친척이나 전문 중매인이 맡았다. 혼인 반경이 다소 고정되었을 경우, 이미 시집온 며느리가 처가 가족의 일원과의 혼인을 주선할 수 있었다.

89) 혼주는 대개 장래 부부가 될 신랑, 신부의 아버지였는데, 만약 아버지가 생존해 있지 않을 경우, 조부 같은 친척이 대신할 수 있었다. 드물지만 어머니가 혼주가 되는 경우도 있었다. 정구, 『한강문집』 5:6b를 볼 것.

90) 이러한 서찰의 사례에 대해서는 다음을 볼 것. 최승희, 『한국고문서연구』, pp. 410~414.

91) 아키바 다카시는 납폐는 신부를 데려오는 값이 아니라, 좋은 관계를 맺은 데에 대한 선물이라고 주장한다. "A Study on Korean Folkways," pp. 41~42.

92) 주자의 혼례 의식에서 각기 다른 별개의 것으로 되어 있는 납채와 납폐라는 용어는 한국에서는 종종 바꾸어 사용되곤 하였다. 박세채에 따르면, 납채는 서찰을 말하고 납폐는 혼인의 공식화를 의미하는 선물을 보내는 것을 말한다. 『남계예설』 3:22.

93) 『태종실록』 24:16a-b; 『세종실록』 115:5b, 118:12a-b; 『세조실록』 4:29b, 38:39b-40; 『중종실록』 73:52b; 『경국대전』, p. 484; 김종직, 『이존록』, 『후편』 4:18b.

94) 『중종실록』 73:52b; 『속대전』, p. 236.

95) 『문종실록』 1:22-23b.
96) 이러한 사례에 대해서는 다음을 볼 것. 『세조실록』 38:39b-40.
97) 『중종실록』 26:66a-b, 31:45a-b, 34:20b.
98) 조호익, 『지산문집』 3:5b-6; 남학명, 『회은집』 5:1a-b.
99) 신랑은 문관의 관복 웃옷인 단령團領을 입고, 사紗로 된 모자, 사각 허리띠에 가죽 신발을 신는다[紗帽靴冠帶].
100) 술잔을 교환하고 난 후 가끔 신랑과 신부가 함께 참여하는 연회가 따르기도 하였다[同牢]. '초례醮禮'라는 용어를 한국에서 사용하는 것은 적절하지 않다. '초醮'는 혼례식 날 신랑과 신부가 각자의 집을 떠날 때 부모들이 그들에게 주는 술잔이기 때문이다. 드물지만 술잔 교환은 60주년 결혼기념일에 다시 이루어지기도 한다.
101) 이 관습에 대한 묘사와 분석을 위해서는 다음을 볼 것, Akiba Takashi, "A Study on Korean Folkways," pp. 73~79; 이능화, 『조선여속고』, pp. 89~95.
102) 가끔 신부가 시부모에게 인사를 드린 후에, 신랑의 관례에 해당하는 의식이 뒤따라 오기도 하였다. 신부는 화려한 머리장식을 풀고 머리를 비녀에 꽂아서 위로 올리는데[筓禮], 이것은 어른이 된다는 것을 의미한다.
103) 신부가 너무 어린 경우에는, 대개 시부모를 뵙고 난 후 자신의 집으로 돌아가 더 자란 후에 신랑의 집으로 온다. 이 두 번째 들이기를 위하여 택일을 한다. 이 대략적인 개요는 아래의 자료를 근거로 하였다. 이능화, 『조선여속고』, pp. 76~89; 유희춘, 『미암일기』; 남학명, 『회은집』 5:1b; 김성일, 『학봉문집』 6:16-17; 이익, 『성호선생집』, 권 48; 『광례람』(『사례편람』, 재판, 서울, 1977) 3: 10-19b; 황필수, 『자래관행혼례』, 『사례편람』; 김택규, 『씨족부락의 구조연구』, pp. 130~134; 장주근 · 맹인재, 『하회마을』(서울: 문화재관리국, 1973), pp. 53~57; 장주근 · 맹인재, 『양동마을』(서울:문화재관리국, 1973), pp. 52~56; 장주근 · 맹인재, 『낙안성마을』(서울: 문화재관리국, 1973), pp. 43~46; Akiba Takashi, "A Study on Korean Folkways," pp. 64~65; 손진태, 「조선혼인의 주요 형태인 율서혼속고」, 『조선민족문화의 연구』(서울: 을유문화사, 1948), pp. 87~104.
104) 장현광, 『여헌문집』 4:46b-47; 한원진, 『남당문집』 16:20b-21; 정구, 『한강문집』 5:14b-15; 이익, 『성호선생집』 I, p. 249.
105) 경연에서 세종은, 한국 여성들은 중국 여성과 달리 글을 읽을 수 없으므로 정치에 간여할 위험이 없다고 말하였다. 『세종실록』 79:12.
106) 『성종실록』 127:7; 『중종실록』 98:39; 『경국대전』, p. 292.
107) 구체적인 내용은 소혜왕후 한씨의 『내훈』을 볼 것. 이 책은 재판본이 여러 차례 나왔다. 특히 다음 두 책을 볼 것. 『내훈』, 김지용 편(서울: 연세대학교 인문과학연구

소, 1969); 『내훈-여사서』(서울: 아세아문화사, 1974).

108) 양반가 여성들의 교육적 경험에 대해서는 다음을 볼 것. 신정숙, 「생존노부인의 문견채록」, 《국어국문학》 58-60(1974. 12), pp. 324~325.

109) 『태조실록』 2:3b-4. 이 규정은 1393년 당시의 것인데, 『경국대전』에 수록되었다. 『세종실록』 52:42b. 그 후 1416년 사간원에서는 더욱 강경한 태도를 보여, 여성을 집에서 완전히 벗어나지 않도록 요구하였으나(부모 방문은 제외), 국왕의 동의를 얻지 못하였다. 『태종실록』 32:12b-13.

110) 『세종실록』 22:3b.

111) 『태조실록』 44:27, 62:22b-23, 24a-b, 87:29.

112) 『태종실록』 7:23.

113) 『세종실록』 19:19, 57:19, 58:8b, 123:4b-5. 사간원의 관심은 주로 수도에 치우쳐 있었다. 향촌 여성들까지 포함시키려는 노력은 실패하였다. 『세종실록』 62:22b.

114) 『태종실록』 8:32b. 이런 법률은 『경국대전』에 실려 있었음이 틀림없다. 『세종실록』 64:23.

115) 『세종실록』 52:42b, 53:4, 7, 57:15, 64:19b, 23-24, 108:9b-10, 116:10b. 나아가 1448년에 내린 전교傳敎에서는 산중 사찰뿐만 아니라 수도에 있는 사찰도 방문하는 것을 법으로 금지하도록 분명하게 하였다. 『세종실록』 122:4b.

116) 『경국대전』, p. 481.

117) 『태종실록』 17:15b; 『문종실록』 3:49b-50; 『단종실록』 11:12b.

118) 『태종실록』 24:24, 28:40b; 『세종실록』 21:1, 49:22, 94:11a-b, 114:25, 115:18, 123:6b-7; 『성종실록』 10:24; 『경국대전』, p. 482.

119) 첫째 부인을 지시하는 용어로는 처, 명부, 적처, 적실, 여군, 정부 등이 있다.

120) 이 제한은 최근까지도 계속되는 관습이다. 신정숙, 「생존노부인의 문견채록」, pp. 329~330.

121) 『세종실록』 100:15b-16.

122) 시카타 히로시가 1675년에서 1776년 사이의 대구 지역 인구 조사를 한 바에 따르면, 호당 평균 가족 수는 4.4명에서 4.6명이었다. 범위는 밝혀놓지 않았지만 4명으로 구성된 호수는 전체의 23%를 차지하였다. 최재석은 1807년 양반 마을(양좌동, 경상북도)의 가족 형태를 부부가족 44.6%, 직계가족 41%, 확대가족 10.2%로 밝혀놓고 있다. 17세기 초 이후 산음지역 호적대장에 대한 연구 조사에서 3대가 함께 살고 있는 호구의 수는 전체의 3%에 지나지 않았다. 통계학적 자료에 대해서는 다음을 볼 것. 四方博, 「李朝人口に關する一硏究」, pp. 54~55; 최재석, 「조선후기 반촌에 있어서의 가족의 구성」, p. 296; 최재석, 「조선전기의 가족형태」, p. 147.

123) 양반 여성의 일상생활에 대한 간략한 묘사로는, Martina Deuchler, "The Tradition: Women during the Yi Dynasty," in Sandra Mattielli, ed., *Virtues in Conflict: Tradition and the Korean Women Today*(Seoul: Royal Asiatic Society, 1977), pp. 25~26.

124) 여자아이의 이름은 실록에서 보이는데, 소비, 감물이, 어리가, 감동, 종비 등이다. 이들 중 몇몇은 평민의 이름으로 보인다. 『세종실록』 54:14b, 56:25b, 62: 22b~23, 72:5b; 『세조실록』 5:8~10. 여성 이름에 대한 연구로는 다음을 볼 것. 鮎貝房之進, 『雜攷』(再版, 1973), pp. 119~132.

125) 『民事慣習回答彙集』(京城: 朝鮮總督府 中樞院, 1933), pp. 385~386. 이 책은 1909~1933년 사이 조선 총독부 중추원이 수집한 문답형식의 자료집으로서 사회제도를 연구하는 데 매우 소중하다.

126) Edward W. Wagner, "Social Stratification in Seventeenth-Century Korea," p. 41; John N. Somerville, "Success and Failure in Eighteenth Century Ulsan"(Ph. D. dissertation, Harvard University, 1974), pp. 168~169. 성은 소사와 씨의 중간형태였다. 노비 출신의 아내는 성이 없으므로 이름만 기록되었다. 혼인 순서를 확인하기 위해서 호적을 이용한 사례에 대해서는 다음을 볼 것. 『성종실록』 108:15b~16.

127) 『태조실록』 9:8b.

128) 『태종실록』 25:13a~b, 34:19b; 『세종실록』 48:4b, 55:6, 70:2b, 84:21b; 『경국대전』, pp. 30~32.

129) 전통 가족 내에서 세대주가 갖는 권한에 대한 폭넓은 논의로는 다음을 참조한다. 박병호, 「한국의 전통가족과 가장권」, 《한국학보》 2.1(1976 봄), pp. 67~93.

130) 『세종실록』 47:24h, 25a~b; 『경국대전』, p. 479; 『속대전』, p. 402. 모반이나 반역 사건일 경우에는 예외였다.

131) 예를 들어 자녀가 혼인하는 데는 어머니의 승낙이 필요하였다. 『民事慣習回答彙集』, pp. 318~319.

132) 양반 과부의 호구에 대해서는 다음을 볼 것. Edward W. Wagner, "Social Stratification in Seventeenth-Century Korea," p. 43. 세대주 권리 계승 순서는 시할머니, 시어머니, 부인, 딸이었다. 과부가 세대주가 될 경우 부모로서 자녀들에게 권위를 행사할 수 있었다. 『民事慣習回答彙集』, pp. 105~106; 『現行朝鮮親族相續法類集』(京城: 登記と戶籍研究會, 1939), p. 365, p. 367.

133) 『명종실록』 13:26b; 『民事慣習回答彙集』, pp. 285~288. 세부 사항은 3장을 볼 것.

134) 『現行朝鮮親族相續法類集』, pp. 73~74.

135) 『속대전』, pp. 398~399; 『대전통편』(재판, 서울: 법제처, 1963), p. 590, p. 597.

136) 『중종실록』 31:30b, 32, 37b, 90:46; 『명종실록』 3:11a-b, 33:10.
137) 예를 들어 1702년 한 양반 여성이 질투로 노비를 죽인 죄를 자백하고 난 후, 매를 맞고 유형당했다. 『추관지』(재판, 경성: 조선총독부 중추원, 1937), p. 477.
138) 『세종실록』 50:31b; 『경국대전』, p. 470; 『속대전』, p. 397, p. 404; 『추관지』, pp. 597~598. 『경국대전』은 양반 출신의 여성이 사형에 해당하는 중범죄를 저지를 경우 나무로 만든 목칼(혹은 경가)을 씌우는 형벌을 주도록 규정하고 있다. 이와 대조적으로 남편을 살해한 평민 여성은 참수하도록 규정하였다. 『세종실록』 96:9.
139) 이 법률은 『경국대전』에 실리지는 않았으나, 법과 마찬가지 효력이 있는 것으로 인식되었다. 『성종실록』 10:19, 24; 『중종실록』 82:58-59.
140) 이재, 『사례편람』, pp. 287~288.
141) 아버지와 어머니에 대한 슬픔의 표현에 차등을 두기 위해 아들은 상복을 달리 입었다. 아버지를 위해서는 단을 두르지 않은 삼베옷을 입고 대나무로 만든 지팡이를 짚었다. 지팡이의 모양은 둥근데, 이는 하늘을 상징한다. 어머니의 경우는 단을 두른 삼베옷과 땅을 상징하는 사각형 모양의 지팡이를 짚었다. 『예기』와 『의례』를 근거로 만들어진 이런 규정들은 다음에 수록되어 있다. 이재, 『사례편람』, pp. 150~156.
142) 이렇듯 기간을 단축하는 것은 세종의 개인 경험을 토대로 시작되었다. 세종은 아버지 태종이 생존해 있는 1420년에 어머니가 죽으면서 복상해야 했다. 『세종실록』 38:4a-b.
143) 『경국대전』, p. 246, p. 260.
144) 『세종실록』 77:43b, 88:3b-4b, 112:22; 『경국대전』, p. 259, p. 278. 1785년의 『대전통편』에서만 아내가 사망할 경우 공식 휴가를 2일만 주는 것으로 규정하고 있다.
145) Po-hu t'ung(『백호통』) I, p. 261.
146) 『세종실록』 80:33.
147) 『세종실록』 35:17b; 『성종실록』 182:10. 적처는 남편을 부夫로 불렀고, 첩은 군君으로 불렀다.
148) 1482년 성종은 왕자들과 대신들이 양반 딸을 첩으로 삼는 것을 금지하였다. 『성종실록』 141:1. 이와 반대로 천첩의 딸을 처로 삼는 것은 문신들[東班]에게는 적절치 못한 것으로 받아들여졌다. 『세종실록』 92:12b.
149) 출신 배경의 사례를 알기 위해서는 다음을 볼 것. 『태종실록』 12:37b, 26:4 및 그 후의 기사 등등.
150) 한국에서 첩을 돈으로 산다거나 이를 거래하는 장소가 있었다는 증거는 없다. '혼인한다'[娶]는 용어는 종종 첩을 얻는다는 것과 관련지어 사용되었다. 중국에서 첩을 위한 특별한 거래 장소에 대해서는 다음에 기술하고 있다. Patricia Buckley Ebrey,

"Concubines in Sung China," *Journal of Family History* 11,1:1~24(1986), 특히 p. 7ff를 볼 것.

151) 적처가 첩을 댁으로 부르는가, 집으로 부르는가는 집안 내에서 첩의 지위에 따라 정해진다고 알려져 있다. 댁으로 부르는 것은 남편의 첩(평민일 것으로 짐작됨)일 경우이고, 집으로 부르는 것은 아들의 첩일 경우이다.

152) 『경국대전』에 따르면, 노비 출신(공사천 구별 없이)으로 2품 이상 관리의 첩이면서 아들이 있으면, 자신을 대신할 수 있는 노비를 바치고 평민이 될 수 있었다. 『경국대전』, p. 486; 『民事慣習回答彙集』, pp. 82~84; 『現行朝鮮親族相續法類集』, p. 36, p. 88, pp. 146~147, p. 173; 신정숙, 「생존노부인의 문견채록」, p. 328.

153) 이에 대한 사례로는, 『세종실록』 30:20a-b, 116:26a-b; 『문종실록』 3:52를 볼 것.

154) 『民事慣習回答彙集』, pp. 265~266.

155) 『現行朝鮮親族相續法類集』, pp. 60~61, p. 372, p. 376. 1663년 한양의 호구 조사에 따르면, 양반에게 첩으로 들어와서 세대주가 된 평민 과부가 6명 나온다. 이에 대해서는 다음을 볼 것. Edward W. Wagner, "Social Stratification in Seventeenth-Century Korea," p. 47.

156) 첩의 재산에 대한 상속자의 순서는 아들, 손자, 남편, 세대주였다. 『現行朝鮮親族相續法類集』, p. 400, p. 415; 『民事慣習回答彙集』, pp. 125~126, pp. 379~382.

157) 『세종실록』 67:15b; 김장생, 『의례문해』 1:18; 송준길, 『동춘당문집』 8:42a-b, 9:28b-29; 이재, 『사례편람』, p. 150.

158) 서자에 대한 더 자세한 논의로는 다음을 볼 것. Martina Deuchler, "'Heaven Does Not Discriminate,'" pp. 121~163; 이 책 3장.

159) 『경국대전』, p. 208. 16세기 중반부터 서자들에 대한 과거 응시 금제는 점차 이완되었다. 자세한 내용은 다음을 볼 것. Martina Deuchler, "'Heaven Does Not Discriminate.'"

160) 조광조, 『정암문집』, 「부록」 2:1a-b.

161) 이익, 『성호사설』 I, pp. 255~256.

162) 『세종실록』 30:14a-b.

163) 이맹균은 1430년에 의정부의 좌참판이었다.

164) 『세종실록』 89:25b-26, 29b-30, 32-33b. 이 사건은 양반 여성에 대한 처벌 제한과 관련한 흥미로운 사례이기도 하다.

165) 『세종실록』 32:28b.

166) 『세종실록』 100:15b-16; 『세조실록』 30:22.

167) 『중종실록』 82:59; 『추관지』, p. 138. 남편이 아내를 쫓아내는 행위와 불법으로 취

한 아내를 쫓아내라는 정부 명령을 지칭하는 용어가 각기 존재하였는데, 전자는 '쫓음'[去]이고 후자는 '떼어놓음'[離異]이다.

168) 『태종실록』 30:9b.

169) 『세종실록』 110:2b.

170) 『세조실록』 3:2b.

171) 『성종실록』 82:10.

172) 『고려사』 75:34. 이것은 3품 이상 문무관리들의 과부들에게 적용되었다.

173) 『고려사』 84:42b-43; 『증보문헌비고』 89:3b.

174) 『태종실록』 11:29; 『세종실록』 72:35.

175) 『세조실록』 43:23-24, 27-28. 이 사건에 대한 자세한 논의는 다음을 참조한다. 이상백, 「재혼금지습속의 유래에 대한 연구」, 『조선문화사연구논고』, pp. 212~218.

176) 『경국대전』, pp. 483~484. 이 법률은 세 번 혼인한 여성[更適三夫者]과 잘못된 행위를 저지른 여성[失行者]이라는 용어를 동등하게 취급한다. 후자는 간통한 여성을 말한다.

177) 『태종실록』 14:49, 27:46b, 28:15; 『성종실록』 4:28b, 130:8b, 261:18b-19; 『중종실록』 2:40, 21:58b, 60a-b.

178) 『태조실록』 9:8.

179) 『성종실록』 82:9b-16, 18b, 19b-20, 127:7. 1477년의 논의에 대한 자세한 내용은 다음을 볼 것. 이상백, 「재혼금지습속의 유래에 대한 연구」, pp. 218~229.

180) 『경국대전』, p. 34, p. 208.

181) 재혼한 여성에 대한 복상은 지팡이를 짚고 1년 치르는 것으로 낮추어졌다(재최장기). 『경국대전』, p. 258; 『民事慣習回答彙集』, pp. 236~237, pp. 413~414.

182) 해당 사례에 대해서는 다음을 볼 것. 『중종실록』 64:11a-b, 12, 13b; 『명종실록』 7:36b; 『숙종실록』 31:38; 『정조실록』 1:55b-56. 1894년의 갑오개혁 때 계층을 막론하고 재혼할 수 있다는 법령을 반포하여 과부의 재가를 가로막던 장애가 공식적으로 없어졌다. 이선근, 『한국사』, 현대편(서울: 을유문화사, 1963), p. 243.

183) Po-hu t'ung(『백호통』) I, p. 252, pp. 254~255. 재혼 금지에 대해 아래와 같이 적혀 있다. "왜 천자는 한 번만 혼인해야 하는가? 타락을 막고 미덕을 저버려 욕망에 빠지지 않도록 하기 위함이다. 따라서 두 번 결혼할 권리가 없다."

184) Marcel Granet, *La Polygynie sororale et le sororat dans la Chine f odale*, pp. 65~66.

185) Po-hu t'ung(『백호통』) I, pp. 257~258; 『세종실록』 41:16b.

186) 『태종실록』 32:13a-b; 『세종실록』 41:16b-17, 19, 122:6.

결론

1) 더 특별히 규정하지 않는다면 여기에서 언급한 중국은 명대 이후의 중국을 의미한다. 사회 관행이 사회집단과 지역에 따라 너무 다르므로 '중국'에 대하여 일반화하는 것은 분명히 위험이 있다. 그렇지만 논리를 전개하기 위하여 위험을 무릅쓴다.
2) 이것은 모리스 프리드먼 교수가 1972년 봄의 옥스퍼드 세미나에서 명확하게 서술하였다.
3) 부자 사이의 유대를 강조한 사례에 대해서는 다음을 볼 것. 『세종실록』 103:23b; 박수춘, 『국담집』 2:29; 박세채, 『남계집』 21:12b.
4) 상세한 내용은 다음을 볼 것. Martina Deuchler, "'Heaven Does Not Discriminate.'"
5) 예를 들어 다음을 볼 것. Hugh D. R. Baker, *Chinese Family and Kinship*(London: The MacMillan Press, 1979), p. 36; Patricia B. Ebrey, "Concubines in Sung China," *Journal of Family History* 11. 1986, pp. 14~15; S. van der Sprenkel, *Legal Institutions in Manchu China: A Sociological Analysis*(London: The Athlone Press, 1962), p. 15.
6) 모변 친족에 대한 친족 용어는 바깥을 의미하는 '外'였으며 지금도 여전히 그렇게 쓰면서 외를 접두사로 붙이고 있다.
7) 중국의 이러한 특질에 대해서는 다음을 볼 것. Jack Goody, *The Oriental, the Ancient and the Primitive: Systems of Marriage and the Family in the Pre-Industrial Societies of Eurasia*(Cambridge: Cambridge University Press, 1990), p. 58, p. 81ff. 이것은 다음에서 좀더 정밀하게 다듬어졌다. Patricia B. Ebrey, "Shifts in Marriage Finance from the Sixth to the Thirteenth Century," in Rubie S. Watson and Patricia B. Ebrey, eds., *Marriage and Inequality in Chinese Society*(Berkeley: University of California Press, 1991), pp. 102~123.
8) 다음 두 연구가 이 논제와 가장 관련이 있다. David G. Johnson, *The Medieval Chinese Oligarchy*; Patricia B. Ebrey, *The Aristocratic Families of Early Imperial China*(Cambridge: Cambridge University Press, 1978). 사회조직에 대한 상세한 내용은 데이비드 존슨의 연구를 활용하였다.
9) 상세한 내용은 다음을 볼 것. David Johnson, *The Medieval Chinese Oligarchy*.
10) 이러한 요약은 당송의 이행기에 대하여 짧지만 명확하게 해명한 다음 연구를 기초로 하였다. Robert P. Hymes, *Statesmen and Gentlemen: The Elite of Fu-Chou, Chiang-Hsi, in Northern and Southern Sung*(Cambridge: Cambridge University Press, 1986), pp. 2~6. 다음의 논문도 볼 것. Robert Hartwell,

"Demographic, Political, and Social Transformation of China, 750-1550," *Harvard Journal of Asiatic Studies* 42.2:365-442(Dec. 1982).
11) 제임스 왓슨은 당나라에서 송나라로의 이행을 인류학적 용어로 보면 사회를 조직하는 주요 원리가 결연alliance에서 출계descent로 바뀐 것이라고 기술하고 있다. James L. Watson, "Chinese Kinship reconsidered: Anthropolotical Perspectives on Historical Research," *The China Quarterly* 92:589-622(Dec. 1982).
12) 다음을 볼 것. Patricia B. Ebrey, "The Early Stages in the Development of Descent Group Organization," in Patricia B. Ebrey and James L. Watson, eds., *Kinship Organization in Late Imperial China, 1000-1940*(Berkeley: University of California Press, 1986), pp. 16~61. 에브리가 찾아낸 것과 해석에 대한 논의에 대해서는 같은 책의 다음 논문을 볼 것. James L. Watson, "Anthropological Overview: The Development of Chinese Descent Groups," pp. 279~282.
13) 출계집단에 대한 신유학자들의 사상에 대해서는 이 책 3장을 볼 것. 또한 에브리의 다음 논문도 볼 것. Patricia B. Ebrey, "The Early Stages in the Development of Descent Group Organization," pp. 35~39; Patricia B. Ebrey, "Conceptions of the Family in the Sung Dynasty," *Journal of Asian Studies* 43.2:211-222, 229-232(Feb. 1984).
14) 제임스 팔레는 다음 논문에서 이러한 현상을 해명하는 데 주력하였다. James B. Palais, "Confucianism and the Aristocratic/Bureaucratic Balance in Korea," *Harvard Journal of Asiatic Studies* 44.2:427-468(1984). 팔레는 한국에서 이러한 현상이 강인하게 지속된 것을 큰 전쟁이 없었으며 조선시대에 중요한 경제적 변화가 부족했던 것으로 돌리고 있다. 그 역시 유학의 평등주의적인 것과 위계적인 것의 영향도 이야기하고 있으나, 전반적으로 한국 사회를 재구조화하는 데 신유학의 영향을 낮추어 평가하고 있는 듯하다.
15) 이것은 앞서 언급한 추론이 팔레의 논문에서 팔레가 주장한 것을 있는 그대로 표현한 것이다.
16) 이러한 주제에 대하여 최근 명확하게 나타낸 것으로는 다음이 있다. Patricia B. Ebrey and James L. Watson, eds., *Kinship Organization in Late Imperial China 1000~1940*, p. 5.
17) 분지의 '척수모델'에 대한 이론적 기술에 대해서는 다음을 볼 것. Robin Fox, *Kinship and Marriage*(Harmondsworth: Penguin Books, 1967), pp. 124~125. 모리스 프리드먼은 한국에서 장자상속제도가 종족들이 내적으로 분지화하는 것을

막았을 것이라고 처음 제기한 바 있다. Maurice Freedman, *Lineage Organization in Southeastern China*, pp. 135~136, p. 137. 이러한 견해에 대하여 자넬리와 임돈희는 한국의 지역 종족들 사이에서 내적인 분지화의 결여는 장자상속제도가 아닌 문화적 가치, 예를 들면 지위에 대한 요구와 같은 것에서 기인한다고 논박하고 있다. 여기에 대하여는 다음을 볼 것. Roger L. Janelli and Dawnhee Yim Janelli, "Lineage Organization and Social Differenciation in Korea," p. 279, p. 287. 중국 종족의 비대칭적 분지를 상세하게 기술한 것으로는 다음을 볼 것. Jack M. Potter, "Land and Lineage in Traditional China," Maurice Freedman, ed., *Family and Kinship in Chinese Society*(Stanford: Stanford University Press, 1970), pp. 121~138. 한국 종족에 대한 가장 최근의 연구는 다음을 볼 것. Mutsuhiko Shima, "In Quest of Social Recognition: A Retrospective View on the Development of Korean Lineage Organization."

18) 『태종실록』 33:17; 『세종실록』 56:1b.

19) 어떠한 법규도 평민들의 과거 응시를 막지 않은 것이 사실이며, 왕조 개창기에 소수의 평민들이 과거에 합격하여 관직을 얻었다. 그렇지만 전체 합격자 수로 보아 그들은 예외였다. 최영호는 이들 평민의 이력을 추적하였다. Ch'oe Yŏng-ho, *The Civil Examinations and Social Structure in Early Yi Dynasty Korea: 1392~1600*(Seoul: The Korean Research Center, 1987). 공적 영역에서 서자의 위치에 대한 논의로는 다음을 볼 것. Martina Deuchler, "Heaven Does Not Discriminate.'"

20) 다음도 볼 것. James B. Palais, "Confucianism and the Aristocratic/Bureaucratic Balance in Korea."

21) 귀족적 요소는 음서의 존속을 통하여 다시 강화되었다. 그럼에도 고려시대보다는 덜 중요했다고 생각된다. 조선 초기의 음서제도에 대해서는 다음 연구를 볼 것. 이성무, 『조선초기양반연구』, pp. 44~49.

22) Song June-ho(송준호), "The Government Examination Rosters of the Yi Dynasty," in Spencer J. Palmer, ed., *Studies in Asian Genealogy*(Provo: Brigham Young University Press, 1972), p. 154. 38개 종족과 여기에서 배출된 과거 합격자의 수를 정리한 명단의 도표에 대해서는 p. 166을 볼 것. 조선 왕조 전 시기에 걸쳐 문과 시험은 모두 745차례 실행되어 약 1만 4,600명의 합격자를 배출했는데, 이것은 1년에 평균 28명꼴이다. 와그너 교수가 그 후 다시 정리한 일련의 데이터에 따르면 일부 종족이 배출한 합격자의 숫자에는 다소 차이가 있으나 전체 모습은 같다.

23) 이 주장은 다음에서 나온 것이다. Meyer Fortes, "The Structure of Unilineal Descent Groups," *American Anthropologist* 55.1:17-41(1953). 자넬리 역시 그같이 주장하고 있다. "Lineage Organization and Social Differentiation in Korea," p. 274.
24) 아직까지 후지야 가와지마만이 세력 있는 종족과 국가 사이의 상호작용을 연구하였다. 다음 연구를 볼 것. Fujiya Kawashima, "Lineage Elite and Bureaucracy in Early Yi to Mid Yi Dynasty Korea," *Occasional Papers on Korea* 5:8-19(1977).
25) 물론 또 다른 지위 집단이 있는데, 가장 중요한 것으로는 중앙정부에서 고용한 기술관(역관, 의관, 천문관, 사자관, 화원 등)들로 구성된 중인들과 군현의 수준에서 지방관 아래 행정 실무를 담당한 향리들이다. 그들은 교육을 받았으며 엘리트의 유교적·이데올로기적 성향을 공유하였음에도 엘리트들과 상호 혼인할 수 없었다. 이와 비슷하게 그들은 고위 관계를 받을 수 있었으나 중앙정부의 주요한 책임 있는 자리에는 들어갈 수 없었다. 그들 자신만의 종족을 형성하였으며 족보도 자신들만으로 만들었다(와그너 교수와 대화하면서 들은 것이다).
26) 여기에서 계급이라는 용어는 일부 중요한 특성, 예를 들면 출생의 우선권과 같은 것을 공유하는 집단이라는 의미로 다소 느슨하게 사용하였다. 이것은 법제적인 정의를 포함하고 있지 않다. Georges Balandier, *Political Anthropology*(London: Allen Lane, The Penguin Press, 1970), p. 89.
27) 『주역』의 「계사상전」의 첫 절은 다음과 같다. "하늘은 높고 땅은 낮다." James Legge, tr., *I Ching: Book of Changes*, ed. with an Introduction and Study Guide by Ch'u Chae with Winberg Chai(New York: University Books, 1964), p. 348.
28) 당나라에서도 이것은 비슷하게 사용되었다. 이에 대해서는 다음을 참조할 수 있다. David G. Johnson, *The Medieval Chinese Oligarchy*, pp. 5~6.
29) 『태종실록』 5:32b, 29:23b; 『세종실록』 47:9.
30) 예를 들어 순자는 이것을 분명하게 표현하고 있다. 『순자』, 4장('영욕'), 여기에서 순자는 고대의 제왕들이 다양한 사회 지위 집단을 구별하는 특별한 규정을 마련하였다고 이야기하고 있다. 여기에서 귀천은 노소와 병행하여 사용되고 있다. 같은 형식의 결합은 『주례』에서도 찾을 수 있다.
31) 이것은 한국의 독특한 공식이다. 중국인들은 단지 세 부계의 선조만을 추적한다. 한국에서는 사조 가운데 적어도 '현관'은 한 사람 있어야 한다. (아마도 계보 기록이 충분하지 못한 탓에) 그 같은 증거를 제출할 수 없는 사람들은 응시자의 사회 배경을 보증할 수 있는 증인 세 사람을 내세워야 했다. 『대전후속록』, pp. 165~166. 이

문제를 논의한 최영호의 다음 책을 볼 것. Ch'oe Yŏng-ho, *The Civil Examinations and Social Structure in Early Yi Dynasty Korea: 1392~1600*, pp. 129~131. 최영호는 이 자료를 평민들이 과거에 응시하는 것을 막지 않았다는 증거로서 제시하고 있다.

32) 이것을 참조할 이른 시기의 기록은 다음과 같다. 『태종실록』 25:21b; 『세종실록』 47:9, 56:1b; 『성종실록』 35:1a-b, 146:9, 202:14a-b. 다음도 볼 것. Martina Deuchler, "'Heaven Does Not Discriminate.'" 귀천의 동의어는 존비였다.

33) 이 견해는 양반 신분이 군역을 면제받는 것 이상을 수반하지 않으며 문인 관직자들과 들에서 일하는 친족원들 사이에는 지위에 큰 차이가 있다는 자넬리의 해석과는 다르다. 이같이 견해가 어긋나는 것은 아마도 자넬리가 지역화된 종족을 20세기의 시각에서 연구한 사실에서 비롯되었을 것이다. 반면 나는 조선 초기의 엘리트 종족에 중점을 두고 있다. 자넬리의 연구에 대해서는 다음을 볼 것. "Lineage Organization and Social Differentiation in Korea."

34) 이 문제에 대한 차이가 있는 분석은 다음을 볼 것. Rubie S. Watson, *Inequality among Brothers: Class and Kinship in South China*(Cambridge: Cambridge University Press, 1985).

35) 예를 들어 『세종실록』 64:10b-11d에 수록된 1434년 권도(1387~1445)의 평민 지위에 대한 정의와 주장을 볼 것. 또한 『성종실록』 202:13b-14b의 1487년 사회 신분에 대한 논의도 볼 것.

36) 조선 초기 신분집단을 어떻게 구분하는가를 둘러싸고 한국의 역사학자들 사이에 지속적이고 열띤 논쟁이 일어났다. 그 논쟁은 너무 길고 복잡하여 여기에서 충분히 논의할 수 없다. 논쟁의 출발점은 이성무의 『조선초기양반연구』(서울: 일조각, 1980)인데, 여기에서 이성무는 조선 전기 사회를 크게 양인과 천인 두 집단으로 나눌 수 있다고 주장하였다. 그리하여 양인이라는 넓은 범주에 조선 전기 문무 관료, 양반들도 포함된다고 간주하였다. 그렇지만 이들 사회정치적 엘리트 계층과 나머지 '양인'들의 관계는 분명하지 않다. 한영우는 이 논저에 대한 서평에서 이성무의 견해를 비판하고 있다(한영우, 「이성무, 조선초기양반연구」, 《사회과학평론》 1, 1982. 6). 이어 한영우는 조선 전기의 기록을 검토하면서 「조선전기 연구의 제문제」라는 논문에서 이 문제에 대한 자신의 견해를 밝혔다. 여기에서 한영우는 조선 전기에는 아무런 특권 통치 계급이 없었으며 양반이라는 용어는 단지 문무관리만 지칭하였다고 주장했다. 그는 또한 '양인'을 관직자를 포함하는 것으로 해석하였으며 양반이 지배엘리트로서 좀더 특정한 의미를 갖는 것은 16세기의 발전이라고 보았다. 더 나아가 조선 전기에 노비가 아닌 모든 사람이 '양'이라고 주장하면서 '귀천'을 '양천'과 동

일한 것으로 취급하고 있다. 이성무와 한영우의 관점에 대하여 송준호는 다음 논문에서 논의하고 있다. 「조선양반고」, 《한국사학》 4(1983), pp. 27~357. 송준호는 조선 초기 사회를 두 계층으로 나누는 견해를 논박하면서 사회를 '전통적으로' 세 사회 신분집단으로 구분하는 것을 지지하고 있다. 이 문제에 대한 마지막 논쟁은 쓰이지 않은 것 같다. 그렇지만 용어의 어법이 결코 일관되지 않는데도 그같이 용어 분석에 치중하여 그 용어가 사용된 사회제도의 다양한 맥락에서 보지 않은 것은 오류일 것이다.

37) 평민이나 노비가 그같이 '신분 상승'을 한 것처럼 보이는 것에 대하여 최영호는 다음에서 논의하고 있다. Ch'oe Yŏng-ho, *The Civil Examinations and Social Structure in Early Yi Dynasty Korea: 1392~1600*.

저자 후기

1) 이 글은 저자가 직접 이 책에 대해서 쓴 에세이로, 『한국사시민강좌』 15집(일조각, 1994. 8), pp. 199~204에 수록된 바 있다.

인명·씨족 찾아보기

인명

ㄱ

감동甘同 530
감물이甘勿伊 530
강순덕姜順德 297
강종康宗 90~91
경종景宗 88
고사렴高士廉 489
고종高宗 484
공민왕恭愍王 45, 133, 141, 147, 247, 491
공양왕恭讓王 141
공영달孔穎達 34
공자孔子 36~37, 158, 244, 245, 251, 260
곽여郭輿 484
광종光宗 56, 88, 449
구준丘濬 235
권근權近 134, 136~137, 143~144, 148, 158~159, 163, 171, 234, 334, 443, 448, 491~493, 495
권도權蹈 538
권래權來 309
권부權溥 37~38, 136
김개金漑 375
김견수金堅壽 199~200, 202

김굉필金宏弼 499
김구金鉤 497
김구덕金九德 525
김녹숭金祿崇 483
김덕생金德生 221
김덕흥金德興 199~200
김명렬金命說 309~310, 520
김무金務 517
김문정金文鼎 36
김방경金伯幹 482
김백간金伯幹 516
김보당金甫當 92, 481
김부金傅 87~88
김안로金安老 525
김연지金連枝 199~200
김오문金五文 338, 525
김육金堉 225~226, 506
김윤金倫 97
김은부金殷傅 89
김익수金益壽 199
김지숙金之淑 98
김초金貂 246
김치운金致雲 335
김하金何 277
김홍원金弘遠 520
김휘남金輝南 97

540

ㄴ

나익희羅益禧 85
남경우南景佑 345
남해南奚 503

ㄷ

단군檀君 494
담양군潭陽君 345
덕종德宗 88~89
두우杜佑 446, 496

ㅁ

맹사성孟思誠 138
맹자孟子 41, 46, 143~144, 154, 168, 469
명종明宗 90~91, 160, 203~204, 218, 222, 272, 481
무산군茂山君 217~218
무왕武王 153
문공유文公裕 483
문공인文公仁 92, 482
문극겸文克謙 92
문덕왕후文德王后 485
문익점文益漸 262, 513
문종文宗 88~89, 94, 337, 497, 510, 525
민성휘閔聖徽 235

ㅂ

박상충朴尙衷 143
박세당朴世堂 226, 506
박승종朴承宗 222, 444

박영규朴英規 88
박유朴楡 103~104, 484
박초朴礎 246, 509
백문보白文寶 44, 444, 469
백이정白頤正 37~38, 467
변계량卞季良 46, 138, 154, 162~163, 171, 190, 192, 378, 444, 469, 494~495, 497, 501
변효문卞孝文 166

ㅅ

사마광司馬光 497
서거정徐居正 164
서경덕徐敬德 343
선조宣祖 526
선종宣宗 89, 94
성억成抑 525
성종成宗 56, 72, 88, 108, 164, 199~200, 202, 217, 299, 349, 371, 376, 485, 495, 497, 531
세조世祖 35, 160, 164, 199, 375, 402, 480
세종世宗 150, 160, 162~163, 165~166, 169, 171, 188~189, 192, 194, 221, 230, 252~253, 260, 282, 285, 294, 337~339, 340~341, 345, 353, 371~372, 451, 474, 495, 497, 498, 510, 528, 531
소숭蕭嵩 496
소옹邵雍 44
소혜왕후昭惠王后 349, 444, 528

손목孫穆 55
손변孫抃 83
송시열宋時烈 326
수로왕首露王 488
숙종肅宗 89~90, 94
순자荀子 537
순종順宗 90
신계동申繼童 200~202
신돈辛旽 45, 128, 131, 147, 448, 489
신수근愼守謹 526
신승민申承閔 200~202
신승연申承演 202
신식申湜 235
신윤관申允寬 201~202
신윤동申允童 200, 202
신의경申義慶 236
신자경申自敬 200~201
신자근申自謹 200~202
신자수申自守 200~202
신종神宗 90~91
신종년申從年 201~202
신천辛蕆 37
신효창申孝昌 201~202
신흠申欽 514

ㅇ

안진安震 39
안향安珦 36~37, 44, 467
양녕대군讓寧大君 525
어리가於里加 530
연산군燕山君 272, 339, 402, 526

예종睿宗 90
오징吳澄 39
왕건王建 34, 52
왕안석王安石 50, 417
요堯 44
요수姚燧 39
요순堯舜 147
요추姚樞 39, 467
우왕禑王 135, 496
우집虞集 39
우탁禹倬 37~38
원명선元明善 39
원종元宗 90
위공숙韋公肅 213
유인저柳仁著 482
유청지劉淸之 497
윤선좌尹宣佐 82, 484
윤소종尹紹宗 135
윤택尹澤 483
윤평尹泙 338
의종毅宗 91, 93~94, 481
이계맹李繼孟 496
이곡李穀 40, 482
이맹균李孟畇 371, 532
이방원李芳遠 136
이사후李師厚 191
이색李穡 40, 43~44, 84, 114, 130, 141~143, 147, 247, 268, 445, 484, 492, 509, 513
이성계李成桂 129, 130, 132, 134~136, 139, 143~144, 160, 175~176,

490~491, 496
이세창李世昌 483
이수광李睟光 522
이숙번李叔蕃 297
이숭인李崇仁 143
이원李原 325
이의민李義旼 63
이의방李義方 92
이의조李宜朝 445, 503
이인인李仁人 496
이인임李仁任 135~136, 496
이자李耔 340
이자겸李資謙 64, 90, 100, 105, 472, 482
이자연李子淵 89
이자의李資義 90
이장생李長生 191
이제현李齊賢 39~40, 42, 43~44, 147, 445, 468, 474, 484, 493
이조년李兆年 37
이중환李重煥 522
이지방李之芳 496
이지저李之氐 84, 479
이직李稷 190
이진李瑱 37~38
이차돈異次頓 123
이태조李太祖 150, 473, 494
이행李行 490
이허기李許奇 123
이현李峴 100
이화李和 134, 208, 501
인조仁祖 526

인종仁宗 90~91, 105, 218, 481, 526
임연林衍 101
임원후任元厚 93, 481

ㅈ

장재張載 393
정도전鄭道傳 47, 85, 131, 134~137, 143~144, 148, 153~155, 163, 168, 170~171, 248, 273, 334, 445, 449, 451, 469, 490~495, 499, 509, 513~514, 524
정이程頤 41, 181~182, 191, 233, 393
정인지鄭麟趾 164, 209, 345
정종靖宗 89
정종定宗 491, 521
정척鄭陟 166
정초鄭招 191, 294
정호程顥 41
조견趙狷 491
조광조趙光祖 335, 340, 532
조근趙瑾 196, 202
조말생趙末生 196, 200, 502
조방림趙邦霖 208~209
조변趙汴 482
조복趙復 35, 467
조복해趙福海 208~209
조부림趙傅霖 208~209
조영趙渶 196
조영무趙英茂 322
조인규趙仁規 448, 479~480, 491
조인옥趙仁沃 490

조준趙浚 130~131, 133, 135~136, 154, 190, 248, 250, 252, 446, 490~491, 494, 501, 507~508

주세붕周世鵬 446, 497

주자朱子, 주희 朱熹 36~37, 39, 41, 48, 141~142, 152, 158~159, 161~162, 174, 181~182, 184, 186, 190, 211, 213, 222, 233, 239, 241, 251~252, 307, 333~334, 349, 393, 395, 494, 527

중종中宗 160, 202~203, 206, 216~218, 265, 272, 335, 339~341, 526

지녹연智祿延 100

진덕수眞德秀 41, 143, 161

ㅊ

채무택蔡無擇 525

최단崔端 93

최명길崔鳴吉 205

최사추崔思諏 114, 482~483

최승로崔承老 52~53, 146, 470

최충崔沖 34

최충헌崔忠獻 90~91, 472, 480

최치원崔致遠 33

최해崔瀣 39

최홍재崔弘宰 93

충렬왕忠烈王 35, 103, 485

충선왕忠宣王 35~36, 38, 42, 57, 91, 125, 468, 480

충숙왕忠肅王 38, 135, 468

ㅋ

쿠빌라이 35, 91

ㅌ

태조太祖, 고려 53, 55, 71~72, 74, 87~89, 131

태조太祖, 명나라 176

태조太祖, 조선 128, 136~138, 146, 150, 153, 155, 160~161, 163, 165, 170, 208, 281, 402, 473, 490~491, 494, 501, 521

ㅎ

하륜河崙 134, 136, 148, 158, 161, 163, 169, 171, 318, 491

함부림咸傅霖 492

허응許應 490

허조許稠 138, 165, 190, 337, 498

허항許沆 525

허형許衡 35, 39, 41~42, 467

현종玄宗 88~89, 123, 489

혜종惠宗 88~89

호광胡廣 495, 497

호병문胡炳文 142, 492

황보영皇甫穎 483

황순상黃順常 490

황필수黃泌秀 496, 528

황희黃熹 138, 190

회헌晦軒 446~447, 467

희종熙宗 90

후지와라 가네이에藤原兼家 120

씨족

경원 이씨慶源[仁川]李氏 57, 89~90, 123, 125
경주 김씨慶州金氏 57, 125
광산 김씨光山金氏 491, 505
밀양 박씨密陽朴氏 444
봉화 정씨奉化鄭氏 134
부안 김씨扶安金氏 310, 444, 518, 520
안동 권씨安東權氏 92, 136, 224, 444, 491, 505, 518~519
안동 김씨安東金氏 23, 92~93, 481
안동 조씨安東曺氏 92, 96
안산 김씨安山金氏 57, 89, 125
여강 이씨驪江李氏 523
월성 손씨月城孫氏 519~520, 523
재령 이씨載寧李氏 519
전주 이씨全州李氏 23, 134, 400, 402, 445, 464, 517
정안 임씨定安任氏 90, 93, 448, 481
직산 최씨稷山崔氏 93, 481
파평 윤씨坡平尹氏 57, 125, 448, 481
평양 조씨平壤趙氏 135
풍산 유씨豊山柳氏 92, 464
함창 김씨咸昌金氏 92
해주 최씨海州崔氏 92

내용 찾아보기

ㄱ

『가게로 닛키蜻蛉日記』 488
가례嘉禮 158, 159, 182, 184, 233, 255, 257, 270, 312, 338, 342, 345, 496, 498, 507, 510, 526
『가례언해家禮諺解』 235
『가례의절家禮儀節』 235, 508
『가례증해家禮增解』 445
가모嫁母 254
가묘家廟 186, 188, 246, 268, 504
가장假葬 269
가훈家訓 167, 168, 499
간통 95, 261, 353, 369, 372, 376, 482, 485, 533
개장改葬 115, 272
개혁 과정 176, 271
결結 504
『경국대전經國大典』 169, 172, 191, 192, 196~199, 203, 204, 208~211, 213, 214, 220, 221, 229, 232, 234, 240, 250, 253, 255~257, 263, 265, 266, 282, 285~287, 294, 297, 299, 300, 302~304, 328, 332, 344, 354, 357, 367, 375, 376, 399, 443, 471, 475, 499, 501~504, 506, 507, 509~518, 521, 523, 524, 527~533
경기도 276
경상도 464
경전經典 33, 34, 36, 41, 48, 49, 137, 140, 142, 161, 162, 393
『경제육전經濟六典』 169, 187, 194, 195, 213, 220, 248, 252, 253, 255, 260, 263, 499, 511, 521
『계림유사鷄林類事』 55, 60~62, 447, 471, 482, 484, 485
계모繼母 107, 109, 212~215, 253, 254, 262, 302, 303, 510, 522
계승繼承 7, 20, 28, 71~80, 89, 117, 119, 123, 128, 134, 136, 144, 163, 165, 181~184, 189, 193~201, 203, 206, 208~211, 214~217, 220, 221, 239, 240, 283, 291, 301, 319, 358, 367, 383, 384, 389, 411, 451, 474, 477, 480, 487, 504, 505, 530
계조모繼祖母 510
계후자繼後者 203, 205, 210, 292, 297, 511
고려국유학제거사高麗國儒學提擧司 36
『고려대장경高麗大藏經』 58
『고려도경高麗圖經』 55, 446, 482~485
『고려사高麗史』 53, 54, 74, 106, 109, 443, 467, 469, 470~476, 478~487, 489, 490, 492, 493, 495, 498, 501, 502, 509, 512, 513, 515, 516, 524,

525, 533

『고려사절요高麗史節要』 53, 443, 467, 468, 470~472, 474~476, 478~481, 483, 484, 487, 509

고려사회 14, 19, 55, 59, 111, 122, 125, 152, 189

고제古制 152, 159, 164, 165, 168, 170, 172, 173, 418

공계친共系親 63, 97

공신功臣 208, 221, 229, 231, 233, 238, 278, 319, 401, 490, 491, 502, 503, 506

공신전功臣田 221, 229

공자孔子 36, 37, 158, 244, 245, 250, 260

과거 시험 28, 29, 33, 39, 42, 56, 57, 65, 73, 139, 261, 385, 400, 407, 468

과부寡婦 28, 104, 106, 107, 203, 215, 262, 276, 286, 287, 295, 301, 302, 359, 374~377, 379, 380, 386, 432, 478, 485, 488, 530, 532, 533

과전법科田法 131, 276

관례冠禮 345, 528

관료화 56, 57, 403

국속國俗 173, 387, 388

국장國葬 113, 514

『국조오례의國朝五禮儀』 166, 234, 235, 443, 498, 507, 508, 514

권문세가權門勢家 57, 468

귀족 지위 74, 391

귀천貴賤 211, 266, 323, 406, 407, 413, 537, 538

귀후서歸厚署 270

『근사록近思錄』 162, 181

근친혼 91, 96, 119, 122, 325, 481

금기 269

금나라 392

기복起服 263, 513

기자箕子 46, 153, 165, 170, 171, 323, 494

기제忌祭 231, 232

ㄴ

남계男系 후손 392

남계친男系親 383, 384, 389, 392, 393, 405, 431

남동생 83, 84, 92, 118, 182, 358

납폐納幣 527

『내훈內訓』 349, 350, 443, 444, 528

노비 27, 32, 55, 59, 69, 80, 84, 85, 134, 173, 215, 219, 220, 222, 228, 229, 237, 264, 279, 281, 282, 284, 285, 294, 296, 297, 299, 301~303, 306~313, 325, 359, 360, 364, 372, 403, 404, 407, 414, 477, 479, 507, 515, 516, 518, 522, 523, 530, 531, 532, 538, 539

노비변정도감奴婢辨定都監 281, 515

녹봉 276

『논어論語』 41, 238, 251, 446, 508, 509, 510, 512

547

ㄷ

단군檀君 494
단오 231
당나라 33, 34, 52, 62, 72, 75, 76, 79, 95, 108, 110, 121, 123, 125, 152, 213, 389, 391, 392, 393, 471, 473~476, 478, 479, 483, 489, 499, 535, 537
당내堂內 25
당법唐法 469
「당전唐典」 53
「대명률직해大明律直解」 169, 444, 502, 512, 514, 522
「대명회전大明會典」 166, 444, 496, 497
대방大防 168
「대전속록大典續錄」 288, 513, 514, 516
「대전주해大典註解」 210, 288, 302, 502, 503, 504, 506, 516, 518
「대전통편大典通編」 530
「대전회통大典會通」 499
「내선후속록大典後續錄」 203, 210, 502, 503, 504, 537
「대종소종도大宗小宗圖」 190, 239
「대학大學」 41~43, 143, 144, 161, 162
「대학연의大學衍義」 41, 143, 162
「동몽선습童蒙先習」 350
동생화회문기同生和會文記 295
동성촌락同姓村落 327

ㄹ

루이스Lewis I. M. 19

ㅁ

만권당萬卷堂 39
매득민전買得民田 312
매장 113~115, 127, 269, 271
매치원埋置院 269
며느리 214, 215, 217, 327, 329, 339, 348, 350, 355, 356, 371, 372, 379, 523, 527
명明나라 128, 130, 134, 137, 140, 160, 169, 173, 189, 191, 235, 247, 243, 259, 321, 497, 499, 500, 511
명률明律 198, 205, 213, 247, 251, 252, 257, 370, 510, 521
「명회요明會要」 191, 446, 501
모변친母邊親 97, 110
몽골 35, 36, 38~40, 45, 57, 58, 91, 100, 102~104, 121, 122, 128, 130, 135, 170, 468, 482~484, 488, 491
묘전墓田 27, 312
묘제墓祭 233, 232
묘지 271
묘지명 53, 65, 77, 97, 102, 111, 114, 472, 475, 479, 482~484, 486, 487
묘직墓直 312
문계文契 82
문과文科 28, 31, 135~138, 163, 366, 399, 400, 491, 536
「문헌통고文獻通考」 160, 496
「문화유씨가정보文化柳氏嘉靖」 201
문화적 접변 317
민전民田 80, 450, 475, 476, 478

ㅂ

반친영半親迎 336

방계傍系 23, 60, 71, 74, 76, 77, 95, 118, 196~198, 210, 220, 225, 245, 384, 429, 430

『백호통白虎通』 182, 184, 329, 362, 500, 501, 503, 521, 523, 527, 531, 533

법제화法制化 54, 96, 108, 112, 121, 157, 198, 207, 213, 301

별급문기別給文記 295

별사전別賜田 278

보譜 65

본관本貫 23, 24, 101, 124, 325, 326, 357, 397, 463, 466, 473, 489, 523

본족本族 63, 117, 287, 288, 301, 311

봉사奉祀 35, 56, 182, 186, 187, 189~192, 197~200, 202~210, 214~219, 221, 222, 228, 229, 231~233, 236~241, 280, 290, 307, 309~313, 389, 399, 412, 418, 503, 502, 519

봉사의자奉祀義子 253

봉사조奉祀條 209, 215, 228, 229, 232, 307, 308, 520

『봉선잡의奉先雜儀』 234

부변친父邊親 62, 97, 110

부처제婦處制 120, 324~326, 334, 342, 360, 375, 431, 432

부처제夫處制 301, 360, 383, 431, 432

분급문기分給文記 295, 517

『불씨잡변佛氏雜辨』 148, 492, 495

비妃 318

빈嬪 318~320

ㅅ

사간원司諫院 164, 318, 319, 322, 326, 331, 340, 341, 344, 353, 354, 370, 371, 375, 498, 529

사당祠堂 25, 26, 29, 36, 37, 44, 72, 73, 147, 186~188, 190, 191, 196, 209, 212, 213, 215, 219, 221, 228~232, 237~239, 268, 307, 311, 312, 322, 333, 345~348, 361, 365, 384, 386, 391, 411, 504, 512

사대부士大夫 21, 144, 145, 150, 155, 165~169, 172, 177, 186, 198, 226, 230, 231, 234, 248, 251, 252, 265, 266, 268~270, 272, 310, 320, 325, 327, 331, 334, 335, 337, 338, 342, 378, 394, 398, 399~401, 404, 405, 411, 417, 418, 492, 498, 499, 500, 504, 515

사대부가제의士大夫家祭儀 186

사례四禮 156, 184

『사례편람四禮便覽』 159, 235, 445, 496, 503, 510, 511, 528, 531, 532

사서四書 41, 43, 141, 142, 161, 162, 164, 497

『사서절요四書節要』 161

『사서통四書通』 142, 492

사성四星 343

사손嗣孫 287, 479, 480, 516

『사손도嗣孫圖』 289

사전私田 77, 450, 475, 476
사조四祖 65~68, 357, 405, 473, 537
사주四柱 343
사헌부司憲府 102, 164, 188, 204, 205, 218, 252, 261, 263, 483
사회 지위 32, 55, 65, 66, 71, 73, 104, 124, 146, 167, 173, 238, 253, 265, 280, 286, 305, 318, 326, 327, 340, 354, 387, 389, 399, 400, 402, 404, 406, 413, 418, 421
삼강三綱 156, 349
『삼강행실도三綱行實圖』 273, 349
『삼강행실열녀도三綱行實烈女圖』 376
『삼국유사三國遺事』 123
삼대三代 144, 153, 154, 171, 174, 176
삼족三族 63, 472
『상례비요喪禮備要』 236, 444, 508, 509, 512
상민常民 31, 186, 414, 466
상속문서 295
상장지례喪葬之禮 248
『상절가례詳節家禮』 159, 234
상중喪中 112, 261, 263, 486, 512
상피제相避制 62, 447, 471
샤머니즘 115, 131, 237, 267
서운관書雲觀 269
서원書院 29, 39, 403, 465
서인庶人 192, 264, 499, 507, 513
서자庶子 23, 195, 197, 200~202, 206~211, 215, 224, 227, 238, 240, 241, 257, 284~286, 291, 305,

366~368, 376, 384, 385, 387~389, 400, 413, 466, 476, 477, 501, 503, 506, 508, 532, 536
성姓 123, 125, 290, 324, 431, 463
『성리대전性理大全』 162, 181, 195, 446, 497, 500, 501
성왕聖王 156, 158
『세종실록世宗實錄』 473, 474, 482, 483, 486, 487, 493~499, 501~505
소목昭穆 72, 201, 230, 474
『소학小學』 41, 162, 163, 349, 497
『속대전續大典』 204, 206, 211, 219, 287, 302, 303, 308, 344, 444, 499, 502~504, 506, 516, 518, 520, 522, 524, 526, 527, 530, 531
『속육전續六典』 169, 194, 264, 321, 524
송나라 38, 48, 55, 58, 121, 142, 177, 181, 184, 191, 391~393, 395, 471, 488, 511, 535
수신修身 43
수양자收養子 776, 266, 290~292, 302, 478, 502, 516
승중민전承重民田 311
시양자侍養子 290, 516
시어머니 215, 217, 355, 530
시왕十王 268
시조始祖 25, 142, 182, 223, 312, 397, 448, 466, 489, 494, 507
신라新羅 11, 33, 49, 55, 63, 65, 72, 87, 88, 108, 118, 119, 121, 123~125, 223, 447, 449~451, 466, 487~489,

494

신민新民 155, 494

신부新婦 88, 89, 91, 98, 99, 116, 117, 304, 325, 327, 328, 330, 331, 333, 335, 339~348, 355, 356, 364, 372, 388, 415, 431, 524, 526~528

신부대新婦代 99, 122

신유학新儒學 21, 32, 34, 35, 37~39, 41~44, 46~50, 54, 126, 135, 137, 140, 141~152, 158, 161, 162, 170, 171, 173~177, 181, 183~186, 227, 230, 234, 237, 246, 248, 258, 260, 318, 324, 339, 343, 353, 354, 382, 387, 388, 390~396, 398, 407, 417~419, 467, 469, 535

신주神主 236~239, 320, 329, 356, 370, 374

실녀室女 50, 54, 143, 146, 147, 149~152, 158, 171, 174, 176, 177, 181, 184~186, 227, 230, 234, 267, 318, 343, 354, 380, 387, 390, 391, 393~395, 535

실학實學 42, 144, 145, 493

심상心喪 252~254, 261, 263

심신지학心身之學 142

심학心學 161

ㅇ

양모養母 214, 254, 522

양반兩班 30~33, 56, 93, 104, 278, 322, 323, 327, 330, 335, 339, 343, 345, 353, 354, 356, 357, 359, 363, 366, 368, 372, 375, 376, 405~407, 414, 420, 451, 450, 465, 466, 470, 471, 478, 498, 499, 515, 522~524, 529~532, 536, 539

양부養父 78, 254, 494

양부모養父母 203, 205, 266, 290, 291, 510, 511

양인良人 31, 80, 207, 284, 538

양자養子 27, 65, 72, 74, 78, 113, 157, 202, 213, 224, 227, 236, 260, 261, 290, 291, 296, 297, 299, 391, 432, 451, 465

엘리트 29, 30, 32, 39, 42, 47, 49, 55, 56, 65, 66, 93, 95, 98, 100, 108, 112~114, 116, 122, 125, 126, 134, 139, 145, 146, 163, 167, 175, 176, 192, 194, 232, 234, 236, 280, 305, 312, 320, 326, 365, 366, 382, 388, 392, 394, 398, 401, 403, 404, 406, 407, 412, 413, 417~419, 465, 466, 474, 486, 499, 500, 507, 513, 537, 538

여묘廬墓 264

『여사서女四書』 350

여성 20, 26, 28, 54, 60, 64, 65, 67, 69~71, 79, 85, 86, 91, 96, 99, 102, 103~108, 118~120, 122, 199, 206, 212, 214, 224, 232, 237, 253~256, 262, 294, 301~304, 307, 308, 311, 313, 316, 317, 319~323, 328, 329,

551

332, 349~374, 376~380, 382, 385,
386, 388, 390, 400, 405, 411~413,
422, 427, 434, 482, 484, 502, 510,
518, 521, 523, 527~533
여손女孫 475, 477
『역경易經』 404
『예기禮記』 48, 158, 160, 174, 182, 190,
191, 195, 218, 223, 236, 237, 244,
251, 252, 258, 260, 267, 319, 324,
331, 333, 468, 495, 500, 501, 510,
512, 513, 521, 522, 527, 531
『예기정의禮記正義』 495
『예기천견록禮記淺見錄』 158
예부禮部 324, 510
예조禮曹 163~165, 188, 190, 191, 196,
198, 199, 202, 203, 205, 209, 213,
234, 252, 256, 261, 263~266, 270,
271, 318, 319, 329, 334, 335, 337,
338, 340, 341, 345, 502, 510, 513,
521, 525
예학禮學 138, 235, 419, 508
오경五經 42, 161, 162, 468, 495
오례五禮 166, 335, 338, 498
오륜五倫 156, 350
오묘五廟 72
오복五服 25, 61, 62, 96, 108, 109,
110~112, 121, 166, 198, 213, 244,
245, 247, 249~251, 253~259, 268,
324, 325, 360, 391, 436, 447, 471,
472, 481, 483, 485, 486, 498,
509~512

오복도식五服圖式 250
오종五宗 183
완취完聚 370
왜구倭寇 128, 134
외손外孫 75, 76, 79, 101, 120, 220~
222, 224~227, 298, 304, 310, 389,
475, 511
외조부모 117, 220, 221, 249, 255, 299,
300, 308, 389, 511
유儒 49, 166, 494
유모乳母 254
유서遺書 82~84, 200, 293~295, 297,
299, 506
유신維新 132
육경六經 42~44, 468
은恩 369
음서蔭敍 55, 73~75, 78, 79, 100, 124,
447, 448, 474, 475, 483, 536
음양陰陽 44, 156, 269, 369
의義 147, 156, 260, 369
『의례儀禮』 48, 158~160, 174, 192, 213,
236, 244, 251~253, 255, 257, 258,
260, 333, 495, 498, 501, 510~512,
531
『의례경전통해儀禮經傳通解』 159
『의례문해儀禮問解』 236
『의례문해속儀禮問解續』 443, 508
의례상정소儀禮詳定所 163, 165, 230, 285
의장義莊 328
이단異端 143, 149, 153
『이아爾雅』 244

이일역월以日易月 113
이중 출계 123
이학理學 142
이혼 370, 373
일부다처제 122, 318, 432, 484, 488
임진왜란 306, 520
입양入養 28, 76, 195, 227, 241, 254, 266, 290~292, 297, 367, 389, 419, 420, 465, 475, 516
『입학도설入學圖說』 137, 144
입후立後 195, 197, 202~206, 208, 210, 214, 216, 218, 240, 291, 418, 502
입후자立後者 195, 202, 204~206, 208, 211, 218, 359, 511

ㅈ

「자녀안恣女安」 375
『자치통감資治通鑑』 164, 497
장인 38, 79, 100, 101, 111, 116, 256, 277, 346, 481~483, 511
장자상속長子相續 23, 74, 174, 182, 193, 194, 198, 239, 306, 308, 360, 363, 367, 383~385, 391, 393, 395, 397, 401, 433, 519, 535, 536
재상지종宰相之宗 480
재혼再婚 106, 107, 109, 224, 253, 254, 261, 262, 286, 322, 345, 360, 369, 371, 372, 374~378, 380, 390, 400, 521, 533
적자嫡子 72, 194, 197, 202, 208~211, 220, 238~240, 284, 285, 305, 389, 413, 477, 511
적장자嫡長子 72, 83, 182, 183, 186, 187, 193, 194, 196~199, 201, 203, 204, 208~210, 212, 214, 216, 220, 231, 232, 240, 256, 257, 475, 503
전시과田柴科 56, 76, 79, 131, 476, 515
전안奠雁 527
전장田莊 27, 79, 128, 130, 278, 279, 396, 397, 401
『정관정요貞觀政要』 160, 164
정동행성征東行省 36
정려旌閭 111, 262
정명正名 318
정주학파程朱學派 37, 39, 43
제사祭祀 20, 25~27, 29, 47, 159, 171, 180, 182~184, 186, 187, 189~197, 199~202, 204, 207, 212, 215, 217, 220~223, 228, 230~232, 236~239, 244, 250, 260, 285, 286, 297, 301~305, 307, 308, 310~312, 347, 351, 360, 361, 365, 384, 385, 389, 392, 393, 396, 397, 405, 409, 411, 433, 464, 494, 500, 503, 505~507, 509, 510, 512, 518, 520, 519
제후諸侯 73, 153, 165, 318, 319, 377
『조선경국전朝鮮徑國典』 490
『조선왕조실록朝鮮王朝實錄』 53, 54, 410, 446, 521
조업전祖業田 80
족族 63, 122, 125, 181, 463, 472, 487
족보 24, 25, 27, 28, 31, 223~227, 357,

364, 367, 389, 390, 393, 396, 397, 406, 419, 444, 445, 464, 466, 489, 505, 506, 523, 525, 537

종宗 125, 126, 183, 203, 206, 257, 287, 291, 383, 393

종가宗家 25, 215, 310~312

종법宗法 180~182, 189, 192, 193, 196~200, 202, 206, 214, 218, 221, 223, 224, 228, 232, 239, 255, 259, 280, 285, 289, 294, 305, 322, 363, 367, 420

종손宗孫 25, 26, 28, 196, 228, 309, 312, 412

종자宗子 181, 182, 189, 190, 191, 193, 196, 200, 213, 214, 240, 500

종자지법宗子之法 196

종족宗族 20, 23~32, 95, 126, 181, 206, 208, 212, 383, 386, 389, 390, 396~406, 412, 419, 420, 421, 433, 463~466, 500~502, 535~538

『주례周禮』 48, 158, 468, 495, 537

『주자가례朱子家禮』 159, 160, 165, 167, 173, 174, 189, 193, 229, 230, 231, 234, 235, 248~250, 253, 268, 271~273, 328, 329, 333~335, 337, 343, 360, 398, 506, 511, 514

『주자어류朱子語類』 446, 497, 501

중매仲媒 328

중매자 99

『중용中庸』 34, 41, 142

중인中人 466, 537

중조中祖 224

중혼重婚 101, 103~106, 122, 169, 318, 362, 432, 483

『지정조격至正條格』 160

직전제職田制 278

집현전集賢殿 163, 164, 498

ㅊ

처妻 67~70, 78, 97, 103, 118, 199, 207, 208, 212, 217, 255, 254, 319, 320, 322, 359, 362, 364, 365

처족妻族 62, 63, 74, 111, 117

천민 32, 266, 330, 366, 522

『천자문千字文』 349

첩妾 23, 31, 103, 104, 166, 194, 204, 207~209, 211, 212, 239, 254, 255, 284, 286, 300, 303, 319, 320, 323, 356, 359, 362~367, 371, 376, 377, 380, 405, 413, 464, 484, 485, 490, 501, 506, 521, 522, 531, 532

첩자妾子 173, 197, 198, 207, 239, 240, 285

총부冢婦 215~218, 504, 219

출계집단出系集團 23~25, 28, 64, 65, 120, 122~125, 139, 140, 162, 166~168, 173, 180~184, 207, 210, 213~215, 221, 223, 225, 227, 228, 238, 240, 280, 284, 287, 289, 297, 302, 307, 309, 311, 318, 322, 324~330, 334, 343, 344, 348, 352, 355~357, 359, 360, 362~367, 370,

373, 374, 376, 382~389, 391~393, 396, 398, 400, 402, 403, 433, 434, 436, 489, 491, 507, 515, 522, 523, 535

친속親屬 63, 64, 69, 117, 118, 203, 204, 435, 436, 472

친영親迎 333, 335, 336, 338, 340, 342, 345, 482, 525, 526

친족 집단 29, 92, 95, 97, 216, 231, 299, 324

친척親戚 24, 62~64, 89, 90, 92, 94, 95, 110, 134, 147, 193, 203, 207, 215, 216, 223, 225, 245, 255, 258, 259, 262, 272, 287, 296, 299, 326, 331, 346, 347, 353, 412, 431, 436, 472, 480, 482, 512, 518, 522, 527

칠출七出 106, 370, 371, 372

ㅌ

토지 개혁 130, 279, 490

토풍土風 171

『통감通鑑』166

『통감강목通鑑綱目』497

ㅍ

팔조八祖 67, 68, 69, 121, 448, 473

팔향八鄕 68

평민 31, 32, 55, 59, 91, 98, 104, 111~115, 139, 211, 229, 236, 265, 270, 330, 357, 359, 363, 364, 367, 404, 406, 407, 482, 503, 504, 507, 513, 514, 516, 522~525, 530~532, 536, 538, 539

풍수지리 269~271

ㅎ

하강 이동 406

향리鄕吏 101, 264, 265, 447, 476, 482, 537

현조顯祖 24

호구戶口 54, 68, 69, 121, 195, 432, 448, 474, 479, 529, 530, 532

호적戶籍 31, 53, 68, 70, 81, 98, 102, 224, 330, 357, 364, 451, 452, 473, 479, 478, 482, 488, 523, 530

호족豪族 56, 89, 92, 451, 480

호주戶主 68, 81, 195, 422, 473

혼례婚禮 54, 160, 174, 261, 320, 324, 328, 330, 331, 333~348, 363, 388, 498, 524~528

혼서婚書 343, 344

홍건적 128

홍범洪範 153, 493

화장 114, 267, 269

『효경孝經』43

후모後母 212

555